全国教育科学“十一五”规划重点课题
“中国教育活动史研究”成果

教育活动史：视野下移的学术实践
胡适教育活动史观初探
教育史学发展的历史与未来
全球化视野下教育史学新走向
教育史学科发展的时代使命
新史学视野下教育史研究的转向
年鉴学派及其理论与教育史学研究
微观史学与中国教育活动史研究
明清鲁东南庄氏家族教育的特色及启示
清末浙江学生学习生活与社会交往
从民初教育宗旨的制定过程看官、民话语之互动
牧口常三郎的人生历程与教育活动
口述史学法在教育活动史中的运用

教育活动史研究与教育史学科建设

周洪宇 等著

山东教育出版社

图书在版编目（CIP）数据

教育活动史研究与教育史学科建设/周洪宇等著.
—济南：山东教育出版社，2011
ISBN 978-7-5328-7029-5

Ⅰ.①教… Ⅱ.①周… Ⅲ.①教育史—研究②教育史—学科建设—研究 Ⅳ.①G519

中国版本图书馆 CIP 数据核字（2011）第 189928 号

教育活动史研究与教育史学科建设

周洪宇　等著

主　管：山东出版集团
出版者：山东教育出版社
（济南市纬一路 321 号　邮编:250001）
电　话：(0531)82092663　**传真**:(0531)82092663
网　址：http://www.sjs.com.cn
发行者：山东教育出版社
印　刷：山东新华印刷厂德州厂
版　次：2011 年 9 月第 1 版第 1 次印刷
规　格：787mm×1092mm　16 开本
印　张：38 印张
字　数：615 千字
书　号：ISBN 978—7—5328—7029—5
定　价：59.00 元

（如印装质量有问题，请与印刷厂联系调换）
电话：0534—2671218

PREFACE 前　言

周洪宇

任何一门学科建设，不仅应适应学科建设自身的内在需要与社会总的发展趋势，也应顺应国内外学术的演进逻辑和发展走向，对学科建设的历史轨迹以及未来学科如何发展始终抱有清醒的认识，具有学科建设的历史自觉意识。只有站在时代的高度，具有国际视野，才能明了和把握学科建设的发展方向，自觉地为学科建设贡献力量。教育史学科也是如此。

基于教育史学科建设的自身需要以及国内外学术演进逻辑与发展走向，我认为，教育活动史研究应该也有可能成为今后一个时期教育史学科建设的重要方向和重点领域。

教育活动是直接以促进人的有价值发展为目的的具体活动的总称，也是教育者与受教育者以各种方式参与教育过程并进行互动的方式的总和。教育活动是影响人发展的决定性因素，人的发展是主客体相互作用的结果。个体的活动是个体发展的决定性因素，教育活动为教育在人的发展中主导作用的发挥指明了方向。人的教育活动最能充分体现教育本质，所以，任何国家的教育学研究，都把人的教育活动研究放在极为重要的地位。

同样道理，教育活动史也应该成为教育史学研究的一个极为重要的内容。教育活动史是直接以促进人的有价值发展为目的的具体活动的历史，是教育者与受教育者以各种方式参与教育过程并进行互动的历史，是影响教育思想和教育制度发展过程的关键性因素。教育活动史，既是教育思想史和教育制度史的起源，又是教育思想史和教育制度史存在的前提和基础，还是连接教育思想史和教育制度史的中介和桥梁。教育活动史是起源、前提和基础，教育思想史和教育制度史是派生物和结果。没有以人的有价值发展为目的的具体的教育活动史，就不可能有人类光辉灿烂的教育思想史和系统完整的教育制度史。三者相辅相成，鼎足而立，缺一不可。离开了教育活动史，教育思想史和教育制度史有如无源之水，难以维持，又如无桥之岸，无法沟通。因此，研究教育史，首先必须研究教育活动史。

早在20世纪二三十年代，中国第一代教育史学者就在他们的著作里明确指出了研究教育活动史的必要、可能、途径和重点，如王凤喈先生在其被列为教育部部定大学用书的《中国教育史》第一编“绪论”中明确指出“教育史为记载教育活动之历史”，研究教育史，不能孤立地研究历史上的教育活动，而是应与政治制度、社会思想乃至社会的全部相联系、比照来进行，应将教育史放到广阔的社会背景中去研究。[①] 而陈青之先生在其被列入商务印书馆大学丛书的《中国教育史》中则写道：“教育史之内容，包括实际与理论两方面，教育制度、教育实施状况及教育者生活等等，属于实际方面；政府的教育宗旨，学者的教育学说，及时代的教育思潮等等，属于理论方面。”[②]雷通群先生在其《西洋教育通史》中也指出，教育事实“包有两种要素，其一为教育理论方面，其二为教育实际方面。前者是关于教育理想或方案等一种思想学说，此乃构成教育事实之奥柢者，后者是根据上述的思想或学说而使其具体化者，如实地教学、教材、设备、制度等均是。……此等理论或实际，若为某教育家所倡导或实施时，须将其人的生活、人格、事迹等，与教育事实一并考究。”[③]十分清楚，陈、雷两位在这里讲的“教育实际”，不仅包括了教育制度，而且也包括了教育实施状况与教育者生活，以及人的生活、人格、事迹等，而这些正是典型的人的教育活动。对其作历史的研究，正是教育活动史研究。

值得注意的是，或许是当年的教育史学者在具体研究和表述时，仍然

---

① 王凤喈：《中国教育史》，1935年在商务印书馆出版的《中国教育史大纲》(1925年)基础上重新编写，1943年国立编译馆出版。

② 陈青之：《中国教育史》，商务印书馆1936年版。

③ 雷通群：《西洋教育通史》，商务印书馆1934年版。

习惯采用源于传统的"知与行"范畴的"教育理论与教育实际"两分法,而对"教育实际"的表述又多用于教育制度,而少用于教育实施状况与教育者生活,以及人的生活、人格、事迹等。因此,后继的教育史学者渐渐无形中将"教育实际"的内涵逐步窄化,最后趋于混淆和消解。久而久之,沿袭下来,以至于习焉不察,司空见惯,使得学术界(包括那些有代表性的各种教育史教材、通史和权威学者的专著)至今仍通常认为,教育史学就是研究教育思想史与教育制度史,而不包括教育活动史。教育活动史不是一个独立的研究对象,它就囊括在教育思想史与教育制度史之中。研究教育思想史和教育制度史,就是研究教育活动史。这种忽视教育活动史研究,只注重教育思想史和教育制度史研究的做法,将教育活动史混淆于教育思想史和教育制度史之中,导致"只见物不见人"、"只见思不见行",无疑是以往教育史研究极大的缺陷和不足,也是长期以来教育思想史和教育制度史研究大多流于平面和肤浅,无法形成立体多层动态研究,难以真正深入、取得实质进展的根源之一。

如果进一步细究,除了上述学者们"理论与实际"的思维两分法和对"教育实际"认识的逐步片面化、笼统化原因,可能还与研究教育活动史需要的具体过程和细节史料极为缺乏有密切关系,毕竟绝大多数学者的心理都是"趋易避难"。常言道,"巧妇难为无米之炊",既然如此,又何必多此一举,非要研究教育活动史呢?

但是,这些都不构成教育活动史无须也不可能独立作为研究对象的理由。反过来,正好说明,教育活动史是一个被人们长期遗忘的角落,一个长期无人开垦的处女地,恰恰是我们今天的教育史学者应该格外关注的一个学术领域,这个长期的学术空白完全应该也有可能成为今后教育史研究取得重点突破的领域。而一旦开垦出来,将会给我们带来教育史研究的重大变化,甚至带来学科建设的根本性变革。

当我们拉开视野,转换角度,不再将自己的眼光局限在国内教育史研究领域,而是放眼国际学术界,就会发现从20世纪70年代末起,国际历史学界已发生了研究对象与研究方式的新变化,"新史学"得到进一步发展,即由注重研究精英的思想和国家的制度转向研究普通百姓的日常生活,由包罗万象的宏大叙事转向具体细微的微观叙事。作为新史学新发展具体体现的是以意大利史学家卡洛·金兹伯格(Carlo Ginzberg)等人为代表所倡导的微观史学的兴起,以及受其影响而兴起和发展的德国"日常史”、法国“日常生活史”和英国“个案史”研究热潮。

“微观史学”一词最早是由意大利史学家卡洛·金兹伯格、乔万尼·列维(Giovanni Levi)等人提出来的，是指“在本质上以缩小观察规模、进行微观分析和细致研究文献资料为基础”的研究方法。它形成于20世纪70年代末，以意大利北部的博洛尼亚大学为中心，代表人物是卡洛·金兹伯格、乔万尼·列维 、卡洛·波尼(Carlo Poni) 、爱德华·格伦迪(Edoardo Grendi)等人。1976年出版的金兹伯格的名著《乳酪与蛆虫——一个16世纪磨坊主的精神世界》(*The Cheese and the Worms*：*The Cosmos of a Sixteenth-Century Miller*)，如今已被奉为微观史学的经典著作。后来，意大利微观史学的影响逐渐扩大，并影响欧洲其他国家。德国的“日常史”、法国的“日常生活史”和英国的“个案史”也纷纷兴起并掀起热潮。可以说，后者几乎都受到了意大利学派的影响。他们的研究方法并不一致，但是作为一种研究趋势有其明显的特点，多是以研究人们的日常生活为重点，通过历史资料的重新挖掘和整理，运用大量细节的描述、深入地分析与重建一个微观化的个人、家族或是小区。他们的研究，虽然是具体的或者局部的，但是这种具体的结论有助于加深对整体结构的认识和重建全景式总体史。

意大利“微观史学”以及德国“日常史”、法国“日常生活史”和英国“个案史”的出现与西方学术发展趋势密切相关。20世纪以来，社会日常生活越来越多地进入西方哲学家的视野。胡塞尔(E. Edmund Husserl)、维特根斯坦(Ludwig Wittgenstein)、海德格尔(Martin Heidegger)和卢卡奇(Ceorg Lukacs)等哲学家都在其著述中从不同的角度对日常生活进行了探讨。福柯(Michel Foucault)通过研究认为，现代史中的日常生活越来越受到“规训”的约束。与此同时，20世纪六七十年代的民族运动、环境、战争等世界性问题，使人们又重新审视人与自然、人与社会等命题的内涵，思考人生和生活的意义。

国际学术界的发展趋势给了我们一个重要的启示，那就是目前国内教育活动史的兴起，不仅是教育史研究的题中之义和内在需要，也顺应了社会发展和学术发展的大趋势，是时代的必然产物，而非少数人凭空臆造的结果。从这个角度来说，我们更应具有一种历史自觉意识。只有站在时代和世界的高度，才能看清学术的前沿所在，才能自觉地为学术的发展贡献个人的力量。

基于此考虑，近年来，笔者对教育活动史研究作了一些探讨，先后发表《关于教育史学若干基本问题的思考》(《河北师范大学学报》教育科学版2009年第1期)、《教育活动史：视野下移的学术实践》(《教育研究》2010年第10期)、《教育活动史研究述论》(《湖北大学学报》2010年第4期)等文章，多次在全国教育史年会上呼吁开展教育活动史研究。撰写学术专著《学术新域与范式转换——教育活动史研究引论》、《文化与教育的双重历史变奏》，主编《教育史学通论》(将由人民教育出版社出版)、《中国教育活动史专题研究丛书》(10册，将由华中科技大学出版社出版)和八卷本《中国教育活动通史》(将由山东教育出版社出版)。这些文章和专著试图在国际学术发展的宏观背景下，思考国际教育史学与中国教育史学的发展趋势，提出自己新的“活动—思想—制度”三分法的教育史研究对象理论。立足于学科建设的长远目标，倡导在原有教育思想史、教育制度史研究的基础上，大力开展更为本源、更为基础的教育活动史研究，以进一步拓展教育史学的研究对象与领域，转换研究范式，加强教育史学科建设。此书是基于开拓教育史学新领域，加强教育史学科建设而编辑的，收录了华中师范大学教育史研究团队近年来关于教育活动史理论与实例研究的部分成果，因篇幅所限，有些成果只能忍疼割爱，无法收入，在此谨致歉意。全书由我负责主持编辑，申国昌教授协助完成。

笔者主张的教育活动史研究，以追求全景式总体史为研究宗旨，以民众的教育生活为研究重点，以问题研究为研究取向，以地上与地下、史学与文学、书面与口述三结合作为史料来源，视情而定研究理论与方法，采取“善序事理”的叙事方式，力图对教育活动史研究做更为深入系统的探讨，以开拓领域，转换范式，发展学术，这是笔者以及同仁未来共同追求的奋斗目标。深信今后会有更多的同行，加入教育活动史研究的队伍，共同为发展祖国的学术事业做出贡献。

山东教育出版社蒋伟、王慧两位同志为本书的出版付出了许多心血，在此谨致以崇高的敬意和诚挚的谢意！

周洪宇

2010年10月于武昌桂子山

华中师范大学教育学院

目　录 CONTENTS

五 教育活动史的研究原则、方法与条件

引论

周洪宇

教育史学主要归属于教育学还是历史学？研究对象和方法为何？具有哪些功能？怎样研究和表述才合适？研究者应具备哪些基本素质？学科的未来发展趋势如何？教育史学工作者应怎样顺势而为？上述问题，教育史学界的同仁多年来一直在思考，但众说纷纭，莫衷一是。笔者对此提出了自己的一些看法，明确主张学科性质史学论、研究对象三分论、研究重心下移论、理论方法现代论、学科功能双重论、学术传统继承论、学术表述规范论、教史分期三段论、学者素养要素论、未来发展多元论，以期引起大家的进一步思考，推动教育史学科建设。

一、学科性质史学论

怎样认识教育史学的学科性质？这是我们研究教育史学面临的首要问题，它涉及对教育史学的研究对象、研究方法、研究规范、学科功能、学者素养、发展趋势等一系列基本问题的看法，不能不细作辨析。

关于教育史学的学科性质，目前比较普遍的看法是，教育史学虽然与历史学科有着密切的关系，但它更多地属于教育学科。这从学术界近年发表的一些比较有代表性的教育史学论著可以看得很明显。

在笔者看来，判断一门学科的基本属性，主要应该看它的产生途径、研究对象和任务、研究理论和方法、研究规范，以及它与相关学科的关系。如果深入进去，就会发现，教育史学是历史学科与教育学科交叉而成的一门学科，具有双重学科属性。而从教育史学产生的途径、研究对象、研究理论与方法、研究规范以及与历史学科和教育学科的关系等方面加以考察，教育史学恐怕更多要属于历史学科，尽管它与教育学科关系密切。换句话说，教育史学的学科性质主要姓"史"(当然也部分姓"教")。

为什么这样说呢?

第一，从其产生的途径来看，教育史学是由历史学科与教育学科交叉而来的，是在历史学科的丰厚营养滋润下成长起来的，与历史学科有着天然的"血缘关系"。纵观中外教育史学发展历程，可以发现教育史学的产生与发展，与历史学科的关系比教育学科更为直接和密切。

以美国教育史学为例，美国教育史学在其产生之初就是作为历史学的一部分而存在的。19 世纪七八十年代以前，美国教育史学是混杂在由当时的传教士、文人学者、社会名流、教师等业余历史学者的研究之中。直到 1884 年，一些在德国接受过史学教育的年轻学者在美国建立了"美国历史联合会"，标志着教育史学从业余研究转向专业研究，开始形成独立的教育史学科。不独如此，在西方教育史学的发展过程中，西方的历史学理论和方法也给其烙下了深深的痕迹。在法国，不同时期流行的史学理论与研究方法直接影响着法国教育史学的发展方向。在 20 世纪 20 年代以前，法国占支配地位的历史学研究方法是实证史学方法，在其影响下，教育史学的研究方法也以实证为主；到 20 世纪 20 年代至 60 年代末，法国占主导地位的史学理论是年鉴学派的理论，因而在教育史学界也流行年鉴学派所倡导的重视整体、宏观、群体和问题的研究；20 世纪 70 年代以后，由年鉴学派演化出来的"新史学"流派又影响到了教育史学研究，因而法国教育史界也提出了"新教育史学"。在德国，不论是 18 世纪末到 19 世纪的兰克学派，还是 19 世纪末出现的新史学派，以至于 20 世纪 50 年代以后出现的激进的史学流派，都以不同的方式对德国教育史学研究产生了极为深刻的影响。此外，成立于 1978 年由各国教育史学会或协会志愿加入组成的、目前国际上最有影响的教育史学领域的国际交流与合作机构"教育史国际常设会议"(International Standing Conference for the History of Education，简称 ISCHE)，现为"历史科学国际委员会"(the International Committee of Historical Sciences，简称 ICHS)的正式成员，而且至今美国教育史学会仍与"美国历史学会"有密切的关系，所创办的《教育史季刊》在网站上还与历史期刊归于一类。

中国的情况也很相似。且不说自古以来历代史学论述中包括大量的教育史资料和教育史研究成果，就是在近现代，中国教育史学的产生也与历史学科和历史学者有着直接而密切的关系。近现代第一部中国学者撰写的中国教育史专著《中国教育史》，就是由著名历史学家柳诒徵编撰而成的；民国时期列入商务印书馆《大学丛书》、篇幅最巨、影响最大的一本《中国教育史》的著者陈青之，本身就有着北京高师历史地理科的学术背景；20 世纪 30 年代撰著《中国学校制度》和《中国现代教育史》的周予同，更是著名历史学家。至于编写多部中国教育史论著和资料、对后世影响甚深的舒新城、王凤喈等人，虽然非历史科班出身，但均是自幼习读经史，“对于历史，极感兴趣”，有志史学。可以说，中国的教育史学科最早就是由一批历史学者创立的。

第二，从其研究对象和研究任务来看，教育史学主要是研究教育的历史问题，研究历史上人们的教育活动、教育思想和教育制度，而不是研究教育的现实问题。这是教育史学与教育学诸多分支学科(如教育学原理、教育哲学、教育伦理学、教育心理学、教育政治学、教育经济学、教育社会学、教育文化学、教育法学、教育技术学等学科)在研究对象上的最大区别，它关注的是“历时态”的教育现象，而不是“共时态”的教育现象，注重的是教育产生、发展和演变的过程及其规律，侧重于“历史过程”的描述与“历史真相”的分析，旨在通过对教育历史活动、教育历史事件、教育人物思想和教育历史制度真相的恢复和重现，揭示隐藏在历史表象后面的真实原因和动机，作出合理的说明和解释，并从中获得有益的历史启示和借鉴。简而言之，它虽然研究的是教育问题，但不是教育的现实问题，而是教育的历史问题。研究教育的历史问题，探讨教育的历史规律，这就是教育史学特定的研究对象和任务。

第三，从其研究理论与研究方法来看，历史学科的理论与方法是教育史学的基本理论和方法，是教育史学工作者依凭的主要工具和手段。教育史学特定的研究对象和研究任务，要求教育史学工作者采取历史学者通常采用的基本理论和方法。历史学科的基本理论从大的方面可分为唯物史观理论和唯心史观理论两种，具体来看，主要有马克思和恩格斯的唯物主义史观，兰克(Leopold Von Ranke)的客观主义，实证主义史学理论、斯宾格勒(Oswald Spengler)和汤因比(Amold J. Toynbee)的文化形态史观，布洛克(Marc Bloch)、费弗尔(Lucien Febver)和布罗代尔(Fernand Braudel)的“长时段”理论，勒高夫(Jacques Le Goff)和勒韦尔(Jacques Revel)的“新史学”理论，等等。历史学科的基本方法主要为历史分析法、历史考证法、文献分析法等。历史分析法是运用历史主义的原则，来分析和研究历史的方法。历史主义最早由18世纪末的资产阶级学者提出，后来马克思、恩格斯在前人成果的基础上，结合具体的实践，使历史方法与唯物史观融为一体，确立了马克思主义的历史主义原则。它要求人们在研究每一个历史问题时，必须从历史实际出发，在社会矛盾相互联系、发展中进行分析。历史分析法包括以下几点内容：一是把特定的历史人物与现象放到一定的历史范围内进行分析研究，具体问题具体分析。二是用全面、发展、变化的观点来看待历史。三是通过历史发展的相互联系和实践结果来研究问题，实事求是地看待历史。四是在研究历史问题过程中，要善于抓住典型，从典型的事例出发，把握主流和规律。历史考证法是一种传统的历史研究方法，包括"外证"、"内证"、"理证"等方法。它通过"外证"、"内证"、"理证"等方法，对文献和事实进行考订、辨析、排比、证明，尽力恢复历史的原貌和真相，为历史分析提供基本事实依据。文献分析法是搜集、鉴别、整理文献，并通过对文献的研究，形成对事实科学认识的方法。此外，比较史学、计量史学、口述史学、心理史学等，也是历史学科常用的方法。

上述历史学科的理论和方法，在教育史学产生和发展的过程中，一直为教育史学工作者所运用，在教育史研究中发挥着重要作用。兴起于19世纪的德国著名历史学流派兰克学派所倡导的客观主义、实证主义史学理论与方法，强调辨析史料，恢复原貌，解读背景，重视"外证"与"内证"相结合的方法，这种史学观，很长时间直接影响着欧洲教育史学界，如劳默尔(K. Von Raumer)的《教育学史》四卷本，就是在占有充分史料的前提下，对欧洲乃至世界的教育学发展史和教育学家的思想进行了深入细致的梳理与研究。而20世纪中叶兴起的法国年鉴学派以及之后的"新史学"理论与方法，也对欧美乃至世界教育史学发展产生了重大影响。至于中国的教育史学研究，从创立之日起，就继承和借鉴了中国传统历史学的考证、辨伪、校勘、辑佚等研究方法来开展研究，这种情况在老一辈教育史学家(如柳诒徵、周予同、舒新城、孟宪承、毛礼锐、陈景磐、沈灌群、陈学恂、曹孚、滕大春等人)的研究中体现得尤为明显。很难设想，离开了这些历史学科的理论和方法，教育史学还有什么自己独有的理论和方法？如何开展其研究、取得其成果，从而在学术界占有其一席之地？

第四，从其研究规范来看，教育史学主要还是依据历史学科以实证为主的研究规范而不是教育学科以思辨为主的研究规范。历史学科以实证为主的研究规范强调历史研究的"五性"，即史料的原始性、史实的真实性、过程的完整性、结论的客观性和文字的朴实性，要求史料原始、丰富和可信，忌讳使用二手资料，反对"拣到篮子里就是菜"，讲究"孤证不立"，"有一份证据说一份话"，"小心求证"，"不苛求"，"不虚言"，"不溢美"。这些都是历史学科自其创立以来就逐渐形成的固有的学术规范。

尽管历史学科与教育学科都有注重实证和思辨两个方面的学科秉性，但相较而言，历史学科更偏于实证，而教育学科更偏于思辨，这是一个基本的分野和事实，无须否认。指出这一点，只是强调这两个学科各自的学科特征，丝毫不涉及理论与实证孰重孰轻、孰好孰差之争。事实上，两者都是学术研究之必要，少了哪一种都不行。

很明显，从两种学术规范来看，教育史学显然属于前者而非后者。可以试想，如果不是依据历史学科以实证为主的学术规范而是依据教育学科以思辨为主的学术规范来要求和衡量教育史学研究及其成果，教育史学的论文写得更像思辨色彩浓厚的教育学科论文，那我们今天的教育史学将呈现一种什么样的情形？

第五，从其与相关学科的相互关系来看，教育史学与历史学科的关系最为直接和密切。历史学科大概是人类社会一门最为古老的学科，也是一门包罗众多人类知识的学科。历史学科几乎与任何其他学科都有或多或少的联系，至少每一学科本身发展的历史都是历史学科的一个组成部分。教育史学乃至教育学科中的其他学科也是如此。

教育史学是历史学与教育学交叉而成的一门学科，是历史学科的一门分支学科。历史学者在研究政治史学、经济史学、社会史学、文化史学、军事史学、法律史学等问题的同时，也研究教育史问题。历史学者把教育史作为人类社会史的一个重要组成部分和环节来认识和对待，在人类社会各种复杂的结构和关系中来思考和研究教育史，探讨教育史与政治史、经济史、社会史、文化史等的关系，了解相互之间的影响，揭示其互动的规律。与政治史学、经济史学、社会史学、文化史学、军事史学、法律史学等学科主要属于历史学科而不是政治学科、经济学科、社会学科、文化学科、军事学科、法律学科等一样，教育史学在学科属性上也主要属于历史学科而不是教育学科。

当然，由于教育史学是历史科学与教育科学交叉而成的一门学科，教育史学与教育学科自然也有着十分密切的关系。教育史学是教育学科的一门重要的基础学科。且不说过去中外教育史曾经与教育学(原理)、心理学作为师范院校每位学生必修的三门全校性基础课程，即使是今天中外教育史也仍然是师范院校教育系学生必修课程。可以肯定地说，任何一门教育学科分支学科的研究者，不学习和研究教育史学，是做不好其研究工作的。君若不信，不妨看看今天知名的教育学大家，哪一位不是曾经对中外教育史或教育学史下过一番苦功？哪一位的论著不是体现了历史与逻辑有机结合的鲜明特点，显示出强大的历史感和洞察力？甚至有的教育学大家最早就是从研究中外教育史起步的（远者如舒新城，近者如潘懋元等）。不过，这些只能说明教育史学对于教育学科研究者的必要和重要，不能作为教育史学属于教育科学的论据，就像读书之于学者须臾不可缺少，但读书并不等于学者或研究一样。

或许还会有疑者问道，教育史学的研究者和教育史学专业培养的学生目前主要在高校的教育学院，教育史学学科目前归口教育学科管理，而且教育史学研究及其成果主要发表在教育杂志上，这不正说明教育史学属于教育学科吗？如果是属于历史学科，为什么教育史学的研究者和教育史学专业培养的学生主要不在历史院系，教育史学学科不归口历史学科管理，而且教育史学研究及其成果更多没有发表在历史研究杂志上？其实，只要稍作观察，就会发现，眼下这种格局，其实主要是由于目前的教育管理体制、人才培养体制和学术管理体制所造成的，同时也有历史学科体系过于庞大、无法一一顾及的客观原因，以及教育史学研究者及其成果现有的学术水准还不太高、历史学界难以普遍认可的主观原因，等等。

应该看到，历史学界历来就有不少人乃至史学大家对教育史学充满兴趣，而且近年来兴味日浓，纷纷涉足大学史、教会大学史、中外教育交流史、清末民初教育改革史、教育社团史等，参加甚至主办各种关于教育史学研究的会议，在各类历史研究杂志上发表教育史学研究成果，指导并培养关于研究教育史的学生，他们将之作为从以传统政治史为中心向总体史回归、深化史学研究的要务之一。这说明，历史学界并未忘却或忽视教育史学，教育史学不是教育学界和教育学者的专有领域，仍然是历史学界和历史学者青睐的对象。教育史学研究者如果视而不见、故步自封、茫然自得，恐怕危机就在眼前了。

历史学科大概是最为古老、最为庞大的一门学科。它包容了众多的分支学科，同时又为本学科之外的其他学科提供基础学科——各自的学科史，研究任务不可谓不繁重。客观上这也使得它无暇顾及自己的诸多分支学科，只能采取“委托制”，将之交给其他相关学科来“代理”。而其他学科由于需要历史类的基础学科，自然也乐于“代理”。这可能也是造成上述格局的重要原因之一。不过，它并不意味着“代理”关系就是所属关系。

通过以上分析，我们可以清晰地看出，教育史学是历史学科与教育学科交叉而成的一门学科，具有双重的学科属性。它最早是在历史学科的丰厚营养滋润下成长起来的，早期研究队伍来自历史学界，至今也仍有相当一批历史学者从事教育史学研究。它研究的对象和任务是历史上的教育问题和现象，探讨的是教育的历史规律，又主要采用了历史学科的研究理论、研究方法与研究规范，历史学科的走向直接影响着教育史学的走向，与历史学科的关系比与教育学科的关系更为直接和密切。因此，教育史学主要属于历史学科而非教育学科，尽管它带有相当浓厚的教育学科色彩。

今天的教育史学研究过于"教育学科化"，思辨化而缺乏实证性，失去了自己固有的学科属性和特征，这很不利于教育史学走向成熟。行文至此，笔者不禁想起二十多年前教育史学家陈学恂先生在武汉讲过的一番话："哪一天教育史学研究者的成果在《历史研究》、《近代史研究》、《中国史研究》、《世界历史》等刊物上发表，被历史学界所普遍认可，哪一天我们的教育史学就成熟了。"现在看来，陈先生的话意味深长，发人深省。或许正是由于我们长期以来对教育史学学科性质认识不清，客观上降低了学术标准，放松了学术要求，才进一步增大了教育史学与历史学科原本存在的差距。因此，教育史学研究者应当认清学科性质，建立学科标准，积极关注历史学科的学术动态，认真吸取历史学科的研究成果，向历史学科看齐，使我们的教育史学论著更富于"史味"，更具有"史学"特征，让陈先生的期待早日成为现实。

二、研究对象三分论

教育史学的研究对象是什么？以往各种教育史学论著告诉人们，教育史学是研究教育历史及其规律的学科，具体而言，其研究对象就是教育思想史和教育制度史。这样说对吗？不错的，但细究下来，也不能说很准确、很科学。

笔者认为，这种说法遗漏了教育史学研究另一个甚至更为基础、更为重要的对象，那就是教育活动史。如同教育学不研究人们的教育活动就无法进行一样，教育史学不研究人们的教育活动史，再怎么研究教育思想史和教育制度史，也缺乏前提和基础，只能是一门"见人不见行"、"见物不见事"的教育史学。

从教育学研究来看，最能充分体现教育本质的是人们的"教育活动"。这里的"教育活动"，是专指直接以促进人的有价值发展为目的的具体活动的总称，也是指教育者与受教育者以各种方式参与教育过程并进行互动方式的总和。究其原因主要有：第一，教育活动是教育现象得以存在的基本形式。正如苏联学者休金娜所说："人的活动是社会及其全部价值存在与发展的本原，是人的生命以及作为个性的发展与形成的源泉。教育学离开了活动问题就不可能解决任何一项教育、教学、发展的任务。"①第二，教育活动是影响人发展的决定性因素。人的发展是主、客体相互作用的结果。个体的活动是个体发展的决定性因素。确定教育活动是影响人发展的决定性因素，不仅不排斥教育在人的发展中所起的主导作用，而且为教育在人的发展中的主导作用的发挥指明了努力的方向。人们无法想象，教育学不研究教育活动，如何找到教育的规律？如何解决教育教学问题？如何促进人的有价值的发展？所以，任何国家的教育学研究，都把人们教育活动的研究放在极为重要的地位。

同样道理，教育活动史也应该成为教育史学研究的一个极为重要的内容。教育活动史是教育者与受教育者以各种方式参与教育过程并进行互动的历史，是影响人们的教育思想和教育制度发展过程的关键性因素。它既是教育思想史和教育制度史的起源，又是教育思想史和教育制度史存在的前提和基础，还是连接教育思想史和教育制度史的中介和桥梁。教育活动史与教育思想史、教育制度史构成一种倒三角关系，教育活动史是起源、前提和基础，教育思想史和教育制度史是派生物和结果。没有教育活动史，就没有教育思想史和教育制度史。三者相辅相成，鼎足而立，缺一不可。离开了教育活动史，教育思想史和教育制度史有如无源之水，难以维持，又如无桥之岸，无法沟通。因此，研究教育史，必须研究教育活动史。

教育活动史如此重要，何以在以往的研究中没引起学界注意并作为一个相对独立的部分开展研究？这主要与人们对教育事实和教育现象的认识片面化、笼统化有关。人们以为教育活动史包容在教育思想史和教育制度史之中，研究教育思想史和教育制度史，就是研究教育活动史。久而久之，沿袭下来，以至于习焉不察、司空见惯。应该看到，教育活动史是与教育思想史、教育制度史并列构成教育史学研究的研究对象。以往将教育活动史融化在教育思想史和教育制度史中的理解和做法，是不妥当的。那不是重视教育活动史，而是忽视教育活动史、消解教育活动史。对于教育活动史的研究，在今后的研究中，应该作为一个相对独立的内容来予以重视和强调。

---

① 瞿葆奎主编、吴慧珠等编：《教育学文集・课外校外活动》，人民教育出版社 1991 年版，第 3 页。

还有一个相关问题需要指出，“教育活动”不等于“教育实践”，“教育活动史”也不等于“教育实践史”，这是两组既有联系又有区别的概念。首先，从教育实践概念的内涵来看，教育实践不等于教育活动。广义的教育实践，是指人类特有的能动地培养或塑造符合一定时代需要的现实人的实践活动，这种活动主要包括社会上一切影响人的思想品德、增进人的知识和技能的活动，包括教育思想、教育制度，也包括教育活动。而狭义的教育实践，主要以学校教育为主，具体体现为学校教育活动主体之间的相互关系及活动机制。其次，从教育活动与教育实践的关系上看，教育活动也不等同于教育实践。教育活动是介于教育行为和教育实践概念之间的中位概念。教育活动的概念大于具体的教育行为，但小于宏观的教育实践。由此也可知道，“教育活动史”不等于宏观的、涵盖了教育思想史、教育制度史、教育活动史的“教育实践史”，也不等于具体而微的各种教育行为史，但教育活动史与教育实践史、教育行为史有着密切的关系，研究教育活动史，也是在某种程度上研究教育实践史和教育行为史。

明确了教育活动史与教育思想史、教育制度史的关系以及研究教育活动史、教育思想史、教育制度史的同等重要性，三者各自包含的具体研究内容又是什么呢？

教育活动史主要以历史上感性的、实在的、具体的教育活动的发展及演变为研究对象，重点研究人类历史上各种直接以促进人的有价值发展为目的的具体活动以及教育者与受教育者参与教育过程，进行互动的各种方式的发展、演变的历史。具体包括：分析教育史上教师、学生、教育行政管理人员等在教育过程中的内外部活动及其表现形式和特征，探索这些活动发生、发展的规律及作用；分析研究家庭教育活动、社会教育活动的内容、形式的演变历史及其规律等等。主要研究日常教学史、教师活动史、校长活动史、家庭教育活动史、社会教育活动史、民间教育活动史、教育社团活动史、科技教育活动史、宗教教育活动史、文化教育传播史、海外教育活动史等。教育制度史则主要是研究有组织的教育和教学机构体系，包括学校教育制度和教育行政制度的历史发展与变迁，也包括对教育政策和法规产生、发展及演变历史的研究。主要是研究学校教育制度史、教育行政制度史、教育管理史、教育宗旨史、教育政策史、教育法规史、教育立法史等。而教育思想史主要以教育历史上的教育理论思维为对象，研究教育思想形成、发展的历史过程及其主要内容，同时也兼及对教育历史人物评价以及对社会阶层、学术流派、社会团体的教育主张和思想进行研究，并在此基础上，把握教育思想、教育思潮、教育流派发展的特点和规律，主要研究教育概念史、教育范畴史、教育主张史、教育思潮史、教育流派史等。

以上所说，只是对“具体的教育史学”研究对象的分析，此外还可从另一个角度去探讨“抽象的教育史学”研究对象。在笔者看来，教育史学的研究对象也可分为“具体的教育史学”与“抽象的教育史学”两个部分。所谓“具体的教育史学”是指对教育历史发展过程中的具体历史现象进行实证性研究，它主要通过对教育历史事实之间的具体联系，描述教育历史在各种因素相互作用中向前发展的过程；而“抽象的教育史学”则是对教育史认识过程的形式与规律的研究，包括教育史学史研究、教育史学理论和方法研究以及教育历史哲学研究。限于文章篇幅和论述重心，笔者不对此展开，希望研究者不要疏忽。

三、研究重心下移论

从过去教育史学研究的重心来看，人们会发现，研究重心“高位化”，具体表现为研究者关注的重点主要集中于社会上层精英的教育思想与国家层面教育制度的变迁，论述精英人物教育思想的研究很多，而涉及社会底层人物的教育生活的具体问题与情境的研究极少；教育制度研究“重视的是国家教育机构的形成及其演变，重心放在了描述制度的内容及因袭过程”[1]，缺乏对决策的生成过程、在基层的实施情况及其对学校教育的具体影响等问题的深入研究。笔者过去的研究就多是如此，首先需要自我检讨。坦率地讲，这种情况是不正常的，是传统“英雄史观”的暗中作祟，是学术研究的懒惰，也是不明世界教育史学发展走向的逆势作为。

笔者认为，今后中国教育史学界应当改变这种研究重心“高位化”格局，逐步做到研究重心“下移”，将研究的视线逐步向下移动和对外扩散，实现教育史学研究从精英向民众、从高层向基层、从经典向世俗、从中心向边缘的转移。通过转向研究教育历史当中的具体教育问题，真正展示出生动鲜活的教育史学科特色。

第一，研究重心应下移到日常教育问题。以往教育史研究的关注焦点在于上层人物研究和宏观制度研究，导致微观的细节的日常的问题一直乏人问津，成为研究的空白领域，因此，未来教育史学应当将研究的重心转向教育、教学的具体问题、微观问题和日常问题。如法国教育史学家皮尔·卡

① 李弘祺：《中国教育史英文著作评介》，台湾大学出版中心 2005 年版，第 2 页。

斯巴就主张研究教学过程中与教科书和学生的书写物相关的问题。就教科书而言,可以研究关于教科书的立法、教科书编者的身份、教科书的生产与销售、教科书的内容与科学研究的关系、教科书的使用及其对学生的影响等相关问题;就学生个人书写物而言,可以研究学生的作业簿的书体及质量、作文、日记与书信的内容、学生的图画及雕塑作品的主题等,通过分析这些最基本的日常的微观的教育史料,来探讨当时的教学实况。皮尔·卡斯巴(Pierie Caspard)举了一个例子:

我想通过介绍1720年在法国最著名的中学里学习的学生一份拉丁文作业,来看历史学家是如何通过作业获得信息的。这是一个十三四岁的孩子翻译的一段历史学家节选的文章。从作业来看:第一,由于翻译过程中有一些法文错误,因而可以看出这个孩子的拉丁文掌握得比法文好,这说明法语在当时还不是非常普及;第二,除了规定的翻译内容外,在这份作业中孩子还写了"上帝是我们的拯救者,我们是你的仆人"之类的话来讨好老师。在作业的两边,学生用了拉丁文竖着写了两句话:"上帝是拯救者",另一边是"上帝是宽容者",还画了一个十字,表示自己是一个信徒,相信上帝,是上帝的仆人。……由此可以看出天主教文化对18世纪法国教育的影响,学生在学校不仅获得很多宗教知识,而且已经会用所掌握的天主教知识进行自己的再创作。①

利用这些具体的细节化的史料,通过深入分析,就可以生动地再现当时教育发展的实况,可将一部鲜活的教育史呈现在读者面前。

第二,研究重心应下移到普通民众。法国年鉴学派倡导将研究的重心从少数精英人物转向广大民众。历史学家布洛克说过:"一个杰出的历史学家就像童话中的巨人,他知道哪里有人肉的气味,哪里就是他的猎物所在。"②这里的人,已不再是上层精英,而是下层民众。历史学家布罗代尔曾对前工业化时期的社会图景从最基层作了深入探究,他说:"没有乡村,如何懂得城市?……没有穷人的黑面包,怎有富人的白面包?"③因此,他从饮食、居住、服饰、货币、人口、能源、运输、城市等多角度去研究了普通民众。20世

---

① [法]皮尔·卡斯巴撰,霍益萍译:《谈欧洲教育史研究方法》,《华东师范大学学报》(教育科学版)2006年第3期。

② 张广智、张广勇:《史学:文化中的文化——文化视野中的西方史学》,浙江人民出版社1991年版,第403页。

③ [法]布罗代尔:《15至18世纪的物质文明、经济和资本主义》(卷一),生活·读书·新知三联书店1992年版,第26页。

纪70年以来的美国新史学也对传统史学只注重精英文化的研究取向进行了深入批判，极力倡导以下层民众和大众文化为主体的研究取向，极大地开拓了新史学的研究视野。新史学的这一研究导向，直接影响到教育史学的未来走向。法国教育史学家安多旺·莱昂指出："对于某一教育问题的历史研究看起来印证了布罗代尔的断言：'历史……是人类科学中最富有文学色彩的和有趣易读的学科，总之它最为大众化。'"①受史学界大众化潮流的影响，他特别重视对普通工人教育和普及民众教育发展历程的研究。教育史学研究重心下移民间已成为全世界各国教育史学家的共同心声，正如俄罗斯教育史学家卡特林娅·萨里莫娃所说："教育史教学的任务就是向未来教师展示在整个人类历史中各国各民族人民是如何教育新生一代为未来做准备并形成诸如忠诚、勤奋、精细、诚实等个性。"②研究重心移向民众是今后中国教育史学发展的基本方向和趋势之一，唯有如此，中国的教育史学才能赢得更大的发展空间。

第三，研究史料应更多取之于民间生活。要深入研究教育历史的日常问题与民间问题，就必须注意收集存在于民间和民众当中的教育史料，注意挖掘那些非官方记录和口述史料。教育史学研究应当重视来自于民间的信件、日记、传记、小报、杂志、歌词、民谣、绘画、剪纸、文具、教具、访谈录、口述史料等，真正实现史料取之于民、成果用之于民的终极目标。只有教育史学研究的史料实现民间化，才能最后做到研究成果的民间化。而要想得到更多、更全面的教育民间史料，教育史学研究者必须注重实地考察，以便真正了解教育历史的实况。比如为了搞清楚距今久远的教育事件、教育设施或人物的真实情况，有必要开展对某些教育遗迹的田野调查；为了详细了解当事人尚在世的教育事件或人物，可以进行实地调查和亲自采访，以期求得比较全面、可靠的第一手材料；为了追踪研究一些持续发展尚未完结的教育政策或教改实践，有必要亲身参与实践，对这些事件进行长期的、直接的观察，以求真正客观地把握其整个发展过程。

第四，研究成果应更适合于大众需求。如果所撰写的教育史学论著，尽管研究的内容和所使用的材料均是民众教育史，然而，写史的方法仍然使用

① [法]安多旺·莱昂著，樊慧英、张斌贤译：《当代教育史》，光明日报出版社1989年版，第52页。

② [俄]卡特林娅·萨里莫娃、[美]欧文·V.约翰宁迈耶主编，方晓东等译：《当代教育史研究与教学的主要趋势》，教育科学出版社2001年版，第76页。

深奥、晦涩的表达方式，广大群众看不懂，这样的教育史学仍然不能成为真正意义上的大众化的教育史，也就违背了教育史学研究的宗旨。英国教育史学家理查德·奥尔德里奇就将教育史学研究和教学的宗旨定位在要适合大众的需要、成为普及的内容。他说："教育史是更普及的、大众教育领域的课程。"①教育史学研究重心的下移，是全方位的，不仅要求研究对象由精英转向民众，研究史料从官方转向民间，而且要求研究成果应符合大众的欣赏水平和阅读能力，以避免教育史学的"贵族化"倾向。当然，教育史学研究成果的通俗化、大众化，并非要将教育史学研究庸俗化，只是在表达方式上要力求形式生动活泼，成为民众喜闻乐见的作品。

四、理论方法现代论

教育史学的理论与方法如何适应形势的变化和发展，进一步现代化？这是需要认真研究的一个问题。

在以往教育史学研究中，研究者的一个普遍问题是方法论意识不强，对理论与方法的自觉思考和研究不多，以至于学术研究多为"见木不见林"之作，局部有突破，整体难创新，对教育历史规律的认识十分欠缺，与近年来迅速改变、日益强调理论方法论的经济学史、社会学史、法律学史、哲学史、文学史等学科相比，这种情况尤为突出。

现在看来，教育史学研究要想跟上时代步伐，避免成为学科发展的落伍者，就应当不断完善研究理论与方法，在充分运用原有研究理论与方法的基础上，广泛借鉴和吸收人文社会科学乃至某些自然科学的理论与方法论成果，使本学科的理论与方法现代化。

具有系统且现代的研究理论与方法，是教育史学科永葆青春的重要保证，也是教育史学科真正成熟的标志之一。教育史学研究者应该对此作出自觉探讨。怎样建立系统且现代的教育史学理论与方法体系呢？笔者认为，应当遵循以下原则：第一，必须坚持以马克思主义唯物史观为基本指导思想；第二，必须坚持史学本位原则，任何时候都不能抛弃历史学科的基本理论与方法，弄得本末倒置，为新而新；第三，必须坚持开放性原则，广泛借鉴和吸收人文社会科学乃至某些自然科学的理论与方法论成果，不能坐井观天，画地为牢；第四，必须坚持系统性原则，注意研究理论与方法的系统构

① [俄]卡特林娅·萨里莫娃、[美]欧文·V. 约翰宁迈耶主编，方晓东等译：《当代教育史研究与教学的主要趋势》，教育科学出版社 2001 年版，第 121 页。

建，特别是注意研究理论与方法的自恰和相容，不能搞得相互矛盾，令人莫衷一是；第五，必须坚持层次性原则，注意按照特定的研究对象和层次来确定方法的适应范围，“一把钥匙开一把锁”，防止以往“一把钥匙开万锁”的懒汉思想和做法。

这里需要强调的是，建立系统且现代的教育史学研究理论与方法，尤其应当以更加开放的心胸，更加敏锐的眼光，去主动选择与借鉴现代众多学科的最新理论与方法，打破传统狭小的研究视野，开阔新的研究思路，不断与其他学科特别是新兴学科进行对话，从中吸取有益于教育史学科发展的理论与方法。比如：可以借鉴历史学、社会学、政治学、经济学、人类学等人文社会科学乃至数学、系统论等自然科学的理论与方法，采用跨学科研究方法，打破学科壁垒，主动融通与借鉴其他学科的理论与方法，使教育史学理论与方法及时跟上时代步伐，以常新的姿态立足于学界，为研究服务。

基于以上考虑，笔者试着提出一种教育史学的“三维系统方法论”，作为对教育史学理论与方法现代化的探索。具体说来就是，教育史学理论与方法体系，应该是一个由研究方法的理论基础、一般研究方法、具体研究方法三个大的方面及其相关层次构成的研究系统。

第一个大的方面是研究方法的理论基础。研究方法的理论基础主要是指教育史学研究中起基础和指导作用的理论方法论，包括教育史学研究的宏观理论、中观理论与方法论。根据不同的性质、地位和作用，它可细分为两个方面：一是马克思主义的唯物史观、五种社会形态理论等这类宏观历史理论和经济决定理论、阶级阶层理论、人民群众创造历史理论等这种中观史学理论，另一个方面是兰克、斯宾格勒、汤因比、布洛克、费弗尔、布罗代尔、勒高夫和勒韦尔等人史学理论中值得借鉴的合理因素。这方面的内容主要以马克思主义的宏观历史理论和中观史学理论的积极因素为基础，吸收其他理论流派的合理因素而形成。它们共同构成了教育史学研究方法的理论基础。这些理论并非教育史学独有的理论，但可为教育史学所用。

第二个大的方面是一般研究方法。一般研究方法是指在研究社会历史（包括教育历史）现象中普遍使用的方法，又称普遍方法。它是哲学思维方法在社会历史（包括教育历史）研究中的运用，主要包括历史分析法、阶级分析法、比较分析法、逻辑分析法、系统分析法、结构分析法等，其功能是分析社会历史（包括教育历史）现象的内在辩证关系和本质特点，在更深层次上更好地把握教育历史的规律。

第三个大的方面是具体研究方法。具体研究方法是指带有较强技术性和专门性,用来处理和分析教育史料,进行基础研究的方法和技术,其功能为复原教育史实和基本线索,为深入研究打下坚实基础、创造条件。根据不同的性质和作用,它可细分为两个方面:一是历史学科一般使用的方法,主要包括历史考证法(又称历史考据法)、文献分析法、口述历史法、历史模拟法等。二是跨学科方法,即借鉴、吸收其他人文社会科学乃至自然科学的认识方法与技术手段来研究教育历史的方法,主要包括田野调查法、个案分析法、心理分析法、计量分析法等。

这三大方面可视为教育史学研究方法的宏观层、中观层和微观层,各自有其对应的范围和领域,分别处理不同层次的问题。研究方法的理论基础是最高层,所要解决的是研究立场和指导思想的问题。一般研究方法是中间层,所要解决的是对社会历史(包括教育历史)现象及其原因、本质的认识,更好地把握教育历史的规律。具体研究方法是最低层,所要解决的是教育史料的处理和分析,恢复教育史实和基本线索,为深入研究铺平道路。三者相辅相成,不可或缺。教育史学研究者可根据自己的具体研究需要,采用不同的理论、方法或技术,解决不同的问题,以充分发挥各自的作用。

建立这样一种教育史学研究的系统方法论,有利于研究者在研究之始就清楚地知道自己要解决的问题是什么,要选择的理论是什么,要使用的技术和手段是什么。可以清楚地决定自己的研究步骤和研究程序,判断自己的研究进度,缺少哪些环节和手段,还需要做哪些工作,使研究工作尽量规范化、程序化,具有可操作性。特别是对于初入门的年轻人,更能提供方便。

从目前情况看,以上方法教育史学研究者运用得比较多的,还是历史分析法、阶级分析法、文献分析法、比较分析法、逻辑分析法、个案分析法等研究方法,而历史考证法(历史考据法)、田野调查法、心理分析法、计量分析法、口述历史法等研究方法和手段的运用还比较少,需要进一步加强。

需要指出,方法只是工具和手段,是达到目标的桥梁。千万不能为新而新,为方法而方法,本末倒置。方法的运用应根据问题的性质和研究的需要而定,旧方法未必无能,新方法未必有效。理论无论新旧,科学才行。方法无论新旧,适用就好。在选择理论和方法时,必须时刻注意理论、方法与问题的相容性、相适性,否则理论与方法新则新矣,但无济于事,得出的结论难以令人信服。

五、学科功能双重论

近年来,学术界关于教育史学价值的讨论一度成为热点,有的认为教育史学具有寻真、育人、资政的价值，有的认为除此之外，还具有学科发展价值和现实经济价值。究竟孰是孰非，不是笔者关注的重点，笔者感兴趣的是，采用“教育史学的价值”这个概念是否合适，如果不合适，应该采用什么概念来表述教育史学的作用更准确呢？

笔者认为，所谓价值，就是标志着主体与客体关系的特殊范畴，是客体对于主体的作用和影响，包括客体对于主体的需要的满足和主体对于客体的评价两个方面。用“教育史学的价值”这个带有人们强烈主观判断色彩的概念来表述教育史学的作用，似乎并非最好。笔者认为还是“教育史学的功能”这一概念更合适。

所谓“功能”，是指事物的功效、能力，它是事物本身固有的属性。作为一种对象性范畴，它是在与其他事物相互联系、相互作用中体现出来的。“教育史学的功能”是较客观而中性的概念。不管人们怎样看它，都客观存在，不会因人们的臧否而增多或减少，随人们的意志而转移。这与带有人们强烈主观判断色彩的“教育史学价值”的概念是有区别的。尽管两者差别不大，事实上过去人们(包括我自己)就经常不做区分地交叉使用，但学术研究的前提是概念准确，有时候，差之毫厘，失之千里。严谨的学术研究，往往是从学术概念的推敲开始的。当下的教育史学研究，距此境界尚远，尤需注意。

教育史学的功能就是教育史学的作用，即教育史学作用于人类社会的功效、对人类社会发展的意义。怎样看待教育史学的功能呢？笔者认为，教育史学的功能主要体现在两个方面，即它的学术功能和社会功能。

先看其学术功能，即教育史学对于学术研究、学术事业、学术发展的作用。这是其本体功能，也是其基本功能。具体来说，教育史学的学术功能主要有哪些呢？

首先，教育史学具有“存史”功能。这是教育史学的基本学术功能之一。教育史学研究的基本特点在于“重陈述、嗜记载”。它通过对各种教育历史资料的考订和鉴别，并以此为中介，对教育历史事实进行描述，从而达到再现教育历史事实、重构并保存教育历史的目的。

其次，教育史学具有“释史”功能。教育史学不等于客观的教育史料和教育史实，而是带有强烈主观价值观念的研究者在研究教育史料和史实基础上对教育历史的认识和解释。这种认识和解释是客观与主观交融的结果，可能正确，也可能偏颇。研究者应力避偏颇。

再次，教育史学具有“寻真”功能。教育史学研究不仅要以史料为基础，叙述教育历史的具体过程，还必须对其历史事实进行科学的研究和分析，从而揭示其彼此之间的有机联系，并从无数偶然教育历史史实里面概括出其间的必然因果关系，抽象出无数偶然教育历史史实背后隐藏的普遍性规律。

最后，教育史学具有“积累”功能。学术是积累起来的。教育史学研究是一种学术事业，也是一种学术积累。这种事业和积累对于整个学术事业和学术研究的发展都有益处。所以，教育史学的存在与发展，是学术事业发展的必然要求。

再来看教育史学的社会功能。

教育史学的社会功能是教育史学研究及其成果对推动人类社会进步和发展所产生的作用，主要有以下四点：

一是教育史学的“资政”功能。研究教育史学的目的在于“正言之，为模范，为指南；反言之，则亦前车之覆辙也”[①]。教育史学能够揭示教育与政治之间的动态关系，为现实政治活动提供历史借鉴，为教育政策的制定提供历史依据。同时，它也能像历史学科一样以特有方式满足社会经济生活的某些需求，为社会经济发展提供有益的历史借鉴。

二是教育史学的“助教”功能。巴茨(P. F. Butts)说：“研究教育史可以帮助我们看出目前的重要问题是什么，这些重要问题是怎样出现的，过去曾怎样解决的，过去解决的办法能否用来解决目前的问题。”[②]教育史学记录、叙述着人类悠久的教育历史进程，并对今天的教育实践和社会生活予以指导；人们可以从教育历史兴衰更替中总结教育的本质，探求教育发展的历史规律，鉴往知来。

三是教育史学的“育人”功能。历史是一种智慧，读史使人明智，教育史学有助于教师的培养与培训。教育史学是教育学科的一门重要基础学科，被纳入国内外师范院校的课程体系之中，成为教师必备的基本知识。博大精深的教育思想史、丰富多彩的教育活动史和教育制度史直接为教育工作者提供精神养分。教育史学通过多种渠道来增强教师的职业使命感和责任感，从而展现出教育史学的“育师”功能。教育史学还有助于教育学科研究者素质的提高。诚如教育史学家滕大春先生所言，教育史学“能培养人们较为远大的教育眼光和对于教育课题的领悟能力，而这种眼光和能力每每产

---

① 周洪宇、刘居富主编：《迈向 21 世纪的中国教育科学》，华中师范大学出版社 1998 年版，第 305 页。

② 滕大春：《美国教育史》，人民教育出版社 1994 年版，第 58 页。

生人们意识不到的威力”①。教育学科研究者要拥有足够的工作或研究能力,不能不批判性继承前辈的教育史学遗产。教育史学研究可以让教育学科研究者了解教育历史,吸取历史智慧,为其开展研究提供理论指导。此外,通俗易懂的大众化教育史学论著不仅培育教师和教育史学工作者,还服务于各色人等,为非教育史专业人员提供基本的教育史实和观点,增加他们的历史知识,满足爱好历史的兴趣,带给他们精神愉悦,陶冶他们的性情,开阔他们的眼界。

从教育史学学术功能与社会功能的关系来看,其学术功能是社会功能的前提与基础,其社会功能是学术功能的延伸和补充。

教育史学的学术功能是社会功能的前提和基础。教育史学研究以记载和描述教育历史为基础,进而通过对教育历史的理解和解释、抽象与概括,揭示教育历史发展规律,总结历史经验教训,启迪人们的智慧,帮助人们了解教育和社会的过去,正确观察和认知现在的教育和社会状况,进而改进现在的教育和社会,大体预测教育和社会的未来,并自觉地从事教育历史文化积累和历史创造活动。很显然,教育史学的“存史”“释史”“寻真”“积累”诸功能,是教育史学“资政”“助教”“育人”诸功能得以发挥的基础和前提。

教育史学的社会功能是学术功能的延伸和补充。教育史学由历史学科与教育学科交叉而成,尽管主要属于历史学科,但带有教育学科色彩,要为历史与现实服务。它不仅仅要科学地解释人类的教育历史,更应以促进当今的教育改革与发展为己任。教育史学只有在其学术功能的基础上,以客观的、高质量、高水平的教育史学研究成果为教育史学社会功能的发挥奠定基础,才能保证教育史学发挥正常的社会功能。

六、学术传统继承论

近年来,极少数教育史学研究者食洋不化,只强调引进西方的研究理论和方法,而忽视了对中国优良学术传统的继承。有的研究者虽然也赞同继承中国优良学术传统,但只是将之视为一种发展学科的策略,没有上升到学科发展的方向和道路问题上来认识。这显然是值得深思的。

笔者认为,继承优良的学术传统是中国教育史学乃至整个教育学科摆脱盲目照搬西方模式,实现教育学科本土化的根本途径。它不是一个策略问题,而是一个方向和道路问题,应该引起我们的高度重视。我国的教育史

---

① 滕大春主编:《外国教育通史》第 4 卷,山东教育出版社 1992 年版,第 5 页。

学研究固然有必要大力借鉴与学习其他发达国家的研究理论与方法，但更重要的是应科学地批判继承本国传统史学的理论和方法，应当真正将研究视线转向本土的学术传统，这既是微观上研究方法的继承，又是宏观上研究道路的选择。

如何批判地继承中国优良学术传统，构建具有本土特色的教育史学科体系，笔者近年曾与申国昌博士在《新世纪中国教育史学发展趋势》一文中明确提出自己的观点：一是应批判地继承中国学术传统价值取向的合理因素。固然，教育史学研究需要借鉴西方有价值的学术成果，要以开放的心态去接纳外来学术文化，而不能将西方有益于我们学科发展的东西拒之于国门之外。然而，我们中国教育史学毕竟是在中国土地上，在中国历史传统和现实国情下，针对中国的教育历史问题开展的学术研究，是中国学者在从事的学术研究。我们不能将数千年来积淀和传承下来的中国学术传统价值取向的合理因素轻易地丢弃。从古代的文以载道、格物致知、经世致用，到近现代的学以致用、实事求是、求真务实，我们可以明显看出中国学术传统价值取向的演变与发展轨迹。我们今天的教育史学研究人员就是要弘扬与继承这种学术传统价值取向的合理因素，在教育史学研究过程中，学会从国情出发，联系现实，结合实际，力求古今贯通，学以致用。

二是应批判地继承中国传统史学的思维方式。中国传统历史学一贯注重从宏观角度去思考与把握历史发展的脉络，注重整体思考与综合分析，善于从历史的全程来总结与概括发展走向与趋势，不太注重微观研究，往往宏观研究的成果多，而细节研究得少。采用整体、宏观思维方式来研究历史，是中国古代史学家的一贯方法。这种思维方式有利有弊，关键是取利去弊。

新世纪的中国教育史学研究，应当批判继承这一史学研究传统，学会从整体去思考中国教育发展的整个历程，善于从宏观视角去体认和把握教育思想、教育制度与教育活动之间内在的必然的联系，并且学会运用归纳的思维方法，对各种细微的、日常的教育史料作整理和分析，从具体人物的思想和活动去窥见整个社会大众和社会潮流的动向。

三是应批判地继承中国传统学术理论范畴。近年来，史学界和教育史学界广泛引入与借鉴西方史学理论与方法，这本无可非议，是学术发展的必由之路，也是学术开放的具体表现。然而，在学习与借鉴西方史学理论的过程中，有时会出现盲目照搬、舍本求末现象，即为了一味追新潮，却将中国几千年来保留和积累下来的传统史学理念范畴人为地丢弃了，这是一种不明智的行为。教育史学在未来的学科建构中，应当重视研究中国传统学术特别是包括传统教育的理论范畴,努力发掘中国传统教育中具有生命力的理论范畴,如“启发诱导”“因材施教”“循序渐进”“教学相长”“长善救失”“博精兼顾”“知行合一”等。这些均是流传千古的教育理论范畴,在中国教育史上具有旺盛的生命力。

四是应批判地继承中国传统史学研究方法。中国历代史学家在治史的过程中,对史料的处理积累了丰富的经验,形成了一些专门的学问,如版本学、目录学、校勘学等,总结出不少至今仍然很有使用价值的研究方法和技术,诸如辑佚、校勘、辨伪、考证等。这些传统学问和研究方法对于教育史学研究永远具有使用价值,因为不管在什么时候研究教育史学,都离不开史料,而且需要的是可靠的史料。正如历史学家张宪文所说,研究历史必须“考订史料的真伪,确定史料的年代、作者、版本和来源,辨明史料的价值,以做到求实存真,从而为历史研究提供丰富的、可靠的史料”①。而要搜集史料,就必须学习与了解版本学、目录学、校勘学等知识,掌握辑佚、校勘、辨伪、考证等方法和技术等。

五是应批判地继承中国传统史学编撰体裁。章节体自西方引入后为中国学术包括史学编撰提供了一种较好的编纂体裁,但若不分任务和对象,一概采用这种形式,就会使研究成果呈现形式过于单调。因此,今后教育史学编纂体裁在采用章节体的同时,还应当从中国传统史学编撰体裁形式中吸取营养,力求学术表述多元化。中国传统史学编撰体裁形式有:编年体、纪传体、纪事本末体、学案体等多种,这些编撰体裁至今对教育史学研究和表述具有重要参考价值。编年体是按照历史事件发生的年代顺序来编写史书的一种编撰体裁。纪传体是以人物传记为中心,叙述当时史实的编撰体裁。纪事本末体是就历史上的重要事件,自始至终有系统地将其叙述完整的体裁,便于人们系统地了解一个历史事件的原委。学案体是为了适应编写学术史的需要而创立的一种史书体裁。教育史学研究者可根据自己的需要采取合适的编写体裁,达到最好的表述效果。在这方面,教育史学研究者应向历史学家张舜徽先生学习,他撰写的三卷本、百余万字的《中华人民通史》,就是一个范例。

七、学术表述规范论

学术表述是一个比较宽泛的概念,是指凭借教育史学研究者将客观真

① 张宪文:《中国现代史史料学》,山东人民出版社1985年版,第2页。

实的史料，通过合适的编纂体裁、得体的体例格式、规范的撰写程序、高超的文字技巧等来准确清晰地再现史实与表达思想。鉴于目前教育史学界普遍出现的编纂意识缺乏、编纂体裁单一、语言表述随意、编写不合规范等问题，笔者认为应从以下几方面加强研究者的学术规范：

第一，史料运用规范化。有不少年轻学者在撰写教育史学论文或编写著作时，贪图简便，害怕吃苦，不去实地考察或到档案馆、图书馆搜集第一手资料，不愿做基础性工作，不注重引用原始史料，而是大量转引教育史料汇编或他人论著中使用过的第二、三手资料，引用了也不核对，结果往往出现问题。严谨的教育史学研究者应当注重在一手史料上下功夫，学会对史料的考证与辨伪，从而达到准确使用可靠史料、呈现历史真实的目的。

第二，编纂类例规范化。教育史学编纂的类例，也可称为体例、义例、笔法，是指在编纂过程中的组织形式和编纂惯例，包括序言设置、标题设计、引文规范、注释要求、附录编排、各种称谓等。编纂教育史学著作，一定要慎重考虑类例问题，具体内容包括取材、序言、标题、引文、注释、附录、时间、地点、体式、称谓、议论、分类、图表、标点、数字写法等。不要以为这些地方问题不大，其实，稍有疏忽，就铸大错。

第三，编纂程序规范化。教育史学编纂的程序主要是指编纂程序的基本模式、基本原则和方法等。一般说来，教育史学编纂程序的基本模式大体为：(1) 确定选题；(2) 搜集资料；(3) 拟订体例和撰写提纲；(4) 撰写初稿及修改定稿。每个程序都有严格的规范和要求，撰著者要尽量按照其程序来进行编纂，这样才符合学术规范。

第四，语言表述规范化。教育史学研究成果的语言表述要文风朴实，清通畅达，做到准确、简练、生动。笔者认为，教育史学论著的语言表述应坚持这样几条标准：(1) 准确。即叙述史实要真实而确切，对引用的史料和他人论点的阐述要符合原意，不能随意引申和曲解；使用的概念、术语要准确恰当，判断、推理要合乎逻辑等。(2) 简练。即语言表述要简明扼要，少讲废话、套话、大话，做到语言表达得体、适当。为此，语言表述首先应合乎语法和逻辑规范；其次要平时注意锤炼语言，避免搭配不当、结构残缺、成分多余等错误，增强语言的感染力，提高语言表达能力。(3) 生动。即要有文采。教育发展史本来就是一个动态的、富有生命力的过程，教育史学著作要把这动态的、富有生命力的过程表现出来，就需要运用生动的语言。

前人在此方面已作出表率，例如，历史学家、文学家司马迁的《史记》写人叙事极其生动，如完璧归赵的蔺相如、叱咤风云的项羽、不拘小节的刘邦等，一个个历史人物在其笔下变得形象鲜明，栩栩如生。所叙的巨鹿之战、鸿门宴、垓下之围，神采飞动，读之如身临其境。《史记》一书成为集文学与史学于一身的千古绝唱，这与其优美的语言表达是密切相关的。又如，历史学家章开沅先生的中国近现代史论著，之所以引人入胜，读来兴味盎然，与作者善于根据需要引用古人的诗词名句来增强文章的感染力和吸引力有关，值得后学者效法。

八、教史分期三段论

教育史分期是一个重要的理论问题。怎样科学地进行历史分期，学术界一直争论不休，众说纷纭。

新中国成立以后，不少史学论著包括教育史学论著大都套用五种社会形态的理论来进行分期，将人类社会不分国别、不分地区、不分民族一概分为五个阶段，即原始社会、奴隶社会、封建社会、资本主义社会和社会主义社会，这显然不够科学，违背了马克思反复强调的具体情况具体分析的基本原则。

笔者认为，教育史分期应当坚持一般与特殊结合、历史与逻辑统一的原则，充分考虑教育自身的发展特点来合理划分不同阶段。具体来说，教育史分期主要应以重大教育事件的出现，特别是重要教育制度的产生为标志和依据，参照社会史分期的一般标准来定。之所以如此，是因为重大教育事件的出现，特别是重要教育制度的产生，都是教育活动和教育思想的产物，是教育活动和教育思想的集中体现。本人对教育史分期问题的基本观点如下：

从整个人类的教育活动过程来看，人类社会的教育历史大致可划分为三大阶段：原始教育（自发的教育）、古代教育（规制的教育或前现代教育）和现代教育（自为的教育）。第一阶段的原始教育，是建立在极为低下的社会生产力基础之上的，以自发传授生产和生活经验为主要内容的，尚未从生产和生活中分离出来的教育活动的历史，包括自然形态的原始教育和原始公社后期学校教育的萌芽两个时期。第二阶段的古代教育，是建立在以手工劳动为特点的小生产基础之上的，以学校教育制度的诞生为标志的，人类有目的、有计划、有组织地培养人的活动的教育历史过程。它包括从学校的产生到现代教育制度形成前人类社会的教育，其特点表现为：第一，形成了专门的教育机构——学校，出现了专门从事教育活动的人员——教师。第二，逐步呈现出明显的阶级性和严格的等级制。第三，无论是教育目的还是教育内容都不具有明显的生产性。第四,无论教育组织形式、学制体系,还是教育方法尚处于教育发展的低级阶段。第三阶段的现代教育,是建立在机器大工业生产基础上与现代社会发展相适应,具有明显生产性、系统性、普及性、科学性和革命性,有计划、有组织、有目的地培养人的活动的教育历史过程。其特点概括起来主要有生产性、普及性、民主性、科学性、开放性和整体性。目前人类社会的教育整体上仍处于现代教育阶段,但已出现所谓“后现代教育”的迹象。

根据教育自身发展的特点,重大教育事件的出现,特别是重要教育制度的产生,我们在将教育历史分为原始教育、古代教育、现代教育的基础上,还可以对中外教育史的具体分期作进一步的划分。

就中国教育史分期而言,在原始教育、古代教育和现代教育三大阶段的划分基础上,可以进一步作如下划分:

第一,将原始教育进一步分为完全自然形态的教育和学校教育制度的萌芽时期两个阶段。其中,完全自然形态的教育时期,主要指中国教育的产生到氏族公社末期学校教育萌芽前的教育。这一时期的教育,尽管随着人类生产的发展和社会生活的丰富,教育内容日趋丰富,但是从整体上讲,这时的教育仍然与人类生产和生活融合在一起,属于一种完全自然形态的教育。而进入氏族公社末期,随着阶级的出现,学校教育开始萌芽,尽管这时萌芽中的学校尚未从人类其他活动中完全独立出来,形成制度,但是它毕竟与完全自然形态的教育有质的区别,为教育制度的最后产生奠定了基础。

第二,将古代教育进一步划分为:夏商周官学教育制度和宫廷“保傅教育”的形成时期;春秋战国至秦汉时期官学教育制度的发展和私学教育制度的形成时期;魏晋南北朝至隋唐五代多元教育制度及科举制度的形成和确立时期;宋元时期书院教育制度和理学教育的形成时期;明清时期理学教育的确立和现代教育的萌芽等不同阶段。在中国古代教育漫长的发展过程中,“虽然经济的发展相当迟缓,文化学术的进步相当定型,并不意味着这段时间丝毫没有进步可言”①。其中教育进步的主要标志就是新的教育制度的建立。因此,在整个中国古代教育发展过程中,不论是私学教育制度的产生、科举制度的确立、书院教育制度的出现,还是学校教育制度更新,都是总体把握教育历史演进过程的重要界标。这些界标不仅有利于我们从纵向上把握教育历史发展过程的主要特点及规律,还在一定程度上反映出教育与

① 顾树森:《中国历代教育制度》,江苏教育出版社 1981 年版,第 2 页。

经济和政治发展的基本情况。

第三，现代教育以新式学堂的建立，现代学制的形成、沿革、调整和发展为标志。在笔者看来，中国现代教育的起点是1840年鸦片战争以后西方传教士在华的办学和1862年京师同文馆的建立，其形成则以1904年、1912年和1922年学制的颁布作为标志，其调整和演进以1950年前后学制调整为界标，而现代教育在中国的全面发展和改革，则开始于1978年以后。据此，可将中国的现代教育分为五个时段：现代教育制度的发轫时期（1840—1904年）；现代教育制度的确立时期（1904—1922年）；现代教育制度的定型时期（1922—1949年）；现代教育制度的调整时期（1949—1978年）；现代教育制度的发展与改革时期（1978年至今）。这五个时段中，虽然由于中国特殊的社会历史背景，教育呈现出一定的复杂性，但是在复杂的教育现象背后，能体现教育历史发展变化的界标则主要是现代教育制度的产生和发展，因为它毕竟是教育活动和教育思想的产物，是教育活动和教育思想的集中体现。

就外国教育史分期而言，可在原始教育、古代教育和现代教育三大阶段的划分基础上，进一步作如下划分：第一，原始教育可分为氏族公社前期自然形态的教育时期和军事民主制时期教育阶级教育的萌芽时期；第二，古代教育可分为古代学校教育制度的产生及教育思想的奠基时期，中世纪宗教、世俗教育以及大学教育制度的发展时期和近代教育新教育制度及思想形成和发展时期；第三，现代教育可分为现代教育制度在欧美及日本的定型时期（18世纪中叶至19世纪中叶），现代教育制度在欧美及日本等国的确立时期（19世纪中叶至20世纪中期第二次世界大战），现代教育制度在欧美、日本及苏联等国的发展和改革时期（20世纪中期第二次世界大战后至今）。

以上分期原则、标准、依据和思路，只是个人看法，是否妥当，有待进一步研究与检验。

九、学者素养要素论

教育史学研究者的素养如何，直接关系到教育史学的生存和发展，是决定教育史学科命运的关键。尤其是在当前教育史学科发展出现危机的情况下，对教育史学研究者素养的探讨就显得更为重要和紧迫。

笔者认为，一个合格的教育史学研究者应具有“史德”“史识”“史学”“史才”四种素养。唐代历史学家刘知几曾提出史家应当具备“史才”“史学”和“史识”，清代历史学家章学诚在此基础上又补充了“史德”，并将此四者排列为：史才、史学、史识和史德。近现代历史学家梁启超则将四者排列顺序变更为:史德、史学、史识、史才。笔者的看法与梁启超略有不同,认为四者的排列次序应该是:先史德,次史识,后史学,再史才。这是因为:史德,是研究主体的内在灵魂,统领着其他三个方面;史识,涉及研究主体的研究方向、研究视野、学术气度和学术洞见,直接关系到研究主体的研究路向、治学追求和历史洞察力、判断力;史学,是研究主体必备的知识结构,制约着研究主体的研究广度与深度;史才,是研究主体的研究能力的总称,是研究者内在的研究潜力。

先谈史德。所谓教育史学研究者的"史德",指的是研究者应具备的一种追求真理、探索规律的精神品质,主要表现为独立人格、主体意识、献身精神和社会责任四个方面。

教育史学研究者的独立人格,是指研究者在研究中要做到不受外界的干扰,独立自主地追求真理,实事求是地记录教育史实真相。要培育与维护教育史学研究者的独立人格,主要应做到:一要坚持自己独立的学术见解;二要具备一种超越功利的心态,把研究视为一项崇高神圣的事业。在培养独立人格过程中,要保持客观公正的心态,要有一种宽容精神,应拥有一种广阔的学术视野和宏大的文化气度,要有合作精神与团队意识,要遵守学术道德和学术规范。

教育史学研究者的主体意识,是指研究者对主体地位、主体能力和主体价值的自觉意识,以及在此基础上对外部世界和人自身自觉认识和改造的意识。增强教育史学研究者的主体意识,应当从以下几方面去努力:第一,应该重视研究主体修养问题,这是加强自觉的主体意识的基础。教育史学研究者的主体修养,包括"主体哲学观点的进步性,政治立场的革命性,知识结构的合理性,以及生活经验的深化、高尚情感的培养、性格气质的锤炼等诸多方面"①。第二,要有强烈的教育史学理论创新意识。教育史学理论创新是时代的呼唤,反映了社会发展对教育史学的要求。第三,应当进一步强化从事教育史学研究的主体意识。即在研究课题的确定、对教育史料的判断和鉴别、对教育史料价值的发掘等方面表现出主体意识和自觉选择意识。

教育史学研究者的献身精神,是指对教育史学研究的忠诚,要求教育史学研究者时刻存有为教育史学科发展而做出必要奉献与牺牲的思想准备,并努力将其转化为行动。献身精神应体现在以下几方面:第一,要有一种献

① 张广智、张广勇:《史学:文化中的文化——文化视野中的西方史学》,浙江人民出版社 1991 年版,第 165 页。

身学术的意识和思想准备。从事教育史学研究并不总是一件十分轻松和愉快的事情,需要一个研究者具有足够的细心、耐心和恒心。第二,应当以追求事业所特有的敬意与激情来从事教育史学研究。第三,应当潜心学术,无怨无悔。能够排除与抵制外界的干扰与诱惑,力避浮躁。第四,应当勤奋努力,持之以恒。

教育史学研究者的社会责任,是指教育史学研究者对教育史学自身的学术功能和社会功能的体认和追求。对教育史学学术功能的认识,集中体现在他们对教育史学工作本身的自觉反省上。对教育史学社会功能的认识,集中体现于指导并服务教育改革实践,丰富并发展教育科学理论,解决教育现实问题,以及预知未来教育发展趋势等。教育史学研究者要履行其社会责任,一要做到"不虚美,不隐恶,善恶必书";二要具备历史感,分析问题时采取历史的态度,一切从历史实际出发,实事求是;三要具有关注和参与现实的意识。通过关注现实,参与现实,来实现教育史学为当前教育改革与发展服务的目的。

次谈史识。所谓教育史学研究者的"史识",是指研究者在研究工作中所表现出的一种通识,一种历史洞察力、判断力,类似于我们今天所说的学术视野、学术襟怀和学术洞见。司马迁的学术追求是"究天人之际,通古今之变,成一家之言",这是何等的抱负!张舜徽力倡会通之学,反对褒贬任情的小家之气,主张治学气象弘阔,又是何等的气魄!章开沅主张古今之通、中西之通、文理之通,以求通思维来思考历史,更是何等的格局!前辈的史识令人景仰,更需要继承和弘扬。

再谈史学。所谓教育史学研究者的"史学",是指研究者所必需的相关知识和学问,相当于我们今天所说的知识结构。

笔者认为,教育史学研究者的知识结构应包括三个层次:第一个层次是教育史学的专业知识,古人云:"欲为一代经纶手,须读数篇要紧书。"这"数篇要紧书"就是指核心的专业知识,包括教育史学的理论与方法、中外教育史学史、中外教育史基本知识等。第二个层次是教育史学的专业基础知识,包括历史学科和教育学科。这个层次的知识是支撑教育史学的基本学科知识,因为教育史学是历史学科和教育学科的交叉学科,不了解历史学科和教育学科就无法进入研究领域。第三个层次是一般基础知识,即与教育史学有一定联系并能够为教育史学研究所用的相关知识。这类知识包括哲学、文学、心理学、政治学、经济学、社会学、法律学、伦理学、宗教学、人类学、地理学以及一些自然科学的知识等。当然,知识结构的优化,是一个循序渐进、日趋合理的过程,不能奢望一步到位。

最后谈史才。所谓教育史学研究者的"史才",主要指研究者的研究能力,包括发现与选择研究课题能力、搜集与处理材料能力、语言文字表达能力等。

发现与选择研究课题的能力。要培养选题能力,一要勤于思考,培养敏锐的学术眼力。二要多学习与借鉴教育史学前辈的选题经验,从中获得启示。三要从一些研究性论著中或相关部门的选题规划中学习如何选题,从而提高自己的选题能力。

搜集与处理史料的能力。要培养和提高教育史研究者搜集与处理资料的能力,一是应提高对古文、外语的阅读和电脑的使用能力,为搜集与处理史料奠定基础;二是应熟练地掌握搜集与处理文献资料的知识和能力;三是要从他人论著中学习与借鉴史料搜集与处理的方法和经验。

语言文字表达的能力。教育史学研究者必须重视培养和提高自己的语言文字表达能力,一要学习一些基本的写作知识,掌握论文写作的基本规范、方法与技巧。二应多读一些好的学术论著及优秀文学作品,从中吸取长处。三要努力做到多写作、多修改,在实践中提高写作能力。南宋诗人陆游说得好,"纸上得来终觉浅,绝知此事要躬行"。

总之,史德、史识、史学、史才四者有内在的密切关系。史德,是教育史学研究者的灵魂;史识,是教育史学研究者的核心;史学,是教育史学研究者的基础;史才,是教育史学研究者的根本。四者相互依存,不可偏废,应该全面培养,尽量具备。

十、未来发展多元论

人类社会已经进入一个崭新的时代,在迅速发展变化的社会政治经济形势下,人文社会科学包括教育史学正面临着极大的挑战。

生存还是死亡?当然是生存。怎样才能生存下来,生存得更好?教育史学只有与时俱进,紧跟时代步伐,及时调整自身的研究思路和方法,去适应社会与时代的变迁,方可立于不败之地。根据当代世界史学发展趋势,结合中国教育史学的自身特点,笔者认为,未来教育史学将主要朝着多元化、整体化、群体化、民间化方向发展。笔者与申国昌在《全球视野下的教育史学新走向》一文中对此作了专门论述,这里仅重点谈谈未来教育史学发展的基本走向之一——多元化。

其一,教育史学理论的多元化。美国新史学家巴恩斯(H. E. Barnes)认为,“历史是关于人在社会环境条件下发展的记录”,如果研究者不具备人类学、社会学、人口学、经济学、政治学、法律学、伦理学、心理学、心态史、文化史、科技史等多学科的知识和理论,“就不可能对这种记录作出合理的解释”①。教育史学研究者要实现传统教育史学向新教育史学的转型,就必须具有多学科的基础知识和基本理论。

其二,教育史学方法的多元化。历史学与其他人文社会科学、自然科学的相互渗透与借鉴,正逐步形成和产生一些边缘或交叉学科的研究方法,如心理史学、比较史学、计量史学、历史人类学、口述史学、叙事史学、影视史学等。法国年鉴学派的创始人费弗尔创造性地运用心理学的方法来研究人类群体的心态,从而在欧洲开创了心态史研究的先河,他采用心态分析的方法深入揭示了德国马丁·路德时代人们的精神风貌和社会心理。法国历史学家拉布卢斯首次将经济学领域的计量分析法运用到具体历史研究中,在史学界创立了计量史学。教育史学界应当像历史学界一样,力求通过借鉴与引入其他学科的研究方法,进而创立教育史学的最新研究方法。

其三,教育史学研究对象的多元化。文化形态史观的代表人物、英国历史学家汤因比,倡导打破传统的“欧洲中心说”,认为人类发展的六千年历史上曾出现过 26 个文明,后来又增加到 37 个。他认为,各种文明之间具有“亲属关系”,而且是“价值相等的”,主张将这些文化均作为历史的研究对象。近二十年来,美国史学界力求研究对象和领域多元化,开辟了不少新的研究领域,就像历史学家希梅尔法布(G. Himmelfarb)所说:“米老鼠比富兰克林、罗斯福对于理解 20 世纪 30 年代更为重要。”②

中国教育史学研究者要不断扩大研究的视野和领域,实现研究对象的多元化。就未来的中国教育史学而言,不仅要注重汉族教育史的研究,而且要关注各少数民族教育史的研究;不仅要研究儒家的教育思想史,而且要研究佛教、道教、伊斯兰教、基督教等其他宗教教育思想史;不仅要重视官办教育的研究,更要注意对民办、商办等形式教育史的研究;不仅应研究上层精英人物的教育活动和思想,也应研究社会下层的教育活动和思想;不仅要研究国内的教育史,也要研究中国教育思想在海外的传播史。至于外国教育

---

① [美]詹姆斯·哈威·鲁滨孙:《生活在二十世纪中》,《新史学》,商务印书馆 1989 年版,第 203 页。

② [美]希梅尔法布:《对新史学的若干思考》,《现代外国哲学社会科学文摘》1990 年第 4 期。

史研究，不能仅注重研究欧美发达国家的教育史，也要研究不发达国家和地区的教育史，特别是要注重对人类教育文化做出过重大贡献的东方国家和地区教育史的研究，努力将研究的领域扩大，使之向多元方向迈进，这样才有可能勾画出一幅充满生机与活力的中外教育史图景。

其四，成果形式的多元化。不仅要形成教育通史、教育断代史、教育专题史、教育国别史并存的格局，而且要出现教育内部史与教育外部史、教育具体史与教育抽象史、教育专题史与教育问题史并举的新局面，还要学习与借鉴国外的教育史学表达形式，以求实现线性教育史学与多维教育史学、叙事教育史学与功能教育史学、现象教育史学与展望教育史学[①]并存并重的局面。多样化的表达方式，有利于引导研究者步入研究的新境界，使教育史学改变过去那种死板单调、千篇一律的成果表现方式，出现形式多样、生动活泼的研究局面。

以上十论，是笔者当下对教育史学基本问题的看法，日后或许某些观点还会修正、调整、发展。从某种意义上说，也可视为现阶段笔者的“教育史学观”。观点是否正确，可以讨论。学术研究，提倡“百花齐放，百家争鸣”，最忌“统一思想，统一认识”。当然，笔者深信，在学术研究鼓励“百花齐放，百家争鸣”这一点上，笔者与大家的思想和认识还是“高度一致”的。

（作者系华中师范大学教育学院教授、历史学博士、博士生导师、教育史专业导师组组长）

① [法]安多旺·莱昂著，樊慧英、张斌贤译：《当代教育史》，光明日报出版社 1989 年版，第 41～45 页。

一 教育活动史的研究价值与意义

教育活动史:视野下移的学术实践

周洪宇　申国昌

20 世纪中叶以来,社会科学研究的许多领域先后开始视线下移、关注下层、着眼民间,一改过去那种只注重上层社会、聚焦官方活动、关注精英人物的研究取向,将研究的触角伸向充满活力的民众之中。教育史学也随历史学等学科开始走下圣坛回归现实,不仅理论上认可这一新趋向,而且也产生了部分研究成果作为其实践展现。笔者认为,教育活动史是教育史学的天然组成部分,是教育者与受教育者以各种方式参与教育过程并进行互动的历史,是影响教育思想和教育制度发展过程的关键性因素。研究教育活动史,既是完善教育史学研究体系的需要,也是顺应当前学术视野下移趋势的需要。从某种意义上,可视为研究视野下移的学术实践。教育史学工作者应该也完全可以在此方面大有作为。

一、视野下移:社会科学共同认可的研究取向

20 世纪 40 年代,法国年鉴学派创始人马克·布洛克(Mare Bloch)和吕西安·费弗尔(Lucien Febvre)主张,应将历史看做人的历史,将研究的视线转向群体、下移民间,并倡导从世界文化史的角度去体认历史发展的规律。到 60 年代,又提出了要将政治史研究的重心下移到民间,将研究精英人物转

向民众与基层。之后，受年鉴学派的影响，欧美各国的众多社会科学领域，如历史学、政治学、经济学、社会学等纷纷将研究重心从精英人物和官方层面转向广大民众和下层社会。正如布洛克所说："一个杰出的历史学家就像童话中的巨人，他知道哪里有人肉的气味，哪里就是他的猎物所在。"①研究者逐步将研究视野下移到普通民众，不再只关注官方、精英与上层。

在这种新的研究取向影响下，国外教育史学界也于20世纪70年代开始将研究视线下移到民众和基层教育。法国教育史学家安多旺·莱昂说："对于某一教育问题的历史研究看起来印证了布罗代尔的断言：'历史……是人类科学中最富有文学色彩的和有趣易读的学科，总之它最为大众化。'"②受此潮流的影响，教育史学界出现了研究民间和基层教育活动的成果。

以往教育史研究的重点主要集中于人物思想与制度变迁的研究，人物思想研究也仅就教育史上著名的精英人物进行研究，很少涉及基层人物的生活、学习与活动的具体问题与情境研究；教育制度研究"重视的是国家教育机构的形成及其演变，重心放在了描述制度的内容及因袭过程"③，缺乏对决策的生成过程、在基层的实施情况及其对学校教育的影响等问题的深入研究。教育史研究应当将研究的视线逐步向下移动和对外扩散，实现教育史研究从精英向民众、从高层向基层、从中心向边缘、从经典向世俗的过渡。通过转向研究历史当中的日常教育问题，真正展示出生动鲜活的教育史学科特色。正如当代法国教育史学家皮尔·卡斯巴所讲："从根本上看，教育史就是文化。文化驱使教育史学家对某些问题或某些主题进行研究，文化决定了教育史学家在寻求解决问题时的史料取舍和质疑史料的方法。"④在皮尔·卡斯巴看来，从文化的角度来审视教育史学研究，也应当是从研究日常问题着手，就教育史学问题来找出处理教育史料的方法。

教育史学研究视野下移是有其深厚的理论基础的，即建立在实践唯物主义理论基础之上。实践唯物主义是以科学的实践观为其首要和基本观点

---

① 张广智、张广勇：《史学：文化中的文化——文化视野中的西方史学》，浙江人民出版社1991年版，第403页。

② [法]安多旺·莱昂著，樊慧英、张斌贤译：《当代教育史》，光明日报出版社1989年版，第52页。

③ 李弘祺：《中国教育史英文著作评介》，台湾大学出版中心2005年版，第2页。

④ [法]皮尔·卡斯巴撰，霍益萍译：《谈欧洲教育史研究方法》，《华东师范大学学报》(教育科学版)2006年第3期。

的唯物主义，是以实践为基础反映时代精神的唯物主义哲学。[①] 因为实践是以一定知识和创造性思维能力为基础、被一定欲望和情感所驱动、受一定意志所支配的主体的有计划有目的的改造客观的活动，实践本身就体现了主体角色与功能。实践唯物主义具有以下几个特征：(1) 首要性。即存在决定意识，人的实践活动是第一性的、首要的，而人的意识、思想均是第二性的、次要的。这就决定了教育史研究必须研究首要的第一位的教育实践活动史。(2) 基础性。人的活动是一切活动的基础。(3) 根本性。人类的所有活动均是从实践活动当中派生出来的。(4) 历史性。实践活动是历史的产物，教育活动也是在一定的历史条件下的实践活动。(5) 全面性。既包括主体对客体的实践、主体内部实践，也包括主体与客体相互实践。(6) 目的性。这是事物活动有利于自身生存的意向性特征，世界万物中只有人才具有自觉的有意识的目的性活动特征，人是具有自觉目的性的存在物，人的活动是有目的的。[②] 人的教育活动的目的性更强。(7) 发展性。不同时代有不同的实践活动，同样，随着社会的进步，人类的实践活动也在不断地向前发展。(8) 互动性。实践活动中往往主体与客体之间存在着的双向、互动、共生的关系，主体与客体之间总是交互作用。教育实践活动，就是教育者与受教育者之间的一种互动与双向活动。

"教育是一种以教学调节和指导人们知识和行为为目的，以规范人们的知识及行为方式为内容的实践。"[③]教育实践活动，是有目的的人的活动，是教育者与受教育者双向互动的活动，也是一种发展性与基础性活动。正因为教育活动是以人为中心的活动，是基础的实践活动，因此，研究教育史必须着眼于基层的、民间的、日常的、微观的教育者与受教育者的活动。

第一，教育史学研究重心移向日常生活。教育史学研究会遇到各种问题，有宏观问题与微观问题，有大问题与小问题，有冷问题与热问题，有具体问题与抽象问题等等，由于以往教育史研究的关注焦点集中在上层人物研究和宏观制度研究，导致微观的细节的日常的问题一直无人研究，成为研究的空白领域，因此，未来在以揭示问题的方式来研究教育史的时候，应当将研究的重心转向教育、教学的具体问题、微观问题和日常问题。如法国教育

① 肖前、李淮春、杨耕主编：《实践唯物主义研究》，中国人民大学出版社 1996 年版，第 1 页。

② 王德军：《人的活动目的性分析》，《江汉论坛》2007 年第 4 期。

③ 丁钢：《教育学学科问题的可能性解释》，《教育研究》2008 年第 2 期。

史专家皮尔·卡斯巴就主张研究教学过程中与教科书和学生的书写物相关的问题。就教科书而言，可以研究关于教科书的立法、教科书编者的身份、教科书的生产与销售、教科书的内容与科学研究的关系、教科书的使用及其对学生的影响等相关问题；就学生个人书写物而言，可以研究学生的作业簿的书体及质量，作文、日记与书信的内容，学生的图画及雕塑作品的主题等，通过分析这些最基本的日常的教育史料，来探讨当时的教学实况。① 利用具体的细节化的史料，可以生动地再现当时教育发展的实况，可将一部鲜活的教育史呈现在读者面前。

第二，教育史学研究重心移向民间教育。作为历史分支学科的教育史学科，应将研究视线投向民间，着重研究大众在教育活动中的思想反映、求知心理、获知状况，特别是社会上弱势群体的非正规教育更应该去认真研究，将之纳入未来教育史的研究领域。要实现这一目标，在研究过程中应当注重从民间搜集史料。即深入民间搜集存在于民众当中的教育史料，注重挖掘那些非官方记录和口述的历史资源。教育史学研究应当重视散布于民间的信件、日记、传记、报纸、杂志、歌词、民谣、绘画、剪纸、文具、教具、访谈录以及口述材料等，通过这些丰富的第一手材料，来真实反映民间教育的本来面目，反映鲜活的教育历史活动场景。

二、教育活动史：教育史学的原始构成板块

长期以来，我国教育史界只是将教育思想史与教育制度史两大板块作为教育史学的基本构成，而忽视了对教育史学构成板块中极为重要的组成部分——教育活动史的研究。这不能不说是学术研究中的重大疏忽和缺失。必须指出，教育活动史是教育思想史和教育制度史的前提和基础。一般情况下，教育思想的产生、提出及推广，有赖于教育活动，教育活动是教育思想生成的土壤；教育制度的出台、实施，也离不开教育活动，教育活动是教育制度的实践场地。“教育活动”是专指直接以促进人的有价值发展为目的的具体活动的总称，也是指教育者与受教育者以各种方式参与教育过程并进行互动的方式的总和。②

究其原因主要有：第一，教育活动是教育现象得以存在的基本形式。正

---

① 申国昌、周洪宇：《全球化视野下的教育史学新走向》，《教育研究》2009 年第 3 期。

② 周洪宇：《对教育史学若干问题的看法》，《河北师范大学学报》（教育科学版）2009 年第 1 期。

如苏联学者休金娜所说："人的活动是社会及其全部价值存在与发展的本原，是人的生命以及作为个性的发展与形成的源泉。教育学离开了活动问题就不可能解决任何一项教育、教学、发展的任务。"[①]第二，教育活动是影响人发展的决定性因素。人的发展是主、客体相互作用即活动的结果。个体的活动是个体发展的决定性因素。确定教育活动是影响人发展的决定性因素，不仅不排斥教育在人的发展中所起的主导作用，而且为教育在人的发展中的主导作用的发挥指明了努力的方向。第三，教育思想与教育制度往往寓于教育活动之中，并在教育活动中形成与发展。因为教育实践活动既是处理社会关系的活动，也是改造主观世界的实践，是人类实践活动的重要形式之一。有鉴于此，任何国家的教育学研究，都把对教育活动的研究放在重要位置。

同样，教育活动史理应成为教育史学研究的一个重要内容。教育活动史是教育者与受教育者以各种方式参与教育过程并进行互动的历史，是影响人们的教育思想和教育制度发展过程的关键性因素。它既是教育思想史和教育制度史的起源，是教育思想史和教育制度史存在的前提和基础，也是连接教育思想史和教育制度史的中介和桥梁。教育活动史与教育思想史、教育制度史构成一种倒三角关系，教育活动史是起源、前提和基础，教育思想史和教育制度史是结果和派生物。没有教育活动史，就没有教育思想史和教育制度史。三者相辅相成，缺一不可。离开了教育活动史，教育思想史和教育制度史有如无源之水，难以维持，又如无桥之岸，无法沟通。因此，研究教育史，必须研究教育活动史。

既然教育活动史如此重要，为何以往教育史学界没有将教育活动史作为一个独立研究领域呢？这主要与人们对教育事实和教育现象认识的片面化、笼统化有关。人们通常认为，教育活动史包容在教育思想史和教育制度史之中，研究教育思想史和教育制度史，就是研究教育活动史。久而久之，沿袭下来，以至于习焉不察、司空见惯。应该看到，教育活动史是与教育思想史、教育制度史并列的一个方面，与教育思想史、教育制度史共同构成教育史学研究的研究对象。以往将教育活动史融化在教育思想史和教育制度史中的理解和做法，是不妥当的。那不是重视教育活动史，而是忽视教育活动史、消解教育活动史。在今后的研究中，应该将其作为一个相对独立领域

① 瞿葆奎主编，吴慧珠等编：《教育学文集・课外校外活动》，人民教育出版社 1991 年版，第 3 页。

来予以重视和强调。

可见,教育活动史本来就是教育史学的原始组成部分,是教育思想史与教育制度史赖以存在的前提与基础。只有教育活动史、教育思想史与教育制度史三者并存,才有可能构筑完整意义上的教育史学。因此,研究与挖掘教育活动史,是当前教育史学的一项亟待重视和完成的任务。

三、研究重心:着眼于各类教育的日常活动

视野下移是一个宽泛的概念,涵盖了教育史学的研究领域、研究方法、表述方式等各个方面。教育活动史研究,属于研究领域下移范畴,也涉及研究方法的更新。教育活动史的研究重点,在于人的微观、具体和日常活动。教育是培养人的活动,人是教育的出发点,也是教育最直接、最基本的着眼点,[①]因此,要着重研究教育历史上学校教师和学生的日常活动,包括教师教学实况展示、教师生活状况、学生学习生活、校长治校活动等与日常的微观的教育情节;探究历史上的家庭家族教育活动,包括家庭发蒙活动、家庭品行教育、家法惩戒活动等家庭教育的一般场景;探究历史上社会教化活动,如乡规民约教育活动、宗教礼仪教育活动、民风民俗传承活动等。教育活动史研究应当突破传统意义上的教育史研究理论与方法的禁锢,力求研究方法多样化,在采用传统的史料分析法、比较研究法的基础上,还应运用叙事方法和口述方法来展示生动的有关师生教育活动的历史场景。

教育活动史,应当是一种有血有肉的生动、鲜活的教育史,而不是缺乏生机、远离生命的死板的教育史。教育活动史主要以历史上感性的、实在的、具体的教育活动的发展及演变历史为研究对象,重点研究历史上各种直接以促进人的有价值发展为目的的具体活动以及教育者与受教育者参与教育过程,进行互动的各种方式的发展、演变的历史。研究重点包括:

第一,研究学校教育教学活动。主要分析教育史上教师、学生、教育行政管理人员等在教育过程中的内外部活动及其表现形式和特征,探索这些活动发生、发展的轨迹及影响。重点研究教育政策制定活动、官方教育改革活动、学校经费筹集活动、学校日常教学活动、校长日常管理活动、教师日常生活状况、教师选聘考核活动、师生交往互动活动、学生日常学习生活、学生课余生活、学生应试活动、学生教学实习活动、学潮学运活动、学校后勤服务活动等,这些都是基层教育的日常活动,看起来平淡无奇,恰恰能够真实反

① 扈中平:《人是教育的出发点》,《教育研究》1989 年第 8 期。

映不同历史时期的教育教学活动实况。

第二,分析研究家庭教育活动。主要挖掘不同历史时期家庭教育活动的活动内容、形式的演变历史,从中总结出家庭教育活动的规律,从而为当今独生子女家庭提高教育效率提供历史借鉴与启示。重点研究家庭家族教育活动、宗族宗派教育活动、家庭启蒙教育活动、家族家法教育活动、家庭礼仪教育活动、家庭艺术教育活动、家庭婚姻教育活动等,力求展示真实生动的家庭教育历史情景。

第三,研究社会与民间教化活动。主要研究不同历史时期的社会教化活动、民间教育活动的演变历程,总结不同时期的表现形式与特征,探究社会教育活动的影响及规律。重点挖掘乡规民约教育活动、民风民俗教育活动、宗教礼仪教育活动、民间科技教育活动、民间文艺教育活动、民间武术教育活动、民间社团教育活动、社会各界助学活动、民间女子教育活动、民间教育交流活动等等。

第四,研究历代文教政策的形成及其实施过程。主要研究从先秦、秦汉、魏晋南北朝、隋唐、宋辽金元、明清、民国、新中国等不同历史时期,重大文教政策的酝酿、制定、出台、颁布过程,以及历代文教政策在学校教育、家庭教育及社会教育的实施与落实情况。重点从活动的视角,去审视历代文教政策的制定与实施,而不同于教育制度史只注重于描述历代教育制度的内容与文本,我们重在研究制度生成之前,教育家与民众的呼吁、官方的重视、制度制定过程、颁布后教育的反映以及对教育活动的影响等。

以上仅就横向而言,若从纵向来看,在实践唯物主义理论指导下,凸显以人为本理念,重点挖掘各类教育者与受教育者的日常活动及其相互关系。笔者认为,中国教育活动史的研究主要包含以下内容:

首先,从先秦到明清历代教育活动研究。主要研究内容:从先秦到明清历代文教政策的形成及其实施过程,探究从先秦到明清历代官学,特别是太学和国子监的教育活动,主要内容有:官学日常管理活动、官学教师教学活动、官学学生学习活动、学业成绩考查活动、学生实习活动、后勤服务活动、生员的科举考试活动、官学师生日常生活与心理状况及相互关系;挖掘历代私学和书院的教育活动,具体包括:私学与书院教育活动的兴起与特点、私学与书院日常管理活动、私学与书院教师日常教学活动、私学与书院学生日常学习活动、私学与书院师生日常生活与心理状况及相互关系、私学教师的社会政治活动及其特点等;梳理从先秦到明清历代家族教育活动,包括文化世家教育活动、名门望族教育活动、历代皇子教育活动、家庭启蒙教育活动、家庭礼仪教育活动、家庭女子教育活动；探讨古代各朝社会教育活动情况，如民间风俗教育活动、民间传艺授徒活动、民间道教教育活动、民间佛教教育活动、民间教育交流活动；挖掘历代少数民族教育活动，包括北方少数民族（如匈奴、突厥、蒙古、回族、满族、朝鲜族等）教育活动、吐蕃日常教育活动、西域日常教育活动、南方少数民族教育活动；研究古代留学教育活动，如日本留学生在华教育活动、新罗留学生在华教育活动、其他国家留学生在华教育活动。

其次，晚清新式学堂诞生后的教育活动研究。晚清以来中国的学校教育形式发生了变化，新增了新式学校、教会学校等新的办学形式以及出国游学活动。因此，教育活动史的研究重点发生了转变，主要探究新式学堂的日常管理活动、教学组织形式、日常教学活动、学生的学习生活、师生日常生活与心理状况及相互关系；挖掘教会学校的日常管理活动、教学组织形式、日常教学活动、学生学习生活、师生关系；同时，继续研究家庭教育活动、社会活动及少数民族教育活动；研究游学教育活动，如留美幼童的管理活动、留美幼童的学习生活、留欧学生学习与生活、留日学生学习与社会活动、庚款留美学生日常生活、官员出国考察学务活动等；还探究其他教育活动，如商人捐资兴学活动、民间社团办学活动、农民起义军教育活动、华侨捐资兴学活动。

再次，民国时期各类教育活动研究。这一时期是多种教育并存时期，既有公立学校、私立学校、教会学校，还有国统区教育、根据地教育、日伪奴化教育。因此，这一时期的教育活动呈现出多元化态势。研究民国不同时期教育政策调整及其实施过程；研究公立大中小学校教育活动，包括教育管理活动、日常教学活动、教师日常生活、学生学习活动、学生课余活动、师生互动活动、学潮学运活动；探究私立学校和教会学校师生日常教育活动；探讨不同时期中共革命根据地教育活动，如干部教育实况展现、社会教育活动再现、特殊学校教学活动、学校教师的艰苦生活、边区各类学生的学习生活、边区干部教育活动写真、抗大教育活动掠影、冬学运动；还研究日伪沦陷区奴化教育活动，如奴化教学活动、沦陷区教师的生活状况、沦陷区学生的学习与生活、反奴化教育运动等；同时，也研究家庭教育活动、社会教育活动、少数民族教育活动；还要研究教育社团活动、新教育改革运动、新教学法试验活动、各类教育实验活动。

最后，新中国教育活动研究。主要内容有：新中国教育政策的形成、调整与改革及其实施过程；研究幼儿园、小学、中学、大学的教育管理活动、日常教学状况、教师日常生活、学生学习生活、师生互动活动、师生心理状况、学业考核活动、校园文化生活等，尤其是研究大学生的毕业生就业活动、研究生教学活动、研究生导师选聘活动、研究生日常学习活动、导师与学生相互关系、研究生论文答辩活动、研究生学术交流活动等；研究留学教育活动、家庭教育活动、社会教育活动、少数民族教育活动以及其他教育活动，如教育社团活动、教育实验活动、教育交流活动等。

在研究过程中，应注重运用叙事和口述等方法，尤其是研究现代教育活动史。叙事与口述研究可弥补教育活动史研究中第一手资料史料不足的问题，也是教育史研究视野下移的必然选择。视野下移所遇到的突出问题，是基层教育活动史料搜集的困难，因为留下的书面史料大都是官方或精英活动记载，而下层活动的书面记载非常有限，这就需要借助叙事与口述研究法完善史料。而且叙事与口述研究具有其他表述所缺乏的优越性：一是叙事与口述史料的“在场性”“生活性”“精神性”特征可以更好地发挥“存史”与“释史”功能。二是叙事与口述方法贴近生活，具有可读性，可以与官方史料形成互补，为教育政策的制定提供民间的声音，更好地服务现实。三是叙事与口述史学可以将教育史学工作者从书斋中解放出来，更好地参与、服务与享受生活。四是叙事与口述作品以第一人称的视角讲述故事，融教育于生活之中，极富现实性和鲜活性，读来通俗易懂，具有大众教育的功能。

总之，教育活动史，应着眼于整个教育活动过程研究，其研究对象固然包括教育活动的各个方面，但重点是研究教育历史上基层的、具体的、微观的、日常的、民间的教育活动，力求通过生动、形象的表达方式来展示丰富多彩的生动鲜活的教育活动史，以期实现研究重心“下移”的目标，将研究视野逐步向下移动和对外扩散，使教育史学研究从精英向民众、从高层向基层、从经典向世俗、从中心向边缘转移，从而实现对教育活动的原生态研究，以此来弥补原有研究的不足，形成教育思想史、教育制度史、教育活动史三维一体的完整体系。

（周洪宇系华中师范大学教育学院教授、博士生导师，申国昌系华中师范大学教育学院教授）

教育活动史研究综论

周洪宇　李浩泉

教育活动史是人们以各种方式进行教育活动的历史。它既是教育思想史和教育制度史的起源，又是教育思想史和教育制度史存在的前提和基础，还是连接教育思想史和教育制度史的中介和桥梁。没有教育活动史，就没有教育思想史和教育制度史。三者相辅相成，缺一不可。教育活动史研究主要以历史上人们进行的教育活动及其过程与结果作为研究对象，复原其事实，分析其原因，评价其得失，探讨其规律。作为一个新的研究领域和一种新的学术追求，其研究宗旨、研究重点、研究取向、史料观、研究理论与方法以及叙事方式都与以往的教育史学研究有明显区别。本文试就这些问题作一初步分析，以求教于方家，希望引起大家的关注与探讨，推动教育史学科建设。

一、追求全景式总体史的研究宗旨

总体史观的渊源可以追溯到文艺复兴时代法国史学家波普利尼埃尔(Sueur Popeliniere)、勒卢阿(L. Le Roy)、波丹(Jean Bodin)等人的"整体史"观念。波丹在《易于理解历史的方法》中认为，"历史就是对事物的叙述，包括三类事物，即人类的、自然的和神圣的"。而人类史应该关注人类行为，从内容上看，它不仅要记载政治、军事、宗教、经济，甚至学术都应该是历史的内容；从空间范围来看，整体史包括世界所有的民族和国家。① 到了18世纪，法国启蒙思想家伏尔泰(Francois Voltaire)在继承这种整体史观的基础上建构了自己的"文化史观"，认为历史不应该仅限于政治、军事事件，还应包括农工商业、科学技术、文学艺术、民情风俗乃至饮食起居、日常娱乐等人类生活各个方面的活动，同时认为世界各地区、各民族的历史都应该受到重视。② 19世纪上半叶史学家夏多布里昂(Chateaubriand)、米什勒(Mishler)、基佐(Guizot)等进一步阐释了这种观念。米什勒在《世界史导论》中认为，近代欧洲应该是一个有机体，如果把其中一部分单独抽出而不同其余部分联系起来，就不可能对那部分有所理解。③

至20世纪，随着法国年鉴学派的创立、发展、鼎盛与分化，总体史观进一步成熟，影响范围逐步扩大。年鉴学派的总体史观认为历史必须是"总体史学"。如费弗尔(Lucien Febvre)认为，新的历史学是"全体部分构成的历史"。新史学关心的是人类的全部活动，是"属于人类，取决于人类，服务于人类的一切，是表达人类，说明人类的存在、活动、爱好和方式的一切"④。勒高夫(J. Le Goff)指出，"新史学所表现的是整体的、总体的历史，它所要求的是史学全部领域的更新"，新史学在任何领域中的开拓性著作"全部都是总体史研究的著作，在这些书中所研究和显示的是一个社会的总体性"，都是"总体史的尝试"，"只有作为整体而存在的历史。就其定义而言，历史就是整个社会的历史"。⑤

总体史研究带来的首先是研究视野的扩大，特别是研究视野的下移。它主张历史学家要跳出传统政治研究史和上层精英史的窠臼，写出自下而上的历史，要把普通群众的日常生活、风俗习惯、生老病死、爱情婚姻等反映出来。其次是对跨学科研究的重视。年鉴学派先后广泛借鉴和吸收了社会学、地理学、经济学、人口学、数学、统计学、语言学、人种学、气候学、民族学、人类学、心理学、生物学以及精神分析学等方面的理论和方法。最后就是对

① 徐波：《从"整体史"到"全球史"——西方史学史的一条线索》，《四川师范大学学报》(社会科学版)2008年第7期。

② 张广智：《西方史学史》，复旦大学出版社2000年版，第151～152页。

③ 同上书，第182页。

④ [法]巴勒克拉夫著，杨豫译：《当代史学主要趋势》，北京大学出版社2006年版，第43～44页。

⑤ [法]勒高夫等著，姚蒙译：《新史学》，上海译文出版社1989年版，第5～6页。

史料来源多元化的强调。费弗尔和布洛克(Marc Bloch)都坚持认为,新历史学必须从文字档案的限制中解放出来,必须利用人类的一切创造物,语言、符号、农村的证据、土地制度、项圈、手镯以及任何其他可利用的史料。史学家梁启超也指出:"历史是整个的,统一的",是"息息相通的,如牵一发而动全身的","不独一国之历史为整个的,那全人类的历史亦为整个的"。[①]

当代中国史学应该建立新的总体史观。这种总体史观以经济为基础和根本,注重经济、政治、社会的相互联系与影响。从历时的角度讲,就是处于不断发展过程中的历史是一个有机统一的总体,社会发展每一个阶段都是总体的一部分,且前一阶段是后一个阶段社会总体的一个环节。从共时的角度来说,就是社会有机体是由社会的经济结构、政治结构和精神文化结构等方面构成的总体结构。社会的经济结构是政治结构和精神结构的基础,政治结构和精神文化结构都是围绕这个基础结构而逐层地整合成一个总体,三个子结构相互作用、相互制约地构成社会有机体。同时,社会体系内各种要素的相互作用构成社会系统变迁的根本动力。它追求"层累结构的丰富性和范式转换的多次性、多样性",它要求对历史进行"全景式"或"全幅式"的把握,[②]也就是对历史作"零视角"、全方位、总体性的把握。

与之相关,新世纪教育史学研究也应以追求教育的全景式总体史作为研究宗旨。以往的教育史学研究仅仅关注并探讨教育制度史和教育思想史,而把教育现象存在的基本形式——教育活动分离出了教育史学研究的视野,这显然不符合对教育进行全景式总体史把握的要求。全景式总体史视野下的教育史学研究首先应该把教育发展的历史看做整个社会发展历史的有机组成部分,同时教育发展历史内部的方方面面,包括教育活动史、教育制度史、教育思想史也应该是一个不可分割的统一整体。因为没有教育活动就不可能有教育思想和教育制度的产生。教育本身作为有意识地培养下一代直接活动的产物,它源于人类的劳动过程的教育活动。当人类教育活动从自发行为向自觉行为过渡时,人们在观念上出现了关于教育的各种看法,即教育意识,有些教育意识在发展过程中又进一步升华为教育思想。当教育发展到自觉阶段,在一定的教育思想的指导下,便形成和出现了各种各样的教育制度。因此教育活动史"既是教育思想史和教育制度史的起源,又是教育思想史和教育制度史存在的前提和基础,还是连接教育思想史和

① 周谷城:《周谷城史学论文选集》,人民出版社 1983 年版,第 327～328 页。
② 马敏:《21 世纪中国近现代史研究的若干趋势》,《历史研究》1999 年第 5 期。

教育制度史的中介和桥梁"[1]。没有教育活动史，就没有教育思想史和教育制度史。三者相辅相成。因此，一方面必须在大的社会背景即具体历史条件下来考察、研究教育发展的历史；另一方面必须对教育发展的历史进行"全景式"或"全幅式"的把握，也就是必须对教育发展历史各个不同领域、不同层面加以研究。当然，这里并不是要求无一遗漏，更不是要求一概等量齐观，只是要求不要顾此失彼，少了要件。否则，再怎么研究教育制度史和教育思想史，也缺乏前提和基础，也只能是一门"见人不见行""见物不见事"的教育史学。[2]

既然全景式总体史视野下的教育史学研究离不开教育活动史的研究，那么接下来所必须思考的就是全景式整体史视野下的教育活动史研究所应采用的具体研究策略以及所包含的具体研究内容问题。关于前者，可以从美国汉学家柯文(Paul Cohen)《在中国发现历史》一书中所列举的把中国按"纵向"与"横向"加以分解的做法得到启示。受20世纪70年代以来美国史学界兴起的所谓"重新发现美国历史的复杂性"以及"重新察觉历史动力的多样性"思潮的影响，柯文提出把中国按"横向"分解为区域、省、州、县与城市，以展开区域性与地方历史的研究，又提出还可按"纵向"分解成若干不同阶层，以推动下层社会历史(包括民间与非民间历史)研究的观点。他认为只有这样才能对中国的历史取得一幅纹路细密、轮廓分明的画面。[3] 这种研究策略对于我们研究教育活动史富有启发意义。

至于后者，中国教育活动史研究的具体内容大体上包括三个方面：一是研究学校教育活动。主要分析教育史上教师、学生、教育行政管理人员等在教育过程中的内外部活动及其表现形式和特征，探索这些活动发生、发展的轨迹及影响。重点研究教育政策制定过程、官方教育改革活动、学校经费筹集活动、学校日常教学活动、校长日常管理活动、教师日常生活状况、教师选聘考核活动、师生交往互动活动、学生日常学习生活、学生课余生活、学生应试活动、学生教学实习活动、学潮学运活动、学校后勤服务活动等。二是研究家庭教育活动。主要挖掘不同历史时期家庭教育活动的活动内容、形式的演变历史，从中总结出家庭教育活动规律，从而为当今独生子女家庭提高

① 周洪宇：《对教育史学若干基本问题的看法》，《河北师范大学学报》(教育科学版)2009年第1期。

② 同上。

③ [美]柯文著，林同奇译：《在中国发现历史》，中华书局2002年版，第6～11页。

教育效率提供历史借鉴与启示。重点研究皇子教育活动、名门望族教育活动、文化世家教育活动、家学教育活动、族学教育活动、家庭启蒙教育活动、家庭礼仪教育活动、家庭女子教育活动等。三是研究社会教育活动。主要研究不同历史时期的社会教育活动的演变历程,总结不同时期的表现形式与特征,探究社会教育活动的影响及规律。重点研究乡规民约教育活动、乡风民俗教育活动、民间传艺授徒活动、民间道教教育活动、民间佛教教育活动、民间艺术教育活动、中外教育交流活动、民众教育实验活动和民间教育交流活动等。学校教育、家庭教育与社会教育三方面都不缺少,而不是过去常见的只是学校教育活动一个方面,这样的教育活动史才是全方位的。以这种全方位的教育活动史为基础和前提,涵盖了教育活动史、教育思想史、教育制度史的教育史才有可能成为教育的全景式总体史。

二、以民众的教育生活为研究重点

20世纪40年代,法国年鉴学派创始人费弗尔和布洛克主张,应将历史看做人的历史,将研究的视线转向群体、下移民间,并倡导从世界文化史的角度去体认历史发展的规律。到60年代,又提出了要将政治史研究的重心下移到民间,将研究精英人物转向民众与基层。之后,受年鉴学派的影响,欧美各国的众多社会科学领域,如历史学、政治学、经济学、社会学等纷纷将研究重心从精英人物和官方层面转向广大民众和下层社会。正如布洛克所说:"一个杰出的历史学家就像童话中的巨人,他知道哪里有人肉的气味,哪里就有他的猎物所在。"①研究者逐渐将研究视野下移到普通民众,不再只关注官方、精英与上层。

在这种新的研究取向的影响下,国外教育史学界也于20世纪70年代开始将研究视线下移到民众和基层教育。法国教育史学家莱昂(A. Leon)说:"对于某一教育问题的历史研究看起来印证了布罗代尔的断言:'历史……是人类科学中最富有文学色彩的和有趣易读的学科,总之它最为大众化'"②。受此潮流的影响,教育史学界出现了研究民间和基层教育活动的成果。

---

① 张广智、张广勇:《史学:文化中的文化——文化视野中的西方史学》,浙江教育出版社1991年版,第403页。

② [法]安多旺·莱昂著,樊慧英、张斌贤译:《当代教育史》,光明日报出版社1989年版,第52页。

以往教育史学的重点主要集中于教育人物思想与教育制度变迁的研究,教育人物思想研究也仅仅是就教育史上的精英人物进行研究,很少涉及基层人物的生活、学习和活动的具体问题与情景的研究。对教育制度变迁的研究也缺乏对决策的生成过程、在基层的实施情况及其对学校教育的影响等问题的研究。[①] 从我国未来教育史学的发展趋势来看,教育史学研究应当将研究立场从“自上而下”转变为“自下而上”,将研究的视线逐步向下移动和对外扩散,下移到日常教育问题,下移到普通民众,更多地取材于民间生活,使研究的成果更适合于大众需求,实现教育史学研究从精英向民众、从高层向基层、从经典向世俗、从中心向边缘的转移。从民众的立场、取大众的观点来看问题,更多地关注大众,关注民众的教育生活。具体来说有以下几个方面:

第一,教育史学研究对象移向民众。由于精英人物的特殊而显赫的地位,记载其言论、思想和行为的史料比较多,因此以往的教育史学研究的关注点集中在上层人物研究和宏观制度研究上。然而,历史上的教育并非只是少数上层人物的活动舞台,还包括广大下层民众的活动。正如美国新史学派代表人物鲁宾逊(James Robinson)和贝克尔(Carl L. Becker)等人所强调的那样,每个人都生活在历史之中,都处于创造历史的过程之中,而历史又在每个人的生活和创造中体现出来。所以,历史不仅是每个人的历史的扩大,而且也是社会大众重写他们自己历史的过程。而这种重写的历史应该包括所有过去和现在的社会大众。[②] 因此,教育史学研究应该也必须将研究的重心移向民众,将研究视线投向民间,他们之中有的是教育的创造者,有的是教育的实施者,有的是教育的接受者,也有的是教育的被冷落者,这些民众不管是处于何种状况,都应该是教育活动史研究的内容。

第二,教育史学研究重心移向民间教育。[③] 作为历史学与教育学交叉学科的教育史学,应当将研究的视线投向民间,着重研究大众在教育活动中的思想反映、求知心理、获知状况,特别是社会上弱势群体的非正规教育更应该去认真研究,将之纳入未来教育史学的研究范围。要实现这一目标,在研究的过程中应当注重从民间搜集史料。即深入民间搜集存在于民众当中的

① 周洪宇、申国昌:《新世纪中国教育史学的发展趋势》,载《华东师范大学学报》(教育科学版)2007 年第 9 期。

② 何兆武、陈啟能:《当代西方史学理论》,上海社会科学出版社 2003 年版,第 484～485 页。

③ 申国昌、周洪宇:《全球化视野下的教育史学新走向》,《教育研究》2009 年第 3 期。

教育史料，注重挖掘那些非官方记录和口述的历史资源。教育史学研究应当重视散布于民间的信件、日记、传记、报纸、杂志、歌词、民谣、绘画、剪纸、文具、教具、访谈记录以及口述材料等，通过这些丰富的第一手材料，来真实反映民间教育的本来面目，反映鲜活的教育历史活动场景。

第三，教育史学研究成果的大众化。研究教育历史问题时，还要注意研究成果要服务并适合于大众，这里主要是指成果表述的形式要适合于大众的欣赏水平，成果使用的语言文字要适合于大众的阅读水平。如果我们的教育史学尽管研究的对象是大众、研究的材料也来源于大众，可是如果我们表述历史事实仍然使用的是故作深奥、晦涩难懂的文字，结果广大的民众看不懂，这样的教育史学仍然不能算是真正的民众化的教育史学。即使我们的语言文字大众能看懂，但我们的表述形式还是老套的纯文字的、大部头式的，也难以吸引广大民众的阅读兴趣。正如英国著名教育史学家奥尔德里奇(Richard Aldrich)所言，教育史学研究和教学的宗旨是要适合大众的需要、要成为普及的内容。当然，教育史学研究成果的通俗化并不等于庸俗化，研究成果的平民化也不等于平庸化，只是在表达方式上要尽量形式多样、活泼生动，语言上力求通俗易懂，使之成为大众喜闻乐见的东西。

需要强调的是，教育活动史研究虽然强调以民众的教育生活为研究重点，但并不意味着要完全放弃研究上层的、精英的教育生活，而只是要改变以往教育史学只注重研究上层、只注重研究精英的做法。尽管现在研究重心下移了，研究视野下移了，但上层、精英仍然是研究对象，仍然在研究的视野之内。也就是说，教育活动史研究并不仅仅是一味地“自下而上”，而是同时还要“自上而下”，或者说是“双向互动”“双向审视”。

三、以问题研究为导向的研究取向

“取”即选取，“向”即方向，“问题取向”研究就是选取问题作为研究方向的一种研究策略、研究思路或研究范式。其目的主要不是学科知识的积累或学科体系的完善，也不是建立新的学科，而是为增进、更新、深化和拓展对特定问题的认识，从而有助于人们对该问题的了解、评价，并有助于该问题的解决。“问题取向”研究中的问题是指“反映到人们大脑中的、需要探明和解决的教育实际矛盾和理论疑难”，它包括通常所说的存在的不足、缺陷、困难，但更主要的是指引起认知主体疑惑、疑虑或感到疑难的种种现象。它既可以根据研究价值的有无分为“常识问题”和“未决问题”，也可以根据问题探讨的深度不同分为“表象问题”和“实质问题”，还可以根据问题涉及范围的宽窄分为"'大'问题"和"'小'问题"等。[①] 吴康宁根据是否符合教育理论发展或教育实践改善需要及研究者本人是否有研究欲望和热情两个维度将研究问题分为"互通的问题""炮制的问题""异己的问题"以及"私己的问题"四类，其中只有"互通的问题"也就是既符合教育理论发展或教育实践改善的需要且研究者本人又有研究欲望和热情的问题才是"好的"问题、真问题。[②]

以往的教育史学研究更多的是"体系建构"取向。张斌贤认为，"体系建构"取向是指在学科研究中更多地关注概念、范畴本身的确定性，更多地关注概念与概念、范畴与范畴之间的逻辑关系，更多地关注学科体系的严谨、完整和包容性，也就是总是以学科自身的需要、学科自身的建设等作为研究的出发点。这对于学科的创立、重建、发展与成熟无疑是必不可少的，但是这种意识一旦成为不自觉的集体"冲动"时，当这种意识导致为体系而体系、把体系建构当做学科建设的全部目的，从而忽略了学科体系之外的世界、忽略了建设学科体系的最初动因和所要达到的最终目的时，这种意识就会成为一种经院习气，成为束缚学科本身不断更新和发展的力量，成为阻碍教育史学研究不断拓展和深入的不利因素。[③] "体系建构"取向的教育史学研究关注的焦点是上层人物、宏观制度，而微观的细节问题、日常问题很少有人问津，成为当前教育史学研究的空白。

"问题取向"的教育活动史研究首先应当树立问题意识。问题意识是指"人们在教育研究和实践活动中，以专门的教育知识和经验为基础，逐步形成的认识教育问题的实质和类型、发现并提出需要解决的教育问题的意识和能力"[④]。问题意识对任何研究来说都是至关重要的。布洛克曾说："一件文字史料就是一个见证人，而且像大多数见证人一样，只有人们开始向它提出问题，它才会开口说话。"因此，"历史学研究若要顺利开展，第一个必要前

---

① 孙喜亭等:《简明教育学》(修订本)，北京师范大学出版社 1988 年版，第 2 页。

② 吴康宁:《教育研究应研究什么样的"问题"——兼谈"真"问题的判断标准》,《教育研究》2002 年第 11 期。

③ 张斌贤:《从"学科体系时代"到"问题取向时代"——试论我们教育科学研究发展的趋势》,《教育科学》1997 年第 1 期。

④ 黄甫全:《关于教育研究中的问题意识》,《华南师范大学学报》(社会科学版)2003 年第 4 期。

提就是提出问题”。历史学工作的好坏同提出问题的质量高低有直接关系。① 教育史学研究也是这样。因此，教育活动史研究首先应当树立问题意识，尤其是应将研究的重心转向教育教学的具体问题、微观问题和日常问题。比如教学，它会涉及教材、课程、教学方法、教学组织形式，包括各种教规、要求等，这些都要把它们描述出来、介绍出来，通过这些微观的、具体的描述，达到“以小见大”的目的，也即是可以通过它们来说明一个时代的教育状况以及社会经济状况。法国教育史专家卡斯巴(Pierre Caspard)就主张研究教学过程中与教科书和学生的书写物相关的问题。就教科书而言，可以研究关于教科书的立法、教科书编者的身份、教科书的生产与销售、教科书的内容与科学研究的关系、教科书的使用及其对学生的影响等相关问题；就学生个人书写物而言，可以研究学生的作业簿的书体及质量、作文、日记与书信的内容、学生的图画及雕塑作品的主题等，通过分析这些最基本的日常的微观的教育史料，来探讨当时的教学实况。②

当然，问题的微观化并不等于结论的微小化，而恰好应该做到结论的重大化。要能够通过教育反映一个时代、一定时期的整个社会；甚至可以透过一定时期的教材，如教材的内容、价格、出版、体系等反映出一定时期的教育，进而反映出一定时代、一定时期社会的整体情况。因此，即使在历史发展的某些时段找不到完整史料，也可以专就发现的这部分史料进行重点研究，通过这些史料的深入研究也就能达到“看时代”的目的。所以，一方面要追求整个历史的系统性、完整性、全面性，另一方面在一些具体时段、具体专题的处理上要灵活变通，有时候可能是“以大见大”，有时候可能就是“小中见大”了。

四、地上与地下、史学与文学、书面与口述三结合的大史料观

史学研究通常运用实证研究方法，与主要运用规范研究方法的理论研究不同，它强调以史料为依据，凭史料才能说话，而且是“一份证据说一份话”，不能无根据胡说，不能主观臆测、草率论断，没有史料就没有历史，没有史料就像加工厂没有加工原料一样加工不出任何产品，俗话“巧妇难为无米

① [法]巴勒克拉夫著，杨豫译：《当代史学主要趋势》，北京大学出版社 2006 年版，第 44 页。

② 周洪宇、申国昌：《新世纪中国教育史学的发展趋势》，《华东师范大学学报》(教育科学版)2007 年第 9 期。

之炊”就是这个意思。

史学家戴逸在谈到近代史料研究的重要性时也说:“马克思主义不赞成用史料学去代替历史科学,但历史研究必须以史料的收集、整理、排比、考证为基础。史料的突破常常会导致研究的突破,修正或改变人们对重大历史问题的看法。每个历史研究工作者必须勤奋、艰苦地做史料工作,在大量、丰富而准确、可靠的史料的基础上,才能有科学的历史研究。”[①]而且,没有合理的或者说科学的史料观,也不能收集到全面、系统、原始、科学以及真实的史料。既然教育史学研究的视域扩大了、视野下移了、史观调整了,那么史料观也必须作相应的调整,那就是必须树立大史料观。大史料观就是要突破以往教育史学研究中只重视地上史料、正史史料以及文字记录即文献史料的狭隘史料观,拓宽史料的来源,树立地上史料与地下史料并重、正史史料与笔记小说史料并行、文字记录或文献史料与口述史料并举的大史料观。

其一,地上史料与地下史料并重。在教育活动史研究的过程中,一方面要充分重视地上史料的运用,另一方面要加强地下史料的挖掘、发现、整理与运用。孔子有言:“文献不足故也,足则吾能征之矣。”教育活动史研究当然也必须充分借鉴人类数千年流传下来的丰富史料。不管是已整理的还是未整理的、公家的还是私人的档案史料,不管是直接的还是间接的、中文的还是外文的各种文集、笔记、日记、家谱、族谱、年谱、方志、实录、纪事、报刊、杂志等书报记载史料,不管是回忆录、传说、歌谣等口碑史料还是各种文物、图片、绘画、教具、学具等实物史料,都是我们教育活动史研究所必须首先收集、鉴别、考证、分析、整理以及充分运用的史料。与此同时,我们还必须重视对地下史料的发现、挖掘、整理和运用,时刻掌握考古动态,善于将考古的最新发现准确、及时地运用到教育活动史的研究当中。因为“有孔子壁中书出,而后有汉以来古文家之学;有赵宋古器出,而后有宋以后古器物、古文学之学”。也即是史料有新发现,史学研究便有新进展;史料有突破性的发现,史学研究必然有突破性的进展。而且,这种地下发掘的史料正如史学家王国维所言,“我辈固得据以补正纸上之材料,亦得证明古书之某部分全为实录,即百家不雅驯之言,亦不无表示一面之事实”[②]。因此,我们要扩大史学研究的范围、拓宽史料来源,不要局限在“整齐百家言”、从文献到文献的研究模式中,要使研究向更广、更深的方向发展。通过“古史新证”“纸上遗文”

---

① 戴逸:《中国近现代史的研究如何深入》,《人民日报》1987年7月17日。

② 王国维:《古史新证》,清华大学出版社1994年版,第2页。

与“地下出土文献”互证，提高教育活动史研究的可靠性、可行性和科学性。

其二，正史史料与笔记小说史料并行。以往的教育史学研究只注重正史史料或官修史籍史料的运用，正史或官修史籍史料主要包括正史、编年史、纪事本末、别史、杂史、诏令奏议、传记、史抄、载记、时令、地理、职官、政书、目录、史评等十五类，这些无疑是我们史学研究包括教育史学研究最主要乃至最重要的史料来源，但是它们绝不应该是我们教育史学研究的唯一史料来源，尤其是对于视域极度扩大、视野大大下移的教育活动史研究来说更是如此。由于一方面官修史籍大都“事多隐讳”“语焉不详”、人物传记“呆板枯滞”，甚至于如鲁迅所说，“涂饰太厚，废话太多，所以很不容易察出底细来。正如通过密叶投射在莓苔上面的月光，只看见点点的碎影。但如看野史和杂记，可更容易了然了，因为他们究竟不必太摆史官的架子”①。另一方面，官修史籍大都记载的是典章制度、政治沿革、帝王将相和官吏升沉的有关上层、精英的各类史实，而教育活动史的研究视野下移到了民间和大众，因此我们要把经部的易、书、诗、礼、春秋、孝经、五经总义、四书、乐、小学，子部的儒家、兵家、法家、农家、医家、天文算法、术数、艺术、谱录、杂家、类书、小说、释家、道家，以及集部的楚辞、别集、总集、诗文评、词曲等全部纳入教育活动史研究的史料来源范围，尤其要加强吸纳、运用以往史学研究中被当作“诬谩失真、妖妄荧听者”之类或属于“寓劝诫、广见闻、资考证者”之流的笔记小说中所蕴涵的丰富史料。② 在这方面，史学家陈寅恪就曾通过杜甫的诗论证过唐朝历史，给我们树立了典范。

其三，文字记录与口述史料并举。由于我国历朝历代都注重对历史的记载和整理，很早就设有专门掌管史籍整理、记载的史官，故流传下来了大量丰富的浩如烟海的历史文献，它们无疑是我们研究历史、了解历史的珍贵史料。但是如前所述，由于教育活动史研究视域的扩大以及视野的下移，因此面临的突出问题就是基层教育活动史史料收集的困难。因为留下的书面史料大都是官方或精英活动的记载，而有关民间的、下层的各种具体教育活动的记载则是非常有限的，这就需要我们在重视文献史料的同时，必须借助口述的方式来完成史料的搜集任务，以口述史料弥补文字记录的不足。

其实，借助口述的方式来完成史料搜集任务历史上早已有之，如太史公司马迁的《史记》在撰述曹沫（即曹刿）持匕首劫持齐桓公迫使其退还侵鲁土

① 鲁迅：《华盖集》，人民文学出版社 1973 年版，第 12 页。

② 纪昀等编撰：《四库全书·子部五〇》卷一四〇，中华书局 1965 年版，第 1182 页。

地时就借助过口述史料。[①] 而现代意义上的口述史学则是指"通过有计划的访谈和录音技术,对某一个特定的问题获取第一手的口述证据,然后再经过筛选与比照,进行历史研究"的一种新学科和新方法。[②] 现代意义的口述史产生于20世纪40年代的美国,60～80年代在世界各国特别是发达国家中迅速发展,并形成了一定的学术规范。

国内也有一些口述历史研究的范例,如1961年原华中师范学院(现华中师范大学)历史系现代史组进行的有关辛亥革命中学会组织的调查,就借助了口述史料开展研究。不过,现代意义的口述史学是从20世纪80年代中期才真正登上中国的历史舞台。最早从事现代意义中国口述史学研究的是美籍华人唐德刚,他从1957年开始参加哥伦比亚大学口述历史研究室中国口述历史学部的工作,完成了多部口述史著作,特别是其《胡适口述自传》一书的影响很大。这本书运用口述史料真实地介绍了胡适先生的家世、求学、治学的主要经历与学术成就。[③]

中国本土教育口述史学研究从20世纪90年代起也陆续有不少成果问世,如杨立文的《创造平等:中国西北女童教育口述史》、赵仁珪的《启功口述历史》和齐红深的《日本侵华教育口述史——抹杀不了的罪证》等。尤其是随着近几年北京师范大学出版社"教育口述史系列"《顾明远教育口述史》和《潘懋元教育口述史》的出版,教育口述史学研究被推上了一个新的高度。《顾明远教育口述史》一书,通过顾明远先生的口述,如实地记录了他作为一个教育家从求学生涯、在北京师范大学工作、创建与发展比较教育学科、参与及引导新中国教育改革、参加总理座谈、各国教育见闻及国际交流的充满传奇的人生经历。该书通过对顾先生参与或引导的一些在新中国教育发展史上具有开创意义事件的叙述,不但对于我们了解顾先生个人具有很好的史料价值,而且对于理解整个新中国教育发展的历史具有重要的史料价值。而《潘懋元教育口述史》一书,则通过潘先生的口述,生动而平实地记录了潘先生作为一个教育家从早年求学的艰辛和勤奋、中年"运动"中的动荡和"行万里路"的辗转、中国高等教育学的创建以及高等教育问题研究的奋斗历程。该书叙论结合,图文并茂,理论性与可读性兼备。书中既有许多人们熟

① 王清:《从口述史到文本传记——以"曹刿-曹沫"为考察对象》,《史学史研究》2007年第3期。

② 张广智:《西方史学史》,复旦大学出版社2000年版,第331页。

③ 杨祥银:《当代中国口述史学透视》,《当代中国史研究》2000年第3期。

悉或陌生的故事，也有作为一位教育家对教育的种种体悟和见解，既见证了中国教育特别是高等教育几十年的发展历程，也参与创造了中国教育尤其是高等教育的发展史。

这些都启示我们，教育史学研究（包括教育活动史研究）必须树立大史料观，做到地上与地下、史学与文学、书面与口述三结合，为教育史学研究提供更为坚实宽广的基础，为教育史学的新突破、新发展创造必备的条件。否则，教育史学的新突破、新发展就是一句空话。

五、“视情而定”的理论与方法论

古人云：“工欲善其事，必先利其器。”这说明了作为手段和工具的方法的重要性。方法正确，可使研究工作顺利达到目的，取得丰硕的成果；方法不正确，就会在研究中走弯路，事倍功半，甚至徒劳无功。在科学研究中取得过杰出成就的物理学家爱因斯坦（Albert Einstein），根据自己的科研实践经验曾总结出如下公式：成功＝艰苦的劳动＋正确的方法＋少说空话。对于教育史学研究特别是教育活动史研究来说也是如此，“具有系统且现代的研究理论与方法，是教育史学科永葆青春的重要保证，也是教育史学科真正成熟的标志之一”。如何在教育活动史研究中合理运用理论与方法，教育史学研究者应该对此自觉地加以探讨。①

笔者认为，系统且现代的教育史学研究理论与方法是一个由研究方法的理论基础、一般研究方法和具体研究方法三个大的方面及其相关层次构成的研究系统。② 第一，研究方法的理论基础。它一方面是指马克思主义的唯物史观、五种社会形态理论等这类宏观历史理论和经济决定理论、阶级阶层理论、人民群众创造历史理论等这类中观史学理论；另一方面是指兰克（Leopold Ranke）、斯宾格勒（Oswald Spengler）、汤因比（Arnold Toynbee）、布洛克、费弗尔、布罗代尔（Fernand Braudel）、勒高夫和勒韦尔（J. Revel）等人史学理论中值得借鉴的合理因素。第二，一般研究方法。它是哲学思维方法在社会历史（包括教育历史）研究中的运用，主要包括历史分析法、阶级分析法、比较分析法、逻辑分析法、系统分析法、结构分析法等，其功能是分析社会历史（包括教育历史）现象的内在辩证关系和本质特点，在更深层次

① 周洪宇：《对教育史学若干基本问题的看法》，《河北师范大学学报》（教育科学版）2009年第1期。

② 同上。

上更好地把握教育历史的规律。第三,具体研究方法。它是指带有较强技术性和专门性、用来处理和分析教育史料、进行基础研究的方法和技术,其功能为复原教育史实和基本线索,为深入研究打下坚实基础、创造有利条件。具体说来,又可细分为两个方面:一是历史学科一般使用的方法,主要包括历史考证法、文献分析法、口述历史法、历史模拟法等;二是跨学科方法,主要包括田野调查法、个案分析法、心理分析法、计量分析法等。

这三个方面属于三个不同的层次,它们各有自己的适用范围和领域,分别处理不同层次的问题,研究方法的理论基础是最高层次,解决的是研究的立场和指导思想问题。一般研究方法是中间层次,它解决的是对社会历史(包括教育历史)现象及其原因、本质的认识,以便更好地把握教育历史的规律。具体研究方法是最低层次,它所要解决的是教育史料的处理和分析,恢复教育史实和基本线索,为深入研究铺平道路。三个方面相辅相成,缺一不可。教育史学研究者从一开始就要清楚地知道自己要解决的问题是什么,要选择的理论是什么,要使用的具体方法是什么,需要运用的技术和手段是什么等问题。

需要指出的是,方法只是人们完成某项任务、达到某种目的的手段和工具,是达到目标的桥梁,也就是方法必须要为我们的研究任务、研究目的服务,不能为了方法而方法,更不能为了追求方法的新颖、独特而选择不适合于研究任务的方法。没有绝对正确合理的方法,旧方法未必无能,新方法也未必有效。在选择理论和方法时必须时刻注意理论、方法与问题的相容性、相适性,也就是必须做到"视情而定"。比如要研究中国清代与英国维多利亚时代教育活动史的异同,就可以选择比较史学的方法;要研究一个地区、一个民族或一个国家不同时期教育活动的规模与发展速度,就可以使用计量史学的方法;要鉴别所收集教育活动史料的真实性,就可以使用历史考证的方法;要研究某一少数民族教育活动史,就可以使用人类学田野调查的方法。

总之,教育活动史研究须"视情而定"来选取相应的理论与方法,切忌"以不变应万变",只会机械地运用某种单一的理论与方法。

六、采取"善序事理"的叙事形式

中国史学家历来重视史学著作的叙事形式(习称"序事"),认为好的叙事形式有助于史学著作内容客观真实与生动形象的表达。他们对"善序事理"多有论述。[1] 例如,班彪就推崇司马迁的史文表述"善述序事理,辩而不华,质而不野,文质相称",班固也赞扬司马迁"服其善序事理,质而不俚,其文直,其事核,不虚美,不隐恶"。《晋书》中则称陈寿"善叙事"为"奋鸿笔"和"骋直词"。

综观古代史学家、史学批评家对"善叙事"的理解,主要有以下几方面:其一,真实。也即是班固所言的"其文直,其事核",离开了历史的真实,史学就失去了根本,失去了价值。其二,质朴。质朴就是史学家刘知几所说的"体质素美"。其三,简洁。刘知几认为史学家"叙事之工者,以简要为主",而且"简要"要做到"文约而事丰"。其四,含蓄。刘知几的"用晦"就是这个意思。而且"用晦"要做到"省字约文,事溢于句外",要做到"言近而旨远,辞浅而义深,虽发语已殚,而含意未尽。使夫读者望表而知里,扪毛而辨骨,睹一事于句中,反三隅于字外。"其五,"闳中肆外"。即史学家章学诚所言的"言以声其心之所得"。也即是只有心有所得,方可言之于外。其六,"史笔飞动"。只有把历史写得"飞动"起来,才能感动人。如梁启超认为:"事本飞动而文章呆板,人将不愿看,就看亦昏昏欲睡。事本呆板而文章生动,便字字活跃纸上,使看的人要哭便哭,要笑便笑。"[2]

从中国传统历史叙事的整体特点来看,王靖宇认为,整体来说,中国作者在涉及人物描写的时候倾向于依靠对话和行动,而其他方法相比之下不多见,直接的心理探究方式则更是鲜见。从中国传统历史叙事的结构方面来看,杨义认为,顺序性、联结性和对比性是中国叙事结构的三个要素,并且认为三者是"相互贯通、互动互补的,顺序以见结构的模样和层次感,联结使结构的各部分承接、转折、组合、贯穿,形成整体,而对比则使结构参差变化、波澜曲折、比例协调,使整体性中增加了生命感"[3]。丁钢则把中国叙事的风格和方法特点总结为三个方面,一是中国叙事以各部分非同质性、非同位性以及部分之间存在的联结性或对比性的关系,形成结构张力;二是以视角的流动贯通形成整体性思维特点;三是依靠对话和行动,并借助有意味的表象的选择,在暗示和联想中把意义蕴涵于其间。[4] 其实,不仅在中国传统史学著作中是如此,《论语》也是这种思维方式的叙事作品。作为中国教育叙事

① 瞿林东:《中华文化通志·史学志》,上海人民出版社 1998 年版,第 319～325 页。

② 梁启超:《中国历史研究法补编》,商务印书馆 1934 年版,第 38 页。

③ 杨义:《中国叙事学》,人民教育出版社 1997 版,第 122 页。

④ 丁钢:《叙事范式与历史感知:教育史研究的一种方法维度》,《教育研究》2009 年第 5 期。

传统,《论语》通过孔子学生的回忆、口述,以故事的方式描述了孔子及其弟子在不同时候的教学与交往故事,从中折射出了孔子的生活和思想,从而构成了中国第一部教育意义丰富多彩的教育叙事作品。如在《颜渊第十二》中,通过孔子与颜渊、子贡、齐景公、季康子等之间以及司马牛与子夏、棘子与子贡、哀公与有若等之间有关"仁"、"明"、"政"、"友"、"君子"以及"崇得"等问题的讨论、对话,就将已经逝去的春秋时期的一个个教育事件生动形象地展现在了人们的面前。遗憾的是,这种古代史学优秀传统相当长一段时间内在我们的史学著作包括教育史学著作中失传了,许多著作内容贫乏、叙事单调、文字呆板,令人不堪卒读。

中国教育活动史研究要避免回到"目中无人"、"见人不见行"、"见物不见事"的教育史学老路上去,就必须很好地承继和发扬中国传统历史叙事的优点,采取"善序事理"的叙事方式,发扬以各部分以及部分之间存在的联结性或对比性的关系形成结构张力、以视角的流动贯通形成整体性思维特点、依靠对话和行动并借助有意味的表象的选择、在暗示和联想中把意义蕴涵于其间等中国传统历史叙事优点。注意使自己的研究方式叙事化或过程化,在叙事中注意写具体过程、写细节。虽然过去的教育制度史研究也写过程,但其过程大都写得粗略、简单。教育活动史研究不能一般性地写这个过程,而必须写得具体、深入、详细,最好能通过描写对话与行动,反映其心理活动与潜意识。不能走传统教育制度史写法的老路。而且,进一步说来,这不仅仅只是一个叙事或写法上的不同,更多的是史观上的不同,是思维方式上的变化,是研究范式的转换。应该看到,教育历史叙事必须经过研究者对教育历史的感知而进行选择、修饰和重组,因此教育史研究者必须具备必要的体验能力和想象能力,这一点常常成为研究是否能够取得突破的重要因素。

综上所述,我们最后可以得出如下结论:教育活动史研究首先应该以追求教育的全景式总体史为研究宗旨,对历史上各个方面、层面,不同类型、学段的教育活动进行全面、系统、深入的分析与描述,从而使历史发展过程中丰富多彩的教育活动完整地得到重现;其次,应该以民众的教育生活为研究重点,改变以往教育史学研究重上层、轻下层,重精英、轻民众,重经典、轻世俗,重中心、轻边缘的传统做法;再次,应该以问题研究为研究取向,强化问题意识,尤其是要格外关注教育教学的具体问题、微观问题和日常问题;第四,应该树立地上与地下、史学与文学、书面与口述三结合的大史料观,拓宽史料来源,广泛收集、整理与运用史料于研究之中;第五,应该"视情而定"选取相应的研究理论与方法，根据不同的研究目的和具体的研究任务，选取最合适的研究理论与方法；最后，应采取“善序事理”的叙事方式，尤其要充分地继承和发扬中国传统史学研究中叙事方式的优点，既客观真实又生动形象地将教育活动史的具体过程展现在读者面前。这就是笔者近年倡导的全景式总体史的、人的教育生活为中心的、问题导向并注重过程和细节的教育史观。

（周洪宇系华中师范大学教育学院教授、博士生导师，李浩泉系华中师范大学教育史专业2009级博士生）

胡适教育活动史观初探

涂怀京

教育活动是教育思想发展和教育制度变迁的关键性因素，起着源泉、基础、中介和桥梁的作用。教育活动史与教育思想史、教育制度史构成一种倒三角关系，有了教育活动史这个底角，就能与教育思想史和制度史这两个顶角支撑起、构建成教育史这个结构性、整体性、动态发展性的学科研究领域。回望过去，我们会发现，不少先哲们对教育活动史这个议题有过或显或隐、或直接或间接的言论，适可视同对今天教育史研究者们的提示与寄望。这其中，就包括作为“五四”新文化运动主将和新教育运动重要代表人物的胡适。

一、胡适论教育活动史料

胡适素来重视教育史研究中材料的搜集、辨伪、整理工作，在《中国教育史的资料》一文中他指出，除运用一般性资料外，研究者还应“根据每一个时代的教育制度及那一时代中的师生们的生活情形，师生之间的关系等活的资料，来撰写教育史”①，颇有推重教育活动史、拓展传统教育史料的意味。

① 《胡适全集》第20卷，安徽教育出版社2003年版，第351页。

1. 勤力搜集。胡适认为教育的史料"来源不拘一格,搜采要博"[①],可从"'三通'、'九通'、'十通'里去找有关教育的资料"。此外,"《儒林外史》、《醒世姻缘》、《论语》、《孟子》、《礼记》的《檀弓》篇,都有很好的资料";[②]"《论语》中孔子与门人的对话,便是活的教育资料";元稹序《长庆集》中记其召问"竞习诗"的村校诸童,对曰"先生教我乐天、微之诗",却"不知予之为微之也",可探究"当日小学生活作何状况"[③];"《儒林外史》……不但谈到学制,学生、老师们的生活,同时还谈到由于学制,老师、学生们的关系与生活,所养成的学生的人格与德性";《醒世姻缘》"里面有些地方,把当时的学制与师生之间的生活情形,描写得非常透彻",如"那南边的先生,真真实实的背书。……讲书的时节,发出自己的性灵,立了章旨,分了节意。……各人把出自己的识见,大家辨难。果有什么卓识,不难舍己从人"。这些原始态、活生生的素材,胡适直言"是中国教育史的最好史料","《九通》、《二十四史》里哪有这样的好材料",[④]强调须苦心、勤力地去搜集,不可轻易放过,免使教育史的研究因材料的自囿和匮乏而出现狭隘或偏枯。

胡适自己在研究工作中就是如此,他常委托朋友四处访书,还亲自去旧书店、旧书摊淘宝,以能更畅遂地"上穷碧落下黄泉,动手动脚找东西"。在论文《〈三辅黄图〉记王莽的太学》中,他习引诸如"诸生朔望会此市,各持其郡所出货物及经书传记,笙磬乐器,相与买卖,邕邕揖让,或论议槐下"等史料[⑤],以述析王莽当政时代的太学活动情形。胡适是个史料迷,从竺可桢家里抄到《第二次庚子赔款留学美国学生榜》,期望"这张榜也可以长久保存,为后人留作一种教育史料"[⑥];总是充分利用出国考察的机会搜寻国内不易得的史料,"到了巴黎不去参观柏斯德研究所,却在那敦煌烂纸堆里混了十六天的工夫"[⑦]。

2. 细辨真伪。胡适常常提醒学者们,辨真别伪要注意大的方向,"史料的来源……辨别要精,大要以'无意于伪造史料'一语为标准",指出记载有大量民间活动的"杂记与小说皆无意于造史料,故其言最有史料的价值,远

---

① 《胡适学术文集·教育》,中华书局 1998 年版,第 279 页。

② 《胡适全集》第 20 卷,安徽教育出版社 2003 年版,第 351 页。

③ 《胡适学术文集·教育》,中华书局 1998 年版,第 278 页。

④ 同上书,第 279 页。

⑤ 《胡适全集》第 20 卷,安徽教育出版社 2003 年版,第 378 页。

⑥ 《胡适全集》第 32 卷,安徽教育出版社 2003 年版,第 342 页。

⑦ 《胡适全集》第 3 卷,安徽教育出版社 2003 年版,第 146 页。

胜于官书”[①]。

搜集来的材料，用前需要认真加以甄别。他举了一个例子：“我搜访南菁书院史料的最初动机是要寻求一切有关慈溪林颐山的资料”，[②]林颐山“搜罗了一些关于全谢山《水经注》的资料，他的研究还没有完成，宁波进士董沛粗制滥造的《全氏七校水经注》已被宁绍台道薛福成出钱刻印出来了”；“林颐山当时就提出许多证据来，指出这个刻本是‘伪造’的”；胡适经过甄验，认定《全氏七校水经注》“是一部有恶意的伪书”，“而近代学人如王静安先生，如孟心史先生，皆信为真是全谢山的书”。[③] 通过对历史人物具体学术活动细节的究源、推理和考证，胡适支持秀才林颐山的质疑，指证伪书及其流害。经过对此事的矫枉至正，胡适继续穷追猛打，最终对牵涉到戴震、全祖望、赵一清三人“究竟谁在抄袭”的《水经注》“案子”，作了令人信服、经得起检验的判决。

3. 精心辑录。针对传统教育的缺陷与固陋，胡适指出，“须知学不完全靠课堂课本，一切家庭、习惯、社会、风俗、政治、组织、人情、人物，都是实实在在可以供我们学的”[④]。循此治学理路，并根据包括教育史在内的各类史学研究特点，他很注重学人能从上述过去的各种实际活动中提炼、萃取出有价值的东西，编辑、保存下来以应研究之需。胡适盛赞“房兆楹先生……随时随地留心搜集史料，整理史料……他们合作的《增校清朝进士题名碑录·附引得》”，“不光是为他们自己研究之用”，还“是他们嘉惠全国学人的一部最有用的工具书”。此外，房兆楹还悉心影印了《清末民初洋学学生题名录初辑》，记录了六十年时段内的多含“救时之彦”的两千一百余人，包括同学录、职员录、通讯录甚至陈年的电话簿，胡适认为“都有史料作用，都值得搜集保存”，充分肯定“这种资料的历史价值”[⑤]。欣喜兴奋，溢于言表。

收录、编辑史料是一件浩大的工作，非一人一时所能为，胡适曾说，“许多好史料偏偏烂在懒人脑子里，可惜！”[⑥]“希望各人能把自己的资料写下来，给以后的人们作参考”[⑦]。1958 年 6 月，胡适于机场小憩间隙，即兴赠诗给钮

① 《胡适学术文集·教育》，中华书局 1998 年版，第 279 页。
② 《胡适全集》第 20 卷，安徽教育出版社 2003 年版，第 336 页。
③ 同上书，第 337 页。
④ 《胡适学术文集·教育》，中华书局 1998 年版，第 135 页。
⑤ 《胡适全集》第 20 卷，安徽教育出版社 2003 年版，第 353 页。
⑥ 《胡适全集》第 32 卷，安徽教育出版社 2003 年版，第 3 页。
⑦ 《胡适学术文集·教育》，中华书局 1998 年版，第 309 页。

永建，题有“乞与人间留记录，当年侪辈剩先生”，请他抽空写个人的活动经历，存可信的史料。在这方面，胡适率先垂范，他撰写的《留学日记》、《四十自述》，与唐德刚合作的《胡适口述自传》，生命的最后几年默许秘书胡颂平记载的《胡适之先生晚年谈话录》，较为翔实地收辑了胡适一生的教育活动纪事，成为后人研究胡适教育思想和实践的重要材料。

二、胡适论研究教育活动史的意义

胡适曾指导他的学生研究教育史的方法，说“必先了解教育史有几种”，再可谈“中国教育史的资料”，“希望有兴趣撰教育史的，要多多注意以上各种的活的资料，写活的教育史”。[①] 胡适所谓的“活的资料”，指的主要是在各时代教育制度下师生们的生活情形、师生关系、家庭教育活动、社会教化活动等等；所谓“活的教育史”，主要指在对上述活的资料进行叙述、归因、评判的基础上，去进一步研究教育思想史和教育制度史的发展源流，而这即体现了研究教育活动史的意义与价值。

1. 揭示教育思想发展的源泉。教育思想发展的源泉从来就不是单一的，离不开各代具体的政治、经济、学术活动。胡适曾纵深地谈到，汉代的太学生，多有“干涉国家政治之气焰”，“太学学生，也即是当年的青年知识分子，从而批评政治，形成后汉的党锢之祸”；“宋代有一部杂记……由此可以看到太学的生活”，“其干涉国家政治……盛极一时”，博得时人“有发头陀寺，无官御史台”的称谓[②]；“明朝太监专政，乃有东林书院学者出而干涉，鼓吹建议，声势极张。……虽赴汤蹈火，尚仗义执言。……于此可知书院亦可代表古时候议政的精神，不仅为讲学之地了。”[③]太学、书院师生的学术、政治诸活动，各各前后相承，彼此呼应酝酿，成为中国教育思想发展的一种动力和源泉，及至明末清初出现了黄宗羲，这位“中国大学者，他不但认学生干预政治是变态社会里不得已的事，他竟老实说这种举动是‘三代遗风’”[④]，并拓荒性地提出了“公其非是于学校”的著名论断。所以胡适强调，“我们要讲究一种学术的渊源，一种思想的前因后果”[⑤]。

---

① 《胡适全集》第 20 卷，安徽教育出版社 2003 年版，第 352 页。

② 同上。

③ 同上书，第 116 页。

④ 《胡适学术文集·教育》，中华书局 1998 年版，第 269 页。

⑤ 《胡适全集》第 1 卷，安徽教育出版社 2003 年版，第 698 页。

1919 年 5 月,“北大学生会举行总投票表决罢课问题,共投一千一百多票,反对罢课者八百余票”,动议没有获得通过。高梦旦认为,“这样做去,便是在求学的范围以内做救国的事业,可算是在今年学生运动史上开一个新纪元”①。持“教育救国”、“学术救国”主张的胡适,对学生发起的救亡图存活动作过细密的观察和思考,他原则上同意高的观点,认为学生的首要责任是把自己铸造成器,才可能在各自的岗位上为社会出力,使国家强盛。虽然胡适在学生救国方式上的态度不无偏颇之处,但有历史进化眼光的胡适,对当时的局势有着自己的判断,他的本意实有“多研究些问题”,开展理性而负责任的学校活动,以在教育思想上“继续不断的寻求真理”的正向一面。②

2. 探寻教育制度沿革的轨迹。1936 年,胡适致信叶英,坦诚指出“你误信了科举时代是做人与做事双方兼顾的。……范进、周进、严贡生、匡超人受的教育是不是可以做人做事”?“我毫不迟疑的对你说:中国的旧式教育既不能教人做事的能力,更不能教人做人的道德”。③ 在另文中,他又谈到,“到了清朝……一部分监生可以花钱去买”,“教育制度又有不同”。④

在胡适的视野里,《儒林外史》中范进、严贡生等人的受教活动,清朝士人花钱买监生资格的活动,是科举制度、学校制度在明清朝代的典型例证,为有识断的教育史研究者探讨更长的历史时段内科举制度、学校制度和教育制度的沿革路线提供了重要的基础和中介。

在教会教育上,胡适也有这样的能动意识。“民国八年的春天”,北大方面的蔡元培、胡适、李大钊、陶孟和等,与教会学校方面的二三十位重要教员,“约了一日在西山卧佛寺开了一整天的谈话会”,“结论是我们还可以在许多社会事业上充分合作”。燕京大学要改革中国文学系,司徒雷登请胡适介绍周作人去担任国文教授,辅仁大学则由陈垣“领导中国学”,使得“近年中国的教会学校中渐渐造成了一种开明的、自由的学风”⑤。胡适还为教会学校开药方:“集中一切财力、人力来办极少数真正超等出色的学校……抛弃传教而专办教育。”教会学校,这个近代史肇端以来即备受士人诟病的“国中之国”,其实并非是那样完完全全、彻头彻尾、顽冥不化地充满侵略性、殖民性,研究者可以通过对具体的“教案”、“课程设置”、“谈话会”、“推荐信”等

① 《胡适学术文集·教育》,中华书局 1998 年版,第 90 页。
② 《胡适全集》第 3 卷,安徽教育出版社 2003 年版,第 7 页。
③ 《胡适学术文集·教育》,中华书局 1998 年版,第 143 页。
④ 同上书,第 309 页。
⑤ 《胡适全集》第 20 卷,安徽教育出版社 2003 年版,第 182 页。

活动的动态解读，来揭开教会教育与中国本土教育从势同水火到有所合作的演进过程，揭示在中国教育早期现代化背景下有一定合理内核的教会教育制度本身的变迁轨迹。

关于教育考试制度和教师薪酬制度，胡适举的是一个就业的例子，还望人们能"以三隅反"：北大一个毕业学生，"学法律，中英文都很好……成绩最优"，对留校当助教或去法院工作，都说"谢谢，我不干"。后来没有参加毕业考试，就到一家私立银行当练习生，"薪津比敝校的校长还要多"。对这个"道是无理却有理"的择业案例，胡适说，"我并不是拿钱做标准来较量，但是在这种状态之下，如何能使社会上的人士对考试及格的人起一种信仰呢"？呼吁政府对相关的教育制度进行必要的更革，以"恢复社会上对考试制度敬重的心理"①。

信奉实用主义的胡适，认为教育制度的沿革，更多的时候是"一点一滴"式、"层累"式的，而要真正剖析、把握这个进程，则非关注民间、基层、学校丰富多样的教育活动不可。在这里，教育活动也就是证据，多"几分证据"，才能多"说几分话"。

3. 撰写活的中国教育史。胡适具有"但开风气不为师"的思力与度量，这在涉及中国教育史研究时亦如此。他指出："单叙述制度的沿革变迁，略如《九通》中所记而加详。这是死的制度史。"②因为史料是静止、单一、无参验的，所以研究是死的。如何来救弊呢？那就是要多留意动态、丰富、可相互佐证的教育活动，从各种语录体文、杂记和小说中去"寻找教育史的活的资料"，撰写活的教育史。

胡适指出，小说《醒世姻缘》的"第三十三回与三十五回真是长篇大幅的绝好教育史料"③，描述了明代小学里南北方教书先生方法的不同，南方的先生认真、负责、严谨、开明，"这样的日渐月磨，及门的弟子怎得不是成材"？这类教育活动的材料，研究者可以很裕如地运用到对那个时代学校教育、科举考试及南北士子及第比例等研究之中，可以厘析清楚各种教育史实之"然"和"所以然"。如此，教育史研究就活起来了。

"余幼时酷嗜小说，家人禁抑甚力。然所读小说尚不少。后来之文学观

---

①《胡适全集》第20卷，安徽教育出版社2003年版，第251页。

②《胡适学术文集·教育》，中华书局1998年版，第277页。

③ 同上书，第278页。

念未必非小说之功。"[①]在自述了孩童时代的学习活动及其效果后，胡适转用上了乃师杜威的教育理论——"品性的能力是不能用抑制法养成的"，而要用引导法、贮藏法，因为有"教育价值的抑制力，是包括在引导力里边"，"这贮藏的时候，便有许多真正的抑制力在里面，不必另外再用抑制方法"。[②] 十分显然，胡适运用各种教育活动素材进行研究，手段活且水准高。我们要把这根金针度接过来，撰写出活的教育史，而活的教育史就是真的教育史，也就是人们甘之如饴的当代教育史。

三、胡适对中国近现代教育活动史的特质性参与

教育公务繁忙而又孜孜不倦的胡适，以著述、实践乃至影响力等独有方式，切实而创造性地参与了中国近现代教育活动史。这种特质性的投身与参与，其能、其为、其位是彰显、生动而隽永的。

1.“著述性”参与之“能”。胡适动笔之勤，少有人能与之比肩。他在多种著述中，集中或零星地记有自己的教育活动。如童年读私塾时的斯文劲；少年在上海求学时的一天连升数级；庚款留学考试放榜时的从榜尾往前看。又如在长文《非留学篇》中提出的种种痛心现象："首问何校易于插班，何校易于毕业。既入校，则首询何科为最易，教师中何人为最宽，然后如最易之校，择最宽之教师，读最易之课。迟则四年，早则二三年，而一纸羊皮之纸，已安然入手，俨然大学毕业生矣，可以归矣"[③]；"不讲求祖国之文字学术，……数典忘祖。吾见有毕业大学而不能执笔作一汉文家书者矣！有毕业大学而不能自书其名者矣！有毕业工科而不知中国有佛、道二教者矣！"[④]童趣愁心，均在其中。

胡适还记有：1921年，北大"报考的有三千人，只取了三百人，进来是很不容易"，但"学生修业年限满了，很容易的就毕业出去了"，所以"我常说要严格考试"[⑤]；1928年任中国公学校长，看到"学科组织的规模太大了，不是公学的经济状况能负担的"[⑥]，于是裁撤院系，仅留文理学院、社会科学院这

① 《胡适学术文集・教育》，中华书局1998年版，第25页。
② 同上书，第43页。
③ 《胡适全集》第20卷，安徽教育出版社2003年版，第13页。
④ 同上书，第15页。
⑤ 同上书，第71页。
⑥ 同上书，第154页。

二院和中国文学系、数理学系、史学社会学系等六系，开创了公学的黄金时代；自己很敬佩张伯苓，也赞同朝鲜人士对张伯苓的评语——“张伯苓是一个极其简单的人，不能跟同时代的杰出人物争一日之长短，但是他脚踏实地的苦干，在他的工作范围里，成就非凡”①。胡适这些基于自己的亲历活动和深刻体验而撰著成的心志篇、活动篇、砥砺篇，颇有内在能量，很能给人启示。

2. “实践性”参与之“为”。有的时候，胡适也尝试以自己的实践性作为，去“打扮”那“温顺的历史女孩”。赴美留学，胡适先入康奈尔大学农学系，“于是老师就先教我洗马”，“又教我套车”；“接着就到农场做选种的实习工作”。胡适发觉自己的个人真兴趣不在这上面，而且很多知识回国后用不上，“于是决定改行”②，避免了成为三流四流的农学工作者。在以后的多次演讲中，胡适都以自己在美国转系转校的经历，告诫青年们要“凭性之能近，力之所能去选课”，“其未来对国家的贡献也许比现在盲目所选的或被动选择的学科会大得多，将来前途也是无可限量的”。③ 其言也谆谆，其情也切切。

胡适通过刊载启事介绍自己和北大同仁郑阳和发起成立的“成美学会”，“其宗旨在于捐集基金，以津贴可以成才而无力求学之学生”，④并“深望赞同此旨者之有以维持助成之耳”。胡适慷慨解囊 2000 美元，无私资助在国外留学深造的林语堂，传为民国佳话。

胡适拳心于教学育人，亲撰《研究所主任会议纪事》，提出北大“研究科当限于范围甚狭之专门学科”，“研究所教员或学生均须随时讲演讨论”；在《致北京大学各科英文教员公函》中，胡适通知华北英文教员协会 1919 年 3 月 1 日召开第一次大会，“讨论英文教授的各种问题。……讨论发音学……讨论会话之利害与方法，……讨论文典之位置”，“很盼望本校英文教员多数肯来入会，并望各位一齐到大会加入讨论”，⑤真切地折射了北大的教研风格和胡适务实的名师风范。

在民国时期最有代表性的教育成果“壬戌学制”的制定上，胡适也发挥了关键性作用，不但调解了数省教育会代表之间的矛盾分歧，还亲自执笔拟

① 《胡适学术文集·教育》，中华书局 1998 年版，第 287 页。

② 《胡适全集》第 20 卷，安徽教育出版社 2003 年版，第 327 页。

③ 同上书，第 330 页。

④ 同上书，第 31 页。

⑤ 同上书，第 37 页。

定学制终稿:1922 年 10 月 12 日,“从下午五时起,由胡、姚二氏起草,逐条皆与两位部派员讨论商酌。……到次日晨一时,始草完。次日由胡适誊清稿,逐条下皆注明所根据的底本”①。胡适上述果敢自主、成人之美、热心教务、顾全大局的实践性亲为,志纯气宏,谊深义高,至今仍为人们钦敬。

3. “影响力性”参与之“位”。不是因博士论文《中国哲学史大纲》的出版暴得大名,而是因深度参与了所处年代的新教育进程及其深远的影响力,才奠定了胡适作为教育界重要领袖人物的地位。在 1921 年的北大开学典礼上,胡适就学生的择业、研学、纪律和修养等事发表推心置腹的讲话,“这天我演说颇长……说的话,也有不应该我说的。有许多话应该是孑民先生或孟余先生说的。但我起立时,学生即大鼓掌欢迎;我上台,他们又鼓掌。他们这种好意,我只能用老实话来报答”②。这样的说老实话、做老实事,其历史影响力是某些教育乡愿不能及的。

1934 年,胡适偶然发现提出“北大的经济系毕业学生不如清华”观点的论文作者,是一个北大未毕业的经济系学生,不仅没生气,反而“叫他把他做的几篇研究送给陶孟和先生看看。陶先生看了大高兴,叫他去谈,后来那个学生毕业后就在社会调查所工作到如今”③。1947 年 6 月,一位北京大学一年级学生,在悲观与烦闷之中,给胡适写了一封信,“这封信使我很感动,所以我在那个 6 月 2 日的半夜后写了一封一千多字的信回答他”④。1949 年 3 月,胡适亲自为因时局关系提前离开北京大学的医学院学生开证明,证明该生历年成绩与实习证件“均属真实”⑤。就是胡适做的这些看似平常平淡的事务,恰然印证了他对遍天下的“我的朋友”由衷、赤诚的关心帮助,胡适春风化雨的影响力和辐射力,其“新教育护法神”的地位由此而生而立。

1920 年代,针对清末因反对八股的科举而一并废除文官考试制度,因反对书院的课程而一并废除了一千年艰难演进出来的教育制度,胡适指斥,“没有历史眼光的革新家的流毒真不浅!”⑥正是有了这样的使命自觉,胡适对教育活动史的资料搜集和研究价值的“刍议”,对中国近现代教育活动史的“特质性”参与,都体现了一代教育宗师兼社会活动家的卓识和胆略。

---

①《胡适全集》第 20 卷,安徽教育出版社 2003 年版,第 94 页。

②《胡适学术文集·教育》,中华书局 1998 年版,第 61 页。

③ 同上书,第 126 页。

④ 同上书,第 161 页。

⑤《胡适全集》第 20 卷,安徽教育出版社 2003 年版,第 278 页。

⑥ 同上书,第 382 页。

处社会变革中的当代中国教育史研究，宜从胡适述行中获取教益和启迪，注重教育史研究视野的下移，注重对教育活动过程的追踪和教育研究方法的改进，这种新的范式，实质上是教育史研究这棵大树根须的拓展和养分的博纳。“寻常百姓堂前燕，飞入朝相王谢家”，教育活动史研究渐至玉立且其成果源源裨益、丰厚教育思想史和教育制度史之日，就是完整、系统、科学的教育史学科体系正式建成之时。这种生动诱人的景况，人们是可以怡心期待的。

（作者于1998年获华中师范大学教育史专业硕士学位，现为福建师范大学教科院副教授、教育学博士）

试论教育史学的学科体系

郭　娅

"一门学问的学科体系是什么面貌，关系到我们对这门学科基本面貌、总体面貌的认识，关系到这门学科的学术性、科学性问题"①。对于学科体系的认识水平，不仅影响到学科的存在和发展，而且"也是衡量一门学科成熟程度的标志之一"②。因此，对于学科体系的研究是关系一门学科未来发展的重大问题。

一、学科体系、教材体系与课程体系的概念辨析

"学科"，"一是指学术的分类或科学的分支亦即研究体系；二是指教学的科目或教材体系"③。"学科"内涵的双重性，导致了学术界对"学科体系""教材体系"和"课程体系"的理解含糊不清，甚至有些研究者常常将教育史

① 张海朋：《20世纪中国近代史学科体系问题的探索》，《近代史研究》2005年第1期。

② 杜成宪：《中国教育史学科体系试构》，《华东师范大学学报》1997年第1期。

③ 朱正贵：《也论外国教育史学科体系的若干问题》，《青海师范大学学报》1985年第2期。

学的“学科体系”“教材体系”或“课程体系”混为一谈。尽管“学科体系”与“教材体系”“课程体系”存在着一定的联系，即一门学科的学科体系包含其课程体系，诸多的课程及其相应的教材体系又构成一门学科的课程体系，但三者并不完全等同。一般说来，学科的“教材体系”主要是指“按一定的教学理论组织起来的”①相关学科的知识体系，它主要体现为教学大纲和教科书两种形式。“教材体系”必须适应相关学科的教学大纲和教学内容的要求；“课程体系”主要是指某学科诸多相关教学科目构成的有机整体。它主要解决的是根据其学科及其专业的教学、培养目标应该设置哪些课程及如何设置这些课程的问题。“学科体系”则更多指的是某一学科的学术研究体系，它主要涉及学科的研究对象、范围、内容及其结构形式等问题。从这个意义上说，任何一门学科的学科体系直接影响着其教材体系和课程体系的设计与发展，科学的学科体系的构建是合理的教材体系及课程体系建设的基础和条件。因此，构建科学的教育史学的学科体系，不仅是学科本身发展的需要，同时也是教育史学科的教材体系和课程体系建设的必然要求。

二、关于教育史学科体系的争鸣

中国教育史学界对“教育史学的学科体系”的研究，大致始于 20 世纪 30 年代。当时有学者提出教育史的研究应包括教育背景的研究、教育通史的研究和教育专史研究三个方面。其中教育专史研究又包括：各级学校教育史、各国教育史和近代各家教育学说的研究三个方面。② 这一学科体系反映出 20 世纪二三十年代的教育史学研究领域的特点，即不仅重视教育通史研究，而且开始重视教育专史研究；不仅注重各级各类学校教育发展历史的研究，而且也关注国别教育史的研究；不仅关注对教育制度发展、演变的历史研究，而且重视对近代以来教育思想史的研究。尽管这一学科体系还不够成熟和完善，但它毕竟是中国教育史学界提出的第一个关于教育史学科体系的设想。在中国教育史学体系的发展过程中具有奠基性的作用和意义。

新中国成立后不久，应高等师范院校教育系中国教育史学科教学的客观需求，教育史学家们开始重新思考教育史学科体系问题。1952 年，华东师范大学教育系拟订了一个“中国教育史教学大纲(草案)”，这个大纲按历史发展阶段把中国教育史划分为古代(原始社会—鸦片战争)、近代上(鸦片战

① 杜成宪、邓明言：《教育史学》，人民教育出版社 2004 版，第 56 页。

② 罗廷光：《教育之历史的研究》，《中华教育界》1932 年第 3 期。

争—五四运动)、近代下(五四运动—中华人民共和国诞生)三个由不同历史阶段构成的系统。[①] 严格说来,这一系统并不是完全意义上的学科体系,但是它毕竟注意到了教育发展特点与历史发展阶段之间的关系,因此,对教育史学的学科体系建设具有一定的启示作用。

20 世纪 80 年代以后,关于教育史学的学科体系建设问题成为学术界关注的热点问题之一。特别是 1980 年 12 月,全国教育史研究会的年会上,专门就中国教育史学的学科体系问题进行了专题讨论。由此引发了学术界对教育史学的学科体系的大讨论。此后关于教育史学的学科体系的论述不断出现,概括起来主要有以下观点:

(1) 按教育历史发展顺序划分。可以将教育史学科体系划分为:古代教育史、近代教育史、现代教育史,每一断代后,又分为若干历史时段或若干地区的教育历史。

(2) 按受教育阶级属性划分。[②] 将教育史学的学科体系划分为统治阶级的教育史与劳动人民的教育史,统治阶级教育史又可分为教育制度史和教育思想史;劳动人民教育史也可分为劳动人民教育活动史和民主性的教育思想史等。

(3) 按低、中、高三层次划分。20 世纪 80 年代中后期,高时良将教育史学科分成三个包含不同内容,具有不同结构层次的学科体系:"① 低层次,即限于教育史内部的结构,如高等教育史、职业教育史、秦汉教育史等。② 中层次,教育史与其他学科的交叉,如教育训诂学、计量教育史学等。③ 高层次,'是从哲学思辨的高度对教育史学进行理论探讨',如教育史方法论研究等"。[③] (见图 1)

中国教育史学科体系
- 低层次教育史(教育史学内部各种教育史)
- 中层次教育史(教育史与其他学科的交叉学科)
- 高层次教育史(教育史学理论与方法)

图 1

(4) 按教育实质划分。[④] 将教育史学科体系划分为教育制度史和教育

① 沈灌群:《中国教育史教学大纲草案》,瞿葆奎:《社会科学争鸣大系·教育学卷》,上海人民出版社 1992 年版,第 398 页。

② 杜成宪、邓明言:《教育史学》,人民教育出版社 2004 版,第 70 页。

③ 孙培青:《中国教育史学科体系问题》,《社会科学争鸣大系·教育学卷》,上海人民出版社 1992 年版,第 405 页。

④ 杜成宪、邓明言:《教育史学》,人民教育出版社 2004 年版,第 70 页。

思想史两个方面，教育制度史又可分为各级各类学校教育史和教育内容、方法史。各级各类学校教育史，再分为古代教育史和近现代教育史。教育内容、方法史包括德育史、课程教材发展史、教学法演变史和考试制度史等；教育思想史包括阶级的教育思想史、派别的教育思想史和教育代表人物的教育思想以及其历史影响等。

1997 年，杜成宪发表了《中国教育史学科体系试构》一文，在前人关于教育史学科体系研究的成果的基础上进一步提出了中国教育史学科体系(见图 2)的设想，形成了由制度史和思想史，通史与专史，内部史与外部史，实质研究与形式研究等不同结构层次构成的教育史学科体系。

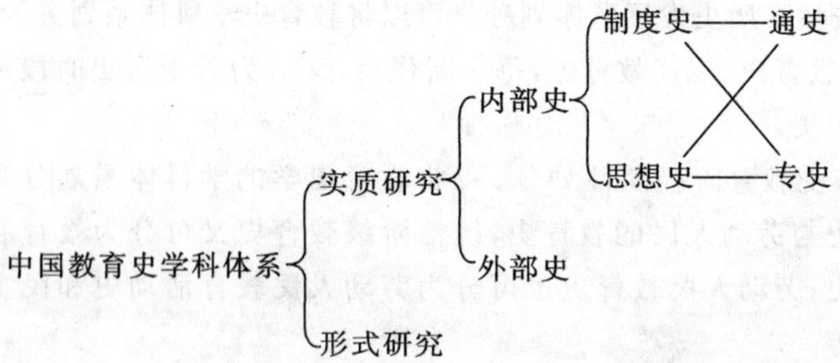

图 2

以上几种关于教育史学的学科体系的设想，虽然都从不同的视角为我们重新构建教育史学的学科体系奠定了基础，但是也存在以下一些缺憾：如以历史分期为依据和以阶级为标准构建起的教育史学的学科体系，主要将关注的目光放在了对教育史实质内容的研究上，相对比较忽视对教育史学史和教育史学理论的研究。高时良的三层次体系论，虽然引入了教育史学理论和教育史学方法论等研究范畴，但在实际操作过程中，对低、中、高层次教育史学内容的界限较难把握，因此，操作起来比较困难。

而按教育实质构建起的教育史学的学科体系，虽然“已基本上可以让现实的中国教育史研究的各个领域，各个分支对号入座，各得其所了”①，但这一学科体系也存在以下几点值得商榷之处：

第一，将教育史的实质研究仅仅分为教育制度史与教育思想史两个部分，显然不能全面概括教育历史的全部内容。因为任何教育历史，如果缺乏人的参与活动，都不可能是真正意义上的教育。

纵观人类教育的发展历史，我们不难发现，任何教育现象都是以教育活

① 杜成宪：《中国教育史学科体系试构》，《华东师范大学学报》1997 年第 1 期。

动、教育意识或思想、教育制度等形式来体现的。其中最能够充分体现教育现象本质的应该是“教育活动”。这里的“教育活动”是专指“各种直接以促进人的有价值发展为目的”①的具体活动的总称，也是指教育者与受教育者以各种方式参与教育过程并进行互动的方式的总和。它即包括教育主体能动、现实地改造世界(包括物理世界、心理世界和文化世界)，以促进人的素质全面、生动、发展的社会互动的具体过程，也包括教育主体在教育过程中的内在心理活动和外在环境活动的影响。正如苏联学者休金娜(Г. И. шукиной)所说的那样：“人的活动是社会及其全部价值存在与发展的本原，是人的生命以及作为个性的发展与形成的源泉。教育学离开了活动问题就不可能解决任何一项教育、教学、发展的任务。”②

第二，将教育史学的学科体系分成“实质研究”与“形式研究”，从形式上看虽然对具体教育历史事实、教育史学史和教育史学理论等方面的研究都有所顾及和反映，但很难反映教育历史发展复杂性的特点。因为，从经验事实来看，教育史学作为历史学的分支学科，它自身就是一个复杂的学科系统，既包括对任何具体民族和国家教育历史的单独研究和由此形成的国别教育史研究，也包括对某一国家中教育历史的分类研究，如教育制度史、教育思想史、教育活动史和教育史学史、教育史学理论等。这些分支研究的出现，显然是依据不同的研究对象而划定了特定的研究领域。同时，教育史学研究中，不仅包括对具体教育历史事实的研究，同时也包括以教育史学科本身为对象的研究和以教育史料为对象的研究。这些不同研究对象的研究领域，各自都有自己的特点，具体哪些属于“实质研究”，哪些属于“形式研究”有时很难明确地分辨清楚，为此，笔者在借鉴已有研究成果的基础上，提出自己关于教育史学学科体系的设想。

第三，以“实质研究”和“形式研究”所构建起来的教育史学的学科体系，并没有对教育史学的“形式研究”作详细的论述，因此，很难从总体上反映教育史学学科体系的全貌。

三、教育史学学科体系的设想

教育史学的学科体系的构建，应该以教育史学目前的发展水平为基本

① 石中英：《关于教育活动的理论思考》，《北京师范大学学报》(社会科学版)1996年第2期。

② 吴慧珠、蒋晓编：《教育学文集·课外校外活动》，人民教育出版社1991年版，第3页。

依据。基于上述原因，笔者根据目前教育史学的研究对象、学科性质和学科发展水平，提出教育史学的学科体系构想，如图3所示：

- 中国教育史学科体系
  - 具体的教育史学研究
    - 教育活动史
    - 教育制度史
    - 教育思想史
  - 抽象的教育史学研究
    - 教育史学史
    - 教育史学理论和方法
    - 教育历史哲学

图 3

（一）具体的教育史学

主要是指对教育历史发展过程中的具体历史现象进行的实证性研究，它主要通过对教育历史事实之间的具体联系，描述教育历史在各种因素的相互作用中向前发展的活生生的教育历史过程。具体而言，它分为教育活动史、教育制度史、教育思想史三个主要部分，其具体的学科表现方式有教育通史、教育断代史和教育专题史等主要形式。

1. 教育活动史，主要以历史上感性的、实在的、具体的教育活动的发展、演变为研究对象，重点研究人类历史上各种直接以促进人的有价值发展为目的的具体活动以及教育者与受教育者参与教育过程，进行互动的各种方式的发展、演变的历史。“这种活动是由主体自身需要促动并由主体的意识和自我意识调节控制之下展开的活动，因此它是一种内部活动和外部活动的统一而构成的活动”体系。其中内部的活动，又称自我活动，“在这种活动中，人以自身的身心结构作为活动对象”；而外部的活动，主要指“以外在的客体为对象的活动”①。

在人类教育历史的发展过程中，人们为了“实现某种既定的目的，他会按现实活动的目的要求先后采取实物活动（以实际事物为对象的活动）、交往活动（以他人为对象的活动）、知识学习活动（以负载于物质媒体，包括印刷媒体和电子媒体中的人类精神文化为对象的活动）以及这三种活动的交互联系形式，即采取活动的系列形式去实现活动的目的。在此情况下，在主体的活动目的的组织下，实物活动、交往活动、知识学习活动及其交互联系形式成为实现主体活动目的的一系列的中介环节和手段，这些中介环节前后相继串联在一起组成一种具体的活动形式。……因此，在对活动的基本形式理解的基础上，我们可以从活动基本形式的具体组合——并联组合和

① 陈佑清：《教育活动论》，江苏教育出版社2000年版，第31～32页。

串联组合中去把握具体的活动形式”[①]。由于“这三类活动分别指向人类生活的三大领域:自然、社会和人类精神文化”,并以此为中介使个体“得以与自然、社会和人类精神文化建立密切的联系和发生相互作用,并从中获得发展资源”[②],进而达到促进人的全面发展的目的。因此,教育活动及其演变历史的研究理应成为教育史学研究的主要内容之一。

关于教育活动史应涉及哪些具体的内容,目前学术界说法不一,以笔者对教育活动概念的理解,教育活动史具体应该包括以下内容:(1) 分析研究教育历史发展过程中教育、教学过程中教师作为教育主体的内部和外部活动及其表现形式和特征,探索这些活动发生、发展的规律及作用;(2) 分析研究教育历史上学生作为学习的主体的内部和外部活动及其具体表现形式、特点及其活动规律;(3) 分析研究教育历史上教育者与受教育者在教育过程中的相互作用、相互影响的互动关系及其方式、方法的发展演变过程及其规律;(4) 分析研究教育发展过程中教育行政人员的管理活动及其表现形式、基本特点以及演变的规律;(5) 分析研究历史上行政管理人员、教育者、受教育者三者之间的教育活动的基本形式及其相互作用的规律;(6) 分析研究家庭教育活动、社会教育活动的内容、形式及其影响的发展、演变历史及其规律,等等。

2. 教育制度史,有广义与狭义两种含义。广义的教育制度史,泛指有组织的教育和教学的机构体系,包括学校教育制度和教育行政制度;狭义的教育制度“专指各级各类学校教育制度,简称学制”[③]。这里的教育制度史主要是指对有组织的教育和教学机构体系,包括学校教育制度和教育行政制度历史发展变迁过程的研究,也包括对教育政策和法规产生、发展及演变历史的研究。从这个意义上来说,教育制度史研究主要是指制度化的教育形成的历史,主要包括对有组织的教育和教学的机构体系的形成、发展的历史过程的记述,如学校教育制度史、教育行政制度史。同时,“每个时代中与教育有关的一切设施,只要它是成为一种制度的,都应列入研究的范围”[④]。因此,制度化了的家庭教育史、社会教育史等也应该是教育制度史研究的对象。

---

① 陈佑清:《教育活动论》,江苏教育出版社 2000 年版,第 33 页。

② 陈佑清:《活动发展效应的具体性》,《湖北大学学报》(哲学社会科学版)2003 年第 1 期。

③ 顾明远:《教育大辞典》(第 1 卷),上海教育出版社 1991 年版,第 68 页。

④ 顾树森:《中国历代教育制度史》,前言,江苏教育出版社 1981 年版,第 1 页。

3. 教育思想史,“教育思想是指人们在一定历史时代的社会条件下,在教育实践基础上形成的对教育现象与问题的认识和看法”①。就教育思想的特点而言,它是经过人们思维加工而形成的教育理论认识,因此,教育思想在其形成的基础上具有与人们的教育活动相联系的现实性和实践性;教育思想在其存在的观念形态上,具有超越日常经验的抽象概括性和理论普遍性。教育思想在其存在的社会空间上,具有与社会、经济、政治、文化的条件及背景相联系的社会性和时代性;教育思想在其存在的历史向度上,具有面向未来的教育发展及其实践的前瞻性和预见性。

古今中外,不同时代和不同社会,教育思想虽然纷繁复杂,类型多样,但是其无一例外地都是围绕着“培养人”这个中心,来回答各个时代、不同社会中所提出的诸如教育的作用与地位、教育方针与目的、教育内容与方法、教师与学生以及教育管理等方面的问题。但是,由于历史背景和社会条件的不同,不同阶层、不同时期以及不同的政治社会背景的人士,对这些基本问题的认识角度和观念均有不同,由此形成了不同历史时期、不同社会阶层的不同的教育思想体系。教育思想史研究主要是针对这些教育思想体系作历史的回顾和研究,它以教育历史上的教育理论思维为对象,研究教育思想形成、发展的历史过程及其内容,同时也兼及对教育历史人物的介绍和评价,对社会分层、学术流派、社会团体的教育主张和思想的研究。并在此基础上,把握教育思想发展的主要特点和规律。此外,“教育经济思想史、教育政治思想史等;教育家教育理论思维的范畴、体系和规律”②等也都属于教育思想史的研究范畴。

4. 教育活动史、教育制度史、教育思想史三者之间的关系。人类教育是由教育活动、教育思想和教育制度组成并相互作用的完整而复杂的系统。从现代系统论的观点来看,教育可以被视为一个包括诸多子系统的大系统。就这一系统的组成要素而言,教育活动主要指人类有计划培养下一代,并促进其有目的发展的具体活动以及教育主体与教育客体之间以各种方式参与教育过程并进行互动的方式和过程的总和;教育思想则是一定社会历史条件下在教育活动的基础上产生、抽象出来的对人类教育现象与问题的认识和意识;而教育制度,主要指在教育活动和教育思想发展到一定阶段后,所产生有组织的教育政策体系和教学的机构体系,包括学校教育制度和教育

① 孙培青、李国均:《中国教育思想史》,前言,华东师范大学出版社 1995 年版。

② 杜成宪:《中国教育史学科体系试构》,《华东师范大学学报》1997 年第 1 期。

行政制度等。

人类教育的三个子系统不是各自孤立的,三者之间存在着密切的关系。人类教育本身作为有意识地培养下一代直接活动的产物,源于人类劳动过程中的教育活动。当人类教育活动从自发行为向自觉行为的过渡时,人们在观念上出现了关于教育的各种看法,即教育意识,有些教育意识在发展过程中又进一步升华为教育思想。当教育发展到自觉阶段,在一定的教育思想的指导下,便出现了各种各样的教育制度。从这个意义上而言,教育制度是教育现象中的最高级形态。从教育发展的过程来看,人们总是以一定的教育活动参与到教育过程中去,而"不可能以意识或思想的形式参与教育过程"①。教育活动是教育思想和教育制度产生的前提,当一定的教育思想通过教育活动得以体现,进而以教育制度的形式将其固定化时,这时的教育活动就成了联结教育思想与教育制度的桥梁和中介。因此,在整个教育过程中,教育活动是教育思想和教育制度产生的基础和起点,而教育思想和教育制度则是教育活动的表现方式和成果形式;教育思想和教育制度一旦形成,它们就会反过来指导教育活动(见图 4)。同样,教育制度一旦形成,它也会对教育活动和教育思想产生影响和制约作用。人类教育的历史正是在教育活动、教育思想和教育制度三者之间的作用与反作用中盘旋发展的。

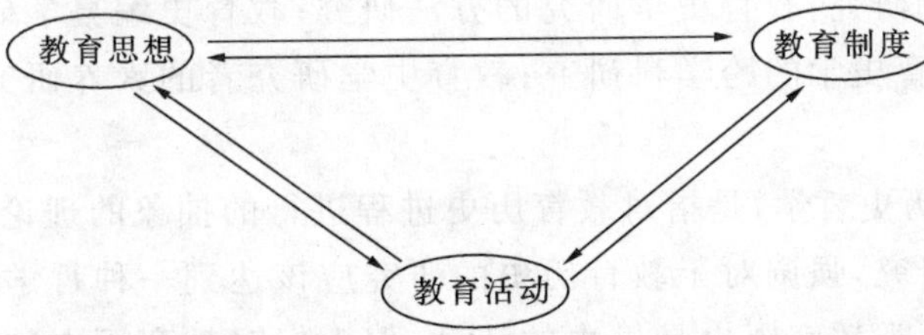

图 4

从图 4 可以看出,教育活动应该是教育现象存在的最基本的形式。没有教育活动,就不可能有教育思想和教育制度的产生;同样,在人类教育活动中,如果缺乏教育思想的指导,没有教育制度的规范,那么教育活动不可能朝着科学而有效的方向发展。近年来,教育学界对"教育活动"研究的关注程度的提高及其新的研究成果的出现,也在一定程度上证明了教育活动在人类教育实践发展中的重要地位。因此在教育史学研究中,只重视教育制

① 张维平、何善平:《论教育法的规范对象——教育行为》,《沈阳师范学院学报》(社会科学版)1992 年第 3 期。

度史和教育思想史的研究，显然是不够的，而应该将教育活动史的研究与教育制度史和教育思想史的研究提高到同等重要的位置，甚至更重要的地位，才能客观地反映教育现象发展的历史。具体到教育史学领域中，我们也应该将教育活动史的研究作为教育史研究的基础在探索教育活动发展演变历史规律的基础上，研究教育思想史和教育制度史，才能使我们对人类教育历史的发展过程及其对人的发展的内在机制有更加清楚的认识。

（二）抽象的教育史学

既不是对具体的教育历史问题的研究，也不是对客观的教育史现象的研究，而是对教育史认识过程的形式与规律的研究。具体包括教育史学史的研究、教育史学理论和方法的研究以及教育历史哲学的研究。

1. 教育史学史研究。主要以教育史学科为研究对象，揭示教育史学科发生、发展过程、规律以及未来发展趋势。具体包括对教育史学科发生、发展过程的历史回顾；对教育史学科研究状况的回顾、对教育史学科发展规律的探讨和教育史学科未来发展趋势的展望等。

2. 教育史学理论和方法的研究。主要是在教育史学史研究基础上进行的理论抽象，是对教育史学科本身进行反思的理论产物。主要包括对教育史学的学科性质、功能与作用的研究；教育史学的学科体系的研究；教育史学理论范畴的研究；教育史学研究的方法研究；教育史编纂学研究；教育史料学研究；教育史学的跨学科研究；教育史学研究者的素养研究；教育史学评论研究等。

3. 教育历史哲学，是指对教育历史进程进行的抽象的理论研究。教育历史哲学的研究，强调对于教育历史的研究应该达到一种哲学的或理论的理解。因为人类教育历史是过去的活动，但人们对教育历史的认识却不应该仅仅限于要求确定或者知道历史事实，还应要求能从历史事实中总结出一种理论观点来，“亦即应将编年史的记录提升到一种思想理论的高度上来，寻求历史发展变化的某些规律和法则，从历史事实中抽绎出意义，或者是给历史事实赋之以意义，从而把历史事实归纳为一种理论体系”①。“历史哲学的性质和任务，可以作三点归纳：① 历史哲学是以正确的哲学做指导，其抽象程度低于哲学的一种理论形态；② 历史哲学不应该完全脱离史学的实证性特点，不应该是一种纯粹的形而上学，它对历史过程的理论论证，是结合着一些具体事实的阐释进行的，这一点也使它和哲学相区别；③ 历史哲

① 李振宏：《历史学的理论与方法》，河南大学出版社 1999 年版，第 69～70 页。

学对记述史学的各门分支学科的发展有重要的促进作用。离开历史哲学的深入发展不可能写出真正反映历史内在联系的通史性著作。"①既然如此，教育历史哲学应该包括两层面的理论概括，一是对客观历史事实的抽象概括；二是对教育史学科发展过程中历史事实的抽象概括。

（三）具体教育史学研究与抽象教育史学研究的关系

从中外教育史学的发展过程来看，具体教育史学的研究及程度总是高于抽象教育史学研究。这是因为，抽象总是建立在对具体事物研究的基础之上的，没有具体，也就无所谓抽象，抽象的对象是具体，抽象的结果又是为具体事物服务的，因此抽象与具体是相互依赖的一对范畴。具体的教育史学研究，是进行抽象的教育史学研究的基础，抽象的教育史学研究又为具体的教育史学研究提供理论指导。

学科是发展的，而发展又是无限的，因此，学科体系只有相对的存在价值，而没有绝对不变的固定模式。关于教育史学的学科体系的概括，从某种程度上反映出划分学科体系所依据的原则不同，因此，对现有的学科体系不能盲目地认为哪一个好，或哪一个不好，而应该从划分者所依据的划分原则出发，客观地进行评价。

（作者于2007年获华中师范大学教育史专业博士学位，现为湖北大学历史文化学院副院长、副教授）

① 李振宏：《历史学的理论与方法》，河南大学出版社1999年版，第70页。

教育史学的发展规律初探

肖会平

规律是客观事物本身所固有的本质的、必然的、稳定的联系。规律具有普遍性，按普遍性程度或作用范围不同，教育史学的发展规律可以分为三个层次：社会科学层面的发展规律、历史学层面的演进规律、教育史学自身的特殊演变规律。

一、社会科学层面的发展规律

教育史学属于社会科学，具有社会科学的一般发展规律：

（一）教育史学适应教育实践的需要而产生，并随教育实践发展而丰富完善。一切科学的门类、体系、理论都是在人类社会的实践过程中逐步形成、发展、完善起来的。教育史学来自于教育实践，当教育实践迫切需要求诸过去的教育历史时，死去的教育历史就会复活，逝去的教育历史就须重现。教育实践是教育史学产生的动因，教育实践对教育史学不断提出的新需要与教育史学原有认识水平之间的矛盾又推动着教育史学的发展。在中国，教育史学根本上起因于改造旧教育、发展新教育，培养师资和新型人才的急需。20世纪初，中式教育与西式教育、传统教育与新式教育之间的矛盾冲突急于从中外教育历史中寻求解答，一批中国学者开始系统梳理教育史料,挖掘教育史实,自觉地致力于教育史的本土化研究,并大量翻译和引进国外教育史著作,为革除传统教育的种种弊端,修正现实教育活动之不足,促进新式教育的发展,解决教育改革何去何从等重大实践问题及时提供了历史根据。此后教育史学始终以满足教育实践的需求为使命,围绕教育实践中的矛盾、冲突去探索,紧扣现实教育中的热点、难点问题展开研究,积极回应教育实践的挑战,并随着教育实践的变化而不断调整其结构、功能、研究方向、成果表达形式等等,从活生生的教育实践中摄取前进的力量。回顾教育史学的百年历程,凡是能顺应教育改革总体方向,满足教育实践的现实需要时,古老的教育历史便活跃起来;只要教育活动延续下去,就需要不断回顾、总结教育的昨天,教育历史也将变成一个永恒的讨论话题。

(二)教育史学深受政治的影响,具有强烈的意识形态色彩。中国古代社会是一个高度政治化的社会,政治权利笼罩一切,涵盖一切。① 古代教育依附于政治,从属于史学的古代教育史(即对客观的教育历史的记录,成为后人研究教育历史的依据即史料)深受政治的桎梏,主要根据政治的需要来鉴别与遴选教育史实,按照统治者所认可的价值标准来采集与取舍教育人物、事件,因而具有浓郁的政治实践性,而且由于史学在注解官方意识形态方面的独特作用而成为意识形态的重要组成部分。近代以来,为了救亡,为了实现主义与理想,文化的政治化传统,不仅没有削弱,反而以一种新的形态得以强化,甚至发展到极致②,渗透在史学中的教育历史记载仍然是政治统治的思想工具,具有强烈的意识形态色彩。20 世纪以来,教育史学仍不同程度地纠结于各种政治纷争中,随政治气候而流变,深受政治绝对话语权的干扰,如新中国成立后,政治上向苏联一边倒,学术上也一切以俄为师,教育史学全面苏化,普遍采用苏联流行的阶级分析方法和无产阶级革命理论作指导,学科的党性原则和政治味道十分浓厚。十年浩劫期间,在教育史学界,政治批判代替了学术研究,教育史研究及著述沦为政治斗争工具,教育史学领域成为阶级斗争阵地,教育史学理论演绎成政治批斗的思想武器,致使教育史界充斥着种种偏激的结论、荒诞的见解。1978 年改革开放以来,重要政治任务之一是拨乱反正,消除“左”的影响,教育史学逐渐从那种仅为某种政治思想理论作注解的狭隘思路中解放出来,学者们也不再把教育史学

---

① 杜成宪:《对中国教育史几层含义及其相互关系的辨析》,《教育史研究》1996 年第 2 期。

② 商友仁:《重写历史刍议》,《北方论丛》1996 年第 4 期。

研究必须为现实政治服务奉为不二的圭臬，但教育史学受主流意识形态的影响仍属不争的事实，差别在于意识形态的工具功能不再是它的唯一功能。

（三）教育史学与自然科学、人文科学和其他社会科学互相依存，该学科的跌宕起伏与社会文化的兴衰更迭遥相呼应。教育史学历来重视与自然科学、人文科学和社会科学联姻，并倚重它们而发展完善，离开这些学科的研究成果，教育史学研究难以深入，也难取得重大突破。同时，教育史学又为其他学科奉献自己的研究成果和学术新发现，不断利用学科自身的优势和特殊途径为其他学科的进步繁荣提供力所能及的贡献，并与之形成相互依存、互相促进的双向互动关系。如人类学、社会学、民俗学的兴起与繁荣，为教育史学提供了某些核心观念、理论和方法，充实了教育史学的思想理论，有助于教育史学拓宽观察的视野，扩大研究的领域，改进研究的方法。教育史学研究过程中培养的历史感，形成的历史意识和历史思维对自然、人文和社会科学的发展具有很大的启迪作用，有助于它们认清学科自身的发展史，从学科的历史中寻找新生长点。教育历史本身以及反映教育历史的教育史学是社会文化的组成部分，各时代的教育历史认识和著述又体现着该时代的主流文化特征、渗透着该时代的核心精神，社会文化的兴衰变革往往通过教育史学反映出来，并促进或遏制教育史学的发展，而教育史学的新突破、新成果反过来又丰富了社会文化。如新文化运动时期，随着中国文化传统的矫枉过正、西学东渐达到高潮，封建社会的教育历史也遭到教育史学界的全盘否定，同时酝酿了以郭秉文的中国教育制度沿革史为代表的一批带有浓厚欧美文化韵味和明显西方文化痕迹的教育史专著。马克思主义理论在中国文化界主导地位的确立，导致周予同、杨贤江、陈青之等一批教育史学者自觉或不自觉地以它为指导，运用它的思维方法、立场观点研究中外教育历史。

二、历史学层面的演进规律

教育史学作为历史学的分支，又有历史学的演进规律：

（一）教育史学的发展就是教育历史被不断地重写，教育历史认识不断更新的过程。教育史学是人们在尊重客观教育史实的基础上进行个别研究、主观表述的结果，它必须以客观的教育历史为原型，但教育史学者毕竟生活在现实社会之中，行为环境、社会地位乃至时代风尚、群众情绪等都会对个人的学术研究产生潜移默化的影响，使得真正还原教育历史的本来面目难乎其难。任何人在研究、叙述教育历史时，也不能不受自己的知识结构、思维方式、文化情结、个人或群体利益等因素的干扰，不同程度地渗透着个人的喜怒好恶情感和价值追求偏好。况且教育历史已经逝去，不能重演、不能实验，只能根据既得的文献史料来阐释、解读、表述，因而无论是考察人类整体教育历史，还是探究个别教育历史人物、事件，常常因阐述的政治立场、学术态度、写作目的、谋篇布局以及时代背景、文化底蕴和认识能力的不同，而赋予不同的理解，给予相异的解释。实践的需要及其发展变化要求教育史学不断重写教育历史，是教育史学不断重写历史的根本动力。所以，从来就不存在着绝对客观的历史认识，也无穷尽历史认识的终极教育史学，所有的教育历史认识都带有主观性、局限性，只是相对地接近教育历史的本真原貌，即使是编者一个字都不曾增减的纯粹教育史料汇编，编者的思想倾向和主观意识也可从材料的取舍、选择和编排方式中体现。正如法国的雷蒙阿隆所言，历史学是随着时代而变的，每一个社会有它自己的历史；历史的记叙随社会本身的变化而变化。① 任何一个事件的历史，对两个不同的人来说绝不会是完全一样的；而且人所共知，每一代人都用一种新的方法来写同一个历史事件，并给它一种新的解释。② 教育史学发展史就是教育历史被不断重写史、教育历史认识不断更新史。

（二）教育史学研究中史料、方法与理论三方面密切配合，协调发展。百年以来，教育史研究者虽然各有所偏，或重方法，或贵史料，或尊理论，但就教育史学整体而言，史料、方法与理论无一偏废，无一独行，基本上是协调发展的。史料是教育史研究的直接前提和基础，史料为史之组织细胞，史料不具或不确，则无复史之可言。③ 原始史料充足与否，直接制约着教育史研究的创新和突破。研究方法是教育历史认识得以进行的工具、手段，是通达教育历史理论的桥梁，方法是否科学、恰当，则影响教育历史认识的科学性以及教育史学理论的深度、广度和反映力度，正如梁启超所言：一种学术之发达，其第一要件，在先有精良之研究法。巴勒克拉夫认为：当代史学具有决定性的促进力量是一般性概念和方法的应用与完善。④ 理论则是教育史研究的宗旨、任务和指导思想，教育历史研究始终离不开理论指导，没有理论

---

① 田汝康、金重远：《现代西方史学流派文选》，上海人民出版社 1982 年版，第 93 页。

② [美]卡尔·贝克：《什么是历史事实》，载张文杰《现代西方历史哲学译文集》，上海译文出版社 1984 年版，第 237 页。

③ 梁启超：《中国历史研究法》，上海古籍出版社 1987 年版，第 40 页。

④ [英]杰弗里·巴勒克拉夫著，杨豫译：《当代史学主要趋势》，上海译文出版社 1987 年版，第 147 页。

就没有历史。治史始于收集和整理史料,如果不发掘、收集、鉴别、考证、整理教育史料,教育史学理论则成为纯粹的主观玄想、毫无根据的推理,方法也无用武之地;倘若缺乏适当的科学方法,教育史学充其量只能是零散的、死气沉沉的教育史料之罗列,合乎逻辑、反映历史本质和规律的教育史学理论无法构建;抛弃科学的教育史学理论的正确引导和规范,史料的梳理、考证就会远离治学的目的、迷失治史的方向,方法的选择、运用也会陷入盲目,教育史学难免要流于浮浅,容易变成历史现象或史料的堆砌。

(三)描述、叙事性的教育史与解释、分析性的教育史相互依存,彼此结合。历史学的描述、叙事性的记忆,已无法离开理性的深入分析和形象思维的重构与再现而独立存在。① 教育史学不是一堆毫无联系的遗闻轶事之汇集,而是反映自古以来人类教育发展历史的科学。凡科学都应具有逻辑理性分析的特征和思辨的成分。记录、描述的教育史研究主要是从搜集来的史料中还原教育史实、钩沉教育史迹、识别历史事件的真伪,予以叙述保存,其重心在记录教育史实,再现教育历史过程,但作为科学的教育史学还需进一步探索教育历史的本质规律,发现放诸四海而皆准的公理公例。而记录教育史实、描述教育历史过程尚属感性认知的层面,只触及了教育历史现象,有待于升华到解释、分析教育历史的深层本质和内在规律的层面,后者属于更高层次的理性把握。所以,描述、叙事性的教育史学是解释、分析性教育史学的前提和基础;阐释、分析性的教育史学则是描述、叙事性教育史学的提炼和深化。没有教育历史的叙述,便没有教育历史过程的分析以及教育历史本质规律的提炼归纳;缺乏教育史实之间因果必然联系的逻辑分析,教育史学易沦落为偶然历史事件的简单汇总,正如美国史家盖伊所言:没有分析的历史叙事是陈腐的,没有叙事的分析是不完善的。② 因而,教育史学既要注重具体教育史实及历史过程的考察,真实不谬地给予记录、叙述,又要重视教育历史的分析和解释,致力于从个别史实之中发现彼此之间的因果联系,从教育历史事件的多样性中寻求统一性、规律性,自觉地把描述、叙事与解释、分析有机结合起来,把求其是、知其然与求其所以是、知其所以然辩证统一起来,把叙述记录教育史实及过程与理性分析教育历史本质规律协调起来,确保描述、叙事性的教育史不被烦琐的记录、细节的描述所累;解释、分析的教育史又以充分的描述、叙事性研究结论为根据。

---

① 姜义华、瞿林东、赵吉惠:《史学导论》,复旦大学出版社 2003 年版,第 33 页。

② 张广智、张广勇:《现代西方史学》,复旦大学出版社 1996 年版,第 27 页。

（四）宏观教育史研究与微观教育史研究取长补短、相辅相成。历史上的教育现象极其复杂，既与同时代的政治、经济、文化诸因素相互作用，本身又存在着前后承传递嬗联系。宏观研究一是指对教育历史发展的来龙去脉、主要分期、每个时期的主要特征、每个阶段上的重大事件及其因果关系进行比较分析的综合研究，意在长时段全过程来考察教育历史发展的必然性以及主要趋势。二是探讨某一历史时期、某一地区的教育及其与政治、经济、文化诸多因素之间的横向联系，着眼于教育与政治、经济、文化等多种因素之间外部关系的整体把握。宏观研究的特点是历史跨度大、覆盖面广，以教育历史的发展全局与整体作为研究对象。如教育通史、断代史。微观教育史研究一是对教育历史上的具体人、事、地、物作考证分析，意在考察教育历史的细节、局部；二是对某些关键的人和重要的事，花较多的力气进行深入的钻研。① 如教育历史的专题性研究、训诂考据等。微观研究的对象往往是局部的、细节的、个案的，时间跨度则可长可短，重点在实证教育史实的真伪是非，强调教育历史的局部个别联系。教育史学的宏观研究与微观研究相辅相成：宏观教育史研究着重教育历史的大体框架，理顺教育历史的基本脉络，从而统摄具体的微观研究，避免教育史研究陷入只见树木不见森林的境地。如果没有宏观研究的统帅与构架，个别的微观研究就会迷失方向，变成一盘散沙，具体史实也常常失去内在逻辑关联性，不能被纳入历史的有机联系中去。微观教育史研究侧重教育历史的个别细节，透过真实不谬的偶然史实发现蕴涵在其中的时代特征及其背后的普遍联系，为宏观研究提供充分、翔实的素材，从而丰富完善宏观研究，使高质量的宏观有坚实的微观研究基础，对于历史的局部、细节考察愈加细致、周全、准确，自然对于从整体上正确认识由这些局部、细节构成的历史大厦，就愈有保证。②

（五）教育史研究队伍的整体素养与教育史学发展水平成正比。教育史学的现状如何及其未来的命运和走向与教育史研究者的素养息息相关。从既往教育史学史不难看出教育史学研究者的综合素养影响着个人研究层次的深浅、学术品位的高低；研究队伍的整体素养在很大程度上决定教育史研究领域的宽窄，关系到教育史学科整体发展水准，甚至兴衰成败、生死存亡；研究者的史德、史才、史识、史学与研究结论的是非曲直、研究成果的多寡优劣以及教育史学理论的科学性、严肃性也存在着因果联系。如教育史学的

① 杨汉麟、周采：《外国幼儿教育史》，广西教育出版社 1998 年版，第 3 页。

② 丁伟志：《对历史的宏观思考》，河北教育出版社 2001 年版，第 2 页。

理论与方法以及中外教育史学是教育史学者的主体知识，其中的主要概念、范畴、理论经常在教育史研究中加以运用，研究者对它们的全面了解、熟练掌握、通透认识往往有助于形成较为开阔的学术视野，提高学术境界与品位；研究者的良好哲学素养有利于教育史研究上升到哲学的层面，增加理论深度；历史学和教育学是研究者知识结构的核心，又是教育史学赖以生存和发展的基础，没有教育学作指导的教育史研究可能较为盲目，而没有历史学作基础的教育史则可能流于空洞，[①]良好的教育学理论知识背景有助于研究者发现教育历史中的问题和矛盾，找到研究的新视角，获得教育历史的新认识。厚实的历史学基础有助于教育史学者借鉴历史学研究成果，提高教育史学科学化、理论化水平。考古学、古文字学、古器物学、古生物学、文化人类学等知识齐全，将会大大提高他对古代教育文献资料的处理和驾驭能力，必然使他的教育史研究在时间上有所延伸，空间上有所扩大，内容上有所丰富，认识上有所深入。如果是没有受过专门训练和没有任何教育史素养的人从事教育史的教学和研究工作，将会导致教育史学科的灭亡。[②]

三、教育史学自身的特殊演变规律

教育史学又是一门相对独立的学科，存在着自身的变化规律：

（一）教育制度史、教育思想史、教育活动史的研究齐头并进且维持动态平衡。教育制度、教育思想、教育活动是教育历史过程中互相联系的三个方面：教育活动通常是教育思想的源泉，而教育思想又为教育活动提供理论指导，历史上举凡教育目的的确定、教育内容的采择、教育方法的选用、教育设施的建立，均是教育思想的产物；教育制度以教育思想为理论依据，它则是连接教育思想与教育实践的桥梁和纽带。三者之间的内在联系决定了教育史研究必须三者兼顾，才能还原教育历史的全貌、再现完整的教育历史。教育史学以历史上的教育作为研究对象，而教育曾经被认为仅仅是正规的学校教育，所以教育史学曾经一度只把研究视野局限在学校教育，并且仅限于教育制度史和思想史，这种教育史学显然是不全面的。对教育制度、教育思想、教育活动及其交互作用进行全面的综合研究是完整教育史学的应有之义。广义的教育不仅要研究学校教育，还须关注家庭教育、社会教育以及其

① 刘海锋：《在教育与历史之间——高等教育史研究四探》，《教育史研究》2001 年第 1 期。

② 许建美：《布里克曼教育史学观述评》，《教育史研究》2001 年第 1 期。

他各种非正规的教育。教育史学已经摆脱学校教育史的樊篱走向社会教育史、家庭教育史、民族教育史等更广阔的领域，正在逐步摆脱狭隘的教育制度史、教育思想史的局限，转向并重教育制度史、教育思想史、教育活动史的研究，历史上某项教育制度、某种教育思想是否付诸实践，如何付诸实践，具体实施得如何，三者之间的相互关系等等教育活动的考察和陈述，已备受教育史学的重视，愈来愈多的教育活动从历史背后走到前台，进入学者的视野，并被置入当时社会背景以及与社会生活种种联系中去认识和理解。

（二）教育史学与教育科学的其他分支学科彼此借鉴，并互以对方作为生存发展的条件。如果没有历史学，也就是说，如果仅仅简单地从现在的状况去对人类进行思考，社会科学就不完整。只有历史学才能为我们提供理解各个时期的社会进程和社会制度如何发挥作用所需要的能力。① 没有教育史学对教育历史的回顾与追溯，教育科学同样不完整。每一门科学都需要历史的依据，任何一门专门的学问，要真正掌握，首先一定要了解这门学科的历史。② 教育科学的其他各分支学科一旦要寻求本学科的历史根据，必然要涉足教育历史学科。而教育史学的学术活动也无法游离于教育科学的其他分支学科发展之外，后者的概念、范畴、原理、理论与研究方法经常被引入教育史学，为教育史学研究服务。随着教育科学的发展，教育史学与其他分支学科的相互依存程度越来越高，这一方面表现为教育史学是教育科学群体中的基础学科，教育科学其他各个分支学科的理论和方法体系的完善离不开教育历史经验教训的总结和教育遗产精华的借鉴，而后者正属于教育史学的重要组成部分。事实上，只要深入研究教育现状，就必然或迟或早、多多少少要从历史的视角进行考察；只要涉及教育科学的其他分支学科理论与方法，就需要批判地继承历史上的教育思想理论和学说，没有教育史学科及其所揭示的教育发展规律和历史经验的支撑，教育科学的其他分支学科就不可能存在。另一方面，教育史学又直接吸取、借用其他分支学科的理论和方法扩大自己的研究视野，拓展自身的研究领域，丰富本学科的研究方法，强化本学科的研究力度，深化本学科的理论体系。

（作者于2008年获华中师范大学教育史专业博士学位，现为华中科技大学马克思主义学院副教授）

---

① ［英］杰弗里·巴勒克拉夫著，杨豫译：《当代史学主要趋势》，上海译文出版社1987年版，第342页。

② 葛剑雄、周筱筠：《历史学是什么》，北京大学出版社2002年版，第174页。

新时期教育史学科体系"三分法"的建构

樊艳艳

中国教育史学拥有百余年的发展历史,20 世纪初中国就出现了对中国教育历史的专门研究,从此教育史真正成为了一门学科,并在历史工作者和教育工作者的辛勤耕耘下取得了丰硕的成果。然而,随着研究者观念的转变和研究领域的拓宽,诸多问题开始寻求更加科学的回答。反映在学科建设中就是对未来学科发展具有指导作用的新成果、新观念和新趋势,在学科发展中不断呈现。新时期,由教育思想史、教育制度史、教育活动史组成的教育史学科体系"三分法",正是基于教育史中传统的思想史与制度史"二分法"只关心教育活动产生的有形结果,而没有给予教育活动本身在教育学科体系中的地位,从而不能涵盖中国教育史学科的整个领域,难以包容学科研究新发展的背景而提出的。

一、新时期教育史学科体系"三分法"的构建

在教育史研究工作中,教育活动、教育思想、教育制度都应当是我们关注的对象。从远古时期开始,教育实践活动逐渐在人脑中引起反应,由此不断积累形成教育的观念,并在持续的教育活动中得以深化,经过概括和整理,其中的一部分被提炼或挖掘并形成了有形的著作,表现为教育家或学者

学派的教育思想——譬如教育思想史的形成。同样，教育活动中还有一部分行为、信仰、惯例、习俗日益规范化、制度化，构成了教育制度的一部分，成为教育制度史研究的重要内容，如教育政令、学校教育制度、书院制度以及选士制度。教育思想史与教育制度史成为教育史学科群中的两大主体，体现出几千年来教育思想与实践的成果。因而，传统的教育史学学科体系基本上是由"中国教育制度史"与"中国教育思想史"组成的二分法。

教育制度史与教育思想史的重要性似乎无可置疑。但是，作为一种学科体系的建设，二分法的构架显然没有充分认识到另一个重要组成部分——教育活动史的作用。实际上，教育活动，作为教育制度与教育思想产生的前提和基础，并非仅仅提供材料来源，其本身亦具有一定的独立主体性。"二分法"的常规研究往往关心从教育活动中提炼出的最终结果或业已明确的教育思想和制度，忽视了其赖以产生的民间的、日常的教育活动本身，就会在研究路径上设置障碍，教育思想与教育制度产生的过程和前提作为广阔的研究领域，没有被充分认识。梁启超在谈史之意义及范围时说道："史者何？记述人类社会赓续活动之体相。"[①]即强调历史中活动的事项皆属史之范围。而所谓相者又可细分为二：一为"活动之产品"，二为"活动之情态"，活动与史之间关系可见一斑。教育思想，通常通过制度化的形态有效地反作用于教育活动，三者之间是互相影响、互相促进的关系。因此，除了传统认识中的教育思想史、教育制度史这"两个车轮"以外，教育活动史，应该是教育史学科体系构建中不可或缺的重要组成部分。

教育活动史，作为教育历史史实，既包含教育者的教育思想指导下的教育行为，也包括教育机构或社会团体的教育行为及实践活动。王道俊先生给予"教育"的定义是"教育是培养人的社会活动"。[②] 从古至今，尽管有历史形态的不同，不管是有组织还是无组织，系统还是零碎，是学校的还是社会的，教育的本质始终体现在教育活动当中，教育完成其质的规定性，那就是对人的培养。而如何有目的、有计划、高效地完成这一过程，使我们不得不对教育活动本身予以关注。虽然已往对教育思想史和教育制度史的研究，也来自对教育活动史的研究，但并未将其作为教育史学科体系构建中的独立组成部分，使很多有价值的教育活动研究难有展现。

① 梁启超：《中国历史研究法》，上海古籍出版社 2006 年版，第 5 页。

② 王道俊、王汉澜主编：《教育学》，人民教育出版社 1999 年版，第 41 页。

二、作为教育史学体系构成的教育活动史的分类

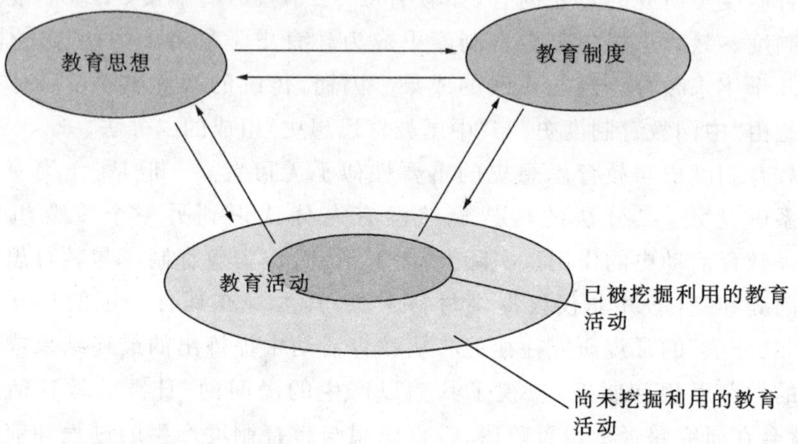

图1　教育史学科体系三个重要组成部分之间的相互作用

在充分认识到教育活动史在学科体系中地位的同时，我们应该将零散的教育活动系统化，通过挖掘与整理进一步使之规范化和科学化，以历史的眼光加以审视与评述。这样，不仅可以形成教育史学科体系的新构成，认识已往教育思想史和教育制度史研究中存在的某些问题，进而扩大研究领域。通过研究教育活动史，促进整个教育史学科的发展。笔者试图将教育活动史作如下分类，以就教于方家。

1. 日常教学活动史

古代的教学活动由于缺乏记载，进行教育史相关研究受到很大限制。例如，孔子作为一位举世闻名的大教育家，在现代意义上的学校授课制诞生的两千多年以前，他如何向为数众多的弟子和门人施教并达到相当高的教育水平，孔子本人受过什么样的教育，授课有无定制，这些都有待于研究。虽然《论语》中也有一些关于孔子带弟子出游实施教育的记载，但具体如何进行日常教学却难以进一步考证。而这些在历史长河中大量积累的民间教育活动，正是我们寻求教育发展规律的重要组成。如在研究宋元至清初的外语教学史时，有学者就是通过当时一系列周边异族语言的研习活动来作追溯研究。而元代庙学如何实施儒家教育的问题，也是通过注意文庙、夫子庙的朔望祭祀和讲书等与祭祀活动结合在一起的教学活动，“庙以观其礼，学以育其士”，从而发现元代庙学合一的特点。“如果注意到除国学以外的

分布不广、数量较少的一些教育活动，可以使我们对庙学制度有更加完备的认识。”[①]由此可知，教学活动在历史上呈现出不同的特征，同样，历史发展中还有一些并不被人瞩目的习研活动零星散布，都应成为教育史研究者视野中的重要研究领域。

2. 个人及社团的教育活动史

历史上曾经涌现出很多社会团体或个人进行的教育活动，为促进教育的发展与革新作出了贡献，但由于他们的教育思想或办学性质表现得并不十分明确，或其社团组织结构比较松散，维持周期相对较短，于是慢慢沉没在历史的海洋之中。比如古代的书会，作为一种教育与艺术、戏剧与伎艺相结合的群体性撰演活动，早期具有习学教育和创作交流的功能。史书上曾有记载，绍兴十八年(1148)李光路遇的“书会”就是教习举子的课会中备考诸生进行的拟题限韵、切磋诗艺的联吟活动。[②] 从不同的侧面切入对教育活动史研究可以突破教育史研究的局限。再如，清末知识界的社团开展了很多教育活动，这些活动展现了那个时代群体之间的分歧、冲突与交融，使得我国近代学制的演变不再简单归因于当时政治经济情势，“在某种意义上正是近代各教育社团不遗余力的推动，直接导致了清末《癸卯学制》的修正、民初《壬子癸丑学制》的终结和《壬戌学制》的颁行”，而不仅仅由当时政治经济情势决定。[③] 人事的复杂反映在教育活动上有时就是前后不尽一致的宗旨原则和灵活多变的思想和策略，从动态的活动过程中，有时更能把握事物产生的渊源和本质，这也再现了历史本身的复杂性。诚如桑兵所言：“历史本身丰富生动，远比一般概念更能显示过程与结局既吻合又矛盾的魅力。”[④]此外，近代商人的教学与办学活动，近代基督教教育团体在华活动等，都会因为其成为教育活动史中的研究内容而使体系结构更为充实。

3. 中外教育交流史

随着全球化进程的加快，中外文化交流活动在教育活动中的重要地位越来越被研究者所关注。如晚清与亚非拉各国的文化交流活动，国民政府、留学生、民间团体、来华学者、外国教会等与中外文化交流的关系，1912—1949年间中国与世界主要国家中外文化交流的历史轨迹，国外汉学研究及

---

① 申万里：《元代庙学考辨》，《内蒙古大学学报》(人文社会科学版)2002年第3期。

② 丁淑梅：《书会活动、伎艺撰演与俳优之士》，《文艺研究》2006年第8期。

③ 张伟平：《试论教育社团与我国近代学制的演变》，《浙江学刊》2002年第3期。

④ 桑兵：《清末新知识界的社团活动》，生活·读书·新知三联书店1995年版，第266页。

中国文化在世界的传播等问题日益受到学界的重视。尽管在汗牛充栋的近现代教育史料中不乏中外教育交流的记述，但很长时间内都没有系统而科学地对其进行深入研究。教育史学家田正平主编的《中外教育交流史》的诞生，堪称中外文化交流史研究的典范之作。“作者进行了十分详细的考证，征引了大量文献资料，很多可能是少见天日、多年尘封的珍稀文献。”①正是不拘泥于已有的制度史和思想史，每一项结论都是通过对当时大量的教育活动的考证来完成的，因此，观点公允，评价客观，结论带有一定的拓荒性，对开拓教育史研究的新领域具有重要意义。

4. 教育实验史

教育实验首先产生于西方。捷克教育家夸美纽斯于1650年在匈牙利创办泛智学校首开教育实验之先河。1905年德国教育家梅伊曼和拉伊联手创办了《实验教育学》杂志，此后真正意义的“教育实验”跨入了一个崭新阶段。西方三百多年教育发展的历史证明，教育实验是寻找教育突破口、检验教育新思维、发现未知真理的有效方法。我国于20世纪80至90年代出现了教育实验的研究高潮，熊明安先生曾指出，教育实验是教育理论发展的重要策源地，是教育理论与教育实际相结合的试验场。教育实验应以一定的教育理论为指导，还应制订周密的实验计划，还要建立起一支志同道合、艰苦奋斗的实验队伍。可见，教育实验是一项在理论指导下规划周密、整体推进的教育活动，是推进教育改革、发展教育理论的强大动力。因此，历史上著名的思想家和教育家对教育实验都给予极大的关注，主张通过大力开展教育实验活动，以探求教育革新之路。

5. 课外活动史

课外活动作为教学活动的延伸，是近代学校授课制实行以后的产物。相对于学校中的课堂教学，课外活动是一种有组织、有计划的对教学活动的有益补充。课外活动的各项专题活动，也是学校教育活动的必要组成部分。从课外活动可以反映出一定时期学生的教育状况与学习生活。从课外活动史中可以明显看出相应教育政策的变化，如新加坡教育部推行的课外活动政策：每名中学生只须参加一个课外活动项目。取代了过去30年中学生必须参加两个课外活动的要求，就是为了平衡学业。我们应该借鉴历史发展过程中合理的做法，尽量少走弯路，这正是我们研究教育史的意义所在。除

① 熊贤君：《他山之石可以攻玉——评田正平教授主编〈中外教育交流史〉》，《天津市教科院学报》2005年第4期。

了课外活动、科技活动、接近自然活动外，还有为加强思想品德教育的各种主题活动以及各种社团活动等，都十分有利于整体教育的发展，在教育中会被更多的教育工作者所关注。总之，研究课外活动发展的历程，也必将在教育史研究中占有一席之地。

6. 非正规教育活动史

非正规教育是指在正规教育体系之外所进行的有组织的、有系统的教育活动，包括各种培训活动。20世纪以来，发展中国家为了弥补正规教育在培养现代劳动者方面的不足，开始尝试着改革传统的教育方式，并想以此来解决发展中出现的问题。非正规教育以其自身特有的优越性，受到发展中国家的青睐而得到了迅速发展。非正规教育有诸多特性，如有组织但不充分制度化，教学内容和教学方法具有较强的灵活性，具体教育活动过程不同，表现为主体不同、形式不同、内容不同等。随着发展中国家对教育的日益重视，非正规教育活动对教育的推动作用也永载史册。而且对于教育工作者来说，更重要的是全面考察诸多被放置于历史长河中的教育活动对教育的推动或阻碍作用，从中总结出相应的规律。因此，非正规教育活动一定会走进教育史研究视阈。

由于教育史学科体系中缺少教育活动史的分支，学校管理活动史、督学活动史、学校办学活动史、班级建设活动史、班主任管理活动史等都散见在教育制度史的学校制度史当中，缺乏统一、科学地对分支学科进行再分层。以上分类只是一个初步的构想，待进一步研究和完善。

三、将教育活动史纳入教育史学科体系的重要意义

1. 有利于树立“大历史观”，从整体上把握教育史学走向

有学者曾提出“树立大教育史观”①，尽管其出发点主要是从教育史学科与其他教育分支学科浑然一体的角度进行阐释，然而这种“大教育史观”却阐明了教育史学者所应具有的胸襟。教育活动反映教育思想和制度的产生、变化和发展，研究教育活动对丰富我国教育史料，促进教育史发展有着十分重要的意义。“真实而充分的教育历史资料是开展研究工作最基本的

① 廖其发：《论21世纪我国教育史学科发展的方向与任务》，《西南师范大学学报》(人文社会科学版)2001年第5期。

条件，可以使教育史学科基础更为坚实。”①只有以历史的眼光关注教育活动及其发展进程，教育学的每一个思想流派、每一种制度、每一个概念的来龙去脉才能得以清楚显现，使教育学与教育史更好地结合，从而更符合“史论结合”的史学观点。因此，我们除了将教育制度和思想作为教育史研究的主要内容之外，未曾被挖掘到的教育活动史料，已挖掘到但存疑或可能得出新结论的教育活动，都应该纳入教育史研究视野。但需要注意的一点是，不是任意教育活动都可以成为史料，既要防止因意识不到位所造成的史料遗漏，也要经过鉴别择善而从，正如刘知几在《史通》中所言，“学者博闻，盖在择之而已”，要辨别和选择史实，不可用之过泛。

2. 更加注重史学与现实、生活与社会的联系

研究教育活动，有利于加强史学与现实、生活和社会的联系。以往只对教育思想和教育制度的发掘是不平衡的，以致一些教育活动史、社会史的现实意义被淹没。教育活动往往与生活、时代、社会的联系更为紧密，与普通百姓生活更为接近，很多历史上的教育活动并没有在史书上得以体现，只有一些官方制定的教育制度和具有代表性的教育思想留下了较多的史料。只有关注教育活动，主张沟通过去与现在，才能强调史学与生活、时代与社会的联系，注重释放史学在历史创造中的作用，指导当代教育活动。这也正是唯物史观所坚持的学术理念，布洛克曾经说过：“对现实的曲解必定源于对历史的无知；而对现实一无所知的人，要了解历史必定也是徒劳无功的。”为服务现实而研究历史，因此许多历史唯物主义者大都一身而二任，学者与社会活动家兼而为之，郭沫若、吕振羽、翦伯赞等人无不如此。

3. 使教育史的分支更细，进而带动专史研究

各种职岗的人希望有专史研究和编纂出分门别类的教育专史，以带动与专史有关的个案研究或专题研究，为丰富教育通史增光添彩。若将教育活动史作为教育史学研究的组成部分，必将大大拓宽教育史学研究领域。虽然专史是相对通史而言，但就中国教育史而言，教育制度史和教育思想史也是专门史，因此，在中国教育史的大家庭中，少了教育活动史这样一个成员是不完整的。对教育思想史、教育制度史、教育活动史还可以进一步去分，形成更多相互交叉的分支，这也正标志着人们对教育历史认识的无限性。

---

① 孙培青：《教育史学科未来的几个问题》，《河北师范大学学报》（教育科学版）2005年第1期。

4. 研究视线下移，关注微观的、日常的教育问题

在旧史学的要穴中，民众的历史湮没无闻。教育史也未能扭转精英史占主导地位的格局，以往以教育思想史和教育制度史主体的教育史对上层人物和宏观制度有较多的研究，而微观的、日常的教育活动却没有被纳入研究领域。"因此，未来在以揭示问题的方式来研究教育史的时候，应当将研究的重心转向教育、教学的具体问题、微观问题和日常问题。通过分析这些最基本的日常的微观的教育史料，来探讨当时的教学实况。"①就20世纪的世界范围而言，关注民众史也是史学传统走向现代的一个重要特征。"在逐渐摆脱19世纪政治史、精英史模式支配之后，社会中的普通人物集团举足轻重的地位显现出来。"②自下而向上看的历史从西方史家笔下产生。西方学者从一份1720年中学的拉丁文作业，来看天主教文化对18世纪法国教育的影响。通过深入分析一些具体的细节化的教育活动史料，使在传统教育史著中无迹可寻的当时教育发展实况得以生动再现，并具有真实可信的历史内核。这一点正是西方现代史学的发展趋势，同时也被认为是中国唯物史观发展趋势中所特有的观点。③

5. 对一些思想和制度重新作出客观评价

只关注现有的教育思想史与教育制度史的研究，就可能会丢弃重要资源。例如教育史家毛礼锐早期在对儒家的教学实践活动进行重新研究之后，认为儒家在教学活动中找出了教学过程的许多矛盾，诸如教与学、师与生、学与思、知与行等等。他通过对儒家教学活动的分析把其教学思想概括为"学—思—行"，并认为它"与唯物主义和辩证法暗合，有些也与现代心理学的实验作出的结论暗合"，得出了耳目一新的结论。在这里，他通过儒家的教育活动重新审视其教学思想，用今人的眼光去看古人的学说，更加准确、更加深刻地把握其精髓。在对真理的追求过程中，人类对这些基本矛盾、基本命题的认识将永远随着历史的进步而进步。对中国教育史研究已有成果，孙培青认为"不能依靠别人为我们提供结论"，而简单相信和崇拜。那么，重新认识研究教育活动史的重要作用，就更加必要。"历史一度被简

① 周洪宇、申国昌：《新世纪中国教育史学的发展趋势》，《华东师范大学学报》(教育科学版)2007年第9期。

② 王学典、陈峰：《20世纪唯物史观派史学的学术史意义》，见张越编《史学史读本》，北京大学出版社2006年版，第267页。

③ 周洪宇、申国昌：《新世纪中国教育史学的发展趋势》，《华东师范大学学报》(教育科学版)2007年版第9期。

单化了，对已有的结论不存质疑，把需要质疑的结论当做研究新问题不验自明的前提；对材料的使用满足于二手的甚至是三手的；对历史的认识的单一化、模式化久已成为史学界、特别是近代史界所不满的恶疾。”①

因此，在求真的良途中，用各种方法修正往日简单化的结论，从多侧面、多视角、多维度恢复历史复杂面目，让创造了历史而又被“历史”淹没了的教育活动重见天日，这就必然要求我们在教育史学科体系和重新构建中，有必要重视教育活动史研究，力争通过更多的教育活动史研究成果，来丰富我们的教育史学研究，进而将教育史学研究的大花坛装扮得更加艳丽、更加多姿。

（作者于2009年获华中师范大学教育史专业博士学位，现在加拿大安大略任教）

① 毛祖桓、王炳照：《略评毛礼锐的教育史学观》，《江西社会科学》2004年第6期。

对中国教育史教材建设的反思

李　忠

尽管教材是研究成果的集中体现，囊括具有持久生命力的研究成果，但是，当中国教育史教材将中国古代教育主要描述为伦理道德教育时，科技史的研究却发现中国古代科技相当发达且在较长时间里处于世界领先地位；当中国教育史教材中缺乏商业教育时，中国商业史的研究证明中国商业活动出现极早而且几度辉煌；当教材将中国古代教育的重心放在儒家教育的介绍时，中国社会文化思想史的研究却证明中国传统文化主要由儒、释、道三家所构成；当中国教育史教材将近现代部分的重心放在新式教育时，中国社会文化史却发现中国固有的教育形式不仅没有立即退出历史舞台且长期存在，中国社会经济史的研究发现近代中国出现多种富有效率的教育形式。何以中国教育史教材所描述的内容与其他学科的研究成果间出现如此强烈而明显的反差？这种反差会对学生——未来的教育史学科建设者和主力军产生什么影响？进而对未来的中国教育史研究产生何种影响？作为学习者，我们认为，已有中国教育史教材的内容过于狭窄，这种狭窄的内容使得学习者对中国教育发展历史做出片面理解；同时，混淆了教育与学校教育的区别，使得教育史学理论建构的基础相当不稳固；它无法使学习者知晓教育与科技、商业或教育与社会生产、生活之间具有何种关系。这种问题所导致的结果不仅限于认识层面，而且对教育实践活动产生深刻影响，使受教育者、教育者、教育行政部门、教育决策者甚至普通民众认为教育就是学校教育或制度化的教育，而学校教育由于缺乏可供参考的外部思想资源和历史经验陷于发展困境。

一、问题

经过百年研究，中国教育史取得了丰硕成果。但是，目前的教材至少存在四个问题：民生教育的缺失，大多数教育对象被遗忘，科技教育的缺乏与商业教育的缺失，单轨独进的教育发展路径，并由此导致对教育概念的理解进而对教育实践活动产生负面影响。

问题之一：民生教育之缺乏。生存是人类第一需要。生存需要生产，生产需要实践，实践活动需要知识也产生了知识，产生了教育。所以，原初形态的教育寓于生产与生活之中，并在生产与生活中、通过生产与生活和为了生产与生活而展开。同时，初民追求知识不是为了捞取资本，不是为了个人利益、荣誉、权力以及其他一味追求的目的，而是为了生活。因此，原初意义上的教育是民生教育，是人类生活的必要组成部分。而且，只要人类还在延续，这种教育就将继续。中国教育史教材在述及教育起源时，对这种民生教育作出周全论证。然而，在随后的描述中，这种有关民生的教育逐渐退出研究者视野，也消失在教材之中。

先民活动范围的扩大，知识技能不断积累，教育的目的、内容、方法、途径日渐多样，并出现专门教育机构。专门教育机构的出现，被看做教育史上的重大事件。然而，专门教育机构只是教育的一种形式，并发生较大变化，此其一；其二，与生产生活的距离日益加大；其三，成为部分人独享的部门；其四，成为统治者实施统治的工具；其五，改变了人们对教育的认识。所以，专门教育机构的出现，既是教育发展的表现，又是教育异化的形态。正如《汉书·食货志》所言："士农工商，四民有业。学以居位曰士，辟土殖谷曰农，作巧成器曰工，通财鬻货曰商。"无农则乏其食，无工则乏其事，无商则三宝绝，无虞则财匮少。农工商虞正是民众的衣食之源，是人类"生产自己的活动"的"一切历史的基本条件"，是任何社会都不可或缺的部门，他们的教育正是有关民生的教育。中国教育史教材缺乏此部分内容，则难以解释中国社会历史包括教育历史演进的基础何在。

问题之二：被遗忘的大多数。《管子》有"士农工商"四民阶层的划分。然而，教育史教材对中国古代教育史进行讨论时，主要集中在"士"阶层。作为“劳心者”，“士”创造了丰富而灿烂的古代思想文化。但中国古代文明绝非限于思想、制度，还有大量可视、可触摸的物质化的文明；中国社会历史进程也并非仅由“士”所推动，还有大批从事实践活动的普通民众。而且，“士”也必须在维持基本的生存后才能从事其活动，所谓“食足货通，然后国实民富，而教化成”。正是农工商业的发达使得“士”的活动得以有效展开，并为“士”的教育提供丰富的思想资源。士农工商从事行业不同、行为方式不同，但未必不操守相同之“道”。所以，农工商三民是不容忽视的教育对象，否则会使得学习者难以知晓中国古代社会农工商三业是如何发展的，这三业发展是否需要知识、技术和能力，如果需要，又是如何加以传承的，中国社会是如何演进的，这种演进与教育是否有关系。

同时，中国古代之“士”不限于儒“士”。除春秋战国一段“百家争鸣”出现各种学术流派的“士”之外，后世的“士”阶层主要由“儒”“释”“道”三家所构成。但是，“释”“道”两家之“士”基本被中国教育史教材所排斥。而儒“士”是否构成中国社会的主流似乎仍有问题，否则鲁迅不会轻言“中国根柢全在道教”；科学史家李约瑟正是从道家、道教的文献中收集大量中国科技史资料，撰成《中国科学技术史》。[①] 所以，非资料不足，而是与主编教材者的取向与选择有关。其结果将属于大多数民众所接受的教育排斥在教材之外。

近代以来，大批民众接受的依然是中国固有教育，但教材中鲜有相关内容。史料记载，洋务运动之前、之中甚至之后的很长时间里，作为中国固有的、多数民众享用的私塾教育并没有立即退出历史舞台。1927 年 2 月 21 日《广州国民日报》载：“查市内私塾，共有六百余间，每塾平均三十人，收容学童约有二万余人，而市立小学校，仅得六十一间，学生一万一千余人。私塾教育之发达，实超越学校教育之上。”在开埠较早又是革命中心的广州，私塾如此发达，其他地方的私塾数量当不容忽视，各地的资料也印证了这一判断。

由于教育史教材将作为多数民众享用的教育排斥在内容之外，导致学习者难以知晓大多数民众一生中是否接受教育，如果接受，又是何种教育。由于缺乏相关介绍，对其中出现的问题及其积累的经验更是无从谈起。而作为大多数中国人所接受的教育在此时此地的缺位，会使学习者对中国教

---

① 按照李约瑟的观点，“道家思想体系，直到今天还在中国人的思想背景中占有至少和儒家同样重要的地位。它是一种哲学与宗教的出色而极其有趣的结合，同时包含着‘原始的’科学和方技。它对于了解全部中国科学技术是极其重要的”。李约瑟：《中国科学技术史》，科学出版社 1957 年版，第 35 页。

育发展史做出片面判断。

问题之三:科技教育的缺乏与商业教育的缺失。常用的中国教育史教材中,科技教育所占比重极其有限,但中国古代科技却相当发达。《周礼·考工记》已有“百工”的记载。社会分工程度是生产力发展的重要标志,细致的分工,又导致技术的进一步发展。但是,分工达到一定程度,会出现一个相对稳定的时期,积累起来的知识、技术需要以适当方式传承。《新唐书·百官三》记载:“钿镂之工,教以四年,车路乐器之工,三年;平漫刀稍之工,二年,矢鏃竹漆屈柳之工,半年;冠冕牟帻之工,九月。教作者传家伎,四季以令丞试之,岁终以监试之,皆物勒工名。”没有精湛的技术和高超的技艺,中国古代工艺精美的手工艺品和规模宏大的古代建筑的出现是难以理解的,中国古代的发明创造是难以令人置信的。著名科学史专家李约瑟指出:“在科学技术发明的许多重要方面,中国人成功地走在那些创造出著名‘希腊奇迹’的传奇式人物的前面,和拥有古代西方世界全部文化财富的阿拉伯人并驾齐驱,并在 3 到 13 世纪之间保持一个西方所望尘莫及的科学知识水平。”①科学救国者任鸿隽对李约瑟研究的出发点做出如下描述:“他是因为要了解中国科学方法去研究中国文明,其他东方学者则以为中国文明根本缺乏科学这一因素——不幸得很,我们本国的学者抱了这个见解的也有其人——所以不留心中国文明对于科学贡献的问题。”②其不幸之处还在于,这种“见解”在当代中国依然流行。

如果说科技教育在中国教育史教材所占比重较少,商业教育则基本缺失。由于“某一民族内部的分工,首先引起工商业劳动和农业劳动的分离,……分工的进一步发展导致商业劳动和工业劳动的分离”③。商代出现了商业阶层,先秦时期商业繁荣并形成“世业”,汉代商业相当繁荣,以至于司马迁发出“天下熙熙,皆为利来;天下攘攘,皆为利往”的慨叹。尽管在管子时代就开始将农商对立——重农抑商——到汉武帝时形成制度。但是,作为社会生产与生活不可或缺的组成部分,商业不仅在中国社会历史中一直存在,而且几度辉煌。经商本身是一种教育,“经商是一种最艰苦而且实用的教育,比任何专科学校、大学院系的教育更难学习”④。经商也需要相应的经

① 李约瑟:《中国科学技术史》第 1 卷,科学出版社 1975 年版,第 3 页。
② 任鸿隽:《中国的科学与文明》,《科学》第 33 卷第 1 期,1957 年 7 月。
③《马克思恩格斯选集》第 1 卷,人民出版社 1972 年版,第 25 页。
④ 王志强:《经商是最伟大的教育》,中国长安出版社 2005 年版,扉页。

营管理知识和技能,需要教育,“不有智识,将不足以言商”①。这种语词虽然出自近代商人之口,但同样适用于中国古代。

问题之四:制度化教育单轨独进的教育发展路径。制度化教育是教育形式,但不是唯一形式。人的需求的多样化与生产、生活的多样性,决定了多路径的教育发展方式。

就农业教育而言,形成官方教化和民间技术传承的双轨机制。“以农立国”的古代中国,创造了灿烂的农业文明。在长期生产活动中积累了丰富的知识,“这些知识主要保存在农民群众的生产实践中,它也比较突出地反映在我国古代农学著作及有关文献里。”②《周礼·大司徒》记载了十二项教民生产的职事:“一曰稼穑,二曰树艺,三曰作伐,四曰阜藩,五曰饬材,六曰通财,七曰化材,八曰敛材,九曰生材,十曰学艺,十一曰世事,十二曰服事。”农业教育呈现出官方教化和民间技术传承并行的两轨方式。农业教育告诉我们,“我们的前人,经过了怎样的努力,才取得他们所需要的生产资料。”③否则先民的繁衍生息与发展是难以理解的,人口数量的增加也是令人疑惑的。同时,对农业教育的研究还有助于我们看到,古代中国的农业如何影响到周边国家。

农业如此,手工业亦如此。中国古代不仅形成官办机构与民间手工业行会培养技术人才的双轨机制,而且规模不容忽视。《大唐六典》“卷七”对当时官办纺织机构的技术教育规模的描述:“少府监匠19850人,将作监匠(指工徒)15000人,放出诸州,皆取材力强壮、技能工巧者,不得隐巧补拙,避重就轻。”而民间的工艺技术传承多在手工业作坊以学徒的方式来进行。

与农业、手工业教育的双轨形式不同,有关商业的教育基本发生在相应的活动之中。据史料记载,隋唐时期,商业学徒制已经形成。这种培养人才的方式盛行于唐代的行会,有论者称它是“我国商业教育之嚆矢”④。“进店学小官(作学徒),全在流通活泼。先学眼前一切事,谙练熟滑,伶俐精灵。更要目瞧耳听。”“朝夕教诲你,又不过严厉,就要努力奋志,学得生意精微,世务圆通,再未有不成人之理。”⑤正是这种训练,铸就了辉煌五百年之久的

① 赵靖:《穆藕初文集》,北京大学出版社1995年版,第212页。

② 中国农业科学院:《中国农学史》上册,中国科学出版社1959年版,第1页。

③ 周谷城:《中国农学珍本丛刊总序》,陈景沂:《中国农学珍本丛刊全芳备祖》,中国农业出版社1982年版,第2页。

④ 袁福洪:《商业教育之理论与实施》,台北世界书局1977年版,第22页。

⑤ (清)王秉元:《生意世事初阶》。

晋商。近代以来，学徒教育更加规范，对学徒的年龄、文化背景、定额、修业年限、收费标准、培养方式等等作出详细规定，并形成一套严密而行之有效的培养方式。甚至到了20世纪30年代，学徒教育仍然广泛存在，“学徒制度在今日我国之商界中，尤为一非常流行之商业教育制度，在夕则足以代表商业教育之全部。凡一商店，不论大小，无不有学徒，斯无不行徒弟制度也。”①这种发生在商业领域中的教育作用不容忽视。

作为技术教育重要形式的企业内教育同样不容忽视。福建船政学堂隶属于福州船政局，江南制造局下设江南工艺学堂，广州机器局附设西学馆，汉阳铁厂设立铁政局化学堂等等。1904年的《癸卯学制》颁行后，在有条件的官办企业设立教育机构的同时，②一些民营企业也开始实施教育活动，并演化出多种形式的教育机构。1929年《工厂法》规定：人数达到一定规模的企业必须设立相应的教育机构，使得企业内教育有法可依。随后教育部会同实业部出台《劳工教育实施办法》和各地制定补充规定，使企业内教育成为在全国范围内展开的教育活动。这种熔教育价值、经济价值和社会价值于一炉的企业内教育作用不容忽视，也成为中国教育早期现代化进程中的最重要的形式和成就之一。但是，中国教育史教材却将此种教育排斥在外。

问题之五：认识上的偏差与实践上的偏离。中国教育史教材关注主流、正统教育，就学校教育论教育是其显著特点，尽管取得巨大成绩，但终究偏向一隅，产生偏差，出现误解。

误解教育发展历史所导致的结果不仅限于理论层面，而且对中国教育实际产生深远影响。当教育史研究主要被限定在制度化或学校教育时，学校垄断了教育。这种做法，将大众的目光聚焦于学校，使民众认为只有学校教育才是教育的唯一正途，从而排斥自学和其他多彩的教育形式。不仅难以解释教育历史上诸多问题，而且使得制度化教育背负沉重的包袱而举步维艰，本身陷于发展困境之中。这种状况是导致千军万马群挤高考独木桥的重要诱因，这种景致在今日大学生就业形势异常严峻的情况下没有缓解的迹象，足以说明这种将教育限定在学校教育的观点对中国民众影响之深

---

① 李权时：《商业教育》，商务印书馆1933年版。

② 李权时：《商业教育》，商务印书馆1933年版。北洋工艺局规定：“工徒年龄分为二级，十二岁至十五岁为幼童，十六岁至二十二岁为及岁”，“开办之初拟先招选工徒二百名，选取之后因材施教，分习各艺”，并专备讲堂一处，工徒每日须分班讲习书课一点钟，其聪颖者就工业学堂所有之各项科学量才施教。其次者仅令习书算，其功课均由工业学堂各教习兼理。虞和平、夏良才：《周学熙集》，华中师范大学出版社1999年版，第94页。

刻;而过于重视学历的社会现实成为这种将教育视为学校教育的有力注解。到今日,将教育视为学校教育的观念与终身教育和学习型社会的理念形成尖锐对立。

二、成因

发生在中国教育史教材中的这种误读,是多种因素综合的结果。既有史学性质的原因,又有作为理论框架和分析工具使用不当的因素,更是学习者善于学习而欠于反思和重视理论而忽视实际所导致的结果。它们相互区别,但又密切联系。

(一) 来自史学的反衬——中国教育史误读之宿命。依照美国汉学家柯文的观点:历史有客观发生的历史、记述的历史和想象的历史之分。不是历史学家的人有时以为历史就是过去的事实。可是历史学家应该知道并非如此。史学家的任务就在于追溯过去,倾听这些事实所发出的分歧杂乱、断断续续的声音,从中选出比较重要的一部分,探索其真意。[①] 柯文告诉我们,学习者所学习的历史并不一定都是过去的事实,此其一;其二,由于史学家对“比较重要的一部分”的认识和“选择”的不同,会治出不同的历史。而且,即使是同一个人,其所关心的问题以及解决问题的前提假设同样会发生变化。所以,学习者所接受之历史知识也会随着时间而发生变化。作为史学分支学科的教育史固然难逃这种发生在历史研究中的宿命。同时,作为交叉学科的教育史,不仅受到史学的影响,而且受教育学的制约。交叉学科本身并不必然导致误读,但如果交叉学科所依赖的理论本身存在问题,则这种误读不仅是必然,而且是多重的。中国教育史教材关注正统、主流、制度化、非生产性和远离生活的教育,尽管作出巨大成绩,但终于偏向一隅。

(二) 本末倒置与喧宾夺主:框架的不适。本末倒置体现两个方面:其一,理论的建构先于史实的梳理。中国教育史教材是以现成理论来规范中国教育历史史实的结果。所以,教育史不但没有为教育学理论建构提供坚实基础,反而被缺乏基础的教育理论所规范;其二,以学校教育理论规范历史上复杂的教育活动。众所周知,我国的教育理论是有关学校教育的理论。学校是教育发展到一定程度的产物,而非相反;专门教育机构只是教育的一种形式,而非全部。以建立在一种教育形式上的教育理论来规范纷繁复杂

① 参见[美]柯文著,杜继东译《历史三调:作为事件、经历和神话的义和团·序言》,江苏人民出版社 2004 年版,第 1～6 页。

的教育活动，显然非其能力所及，偏于一隅成为自然结果。

所谓喧宾夺主，是指研究者熟悉并广泛应用的教育理论架构，并非建立在系统考察本土教育发展演变历史基础之上，而是学习苏联尤其是凯洛夫教育学的结果。凯洛夫的教育学本身属于学校教育理论，并被广泛应用到中国教育史理论体系建设和教材的编写，以至所编写的中国教育史教材，将传授书本知识的正规教育机构以外的教育现象排斥在研究视野之外。以主要是非中国的、学校的教育理论来规范中国历史上的教育活动，不仅本末倒置，而且喧宾夺主。

（三）工具的误用和结果的偏离。适应于新中国基本路线，建国后的教育史研究大致采取了前后相继的两种研究范式，即阶级取向和近代化取向。

以阶级为取向的中国教育史研究，盛行于解放初期到 80 年代中期。建国以后到 80 年代中后期编写的中国教育史教材，框架上基本沿用凯洛夫教育学，分析工具包括历史阶段的分期、人物评价的依据和主要结论等，受到米定斯基、康斯坦丁诺夫等人教育史观影响。这种观点的致命之处在于：将西方学者对西欧社会发展阶段的划分标准当做具有普遍意义的依据，应用到中国社会发展阶段的划分上。这种以西欧比照中国、以西欧的理论标准规范中国社会发展历史的现实，其结果是不仅西方人难以认识中国社会，而且使中国自己也难以认识中国社会。用侯建新教授的话来说，出现“中西历史的双重误读”①。

1980 年代中后期传入的近代化概念、理论和方法开始受到研究者重视，并被引入教育史研究之中，对教育历史发展的本质进行分析。教育的制度化、规范化、标准化、世俗化、法制化、普及化、科学化等成为教育近代化的基本指标，开始重视教育本身的近代性以及教育在社会近代化过程中的作用。这种取向盛行于 1990 年代并持续到今天，取得丰硕的研究成果。然而，有关

① 侯建新以大量的史料为依据，系统考察了中国与西欧“封建”“封建制”的内涵、发展演变历史，并参考大批国内外学者的研究成果，指出今天频繁出现在研究和教科书中的“封建”一词，既不是我国西周时期的“封建”，也不是西方中世纪的“封建”，而是几近于杜撰、意义含糊使得中外学者都容易产生误解的词，是一种不切实际、生搬硬套别人理论来规范中国社会演进历史的结果。有关“封建”一词的详细考证，参阅侯建新《“封建主义”：概念错位的原委及其应对》，《历史教学》2006 年第 1 期。又见侯建新《“封建主义”概念辨析》，《中国社会科学》2005 年第 6 期。

近代化概念、理论和方法本身的缺陷没有引起研究者的重视。①

无论是阶级取向还是近代化取向的中国教育史教材，都呈现以下特点：(1) 源自对外来理论的学习；(2) 方法上基本是二元对立；(3) 呈现出直线性思维，带有明确的目的性，注重主流，蔑视边缘，哪怕边缘是大多数；(4) 表现出明显的进步史观。问题的关键不在于这种理论和工具是否来自域外，而在于它是否能够有效解决中国教育的实际问题，并指导中国教育的发展。如果缺乏对所学理论本身合理性与效用性的足够反思，缺乏对中国社会历史现实以及教育历史现实的有效关注，这种工具解释中国教育发展历史的能力是令人怀疑的。

(四) 善于学习而欠于反思，热衷理论而忽视现实。钟启泉教授指出："新中国教育学理论体系的构建是在充分学习苏联教育学的基础上进行的，由此所形成的教育学体系明显地带有'凯洛夫'的印痕。……从而导致我国的教育学只在一种模式下谋求发展，人们只在一种视界里构造着承袭了'凯洛夫'基因的中国的教育学。……它不仅使人们习惯于用'凯洛夫式'的模式构筑中国教育理论的大厦，而且也使人们习惯于用'凯洛夫式'的目光审视几乎所有外来的思想和理论，并以此为准则改造那些试图接受的思想和理论。"②这种难以在中国找到适宜土壤的理论架构和分析工具被广泛地应用到中国教育史教材的建构上，其结果使得反常的成为正常而正常的却成

① 就概念而言，正如罗荣渠先生对"近代化"与"现代化"比较时所言："现代化"的基础与核心是经济发展问题，既适用于社会主义国家，也适用于非社会主义国家，"如果按社会制度划分'近代化'与'现代化'，那么今天的发达资本主义国家就还处在'近代化'阶段，尚未开始'现代化'的过程，这样我们所谓的赶超世界先进水平的'现代化'就文不对题了。"(罗荣渠：《现代化新论》，北京大学出版社 1993 版)。除了概念上的问题，近代化取向仍采用二元对立分析法，在传统与现代之间制造了一条分析鸿沟，使两个体系"互相排斥"、"根本不同、水火不相容"。(柯文：《中国中心观：在中国发现历史》，中华书局 1989 版)。忽视了传统中的现代因素和现代中的传统因素，从而违背了现代生成于传统的基本逻辑，难以解释在很多情况下，两种因素共同存在并同时发展的历史现象。教育近代化研究中的二元对立痕迹依然鲜明。所谓教育近代化，是指"与几千年来的自给自足的封建农业经济基础和专制政体相适应的传统教育，逐步向与近代大工业生产、与资本主义发展相适应的新式近代教育转化与演变的历史过程"。(田正平：《中国教育思想通史·导言》第 6 卷，湖南教育出版社 1994 年版)。将农业经济与工业经济、传统教育与近代教育作为对立的两极予以分析，而难以解释在转型时期的近代中国，这种共存是社会的普遍现状。同时，教育近代化取向隐含着以近代的标准来评价传统，使得传统处于一个被动、消极的地位，如此一来，又影响到教育史对传统教育研究的价值和意义。

② [德]沃尔夫冈·布列钦卡著，胡劲松译：《教育科学的基本概念·代总序》，华东师范大学出版社 2001 年版，第 1～2 页。

为反常。这种学习之法,正如叔本华所言:“在我们还没有对一直观世界获得某种泛泛的、普遍的认识之前,就通过阅读、授课等手段,强行把概念塞进我们的脑袋。……这样,我们对人、事的看法、判断和处理都会出现错误。教育也就以这样的方式制作出偏差、扭曲的头脑。”①所以,缺乏反思与实践的学习会使得学习者永远落后于学习对象;而脱离中国社会历史实际情况的学习,使得所学内容陷于空泛而脱离实际,导致误读。中国教育史教材中的误读,正是曾经的学习者善于学习而欠于反思,重视理论而忽视实践的结果;如果仍以目前的内容和方式进行中国教育史的教育教学,将继续使得这种误读得到进一步的推广与普及。

三、对策

当理论不是建立在事实的基础之上,难免出现理论与现实的脱节,使得理论与实际同样陷于被动:附和理论,则与实际不符;切合实际,则理论难以被应用。导致中国教育史误读的原因是多方面的,以上就其大者做一初步梳理。作为史学研究普遍存在的问题,依靠教育史自身难以解决,但这不意味研究者无所作为。我们以为,从以下方面着手,有利于走出误读,走向真实:

(一)贴近生活,展示教育活动的真实情景。教育史实是建构教育理论的基础,只有史实梳理清晰,建构的理论才可能稳当。杜威以当时美国学校教育远离生活,提出教育即生活、学校即社会;陶行知以中国的学校教育比较落后,而且同样远离生活,于是有了生活即教育、社会即学校的生活教育。前者希望将生活内容引入教育,将学校改造为雏形社会;后者以生活为教育,打破学校的壁垒,在生活中接受教育。但无论如何,教育与生活有着密切关系,只有贴近生活,方可理解教育的本真。需要全面、系统梳理发生在中国社会历史生活中的教育活动,展现历史上教育活动的主要场景,这是建构较为全面的中国教育史教材的第一步。

(二)走出进步教育史观的阴影,走向社会生活教育场景。进步教育史观认为:学校教育是教育发展的高级、必然结果,也是主要形态。以至于教育被制度化、程序化和技术化,教育与生命活动断裂,教育成为工具,教育的概念及人们对教育的信念发生扭曲,教育的多样性被不断单一化。② 进步教

① [德]叔本华著,韦启昌译:《叔本华思想随笔》,上海人民出版社 2005 年版,第 1～2 页。

② 张斌贤:《教育历史:本性迷失的过程——对教育发展的“另类”观察》,《清华大学教育研究》2003 年第 2 期。

育史观对“新”表现出特别偏好，在进步史观主导下编排的中国教育史认为：新的基本上是好的、进步的，旧的基本上是不好的、落后的。它忽略了“人生根本由世代积累而成，抽离了世代积累，便不能有人生”。正如钱穆所言：近代以来，人们“好言开新”，“只向前，不顾后，一味求变求新，求变求快，本源易竭，则下流易湮……有此过去，才有此将来。……乃近百年来，如在眼前织为外面一道强力异光闪耀，视线骤黑，看物不真。在外的尽可欣羡，自己的全该轻视。过去一段五千年的长历史，比为肩背上一个重包袱，急切丢不掉，转生厌恨。推翻打倒，成为时代新名辞。”[①]在进步教育史观视野内，传统教育成为包袱，是教育进步的障碍，教育现代化的过程成为否定中国教育传统也成为消灭中国教育特色的过程。我们以为，教育史教材要走出误读，需要重新考量中国教育史实，以教育自身变迁的历史为依据，以发生在社会生产与生活中教育为场域，全面、系统考察中国教育发展历史。

（三）走出单学科分析，走向多学科综合。教育是生活活动，生活活动从来都是综合的，不是靠一个学科的知识能够解决的。教育史是教育学科群的基础学科，是建构教育理论的基础；教育史同时还考察历史上教育与社会生产、生活之间的关系，需要全面展示中国教育历史发展的场景，具有明显综合性特点。不仅需要研究者和教材编写者具备多学科的视野，更需要多学科综合的教育背景和知识结构。“我们不能停留在教育学的范围里来解决教育问题，必须扩大我们的研究的范围。这样我们需要的知识就更多，所以不得不推进到同教育有联系的社会各个方面去，即把教育作为一种社会的制度，作为整个社会的一部分，把它同其他有关部分都联系起来，从教育学扩展到教育社会学。”[②]由于历史人物的成长经历、关注对象以及历史事件的综合性，需要对其进行综合研究。所以，学科综合不仅是时代发展的需要，也是研究对象的要求。

（四）走出封闭，走向开放，构建符合历史的、属于中国的中国教育理论体系和教育史教材体系。走出封闭，走向开放，有三层意思：其一，走出学校教育场景，走向生活教育现实。学校教育是教育的重要组成部分，但决非教育的全部；同时，教育不是起源于学校，而是相反；加之，我国的学校教育理论不是建立在对中国教育实践的系统研究基础之上。所以，这种后来建构的、外来的教育理论不足以解释中国历史发展的真实情景，需要重新考量中

① 中国人民政治协商会议江苏省无锡县委员会：《钱穆纪念文集》，上海人民出版社1992年版，第217页。

② 费孝通：《从事社会学五十年》，天津人民出版社1983年版，第66页。

国历史上的教育活动。其二，在突破学校教育理论视野的基础上，走出主流，走向多元。走出主流意味着在思想方面，突破儒家范畴；在途径方面，突破专门教育机构；在制度方面，突破教育制度。就教育思想而言，有反儒和非儒；就教育机构而言，有专门教育机构和发生在生产与生活场景中教育；就教育制度而言，还有远较教育制度对教育影响为大的政治制度、经济制度、文化制度以及社会习俗。其三，走向开放，还意味着向边缘、民间扩展。不同阶层有其自身的特点与知识、技术传承和人才培养模式。正如亚当·斯密在研究各种产业发展关系时指出："在任何方面限制或抑制商人、工匠和制造商的产业，都不符合耕作者的利益。这一非生产性阶层享有的自由越大，其中各行业竞争越激烈……压迫其他两个阶层也不符合非生产性解决的利益。……确立完全的正义、自由和平等，是最有效地确保这三个阶层最高度繁荣的最简单的秘诀。"①所以，忽视或排斥任何一个阶层或行业的教育都难以全面反映中国教育。建立在这种复杂而真实基础的教育史教材，才能反映中国教育历史发展的面貌，从而为建构符合历史的、属于中国的教育学理论、教育史学理论体系和教育史教材的编排打下基础，为中国的教育改革与发展提供历史经验与思想资源。

未来社会是和谐社会、学习型社会，未来教育是终身教育。和谐社会需要和谐教育，终身教育不是学校垄断教育。中国教育史教材需要比较全面地展示中国教育发展历史的面貌，使学习者对中国教育史有一个比较全面的了解，而非为学习者提供一些现成的、定论性质的结论；需要激发学生探究问题的兴趣，培养学生利用知识创造知识而非记忆知识的意识与能力；需要推动教育理论不断发展与提升，而非将利用已有的理论规范历史史实作为目标；需要为教育基本理论不断发展提供坚实基础，而非诠释已有理论的正确性。这需要教材编写者具有宽广的学术视野，采用多学科的综合研究和多种研究方法，需要走出学校教育视野，走入社会生产与生活之中，对发生在其中的教育现象进行系统梳理，展示中国教育发展历史的全貌，揭示出中国教育发展历史的趋势和特点，为中国教育理论体系的建立提供历史经验和思想资源，在此基础上建构起符合历史的、属于中国的教育理论体系。

（作者系华中师范大学教育史专业2010级博士后，现为山东师范大学教科院副教授）

① [英]亚当·斯密著，唐日松等译：《国富论》，华夏出版社2005年版，第467页。

教育史学改革管抒

周洪宇

新中国成立以来，我国的教育史研究取得了很大的成绩，但是，如果从总体上来看，发展还不够快，水平也不够高。在新的历史时期，如何把教育史研究引向深入，使之适应社会主义现代化建设和学科自身发展的需要，这已成为摆在研究者面前亟待解决的问题。

一、更新思想观念

长期以来，由于种种历史的和现实的原因，我国的教育史研究者普遍注重“述而不作”，注经疏义，长于铺陈，拙于分析，陈陈相因，人云亦云，缺乏创新，缺少个性。而且，厚古薄今，忽视当代，疏远现实，冷漠生活，整个研究力量几乎都投入建国以前教育史的探讨，很少有人涉足当代教育史领域。对关乎教育改革与发展的重大课题基本上无人问津，以至于我国的教育史学界“史”气沉沉，令人窒息，其研究成果难以引起社会科学界的重视，更甭奢望产生重大的社会反响。无可否认，造成这种状况的原因是多方面的，不能将责任完全归结到研究者身上，但我们的研究者确实也有必要反躬自省，找出自己的问题所在，并努力加以解决。

基于此因，笔者认为，目前急需在教育史学界大力提倡主体意识、创新意识、当代意识和参与意识。所谓主体意识,是指研究者对自己的研究工作在社会发展进程中所处的地位、所起作用的深刻反思和自我把握。在具体的研究过程中,它集中体现为一种自主意识,即研究什么课题,选择何种方法,从哪个角度切入,应由研究者自己根据社会实际和课题本身的需要决定,不应毫无主见地盲从他人。所谓创新意识即以马克思主义为指导坚持从历史事实出发,不循旧说,大胆创新,敢于想人欲想所未想,言人欲言所未言。自然,这种创新不是故意标新立异,哗众取宠,更不是凭空想象,无所依傍,而是以扎实的研究工作为基础。所谓当代意识,即关心当代,重视当代,研究当代,特别是对建国以来教育发展中所存在的主要问题加以论析,变"厚古薄今"为"薄古厚今",将研究重心逐渐向当代教育史转移。所谓参与意识,即研究者应具有强烈的社会责任感和历史使命感,踊跃投身于社会变革的洪流,积极研讨与现实生活密切相关的历史课题(如教师地位演变史、教育改革史、教育立法史等),从中总结宝贵的经验教训,为党和政府的有关重大决策提供重要的历史借鉴和科学依据。一个教育史研究者,如果自己的研究不能为国家教育事业的建设服务,不能为教育科学的发展服务,那么这种研究对于社会又有什么意义呢?

诚然,思想观念的更新,决非一朝一夕之事,需要一个相当长的过程。而且,从根本上说,它有赖于宽松的学术氛围的形成,有赖于"双百"方针的真正贯彻。但无论如何,研究者都不应放弃自己的主观努力。

二、开阔学术视野

从某种意义上说,学术视野的宽窄直接关系到研究者学术境界的高下。宽广的学术视野,有助于研究者形成宏大的文化气度和世界性眼光,使其学术研究追求一种高远的境界。而狭窄的学术视野,只能使研究者目光短浅,易于满足,学术研究始终在一个很低的档次上徘徊不前。

试看"五四"以来的教育史大家,如舒新城、陈青之、孟宪承、罗廷光诸先生,无不具有宽广的学术视野。他们既对世界教育史学的演进趋势了如指掌,又对本国教育史学的发展状况全局在握。知中晓外,视野开阔。立足于学术前沿,从 20 世纪世界教育一体化与多元化的角度看问题,所裁所断的确不同凡响,格外精辟,体现出一种大家风度。反观当今学人,视野狭窄,学养不厚,对世界和本国教育史学的流转变迁所知甚少,更不清楚自己研究的工作眼下已做到何种地步、今后宜向何方努力。"跟着感觉走",故至多只能做些二三流的研究工作。更有那未入流者,急功近利,贪图实惠,视学术研究为生财之道、成名之途,比之于诸位前辈学者,其境界真有天渊之别。

所有这些表明:教育史研究者在更新思想观念的同时,尚须开阔学术视野,了解学术前沿,将自己的研究工作置于世界和本国教育史学发展的学术背景下,瞻"前"顾"后","左"思"右"想,知彼知己,严谨治学,努力提高自己的学术品位。

三、完善知识结构

一般而言,宽广的学术视野,总是植基于渊博而合理的知识结构之上。拿上面提到的几位教育史大家来说,他们大都涵养丰厚,学识渊博,既饱受中国传统文化的熏陶,又接受过良好的西方现代教育。有的还留学欧美,获得硕士、博士学位,学贯中西,精通数门外语。中西文化的融汇撞击,铸就了他们渊博而合理的知识结构,为其宽广的学术视野的形成,提供了必要前提。

相形之下,当今学人的研究素质就差远了。可以这样说,绝大部分研究者现有的知识结构都存在着明显的缺陷。人们常常发现,治教育史的,不懂政治史、经济史和文化史(尤其是哲学史、宗教史和艺术史);治中国教育史的,不通外国教育史;治外国教育史的,也不通中国教育史。各专业之间彼此少往来,隔行如隔山。庄子曰:"水之积也不厚,则其负大舟也无力。"此言极是。知识浅薄,学术视野也相应不宽广,所以,要形成宽广的学术视野,必须建立渊博而合理的知识结构。

作为教育科学中一门综合性很强的分支学科,教育史研究常常要涉及政治史、经济史和文化史等众多学科,这就要求研究者除了掌握主体学科知识之外,还应兼有多方面的学科知识。要善于利用各种机会和途径,尽力摄取丰富的知识养分,形成一个具有主体学科知识、相关学科知识、理论与方法论知识和信息知识的网状知识结构。定向积累,善于转移,以博带专,一专多能,努力完善自己的知识结构。

四、拓宽研究领域

目前,我国的教育史研究——不论是中国教育史,还是外国教育史,研究领域都比较狭窄。每年文章也发表了不少,但基本上是"自产自销",极少有人"光顾"。说句不太中听的话,教育史研究领域正逐渐演变成一个少数同仁自我欣赏、自我陶醉的封闭式的学术小圈子。

鉴于此状,我们必须努力开拓新的研究领域,加强学科内部空白地带和学科之间交叉地带的拓展,全方位出击。具体言之,在前一方面,可加强研讨教育制度史、教育管理史、课程教材史、教学方法史、学前教育史、初等教育史、中等教育史、高等教育史、师范教育史、职业教育史、女子教育史、留学教育史、教会教育史、社会教育史、地方教育史、民族教育史和比较教育史等;在后一方面,应沟通教育史与政治史、教育史与经济史和教育史与文化史,开辟教育政治史、教育经济史和教育文化史等新领域,加强对教育史与相关学科的横向研究,进一步拓宽现有的研究领域,促进教育史与相关学科之间的相互渗透和相互融合,使教育史研究具有新的广度。

值得注意的是,一批中青年学者眼下正致力于这项宏大的系统工程的营建。他们对宗教教育史、留学教育史、教会教育史、教育管理史、课程教材史和教学方法史等领域的卓有成效的探索,已引起人们的密切关注,并带动着越来越多的研究者从事于这一崭新事业。他们的探索,将给教育史学带来新的生机。

五、深化研究内容

如果说,拓宽研究领域,是从宏观上加强教育史学科领域的建设,那么,深化研究内容,就是从微观上推动教育史课题研究的深入,犹如车之两轮,深化研究内容与拓宽研究领域是教育史学健康发展不可或缺、相辅相成的两方面。

毋庸讳言,在以往的教育史研究中,课题雷同,内容老化,重复性劳动多,创造性工作少。以教育家研究为例,治外国教育史的学者总把目光盯在夸美纽斯、赫尔巴特、杜威和马卡连柯等人身上,治中国教育史的学者又似乎特别偏爱孔子、荀子、蔡元培和陶行知等人。翻开历年来有关教育家的论文目录,上述数人的有关论文几占泰半,这从一个侧面反映出教育史研究中课题雷同已严重到何种程度。至于其具体内容,问题则更多。拿孔子研究来说,建国四十多年来,人们所不厌其烦、反复书论的是孔子教育思想的阶级属性、基本内容和历史作用,这些论文的标题形式、论点论据、文章结构乃至语言风格,都大同小异,了无新意,仿佛是一个模子倒出来的。笔者这里不是说这些问题不值得研究或已研究得足够了,只是不赞同那种程式化的千篇一律的做法。从这些论文中,人们看不出孔子教育思想研究四十年来是怎样发展变化的,在不同的阶段有什么不同的特点,各自取得了哪些进展。“窥一斑而知全豹”。汇聚精锐的孔子教育思想研究尚且如此,其他课题的情况就可想而知了。

如何深化研究内容?依我浅见,一是更新课题,即大胆探索新课题,着重抓好横向开发,一是转换视角,即从新的角度研究旧课题,着重抓好纵向深入。先说前者,试举一例。研究教育思想的学者,一般都比较重视个别教育家思想的研究,而对于教育思潮和流派却留意甚少。重视个别教育家思想的探讨,是完全应该的,因为不深入剖析教育思想史上的主要代表人物,便难以窥见教育思想所达到的具体深度。但是,将教育思潮和流派的研究置于可有可无的地位,则是不妥当的。应该指出,教育思潮是某一历史时期内,在某一群体、某一阶层或阶级的人们中,普遍流行并具有广泛的社会影响的教育思想。作为在一定历史条件下产生的特定群体意识,它从一个侧面体现出历史主题,表现了时代精神。相对而言,它比个别教育家的思想蕴涵有更大的历史容量和社会信息,离开了对教育思潮和流派的论析,就无法认识和把握个别教育家在历史上的地位和意义。因此,教育思潮和流派是今后教育史研究中亟待开展的一个新课题。在这方面,不管是治中国教育史的学者,还是治外国教育史的学者,都将是大有可为的。我想,倘若有人肯下功夫对20世纪以来欧美教育革新思潮(如新教育流派、实用主义教育思潮和进步主义教育运动)与“五四”以后中国的新教育思潮、流派和运动作一番详尽的考察,并对两者作平行研究和影响研究,其研究成果定将大大有助于解决近现代教育史许多悬而未决的问题。

再说后者,也举一个例子。陶行知研究是教育家研究中的一个老课题了,过去人们主要是从政治和教育两个角度去剖解陶行知。从这两个角度去认识陶行知是必要的,却又是不够的。说它是“必要的”,是因为这两者确实是陶行知一生活动的主要领域,缺少这两个角度的分析,其毕生实践的主要方面就无法反映出来。说它是“不够的”,是因为从这两个角度去观照陶行知,存在着某种局限性,不能使人认知陶行知其人其说的深层历史内涵。只有从文化的角度,把陶行知作为20世纪中国的一位文化巨人来认识,才有可能真正揭示这一点。为此,我们必须转换视角,借鉴文化学理论,从世界文化发展的总潮流、总趋势中,从中西文化大撞击、大融合中,考察陶行知出现和思想形成的社会土壤、时代环境和文化背景,弄清这些方面对他及其思想的影响,探讨陶行知及其思想中的文化心理内涵,揭示他的本质特征、精神内涵及其对于中国现代文化教育的深刻影响。这种视角的转换无疑将使教育家的研究另辟蹊径,让人耳目一新。

六、改进研究方法

众所周知,研究方法在学术研究中向来居于一个非常重要的位置。从某种意义上说,它决定着研究工作的成败优劣。坦率地说,目前我们的教育史研究,在研究方法(广义的,包括理论与方法论在内)上存在着不少亟待解决的问题。其一,对马克思主义科学方法论的理解有严重偏差。一些同志把内容极为丰富的马克思主义科学方法论简约为几条干巴巴的教条,不顾具体的历史时空有何差异,一概照搬不误,千篇一律地重复着政治经济决定文化教育而后者又给前者以巨大的反作用的定理,既机械又片面,这好像不求甚解只会死记的小和尚把经文给念歪了。其二,研究方法单一陈旧,多年来翻来覆去就是那几套招数,不知道应根据研究对象的不同,选择相应的研究方法。与功夫有限的习武人除了只会常练的那几招,别的什么也不会一样,令旁观者看久了都颇觉生倦。其三,对历史研究的基本程序,普遍重视不够,常常在尚未弄清楚一件历史事件的基本史实及其因果关系的情况下,就轻率地作出价值评判,结果其结论很难经得起历史的检验。

针对以上情况,我认为,首先,应该全面地理解和运用马克思的科学方法论,用历史的、发展的、全面的和实践的观点观察问题和分析问题,摒弃形而上学的思维方法,肃清思想深层的教条主义残余,提高自己的马克思主义理论素养。其次,在充分运用原有方法的同时,还应注意依据不同研究对象的需要,大胆地借鉴其他人文、社会科学方法,如系统方法、结构方法、计量方法、心理学方法、发生学方法和解释学方法等,以弥补原有方法之不足,丰富自己的研究方法和研究手段。最后,应高度重视历史研究的基本程序,严格遵循从事实认识(即"是什么")到因果分析(即"为什么")再到价值评价(即"怎样看")的逻辑顺序。任何违背这一程序的做法,都将严重影响到其研究成果的科学性。事实上,教育史研究中的种种失误,除了基本理论和具体方法上的不足之外,也与忽略了研究程序中的这三个步骤有密切关系。

说到这里,我想借此机会提出个人关于教育史研究方法论体系的初步设想,向同志们请教。在我看来,教育史研究的方法论体系是以唯物辩证法和唯物史观作指导的,多角度、多层次、各因素相互联系并互为补充的立体网络结构。它是马克思主义的根本方法(经济决定方法、阶级分析方法、分析与综合结合的方法、抽象与具体统一的方法、逻辑与历史一致的方法等)、多学科具体方法(历史方法、比较方法、系统方法、结构方法、计量方法、心理学方法、发生学方法和解释学方法等)、研究程序(事实认识、因果分析和价值评价)三者的有机统一。这三者相互独立又相互依存,相互渗透又相互制约,完整地构成一个方法论体系。根本方法离不开具体方法和研究程序的运用,而具体方法和研究程序又有赖于根本方法的指导,双方互为前提,缺一不可。

(作者系华中师范大学教育学院教授、博士生导师)

二 教育史学发展趋势与教育活动史研究

教育史学发展的历史与未来

周洪宇

唐代大诗人孟浩然有诗云："人事有代谢，往来成古今；江山留胜迹，我辈复登临；水落鱼梁浅，天寒梦泽深；羊公碑尚在，读罢泪沾襟。"时间流逝，人事无常。历史尽管过去千万年，但是过去、现在与未来，总是前后连续、割舍不断。

面对已逝的"代谢人事"和"往来古今"，今天的历史学家，包括教育史学研究者应当如何去记载和叙述？这是留给研究者永久的课题。教育史学要真实生动地记述成为过去的教育往事，探究历史真相，进而增强学科魅力，就必须不断地进行学科反思，不断地开拓新的研究领域，适时地转换研究范式，通过借鉴新的理论和方法，开阔新的视野，使教育史学真正走出研究困境，步入新的天地，从而推动学科的整体发展。

一、教育史学的发展脉络及其与历史学的内在渊源

教育史学是历史学与教育学的交叉学科，与历史学和教育学有着密切的关系。但从其发生的源头来看，教育史学是从历史学的大本营中分化出来，之后又在各国教师教育的发展过程中不断成长壮大。因此，教育史学理论与方法直接受到历史学理论和方法的影响，尤其是西方现当代史学理论

的发展趋势，明显左右着世界教育史学研究发展的基本走向。教育史学作为历史学的子学科之一，在漫长的发展历程中总是像母子一样与历史学相随相伴，史学理论的每一次革命都牵动和影响着教育史学的发展与进步。因此，欲理清教育史学的发展脉络，必然要关注与追溯历史学的发展轨迹。

教育史研究最早始于西欧，萌生于文艺复兴时期的意大利，滥觞于16世纪上半叶的法国。最初有代表性的成果是1517年出版的由戈莱(R. Goulet)撰写的探讨巴黎大学起源与发展的专著，这是法国教育史研究的最早尝试，也是世界教育史学研究的开山之作之一。到了17世纪后半叶法国神父兼宫廷教师费洛尔在专门研究教会史之余，也研究法国的大学发展史，特别是他于1686年完成的《论学习的选择和方法》，从教育原理、教育方法论和课程论等方面，对古代全球范围内的文化教育发展情况作了概要性的介绍，不仅介绍欧洲的古希腊、罗马的教育，而且介绍了阿拉伯、法兰克教育，以及早期基督教教育和中世纪大学的发展情况，被当代美国教育史专家布里克曼(W. W. Brickman)称作是“最早的一部教育史”①。尽管这些研究成果还只是对教育事件与现象的一般性描述，但毕竟在世界教育史研究方面迈开了第一步，为后来系统、深入、全面地研究世界范围的教育史奠定了基础。

19世纪被誉为“历史学的世纪”，历史学研究人员不仅注重具体史学研究，而且开始史学理论的建构，真正使史学成为一门独立自主的学科，并跃居人文科学之首位。众所周知，德国是一个非常重视教育的国家，而且它还是一个具有悠久史学传统的国家。德国教育史研究的一个显著特点是受历史学研究的影响比较明显。到18世纪末和19世纪前半叶，德国成为欧洲历史研究的中心，以著名史学家利奥波德·冯·兰克(Leopold von Ranke, 1795—1886)为代表的客观主义、实证主义史学方法成为世界各国所公认与效仿的史学研究方法。兰克认为真正的研究必须要有可靠的史料，历史研究不能仅依靠引用几个权威人物的话语来得出相应的结论。他主张历史要说明事情的真实情况，这就要凭借原始档案和文献资料来研究。他倡导的史学研究方法是采用“外证”与“内证”相结合的方法，“外证”法就是通过史料表现的形式，如语法、体例等是否合乎史料生成年代的规范来确定史料的

① W. W. Brickman. Early development of research and writing of educational history in the United States, in (edu.), *Educational Historiography: Tradition, Theory and Technique*, 1982: 300.

真伪，通过不同著作、不同版本的互相校勘，使史料真伪得以明确展示；“内证”法通过对那些不同人所著内容相同的史料进行参照分析，结合对撰述人的身世、性格、心理等各方面的考察，确定史料的可信度。同时兰克在柏林大学创办了历史研究班，先后培养了上百名知名历史学家，如魏茨、施密特、布克哈特等，所以汤普森说：“德国大部分伟大的史学家除少数例外，都是由他这位导师办的柏林大学研究班培养出来的。把兰克的弟子列一张表读起来就像一部史学界名人录。”①因此之故，兰克被誉为近代史学之父。此后，特奥多尔·蒙森（Theodor Mommsen，1817—1903）再次将兰克学派的客观主义史学推向新的高潮，这样兰克学派的史学观，不仅独霸德国史坛，而且统治了整个欧洲的史学界。

在19世纪，德国的教育史研究也不例外，直接受兰克学派的影响，采用的研究方法是通过鉴别史料的真伪和考察史料记录者的动机来确认历史事实。这一时期教育史研究的代表性成果有劳默尔（K. von Raumer，1783—1865）从1842至1854年间陆续完成的《教育学史》四卷本，对从蒙田到裴斯泰洛齐等教育家的教育思想、教育学科发展历程、技术教育、女子教育、中等教育、高等教育以及德国大学的发展状况等一系列的内容均作了较为深入的研究与挖掘。作者在占有充分史料的前提下，对欧洲乃至世界的教育学发展史和教育学家的思想进行了深入细致的研究与梳理。这部著作以史料翔实、内容丰富而展示了德国该时期的史学研究风格与特征，当时在欧洲产生了较大影响，1863年英国的菲奇（L. W. Fitch）和帕金斯（F. B. Perkins）将其译为英文出版。在19世纪教育史研究领域，另一部影响较大的教育史巨著是《教育通史》（四卷本），这套教育通史是由德国教育史专家施密特（K. A. Schmidt）组织编写的一部大部头著作。他站在全球的高度去思考与审视教育的发展与演变历程，以教育制度、教育思想以及影响教育发展的社会因素为线索，纵论世界教育的发展脉络。既体现了该时期德国实证史学研究的风格，以丰富的史料去展示教育史的本来面目，又显示出19世纪末20世纪初教育史研究的新趋向，由注重史料批判向分析解释史学过渡。还有1885年鲍尔生（F. Paulson）撰写的《德国学校和大学的学术课程史》，运用丰富、具体的史料来叙述了德国中等学校与高等学校的研究性课程发展与演变情况，一方面从教育学角度来突显了德国传统学术课程的重要价值，以此与巴西多的新教育运动与泛爱教育思潮相抵触，另一方面从历史研究方

① [德]汤普森著，谢德风译：《历史著作史》下册，商务印书馆1998年版，第255页。

法角度来看，充分体现了德国客观主义与实证主义史学的研究特色。

以兰克学派为代表的“科学的历史学”风行一时，成为19世纪西方史学发展的主流。由德国大学开始的历史学专业化趋势在西方各国得到普遍发展。19世纪美国教育史学在借鉴与学习德国史学的基础上逐渐兴起，在此过程中，H.巴纳德起了非常重要的作用，因而被誉为美国教育史学先驱。他对美国教育史学发展的重要贡献是编辑出版《美国教育杂志》，提出向欧洲学习并创造独立于欧洲的美国文化的主张。《美国教育杂志》定位为研究世界各国及美国的教育制度和教学方法的历史与现状。巴纳德被誉为美国教育史的开山鼻祖。到19世纪末，美国史学出现了两个重要的发展趋势。一是非专业史学家让位于专业史学家，历史学成为独立的学术研究领域。二是欧洲一些新的学术思想，影响着这一时期的历史学家。浪漫主义和实证主义思潮的蔓延，英国赫伯特·斯宾塞的学说在美国得到广泛的传播，社会达尔文主义颇受美国学者的重视。尤其是德国兰克学派的治史理论与方法对美国史学产生了重大影响。这些历史学家不再把历史学作为文学的分支来看待，而是将其视为一门“科学”，提出要用科学的方法分析历史，而不是单纯描述历史的设想。至19世纪70年代，随着高等教育的变革，尤其是从德国引入的研究生院制度在美国建立，第一批由大学培养的专业史家开始在史坛崭露头角，其中包括一大批从德国取得博士学位的年轻学者。他们主要供职于各个新兴的高等研究院和大学，以研究历史和培养专业史学人才为专职。1884年，“美国历史学会”从“美国社会科学学会”中独立出来。1895年，《美国历史评论》创刊。1907年，专业的实证主义史家杰姆森当选为历史学会主席，标志着专业史家在美国历史学会中取得了优势地位，历史学终于由非专业史家让位于专业史家。

美国历史学的专业化对教育史学的专业化发展有着重要影响。随着在历史、教育和社会科学方面有组织的学问的增长，不可避免地影响了那些撰写教育史的人的思想以及他们的史作的性质。1899年，哥伦比亚大学教育学院出现了最早的教育史博士论文。19世纪末至20世纪前30年教育史教科书及相关读本的陆续出版，正是与上述师范教育发展需要相联系的。第一本美国教育史教科书是布恩撰写的《美国教育》，旨在使美国教师了解美国教育史。第二本教科书是德克斯特(Edwin Grant Dexter)撰写的《美国教育史》。后来，孟禄(P. Monroe，1869—1947)又于1905年撰写了《教育史》，这些成为美国传统教育史学的典范。

当以兰克学派为代表的实证主义史学垄断德国史坛之际，到19世纪末出现了以卡尔·兰普勒特(K. Lamprecht,1856—1915)为首的新史学派与兰克学派的抗争,这场争论使德国传统史学在德国的统治板块开始松动。1891年卡尔·兰普勒特用灵活的思维与善辩的口才与兰克学派的后继者展开了激烈的争论。卡尔·兰普勒特极力批判兰克史学只专注于政治史研究、精英人物研究,而忽视了对社会、文化的综合研究;只注重用史料来叙述历史,而忽略了对历史的分析与阐释。所以有人将这场论争确认为"揭开了现代德国史发展的序幕,更是西方新史学与传统史学之间全面抗衡的前奏"①。从此,德国教育史学像历史学一样进入了由叙述式研究向解释性研究和由只注重教育内部研究向跨学科研究的过渡时期。

最早在这方面尝试的是1906出版的《德国教育的历史发展》,该书由鲍尔生撰写,他努力对一定时期内的社会思潮与文化精神对教育发展的影响进行深入分析与研究,有意突破过去单一就教育而论教育的研究模式,力求拓宽教育史研究的视野,追求新的研究方法。1919年,出版了现代德国文化教育学派的创始人斯普朗格(F. E. E. Spranger)撰写的《文化与教育》(Kultur und Erziehung),书中通过对历史上重要人物思想的研究,深刻提示了文化与教育之间的血肉联系。斯普朗格力图打破德国传统的实证史学的研究方法,运用新史学的宽阔视野去审视历史上文化与教育的关系,并且运用分析与解释的研究方法去阐释教育史。如果说斯普朗格是从文化视角去研究教育史的话,那么赖希魏因(A. Reichwein)则是从社会学角度去探讨教育史的发展动因。赖希魏因具有广泛的研究视野,他一生对苏联与东亚的历史与教育史具有浓厚的兴趣,1921年他以全新的视角对苏联的教育进行了深入研究,出版了《前苏联教育制度》一书,书中运用新史学方法对国外教育制度史作了比较全面的研究与探讨,并作了理论分析与阐释。同年,还出版了福利特纳(W. Flitner)的《世俗教育》,两年后又出版了《成人教育问题》,他另辟蹊径运用哲学的研究方法来研究教育史问题,使教育史研究克服了以往只注重简单叙述的缺陷,使之走上了理论解释的新轨道。1924年又出版了《人民夜大学》,1941年出版了《大众学校思想的四个来源》,1947年出版了《西方教育的楷模与目标》,他在研究这些问题的过程中也论述了他对于教育史研究方法的思考。他认为德国过去流行的实证主义研究方法会造成理论与实践脱节,人们只是为研究而研究,只是鼓励一种无益的博学,在故纸堆中玩弄文字游戏,却忘了自己的研究使命。他强调研究教育史的目

① [德]伊格尔斯:《欧洲史学新方向》,华夏出版社1989年版,第30页。

的就是为了指导我们当今的教育实践,使过去与现在成为一个连续的有机体。①

在欧洲新史学派的影响和带动下,英国的布郎宁于1914年出版了《教育理论史入门》,为这一时期的世界教育史研究又添了亮点。在这一史学思潮的影响下,美国教育史学已基本形成了具有本土特色的美国公立教育史模式。孟禄的《教育史教科书》(1918)是当时世界上享有盛誉的有影响的著作。它阐明教育史发展与人类文明发展史其他方面的紧密联系;着重论述教育发展的总趋势;重视并阐明教育史理论与实践的密切关系,成为20世纪早期世界教育史的代表性著作。1919年卡伯莱(E. P. Cubberley,1868—1941)《美国公立教育》的出版,是美国教育史学体系形成的标志。

从20世纪50年代开始,德国史学研究方法开始发生转向,标志性的事件是"菲舍尔大辩论"。第二次世界大战失败后,德国史学界开始反思与检讨传统史学研究的缺失,出现了激进的史学流派,如汉堡学派和马尔堡学派,代表人物是菲舍尔(F. Fischer)。他向德国传统的保守主义史学发起进攻,提出要同过去的史学全面决裂,倡导运用分析的方式去研究历史。此外,同时期在德国又兴起了一种新的史学研究思潮,那就是斯宾格勒(O. Spengler)所首倡的文化形态史观,主张打破"欧洲中心"论,应从多种视角去研究世界历史,学会用文化的眼光去审视整个历史,实现史学研究从一元向多元的转化。这样就引发了20世纪六七十年代欧美史学研究方法的变革与转向,众多史学家开始探索新的研究方法与研究视角。这些史学新思潮对教育史研究产生了深刻影响,教育史研究也开始寻求新的研究思路与方法。并且走出了仅凭史料来论证史实的传统史学研究窠臼,逐步迈向采用分析、批判、阐释与跨学科研究方法为主的新领域。

在这种教育史研究方法的指导下,1953年出版了西奥多·李特(Theodor Litt)撰写的《德国古典陶冶思想与现代劳动市场》。通过分析与研究德国陶冶思想的历史变迁,从中汲取可以为现实服务的精华,特别是能够将陶冶思想与现代劳动市场联系起来去研究,体现了教育史研究走向跨学科、为现实服务的发展趋势。这就为教育史的发展走向标示了新的方向,也为教育史研究提供了新的视角,从而使该学科从聚焦欧洲转向放眼世界、从理论圣坛回到服务现实。自20世纪50年代中期以来,与国际历史学研究

① 吴式颖、任钟印:《外国教育思想通史》第9卷,湖南教育出版社2002年版,第565页。

的转向相一致，美国教育史学发生了根本性的转变。随着史学观念和教育观念的更新，美国教育史研究领域不断拓宽，研究视角从一元到多元，研究方法借鉴了社会科学的各种方法，打破了与历史学以及其他学科之间的樊篱。美国教育史作为一个研究领域已经历了实质性的转变。

20 世纪六七十年代，英国史学界受德国斯宾格勒倡导的西方文化形态史观的影响，以汤因比（Arnold Toynbee）为代表的历史学家提出从文化角度去研究历史，他完成了 12 卷的《历史研究》(1934—1961)，鼓励重新评价英国以外的文化，如西欧文化和北美文化等。主张从宏观方面去整体把握历史，试图从人类学、社会学、政治学、经济学、教育学、哲学等角度去理解与阐释世界历史。受这一史学潮流的影响，一方面，出现了历史学家研究教育史的现象，历史学研究人员开始从教育史入手去解读历史；另一方面，教育史界也主动引入历史学的研究方法，试图从整体角度去研究教育史，突破以往仅就专题或国别去研究教育史的思维禁锢。这个期间最有代表性的教育史学家就是布莱恩·西蒙(Brian Simon)。他将研究视野转向教育与社会的关系、教育与政治的关系等方面，首次从其他领域去探究教育问题。开始探讨教育发展的外部环境，即“我们所要了解的问题是影响教育形势发展的环境”①。他于 1974 年出版了《教育史研究：教育改革的政治策略，1920—1940》，1991 年又完成了专著《教育史研究：教育与社会秩序，1940—1990》，还发表了一系列教育史研究论文，如 1973 年的《教育史研究》，1977 年的《过去与现在的教育史》，1982 年的《20 世纪 80 年代教育史》等，并运用马克思主义的观点去研究教育史，西蒙开拓了英国教育史的新领域。由于西蒙在该时期不仅教育史研究成果颇丰，而且观点新颖、思路开阔，所以他的研究成果被誉为“改变并重塑了英国教育史”②。

20 世纪 20 年代末，以法国历史学家马克·布洛克(Mare Bloch)和吕西安·费弗尔(Lucien Febvre)为代表，在批判以往实证史学视野不宽、只注重史料等不足的基础上，创立了年鉴学派，力求研究范型转换，主动打破历史学与经济学、社会学、政治学、人类学、心理学、哲学、地理学、人口学等之间的学科壁垒，主张从整体入手、在理解的基础上去研究历史，倡导从史料整

① [俄]卡特林娅·萨里莫娃、[美]欧文·V. 约翰宁迈耶主编，方晓东等译：《当代教育史研究与教学的主要趋势》，教育科学出版社 2001 年版，第 3 页。

② R. Aldrich. The Real Simon Pure: Brian Simon's Four-Volume History of Education in England. *History of Education Quarterly*, Spring, 1994.

理的误区中走出来，在理解的基础上去解读历史事实，并且将历史看做是人的历史，[①]重点应研究影响人行为的心理、心态、社会因素等内容，强调历史研究应突破以往就精英人物思想进行研究的狭隘思维，而应将研究的视线转向群体、转向民众，并应善于从世界文化史的角度去体认历史发展的规律。年鉴学派的治史思想，直接影响着这一时期法国教育史的研究方法。教育史研究领域也出现了关注整体、注重基层、重视阐释等研究倾向。在这种史学方法论的影响下，出现了从宏观角度去研究法国教育史的著作，1922年出版了《中世纪法国和近代法国》一书，将教育史置于整个法国历史发展的大背景下去研究，试图将教育史与历史研究融为一体。1948年，马洛(H. I. Marrou)按着这种思路，又对古代教育作了追溯性的研究，出版了《古代教育史》。

在这种教育思潮的影响下，教育史研究人员将研究的视线向下转移到了中等教育的研究，因为欧美一些国家普遍认为培养科技杰出人才的关键是中等教育，要打好基础，所以在20世纪30年代出现了一批研究中等教育史的研究成果，如1936年出版了韦伊(G. Weill)的《法国中等教育史》，重点研究了法国中等教育的发展历程，以期从中总结出一些可资借鉴的经验与教训。同年，又出版了维亚尔(F. Vial)的《中等教育百年史》，通过运用比较方法研究了欧洲各国的中等教育发展概况，从宏观角度审视了中等教育百年发展史上的利弊得失。

到20世纪60年代，法国的年鉴学派正处于繁荣与流行时期，费弗尔提出了历史研究中政治史研究不容忽视，而且重心要下移，将研究精英人物转向民众与基层。受这一史学研究方法的影响，教育史研究领域也出现了研究工人教育、普及教育与技术教育的热潮，相继出现了不少研究成果。曼德罗(R. Mandrou)、马奇布莱德(R. Muchemdled)、梅特龙(J. Maitron)等人对法国的工人文化与教育、民众的普及教育、通俗文化教育等作了深入的研究，将研究的视线下移到向来都不被人们重视的社会最下层。曼德罗强调要重视人民创作的作品和工人所接受的教育，多了解贫困徒工的学习与文化状况；[②]梅特龙强调应重视成人讲习班、学徒班的教学、组织，要注重阅览

---

① 何兆武、陈啟能：《当代西方史学理论》，上海社会科学院出版社2003年版，第393页。

② R. Mandrou. *De la culture populaire aux XVIIe et XVIIIe siècles*. Paris, Stock, 1965:224.

室、图书馆的管理，以期人们对下层民众的生活与学习有更多的了解。[①] 勒古(Y. Legoux)在《狄德罗职业培训学校》一书中指出，像狄德罗学校这样的培训场所，尽管不是培养专家的学校，然而它对体力劳动工人的子女寻找职业具有重要的现实意义。[②] 英国布莱恩·西蒙(Brian Simon)于1960年出版了《教育史研究：1780—1870》，倡导运用阶级分析的方法去研究与思考教育史问题，将研究的重心放在了中下层民众，而且运用一定的理论来指导教育史研究，从而增强了教育史研究的主体意识。此外，这一时期尽管法国教育史在教师培训中的地位不像英国那样突出，只是一般的教学课程，而且以往总是没有教材，只是借助翻译德国编写的教育史作为教学用书，到1968年，安托万·普罗斯特(Antoine Prost)完成了亲自编写的《法国教育史》(1800—1967)教育史教材。这部教材由于构思精到，叙述得体，论述严密，所以至今一直重印，仍作为教师培训的教材。[③] 这个时期的研究成果，尽管不太多，但是展示了教育史研究取向的转变，打破过去单一的就教育而论教育的思维模式，出现了与历史学对话和沟通，并从史学界吸取有益的研究方法的良好势头。教育史研究出现了向外延伸与向下扩展的态势，出现了一些从研究上层下降到民众的研究成果，从研究精英扩展到群体的教育史著作。这是教育史研究受当时流行的年鉴学派史学观的影响，这也为下个时期出现更丰硕的研究成果奠定了基础。

从20世纪70年代开始，法国"年鉴学派"这一名称已逐渐无法概括和涵盖所有的史学新潮流，人们逐渐使用"新史学"一词来作更大的综合。[④] 以第二代年鉴学派核心布罗代尔(F. Braudel)为转折，到第三代的核心勒高夫(J. Le Goff)、孚雷(F. Furet)，年鉴学派已演变成了新史学流派。"新史学"是一个十分宽泛的概念，包含了许多新的史学研究方法，力图克服过去狭隘的研究方法，不断创造新的研究方法、开辟新的研究领域。这一研究思路，

---

① J. Maitron. *Dictionnaire biographique du mouvement ouvrier francais*. Paris, les Editions ouvrières, 1964.

② Y. Legoux. Du *compagnon au technicien*: *l'Ecole Diderol et l'évolution des qualifications*. Paris, Technique et Vulgarisation, 1972.

③ [法]玛丽·玛德琳·康比尔：《当前欧洲采用的教育史教科书》，转引自[俄]卡特林娅·萨里莫娃、[美]欧文·V. 约翰宁迈耶主编，方晓东等译《当代教育史研究与教学的主要趋势》，教育科学出版社2001年版，第208页。

④ 何兆武、陈啟能：《当代西方史学理论》，上海社会科学院出版社2003年版，第406页。

也影响到了教育史研究。正像当时法国有的教育史学家所说:“毋庸置疑,这些趋势必然会影响到教育史学者的工作。”①按照夏蒂埃(R. Chartier)的说法,法国教育“新史学”的出现表明,学术性、思想性或专题性的史学正在向寻求史学家和社会学家共同努力的新途径方面过渡。② 在新教育史学理念的指导下,20 世纪 70 年代之后的教育史研究进入了辉煌时期,成果纷呈,论著颇丰,体现了法国教育史研究进入了繁荣时期。

受历史学研究风格的影响,法国教育史研究也倡导在完全理解史料的基础上进行阐释历史,充分体现教育史编撰者的主体意识,在这方面表现比较突出的是 1975 年由雷莫·福尔纳卡(Remo Fonaca)撰写的《教育史研究》,还有 1980 年出版的由安托尼·莱昂(Antonine Leon)所撰写的《教育史导论》,这两部书均由来自同一职业团体的作者所撰写,通过认真的分析,流畅的阐述,以使更多的学生从中受益,目的是按新史学的写史方法去编写适合于教育专业的最理想的教材。“他们的目的是通过从他们自己的研究领域所选用的例子,论证历史与历史认识论的一致性和对未来教师的实用性,从而证明历史在其他教育学科中的地位是正确的。”③这两部教材是该时期法国最有代表性的教育史教材,在法国教师培训中起到了较大的作用。此外,还有 1979 年出版的《教育的社会历史》,是由安东尼奥·圣托尼·鲁古伊(Antinio Santini Rugui)撰写,该书将教育置于社会发展的大背景中来理解与阐释,在理论和实践上,他们一直强调所有教育的社会影响和阶级性,运用马克思主义历史观来分析自古代奴隶社会以来的各种被压迫阶级的教育发展情况。佩里奥特(J. Perriault)于 1981 年撰写了关于教具研究方面的专著,追溯了幻灯机、留声机在教学中的发展历程及其所起的作用。1982 年出版了诺埃尔·泰罗(N. Terrot)编写的《法国成人教育史》,作为成人教育与培训的教材。1984 年又出版了拉波雷沃特(G. Laprévote)写的《1879—1979 年法国的师范学校》作为教师培训的教材。

同时,新教育史学研究在研究方式上也有新的发展,即一改以往仅靠个

---

① A. Léon. *Introduction à l'historire des faits éducatifs*. Paris: Presses universitaires de France, 1980: 248.

② R. Chartier, Education, In: Le Goff, J. ed, *La nouvelle histoire*. Paris: Retz, 1978: 156~158.

③ [法]玛丽·玛德琳·康比尔:《当前欧洲采用的教育史教科书》,转引自[俄]卡特林娅·萨里莫娃、[美]欧文·V.约翰宁迈耶主编,方晓东等译《当代教育史研究与教学的主要趋势》,教育科学出版社 2001 年版,第 210 页。

人单打独斗的研究格局，要求研究者联合起来形成群体，方能适应新形势下对教育史研究的需求。为此，自从对传统史学研究提出质疑，力求探寻教育史学研究的新理论与新方法之后，世界各国相继成立了用来组织团体研究力量的教育史学术团体。如：1967 年英国教育史学会在利物浦成立，学会的成立更有利于组织和团结一批有志研究教育史的力量，便于在该领域整体作战，多出成果。1973 年德国教育史研究协会成立，从此德国教育史研究人员在协会的协调与统领下，通过经常性的学术交流可以朝着协会导引的方向去努力，避免了研究课题的重复劳动，可以有效地集中人力搞大部头的史学著作，同时，在研究方法方面也便于集中大家的智慧去尝试新的研究方法，这就有利于德国教育史研究走上高效的研究快车道。协会成立之后，教育史研究领域不断出现探索新的研究方法与理念，代表性的著作有 1978 年出版的由布雷岑卡撰写的《元教育理论：教育科学、教育哲学和实践教育学基础导论》，将教育史学理论纳入元教育理论之中去思考与探究，显示了作者欲将教育史学科中的教育特色体现出来的研究本旨，倡导运用多种学科的研究方法来弥补教育史研究的缺失。

教育史界以新的研究方法，从新的视角做了不少新的尝试与探索，如 1982 年赫威西·布伦克茨(Herwig Blankertz)主编了《从启蒙时期到现代的教学法》一书试图从了解教学法、学校、文化和社会结构之间的关系的目的出发，去追溯德国教学发展的演变历程，分四个时期对德国教学史进行了研究，包括启蒙运动时期、德国古典时期、工业化时期和从魏玛至波恩时期，运用分析与阐释的研究方法对德国的教学发展史进行了研究。同期出版的《教育史最新发展的基本特征》，作者海因·艾尔玛·特诺思(Heinz-Elmar Tenorth)则本着体现教育史的学科特色，力求教育史与历史学相区别的宗旨，突显教育史作为一门独立学科的研究风格与特色，同时也展示了教育史未来发展的趋势与走向，是一部研究教育史学理论方面的重要著作。

值得强调的是，由米亚拉雷和维亚尔(J. Bial)主编的四卷本《世界教育史》于 1981 年出版。这套书是该时期最具魅力的一部教育史巨著，共有 40 多名教育史研究人员参加了该套著作的编撰，而且得到了联合国教科文组织的支持。它横跨世界各地、纵贯数千年，尽管研究的重心在近现代教育的回顾与剖析，但也不乏对古代教育传统的追溯与钩沉，可以说是当时最完整的一套教育史著作。该书打破了以往研究教育史以欧洲为中心的固有模式，不仅研究欧洲的教育发展情况，而且探讨东亚、中亚、西亚、南美等地区的教育演变历程，真正从全球的范围内对教育史进行研究。这是受到了法国新史学思潮中的整体史学观和西方文化形态史观中多中心史观的影响，力图从多角度、多层面、多中心去研究世界教育史，以形成宏观、立体、多维的世界教育史格局。为了实现这样的治史目的，作者改变了过去教育史只重研究教育思想、机构史、教育理论发展史的传统模式，将研究的视线移向了教学内容、教学手段、教学管理、教学实践等领域，使教育史研究实现宏观与微观的统一。还在研究学校教育史的同时，关注了社会教育史与家庭教育史。这就不仅使教育史的研究视野大大开阔，而且实现了教育史研究与历史研究的有效沟通。

从20世纪80年代中后期开始，教育史研究领域进入了学科反思阶段，一方面思考教育史学科的性质、学科的研究范围，另一方面反思教育史研究的方法、与历史学科的关系，因而出现了几部有影响的著作。1985年作为国际教育局编著的“教育科学丛书”之一、由法国教育史学家安多旺·莱昂编著的《当代教育史》英文版出版，就是这方面研究的代表作。首先，对当代教育史学科的研究范式、研究范围、研究方向、学科整合等进行了深入思考；其次，对教育变革中，教育观念的变革、大众教育、技术教育等作了认真分析；再次，对教育史研究的功能、意义与价值作了新的思考。莱昂引用了大量的文献资料，同时吸收了法国史学界关于年鉴学派与新史学运动的一些新观点，将之精华部分巧妙地运用到了教育史研究之中，体现了教育史学与历史学的沟通与合作。1981年，由普罗斯特(A. Prost)主编的《法国教育通史》出版，这是一部大部头的教育史学著作，为法国教育史研究作出了巨大贡献。1983年出版了由雷翁(A. Léon)撰写的《法国民众教育史》，将教育史研究的重心由精英下移到民众。他于1986年又出版了《法国教育史》，运用新教育史学的研究方法重新编写了法国教育史，使之有一种全新的感觉。还有1988年阿历伽德罗·提阿那·费列尔(Alejandri Tiana Ferrer)撰写的《当代历史教育的调查:焦点与方法》，重点论述了教育史在教育学科体系中的重要地位，突出教育史在丰富学生知识、开拓视野方面的重要作用；还对教育史的研究方法进行了深刻反思；运用比较的方法将欧洲的教育史与美国作了对比研究，以期从中感悟教育史研究的得失，旨在为以后的教育史研究提供有益的借鉴。另外，在探索德国教育史教材建设方面也做出不少成绩，1987年伊格尔·比茨(Egle Bechi)撰写的《教育史》，就是一部有别于其他教材的专著，他首次将编撰教材的重点放在让学生了解教育实践的演变历程上，力求实现教育史教材由教育思想向教育实践的转变，同时也介绍了教育体制的演变情况，这部教育史教材就是在新史学背景下所撰写的教育史著作，明显突破了以往研究的传统模式。在高等教育研究方面，1997 年出版了如米茨尔(G. Mitchell)撰写的《德国大学：过去与未来》，对德国研究型大学作了深入细致的研究与分析，为现代世界各国高等教育改革提供了有益的经验与借鉴。

20 世纪八九十年代以后，美国教育史学家克雷明全神贯注，构建了自己的教育史学理论体系，并根据自己的理论体系开始了重新阐释美国教育经验的尝试，这种努力主要反映在他的专著《公共教育》和《美国教育传统》之中。在去世前的 25 年里，他把主要精力放在《美国教育：殖民时期的经验，1607—1783》、《美国教育：建国时期的经验，1783—1876》和《美国教育：都市时期的经验，1876—1980》三部著作上。在克雷明看来，应该将“教育”视为通过周密的、系统的和持久的努力来传播或激发知识、态度、价值、技术和情感的过程。这个定义强调重视个性与教育机构的多样性。从个人受教育的多样化来看，除学校教育以外，还包括来自父母、同辈、兄弟姐妹、朋友的影响。而从教育机构的多样化来看，除学校教育以外，家庭、教堂、图书馆、博物馆、夏令营、慈善团体、农村集市、住宅区、工厂、电台以及电视网络等。克雷明从教育生态学视角来看教育，重视对于教育的多元综合分析，尤其重视教育的社会环境，看到了家庭环境、学校环境、校外教育机构和渠道的教育作用。克雷明倡导的大教育观首先使美国教育史研究领域得到大大的拓展。以往的美国教育史将主要点放在学校教育尤其是公立学校教育的历史研究上，而现在，学校教育不再处于教育史研究的中心。家庭、教会、学校、学院、大学、图书馆、博物馆、工作场所(如工厂)、军队、童子军、报刊、讲读社、展览会、济贫院、大众识字教育等等，都一起被纳入了美国教育史的研究领域。

美国的另一位教育史学家乔尔·斯普林(Joel Spring)的主要研究兴趣是多元文化教育、土著美国文化、全球教育、人权教育和教育政策。其教育史方面的代表作是《美国学校：1642—2000》。斯普林强调他写作《美国学校》的目的是在广泛观察的基础上阐述教育史，以便为教育史教学提供一种新的综合的途径。他从政治学、经济学、社会学和多元文化等多种视角来阐释美国学校史，并主张把各种阐释都摆在学生面前，使他们得以根据自己的价值判断来评判教育史。他明确指出：“在历史阐释中无所谓正确与公正”，“在历史阐释中没有公正的答案，而只有对于哪些历史阐释是正确的这个问题的不同观点。你必须根据你自己的社会的和政治的价值观做出决定。”①虽然这种说法有着浓厚的历史相对主义的色彩，却是当代美国历史学发展趋势的一种真实写照。

20 世纪 90 年代以来，英国的理查德·奥尔德里奇也将研究的重心下移到了民众教育、扫盲教育、初等教育、教师教育、教学活动和课程设置等具体的教育活动史，1990 年发表了《19 世纪中叶的初等教育、识字和童工》，论述了在国际捐助初等学校的教学与课程中的识字、教育和童工问题。② 为了向缺乏教育史知识的人普及历史知识，他还编写了浅显易懂的教育史读物《教育史入门》，以英国的英格兰和威尔士教育为主线，介绍了英国的初等教育、中等教育和高等教育的发展情况。后来又着手研究英国的教师教育发展史，1990 年发表了《教师教育的演进》和《英格兰和威尔士的教师教育史》；接着他又对课程史进行了专门研究，撰写了《国家课程的历史展望》，使英国教育史研究向纵深方向发展。

面对近年来世界教育史学界所面临的危机和挑战，各国教育史研究人员都在积极地寻找应对策略，不断地进行研究思路调整和学科反思。为此于 1992 年英国教育史学会又回到当年最早创建学会的城市利物浦，召开教育史学会成立 25 周年大会，英国教育史学界的同仁共话教育史学科的发展历程、教育史的学科地位、教育史的学科特色以及所面临的危机，同时大家共同谋求教育史学科的发展出路，从此真正进入了英国教育史研究的学科反思阶段。由伦敦大学教育学院教授戴维·克鲁克和理查德·奥尔德里奇合著的《面向 21 世纪的教育史》于 2000 年由伦敦大学出版，在反思的基础上展望了英国教育史学科的美好未来。

以上简要回顾了世界教育史学研究的发展过程及其趋势，从中可以清楚地看出：教育史学研究是在历史学的影响下成长、发展起来的。它经历了早期的历史学一统天下、社会科学多学科理论和方法的借鉴以及学科自身的反思与建构三个阶段，逐步形成其理论和方法，开拓其领域，不断取得进步的。研究教育史学的发展过程与趋势，不能不密切注意历史学的发展与趋势。

---

① Joel Spring. *American School*：1642—2000. Fifth Edition，Boston：McGraw－Hill，2000：2.

② Richard Aldrich. Elementary Education，Literacy and Child Employment in Mid Nineteenth Century：A Statistical Study，in：G. Genovesietal. *History of Elementary School Teaching and Curriculum*，Hanover，1990.

二、未来中国教育史学的“三个转向”

“溪涧岂能留得住，终归大海作波涛。”作为中国学术的一部分，中国教育史学经过近百年的发展演进，终于走过其学科的萌芽和幼稚阶段，步入一个成长壮大的阶段，汇入当代世界学术发展的大海，并努力在世界学术的海洋中寻觅自己前行的方向。

笔者认为，从未来历史学和教育学的发展趋势来看，今后一个时期中国教育史学的发展，将逐步实现“三个转向”，即逐步转向加强自身学科理论建设，转向研究教育历史的日常问题，转向发掘本土的学术传统。

（一）转向加强学科自身理论建设

以往教育史学研究总是将注意力放在具体的教育思想与制度的研究，而且研究方法与思路往往依赖于历史学和教育学，缺乏体现自身学科特色的自觉性，教育史学界很少对自身学科进行理论和方法的反思与建构，这就制约了研究者的思维水平和理论提升，因而在理论方面显得有点先天不足。学术研究包括历史研究的重要目的之一是为了帮助人们提高理论思维水平，如果所有的教育史学研究成果只是简单的史料累加和肤浅的史实介绍，那么，教育史学科将永远不会走向成熟。尽管目前教育史学研究成果不少，队伍也日益壮大，但在我看来，这基本上还只是量的增长而不是质的提高，只是“学科增长”而不是“学术增长”。学科研究成果较多，但学术发展不够，理论水平不高，或许可以说是“繁荣中的贫困”。当新世纪其他众多人文学科面对新的挑战纷纷进行学科反思与学科重构之际，教育史学科尤其应该注重加强学科理论建设，因为长期以来教育史学科一直缺乏属于本学科的理论体系。

面对教育史学所存在的危机，教育史学界有必要清醒地认识学科自身存在理论贫乏、体系不整的弊端，着力构建本学科的理论体系。具体来说，就是要全面系统地研究教育史学科的基本理论问题，加强探讨教育史学科的概念范畴、研究方法和学科体系，特别是要探讨和反思教育史学科的性质、对象、范围、功能及其与相关学科的关系，并通过总结教育史研究本身的历史，为教育史学科进行科学的定位，建立和完善教育史学科的理论范式、研究方法及学科体系，以求加强教育史学科的自身理论建设，提高教育史研究者的理论水平。

教育史学建构自身的理论体系，当然不是凭空而来，不能忽视借鉴与吸收历史学与教育学的相关理论。由于教育史学是由历史学与教育学交叉形成而来的，与历史学和教育学有着天然的血缘关系，具有历史学和教育学的双重特征，教育史研究者更应该首先积极并且善于从历史学和教育学中吸取营养，吸收历史学和教育学的最新理论成果。除了向历史学和教育学借鉴和学习以外，还需要向其他社会科学取经索宝，将理论借鉴的目光投向政治学、经济学、社会学、人类学、哲学、伦理学、心理学等学科，力求最大限度地吸收和融合众多社会科学的理论，以加强教育史学的理论建构和学科建设。

加强教育史学科自身建设，还体现在应当提升具体教育史研究过程中的理论品位，增加具体研究成果中的理论含量，提高未来教育史学的研究层次和水平。这不仅是由教育史学的教育性质所决定的，而且是由教育史学的史学性质所决定的。就像意大利著名史学家克罗齐(B. Croce)所说："史实只有通过史学家本人心灵或思想的冶炼才能成为史学。"而这个由史学家用心灵进行冶炼的过程就是一个运用理论思考史实的过程，也是一个理论提升的过程。因为任何历史不仅是人的历史，而且是人写的历史，因此，教育史学家的理论素养、主观经验、认识水准等因素不可避免地会渗透到教育史学研究过程与成果之中。研究者在研究教育史过程中，更多面对的是史料——前人意识化的产物，而不是历史事实本身，况且史料不等于史学，搜集史料、运用史料的工作完全是由教育史学研究者来完成的。在处理史料的过程中，需要研究者的理论思维；在创作教育史成果时，更需要通过理论去架构研究框架，有序排列和组合史料，并通过研究者的理论思辨能力从中提炼出新的思想观点。教育史学研究者要努力克服过去片面重视和简单拼凑史料的做法，进一步加大教育史学研究的理论力度，这是教育史学科的一个重要发展趋势。这不仅是教育史学的发展趋势，也是其他社会科学学科所追寻的一个目标。教育史学研究者的研究应关注研究者在研究过程中主体意识和理论素养的参与，并通过研究范式的转换，使教育史学研究视野更加开阔，品位得以提升，为学界展示更多的研究精品，将教育史学科推向一个更高的学术层次。

(二) 转向研究教育历史的日常问题

以往教育史研究的重点主要集中于人物思想与制度变迁的研究，人物思想研究也仅只是就教育史上著名的精英人物进行研究，很少涉及基层人物的生活、学习与活动的具体问题与情境；教育制度研究也只是重视国家教育机构的形成及其演变，将重心放在了描述制度的内容及因袭过程，而缺乏对决策的生成过程、在基层的实施情况及其对学校教育的影响等问题的深入研究。未来教育史学研究应当将研究的视线逐步向下移动和对外扩散，实现教育史学研究视野从精英向民众、从高层向基层、从中心向边缘、从经典向世俗的过渡。通过转向研究历史当中的具体教育问题，来真正展示出生动鲜活的教育史学科特色。具体而言，需要加强如下工作：

一是研究历史的教育问题要具体化。教育史学研究会遇到各种问题，有宏观问题与微观问题，有大问题与小问题，有冷问题与热问题，有具体问题与抽象问题等等，由于以往教育史学研究的关注焦点集中在上层人物研究和宏观制度研究，因而导致微观的细节的日常的问题很少有人问津，成为研究的空白。因此，今后应当将研究的重心转向教育、教学的具体问题、微观问题和日常问题。

二是研究历史的教育问题要民间化。20 世纪中叶，法国年鉴学派就将研究的重心从少数精英人物转向了广大民众。法国年鉴学派的创始人之一布洛克曾这样说："一个杰出的历史学家就像童话中的巨人，他知道哪里有人肉的气味，哪里就是他的猎物所在。"这里所指的人，已不再是上层精英，而是人民大众。之后，法国年鉴学派第二代核心布罗代尔在对 15 至 18 世纪的资本主义发迹史进行总结之前，先对前工业化时期的社会图景从最基层开始作了深入探究。20 世纪 70 年代以来的美国新史学就对传统史学只注重精英文化的研究取向进行了深入的批判，极力倡导以社会大众和大众文化为主体的研究取向，极大开拓了新史学的研究视野。新史学的这一研究导向，直接影响到教育史学的未来走向。法国当代教育史学家安多旺·莱昂指出："对于某一教育问题的历史研究看起来印证了布罗代尔的断言：'历史……是人类科学中最富有文学色彩的和有趣易读的学科，总之它最为大众化。'"教育史学走向民间，已成为全世界各国教育史学家的共同心声。研究重心移向民众是未来教育史学科发展的基本方向和趋势之一。

同时，还要注意研究成果要适合于民众的阅读口味，以此来满足大众的读史需求。如果所撰写的教育史论著，尽管研究的内容和所使用的材料均是民众的教育历史，然而，写史的方法仍然使用深奥、晦涩的表达方式，社会大众看不懂，这样的教育史仍然不能成为真正意义上的民众化的教育史，违背了教育史学研究的初衷和本意。英国当代著名教育史专家理查德·奥尔德里奇(Richard Aldrich)曾将教育史学研究和教学的宗旨定位在要适合大众的需要、成为普及的内容。他说："教育史是更普及的、大众教育领域的课程。"教育史学研究视线的下移是多方面的，不仅要求研究对象由精英转向民众，研究史料从官方转向民间，而且应当做到研究成果符合大众的欣赏水平和阅读能力，使之避免成为贵族的教育史。当然，教育史学研究成果的大众化，并非要将教育史研究庸俗化，只是在表达方式上要力求形式生动活泼，成为民众喜闻乐见的一种新史学。

三是研究历史的教育问题要多元化。教育问题史研究也要不断扩大研究的视野和领域，实现研究问题对象的多元化。譬如：中国教育史研究，不仅要注重汉族教育历史问题的研究，而且要关注各少数民族教育历史问题的研究；不仅要研究中央政府办理教育的历史，而且要研究地方官僚或民众的办学实践；不仅要重视主流文化影响下的教育发展问题的研究，而且要注意对道教、佛教、基督教教育史问题的研究。

（三）转向发掘本土的学术传统

作为世界教育史学的一部分，中国教育史学研究当然必须借鉴与学习其他国家教育史学的研究理论与方法，但更重要的是，要善于挖掘本国传统史学的理论、方法与范畴，将研究视线转向本土的学术传统，力求从根深蒂固、博大精深的中国优秀教育传统与史学研究方法中汲取所需要的养分，从而为教育史学科的机体源源不断地注入新的营养。纵观中国本土的学术传统，我认为，至少以下几方面可供教育史学研究吸纳与采用：

一是中国学术传统的价值取向。学术传统是历史上形成并得以传承的稳定的具有独特风格的治学方式和叙事习惯，是一个民族优秀文化传统的重要组成部分。具有悠久历史和灿烂文化的中华民族，在自身文化记载与传承中形成了自成体系、独具特色的学术传统。然而，自从西学东渐特别是近代以来，由于先进的西方科技文化以强大的优势征服了中国思想文化界，在西方强势文化的冲击下，中国学术界开始对本民族的学术传统产生了怀疑，中国的学术规范与治学方式受到了重创。这样，中国的学术传统一次次地受到破坏，致使当今史学界包括教育史学界出现学术传统的严重缺位，进而制约着教育史学科的发展。中国教育史学研究者当然要以开放的心态去接纳外来学术文化，然而，中国教育史学毕竟是研究者在中国、针对中国教育历史问题所从事研究的教育史学，我们不能将数千年来积淀和传承下来的中华优秀学术传统轻易地全盘丢弃，这样不仅不利于传统文化的传承，而且不利于教育史学科发展。从文以载道、格物致知、经世致用，到近现代的学以致用、实事求是、求真务实，我们可以明显看出中国学术传统的演变与发展轨迹。今天的教育史学研究者应该弘扬与继承这种学术传统，在研究教育史过程中，学会联系现实，结合实际，力求古今贯通，学以致用。

二是中国传统史学的思维方式。中国传统历史学一贯注重从宏观角度去思考与把握历史发展的脉络，注重整体思考与综合分析，善于从历史的全程来总结与概括发展走向与趋势，不太注重微观研究。采用宏观思维方式去研究历史，是中国古代史学家一贯采用的方法，西汉著名史学家司马迁写《史记》就以“究天人之际，通古今之变”的宏观治史思维模式完成了当时的第一部通史。当代被誉为“中国的布罗代尔”的美籍华人黄仁宇提出“大历史观”，即“将宏观及放宽视野这一概念引入到中国历史研究中去”，从而理清中国历史发展的基本脉络，使人了解中国历史发展之所以如此的因果关系。新世纪的教育史学研究，也应该批判继承中国史学研究传统，学会从整体上去思考中国教育发展的整个历程，善于从宏观视角去体认和把握教育思想、教育制度与教育活动之间的内在的必然的联系，并且学会运用归纳的思维方法，对各种细微的、日常的教育史料作概括与总结，将研究的视线从上层和精英下移到基层和民众，以期从教育活动的真正主体——社会大众去体认教育历史的实况。教育史学研究的对象应该实现群体化，要加大对群体的研究力度，以使教育史学走下圣坛步入民间。只有通过继承与借鉴“大历史观”，进而在教育史研究中创立“大教育史观”，从而实现教育史学与历史学的相互辉映。

三是中国传统史学的理论范畴。近年来，史学界和教育史学界广泛引入与借鉴西方史学理论与方法，这本来无可非议，是学术发展的必由之路，也是学术开放的具体表现。然而，在学习与借鉴西方史学理论的过程中，却出现盲目照搬、舍本求末的弊端，即为了一味追求新潮，却将中国几千年来保留和积累下来的传统史学理念范畴人为地丢弃了，这是一种不理智的行为。回溯中国传统史学理论发展历程，其中不乏值得教育史学继承的东西，譬如：唐代大史学家刘知几提出的史学“三长”，即“史才”、“史学”、“史识”，清代大学者章学诚后来又加了“史德”，这样“史学三才”就变成了“史学四才”。到了近代，大思想家和学者梁启超对此作了次序排列：“先史德，次史学，又次史识，最后才说到史才。”这些传统史学理论范畴，很值得教育史学研究者借鉴。教育史学科在未来的学科建构中，应当借鉴中国传统教育的理论范畴，努力发掘中国传统教育中具有生命力的理论范畴，切不可将本国教育史的精华丢弃，而去追寻那些看起来貌似新鲜、但并不一定对教育史研究有多少益处的理论范畴。

四是中国传统史学的研究方法。中国历代史学家在治史的过程中，对史料的处理积累了丰富的经验，总结出了不少至今仍然很有使用价值的研究方法，诸如版本、目录、训诂、校勘、辨伪与考证、辑佚与注释等。这些传统方法对于教育史研究永远具有使用价值，因为不管在什么时候研究教育史学，都离不开史料，而且需要的是可靠的史料。而要搜集和整理史料，就必须学习与了解版本学与目录学。在史料传承过程中，同一部书因编辑、传抄、刻版、排版或装订形式的不同而产生了不同的古籍本子，都需要通过版本学的知识去鉴别与区分。

五是中国传统史学的编撰方法。中国传统史学研究的编撰体裁有编年体、纪传体、纪事本末体、学案体等多种，这些编撰方法至今对教育史学研究具有重要参考价值。编年体是按照历史事件发生的年代顺序来编写史书的一种编撰体裁；纪传体是以人物传记为中心，叙述史实的编撰方法，大史学家、文学家司马迁的《史记》最早开创了此种编史方法；纪事本末体是由南宋史家袁枢创立的一种编史方法，是就历史上的某个重要事件，自始至终有系统地将其叙述完整，这样便于人们系统地了解这个历史事件的原委，在研究教育制度时最好采用这一方法，有利于系统完整地了解一种制度的源起、内容、演变、实施及影响。学案体是为了适应编写学术史的需要而创立的一种史书体裁，对教育史学来讲，适合于研究某个著名教育家的成长环境、治学历程、师承关系、著述内容、教育活动及其影响、他人评论等。总之，中国传统史学在编撰方面形成了不少优良传统，形成了很好的编写体例，这些都是今后中国教育史学研究者可资借鉴的宝贵财富。

三、《教育史学研究新视野丛书》的新追求

基于以上认识，笔者从20世纪80年代中期起，就开始对中国教育史学进行学科反思，先后就教育史学研究的指导思想、教育史学的理论与方法、教育史学的改革创新等问题，撰写发表了数篇文章，在多次全国教育史学年会上呼吁加强学科反思，注重理论建构，转换研究范式，促进学科发展。并在华中师大教育学院为研究生开设“教育史学概论”课程，探讨教育史学的基本理论和方法问题。进入新世纪后，笔者承担了教育部全国教育科学规划“十五”重点课题“教育史学理论与方法研究”，比较系统地探讨教育史学学科的一些基本问题，主持编写了《教育史学通论》，初步形成了自己对教育史学科的若干主要观点，如教育史学的“学科性质史学论、研究对象三分论、研究重心下移论、理论方法现代论、表述形式本土论、历史分期三段论、学者素养要素论、未来发展多元论”等思想，以及以问题意识为导向、本土原创为特色、范式转换为宗旨、学术增长为目标的学术理念和追求。笔者主持的《教育史学研究新视野丛书》就是以这些认识、理念和追求为指导，编写的一

套新的教育史学研究丛书。

在这十本著作中，湖北大学历史文化学院副院长郭娅教授的《反思与探索——教育史学元研究》，将教育史学本身作为反思和研究的对象，从教育史学的学科性质、学科特征、研究对象、研究内容、研究范畴、学术功能、基本理论、研究方法、史料收集、编撰形式、学者素养、发展趋势等方面，探讨了教育史学学科的基本问题，形成了一套自己的独到见解，较好地反映和体现了我和她近年来对教育史学学科的基本观点，为教育史学研究提供了一套比较新颖的理论依据，从某种程度上也可视为这套丛书的一个理论总纲；华中师范大学教育学院教授但昭彬的《话语与权力——中国近现代教育宗旨的话语分析》，首次尝试运用话语权理论，从话语权与教育宗旨的关系、官方话语权的独占、官民话语权的互动、民间话语权的拓展、官方话语权的重掌、官民话语权的衡称等方面，研究了20世纪上半叶中国教育宗旨的发展与流变，总结提出了官民话语权演变规律，从教育宗旨流变这一个点来窥视近代中国社会变迁的规律；与但昭彬侧重于国家与民间的关系研究不同，曲阜师范大学教育学院广少奎教授的《重振与衰变——南京国民政府教育部研究》，侧重于国家教育体系和制度研究。运用制度主义理论，分析了现代中国中央教育机构的形成、演变历程，以及中央重大教育政策的复杂生成过程及其对全国教育的影响，提出了南京国民政府时期中央教育机构和教育制度如何由有效转为失灵的假说，是制度主义理论运用于中国近现代教育史研究的初步尝试；湖北大学教育学院赵厚勰副教授的《雅礼与中国——雅礼会在华教育事业研究(1906—1951)》，对以往人们甚少关注、但在中国近现代教育史上发挥过相当作用的基督教重要教育机构——美国雅礼协会在华教育活动及其影响，作了认真挖掘与深入研究。从一所美国知名大学——耶鲁大学及其派生组织看美国特别是美国基督教教育组织是如何进入中国并对近现代中国社会和教育产生影响的；与之相类似的基督教教育组织个案研究，还有华中科技大学社科部肖会平副教授的《合作与共进——基督教高等教育合作组织对华活动研究(1922—1951)》，该书在费时五年收集和整理大量第一手原始档案的基础上，首次探讨了中国共和大学中心办公室、中国基督教大学委员会、中国基督教大学联合董事会等基督教高等教育合作组织诞生的历史背景、组织职能、结构演变、服务活动及其主要社会关系，并对该组织在近现代中国高等教育特别是基督教高等教育发展进程中所扮演的特殊角色及其历史作用，作了较为客观的评价。赵厚勰和肖会平的基督教教育组织研究，拓展了中国近现代教育史的新领域——教会教育组织研究，比过去的基督教学校教育研究，又深入了一步，为后人开展相关研究，在题材、资料、方法和观点等方面，提供了一个重要视野和参照物。而且，这两项研究都回应了国际上的同类研究及其看法，在一定程度上融入并参与了国际学术界的对话；华中师范大学教育学院申国昌教授的《守本与开新——阎锡山与山西教育》，从"地方军阀办教育"这一民国时期特殊现象入手，对阎锡山这个盘踞山西三十多年的地方实力派代表人物的非主流教育理念和办学实践，作了深入的挖掘，对过去人们忽视、但又确实发生重大影响的阎锡山在山西开展的培育根基的国民教育、铸就精英的人才教育、谋求生计的职业教育以及感化民众的社会教育，做了细致的分析，既概括了民国时期最为典型的"军阀办教育"现象和规律，又拓展了区域教育史与基层教育史研究，为后人研究地方军阀办教育现象，提供了重要参考；本人的《开拓与创建——陶行知与中国现代文化》，一改过去只从教育角度去研究近现代大教育家陶行知的传统做法，另辟蹊径，从文化视角研究陶行知，除了探究其在教育领域的开拓性成就外，还从语言文字、大众艺术、科学普及、新闻出版、对外影响等方面，深入探究了陶行知对中国现代文化的开拓与创建，开辟了教育家研究的新视角，并在人物研究方法论上作了新探索，形成了自己的一套人物研究分析框架；蔡幸福博士的《融通与创新——陶行知与牧口常三郎教育思想比较研究》，对近现代东方教育史上两位代表性人物——中国的陶行知和日本的牧口常三郎的教育思想作了比较研究，从哲学、宗教与政治三方面分析了两人教育思想的理论基石，从教育目的观、功能观、内容观、方法观、学校观、教师观以及教育思想的性质、特点和影响等方面展开研究，形成了中国近现代教育家与同期国外教育家比较研究的新领域；河南师范大学文学院教授耿红卫的《革故与鼎新——科学主义视野下的中国近现代语文教育改革研究》，从科学主义视角审视了近现代语文教育科学化历程，对语文教育目标科学化、内容科学化、方法科学化、考试科学化、研究方法科学化等问题，做了深入分析，提出了自己的看法，将中国近现代教育史研究领域向更为具体的学科教育史研究分支伸展。华中师范大学美术学院汪楚雄博士的《启新与拓域——中国新教育运动研究(1912—1930)》，运用组织社会学等理论，从运动型态角度，对民国初期的新教育运动作了全新阐释，提出了新教育运动与新文化运动是"同源同质异构不同步"的新见解，有助于近现代教育史与文化史研究的深入开展。总之，这套丛书力求开拓教育史学研究的新视野，体现教育史学研究的"三个转向"，以新的思路和观点，运用新的理论和方法，拓展新的研究领域，实现教育史学研究从上层向下层转移、从中心向边缘扩展、从中央向地方延伸、从主流向非主流开拓、从本土向域外眺望、从整体深入到个案，以及从具体微观研究向宏观理论建构等研究目的，全面反映和体现我们以问题意识为导向、本土原创为特色、范式转换为宗旨、学术增长为目标的学术理念和追求。

这套丛书中十部专著均是每位作者在博士学位论文基础上修改扩充而成的，大致都经历了三年至五年的艰苦笔耕才最终完稿。十位作者中，除我本人外，其余九位同志——但昭彬、广少奎、郭娅、赵厚勰、申国昌、肖会平、蔡幸福、耿红卫、汪楚雄均是我近年来指导并已毕业的博士研究生。几年来，他(她)们与我共同学习，相互切磋，教学相长，均取得了较大的进步。他(她)们潜心治学的精神、多思善问的习惯、乐于吃苦的意志和闪烁智慧的思维，也使我感触良多，受益匪浅。

当然，笔者十分清楚，这套冠名"教育史学研究新视野丛书"的十部专著，只是我们华中师范大学教育史与比较教育研究所这个研究群体近年来运用新的理论和方法，从新的研究视角，对中国教育史学有关问题所作的初步尝试，尚有许多不成熟之处，需要进一步完善。

最后，借用我国宋代大思想家、教育家朱熹的一首诗与学界同仁共勉："半亩方塘一鉴开，天光云影共徘徊，问渠哪得清如许，为有源头活水来。"笔者深信，只要教育史学界同仁携手并进，共同努力，加强学科反思与建构，更新理论和方法，转换研究范式，调整研究视角，拓展研究领域，就一定能找到教育史学发展的"源头活水"！

（作者系华中师范大学教育学院教授、博士生导师）

新世纪中国教育史学发展趋势

周洪宇　申国昌

回顾教育史学科发展的百年历程，总结教育史学发展史上的经验与得失，根据时代发展的客观要求和赋予的历史使命，在广泛借鉴其他学科和国外的研究理论和方法的基础上，运用哲学思辨的方式，去重新构建具有本学科和本民族特色的理论体系，进而站在学科发展的高度去展望教育史学科的未来发展趋势，以期焕发教育史学科发展新的生机与活力。结合当前世界教育史学发展的趋势和历史学、社会学、教育学等学科的最新研究取向，笔者认为，教育史学发展要实现“三个转向”，即转向加强自身学科理论建设，转向研究教育历史的日常问题，转向发掘本土的学术传统。

一、转向加强自身学科理论建设

以往教育史学研究总是将注意力放在具体的教育思想与制度的研究，而且研究方法与思路往往依赖于历史学和教育学，缺乏体现自身学科特色的自觉性，教育史学界的研究人员极少对自身学科进行理论和方法的反思与总结，这就制约了研究者的思维和理论水平，因而在理论方面显得有点先天不足。因为教育史研究包括历史研究的目的是为了帮助人们提高理论思维水平，如果所有的研究成果只是简单的史料累加和肤浅的史实介绍，那么,教育史学科将永远不会走向成熟。尽管目前教育史研究成果很多,队伍也日益壮大,但这只是量的增长而不是质的提高,只是学科增长而不是学术增长。学科研究成果较多,但学科发展不够,理论水平不高,可以说是繁荣中的贫困。当新世纪其他众多人文学科面对新的挑战纷纷进行学科反思与学科重构之际,教育史学科尤其应该注重加强学科理论建设,因为长期以来教育史学科一直缺乏属于本学科的理论体系。

面对教育史学所存在的危机,教育史学界有必要不断地进行学科反思,应当清醒地认识到学科自身存在理论贫乏、体系不周的弊端,着力构建本学科的理论体系。具体来说,就是要全面系统地研究教育史学科的基本理论问题,重点论述教育史学科的理论范式、研究方法和学科体系,以求加强教育史学科的自身理论建设,提高教育史研究者的理论水平。其主要内容包括:第一,教育史学的学科性质与学科体系。重点阐明教育史学科是教育学和历史学结合产生的一门交叉学科,是教育学的一门基础学科,又是历史学的一门分支学科,具有双重的学科性质和知识背景。同时,研究教育史学科的体系构架。第二,教育史学的跨学科研究。运用多学科的理论与方法,对教育史进行跨学科研究的必要性与可行性,以及跨学科研究教育史的途径与方法。第三,教育史学科的功能与作用。主要研究教育史学科的学术功能与社会功能及其相互关系,展现出发挥教育史学科功能与作用的前提与途径。第四,教育史学科发展的历史。论述中外教育史学科发展的历史过程、经验教训与历史启示。第五,教育史学科的研究方法。重点阐明教育史研究总体方法论和具体的研究方法,指出各种具体研究方法的长处、适用范围及其局限性。第六,教育史史料学。包括教育史学科资料的来源、类型与范围,以及教育史料的搜集、整理与鉴别的方法。第七,教育史编纂学。研究重点在于阐明教育史研究成果的表述形式和方法,探讨教育史论著的体裁、类例和表述。第八,教育史学评论。论述教育史论著评论的性质与作用、标准与方法。第九,教育史研究者的素养问题。阐明教育史研究者的知识结构与研究能力、主体意识与独立人格、社会责任与献身精神,指出教育史研究者必须具备良好的思想品德、知识结构、研究能力以及深刻洞识,方能胜任研究工作。第十,教育史学科的未来发展方向。阐明教育史学科的时代使命和未来走向。

加强教育史学科理论建设,要重点探讨和反思教育史学科的性质、功能及其与相关学科的关系,并通过总结教育史研究本身的历史,为教育史学科进行科学的定位,建立和完善教育史学科的理论范式、研究方法及学科体系。在此过程中,当然也不能忽视借鉴与吸收历史学与教育学的相关理论。因为教育史学最显著的特点是具有历史学与教育学交叉的特征,教育史学科必须打破史学、教育学的界限,从教育学中走出来,主动进入历史学,因为过去"这个领域几乎是教育学家独占的只有到后来才被历史学家们所发现。"①教育史学研究者要积极架起沟通教育学、历史学的桥梁,并且在理论更新的过程中尤其要主动吸收历史学的最新研究理论。由于教育史除了是教育学的基础学科外,它还是历史学的分支学科。而"史学是不折不扣的科学"②,这是英国著名历史学家柏里(J. B. Burry)给历史学下的结论,因此,作为历史学分支学科的教育史学理应大胆地借鉴当代新史学理论,借鉴和运用新史学理论来充实和加强教育史学的自身理论体系,从而在研究中做到史论结合。同时,也不能丢掉教育学的基本理论,没有教育理论的教育史学是丢根忘本的学科,就会失去"教育"的本性,毕竟教育史学属于教育类学科。因此,对教育史研究而言,教育学和历史学的理论二者缺一不可,"没有教育学做指导的教育史研究这会陷入盲目,而没有历史学作基础的教育史学则必然流于空洞"③。然而,教育史学虽横跨教育学与历史学两个学科,但不是二者的简单叠加,真正的教育史学是从属于社会科学中的教育学。也就是说,教育史学的理论建设,除了向历史学和教育学借鉴和学习以外,还需要向其他社会科学取经索宝,因为在教育史学理论化的过程中"除了历史学家和教育学家外,社会学家、心理学家、人类学家、人口统计学家等也能对此特定课题做出有益的贡献"④,所以教育史学还应当将理论借鉴的目光投向社会学、心理学、人类学、人口学、哲学、经济学、政治学等学科,力求最大限度地吸收和融合众多社会科学的理论,以加强教育史学的理论建构和学科建设。

此外,加强教育史学科自身建设,还体现在应当提升具体教育史研究过程中的理论品位,增加具体研究成果中的理论含量,才能真正提高未来教育史学的研究层次和水平。这不仅是由教育史学的教育性所决定的,而且是

---

① [俄]卡特林娅·萨里莫娃、[美]欧文·V.约翰宁迈耶主编,方晓东等译:《当代教育史研究与教学的主要趋势》,教育科学出版社2001年版,第24页。

② 罗凤礼:《现代西方史学思潮评析》,中央编译出版社1996年版,第7页。

③ 刘海峰:《在教育与历史之间——高等教育史研究四探》,《高等教育研究》2001年第2期。

④ [俄]卡特林娅·萨里莫娃、[美]欧文·V.约翰宁迈耶主编,方晓东等译:《当代教育史研究与教学的主要趋势》,教育科学出版社2001年版,第24～25页。

由教育史的史学性所决定的。就像意大利著名史学家克罗齐(B. Croce)所说："史实只有通过史学家本人心灵或思想的冶炼才能成为史学。"[①]而这个由史学家用心灵进行冶炼的过程就是一个运用理论思考史实的过程，也是一个理论提升的过程。因为任何历史不仅是人的历史，而且是人写的历史，因此，教育史学家的理论素养、主观经验、认识维度等因素不可避免地会渗透到教育史学研究过程与成果之中。教育史学研究者在研究教育史时，更多面对的是史料——前人意识化的产物，而不是历史事实本身，况且史料不等于史学，搜集史料运用史料的工作完全是由教育史学研究者来完成的。在处理史料的过程中，就需要研究者的理论思维；在创作教育史成果时，尤其需要通过理论去架构研究框架，有序排列和组合史料，并通过研究者的理论思辨能力能从中提升出新的思想观点。教育史学研究者要努力克服过去片面重视和简单拼凑史料的做法，从靠个人在文献故纸堆中爬梳资料的手工作业误区中走出来，进一步加大教育史学研究的理论力度，这是教育史学科的一个重要发展趋势。这不仅是教育史学的发展趋势，而且是其他社会科学所追寻的一个目标。英国当代历史学家沃尔什(W. H. Walsh)指出："史学理论的立足点从客体转到主体上来，过去历史哲学是着眼于历史的客体的，现在则转到了主体如何认识历史客体的问题上来。"[②]新教育史学研究者的研究理应受到这种潮流的影响，开始关注教育史学研究者在研究过程中主体意识和理论素养的参与。而在教育史学研究过程和研究成果理论化的过程中，不仅要将教育史研究置身于哲学、史学、经济学、社会学、文化学等学科的理论基础之上，而且还应运用自己的理论去统领教育史研究，使研究成果中能体现出自身的学科特色。尤其不能将教育史学视为政治历史和社会经济的附庸，把教育发展依附于社会经济发展，把教育历史进程等同于历史进程，没有认识到教育历史发展的相对独立性和自主性，忽视了教育历史自身发展的线索、脉络及其规律，用非教育的研究范式去解释教育的变迁，这是理论构建过程应该避免的一种不良倾向。教育史学科理论建设，其实是一个采纳众家理论并使之内化为教育史研究方法的过程，这个过程也是一个范式转换的过程。通过范式的转换，以使教育史学研究视野更加开阔，品位得以提升，为学界展示更多的研究精品，从而将教育史学科推向一

---

① Benedetto Croce. *History: Its Theory and Practice*. New York, Harcourt, Brace and Co, 1923: 176.

② [英]沃尔什：《历史哲学导论》，广西师范大学出版社 2001 年版，第 3 页。

个更高的层次。

二、转向研究教育历史的日常问题

以往教育史研究的重点主要集中于人物思想与制度变迁的研究，人物思想研究也仅就教育史上著名的精英人物进行研究，很少涉及基层人物的生活、学习与活动的具体问题与情境研究；教育制度研究"重视的是国家教育机构的形成及其演变，重心放在了描述制度的内容及因袭过程"①，缺乏对决策的生成过程、在基层的实施情况及其对学校教育的影响等问题的深入研究。未来教育史研究应当将研究的视线逐步向下移动和对外扩散，实现教育史研究从精英向民众、从高层向基层、从中心向边缘、从经典向世俗的过渡。通过转向研究历史当中的具体教育问题，来真正展示出生动鲜活的教育史学科特色。正如当代法国教育史学家皮尔·卡斯巴所讲："从根本上看，教育史就是文化。文化驱使教育史学家对某些问题或某些主题进行研究，文化决定了教育史学家在寻求解决问题时的史料取舍和质疑史料的方法。"②在皮尔·卡斯巴看来，从文化的角度来审视教育史学研究，也应当是从研究问题着手，就教育史学问题来找出处理教育史料的方法。

第一，研究历史的教育问题要具体化。教育史学研究会遇到各种问题，有宏观问题与微观问题，有大问题与小问题，有冷问题与热问题，有具体问题与抽象问题等等，由于以往教育史研究的关注焦点集中在上层人物研究和宏观制度研究，因而导致微观的细节的日常的问题一直无人研究，成为研究的空白领域，因此，未来在以揭示问题的方式来研究教育史的时候，应当将研究的重心转向教育、教学的具体问题、微观问题和日常问题。如法国教育史专家皮尔·卡斯巴就主张研究教学过程中与教科书和学生的书写物相关的问题。就教科书而言，可以研究关于教科书的立法、教科书编者的身份、教科书的生产与销售、教科书的内容与科学研究的关系、教科书的使用及其对学生的影响等相关问题；就学生个人书写物而言，可以研究学生的作业簿的书体及质量、作文、日记与书信的内容、学生的图画及雕塑作品的主题等，通过分析这些最基本的日常的微观的教育史料，来探讨当时的教学实况。皮尔·卡斯巴举了一个例子：

---

① 李弘祺：《中国教育史英文著作评介》，台湾大学出版中心 2005 年版，第 2 页。

② [法]皮尔·卡斯巴著，霍益萍译：《谈欧洲教育史研究方法》，《华东师范大学学报》(教育科学版)2006 年第 3 期。

我想通过介绍1720年在法国最著名的中学里学习的学生一份拉丁文作业，来看历史学家是如何通过作业获得信息的。这是一个13～14岁的孩子翻译的一段历史学家节选的文章。从作业来看：第一，由于翻译过程中有一些法文错误，因而可以看出这个孩子的拉丁文掌握得比法文好，这说明法语在当时还不是非常普及；第二，除了规定的翻译内容外，在这份作业中孩子还写了"上帝是我们的拯救者，我们是你的仆人"之类的话来讨好老师。在作业的两边，学生用了拉丁文竖着写了两句话："上帝是拯救者"，另一边是"上帝是宽容者"，还画了一个十字，表示自己是一个信徒，相信上帝，是上帝的仆人。……由此可以看出天主教文化对18世纪法国教育的影响，学生在学校不仅获得很多宗教知识，而且已经会用所掌握的天主教知识进行自己的再创作。①

利用这些具体的细节化的史料，通过深入分析，就可以生动地再现当时教育发展的实况，可将一部鲜活的教育史呈现在读者面前。

第二，研究历史的教育问题要民间化。20世纪中叶，法国年鉴学派就将研究的重心从少数精英人物转向了广大民众。法国年鉴学派的创始人之一布洛克曾这样说："一个杰出的历史学家就像童话中的巨人，他知道哪里有人肉的气味，哪里就是他的猎物所在。"②这里所指的人，已不再是上层精英，而是人民大众。之后法国年鉴学派第二代核心布罗代尔在对15至18世纪的资本主义发迹史进行总结之前，先对前工业化时期的社会图景从最基层作了深入探究，他说："没有乡村，如何懂得城市？……没有穷人的黑面包，怎有富人的白面包？"③因此，他从饮食、居住、服饰、货币、人口、能源、运输、城市等多角度去研究了普通民众。20世纪70年代以来的美国新史学就对传统史学只注重精英文化的研究取向进行了深入的批判，极力倡导以社会大众和大众文化为主体的研究取向。极大地开拓了新史学的研究视野。新史学的这一研究导向，直接影响到教育史学的未来走向。法国当代教育史学家安多旺·莱昂指出："对于某一教育问题的历史研究看起来印证了布罗代尔的断言：'历史……是人类科学中最富有文学色彩的和有趣易读的学

---

① [法]皮尔·卡斯巴著，霍益萍译：《谈欧洲教育史研究方法》，《华东师范大学学报》(教育科学版)2006年第3期。

② 张广智、张广勇：《史学：文化中的文化——文化视野中的西方史学》，浙江人民出版社1991年版，第403页。

③ [法]布罗代尔：《15至18世纪的物质文明：经济和资本主义》卷一，生活·读书·新知三联书店1992年版，第26页。

科,总之它最为大众化。'"①受史学界大众化潮流的影响,他特别重视对普通工人教育和普及民众教育发展历程的研究。教育史学走向民间问题已成为全世界各国教育史学家的共同心声,譬如俄罗斯当代教育史学家卡特林娅·萨里莫娃也认为,"教育史教学的任务就是向未来教师展示在整个人类历史中各国各民族人民是如何教育新生一代为未来做准备并形成诸如忠诚、勤奋、精细、诚实等个性。"②研究重心移向民众、转向问题是未来教育史学科发展的基本方向和趋势,只有如此,教育史学才能赢得更大的发展空间。

教育历史问题研究的史料取之于民间,要深入民间收集存在于民众当中的教育问题史料,注重挖掘那些非官方记录和口述的历史资源。未来教育史学研究将非常重视信件、日记、传记、报纸、杂志、歌词、民谣、绘画、剪纸、文具、教具、访谈记录、口述材料等,真正实现史料取之于民、成果用之于民的终极目标。只有教育史学研究的史料实现大众化,才能最后做到成果的大众化。而要想得到更多、更全面的教育民众史料,教育史学研究者必须注重实地考察,以便真正了解教育历史的实况。比如为了搞清楚距今久远的教育事件、教育设施或人物的真实情况,有必要开展对某些教育遗迹的考古调查;为了详细了解当事人尚在世的教育事件或人物,可以进行实地调查和亲自采访,以期求得比较全面、可靠的第一手材料。为了追踪研究一些持续发展尚未完结的教育政策或教改实践,有必要对这些事件进行长期的、直接的观察,以求真正客观地把握其整个发展过程。

同时,研究历史的教育问题时,还要注意研究成果要适合于民众、适合于大众的阅读口味,以此来满足民众的读史需求。如果所撰写的教育史,尽管研究的内容和所使用的材料均是民众的教育历史,然而,写史的方法仍然使用深奥、晦涩的表达方式,结果广大群众看不懂,这样的教育史仍然不能成为真正意义上的民众化的教育史,这样也就违背了教育史学研究的初衷和本旨。因此,英国当代著名教育史专家理查德·奥尔德里奇(Richard Aldrich)就将教育史学研究和教学的宗旨定位在要适合大众的需要、成为普

---

① [法]安多旺·莱昂著,樊慧英、张斌贤译:《当代教育史》,光明日报出版社 1989 年版,第 52 页。

② [俄]卡特林娅·萨里莫娃、[美]欧文·V.约翰宁迈耶主编,方晓东等译:《当代教育史研究与教学的主要趋势》,教育科学出版社 2001 年版,第 76 页。

及的内容。他说：教育史"是更普及的、大众教育领域的课程。"[1]教育史学研究视线的下移是多方面的，不仅要求研究对象由精英转向民众，研究史料从官方转向民间，而且应当做到研究出的成果符合大众的欣赏水平和阅读能力，以避免成为贵族教育史。当然，教育史研究成果的通俗化、大众化，并非要将教育史研究庸俗化，只是在表达方式上要力求形式生动活泼，成为民众喜闻乐见的一种新史学。

第三，研究历史的教育问题要多元化。教育问题史研究也要不断扩大研究的视野和领域，实现问题研究对象的多元化。譬如：中国教育史研究，不仅要注重汉族历史教育问题的研究，而且要关注各少数民族历史教育问题的研究；不仅要研究儒家发展历史的教育问题研究，而且要注重佛教、道教、伊斯兰教、基督教、藏传佛教等其他宗教历史教育问题研究；不仅重视官办教育史问题的研究，更要注意对民办、商办、合办等教育史问题的研究。外国教育史研究，不能光注重研究欧美发达国家的教育史问题，也要研究不发达国家和地区的教育史问题。努力将研究问题的领域扩大，使之向多元方向迈进。在这方面我们教育史学界应当像美国当前的史学界学习和借鉴，近二十年来，美国史学界力求研究问题的对象和领域多元化，开辟了不少新的研究领域，就像美国当代历史学家希梅尔法布(G. Himmelfarb)所说："米老鼠比富兰克林、罗斯福对于理解 20 世纪 30 年代更为重要。"[2]教育史问题研究也应该像美国史学那样，将研究的视线更多地投放到很少被关注的下层民众教育与学习生活中。

三、转向发掘本土的学术传统

中国的教育史学研究固然有必要借鉴与学习其他国家的研究理论与方法，但更重要的是挖掘传统史学的理论、方法、范畴，将研究视线转向本土的学术传统，力求从根深蒂固、博大精深的中国优秀教育传统与史学研究方法中汲取所需要的养分，从而为教育史学科的机体源源不断地注入新的营养。纵观中国本土的学术传统，主要有以下几方面可供教育史研究者吸纳与采用：

---

① [俄]卡特林娅·萨里莫娃、[美]欧文·V. 约翰宁迈耶主编，方晓东等译：《当代教育史研究与教学的主要趋势》，教育科学出版社 2001 年版，第 121 页。

② [美]希梅尔法布：《对新史学的若干思考》，《现代外国哲学社会科学文摘》1990 年第 4 期。

（一）转向继承中国学术传统的价值取向

学术是系统、自觉的专门学问。学术传统是历史上形成并得以传承的稳定的具有独特风格的治学方式和叙事习惯，是一个民族优秀文化传统的重要组成部分。具有悠久历史和灿烂文化的中华民族，在自身文化记载与传承中形成了自成体系、独具特色的学术传统。然而，自从西学东渐特别是近代以来，由于先进的西方科技文化以强大的优势震撼和征服了中国思想文化界，在西方强势文化的冲击下，中国学术界开始对本民族的学术传统产生了怀疑，中国的学术规范与治学方式受到了重创。这样，中国的学术传统一次次地受到破坏，致使当今史学界包括教育史学界出现学术传统的严重缺位，进而严重制约着教育史学科的发展。固然教育史研究需要借鉴西方有价值的学术思维方式，不能将西方有益于我们学科发展的东西拒之于国门之外，要以开放的心态去接纳外来学术文化，然而，我们教育史学毕竟是中国式的学科，是中国人在从事研究的教育史学，我们不能将数千年来积淀和传承下来的中华优秀学术传统轻易地全盘丢弃，这样不仅不利于传统文化的传承，而且不利于教育史学科发展。纵观中国学术发展史，古代我国形成了不少值得继承的学术传统，如：唐代韩愈的“文以载道”，主张在叙事述史的过程中，渗透与传播特定的儒学道统思想。宋代朱熹的“格物致知”，就是通过广泛接触各种事物和信息，去深入探究万物固然之理，研求社会得失逆顺之则。明清学术群体又形成了经世致用的治学传统，代表人物有顾炎武、王夫之、黄宗羲、傅山、孙奇逢等，倡导将所研究的学术思想运用到从政治民的实践中去，提出学术研究不能一味空谈心性，而应为现实服务。这种研究传统直接影响到了近代学术界，林则徐、魏源、龚自珍等思想家，在治学求术中做到实事求是，就可达到会通的求知效果。① 从文以载道、格物致知、经世致用，到近现代的学以致用、实事求是、求真务实，我们可以明显看出中国学术传统的演变与发展轨迹。现在教育史研究者就是要弘扬与继承这种学术传统，在研究教育史的过程中，学会联系现实，结合实际，力求古今贯通，学以致用。教育史还要结合当今教育热点问题进行有针对性的具体研究，譬如：针对目前高考录取中重点大学在全国各省中名额投放不均的问题，可从历史上去探寻有关历代科举考试追求区域公平的史实，通过研究可以发现历代统治者为了实现其统治的长治久安和选拔人才的双重效果，无

① 董宝良、周洪宇：《中国近现代教育思潮与流派》，人民教育出版社 1998 年，第 25 页。

不注重及第名额的区域平衡，尤其是明清时期，在确定举人投放名额时，主要依据各省的总人口数、总考生数、教育发达程度等因素。这就为当今高考录取中应当注重重点高校在投放名额时，注重地区之间的平衡提供了历史依据。为此，当今高考投放名额的思路应当考虑到四个因素：一是该省的总人口数，二是该省的总考生数，三是该省拥有的"985"高校数，四是上年在该省投放的名额数。① 这就是一种教育历史研究为教育现实服务的典型案例，是一种历史与现实的有效对话，亦是一种对学以致用、务求实效学术传统的继承与弘扬。

（二）转向学习中国传统史学的思维方式

中国传统历史学一贯注重从宏观角度去思考与把握历史发展的脉络，注重整体思考与综合分析，善于从历史的全程来总结与概括发展走向与趋势，不太注重微观研究，往往宏观研究的成果多，而细节研究得少。采用宏观思维方式去研究历史，是中国古代史学家一贯采用的方法，西汉著名史学家司马迁写《史记》就以"究天人之际，通古今之变"的宏观治史思维模式去完成当时的第一部通史。当代被誉为"中国的布罗代尔"的美籍华人黄仁宇提出"大历史观"，即"将宏观及放宽视野这一概念引入到中国历史研究中去"②，从而理清中国历史发展的基本脉络，使人了解中国历史发展之所以如此的因果关系。他的代表作《十六世纪明代中国之财政与税收》、《赫逊河畔谈中国历史》、《中国大历史》、《万历十五年》中就贯穿了他的这一治史基本方法。著名历史学家、华中师范大学已故教授张舜徽先生在撰写《中华人民通史》（上、中、下三册）时，就坚持"大历史观"思维，力求以人民为本位，以基层为重心，将史学研究的着眼点放在了向来不被人注目的民间人物和史实，如为公输般、黄道婆、喻皓、蔡伦、李冰等人作传，追求成就一部囊括广大民众的大历史。正像他所说："人类历史，首先是生产者的历史。人类文明，是无数劳动人民经历了若干年代集体创造的结晶。不认识劳动人民祖先集体创造的各方面成就，便无由了解人类的真正历史。"③"大历史观"思维的内涵包括：一是对历史进行宏观思考和总体把握，力求从历史的横纵联系去总体把握历史研究对象；二是强调从长时段来观察历史，注重历史的结构性变动

① 周洪宇、申国昌：《我国考选历史的回顾与反思——兼谈我国重点高校录取名额投放问题》，《教育研究》2006年第4期。

② [美]黄仁宇：《中国大历史》，生活·读书·新知三联书店1997年版，第1页。

③ 张舜徽：《中华人民通史》中册，湖北人民出版社1989年，第3页。

和长期发展趋势，倡导用大历史的望远镜来观察历史。研究的基本思路是从特殊到一般，由个别至整体，重视归纳、综合的研究思维方式。年鉴学派也倡导这种叙史方式，他们撰史"所依据的时间标尺不再是过去的王朝变动与政治变动，而是缓慢却又深刻地镶嵌于历史中的生活样式的变化，比如人的体质与医疗技术的变化、人的衣食住行的变化，至于那些走马灯一样来来去去的事件、人物，则在长时段中退居次席。"①新世纪的教育史研究，就应当转向继承这一史学研究传统，学会从整体去思考中国教育发展的整个历程，善于从宏观视角去体认和把握教育思想、教育制度与教育活动之间的内在的必然的联系，并且学会运用归纳的思维方法，对各种细微的、日常的教育史料作概括与总结，将研究的视线从上层和精英下移到基层和民众，以期以教育活动的真正主人去体认教育历史的实况。过去教育史研究的重心在个体，以研究精英人物为主，主要研究教育思想家、教育管理家和教育活动家的思想和行为，不注重对群体和团体的研究，这就导致教育史学朝着畸形的方向发展。而自从20世纪20年代法国年鉴学派将社会史纳入到研究领域之后，史学界开始关注对社会群体的研究，将研究的视线从个体转向了群体，研究重心开始下移。正像费弗尔所说："历史是社会群体的舞台。"②一方面，因为教育活动中的人，应该是复数的人、动态的人，在教育历史变迁中除少数精英人物起作用外，作为群体的人也在积极参与和推动着教育的发展历程，因此有必要研究群体的教育思想和行为。另一方面，未来文化教育的发展趋势犹如西班牙当代教育史学家佩尔·索拉(Pere Sola)所说，"正朝着两个方向在前进：一是与罗哈纳(Luhanian)的《地球村》的说法相应的普及化运动；二是重新发现社会群体、社团、民族的文化教育根源。"③这种普及教育的发展趋势也要求教育史研究者在未来的研究中，将研究的焦点从个体移向群体或团体。从这两方面来看，未来教育史研究的对象必须实现群体化，要加大对群体的研究力度，以使教育史学走下圣坛步入民间。只有通过继承与借鉴"大历史观"，进而在教育史研究中创立"大教育史观"，从而实现教育史学与历史学的相互辉映。

(三) 转向关注中国传统的理念范畴

近年来，史学界和教育史学界广泛引入与借鉴西方史学理论与方法，这

① 葛兆光：《中国思想史：导论》，复旦大学出版社2001年版，第16页。

② [英]沃尔什：《历史哲学导论》，广西师范大学出版社2001年版，第3页。

③ [俄]卡特林娅·萨里莫娃、[美]欧文·V.约翰宁迈耶主编，方晓东等译：《当代教育史研究与教学的主要趋势》，教育科学出版社2001年版，第57页。

本来无可非议，是学术发展的必由之路，也是学术开放的具体表现。然而，在学习与借鉴西方史学理论的过程中，有时会出现盲目照搬、舍本求末之感，即为了一味追新潮，却将中国几千年来保留和积累下来的传统史学理念范畴人为地丢弃了，这是一种不理智的行为。回溯中国传统史学理论发展历程，其中不乏值得教育史学承继的东西，譬如：唐代史学家刘知几提出的史学“三长”，即“史才”、“史学”、“史识”。他说：“史才须有三长，世无其人，故史才少也。三长谓才也、学也、识也。”①“史才”就是指史家的才干，包括史家应有的处理史料的能力与文字表达的能力；“史学”是史学家应具有的广博的知识储备；“史识”是史学家对历史事实的鉴别能力和判断能力，也是对史学家主体性的基本要求。后来，章学诚又加了“史德”②，这样“史学三才”就变成了“史学四才”。后来梁启超对此者作了次序的排列：“先史德，次史学，又次史识，最后才说到史才。”③这些传统史学理论范畴，是值得教育史研究者借鉴与学习的。同时，也有些研究者为了显示自己研究成果的高深，便故弄玄虚，有意将一些连西方学界都未被认同的教育理论范畴，生拉硬扯地置入我国教育研究之中，看似新奇深奥，结果是与所研究内容根本不能相融，这种生硬的搬套，只会让人有牵强附会的感觉。为此，教育史学科在未来的学科建构中，应当转向中国传统教育的理论范畴，努力发掘中国传统教育中具有生命力的理论范畴，如：“启发诱导”“因材施教”“博精兼顾”“知行合一”“不耻下问”“循序渐进”“教学相长”“长善救失”等。这些均是流传千古、众人熟知的教育理论范畴，在中国教育史上具有旺盛的生命力，我们教育史研究者切不可将本国教育史的精华丢弃，而去追寻那些并不一定对教育史研究有多少益处的理论范畴。

(四) 转向借鉴中国传统的研究方法

中国历代史学家在治史的过程中，对史料的处理积累了丰富的经验，总结出了不少至今仍然很有使用价值的研究方法，诸如版本学、目录学、训诂学、校勘学、辨伪与考证、辑佚与注释等。这些传统方法对于教育史研究永远具有使用价值，因为不管在什么时候研究教育史，都离不开史料，而且需要的是可靠的史料。正如张宪文先生所说：研究历史必须“考订史料的真伪，确定史料的年代、作者、版本和来源，辨明史料的价值，以做到求实存真，

① (唐)刘知几：《直书・史通》，辽宁教育出版社 1997 年版，第 58 页。
② (清)章学诚：《史德・文史通义》，中华书局 1985 年版，第 219 页。
③ 梁启超：《中国历史研究法》，上海古籍出版社 1998 年版，第 156 页。

从而为历史研究提供丰富的、可靠的史料”①。而要搜集史料，就必须学习与了解版本学与目录学。因为在史料传承过程中，同一部书因编辑、传抄、刻版、排版或装订形式的不同而产生了不同的古籍本子，这就需要通过版本学的知识去鉴别与区分。古代的教育史料有其独特的编目方法，有的是四分法——经、史、子、集，有的是六分法——六艺、诸子、诗赋、兵书、术数、方技等，查找资料必须知晓目录学的相关知识。面对教育史籍的原本或定本及有关资料，必须进行认真核对，比较文字篇章的异同，更正一些错误的文字，这就需要使用校勘学的知识。对于不同的版本，要学会辨别真伪，对于繁杂的资料，要学会考定其准确程度，这就需要了解辨伪与考证方面的知识。为了加强教育史料学的建设，往往需要汇编一些分散的零碎的史料，有时对于深奥难懂的史料还要作些解释，这就是辑佚和注释的功夫。譬如：周洪宇在编撰《杨贤江全集》时，就曾运用内证法、外证法和理证法，对杨贤江的笔名作过认真的考证与辨伪，考证时主要依据“文论题材、思想倾向、具体内容、行文风格、载文刊物、写作发表的时间表和地点、著译的材料来源及相互关联、笔名间的相关性诸方面”②，对业已发现尚未定论的笔名，作了认真考证，并将之确定下来；在编辑过程中，又发现了一些学界未曾有人发现的笔名，根据他的遣词造句习惯、思想倾向、名字中的同音字和同义字、写作的地点和发表时间等方面作了较为全面的考证，最后又新确定了六个笔名，这些笔名的发现，又扩大了杨贤江全集的搜集范围，从而比以前增加了一百万字的文稿，这一考证得到了著名教育家潘懋元先生的认可和好评。可见，教育史学研究时刻都离不开中国传统的史学研究方法。

（五）转向利用中国传统的编撰方法

中国传统史学研究的编撰体裁有编年体、纪传体、纪事本末体、学案体等多种，这些编撰方法至今对教育史学研究具有重要参考价值。编年体是按照历史事件发生的年代顺序来编写史书的一种编撰体裁，最早出现的编年体史书有《春秋》，编写教育通史采用此种方法较为适宜。纪传体是以人物传记为中心，叙述当时史实的编撰方法，最早由司马迁的《史记》开创了此种编史方法，教育史在研究人物思想时可以采用此种方法。纪事本末体是由南宋的袁枢创立的一种治史方法，他写的《通鉴纪事本末》就是此种编撰方法的典范与开创之作。纪事本末体就是就历史上的重要事件，自始至终

① 张宪文：《中国现代史史料学》，山东人民出版社1985年版，第2页。

②《杨贤江全集》第6卷，河南教育出版社1995年版，第838页。

有系统地将其叙述完整，这样便于人们系统地了解一个历史事件的原委，教育史学在研究教育制度时最好采用这一方法，有利于系统完整地了解一种制度的源起、内容、演变、实施及影响。学案体是为了适应编写学术史的需要而创立的一种史书体裁，该种体裁最早萌生于先秦，完善于明清黄宗羲的《明儒学案》。这种史学体裁，对教育史学来讲，适合于研究著名教育家的成长环境、治学历程、师承关系、教育活动、著作言论、后期影响、他人评论等内容。在编撰方法方面，史学大师张舜徽先生独自撰著的《中华人民通史》（上、中、下三册），就是一个很好的例证。张舜徽先生打破了西方传入的章节体撰写方式，较好地将编年体、纪传体、纪事本末体等多种中国传统的编撰史书的方法运用到这套书的写作之中，分地理篇、社会篇、创造篇、制度篇、学艺篇、人物篇六大部分。既有运用纪传体对经济、科技、工技、英杰、宗教等人物的撰述，又有运用编年体对封建王朝更替的概要梳理，还有运用纪事本末体对文字、音乐、书画、哲学、宗教、文学等属于民间学艺范畴的史实原委进行较为完整的叙述。总之，中国传统史学有不少编撰优良传统，也形成了很好的编写体例，这些均是教育史学研究可资借鉴的宝贵财富。

（六）转向发掘中国传统的语言

近年来，随着教育全球化浪潮涌动，西方教育理论和话语不断传入我国教育学术界。教育史学界也出现了追求时尚、中话西说的现象，刻意追求用西式语言来表述中国教育历史事实，如文化认同、精神方向、文化霸权、内向超越、文化陷阱、教育范式。这些语词表面上新颖独特、花里胡哨，实则是故弄玄虚，反让人有一种装腔作势之感，本来用中国本民族的传统语言来表述更加简练明了，言简意赅，而使用了这些“新词”反而让人读不懂、搞不清其本来的含义。其实有时连使用这些词的作者自己也不十分清楚在表达什么，只是为了向人炫耀，意在通过使用让人看不懂的语言来展示自己学识的深奥莫测，这是一种术语移植、问题模仿的浮躁表现。面对这种趋势，我们教育史学界应当采用适合本学科研究风格和特点的态度：对于外国教育史研究，适当引进和借鉴国外教育史学界的语言是必要的；而对于中国教育史研究，则应当面向中国传统教育的语言，如：“博学”“慎思”“习行”“穷理”“慎独”“虚心”“专心致志”“自求自得”“温故知新”等，这些词不仅文字凝练，而且在民间流传已久，通俗易懂，为国人所熟知。在中国教育史研究中就应该注意继承、吸收、沿袭中国数千年来教育传统语言中有价值的精华部分，将之作为表述教育历史的基本语言。这样，更容易体现中国教育史学的学科特色。

笔者相信，只要教育史学界全体同仁能够正视教育史学所遇到的眼前困难，顺应教育史学科发展的未来趋势，携手并进，通力合作，脚踏实地，埋头实干，经过全体研究人员的共同努力，一定会创造出一个学科繁荣的新时代。

（周洪宇系华中师范大学教育学院教授、博士生导师，申国昌系华中师范大学教育学院教授）

中国教育史学的回顾与前瞻

陈竞蓉

从20世纪初至今,中国教育史学已走过了百年的风雨历程,其间既取得了辉煌的成就,也经历了令人扼腕的挫折。在新的世纪,中国教育史学科应沿着何种轨道前行,以应对自身所面临的挑战,更好地适应时代发展和教育改革的需要?这是一个值得教育史学研究者关注和探讨的问题。

自从有了人类社会就有了教育活动,教育的历史几乎与人类的历史一样漫长。自远古中华先民运用甲骨文记载本民族教育活动起,中国教育史学便开始了其漫长的孕育过程。而作为一门学科,则是诞生于近代。1840年第一次鸦片战争,西方列强用坚船利炮轰开了中国封闭已久的国门,中国被迫跨入近代社会,并于此后逐渐陷入半殖民地半封建的深渊。晚清政府为维护其摇摇欲坠的统治,宣布从1901年起实行"新政",教育改革成为"新政"的主要内容,其直接结果就是近代新式学校教育制度的建立。

1904年,清廷颁布并实施了"癸卯学制",其中规定经学科大学堂和师范学堂的教育类课程中,均须开设中国教育史课程。自此,中国教育史教材的编写提上议事日程。与此同时,在新史学思潮的启迪下,一批著名学者也开始致力于中国教育史的研究。如在1901年创刊于上海的中国近代最早的教育杂志《教育世界》上,"差不多每一期都刊发罗振玉、王国维及其他学者撰写的有关教育史、学术史的论文"[①]，而1910年由黄绍箕提出设想、柳诒徵撰成的《中国教育史》著作的问世则标志着中国教育史学科的最终建立。

1914年，留学美国的郭秉文发表了他的博士论文 *The Chinese System of Public Education*，1916年上海出版中译本，名为《中国教育制度沿革史》，这是中国第一本具有通史性质的教育制度史。[②] 20世纪20年代后，以民国第二次学制改革及壬戌学制的出台为契机，中国教育史学科发展取得了令人瞩目的成就，不仅在通史研究、断代史研究、专题史研究等方面涌现了大批具有较高质量的研究成果，而且在移植、运用教育史学理论方面也异彩纷呈。此间多种中国教育史著作纷纷问世，如王凤喈撰成的中国第一部中国教育通史著作《中国教育史大纲》（商务印书馆，1925年）、陈青之的《中国教育史》（1926年著成上卷，1934年撰成中、下两卷，商务印书馆1936年出版）、余家菊的《中国教育史要》（沈阳长城书局，1919年）、周谷城的《中国教育小史》（上海泰东书局，1929年）、陈东原的《中国教育史》（商务印书馆，1935年）、陈翊林的《最近三十年中国教育史》（上海太平洋书店，1931年），庄俞、贺圣鼎的《最近三十五之中国教育》（商务印书馆，1931年），周予同的《中国现代教育史》（上海良友图书公司，1934年），卢绍稷的《中国现代教育》（商务印书馆，1934年）、丁致聘的《中国近七十年来教育纪事》（南京国立编译馆，1934年）等。著名教育家舒新城更以其持续十年的深入研究，先后出版了《近代中国留学史》（1927）、《近代中国教育史料》（1928）、《近代中国教育思想史》（1929）、《中华民国教育史料》（1931）、《近代中国教育史稿选存》（1936）等诸多著作，在中国近代教育史研究领域取得了丰硕成果。

由上述中国教育史著作的出版可以得知，中国教育史学科自20世纪初诞生后，20年代至1937年抗战爆发前是一个长足发展的时期，也可称之为第一个高峰期。"得益于时代的熏陶，中国教育史学科在这一时期也摆脱了简单模仿日本和欧美教育史研究的模式，开始在学理上走向成熟，其中不少研究成果时隔半个世纪依旧为教育史研究者所重视。"[③]抗日战争爆发后，中国教育史学蓬勃发展的势头受阻，第一个高峰随之消退。

新中国成立后，在政治上采取一边倒，经济上全盘照搬苏联模式，与此

---

① 杜成宪、邓明言：《教育史学》，人民教育出版社2005年版，第34页。

② 杜成宪、崔运武、王伦信：《中国教育史学九十年》，华东师范大学出版社1998年版，第11页。

③ 李涛：《百年中国教育史研究高潮的回顾与反思》，《东北师范大学学报》（哲学社会科学版）2003年第2期。

相应，教育界也掀起了学习苏联的热潮。大批苏联教育理论著作被介绍、引进，并对新中国教育理论的发展产生了广泛而深远的影响。随着马克思主义在各种领域的理论主导地位的全面确立，中国教育史学界普遍遵循唯物史观，并广泛采用阶级分析方法。这一时期的中国教育史研究尽管在教育的继承性问题、孔子教育思想研究、教育历史人物的评价以及中国教育史教材、资料的编写和选编方面取得了一些令人欣喜的成绩，然而，由于"左"的干扰，往往以政治标准作为判别是非的唯一标准，学科研究中禁区太多，使得中国教育史学科发展始终缺乏一种较为宽松、平和的学术研究氛围。总体而言，中国教育史学科进展迟缓，研究水准和成果数量都不尽如人意。"文革"期间，中国教育史学更是处于停滞甚至倒退状态。

1978 年十一届三中全会后，教育科学迎来了发展的春天。1979 年 11 月全国教育史研究会在杭州成立，1980 年 12 月该会召开了"中国教育史学科体系讨论会"，人民教育出版社出版了一批 20 世纪 60 年代编写的教育史教材。① 这标志着中国教育史学科进入全面恢复和重建阶段。

20 世纪 80 年代中期以后，适应改革开放的新的时代需要，也得益于宽松的学术环境，中国教育史学科发展呈现出一片繁荣景象。主要表现为：学科队伍不断壮大、研究领域大大拓宽、研究成果层出不穷。此期，在中国教育史学科的各个领域，研究者们都进行了辛勤耕耘，并形成了一些新的研究热点。在教育家教育思想研究、教育制度研究、中国共产党领导下的教育和共和国教育史研究、少数民族教育史和地方教育史研究、高等教育史、教学思想史研究、比较教育及教育文化史研究等方面，研究成果如雨后春笋般涌现，各类著述洋洋大观。其中影响较大的有：沈灌群、毛礼锐主编的《中国教育家评传》（三卷）（1988 年），王炳照、阎国华主编的《中国教育思想通史》（八卷，1995 年），李国钧、王炳照主编的《中国教育制度通史》（八卷，1999 年），毛礼锐、沈灌群主编的《中国教育通史》（六卷，1989 年），李国钧主编的《中国书院史》（1994 年），宋恩荣主编的《中国近现代教育家系列研究》（1994 年），张瑞璠、黄书光主编的《中国教育哲学史》（四卷，2000 年），朱有瓛等主编的《中国近代学制史料》（1983—1993 年），孙培青主编的《中国教育史》（1992 年）等。自 20 世纪 80 年代后的二十多年间，可视为中国教育史学科发展的第二个高峰期。

中国教育史学科的诞生源于 19 世纪末、20 世纪初，是处于风雨飘摇中

---

① 杜成宪、邓明言：《教育史学》，人民教育出版社 2005 年版，第 44 页。

的中国学习西方、改革教育,建立近代学制的需要。五四新文化运动后,中国教育由学习日本转而仿效美国,教育的这一发展变化也深深影响了中国教育史学科的发展,使得这一时期的中国教育史研究明显地表现出美国史学理论、教育思想和科学研究方法的影响。20世纪二三十年代中国教育史学科发展达到第一次高峰,其重要原因乃是当时教育理论界对新教育的反思。“这种反思沿着两个方向前进,其一是直接面对现实,探索教育发展的出路;其二是由认识传统入手而加深对现实教育的理解。”①新中国成立后直至60年代中期以前,在建立以马克思主义为指导的新中国教育和教育理论的时代要求下,中国教育史学科重新起步与恢复。20世纪80年代后,中国教育史学科发展进入第二个高峰期,而这与中国社会改革开放进一步深入,对包括教育史在内的人文社会科学学术研究提出了更新观念、为现代化建设服务新的时代要求是分不开的。中国教育史学研究始终与时代的发展息息相关。

中国教育史学走过了曲折反复的道路,其间的教训不可谓不深刻。20世纪30年代中期以后,由于相继处于抗日战争和解放战争的战争环境下,学者们颠沛流离,朝不保夕,中国教育史学研究趋于沉寂。建国后,由于“左”的思潮的干扰,学术研究被贴上政治标签,甚至将政治问题等同于教育、学术问题,理论禁区太多,导致学者们噤若寒蝉,教育史学研究当然完全停滞。

中国教育史学理论的提出与运用既体现了中国教育史学科的自觉意识,也是中国教育史学科发展与成熟的标志。处于西风东渐背景下的近现代中国,各种社会思潮、学术思潮波澜起伏,这一切对中国教育史学理论的影响可谓至深至巨。中国教育史学科的诞生即可视为“新史学”思潮的组成部分,而二三十年代先后流行一时的实证主义教育史观、实用主义教育史观、分析的和批判的教育史观以及历史唯物主义的教育史观都曾在教育史研究者们的著述中有所体现和运用。新中国成立后,马克思主义的唯物史观更是作为中国教育史学科研究的指导思想和方法,为中国教育史学科的发展指明了方向。可以说中国教育史学理论在各个历史阶段的提出与运用无不带有所处时代的社会思潮、学术思潮的深深烙印。

就理论层面而言,任何一门教育学科的理论范畴和体系都是历史发展的结果。而“任何对现实的教育认识活动都是以过去的教育作为起点的”②

① 杜成宪、邓明言:《教育史学》,人民教育出版社2005年版,第39页。

② 同上书,第228页。

的，因此，中国教育史学与教育学始终是共生共荣，密切相关。从实践层面而言，中国教育史学科能有效提高教师的历史、人文和教育素养，开阔教育视野。作为教育科学的分支学科和基础性学科，无论是在国外还是在国内，无论是解放前还是现在，中国教育史学始终是师范院校尤其是教育类专业的专业基础课程。

人们常以"鉴古知今"、"读史使人明智"来充分肯定历史经验与教训的借鉴对于现实的重要意义。的确，认真回顾和总结百年来中国教育史学走过的发展历程，必将有助于我们更为深入地探讨教育史学如何在新的历史时期为社会发展服务，更加清晰地认识这一学科未来的发展趋势，从而推动中国教育史学的健康发展。

跨学科研究日益广泛和深入。首先，从当代科学发展的趋势和潮流来看，表现为既高度分化又高度综合。一方面是学科领域不断扩展，学科划分越来越细，学者们的专业分工越来越明晰；另一方面仅靠某一种方法，某一门学科的解释模式无法单独完成对问题的解决。多学科合作共同攻关，是学科发展的需要。中国教育史学亦不例外。其次，从中国教育史学的产生来看，它是历史学科与教育学科交叉而形成的一门新的学科。其产生本身就是跨学科综合的结果，其发展更是得益于不断的跨学科综合。最后，从中国教育史学科的性质来看，教育的历史是一个前后承续、不断发展的过程。它既需要"微观的深入考察，也要有宏观的深刻思考"①。如果没有对教育历史的长时段的观察，没有对教育现象多角度的综合分析，是很难揭示某些带规律性的教育现象的本质的。而画地为牢、就事论事、孤立的研究将无助于深入地研究问题，无助于新的研究领域的开拓，新的研究视角的提出和新的研究方法的运用。因此，未来中国教育史学要有所突破和创新，取得高水平研究成果，必须实行跨学科研究，广泛借鉴、引进人文科学、社会科学和自然科学的最新研究成果、研究方法和基本原理，以深化对教育历史现象本质的认识和理解。

学科基本理论研究进一步加强。科学的理论体系与方法是获取知识、把握规律的利器，也是衡量一门学科是否成熟的标志。作为旨在探寻教育历史规律的学科，尤其应注意建立自身的研究理论和方法论体系。因为学科发展需要理论思维。遗憾的是，中国教育史学自20世纪初产生后，在其发

---

①《中国史学界第七次代表大会学术研讨文集》，《中国历史学研究现状和发展趋势》，中国社会科学出版社2006年版，第27页。

展的相当长时期内，对此没有给予应有的重视。“总是更多地注意了具体的教育思想与制度的研究，借助了教育学、历史学的研究成果与方法。”①“教育史学研究中的一些问题，如历史分期，教育人物评价、教育发展基本动力、教育发展规律的探索等，经常依赖和采用通史的研究成果。”②受传统史学的影响，时至今日，中国教育史研究仍主要停留在史料的爬梳、整理、加工阶段，理论抽象层次不高，尚未形成独特的概念、范畴、研究方法，自身独立的理论体系还远未成熟。正如有研究者所指出的，目前的中国教育史研究虽然“学科研究成果较多，研究队伍不断壮大，但学科发展不够，理论水平不高，可以说是繁荣中的贫困”③。随着学科研究的不断深入，教育史学界将会更加感受到加强教育史学基本理论研究的迫切性和自觉性，对自身学科进行理论和方法的反思与总结，大力加强教育史学科的基本理论研究。

坚持本土化和国际化的统一。中国教育史学脱胎于中国传统史学，博大精深的中华优秀学术传统与史学研究方法为中国教育史学的健康发展提供了源头活水。作为一门研究中国教育的学科，坚持本土化，深入提炼教育遗产精华是中国教育史学的应有之义。同时，我们也应看到，当代世界正处于一个全球化的时代，国际间的交流与合作愈益频繁，任何一门学科都不可能孤立地存在和发展。但长期以来，由于各种主客观条件的限制，中国教育史学界很少举办国际性的学术研讨会，也鲜有机会赴国外考察交流。与其他学科领域在国际交流方面所作的努力和所达到的成绩相比，中国教育史学的研究则相对落后，几乎处在一种与世隔绝的状态。我们“对国外的中国教育史研究状况了解不够，对国外的研究资源、研究成果、研究趋势等方面缺乏充分的认识”④。著名历史学家斯宾格勒认为：人们应“在一种包含全部千万年来历史的世界形式的远大的、不受时间限制的远景中去考察”世界历史。被西方誉为“当代最伟大的历史学家”的汤因比也认为，各个文明的历史都是平行的和同时代的，因此，在不同的文明社会之间应该而且可以进行比较研究。研究中国教育史学，不了解世界教育历史的状况，又怎么能确切判定中国教育在当时世界舞台所处的历史地位？因此，未来中国教育史学

---

① 周洪宇、申国昌：《新世纪中国教育史学的发展趋势》，《华东师范大学学报》（教育科学版）2007 年第 3 期。

② 马立武：《20 世纪的中国教育与教育史学》，《教育评论》1999 年第 4 期。

③ 周洪宇、申国昌：《新世纪中国教育史学的发展趋势》，《华东师范大学学报》（教育科学版）2007 年第 3 期。

④ 杜成宪、邓明言：《教育史学》，人民教育出版社 2005 年版，第 55 页。

研究与国外的交流与合作必会进一步加强，从而使中国教育史学科建设真正与国际接轨。

更加注重为现实教育改革服务。著名历史学家克罗齐认为："一切历史都是当代史。"当代性并不是某一类"历史"的特征，而是全部历史的"本质特征"。① 历史与生活之间是统一的关系。中国自古以来就有经世致用的学术传统。中国教育史学科的产生本身就是中国传统学人探寻教育发展道路愿望的产物。20世纪二三十年代中国教育史研究达到兴盛，其直接动因乃是出于教育理论界对中国近代新旧教育历程的反思。近代教育史研究具有鲜明的时代感和忧患意识。正如有学者所指出的，当时的"中国教育史学者，以一般要求改革的资产阶级教育家为主，始终与近代新教育的建立、发展和改革相结合，积极地介绍西方资产阶级的教育史学，批判地分析中国封建主义教育，在中国教育史的研究和史料搜集整理方面作出了成绩"②。每个时代都有代表自己时代的学术，中国教育史学要与时俱进，具有鲜活的生命力，应寻找新的历史与现实的结合。在新的世纪，要进一步发挥教育史学科的主动性和学科作用，积极参与到当前的教育改革之中，参与研究教育现实问题，认真总结中国近现代教育的成功经验与失败教训，为教育改革和领导决策及时提出借鉴和参考。唯其如此，才能不断开拓新的研究领域，也才有自身的不断发展。

中国教育的历史发展源远流长，但对中国教育的世代延续过程作专门的研究则是晚近的事。作为一门年轻的学科，中国教育史学"是一门正在发展而不是已经完成的研究领域"③，如同初升的朝阳，有着光明的前途。在新的世纪，如何振兴、发展中国教育史学，创造又一个学科繁荣的新时代？要回答这一问题，教育史学工作者任重而道远。

（作者于2010年获华中师范大学教育史专业博士学位，现为长江大学教科院副教授）

---

① [意]克罗齐：《历史学的理论与实际》，商务印书馆1982年版，第2页。

② 蔡振生：《中国教育史研究的历史回顾与反思》，《北京师范大学学报》（社会科学版）1998年第3期。

③ 贺国庆：《外国教育史学科发展的世纪回顾与断想》，《河北师范大学学报》（教育科学版）2001年第3期。

教育史学科研究取向的三次转换

李　忠

以20世纪初京师大学堂开设教育史课程及第一本教育史著作的问世为起点，中国教育史的教学与研究经历了百余年的变迁。百余年的教育史发展中呈现出三种有明显差异的研究取向。其中，20世纪上半叶的中国教育史研究呈现出借鉴西方的多元取向；中华人民共和国建国初期到改革开放前的教育史则呈现出机械的一元取向；改革开放后在恢复重建中，出现一元多线取向。教育史研究取向的转变，折射出教育史研究的曲折发展路径。对研究取向的系统梳理，旨在把握教育史研究的复杂性及其变迁特点，服务于教育史学科的健康发展。

一、在借鉴中出现的多元取向(1905—1949)

19世纪末20世纪初，伴随民族危机的加深，中国在被迫接受西方物器文明与政教学术的同时，开始反思自己的文化。由于认为史学是“学问之最博大而最切要者”，成为反思的重点。梁启超指出：“今日欧洲民族主义所以发达，列国所以日进文明，史学之功居其半焉。”而“吾国史学，外貌虽极发达”，却是“遍览亿库中数十万卷之著录，其资格可以养吾所欲、给吾所求者，殆无一焉”。因此，“史界革命不起，则吾国遂不可救。悠悠万事，惟此为大！”①于是，改变“重君而轻民”帝王中心、政治为主的“新史学”便应运而生。这种观念由于西方政治学、社会学、教育学等学说的传入得到强化并被运用于研究之中。“新史学”，即将西方史学观与中国史学观结合用以研究中国问题的史学。这种思想被教育史学者接受，并被应用到教育史研究之中。②据学者统计，从 1922 年到 1937 年，仅中国教育史著作就达 60 部以上，③不仅研究对象出现分化，研究取向也趋于多元。概而言之，出现了实用主义、实证主义、问题主义、历史唯物主义等不同取向的教育史研究。

实用主义教育强调教育与生活、学校与社会密切联系。实用主义取向教育史研究源于实用主义教育在中国的传播及其影响。20 世纪上半叶的中国教育深受美国实用主义教育影响，不仅体现在教育改革及教育制度变革等实践层面，还体现在诸如平民教育思潮、生活教育思潮等思想层面，受此影响的教育史学者将其运用于解读中国教育历史也就成为自然。早在 1913 年，黄炎培即著文译介实用主义教育，并主张中国学校教育宜采用实用主义。这种思想直接影响到他的《中国教育史要》撰写。在该著作中，他不仅强调密切教育与社会的关系，而且认为：“社会是个整体的，从无数生活工作中间单提到一部分教育工作至少也须用全社会的眼光，来看教育，讲教育。……不明瞭全人类进化史，而想讲教育史，或一国的教育史，是万万不行的。”④中国第一本教育制度史著作不仅以“公共教育制度”指称其研究对象，而且极力

① 梁启超著，陈书良选编：《梁启超文集》，燕山出版社 2009 年版，第 232～239 页。

② 这种情况不仅出现在中国人自编的第一本《中国教育史》及《中国教育制度沿革史》中，而且体现在几乎当时所有的教育史著作中。据杜成宪考证，中国学者撰写的第一本《中国教育史》由黄绍箕设想、柳诒徵于 1910 年撰成。该书不仅重视中国传统史学方法的应用，而且引进西方近代教育和社会科学方法，对康德、黑格尔、斯宾塞等人的论著均有征引，涉及哲学、历史学、社会学、人类学、民俗学、民族学、教育学、教育心理学、教育病理学等，“可视为在教育史研究中中西结合的最早典型”，并将该书与近代中国新式学堂里开设教育史课程并列，标志着“中国教育史学科在中国的建立”。参见杜成宪、崔运武、王伦信《中国教育史学九十年》，华东师范大学出版社 1998 年版，第 6～9 页。而中国第一本教育制度史著是郭秉文在哥伦比亚大学攻读哲学博士学位的学位论文：*The Chinese System Of Public Education*，被周槃译为《中国教育制度沿革史》，于 1916 年由商务印书馆出版，受美国教育学与史学影响是自然的。

③ 杜成宪、崔运武、王伦信：《中国教育史学九十年》，华东师范大学出版社 1998 年版，第 15 页。

④ 王云五编，黄炎培著：《中国教育史要 · 序言》，商务印书馆 1931 年版，第 1 页。

批评中国教育远离生活、学校脱离社会之弊:"学生之抛弃社会而求学于学校,毕业后既不为农,又不能为工商,教育之本旨安在哉?"①余景陶也认为,教育史"不仅以调查事实为能事,须以社会为一全体,而研究其互相关系之事件,故在开化史中,为重要部分"②。将实用主义教育观点纳入教育史的研究被广泛认同并被普遍采用,外国教育史研究中有更明显的体现。③

伴随西学的传入,盛行于19世纪西方的实证主义史学也影响到中国教育史学者的研究,并因实用主义教育学说强调科学实证而得以强化。实证主义教育史研究重视从事实中寻求事物之间的因果关系。这一时期,不仅出现以注重事实、严密论证见长的陈东原的《中国教育史》,而且出现以史料说话的盛朗西的《中国书院制度》。舒新城的《近代中国教育思想史》虽以"教育思想"为研究对象,也认为"研究思想史不可丢掉事实空为玄谈","每种思想都能使社会上发生影响,使社会上感觉不安,非从史实上寻求因果详为论列,而得不着一个正果",研究的目的也在于从"历史的实证中求出近代中国教育思想的因果,供给一点创造中国新(适宜之意)教育的资料"。④ 周予同则将教育史研究与教育的调查、统计、分析等教育科学研究工作并列,认为"教育史实是教育研究之重要的工作"⑤。史学的求真性质,使得大批研究者注重事实、强调实证。正如王炽昌所言:历史的研究法,为现世各种科学普遍采用之方法。⑥

教育史研究是围绕问题进行的,由此形成以问题为取向的教育史研究。这种问题按其指向可以分为两类:其一,通过研究教育史为解决教育现实问题提供借镜。姜奇指出:教育史研究"宁可先以现在问题为出发点,然后再

---

① 郭秉文著,周槃译:《中国教育制度沿革史·绪言》,商务印书馆1916年版。

② 毛邦伟:《中国教育史·绪论》,北平文化学社1932年印行,第4页。

③ 1930年,刘亮在翻译日本学者大漱甚太郎著的《欧美教育史》中指出:"人类生活由教育而继续、变迁、发达以迄于今,固为极明显之事实。如果人类有一日之存在,教育即为其生活之重大要素。……为人类社会盛衰之源,国民兴亡之因。"因此,"教育之历史,非仅探索、列举真的事实,乃力求相互之关系及其与社会生活他项要素之相依处;且关于各个特殊的发达之非孤立的,乃关联于全社会生活,受时代趋势之影响,而为思想的大潮流中之一现象也。所以教育史以普通历史尤其是文明史为其背景,或为其一部分呢。……故谓社会上一切制度组织计划究以教育为目的,亦无不可。"大漱甚太郎著,刘亮译:《欧美教育史·绪论》,民智书局1930年版,第1~2页。

④ 舒新城编:《近代中国教育思想史》,福建教育出版社2007年版,第6~7页。

⑤ 周予同:《中国现代教育史》,福建教育出版社2007年版,第4页。

⑥ 王炽昌编:《教育史》,中华书局1923年版,第2页。

从年代记的顺序去研究的。因为历史之中心原理……是现在问题”。认为教育史研究“不但是‘实事求是’之学，并且是‘实事之中求其所以是’之学”。[①] 其二，修正以往教育史研究中的问题。由于不同研究者持有不同史观与理论分析工具，对同一问题往往做出不同解读，加之新的学术思想源源输入中国，于是，对教育史作新的解读。“有了中国种种旧史，并不妨用新的方法，重写种种新史。”[②]由此出现了问题取向的教育史研究。周焕文等指出：“吾人研究教育史，既得明今日教育所由成立，且得预定将来改良之方针。盖教育史者，就教育之过去说明之，同时又必就现在说明之，既明现在，更必推测未来。”[③]问题的说明，需要分析、评判。于是，以问题为取向的教育史研究更多地借助于分析、批判的方法。“我们研究教育史，不可不将它看做一种批判之学。”[④]问题取向的教育史研究将解决现实教育问题作为研究的基本出发点，凸显教育史研究价值和意义。

伴随马克思主义的传入，学者不仅借助唯物史观分析社会问题，而且将其应用于教育史研究。陈青之不仅认为一切意识形态莫不以经济为基础，认为教育是意识形态的一种，而且将阶级分析法应用于教育史研究。“自统治阶级发生以后，教育与政治即连合为一，且成为政治之一部分。统治者一方为政治首领，一方为教育长官，他们以特殊地位制定教育，以政治力量推行教育，故教育不过为施行政治之一种手段，即为统治国家之一种手段。……在私产制度之下，教育学者的教育学说，其思想往往与当时政府的教育宗旨是一致的，因为他们比较是知识分子，知识分子多半是依附于支配阶级意图生存的。”[⑤]周予同亦将教育当做社会上层建筑，并以经济基础与上层建筑的关系分析教育问题，“欲彻底明了教育之演变，非先明了经济、政治及其他社会现象之演变不可”[⑥]。杨贤江的《教育史 ABC》则是这一时段以唯物史观分析教育历史的典范，不仅以历史唯物主义观点考察教育的起源，划分社会历史阶段，并以阶级分析法分析教育史，对不同历史阶段的阶级教育作出分析。

同其他教育学说一样，20 世纪上半叶的教育史学是学习西方的结果。

---

① 姜奇编：《教育史》，商务印书馆 1932 年版，第 2～3 页。

② 陈东原编：《中国教育史・自序》，商务印书馆 1935 年版，第 2 页。

③ [日]中岛半次郎著，周焕文、韩定生译：《中外教育史・绪论》，商务印书馆 1914 年版，第 2 页。

④ 姜奇编：《教育史》，商务印书馆 1932 年版，第 7 页。

⑤ 陈青之：《中国教育史・编前言》，东方出版社 2008 版，第 2 页。

⑥ 周予同：《中国现代教育史》，福建教育出版社 2007 年版，第 217 页。

这种学习虽然带有模仿的特点，但由于研究者多受中国传统文化教育的影响且直面中国教育问题，在研究中努力将西方的理论与方法同中国固有的学术思想结合用以分析中国教育历史事件和历史人物，以为教育现实服务，虽然没有形成统一的研究范式，但多元取向的教育史研究体现出研究者具有相当的自由度与自觉意识，出现大批研究成果，形成被后世誉为中国教育史研究的“第一次高潮”，为随后教育史学科发展奠定了良好基础。

二、政治主导下的“革命史”取向(1950—1978)

新中国成立前的教育史研究取向在建国之初均有所反映，但在政治主导下，教育史研究从多元迅速转向一元。以马克思列宁主义为指导建构新的教育史学体系是新中国到改革开放前教育史学研究的基本目标与方向。伴随中国军事革命的成功与对马列主义的教条理解，形成了以“革命史”为代表的一元单线取向的教育史研究。“革命史是中国近现代史研究的唯一‘范式’，即唯一的解释模式。换言之，就是认为对革命的理解和正面评价是理解近代以来中国一切变革的首要前提。”[①]作为教育学的基础学科，教育史深受革命史的影响，并形成新中国教育史研究的第一种解释模式。所谓革命史取向的教育史研究，就是以革命与否作为分析、评判教育历史事件、历史人物和历史活动的主要指标的教育史研究，革命史取向的教育史研究呈现出以下特点：

(一) 以学校教育理论作为教育史研究的基本理论架构。出于政治要求，新中国成立之初到1980年代的教育学建设以批判与学习的方式展开，批判的是西方与1949年以前中国教育学说，学习的是苏联尤其是凯洛夫的教育学。以杜威为代表的“实用主义”教育学说在20世纪上半叶影响颇大，首先成为批判的对象。研究者认为，杜威的“实用主义”是“帝国主义时代的最大的帝国主义国家的统治阶级的哲学思想体系”，因此，“假使我们要批判旧教育思想，我们首先应该批判杜威”。[②] 由此开始对杜威教育思想展开了系统的批判，并延伸到整个资产阶级教育学说。“过去的资产阶级的教育学和心理学，完全是建立在形而上学的唯物主义的基础上，体系混乱，内容荒谬，

---

① 罗荣渠:《现代化新论续编》，北京大学出版社1997年版，第99页。

② 曹孚:《杜威批判引论》，《人民教育》1956年1月号。

并不能成其为科学。”[①]“资产阶级教育思想从产生、发展到反动、腐朽，前后经历了几个世纪之久。……十九世纪末、二十世纪初以来，以杜威为代表的‘现代教育’思想和形形色色的‘传统教育’思想，则是帝国主义在教育阵地疯狂挣扎的主要思想武器。”[②]多受西方教育学说影响的中国教育学者也成为批判的对象。

批判西方教育学说是为了更好学习苏联的教育学。早在 1945 年，毛泽东就指出，苏联创造的新文化，应当成为建设新文化的范例。新中国建立后，借助政治的力量，开始全面学习苏联的做法。认为“苏联已用马列主义的观点、方法和三十年的社会主义建设的经验批判、吸取并发展了国际科学的最高成就”。“要建设新民主主义教育，首先必须彻底地系统地学习苏联的先进教育经验。”[③]从 1949 年 11 月 14 日开始，《人民日报》开始翻译部分苏联学者的教育学，随后，大批苏联教育学尤其是凯洛夫的教育学被译介到中国并得到广泛传播与认同，其间虽然由于中苏交恶对包括凯洛夫在内的前苏联教育学说进行了批判，但其影响没有消除，“文革”后教育学恢复则是对凯洛夫教育学说的重新肯定。以至于有学者指出：新中国建立后到 80 年代前，教育学都以总论、教学论、德育、体育、课外活动等为结构框架。[④] 凯洛夫教育学是学校教育理论，也是教育史研究的基本架构。

（二）以阶级分析法作为研究的基本方法。阶级分析法是运用马克思主义关于阶级和阶级斗争的观点去观察和分析阶级状况、社会关系、社会生活和社会发展等基本问题的方法。这种方法首先被苏联学者作为历史唯物主义应用到教育理论分析之中。受苏联影响，研究者指出：“教育史是具有阶级性与党性的一门科学。在阶级社会中它是一部教育的阶级斗争史，是一部教育的解放斗争史。因此，一部教育史，必须阐明在教育理论与实践中两条路线的斗争——人民路线与反人民路线的斗争。”教育史被认为是一门具有党性和阶级性的科学，对阶级社会各阶段的教育理论与实践，必须用阶级

① 王焕勋：《对于师范学院施行教育系教学计划中几个问题的认识》，《人民教育》1954 年 4 月号。

② 上海师范大学教育系《外国教育发展史资料》（近现代部分）编译组：《外国教育发展史资料》，上海人民出版社 1976 年版，第 207、211 页。

③ 社论：《进一步学习苏联的先进教育经验》，《人民教育》1952 年 11 月号。

④ 叶澜主编：《二十世纪中国社会科学·教育学卷》，上海人民出版社 2005 年版，第 76 页。

的观点来研究。“深刻而彻底的党性，必须贯穿于全部教育史的研究中。”① 将教育的历史性、科学性、阶级性、党性融为一体：“新中国教育学不仅具有高度的党性，同时也具有高度的科学性。党性与科学性是统一的。因为共产党是最先进的工人阶级的政党，是实行马列主义的政党。而马列主义本身就是科学的最高发展和成就。所以，党性也必然体现了科学性。”教育是人类社会的一种上层建筑，从有阶级社会以来，整个教育史上就是反映着两个敌对阶级的斗争，教育始终成为阶级斗争的工具，表现着极强烈的阶级性。②

在阶级的框架内，开始对古今中外的教育作出分析。不仅要以阶级社会关系的变化来划分历史时期，而且要从阶级关系中来寻找每个历史时期的各种历史现象。教育史研究的任务被定位成认识教育领域内两条路线的斗争；掌握马列教育理论，学习苏联先进教育经验；认识新民主主义时期和中华人民共和国成立后在中国共产党领导下人民教育事业的光辉成就等。为了保证这个任务的实现，要“特别重视教育理论领域中的唯物主义与唯心主义的斗争，和教育实践领域中代表统治阶级利益的与代表劳动人民利益的两条路线的斗争”。对新民主主义教育要予以充分肯定，对西方资产阶级教育与国民党统治下的教育要予以严厉批判；对中国古代教育，要批判其教育的阶级性、封建性，吸收教育家在教育及教学理论上的贡献，尤其是“历代农民思想家在教育上的杰出主张”；对近现代中国教育则要“揭发近百年来，中国教育的历史性和阶级性”。③ 并从政治主张、阶级立场出发，对不同历史时段的教育及教育家的教育思想进行了批判式的分析。

（三）以革命的政治立场作为评价教育历史人物和历史事件的基本依据。近代中国出现一批教育救国者，在革命者看来，这是改良；加之，这些人多受西方非马克思主义学说的影响，于是，成为革命的对象。从 1951 年对武训的批判开始，提出了对旧中国资产阶级与小资产阶级改良主义派教育思想进行批判的任务。认为“改良主义就是和革命的民主主义相对立的思想、路线，改良主义就是主张在原有的腐朽了的反动政治经济的基础上进行某些社会的改革，而不是去从根本上推翻其原有的反动经济基础及其上层建

① 张国安主编：《教育史》，教育行政学院 1956 年翻印，第 2～4 页。

② 福建省教育厅师范初教处编：《教育学讲义》（初稿），1958 年，第 2～5 页。

③ 沈灌群：《沈灌群教育论稿》，华东师范大学出版社 1993 年版，第 237 页；关正礼、何寿昌主编：《中国近代教育史》，东北师范大学教务处教材科 1953 年油印本，第 2 页。

筑”,所以,“改良主义与投降主义的思想基础和本质是同一的,都是站在维护反动统治阶级的立场,不同点只是他们的表现形式和思想的深度有所差别而已”。“昨天是改良主义者,是反动教育的支持者,是自以为是的‘为教育而教育’的盲目者,立场、观点、方法都是不对头的。”①于是,是否革命成为评价历史事件与历史人物的基本指标。

在革命史观中,中国古典教育是维护奴隶主和封建统治阶级利益的工具,洋务时期的教育目的在于“把帝国主义国家的统治阶级怎样以政治经济的‘特权’,以强大的武装力量,剥削、压迫本国人民的办法学来,对付中国人民,加强统治阶级的力量”;教会教育是对中国文化的侵略,目的在于“造就服从它们的知识干部和愚弄广大的中国人民”。国民党统治下的教育则是封建的、买办的、法西斯的、反动的教育。② 对历史事件如此评价,对历史人物的教育思想评价亦如此。胡适“是美帝国主义所豢养的文化买办,是帝国主义和蒋介石国民党反动派的无耻帮凶”。晏阳初是与胡适一个鼻孔出气的“买办奴才”,奉行的是“买办教育政策”。陈鹤琴“活教育”理论本质是主观唯心主义和阶级调和论,是一种受杜威影响的小资产阶级和资产阶级教育思想,客观上是在为国民党统治服务。梁漱溟的“乡村建设”则被认为是在文化方面向革命的进攻,为帝国主义、封建地主和官僚资产阶级的联合统治奠定农村基地,以达“代替共产党”、“消灭共产党”的目的。③

革命史取向的教育史研究明显依附政治并对唯物史观机械理解与应用,引起一些学者的反对。早在1957年,曹孚即在《教育学研究中的若干问题》中对凯洛夫教育学提出挑战,而且对教育学、教育史研究方法论提出自己的观点,反对模式化、僵化、孤立化和简单化的分析,反对把马克思主义教育理论教条化,为教育史研究的方法论发展提出建议。④ 然而随后不久,这

① 凯旆:《从讨论武训思想谈到批判旧教育思想》,《人民教育》1951年7月号。

② 关正礼、何寿昌:《中国近代教育史》,东北师范大学教务处1953年油印本,第2页;张国安主编:《教育史》,教育行政学院1956年翻印,第32页;朗奎第:《中国近代教育史》“引言”,山东师范学院教务处1954年油印本。

③ 张如心:《批判胡适的实用主义哲学》,人民出版社1955年版,第1页;张安国主编:《教育史》,教育行政学院1956年翻印,第76～78页;陈元晖:《实用主义教育学批判》,人民教育出版社1956年版,第133页;张凌光:《评“活教育”的基本原则》,《文汇报》1951年10月30日;邹鲁凤、李志逵:《批判梁漱溟的反动思想》,《梁漱溟思想批判》(论文汇编)第1辑,生活·读书·新知三联书店1959年版,第171页。

④ 曹孚:《教育学研究中的若干问题》,《新建设》1957年6月号。

种观点受到批判，曹孚本人被迫写出前后矛盾的文章——《对〈教育学研究中的若干问题〉一文的检讨》，而且被冠以“资产阶级反动学术权威”的名号。陈友松在《教育工作中的教条主义和官僚主义》中指出：“过去几年，我们关于对一切资本主义国家的学术扣上唯心主义的帽子，惯于骂街或断章取义地引用经典著作来代替我们的独立思考。”并提出应认真对待资产阶级的教育思想，注重教育的科学研究并恢复教育学的分支学科。① 同样，这种观点被认为是猖狂向党和国家的教育政策和马克思主义教育学进攻而遭到围攻，被认为这是咒骂国家教育工作，企图恢复实用主义教育学。②

革命史取向的教育史研究是政治主导下的教育史研究。它以政治目的为教育史研究的目的，以学校教育理论作为研究的基本架构，以阶级分析法作为主要分析方法，以对革命的态度作为评价的基本指标，虽然付出艰苦努力，却少有学术积淀。学校教育是教育发展到一定阶段的产物而非相反，学校教育仅是教育的一种而非全部，以建立在一种教育形态上的理论分析纷繁复杂的教育历史现象，显然非其能力所及；阶级分析法在分析问题的差异性方面时具有相当的解释力，但它难以解释问题间的相互联系及其转化，正如学者所言：“人们的思想和行动一律是阶级利益的反映。照此推论，那么人类变成了一群木偶，历史则成为一场盛大的木偶戏。”③革命史的判断标准，将政治变革等同于社会变革，凸出革命的正面作用而遮蔽革命的负作用。这种取向的教育史研究从新中国成立之初一直持续到“文革”结束，甚至在 20 世纪 80 年代的教育史研究中依然留有痕迹。正如恩格斯所言：“任何一次革命中，就像其他任何时候一样，难免会做出许多蠢事；当人们最后平静下来，以致能够重新进行批评的时候，我们必然会得出这样的结论：我们做了许多最好不做的事，而没有做许多应该做的事，因此事情搞糟了。”④革命史取向的教育史研究由于政治重心的转移和革命领袖对革命负面作用的澄明开始发生变化。“我们都是搞革命的，搞革命的人最容易犯急性病。我们的用心是好的，想早一点进入共产主义，这往往使我们不能冷静地分析

---

① 陈友松：《教育工作中的教条主义和官僚主义》，《文汇报》1957 年 4 月 30 日。

② 陈元辉：《不许陈友松替实用主义教育学进行复辟活动》，《人民教育》1957 年 10 月号；顾明远：《驳斥陈友松对马克思列宁主义教育学的污蔑》，《人民教育》1957 年 10 月号。

③ [美]柯文著，雷颐、罗检秋译：《在传统与现代性之间：王韬与晚清革命》，江苏人民出版社 2003 年版，第 118 页。

④《马克思恩格斯选集》第 2 卷，人民出版社 1972 年版，第 594 页。

主客观方面的情况，从而违反客观世界发展规律。中国过去就是犯了性急的错误。”①

三、恢复创建中的一元多线取向(1978年至今)

新中国成立到改革开放期间形成了一些学术色彩浓厚的教育史著作，如顾树森的《中国古代教育家语录》及邱椿的《古代教育思想论丛》等都成书于1960年代，但迟至1980年代才得以出版。这些学术色彩浓厚的著作在当时不居主流，且作者还成为“革命”的对象。“文革”结束以及改革开放国策的确定，教育史研究在重新评价孔子中艰难展开。从以往机械、教条的唯物史观开始向经典唯物史观回归，并尝试将唯物史观与中国教育历史实际相结合，重新展开中国教育史研究。

三部通史性质的教育史研究成果可谓恢复重建的结晶。《中国教育通史》在“前言”中指出：中国教育史上有封建的、殖民主义的陈旧东西，“但就中国教育发展史的总体看来，仍然是精华胜过糟粕，光明大于阴暗，进步多于落后”。这种评价，与之前的研究呈现出显著差异，显示出学术回归经典唯物史观的努力，“以马列主义、毛泽东思想为指导，坚持历史唯物主义的基本原理和实事求是的精神，全面系统地研究中国教育发展史……是我们编写这部《中国教育通史》的指导原则和根本出发点”。② 这个指导原则和根本出发点也是此后中国教育史研究的总则。随后的《中国教育思想通史》、《中国教育制度通史》不仅是在这一总则指导之下编写而成，而且强化了教育史研究对象的两分，即教育思想史与教育制度史。教育史研究开始步入繁荣时期。在这方面，《中国教育制度通史》的研究带有明显突破经典束缚的尝试，“在教育制度史的研究上，任何预定的假设和狭隘的功利追求，以及单纯对号入座的牵强附会，都将会影响我们解释记录制度的史料的真实性和准确性，从而导致对制度提出者的实际意图的扭曲。我们要做的，是科学、客观地去审视材料，以保证在材料的取舍上不致产生偏差；同时，我们也需要作为一个思想的代理人进入到史料本身，以深察制度提出者的思想逻辑和内涵，保证我们对其实际意图的理解不致错误，从而有助于丰富我们的头

---

① 《邓小平文选》第3卷，人民出版社1993年版，第140页。

② 毛礼锐、沈灌群主编：《中国教育通史·前言》第3卷，山东教育出版社1987年版，第2页。

脑，增长我们的智慧”[①]。不仅突出了研究回归学术，凸显研究者的主体意识，而且带有明显服务教育现实的意图，成为开启新研究范式的必要环节。在这一努力过程中，逐渐形成了几种新的研究取向。其中，现代化研究取向将现代化理论纳入唯物史观以发展唯物史观；叙事取向则从方法论的角度对教育史研究的方法进而对研究对象、研究视野作出探索，将研究视角从宏观、上层、精英导入微观、底层与民间；活动取向则将研究对象确定为关注教育内部的日常行为，尝试打通宏观与微观之间的壁垒，将两者联系起来并形成中观取向，由此出现了唯物史观主导下的一元多线教育史研究。

现代化[②]取向的教育史研究是将现代化理论融入唯物史观用于考察中国教育变迁的一种研究取向。这种取向出现于20世纪50年代初，兴盛于20世纪90年代并持续到今天。以现代化为中心来研究中国近现代史，“必须建立一个包括革命在内而不是排斥革命的新的综合分析框架，必须以现代生产力、经济发展、政治民主、社会进步、国际性整合等综合标志对近一个半世纪的中国大变革给予新的客观的历史定位。新的研究要求在概念、模式、理论、方法等方面都有新的突破，但这些突破又只有通过系统的切实的研究才能取得。”[③]所谓教育现代化是指从自给自足的封建农业经济基础和封建专制政体相适应的传统教育，逐步向与现代大工业生产和资本主义法治相适应的新式教育转化演变的历史过程，实用性、民主性、科学性和开放性是其基本内涵。教育现代化是社会现代化的一部分，既是社会现代化的内容，又是社会现代化的表现。[④] 现代化研究取向将中国教育放在资本主义迅速扩张的国际大环境和中国社会发展剧烈变化的国内环境中加以考察，在研究视野上有了巨大突破，并且对传统与现代、外来教育及其本土化等基本问题作出探索，“力求处理近代化与传统、向西方学习与本土化、近代西方文化教育的正面影响与殖民主义者的文化侵略等重大问题的关系；力求把握好教育近代化与社会近代化的互动关系；力求从理论与现实相结合的高

---

① 李国钧、王炳照主编：《中国教育制度通史·总序》，山东教育出版社2000年版。

② 现代化在中国学术语境中有“近代化”、“早期现代化”等名称，仔细考察这些概念的内涵则没有显著差异，本文将其统一称为“现代化”。行文中除引文中的“近代化”或“早期现代化”之外，其余地方则一律以“现代化”指称。

③ 罗荣渠：《现代化新论续编·东亚与中国的现代化进程》，北京大学出版社1997年版，第100页。

④《中国教育近代化研究》课题组：《〈中国教育近代化研究〉总结报告》，《教育研究》1997年第12期。

度展现近代以来传统教育在各个层面发生的深刻而广泛的变革轨迹”①。

现代化取向的教育史研究同样是以历史唯物主义作为方法论，但阶级分析法已不是主要的研究方法，借鉴诸如历史学、社会学、文化学、政治学、人类学等学科的研究方法，并重视比较法的应用，在做具体分析时，实证研究成为重要的研究方法，出现多角度、多侧面、多层次的精细化分析特点。多元研究方法使得研究视野大大开阔和研究范围大为拓展，开辟了诸多教育研究的新领域，对历史事件和历史人物的评价也贴近教育自身发展的实际情况。现代化研究范式的一个典型特征是开始从教育自身的变化以及教育自身与社会诸因素的关系分析考察教育演变的历史，它体现研究者主体意识的增强，关注教育的普及化、民主化、国际化、制度化、法制化等。它不再是以政治而主要以教育自身的变化来考察教育的演进，不仅在研究视野、研究范围、研究对象、研究方法以及具体的评价方面与革命史范式存在显著差异，呈现出与革命史研究范式不同的教育史研究结果，标志着研究者主体意识的增强和研究范式的回归，焕发出勃勃生机。现代化取向的教育史研究以其理性彩色浓厚被研究者认同并被广泛采用。

几乎在现代化取向兴起的同时，出现了叙事取向的教育史研究。早在20世纪90年代初，研究者就指出：“如果我们想仅从学校教育中寻找中国传统文化的传播途径，那就根本无法解释何以旧的文化思想会那样广泛地影响着人们的社会生活及精神观念。”因此，“关于下层民间的社会性文化教育，也应成为中国传统教育研究的重要组成部分”②。加之，教育经验的复杂性、丰富性与多样性决定了任何一种预先设定的理论框架都会陷入叙述紧张。以叙事的方式回归时空中各种具体的人物、机构及事件，叙事本身所揭示的各种教育存在方式或行为关系，以及当事人在此行为关系中的处境与感受，便成了教育文本所要表达的“意义”。由此，教育经验的叙事探究便不仅仅为经验的呈现方法，也成为了教育意义的承载体，更构成了一种开放性意义诠释的理论方式。③ 在研究者看来，从叙事的视角解读教育历史发展中的文化现象及其与社会发展之间的互动关系，其意义不仅在于变迁教育史研究视角和方法，更在于如何把人的活动置于教育史研究的中心地位，并以

---

① 田正平主编：《中国教育史研究·近代分卷·前言》，华东师范大学出版社2001年版，第2～3页。

② 丁钢：《文化的传递与嬗变：中国文化与教育》，上海教育出版社1990年，第5～7页。

③ 丁钢：《教育理论的经验方式》，《教育研究》2003年第2期。

此强调教育史的历史感知及其人文蕴意。由此，历史叙事便成为一种令人关注的研究取向。这种研究取向必然活动于一定的文化处境之中，了解这种文化处境中的传统，又是研究教育实践行动的必然前提。① 因此，叙事研究不仅是历史研究的一种，更是实践研究的一种。源于此，学者对叙事取向的教育史研究进行了持续探究，并对相关理论进行了系统研究。

叙事是人类生活经验的基本表达方式。“叙事是一种思维的模式、一种意义生成的承载工具和一个文化表达的模式。……还是一个知识组织的结构和一个教育过程的载体。”教育叙事是表达人们在教育生活实践中所获得的教育经验、体验、知识和意义的有效方式，教育叙事研究就是探究如何才能准确表达和诠释教育经验和教育意义。因此，叙事研究不仅是一种研究的方法和经验意义的表达方式，更是一种思维方式。② 理论是灰色的，而生活之树常青。叙事研究以现象学和解释学为方法论基础，以日常生活中的人为对象，追求不是用因果律来推导出某种规律，而是对被研究者的个人经验和意义作“解释性理解”，研究者通过自己亲身体验，对被研究者的生活故事和意义作出解释，以多义性的诠释和经验的分析达成真实的理解。通过经验的故事、口述、现场观察、日记、访谈、自传或传记甚至书信及文献分析等，来逼近经验和实践的本身，并尊重每个个体的生活意义。③ 从这个层面看，叙事研究关注的是微观层面的个体的人，是一种更为开放的研究，追求的是真实反映教育实践经验的复杂性、丰富性与多样性。

活动取向的教育史研究源自对教育史研究对象的进一步梳理。将教育史研究对象确定为思想与实际的观点盛行于20世纪二三十年代，这种蕴含着思想、制度、实践的观点在改革开放后教育史研究恢复重建中被限定在思想与制度两个方面。于是，将教育史研究对象从“两分”拓展为“三分”即成为研究者关注的对象。以1995年“中国近现代教育实验史”的立项为标志，教育实践开始成为教育史研究的重要对象。随后，学者明确提出教育研究对象三分论，即教育思想、教育制度、教育实践，对三者关系进行了分析，并尝试将这种三分的、立体式运用于《中国教育制度通史》的研究过程。然而，

① 丁钢：《叙事范式与历史感知：教育史研究的一种方法维度》，《教育研究》2005年第5期。

② 丁钢：《教育叙事的理论探究》，《高等教育研究》2008第1期。

③ 丁钢：《我们如何做教育叙事》，《中国教育报》2004年10月21日。

受制于资料与早期研究成果单薄的限制，使得这一目的没有实现。[①]

教育是培养人的社会实践活动，教育史是培养的人的实践的历史。因此，教育史研究就是对培养人的实践活动历史的研究。这一点，即使研究教育思想与教育制度的学者亦有明确表述。[②] 于是，以实践品格为追求目标，学者开始对教育活动史展开理论上的探讨并在实践上予以实施。“教育活动”，既指直接以促进人的有价值发展为目的的各种具体活动，亦指教育者与受教育者参与教育过程并进行互动的各种方式。教育活动史是教育者与受教育者以各种方式参与教育过程并进行互动的历史，教育活动史研究就是对教育活动的历史研究。由于思想与制度只有在活动中才能得以体现，教育活动是教育现象得以存在的基本形式、是影响人的发展的决定性因素。因此，教育活动史既是教育思想史与教育制度史存在的前提和基础，还是教育思想史与教育制度史的中介和桥梁，是影响教育思想与教育制度的关键性因素。三者构成倒三角关系：教育活动是起源、前提和基础，教育思想史和教育制度史是派生物和结果。没有教育活动史，就没有教育思想史和教育制度史。因此，研究教育史，必须研究教育活动史。以往将教育活动史融入教育思想史与教育制度史的理解与做法，不是重视教育活动史，而是忽视和消解教育活动史，教育活动史应该被作为一个相对独立的内容予以重视和研究。[③]

教育活动史以历史上直观的、实在的、具体的教育活动的发展历史及其演变历史为研究对象，重点研究人类历史上各种直接以促进人的有价值发

---

① 王炳照主编：《中国教育史专题研究》，北京师范大学出版社 2009 年版，第 432～435 页。

② 如研究思想者指出：“教育思想的发展与教育实践的发展是一个辩证统一的历史。教育思想来源于教育实践，又指导教育实践，并接受教育实践的检验。”“教育思想与教育实践都在遵循自身规律严谨的同时，互相促进，向着更高的水平、更新的阶段发展。”教育史研究既要探究教育思想与教育实践辩证发展的历史过程和规律，又要探究教育思想与教育实践各自独立发展的历史过程和规律。参见王炳照、阎国华主编：《中国教育思想通史·绪论》第一卷，湖南教育出版社 1994 年版，第 3～4 页；制度史研究者则指出：制度同一般的实践活动并不相同，它是人们对实践活动的价值获得认识后，对未来实践活动的方向所进行的建议或规定。虽然必须以人对实践活动价值的认识为前提，制度在其构成的直接来源上，却不局限在实践，而更涉及一种观念、理论或理念。李国钧、王炳照主编：《中国教育制度通史·总序》，山东教育出版社 2000 年版，第 8～14 页。

③ 周洪宇：《对教育史学若干基本问题的看法》，《河北师范大学学报》(教育科学版) 2009 年第 1 期。

展为目的的具体活动以及教育者与受教育者参与教育过程，进行互动的各种方式的发展、演变的历史。[①] 它同样将日常生活、普通民众的教育纳入研究视野，以记载民间生活的资料为分析对象，研究成果以满足大众需求为目的。实现教育史研究从宏观向中观微观、从精英向民众、从高层向基层、从经典向世俗、从中心向边缘的转移，是研究重心下移的结果，亦是研究取向转变的一种路径。这种研究同样以历史唯物主义为指导，坚持教育史研究的史学性质，广泛吸收人文社会学科乃至自然科学的理论与方法成果，在研究过程中将其整合为适用于教育史研究的方法论，将其具体化为能够解释不同层次教育问题的可操作的方法。教育活动史追求的是生动鲜活、充满生机活力而非缺乏生机、远离生命的死板的教育史，尝试形成打通宏观与微观、具有总体型与全景式的教育史。

对教育历史的研究既可从宏观入手，亦可从微观入手，然而，距离太远与距离太近的结果都可能看不清现象的实质。如同默顿所言："具体的事物是无穷的，高度概括的理论并不能给予足够的指导；一切科学中，区别高手与生手的关键就在于中层命题。"[②]"中层命题"不是一个可以解释所有人们观察到的自成体系的社会行为、社会组织和社会变迁的理论，亦非研究中出现的大批微观而必要的操作性假设，而是介于两者之间的理论。教育活动不仅是教育实践与教育行为之间的一个"中位概念"，而且是介于宏观与微观之间的"中层命题"，使其成为分析教育现象的一个较好的视角。新时期的教育史研究已然形成了涉及宏观的现代化取向、涉及中观的活动取向和涉及微观的叙事取向，三种取向的教育史研究各有优劣，可以互相补充互相借鉴，在相互争论、互相借鉴与补充的基础上，服务于构建属于历史的、符合中国的教育史学科的目的。

（作者系华中师范大学教育史专业2010级博士后，现为山东师范大学教育学院副教授）

① 周洪宇、申国昌：《教育活动史：视野下移的学术实践》，《教育研究》2010年第10期。

② ［美］罗伯特·金·默顿著，何凡兴等译：《论理论社会学》，华夏出版社1990年版，第76页。

当前中国教育史研究的应然趋势之分析

陈光春

从1904年至今，中国教育史研究已走过了百余年历程。中国教育史研究的第一时期从1904《癸卯学制》颁布开始到1949年中华人民共和国建立结束。在这段时间中，中国教育史研究经历了一个从启蒙、发展、兴盛到停滞的过程，并形成了教育史研究的第一次高潮。1949年中华人民共和国成立后，中国教育史学科经历了一波三折的历程。在建国后的六十年中，教育史研究在20世纪50年代初通过学习苏联得以再起步，在20世纪60年代中曲折展开并走入歧途，在80年代渐入佳境。[①] 广大研究者得益于改革开放后的宽松学术氛围，掀起了中国教育史研究的第二个高潮。其主要表现在学科队伍不断壮大，中青年学者快速成长；学科研究领域大大拓宽，研究成果层出不穷，并形成了以教育制度史和教育思想史为研究主体的教育内部史研究，以教育与文化、社会之间关系为研究对象的教育外部史研究。重要的是，随着教育史学观念的转变及与海外学者交流渠道的开辟，以教育史研究本身为研究对象的教育史学理论研究框架开始形成，中国教育史学科体

---

① 杜成宪：《中国教育史学科体系试构》，《华东师范大学学报》（教育科学版）1997年第7期。

系渐趋成熟。20世纪90年代以后，中国教育史研究的范围大大拓宽，涉及诸多方面，一些以前认为在教育史上微不足道的人物、事迹、教育现象等都得到关注。当前，中国教育史学界研究范围大大拓宽，人们的视野不再局限于重要人物和制度。学术视野下移、民间教化等都受到了重视，一些口碑资料等也受到了重视。人们也从不同角度来考察教育，地方教育、宗族教育、商人教育等不同研究表明人们已经意识到研究教育史不能单独看教育，而应该从不同角度、不同侧面来看，应该在整个社会的大环境中看教育。新世纪中国教育史学发展将呈现三大发展趋势，即转向加强自身学科理论建设，转向研究教育历史的日常问题，转向发掘本土的学术传统，也可称之为中国教育史学的“三大转向”①。

一、研究对象：教育思想史、教育制度史和教育活动史三分论

以往各种教育史学论著告诉人们，教育史学是研究教育历史及其规律的学科，具体而言，其研究对象就是教育思想史和教育制度史。这样说对吗？当然不能说错，但细究下来，也不能说很准确、很科学。究其原因就在于这种说法遗漏了教育史学研究的另外一个甚至更为基础、更为重要的对象，那就是教育活动史。如同教育学不研究人们的教育活动，就无法进行一样，教育史学不研究人们的教育活动史，再怎么研究教育思想史和教育制度史，也缺乏前提和基础，只能是一门“见人不见行”“见物不见事”的教育史学。

教育活动史是教育者与受教育者以各种方式参与教育过程并进行互动的历史，是影响人们的教育思想和教育制度发展过程的关键性因素。它既是教育思想史和教育制度史的起源，又是教育思想史和教育制度史存在的前提和基础，还是连接教育思想史和教育制度史的中介和桥梁。教育活动史与教育思想史、教育制度史构成一种倒三角关系，教育活动史是起源、前提和基础，教育思想史和教育制度史是派生物和结果。没有教育活动史，就没有教育思想史和教育制度史。三者相辅相成，缺一不可。离开了教育活动史，教育思想史和教育制度史有如无源之水，难以维持，又如无桥之岸，无法沟通。因此，研究教育史，必须研究教育活动史。应该看到，教育活动史是与教育思想史、教育制度史并列的一个方面，与教育思想史、教育制度史

---

① 周洪宇、申国昌：《新世纪中国教育史学的发展趋势》，《华东师范大学学报》（教育科学版）2007年第9期。

共同构成教育史学研究的研究对象。①

二、研究价值:教育史的现实性和学术性应并行不悖

既缺乏现实性,又缺乏学术性,是当前教育史学科陷入危机的根源。教育史学科确立一百多年来,它受到最多的批评即是对其缺乏实用性的指责。20世纪初,美国教育史学科的开拓者之一库伯莱(Ellwood P. Cubberley)在《美国公共教育》一书的前言中曾提到教育史遭到的广泛的批评:它建立在老的"知识的理论和事实的基础之上","与当前的教育问题毫不相干。……在培训未来的教师方面没有什么用处"。因此他指出:未来教师所需要的教育史应具有较强的实践性,这种教育史需要密切关注"社会的、政治的和工业的力量,特别关注城市化、工业化和移民问题,这种教育史还应该能帮助未来的教师通过历史演变而看到20世纪的问题"。② 当然,我们要摒弃狭隘的功利主义倾向,在注重实用性的同时,也要提升教育史研究的学术性,教育史要超越狭隘的专业目标,而成为"更宽范围的人文主义的专业"。

三、研究方法:坚持历史与逻辑的统一,坚持"三条腿"的研究方法

教育史研究要善于"从历史中发现逻辑,学会用逻辑去考察历史"③。教育史的"自然次序"性要求对教育发展历程作"原生态式的把握",即历史的把握;教育史的"历史发展次序"性又要求对教育史作逻辑的把握。只有把历史方法与逻辑方法统一起来,才能真正透视和折射教育史的直观外表特征与抽象内在规律。既要强化教育史的理论指导,站到教育理论的高度,运用哲学思辨的眼光去审视与评判教育发展历程中的利弊得失,又要重视遵从史实,奠定扎实的史学功底,善于挖掘与鉴别第一手史料,力求教育史研究实现"自然次序"与"历史发展次序"的统一,力争教育史成为教育学科与历史学科的完善结合。④

当前教育史学科发展正面临困境,教育史的研究似乎到了"山穷水尽"

---

① 周洪宇:《对教育史学若干基本问题的看法》,《河北师范大学学报》(教育科学版)2009年第1期。

② 贺国庆、张薇:《"教育史"学科面向未来的思考》,《教育科学》2005年第6期。

③ 张岱年:《中国哲学史方法论发凡》,中华书局2003年版,第2页。

④ 申国昌、周洪宇:《教育史研究中历史与逻辑的统一》,《湖北大学学报》(哲学社会科学版)2007年第1期。

的地步,其原因在于教育史学缺乏自身的研究范式。而要走进教育史研究的“又一村”,必须在方法论上有新的突破,关键在于能否在研究方法、研究视野和研究材料等方面取得突破。教育史研究要坚持“三条腿”的研究方法,即运用历史文献、考古资料和人类学方法来进行教育史研究。在后现代主义视野下,“三条腿”的研究方法丰富了教育史研究的史料来源途径,开拓了教育史的研究领域,更新了教育史的研究方法,实现研究对象的转换,从而使教育史研究走出困境。[①]

四、研究群体:教育学者和历史学者应共同致力于教育史研究

从英美两国的情况看,对于教育的历史研究都是在如下两个背景中发展的:一为教育学科,一为历史学科。第二次世界大战后西方教育史发展的一个重要特征是专业历史学者开始介入教育史的研究。20世纪中期起,英美等国的教育史学者在恢复教育史的可信性时,采取的策略是修复教育史与它的母学科——历史学之间的联系,同时也保持着与专业教育领域的关系。但是,教育学者与历史学者之间的关系发展并不是一帆风顺的,有段时间,甚至还出现了历史学者和教育学者互相敌视的现象。20世纪八九十年代,由历史学者进行的教育史研究呈上升趋势,文章数量增多了。如英国历史系所编辑的所有杂志一年中发表的有关教育的文章在1977年到1996年翻了一番。历史学者对教育学的兴趣持续增长,新的课程不断开设。历史学家甚至成为教育史研究的主体。

应该看到,历史学界历来就有不少人乃至史学大家对教育史学充满兴趣,而且近年来兴味日浓,纷纷涉足大学史、教会大学史、中外教育交流史、清末民初教育改革史、教育社团史等,参加甚至主办各种关于教育史学研究的会议,在各类历史研究杂志上发表教育史学研究成果,指导并培养关于研究教育史问题的学生,他们将之作为从以传统政治史为中心向总体史回归、深化史学研究的要务之一。这说明,历史学界并未忘却或忽视教育史学,教育史学不是教育学界和教育学者的专有领域,仍然是历史学界和历史学者青睐的对象。[②] 历史学者和教育学者携手研究教育史是学科发展的必然趋

① 严奇岩:《“三条腿”研究方法与教育史研究》,《河北科技师范学院学报》(社会科学版)2006年第9期。

② 周洪宇:《对教育史学若干基本问题的看法》,《河北师范大学学报》(教育科学版)2009年第1期。

势，教育史需要吸引历史学者加盟教育史研究，以改变当前教育史研究水平相对不高的局面。

五、研究主体：加强教育史研究者的主体意识

教育史研究者的主体意识是指教育史研究者对自身作为教育史研究活动全过程中的主体的自觉意识，以及在此基础上对教育史学术问题所作出的各种认识与判断。一个合格的教育史学研究者应具有“史德”“史识”“史学”“史才”四种学术素养。唐代历史学家刘知几曾提出史家应当具备“史才”“史学”和“史识”，清代历史学家章学诚在此基础上又补充了“史德”，并将此四者排列为：史才、史学、史识和史德。近现代历史学家梁启超则将四者排列顺序变更为：史德、史学、史识、史才。在教育史学界，对教育史研究者的主体意识问题一直缺乏关注。当前我们要发展教育史学科，尤其是在人们期待教育史学科出现新的“转机”的时候，就不能不提出主体性的解放这个根本性问题。要做到这一点，就必须重视增强教育史研究者自觉的主体意识，提高教育史认识主体的认识能力。首先，我们应该重视主体修养的问题，这是加强自觉的主体意识的基础。其次，要有强烈的教育史学理论创新的欲望和行动。最后，我们应该进一步强化教育史研究者在从事教育史研究活动中的自觉的主体意识。①

从以上分析可以看出，中国教育史学界，必须适应学科发展的趋势，反思建国后的教育史研究状况，对教育史学理论的主要内容如本体论（教育史的对象和体系），认识论（认识过程和特点），方法论和价值论（教育史的社会功能），学科的性质与分支结构，教育史与其他学科的关系，教育史研究的历史演变和未来发展与国际比较，以及教育史学工作者的基本素养等问题，进行深入讨论，并达成共识。只有这样，教育史研究才能焕发学术青春，注入生命活力，增加现代意识，服务于当今的教育改革实践。

（作者系华中师范大学教育史博士生，湖北第二师范学院组织部副部长）

① 孙广勇、赵厚勰：《论教育史研究者的主体意识》，《理论月刊》2006年第4期。

全球化视野下教育史学新走向

申国昌　周洪宇

在当今世界,全球化趋势令人瞩目,已成为世界发展的主流。当今世界经济与政治的全球化,特别是教育的全球化,必然要求教育史学研究应拓宽视野、着眼全球、放眼世界。在全球化背景下,教育史学不仅要在教育领域加强国际交流与合作,而且要在整个社会科学领域借鉴与汲取其他学科的研究理论与方法,特别是世界史学发展的新趋势与新方法。因为教育史学是历史学与教育学的交叉学科,其产生和发展与历史学有着天然的血缘关系。有鉴于此,我们主要根据当代世界史学发展趋势,结合教育史学的自身特点,认为未来世界教育史学将主要朝着多元化、整体化、群体化、民间化方向发展。中国教育史学工作者应把握趋势,明了走向,顺势而为。

一、多元化:文化史观给教育史学的启示

早在20世纪50年代,德国历史哲学家斯宾格勒(O. Spengler)和英国历史学家汤因比(A. J. Toynbee)最早提出打破"欧洲文化中心论",倡导文化多元化,他们的史学理论被称为"文化形态史观"。在这种文化多元论的导引下,欧美各国历史学界和教育史学界均出现了研究理论和方法的多元化倾向。特别是继法国年鉴学派之后,于20世纪70年代以来兴起的"新史学",

极力倡导借鉴自然科学和社会科学的理论和方法，力求历史研究趋于多元化和灵活化。

受其影响欧美教育史学界也出现了多元化的研究取向，法国当代教育史学家安多旺·莱昂(A. Léon)说过，“新史学”潮流必然影响到教育史学者的研究趋势，这种趋势可以概括为：史学家的兴趣领域得到了拓宽；主题历史法取代叙述历史法；多视角考察和分析教育历程；研究主体与研究成果的关联等。① 有鉴于此，我们认为，未来教育史学研究的多元化，主要包括研究理论的多元化、方法手段的多元化、对象领域的多元化、成果形式的多元化。

其一，研究理论的多元化。美国史学家巴恩斯(H. E. Barnes)认为，“历史是关于人在社会环境条件下发展的记录”，如果研究者不具备人类学、社会学、人口学、经济学、政治学、法律学、伦理学、心理学、心态史、文化史、科技史等多学科的知识和理论，“就不可能对这种记录作出合理的解释”。② 教育史学研究人员要实现传统教育史学向新教育史学的转型，就必须具有多学科的基础知识和基本理论。只有这样，才能开阔研究视野，扩大涉猎范围，使研究成果更加多样化。

其二，方法手段的多元化。教育史学应该借鉴和学习新史学的研究方法，新史学十分注重跨学科研究方法的应用，主张历史研究与其他社会科学、自然科学相互渗透、相互借鉴。在交叉与渗透的过程中产生了一些边缘或交叉学科的研究方法，如心理史学、比较史学、计量史学、口述史学、叙事史学、影视史学等。英国当代著名史学家巴勒克拉夫(Barraclough Geoffrey)说过：“历史学家们在社会科学中发现了一系列概念和各种类型的新研究方法。他们是愿意接受这些概念和方法的，因为他们对自己的传统研究方法已经深感不安。至于这些概念是来自社会学、人类学，还是来自经济学，那是无关紧要的。重要的是探索这些概念使历史学家在自己的研究工作中增加新内涵的可能性有多大。”③法国年鉴学派的创始人之一费弗尔(Lucien Febvre)创造性地运用心理学的方法去研究人类群体的心态，从而在欧洲开创了心态史学研究的先河，他采用心态分析的方法深入揭示了德国马丁·路德时代人们的精神风貌和社会心理。法国历史学家拉布卢斯首

---

① [法]安多旺·莱昂著，樊慧英、张斌贤译：《当代教育史》，光明日报出版社 1989 年版，第 7～8 页。

② [美]詹姆斯·哈威·鲁滨孙：《新史学》，商务印书馆 1989 年版，第 208 页。

③ [英]杰弗里·巴勒克拉夫：《当代史学主要趋势》，上海译文出版社 1987 年版，第 75 页。

次将经济学领域的计量分析法运用到具体历史研究中，在史学界创立了计量史学。教育史学界应当像历史学界一样，力求通过借鉴与引入其他学科的研究方法，进而创立教育史学的最新研究方法，以此来实现研究方法的多元化。

其三，对象领域的多元化。文化形态史观的杰出代表、英国历史学家汤因比倡导打破传统“欧洲中心说”，他认为在人类发展史上，曾出现过21种文明，之后又增加了玻里尼西亚文明、爱斯基摩文明、游牧文明、鄂图曼文明、斯巴达文明等5种“停滞发展的文明”，共26种文明，后来又增加到37种。在他看来，各种文明之间具有“亲属关系”，而且是“价值相等的”，主张将这些文化均作为历史的研究对象。由此看来，教育史学也要不断扩大研究视野和领域，实现研究对象的多元化。譬如：全球教育史学界，要打破西方中心主义，不仅注重研究欧美发达国家的教育史，也要研究不发达国家和地区的教育史，[①]尤其要注重研究东方特别是中国的教育史，因为“光明来自东方”[②]，古代东方是世界文明的发祥地和文化教育的摇篮；在研究宗教教育时，不仅要研究西方的基督教教育史，而且要研究佛教、道教、伊斯兰教等东方宗教教育史；在研究教育活动史时，不仅重视官办教育活动史的研究，更要注意对民办、商办、合办等教育史的研究。努力将研究的领域扩大，使之向多元方向迈进，“这样才有可能勾画出一幅充满生机与活力的中外教育史图景”。[③] 教育史学研究应当关注与借鉴当代世界史学最新发展趋势，近年来，美国史学界力求研究对象和领域多元化，开辟了不少新的研究领域，就像美国当代历史学家希梅尔法布(G. Himmelfarb)所说：“月经初潮史应该和君主政体史同等重要”，而“米老鼠比富兰克林、罗斯福对于理解20世纪30年代更为重要”。[④] 教育史学也应将研究的视线更多地投向从来不被关注的下层民众，实现研究对象的多元化。

其四，成果形式的多元化。不仅要有教育通史、教育断代史、教育专题

---

① 周洪宇、申国昌：《新世纪中国教育史发展趋势》，华东师范大学学报(教育科学版)2007年第3期。

② 任钟印、张瑞璠、王承绪主编：《古代东方是世界文化教育的发源地》，《中外教育比较史纲》(古代卷)，山东教育出版社2001年版，第1页。

③ 申国昌：《论西方文化形态史观对教育史研究的启示》，《教育研究与实验》2006年第3期。

④ [美]希梅尔法布：《对新史学的若干思考》，《现代外国哲学社会科学文摘》1990年第4期。

史、教育国别史并存的新格局，而且要出现教育内部史与教育外部史、教育具体史与教育抽象史、教育专题史与教育问题史并举的新局面。要学习与借鉴国外的教育史学表达形式，以求实现线性教育史学与多维教育史学、叙事教育史学与功能教育史学、现象教育史学与展望教育史学①并存并重的局面，因为多样化的表达方式，还有利于引导研究者步入研究的新境界，进而出现形式多样、生动活泼的研究局面。

二、整体化：西方史学对教育史学的牵引

新世纪的全球教育史学，不能仅将目光集中在争取重回师范教学课堂之上，而应将注意力放在加强与历史学、社会学等学科的沟通上，应将学科发展的重心放在学术研究上，努力实现在与历史学、社会学、经济学、心理学、文化学、教育学的交融过程中来逐步扩大新生领地的目的。教育史从教育学科的核心地位向边缘移动并非教育史学科的悲哀，而是孕育着新的希望，说明教育史学开拓新领域机会的到来。教育史学只有在向教育学科边缘移动的过程中，才能获得更多与教育以外学科的接触机会，当教育史学游离出教育学科的核心范围时，就开始向历史学、社会学等学科求助。因此说，走出教育学，进入历史学，不是教育史的消亡，而是教育史阵地的扩大和再生，这就可以更有效地学习和借鉴新史学的研究方法。

教育史学的整体化趋势正是从历史学中借鉴过来的，最早倡导史学研究整体化的是德国历史哲学家斯宾格勒，他提出要对世界上的多种文化进行研究，而对众多文化采取的研究方法应该是整体性地把握。因为在他看来，“世界历史指的是整体，而不是某个选定的部分。”②其后继者英国历史学家汤因比发展了文化形态史观，他针对以往欧洲史学家总是视欧洲为中心的一维思维路径，提出了要研究全世界的多个文化，他说：“我试图把人类的历史视为一个整体，换言之，即从世界性的角度去看待它。”要求从整体来研究和把握历史，“我们必须放眼于整体，因为有这个整体才是一种可以独立说明问题的研究范围。”③

后来，法国年鉴学派又进一步公开提倡整体地、总体地研究历史，即“整

① [法]安多旺·莱昂著，樊慧英、张斌贤译：《当代教育史》，光明日报出版社 1989 年版，第 41～45 页。

② Oswald Spengler. *Decline of the West*. London, G. Allen & Unwin. 1926, p. 24.

③ [英]汤因比：《历史研究》上册，上海人民出版社 1986 年版。

体史"或"总体史",就像该学派的创始人布洛克(Mare Bloch)所说:"真正的唯一的历史,乃是全部的历史。"①所以,他们认为真正的历史就是整体史。继承这一整体史观,新史学的研究内容大大扩展,由传统史学只研究政治、军事史,而拓展为文化史、经济史、社会史、心态史。年鉴学派的第三代核心、新史学的创始人勒高夫(J. Le Goff)进一步指出:"对物质世界、精神世界、想象力世界应予以同等的注意,这样的历史才是表现人类生活全部层次的整体史。"②史学界的这种从整体来把握历史的研究趋势,直接影响到了教育史学界。法国当代教育史学家莱昂就承认这种倾向,他说:"史学界的兴趣得到了拓宽,整体史探讨了不同的学科内容,诸如经济、社会和心理史。……这些趋势必然会影响到教育史学者的工作。"③正当新史学家义无反顾地将笔触伸展到世界范围,谋求整体史观实现的同时,教育史学家也不甘示弱,相继走上了探寻整体教育史观的道路。

而教育史学整体化的突出表现就是要突破狭隘的教育史观,树立整体教育史观。"整体教育史观",笔者认为,应从横向和纵向两个方面来分析:从横向来说,要求教育史学研究者将全球教育史作为一个研究整体,将发达国家与落后国家的教育史、东方与西方的教育史、大国与小国的教育史、文明古国与新建国家的教育史联系起来去研究,作为一个完整的实体去探究。特别是要将中国教育史纳入到世界教育史研究体系之中,使中西教育史合成一体。正如法国当代教育史学家安多旺·莱昂所说:"教育史的范围已经延伸到包括现在在内的所有国家和所有时期。"④从纵向来看,教育史学研究者将教育发展的过去、现在和将来连贯起来研究,将之视为一个上下沟通的整体来看待。要求研究现代教育史的要顾及与近代教育史的前后联系,探究近代教育史的应注意和古代教育史的上下沟通,使之成为前后呼应的整体教育史。根据整体教育史的观点,不仅要研究已经过去的教育思想和活动,而且应关注教育改革的理论与现实。倘若教育史研究者认为教育史学仅仅应该研究已逝的教育历史,而不去关注当今的教育现状,那就有悖整体史观的宗旨,将使教育史学陷入一个狭小的天地,教育史学科就会失去应有

---

① [法]布洛克:《为史学而辩护》,上海社会科学院出版社 1992 年版,第 64 页。

② 张广智、张广勇:《现代西方史学》,复旦大学出版社 1996 年版,第 96 页。

③ [法]安多旺·莱昂著,樊慧英、张斌贤译:《当代教育史》,光明日报出版社 1989 年,第 7 页。

④ Léon. A. *Introduction a l'histoire des faits éducatifs*. Paris. Presses universitaires de France. 1980. p. 248.

的生机与活力。所以，新世纪的教育史学科必须树立整体史观，力求突破狭义教育史的禁锢，顺应教育史发展的整体化趋势，横向吸收周围各学科的科学理论和研究方法，纵向融通对过去、现在与未来的研究，努力构建横向到边、纵向成网的整体教育史。

三、群体化：教育史学研究的必由之路

群体化趋势也是未来教育史学研究发展的一个基本走向。教育史学研究的群体化，主要指研究对象的群体化、研究主体的群体化和学科建设的群体化。

一是教育史学研究对象的群体化。过去教育史研究的重心在个体，以研究精英人物为主，主要研究教育思想家、教育管理家和教育活动家的思想和行为，不注重对群体和团体的研究，这就导致教育史学朝着畸形的方向发展。自从20世纪20年代法国年鉴学派将社会史纳入到研究领域之后，史学界开始关注对社会群体的研究，将研究的视线从个体转向群体，研究重心开始下移。正像费弗尔所说："历史是社会群体的舞台。"①一方面，因为教育活动中的人应该是复数的人、动态的人，在教育历史变迁中除少数精英人物起作用外，作为群体的人也在积极参与和推动着教育的发展历程，因此，有必要研究群体的教育思想和行为。另一方面，未来文化教育"正朝着两个方向在前进：一是与罗哈纳的《地球村》的说法相应的普及化运动；二是重新发现社会群体、社团、民族的文化教育根源"②。这种普及教育的发展趋势，要求未来教育史研究的焦点从个体移向群体。

二是教育史学研究主体的群体化。即教育史学研究者应由单打独斗转向群体合作，这主要是由于未来教育史学科所涉及的范围愈来愈广，摆在教育史学研究者面前的研究领域更加广泛、研究任务更加艰巨，可以说上下数千年、纵横几十国的教育发展历程均进入了我们的研究视野，光凭一人之力难以开展对所有国家、所有时代、所有专题的深入研究，这就需要形成研究群体，组建研究团队，由单打独斗转向群体合作，从"麻雀战"转向"阵地战"，从而达到最优化的效果。此外，从教育史学科建设的角度来讲，也需要研究者形成群体，实现研究主体的群体化。因此，西班牙教育史学家佩尔·索拉

① Lucien Febvre. *Combats pour l'historire*. Paris, Stock, 1953. p. 20.

② [法]布罗代尔：《15至18世纪的物质文明、经济和资本主义》第1卷，生活·读书·新知三联书店1992年版，第57页。

(Pere Sola)强调:“要记住,没有‘科学社团’或‘专业性群体’,就不能形成学科。我们应扪心自问,是否在教育史领域也是如此。”①说明欧美教育史学研究人员已经意识到研究主体的群体化,对于教育史学科建设亦具有十分重要的作用。

三是教育史学科建设的群体化。力争将教育史学建构成为学科群,改变以往学科发展单一的局面。教育史学科群有内部与外部之分:一方面,要构建与扩大教育史内部学科群,不仅囊括教育通史、教育断代史与教育专题史,而且涵盖教育思想史、教育制度史、教育行为史、教育史学理论等,使教育史大家族的成员多样化。另一方面,要克服学科力量单薄、学科空间狭窄的弊端,不仅要与历史学和教育学交流,而且要与其他更多学科加强学科对话。由于教育史学研究涉及历史学、教育学、哲学、心理学、政治学、经济学、社会学、文化学、宗教学、民族学、人类学、语言学等多个学科领域,因而教育史学科应当主动与这些学科沟通,形成教育史外部学科群。对此,新史学的首倡者勒高夫指出:“我们的学派性越来越弱。我们是一个群体,有着共同的观念基础;我们又是一个运动,希望它继续存在与发展。”②教育史学未来的学派性将越来越淡,更多的是要与众多的人文学科联合组建大学科群,从而全方位实现教育史学科的群体化,使教育史学研究群体能够开展多线索、多中心、多视角、多侧面、多层次、多维度的研究,以此作为学科重组的切入点,来焕发未来教育史学科新的生机和活力。

四、民间化:教育本性对教育史学的呼唤

教育是培养和造就人的活动,“教育所要研究与培养的对象是……处在终身学习过程中的人”③,教育的一切都是围绕人而展开的。所以,人是教育史研究的核心内容,以往教育史学总是将教育史上的精英人物作为研究重点,研究的史料也是来自精英人物把持的官方文献,研究成果亦是针对高层次精英而设计的,一般民众是很难看得懂的。这种研究倾向既不能适应新时代的要求,也不能顺应新史学的发展潮流。因为年鉴学派和新史学早已

① [俄]卡特林娅·萨里莫娃、[美]欧文·V.约翰宁迈耶主编,方晓东等译:《当代教育史研究与教学的主要趋势》,教育科学出版社2001年版,第57页。

② 何兆武、陈啟能:《当代西方史学理论》,上海社会科学院出版社2003年版,第427页。

③ 丁钢:《教育学学科问题的可能性解释》,《教育研究》2008年第2期。

将研究的重心从高位下移民间。法国年鉴学派的创始人之一布洛克曾这样说："一个杰出的历史学家就像童话中的巨人，他知道哪里有人肉的气味，哪里就是他的猎物所在。"①这里所指的人，已不再是上层精英，而是一般民众。之后，年鉴学派第二代核心布罗代尔(F. Braudel)在对15至18世纪的资本主义发迹史进行总结之前，先对前工业化时期的社会图景从最基层作了深入探究，他说："没有乡村，如何懂得城市？……没有穷人的黑面包，怎有富人的白面包？"②因此，他从饮食、居住、服饰、货币、人口、能源、运输、城市等多角度去研究普通民众。

20世纪70年代以来的美国新史学就对传统史学只注重精英文化的研究取向进行了深入批判，极力倡导史学研究民间化与大众化，极大开拓新史学的研究视野。这一研究导向直接影响到教育史学的未来走向，法国教育史学家安多旺·莱昂说："对于某一教育问题的历史研究看起来印证了布罗代尔的断言：'历史……是人类科学中最富有文学色彩和有趣易读的学科，总之它最为大众化。'"③受史学界大众化潮流的影响，他特别重视对普通工人教育和普及民众教育发展历程的研究。

教育史学民间化的趋势现已成为世界各国教育史学家的共同心声，俄罗斯当代教育史学家卡特林娅·萨里莫娃(Kadriya Salimova)也认为："教育史教学的任务就是向未来教师展示在整个人类历史中各国各民族人民是如何教育新生一代为未来做准备并形成诸如忠诚、勤奋、精细、诚实等个性。"④研究重心移向民间是未来教育史学科发展的基本趋势，只有如此，教育史学才能赢得更大的发展空间。教育史学研究的民间化趋势，主要表现在研究重心移向民间、研究史料取之于民间、研究成果流行于民间。

第一，教育史学研究重心移向民间，即教育史学研究对象的民间化。由于精英人物的地位显赫，记载其言行与思想的史料比较多，因此，过去教育史学界研究精英人物思想与实践的成果占了绝大多数。然而，历史上的教

① 张广智、张广勇：《史学：文化中的文化——文化视野中的西方史学》，浙江人民出版社1991年版，第403页。

② [俄]卡特林娅·萨里莫娃、[美]欧文·V.约翰宁迈耶主编，方晓东等译：《当代教育史研究与教学的主要趋势》，教育科学出版社2001年版，第26页。

③ [法]安多旺·莱昂著，樊慧英、张斌贤译：《当代教育史》，光明日报出版社1989年版，第52页。

④ [俄]卡特林娅·萨里莫娃、[美]欧文·V.约翰宁迈耶主编，方晓东等译：《当代教育史研究与教学的主要趋势》，教育科学出版社2001年版，第121页。

育并非只是少数上层人物的活动舞台，还包括广大下层民众的活动。正像美国新史学家代表所讲：每个人都生活在历史之中，都处于创造历史的过程之中，而历史又在每个人的生活和创造中体现出来。所以，历史不仅是每一个人的历史的扩大，而且是由社会大众重写他们自己历史的过程。而这种重写的历史要包括所有过去和现在的社会大众。① 因此，作为历史分支学科的教育史学科，应将研究视线投向民间，着重研究大众在教育活动中的思想反映、求知心理、获知状况，他们之中有的是教育的创造者，有的是教育的实施者，有的是教育的接受者，也有的是教育的被冷落者，这些民众不管是处于何种状况，都应该是未来教育史学研究的内容。特别值得一提的是，社会上弱势群体的非正规教育更应该去认真研究，将之纳入未来教育史的研究领域。未来教育史研究应当将研究的视线逐步向下移动和对外扩散，实现教育史研究从精英向民间、从高层向基层的过渡。②

第二，教育史料取之于民间，即教育史学取材的民间化。教育史学研究固然应当以官方所公布和记录的文献、数据等史料为主，然而要实现研究对象的民间化，就必须重视史料来源的民间化，即深入民间搜集存在于民众当中的教育史料，注重挖掘那些非官方记录和口述的历史资源。未来教育史学研究将非常重视散布于民间的信件、日记、传记、报纸、杂志、歌词、民谣、绘画、剪纸、文具、教具、访谈录以及口述材料等，真正实现史料取之于民、成果用之于民的终极目标。而要想得到更多、更全面的教育民间史料，教育史学研究者必须注重实地考察，以便真正了解教育历史的实况。

第三，教育史学成果流行于民间，即教育史学研究成果的民间化。如果所撰写的教育史，即使研究的内容和使用的史料均是民众的教育史，然而，写史的方法仍然使用深奥、晦涩的表达方式，结果广大民众看不懂，这样的教育史仍然不能成为真正意义上的民间化教育史，这样也就违背了教育史学研究的宗旨。因此，英国教育史学家理查德·奥尔德里奇（Richard Aldrich）就将教育史学研究和教学的宗旨定位在要适合大众的需要、成为普及的内容。他说："教育史是更普及的、大众教育领域的课程。"③教育史学研

① 何兆武、陈啟能：《当代西方史学理论》，上海社会科学院出版社 2003 年版，第 174 页。

② 周洪宇、申国昌：《新世纪中国教育史发展趋势》，《华东师范大学学报》（教育科学版）2007 年第 3 期。

③ ［俄］卡特林娅·萨里莫娃、［美］欧文·V. 约翰宁迈耶主编，方晓东等译：《当代教育史研究与教学的主要趋势》，教育科学出版社 2001 年版，第 121 页。

究民间化，具有广泛的内涵，不仅要求研究对象由精英转向民间，研究史料从官方转向民间，而且要求研究成果适合民众的欣赏水平和阅读能力，以避免成为贵族教育史。当然，教育史研究成果的民间化，并非要将教育史研究庸俗化，只是在表达方式上要力求形式生动活泼，成为民众喜闻乐见的一种新教育史学。

以上是我们着眼当代世界史学发展趋势，结合教育史学科的自身特点，对教育史学未来发展趋势所作出的初步判断。当然，除了以上所列主要趋势外，教育史学还有科学化、问题化、叙事化、国际化、跨学科化等多种发展趋势。

（申国昌系华中师范大学教育学院教授，周洪宇系华中师范大学教育学院教授、博士生导师）

教育史学科发展的时代特征

申国昌

教育史学在其发展历程中，不管是世界教育史学，还是中国教育史学，无时无刻不打上时代的烙印。这是由历史学的本性所决定的，正像英国史学家爱德华·霍列特·卡尔所说："历史是历史学家跟他的事实之间相互作用的连续不断的过程，是现在跟过去之间永无止境的对话。"①教育史学亦是历史学的分支学科，同样具有这样的特征。教育史学发展历程就是一个历史与现实的对话与交流过程，正因为教育史学家不断地架构起了现在与过去沟通与对话的桥梁，才使得教育史学成为一门常新的学科、一门充满生机与活力的学科。因此，教育史学总是反映着其所处时代的特征，同样教育史学科正是通过这种反映与体现来更好地实现其存在的价值与功能。

以中国的教育史学科发展为例，20 世纪二三十年代，正值我国高举民主与科学大旗、大规模向外学习与求索的新时代，教育空前地受到全社会的关注，成为社会改良的重点与对外交流的窗口。就国外而言，西方国家正在以 19 世纪自然科学领域的三大发现之一——达尔文的进化论为理论原动力，

---

① [英]爱德华·霍列特·卡尔著，吴柱存译：《历史是什么》，商务印书馆 1981 年版，第 28 页。

在社会科学和教育科学领域内也掀起了以进化论学说为基础的理论建构，教育史学科也不甘示弱，以美国教育史学家孟禄为代表首倡进化论教育史观，这可以说是当时教育理论界的一大时代特征。受这一带有时代表征的进化论教育史观的影响，我国第一代教育史学家们不失时机地将这一理论引入到我国的教育史研究当中，成为二三十年代教育史研究的一大特色。20 世纪 50～80 年代，是世界共产主义运动最为活跃并处于高潮的时期，东欧各国相继建成社会主义国家，亚洲和拉美的部分国家也宣布走社会主义道路，马克思主义成为所有社会主义国家的指导思想。在这种时代背景下，作为社会主义国家的老大哥，又具有 30 多年的建国经验的苏联，自然成为其他国家效仿和学习的榜样与示范，学苏成为社会主义国家的共同时代特征。苏联马克思主义教育史家米定斯基、康斯坦丁诺夫等人的著作对我国教育史研究产生了重大的影响。这种影响的一个重要载体是曹孚编译的《外国教育史》。在此期间，我国形成了马克思主义的教育史学，同时也出了不少研究成果。20 世纪 90 年代以来，由于高技术革命的影响和信息时代的来临，科技与教育受到了全球范围内的高度关注，一时间全球一体化和世界现代化成为世界呼唤频率最高的时髦术语。在这一时代特征的影响下，教育界也出现了追求现代化的热潮。教育的历史进程被认为是教育现代化的过程，教育的制度化、世俗化、法制化、普及化、科学化等被认为是教育现代化的基本指标，现代性的获得被认为是教育现代化过程的目标。[①] 一些教育史研究者开始尝试运用现代化理论来分析与研究教育史问题，从而力求构建现代化的教育史学理论范式。通过以上，简略地回顾我国教育史学发展受时代特征影响的历程，我们不难从中管窥每个时代教育史学所带有的明显时代烙印以及在不同时代特征影响下教育史学所承担的不同历史使命。

回顾教育史学在不同发展时期的表征，我们在总结与展望的基础上，将教育史学科在 21 世纪的时代特点归纳如下：

一、再现性：历史场景的真实回溯

不管历史进程发展到何种地步，也不管教育改革进展到何种程度，然而教育史学的历史再现性是永恒的。这是由教育历史学的本性所决定的，历史学的最基本的特性就是再现过去发生的历史概况，给后人一个比较准确

---

① 张斌贤：《教育历史：本性迷失的过程——对教育发展的“另类”观察》，《清华大学教育研究》2003 年第 2 期。

地了解与把握历史真实情况的机会。而能够充分体现这一再现性的根本方式就是叙述体，史学界普遍认为叙述史是历史学家在时间旅程中表现社会存在的最佳形式。法国历史学家弗朗索瓦·菲雷曾总结说："历史是叙述体的孩子。"①这种史学表达方式是世界各国史学家（包括教育史学家在内）千百年来共同探索与总结的结晶，要再现过去发生的一切纷繁复杂的物质和精神活动，史学家必须采用一种简便、有效的表达方式去展现按时间顺序已经排列好了的历史事实，历史学研究的实践表明，这种能够再现史实、让读者一目了然的表述方式就是叙述体。

教育史学作为历史学的分支学科，不可避免地带有历史学的共性。教育史学的重心是在描述与再现教育历史的进展过程与发展状况，21 世纪的教育史学尤其应当突出这一特点。因为新世纪是一个充满生机与希望的世纪，新世纪的教育，只有不断变革与创新，才能更好地适应人才培养与知识传播的客观要求。这种特殊的使命，迫切需要从教育史学中汲取养分。而这种历史养分不是通过思辨的教育史学中可以得到的，只有以再现为特征的叙述的教育史学，才能生动、鲜活地为后人提供历史图景中积极、有益的经验与理念。21 世纪的新教育史学仍然需要叙述史体例的教育史，这是永远不可忽视的史学表征。历史学的发展历程已经证明了这一点，20 世纪 20 年代兴起的法国年鉴学派倡导以解释来取代叙述，结果到 70 年代以后叙述史在经过被无数次批判之后再度复兴，这就说明了以问题牵引叙述的史学再现方式是有效的历史表现手法。因为随着时代的更新，教育的历史离世人越来越久远了，历史上的教育理念、教育决策、教育实践、办学风格、教学模式等一切对当今有用的历史细节，均需在以叙述为载体的教育史再现过程中还历史以本来面目。教育史学也正是以这种具体、生动的表征，才能博得教育决策层、教育执行层、教育操作层的青睐，从而显现教育史学的潜在魅力，以实现教育史学科的基本功能和价值。

二、现实性：教育现状的实践关怀

之所以出现 20 世纪 50 年代以来欧美教育史学边缘化倾向和 90 年代以来中国教育史学的衰退趋势，主要内因是教育史学自身偏离了教育发展的现实轨道，将教育史学的现实性埋没了，成为纯理性的或经典式的空洞说

① [法]弗朗索瓦·菲雷：《从叙述史到面向问题的史学》，载《八十年的西方史学》，中国社会科学出版社 1999 年版，第 222 页。

教,丝毫不能体现出为现实教育改革与发展提供某种经验与借鉴的参照作用。当代英国教育史学家布莱恩·西蒙认为:教育史的目的在于"探索教育及其社会功能的发展,力图评价教育在不同社会发展阶段的作用,从而对教育在当今所发挥的作用达到更深刻的领悟。"①当今时代,教育日益成为社会发展、经济发展、政治发展、国家安全、文化建设的综合服务站,尽可能地满足不同人群的千变万化的需求。而当教育和学校在履行越来越多的社会责任的同时,教育和学校也需要不断地吸取营养,其中有不少应该来自教育的历史发展历程。教育史学应该成为教育改革与发展的加油站和加速器,这就要求教育史学围绕这一需求,着眼现实,服务现实,教育史学研究者要通过具体的微观的历史事实,来展示历史上在教育理念、教育决策、教育管理、教育实践等方面闪光的一面,以期对当今的教育改革与发展提供或多或少的启发与借鉴作用。教育史是教育发展的永久宝库,教育的历史越悠久,这个宝库中的财富就越丰盛,可供当今教育决策者、管理者、实践者选择的余地就越大。21世纪的中国要赶超世界发达国家、实现伟大复兴,教育与科技是首先要受到重视的,建设具有中国特色的现代教育体系是当务之急。而构建新的中国现代教育体系,应当立足于中国教育的实际,参照别国的教育经验,因为教育改革也是在有可行依据的情况下来进行,不能凭空想象,构筑海市蜃楼般的虚幻境界。不管是吸取本国的教育经验,还是借鉴他国的办学模式,都有离不开教育史学为现实服务功能。当代世界史学发展的一个基本特征亦是追求现实性,强调历史研究为现实服务的工具价值,新史学认为历史学不仅是有用的,而且是人们生活所不可缺少的。他们认为:每个人都生活在历史之中,都有处在创造历史的过程之中,而历史又在每个人的生活和创造中体现出来。② 当代美国史学家布莱萨赫说:"历史应该而且必须始终是一门同人类生活密切相关的学科,历史必须发挥社会作用。"③同样,新教育史也应当具备与现实教育实践相联系的特征,充分发挥在当今教育实践中的服务功能和借鉴价值。在新世纪的教育改革与发展的大潮中,教育史学应当将研究的重心放在挖掘古今中外教育发展史上成功的教育改

---

① Brian Simon. *The History of Education*, in: P. Gordon, R. Szreter, eds. op. cit. 1966, p. 55～56.

② 何兆武、陈啟能:《当代西方史学理论》,上海社会科学院出版社2003年版,第484页。

③ Ernst Breisach, *Historiography: Ancient, Medieval and Modern*. The University of Chicago Press, 1983, p. 408.

革经验和做法,以现实中存在的问题去引发与牵引教育史研究,以问题史的形式去重构教育改革、发展史,力求向世人展示一部生动、具体的教育改革和发展的图景,就像法国年鉴学派奠基者马克·布洛克所说:"通过过去来理解现在,通过现在来理解过去。"[①]教育史学就是要学会在历史与现实的对话中来实现其实用性的,这就是时代赋予教育史学的显著特征。

三、思辨性:教育历史的哲学体认

被誉为近代历史哲学开山鼻祖的史学理论家维科曾指出,史学家必须神游于古代的精神世界,重现古人的精神。从这一思想出发,英国现代著名哲学家、史学理论家柯林武德深刻地批判了过去不注重思想性与思辨性的历史学研究,他说,传统史学只不过是剪刀加糨糊的历史学,或者说"剪贴史学"。这种史学方法只是重复前人已说过的东西,只不过是出之以不同的排列与组合的方式而已。[②] 其主要弊病在于这样的史学研究缺乏思想性,只是简单的拼凑。在这一史学观的导引下,柯林武德进而提出了"一切历史都是思想史"的基本命题,认为思想是历史的立足点和着眼点,离开了思想性就谈不上对历史的理解,也就无法实现对史料的有效整合。这就要求教育史学研究也应当追求思辨性与思想性,以此为内核来深入体认教育历史的本质及其发展规律,从而展示教育史学科的内在逻辑。只有将思想性纳入到教育史学研究过程之中,充分体现研究者的主体意识,使研究者能够置身于所研究的教育历史的时段之内,学会运用当时人们的思想去思考历史问题,这样的教育史才能成为真正有思想、有内容的而且是比较客观的史学。运用思辨的方式去研究教育史,要求研究者学会历史地思考问题,即思考古人做某事时是出于何种考虑,欲达到什么目的。因此,研究教育史必须先从研究教育思想史入手,因为教育是教育者有目的有计划培养人的活动,在教育活动中,教育者与受教育者都是活生生的有思想的人。历史上的每种制度、每个教育行为都是在人的思想的支配下进行的,思想是灵魂,思辨是核心,抽掉了思想的教育史,将只剩下一具没有灵魂的躯壳。新世纪要建设具有民族特色的世界一流的中国现代教育体系,就必须广泛吸纳与借鉴中国教育史上各个不同历史时期著名教育家的思想来源、教育制度的出台背景和

---

① 张广智:《西方史学史》,复旦大学出版社 2000 年版,第 300 页。

② 何兆武、陈啟能:《当代西方史学理论》,上海社会科学院出版社 2003 年版,第 160 页。

办学实践的利弊得失，这就要求教育史学研究者以高度的历史责任感，当好当代教育改革的参谋和助手，以富有思辨色彩的满载思想性的教育史研究成果去回报社会、服务现实。

四、教育性:历史经验的现实升华

教育史学比历史学更为突出的地方就在于其具有丰富的教育性，这是因为教育本身就是一种育人活动，不管是学校教育，还是家庭教育，乃至社会教育，均是为了培育受教育者使之具有良好的品德修养、丰厚的知识学养、聪敏的思维能力和健康的身心体魄，使之成为对社会与家庭有用的合格人才，这样，以教育为研究对象的教育史学就与生俱来地带有了天然的教育性。正像克雷明所说:教育是“为传递情感所作出的审慎的、全面的而坚持不懈的努力”①。教育史学是以教育的发展与演变为研究客体的，只是纵向梳理了这种用以传递情感的育人活动历程，因而其中蕴含了无数育人的因子，这是由教育史学的学科本性所决定的，只是新世纪的新的发展需求将这种潜在的本性得以进一步彰显。教育史在其漫长的发展历程中，涌现出了无数伟大的教育家，他们的教育思想、教育风格、崇高品质、献身精神，在历代传承当中得以进一步升华，并汇集成具有良好育人效应的教育史学长河。在新世纪的科教兴国的浪潮中，更需要从事教育工作的一线教师重温教育史上伟大教育家的光辉思想、著名管理者的英明决策和杰出实践者的奉献精神，如果新时期的教育工作者能从教育史上汲取精神养分，锤炼意志、陶冶情操、净化心灵、塑造人格，那么，不仅中华民族的优秀教育传统得以弘扬与升华，而且新世纪的教育将会走向更加辉煌。同样，未来的教师在学习教育史的过程中除了能受到思想和品德方面的熏陶外，还可以帮助他们理解教育政策和教育原则，加快其专业化的进程。英国著名教育史学家西蒙认为，世界上最难做到的事就是一个人能客观地观察一个本身直接参与的系统，历史研究就是达到上述目的的强有力的手段。而教育史学就能使学生理解教育原则和教育制度，使之认为教育规则与制度并不总像现在这样，还可以成为其他的样子，②这就是教育史学的一大教育功效。21 世纪教育的主要任务就是培养创新型人才，这就尤其需要教育史学发挥培育未来教师

---

① W. A. Bruneau, *History of Education Course Manual*, 1961. p. 8.

② [俄]卡特林娅·萨里莫娃、[美]欧文·V. 约翰宁迈耶主编，方晓东等译:《当代教育史研究与教学的主要趋势》，教育科学出版社 2001 年版，第 19 页。

具有把握教育规律、切准时代脉搏、了解教育现状、开拓教育视野等能力。而且通过广泛学习外国教育史,使未来教师对世界各国的教育产生好感,放弃对某些国家教育的抵触情绪,在相互尊重和理解的基础上与国外教育界同行进行交流和合作,从中取长补短,以期共同进步,这是新世纪赋予教育史学的新使命,也是教育史学面对新要求所展示出的新特征。

五、创新性:学科发展的永恒主题

创新,是新世纪教育史学科建设的关键,唯有创新,教育史学科才能摆脱当前的危机,走上健康发展的道路。然而,创新并非一蹴而就,需要教育史研究人员付出巨大的艰辛、做大量扎实的工作。一方面,要大力加强教育史学的史料建设。因为研究教育历史,不是凭空捏造史实,而是在史料的基础上去发表观点。史料建设一直是教育史研究的薄弱环节,也是制约教育史学科发展的瓶颈之一。新世纪更需要研究者下大气力去加强史料建设,旨在为教育史学创新奠定坚实的基础。另一方面,教育史学科需要加强国际交流,善于吸收国外的研究成果和研究理论为我所用,以此为依据来激发研究人员的创造性思维。如可参照以克雷明(L. Cremin)为代表的"相互作用论"的教育史观和以卡茨(M. Katz)为代表的激进派教育史思潮,以此来开阔我国教育史学界的理论视野,通过借鉴国外历史学和教育史研究的新方法,来改变传统定性的描述方法。当然,借鉴归借鉴,要真正突出创新性的时代特征,主要还得依靠自己的内发与自生能力,只有心中永存创新的意识,时刻不忘创造的本旨,我们的教育史研究人员才会创造出绚丽多姿、五彩缤纷的21世纪新教育史学。

六、全球性:主流取向的研究映照

进入新世纪,在经济一体化、教育全球化的浪潮冲击之下,全球化洪流所到之处,世界各地、各民族和种族在教育的价值、文化、方法、内容、体制等各个方面的差异日益减少,各国教育在整体上日益趋同。教育史学科也不可避免地带有这样的时代共性,既然教育的国际交流频率加快,合作机会增多,国与国之间的差异缩小,那么,教育史学科也很难固守一隅,保持独立,必须顺应新时代的大潮,学会在国际上与各国的教育史学同仁进行广泛的交流,既开展学术研讨,交流研究成果,又进行理论交流,互通有无,交换得失,取长补短,共同进步。此外,还要开展横向课题合作研究,亚欧、亚美、亚非之间均可以开展教育史学研究方面的合作，在合作的过程中可以实现优势互补、史料共享的目的，对此，国际教育史常设会议组已做了不少有益的尝试，宗旨就在于促进国际教育史研究人员的交流与合作，共同推动各国教育史学科的全球化。同时，各国的教育史研究会或学会也在促进教育史学的全球化方面做着不懈的努力。相信，21 世纪的教育史学科是一个属于全球的学科。

总之，教育史研究者要切准时代脉搏，紧跟时代步伐，关注教育现状，明确时代特征，以高度的历史责任感、敏锐的时事洞察力与强烈的时代使命感，全身心投入到教育史学研究当中，力求回归教育历史现场，关注教育发展现实，开阔研究视野，培养创新意识，提升研究品位，多出研究精品。只有这样，教育史学方能长盛不衰，青春永驻！

（作者系华中师范大学教育学院教授、教育学博士、历史学博士后）

教育史学科发展的时代使命

申国昌　史降云

面对当今教育史学科的发展现状和在新的历史时期所出现的种种问题，教育史学科要走出困境，再铸辉煌，就必须以正确的态度正视各种困难与问题，认真检查与反省影响学科发展的外部和内部因素；同时，还要站在把握宏观时代特征和现代化建设全局的高度，高瞻远瞩，审时度势，了解时代发展和社会进步的总体特征，切准时代脉搏，把握未来走向，结合本学科的自身发展情况和学科特色，力求全面、准确地了解新时代所赋予教育史学科的新的历史任务和时代使命，进而明确努力方向，激励和带动全体同仁发愤图强，奋力拼搏，进一步解决各种问题，完善学科体系，争取在新世纪出色地完成时代所赋予的新使命，共同创造教育史学辉煌业绩。

一、研究取向：与时俱进，多元发展

意大利现代著名历史学家克罗齐(Benedetto Croce)经过多年的史学研究提出了这样一个命题："一切真历史都是当代史。"①换言之，一切历史的本

---

① Benedetto Croce. *History: Its Theory and Practice*. New York, Harcourt, Brace, and Co., 1923, p. 176.

质在于其当代性。各种历史的研究成果必须反映史学研究人员所处的时代特征和新的理念，这样的史学研究成果，才富有时代气息，才是活着的历史。因此，克罗齐强调，那种过去的事实，就其被当前的兴趣所引发出来而言，就是在响应着一种对当前的兴趣而非对过去的兴趣。[①] 说明史学家研究的历史往往是因现实的兴趣而引发，并非完全由对过去客观史实的兴趣所诱起。从中可以明确地看出史学本来就是一门与时俱进的学科，那么，作为历史学分支学科的教育史学科理所当然地与史学一样带有与时俱进的本性，否则就会被时代所淘汰。教育史研究并非完全再现过去的历史真实，不是摄影机和照相机，不能刻板地去反映过去教育发展的具体史实，而应当在尊重历史事实的基础上，根据不同时代所产生的不同问题去思考与研究教育史，通过问题史的方式去研究与体现教育史学科发展的时代节拍。因此，教育史研究应像新史学家们所倡导的那样，以"问题史学"为主要的研究方式，主张根据不同时代发展的要求，向史料（包括文献与实物资料）提出问题，然后围绕问题去组织史料、论证问题，而不像传统史学那样按照时间先后发生的一系列事件、人物活动来叙述历史。正像法国年鉴学派的创始人之费弗尔强调的那样，"提出一个问题，确切地说来是所有史学研究的开端和终结。没有问题，便没有史学"[②]。采用问题史的研究方法，是实现教育史学与时俱进的桥梁和手段。

教育史学只有与时俱进、紧跟时代步伐，不断调整自身的研究思路和方法，以多变的应世态度去适应社会与时代的变迁，这样方可立于不败之地。因此，英国当代著名教育史学家、伦敦大学教授理查德·奥尔德里奇(Richard Aldrich)说："教育史作为一门学科和一个独立的研究领域，其巨大的魅力之一就在于该学科的内容是变化无穷的。"[③]这种无穷的变化，就是随时代的发展而变化，随社会的进步而变化，简言之，就是教育史学科与时俱进的天性，才使得自身产生了无穷的魅力。在新史学的影响下，教育史学界也出现了新教育史学的倡导者。而新教育史学与时俱进的一个重要表现就在于保持与时代同步，紧跟时代节拍，善于运用最新的研究手段与理论。上

---

① 何兆武、陈啟能：《当代西方史学理论》，上海社会科学院出版社 2003 年版，第 140 页。

② 鲍绍霖：《西方史学的东方回响》，中国社会科学出版社 2001 年版，第 191 页。

③ [英]理查德·奥尔德里奇：《教育史之我见》，载[俄]卡特林娅·萨里莫娃、[美]欧文·V. 约翰宁迈耶主编，方晓东等译《当代教育史研究与教学的主要趋势》，教育科学出版社 2001 年版，第 121 页。

个世纪教育史学之所以能够彰显一时、产生影响，主要是因为其能与自然科学、社会科学进行沟通，不失时机地借鉴了其他学科的研究理论和方法，并进行了大量的跨学科研究。如今，那种孤军奋战，囿于故纸堆的史料梳理和实证性的研究法有点过时。教育史学要体现与时俱进，就必须进行跨学科研究、引入其他新的研究手段和方法，这是教育史学变革的必然趋势。譬如，网络、电脑及其软件的运用，心理科学的发展，新史学理论的流行，博奕论、系统论、模糊数学、符号学等理论和方法的介入，极大地开阔了教育史学的研究视野，为教育史学研究提供了新的思维线索和理论空间，也为教育史学科的未来发展提供了新的切入点和生长点。

为了实现教育史学科在新世纪向多元方向发展，应该着重从以下几方面努力：首先，教育史研究者应当综合地、深层次地利用信息技术，以实现研究手段的多元发展。努力开发和完善教育史料的收集、交换、存储、传输、显示、识别、提取、控制、加工和利用等技术，这些技术可以将古今中外各种文字的教育史料存储起来并便于随时收集、补充新的史料，有利于研究者按照自己的需要和意愿交换、传输、显示、识读、提取、加工和利用任何方面的教育史料。这不仅可以省掉研究者泛读、抄写等方面的工夫，多一些分析思考的时间，还可以大大开阔研究者的视野。其次，教育史学研究者应当借鉴和采纳与之相关、相近的社会科学研究方法，以实现研究方法的多元发展。在未来的教育史研究中，应该倡导借鉴社会学、民族学、民俗学、经济学、文化学、人类学等学科的理论，并运用计量史学、心理史学、比较史学、影视史学、叙事史学、口述史学、文化形态史观等新的史学方法来开展对教育史的跨学科研究，从而推动教育史研究在新世纪取得突破性的重大进展。再次，教育史学研究者应当拓宽研究领域、扩大研究对象，以实现研究客体的多元发展。中国的教育史学研究也应学习国际教育史协会和欧美国家的教育史研究选题方法，力求研究范围广泛、涉猎视野开阔化、研究对象多样化、研究成果多元化。比如，国际教育史协会近年来召开研讨会的主题包括："师资培训研究""历史上的教育革新""历史上的教育政策：社会、经济、政治和文化因素""学前教育史及其与普通教育史的关系""科学、技术和教育""东西方大学教育史研究和教学中存在的问题"等，议题比较广泛。美国教育史协会于 20 世纪 80 年代确定的研究课题有："扫盲史的比较研究""为青年服务的社会机构的起源和演进""战后德意志联邦共和国的美国政治教育""教育史的插图概况""学校管理领域中领导工作的历史研究等"。而法国教育史界所确定的研究议题有："学校社会功能的确立""教育网络的多样化""公共教育集权管理的历史和总监督的历史”“学科发展史”等。比利时教育史研究中心所确定的研究课题有:“教学与教育政策”“小学教师及其专业学会的历史”“妇女教育史”。[①] 同时,研究的地理区域也要多样化,外国教育史不能仅研究欧洲、美洲的发达国家教育史,欧美教育目前固然发达,但其他国家与地区的教育也各具特色,也应作为研究的重点,诸如印度教育、非洲教育、中东教育、东南亚教育、南美教育等。中国教育史研究也不能仅将汉族教育作为重点,而应当在重点研究汉族教育的同时,关注中国境内各少数民族的教育传统、教育观念、教育实践以及有代表性的教育家和著名学校,以开放的胸怀、兼容的态度和探索真理的精神,从多角度、多层面去研究中国各民族的教育史。教育思想史更不能仅将主流文化的教育观作为主线,也要研究以道家道教、佛学佛教、伊斯兰教、基督教等构成的非主流文化的教育观与教育实践活动。这样才有可能勾画出一幅充满生机与活力的中外教育史图景。斯宾格勒认为,每一种文化都有各自的基本特征,人类历史本来就是各种文化的“集体传记”。在人类历史上存在着代表不同文化的基本象征的多元现象。[②] 当代世界著名史学家杰弗里·巴勒克拉夫(Geoffrey Barraclough)也强调要拓宽史学研究的新领域,必须抛弃中心与边缘的传统观念,树立立足全世界的研究观念,将东方和西方的历史平行来看待,将发达国家和第三世界平行对待。[③] 教育史研究要多元发展,就必须实现这个跨越,做到研究领域多元化。

二、研究旨归:古为今用,洋为中用

“古为今用,洋为中用”,是毛泽东于1964年在给中央音乐学院学生的一封信中所作的批示,后来成为我国当代正确对待中国古代文化遗产和外国文化成果的指导思想,也是指导教育史学研究的指南。“古为今用”,就是吸取中国古代文化遗产中有益的、精华的成分,为反映现实服务。一切文化艺术都是在继承、借鉴前人的文化遗产的基础上发展起来的;悠久的中国历史,创造了灿烂的古代文化,对这些宝贵的遗产,必须继承,而不能割断历

① [法]安多旺·莱昂著,樊慧英、张斌贤译:《当代教育史》,光明日报出版社1989年版,第17～19页。

② 张广智:《西方史学史》,复旦大学出版社2003年版,第289页。

③ [英]杰弗里·巴勒克拉夫:《当代史学主要趋势》,上海译文出版社1987年版,第148～154页。

史。但是，这种继承是批判的继承，而不是一切照搬，兼收并蓄。“洋为中用”，就是学习一切外国文化成果中有益的东西，大量吸收外国的进步文化，为丰富和发展中国的文化服务。各民族的文化之间从来都是互相吸收互相发展的。文化艺术在原理上的共同性与表现形式上的民族性、多样化是辩证统一的。每一个民族的文化在其自身发展过程中的成果与贡献，也为其他民族文化的发展提供了借鉴。因此，在文化建设和科学研究方面，不能采取关门主义，尤其是在21世纪这样一个全球化进程快速发展的时代，更不能自我封闭，而要以开放的心态去有鉴别地吸收其精华，剔除其糟粕。“古为今用，洋为中用”，现在不仅是我国文化建设和理论战线的指导思想，而且成为所有社会科学研究的指导方针。

教育史研究也不例外，应当始终坚持这一原则。特别是在新世纪这个更多倡导创新的时代，不能人为地割断当今教育与古代教育传统的关系，不能阻隔国内教育改革与国外办学经验的联系，要正确处理好“今”与“古”、“中”与“外”的关系，以达到追求历史的真实性，探索历史发展的客观规律并且拿来为“今”所用、为“我”所用的治史目的。教育史学界的老前辈们就十分注重这一治史原则，在《教育史研究》创刊号上，著名教育史学家毛礼锐、滕大春等前辈就强调，“‘古为今用’和‘洋为中用’是教育史研究者的奋斗目标，教育史研究应竭力使教育的历史遗产转化为建设祖国社会主义教育事业的资源”。“教育史家常在古与今、东与西、中与外的教育发展中看到令人吃惊的重演，而这些重演恰恰显示各时各地的教育活动都摆脱不掉教育的客观规律的制约。”①这就是之所以能够实现用古代的教育经验为现在教育发展服务、用外国的办学思路为中国教育改革服务的原因之所在，即不管是古代的还是外国的教育，只要是尊重教育发展的规律，体现了教育发展的宗旨，就能为我所用，因为成功、有效的教育理念和经验是不分时代和国别的。老一辈教育史学家已经为我们教育史学界的晚辈指明了努力方向，他们希望教育史学界的后人在研究过程中，要着眼现实改革，研究传统教育；立足中国实际，放眼世界教育。充分体现研究中国教育史是为了给当今教育改革提供经验和动力的目的，突出研究外国教育史是为了给中国教育发展提供借鉴和方法的宗旨。因此，在研究中国教育史的时候，要时刻围绕当今教育改革这个轴心；在研究外国教育史的同时，要始终本着以中国为中心的宗旨。中国教育史的研究重点要放在为当前教育、教学改革的实际提供历史

① 滕大春：《祝贺〈教育史研究〉创刊》，《教育史研究》（创刊号）1989年第1期。

经验上，而外国教育史研究的内容也要根据中国的需要有所偏重和取舍，共同的目的就是为中国当代教育发展和改革服务。“古为今用，洋为中用”，是我们教育史学科坚持不懈的长期追求和始终不渝的永恒主题。这主要是因为教育的历史可以为现实的教育发展提供精神动力和智力支持，可以为当今教育所存在的问题提供治疗药方，这就是教育史学的工具性功能。正像当代法国著名教育史学家安多旺·莱昂所说：“除了科学的天职以外，教育历史还被用来当作一种实现战斗和治疗目的的工具。……可以把自己时代的问题投射到那些被认为表面上有关的时代。”[①]看来欧美的教育史学家也有同感，正是看准了教育史上不管是中国古代、近代、现代的还是外国的，都潜藏着一种能为现实教育发展提供奋斗动力的兴奋剂，或是可为当今教育弊病提供治愈康复的药方。只要善于以现实的问题为牵引进行研究与探索，就会以问题史的方式奉献给当代教育改革与发展现实一份有价值的礼物。而且现实的教育理论家和实践家们也一定会积极地接纳这份不薄的礼物，因为“传统影响了教育家的态度和现实印象与教育制度的使用者”[②]。当然在坚持“古为今用，洋为中用”研究原则的过程中，也要避免以古非今、盲目崇洋的错误倾向，千万不可一味追求西方的学术标准和指标，盲目模仿，失去我们自己的特色。借鉴是手段，而不是目的。研究中国教育史和外国教育史，虽然是研究中国过去的传统和外国的教育，但最终目的是要实现现实化、国际化和本土化。

不仅在研究内容上要做到“古为今用，洋为中用”，而且在教育史学的研究理论和方法上也要做到“古为今用，洋为中用”。教育史学在自身建设过程中，首先是进行理论创新，广泛吸取其他学科好的研究方法，大胆使用最新的研究手段，使教育史学走上科学、高效的发展轨道。同时，还要吸收两千多年来中国史学史上的一些有益的研究方法，如在对史料的搜集、选拔与研究，对史料的辨伪、校勘，对版本的鉴定、甄别，以及对史料的征引等方法，对目前的教育史研究还是很有价值的。[③] 不仅如此，也要广泛借鉴国外教育史学和历史学研究方面的成功经验和方法，比如，年鉴学派的理论、心理史学、叙事史学、总体史学、文化形态史观、问题史学、影视史学等研究理论和

---

① [法]安多旺·莱昂著，樊慧英、张斌贤译：《当代教育史》，光明日报出版社 1989 年版，第 132 页。

② 同上书，第 127 页。

③ 周洪宇：《论教育史学的两个基本问题》，载《百年跨越——教育史学科的中国历程》，鹭江出版社 2005 年版，第 29 页。

方法,对我国当今的教育史学研究亦有较大的参考价值。

三、时代使命:为教育改革和决策服务

教育改革与发展要想顺利进行,离不开对教育历史经验与教训的吸收与借鉴。研究教育史的目的正是为了解释现实教育问题,而解释的最终目的就在于推动现实教育的改革和发展。所以,英国教育史学家哈德罗·帕金指出:“真正的历史学并不是一味按照年代顺序挖掘整理史实材料的学科,而是一门解决问题的学科,它向现实世界提出种种问题,并努力探寻问题的答案。”①教育史只有与现实社会结合起来,才能收到良好的研究效果和社会效益。可见,教育史学在跨世纪的重要时期,最突出的任务就是为建设有中国特色的教育科学服务,积极为当前的教育改革服务,但以往我国教育史学界关注和参与教育改革的主动性、积极性还不够,未能充分展示出教育史学的现实功能。这就要求教育史学研究者对待教育改革要有正确的态度,在参与教育改革的实践中研究教育现实问题,为教育改革及领导决策及时提供借鉴和参考,从而实现教育史学科的自身价值,体现教育史学科的服务功能。英国现代著名史学家柯林武德就十分重视历史学为现实服务,因而他将史学称为“活着的过去”②。教育史学就是要以生动、鲜活的形式去反映现实的教育实践,以此来实现为当前服务的目的。尤其是随着新世纪的到来,教育史学界更加明确地认识到教育史研究必须贴近现实,参与实践,为新世纪的教育现代化服务。只有紧贴中国实际,反映时代需求,精选学科内容,才能真正把教育史学科为现实服务落到实处。解决面临的问题,就是学科选择内容的依据;实践中突出的问题,也是学科选择内容的重点。只有这样,教育史学才能获得新的生命力,并从实践问题的探讨出发发现其内在联系,全面深刻地把握其本质,逐步上升为理论概括而建立起自己的理论模式,真正建构起教育史学自身的学科体系。这是由历史与现实的互动关系所决定的,美国当代史学家戴格勒指出:“历史的主要目的是扩大我们对那些人类有意义事物的概念,……历史是在不断地进行重写的,而历史的意义则取决于人们现在所得的价值标准。”③教育史有助于人们认识和解释现实,

---

① [英]白顿·克拉克:《高等教育新论》,浙江教育出版社1988年版,第217页。

② 何兆武、陈啟能:《当代西方史学理论》,上海社会科学院出版社2003年版,第170页。

③ [美]戴格勒:《重写美国历史》,《现代国外哲学社会科学文摘》1983年第3期。

而现实也有助于人们认识教育史，教育的历史是与教育的现实密切联系在一起的。所以，在教育史为现实服务的过程中，现实也在为教育史的发展提出了新的发展方向，这就在客观上促进了教育史学的自身建设。

教育史学为教育改革与教育决策服务的历史使命，还表现在能够通过历史发展的规律来预示教育的未来发展趋势。正如美国历史学家尼文斯(A. Nevins)所说："由于历史实际上是将过去与现在连接在一起的桥梁，并指出通往未来的道路，因此，当我们使用历史这个名词时，单凭直觉去思考过去，显然是错误的……历史能够使人类去掌握他们与历史的关系，并有助于人们制定当前发展趋势的总体方针。"①教育史学的这种对未来教育的预测功能是由其学科特性所决定的，法国年鉴学派的创始人布洛克(Marc Bloch)说过："即使历史不能做出其他任何贡献，但仍应当承认，它引人入胜……因为在所有学科中，这是最适合激发想象力的学科。"②教育史研究者就应该承担起通过研究教育发展的规律，借助历史学的这种激发想象力的学科特性去预测将来的发展趋势和走向，但这种预测功能的充分实现，除了教育史研究者尽力提高对于教育遗产及以此为基础的教育理论的研究水平外，还有赖于教育史研究者对于教育改革与发展实践的深入参与和体察。教育史学科为教育改革和教育决策服务，就是把自己的研究成果以多种形式满足现实社会中人们的教育渴求，帮助人们解答现实中遇到的种种教育难题，思考和了解现实教育中出现的新课题，并通过对教育规律的科学把握，比较准确地规划未来并提供理论上的支持。这就要求教育史学准确地把握现实的需要，倾听时代脉搏的跳动，才能有效地服务于教育改革的实际，同时又有利于本学科的自身建设。

21世纪的教育史学界，应该在充分发挥教育史学科对于指导教育改革与发展实践和预测未来教育发展趋势方面下功夫。新世纪的教育史研究者除了研究过去的教育历史外，还应当走出书斋，深入到教育改革与发展的实践中去，通过为国家决策部门和教育行政部门提供咨询意见，为各级各类学校及其他教育机构的改革出谋划策等方式来指导教育改革与发展的实践，并在条件许可的情况下实现对教育未来发展走向的科学预测。这就要求教

① A. Nevins. *The Gateway to History*. New York: Anchor Books. Doubleday, 1962, pp. 13～14.

② Marc Bloch. *Apologie pour l'histoire au métier d'historien*. 4th ed. Paris, Colin, 1961, p. 112.

育史学研究者必须认真总结中外教育发展的经验和教训，围绕教育发展中存在的问题去作深入研究和探讨，以期为现实的教育改革和发展提供历史的参照与借鉴，进而当好教育改革和教育决策的参谋。教育史学界在新世纪只有树立大教育史学观，才能实现教育史学在指导教育改革实践方面的功能。现实教育问题不但会使研究者发现历史与现实的结合点，还可以促使我们转换思维，促进教育史学科本身理论水平的提高和更大程度与社会的交融。当教育史研究发挥了其在教育改革、教育学科建设方面的指导功能时，教育史学科自身价值才能真正实现。

四、强化主体意识与重构学科体系

教育史学科之所以出现危机、陷入困境，一个根本原因就在于研究者缺乏主体意识，学科体系不够健全，研究脱离实际，内容陈旧，思想僵化，不仅不能服务于当今教育改革和发展的需要，而且又难以满足人们的求知需求。面对21世纪激烈的科技和教育竞争，教育史学科不能仍因循守旧、消极等待、坐以待毙，必须重新振作起来，正视困难，面对挑战，积极强化研究者的主体意识，努力重构教育史学的学科体系，使之更加趋于合理，以便更好地为教育改革和发展服务。

教育史学科能否走出困境，创造辉煌，最关键的一条就是要确立和凸显教育史学研究者的主体意识，强化教育史学认识中研究人员的主体性和自觉性，从而充分展示教育史学科的自身特色。因为历史学家的主体意识是史学研究的灵魂，有主体性参与的史学研究成果是有灵性的、鲜活的历史，没有主体意识的历史就会成为没有生机和活力的死的历史，所以当代世界著名史学家霍尔本(H. Holborn)说："历史事实本身是死的，只有在史学家的心中才会复生，它们是总的发展过程中的一部分，而这个发展过程我们是亲自参与的。"[①]教育史学毕竟是研究者作用于教育历史客观历程的过程，所以在教育史学的研究过程中不可避免地掺和着研究者的主体意识，正像当代美国史学家比林顿(R. Billington)所说："无论史学家多么专心致志于纯正的真理，那种真理却永远无法掌握，因为任何两个学者都不会用同一双眼睛观察过去，也不会用同一张嘴说出他们的见解。每个人在写下的每一行中，

① [美]霍尔本：《思想史》，《现代史学的挑战》，上海人民出版社1990年版，第115页。

无不下意识地反映出他的信念和偏见。”①这样，教育史学研究者的主体意识就显得尤为重要，既然每个研究者所写的教育史各不相同，这就需要强化和规范每位研究者的主体性，使之在新世纪能够反映时代的呼声，体现国家和民族的意志，以此来实现教育史学研究的旨归。“教育史学”研究者的主体意识，首先要突出“教育”的本性，要时刻以“教育”为中心，开展多学科研究，尽量避免失去教育的特性；当然要体现史学的共性，以一种历史责任感和使命感来对待历史事实的客观性；还得有自己的“学”，即努力建构自己的理论体系，以防被边缘化和异化，时刻要突出自己的学科特色。在树立研究者主体意识的过程中，教育史学界要转换思维模式，从过去传统的治史思维中解脱出来，树立大教育史观，紧跟时代的节拍，以全新的理论思维去审视与思考教育史发展历程。同时，要改变研究者自暴自弃的消极观念，调动全部积极的因素，以主动适应、积极参与的主体意识，去开拓教育史学研究的新领域，使新世纪面世的教育史研究成果，成为有血有肉的、充满思想内涵的、能指导现实教育发展的论文和著作。教育史学界同仁只有把握机遇，迎接挑战，奋力拼搏，才能更好地担当起新世纪赋予我们的伟大历史使命。

每一时代人们对教育历史进程的认识都是依其所处时代的要求和所出现的问题的不同而不同的。我们之所以不断重写历史的内容和历史的含义，其根本原因就在于我们要求历史回答的问题以及在历史中寻求的价值标准是随着时代的改变而改变的。因此，每个历史时期的教育史研究都应有侧重点。过去的教育史学内容主要研究人物的教育思想、国家的教育制度及正规的学校教育，但现在我们正处在一个改革、一体、多元的新时代，迫使我们不仅要对有益于改革的教育历史经验及思想加以关注，而且要更多地留意教育发展史上各项改革的合理原因、功能作用、后果影响及补救措施等问题。而且，随着社会发展整体化趋势的增强，教育已不再被视为是社会中孤立存在的一分子，而是一个国家的综合国力的重要组成部分，是整个社会发展的基础工程，因此教育史学科在内容上必须打破过去的思想史、制度史的传统模式。不仅要研究教育家具有哪些思想，同时还要研究他们为什么会有那样的思想，社会上哪些因素导致了教育家产生如此的思想，他们的思想对教育实践产生了怎样的影响；不仅要研究教育制度内容和状况，还要挖掘该制度产生的社会根源、思想根源，以及该制度在实施过程中所遇到的

① 转引自何兆武、陈啟能《当代西方史学理论》，上海社会科学院出版社 2003 年版，第 486 页。

种种问题；不仅要研究教育内部的事情，而且要探讨与教育相关的社会生活的各个方面和各个领域，以真正拓宽教育史学研究的空间。这就需要我们教育史学界重新构建学科体系，以适应21世纪的教育和社会发展的新形势。

关于教育史学的学科体系问题，早在20世纪30年代有的学者就已经有所思考。新中国成立之后，特别是20世纪80年代以来，有更多的研究者开始关注这一问题，只是由于思考问题的标准不同，所以出现了各种各样的学科体系构想。有代表性的教育史学的学科体系构建模式主要有三种：一是高时良的“三层次说”，二是杜成宪的“二分法说”，三是周洪宇的“二层次三领域说”。第一，高时良将教育史学科分为：(1) 低层次，即限于教育史内部的结构，如高等教育史、职业教育史、秦汉教育史等；(2) 中层次，教育史与其他学科的交叉，如教育训诂学、计量教育史学等；(3) 高层次，是从哲学思辨的高度对教育史学进行理论探讨，如教育史方法论研究等。① 这一体系构想的突破点在于将教育史学方法论研究纳入了学科体系之中，使学科体系的完整性上得到了补充。然而，这种分法三个层次的界限往往难以划分和把握。第二，杜成宪将教育史学科分为“实质研究”与“形式研究”两大部分，“实质研究”之下又分为“内部史”与“外部史”两大部分，“内部史”之下则分为制度史与思想史两部分，而制度史与思想史的表现形式则为通史与专史两类。该学科体系和结构的设想有一个显著的特点是有较高的概括水平，基本上将现实的中国教育史研究的各个领域、各个分支对号入座、各得其所了。② 然而，也有不尽如人意之处，如仅仅将教育史分为教育思想史和教育制度史两个层面显然是不合适的。第三，周洪宇将教育史学的学科体系分为“两个层面”：“具体的教育史学研究”和“抽象的教育史学研究”。“具体的教育史学研究”主要是指教育历史发展过程中的具体历史现象进行的实证性研究。它主要通过对教育历史事实之间的具体联系，描述教育历史在各种因素的相互作用中，向前发展的活生生的教育历史过程。具体分为“三个领域”：教育活动史、教育制度史、教育思想史三个部分，其学科的表现方式有教育通史、教育断代史和教育专题史等。“抽象的教育史学研究”是对教育史认识过程的形式与规律的研究，具体包括“三个领域”：教育史学史研

① 孙培青：《中国教育史学科体系问题》，《社会科学争鸣大系·教育学卷》，上海人民出版社1992年版，第405页。

② 杜成宪、邓明言：《教育史学》，人民教育出版社2004年版，第89页。

究、教育史学理论和方法研究、教育历史哲学研究。[1] 这个体系构想的创新之处在于将作为教育思想史与教育制度史中介的"教育活动史"单列出来，使得学科更趋完善；还有将对教育史学理论作专门的最高层次研究的"教育历史哲学研究"首次列入学科体系之中，亦是一个首创。由于时代在前进，学科在发展，教育史学的学科体系构建模式只能适应于某个特定的时期，因此，很难设计出一个永远完美的永不过时的学科体系模式。这些教育史专家从不同的视角、以各自的标准对教育史学科体系作了各有特色的构想，为教育史学研究者指明了努力的方向，为将本学科建设成为与时俱进、日臻完美的教育学科作出了积极贡献。

（中国昌系华中师范大学教育学院教授，史降云系华中师范大学武汉传媒学院副教授）

① 周洪宇：《论教育史学的两个基本问题》，《百年跨越——教育史学科的中国历程》，鹭江出版社 2005 年版，第 32～35 页。

西方教育史学发展历程研究

陈　峥

西方教育史学的发展可分为古代—18世纪末、18世纪末—20世纪初、20世纪30年代至今三个阶段。

一、西方教育史学的萌芽期(古代—18世纪末)

18世纪之前,西方教育史学处在漫长的孕育期,教育史的研究尚未引起广泛关注,仅有个别教育家、学者从各自的观点与方法总结过历史上的教育经验。据史料记载,最早的与教育史有关的著述是法国的弗勒里(André-Hercule de Fleury)于1695年撰写的《教育精华与教学》,叙述了文艺复兴前的教学发展及课程理论。弗勒里在序言中开宗明义地指出:"要理解现世的各种学习,就应回顾它们的本源。这样,我们才能知道它们从何产生并流传下来,才知道它们如何在历史发展中形成一体。"①可以说,弗勒里此语点中了教育史研究之价值。诚然,弗勒里的这种记述是相当粗糙的,但此书无疑堪称西方教育史学之先声。

此阶段,西方教育史学之研究未成规模,仅是对一些教育史实的粗略还原。

---

① 吴小平:《西方教育史学的形成与发展》,《外国教育动态》1984年第2期。

二、西方教育史学的确立期(18世纪末—20世纪初)

1779年,德国的曼格尔斯多夫(C. A. Mangelsdorf)写成《历代教育制度研究》,为西方教育史学科诞生的标志。曼氏写作该书的初衷在于抵消巴泽多(Johannes Bernhard Basedow)的新教育思想和泛爱主义教育运动的影响,并不着眼于汲取过往教育之精华为现实教育的改进服务。他的写作目的可以说是极其保守的。即便如此,曼格尔斯多夫仍被誉为德国教育史研究之鼻祖。其后,1794年鲁道夫(Rudalf)的《德国学校教育史》叙述了德国教育的起源和发展,收入较多教育史料和早期的教育论著。①

进入19世纪后,德国师范教育发展迅速,并注重吸取历史经验,遂纷纷开设教育史课程,与教育史学的发展互成因果,相互促进。德国开设的有关课程有文化和教育史、教育思想史、教育史等。与此同时,法国教育部规定在师范学校开设教育史课程,主要有教育家及其理论、教育名著分析等;英国亦有此趋势,大学教育学院如牛津、剑桥、伦敦大学等纷纷开设教育史课程或讲座,例如:教育史、教育史著作选读、18世纪的教育改革家、18世纪的英国教育等。此外,以兰克学派为代表的西方传统史学的发展在19世纪进入鼎盛时期,成为教育史学发展的重要条件,为教育史学提供了研究范式。兰克学派关注历史重要人物及重大事件,在史料的考证和辨伪方面颇下工夫,认为史学家应客观公正地描述历史,成为19世纪科学历史学确立的里程碑。② 兰克学派的观点在当时极为流行。

至19世纪中叶,资本主义制度的地位在欧洲各先进国家日渐稳固,建立符合时代要求的教育的呼声日益高涨。因此,从过去教育的发展中吸取经验为教育变革作指导就变得十分必要。德国矿物学家卡尔·冯劳默(Kar von Raumer)适时撰写了对西方教育史学有重大影响的5卷本的《教育学史》,论述了从文艺复兴至19世纪初的教育理论和教育实践。该书是研究文艺复兴至19世纪初教育理论和实践的范本,亦是教育史撰写的楷模。冯劳默细致入理地着重介绍了历史上知名教育家的生平、教育思想和教育实践活动。而本书最大的不足,就在于花了过多的篇幅论述教育家的生平及其教育理想与实践,实际上并未勾勒出教育史发展之全景,勿谈揭示其一般的

① 杜成宪、邓明言:《教育史学》,人民教育出版社2004年版,第314页。

② 傅林:《20世纪西方新史学范式对外国教育史研究的启示》,《教育研究》2003年第11期。

和本质的规律。

毋庸讳言，从 18 世纪末至 19 世纪中期，德国在教育史研究中堪称一枝独秀。而到了 19 世纪下半叶之后，受冯劳默的影响，美、英两国开始在教育史研究领域崭露头角，并逐步取代德国的霸主地位。两国先后出版了多部以《近代教育史》为楷模的教育史专著。值得一提的成果当数美国第一位教育厅长亨利·巴纳德(Barnard，Henry)在他创办的《美国教育杂志》上连载的教育史料。这些史料绝大部分是从冯劳默的原著中翻译过来的。1878 年，巴纳德把这些史料汇编成集，以《日尔曼的教师与教育》为名出版。这本史料汇编涵盖教育诸问题，如教师培训、犯罪与劳教、学校建筑、教育家的理论与教学等等。通常把它称为第一部英文教育史，并看做引领美国教育史学潮流之佳作。《日尔曼的教师与教育》开阔了美国教师的眼界，使他们有机会比较完整地了解到欧洲，特别是德国的教育制度，意识到在美国亦应有完善的国民教育体制，这对美国刚建立不久的义务教育起到了极大推动作用。巴纳德也因此被称为美国教育史学的开山鼻祖。

冯劳默、巴纳德也对英国教育史学的发展产生一定影响。英国教育家奎克曾按冯劳默的模式撰写了《教育改革家》一书。后来他得到巴纳德的启迪，于 1890 年在原著的基础上增写了不少欧洲教育史的内容。书一发行，即广受好评，被誉为英国第一部有价值的教育史名著。①《教育改革家》不但在欧洲，在美国也长期盛行，直到 20 世纪初仍有着广泛的影响。奎克对教育史研究的重要性有着深刻的认识。他指出，教育同其他事业一样，可以从有影响的历史人物那里吸取有益的东西；如果不了解前人取得的进步，要向前迈进是很艰难的，而且往往会重犯前人的错误，结果事倍功半。② 继教育家 J. 潘恩(Pame)于 1872 年在英国师范学院讲授教育史之后，奎克本人也在 1881 年受聘第一个在剑桥大学开设教育史课程。

与此同时，法国也涌现出一批知名教育史学家，包括格瑞德、弗里茨等。他们分别著有《1789 年以来的初等教育与立法》、《法国公共教育和自由教育的立法与批评》。1875 年，孔佩雷(G. Compayre)开始在图卢兹大学讲授教育史课程。但总的说来，法国对于教育史的研究远比不上德、英、美等国广泛与深入。

进入 20 世纪，具有代表性的教育史学研究成果包括，美国教育史研究之

---

① 吴小平：《西方教育史学的形成与发展》，《外国教育动态》1984 年第 2 期。

② 同上。

大成者孟禄(P. Monroe)的《教育史教科书》(1905)以及卡伯莱(C. P. E. Cubberley)的《教育史》(1920)。《教育史教科书》被誉为美国教育学家撰写的第一部真正意义上的教育史,该书从体系到内容都侧重于教育思想和教育思潮的评述。①

20世纪20年代后,马克思主义教育史学也开始形成。1915年克鲁普斯卡雅写成《国民教育与民主主义》,首次用马克思主义阐述教育学与教育史。

西方教育史学在此阶段有了长足发展,呈现出如下特点:首先,在传统史学观之影响下,注重精英,忽视群体;注重史料考证与客观叙述史实。其次,教育史在教学中的地位凸现,不少大学、师范院校、教育学院专门开设教育史课程。最后,影响地域更广,教育史研究已经从德国传播到美、英、法等国。

三、西方教育史学的发展期(20世纪30年代至今)

西方教育史学在此阶段曾因二战的影响一度停滞。50年代起,又恢复活力,开始蓬勃发展。此外,以年鉴学派为代表的新史学流派在20世纪30年代异军突起,取代传统史学的统治地位,为教育史学提供了新的研究范式。年鉴学派注重研究内容的扩展,不囿于少数上层人物,关心广大普通民众的生存状态,强调跨学科的研究方法,认为史学家应力图对历史进行主观构建。此理念一出,迅即传遍欧美。

第二次世界大战以后,教育史的著作有如雨后春笋,层出不穷。在英国,最突出的便是教育史学家博伊德(Boyd)的《西方教育史》。该书虽然是他于1921年完成并出版的,但在第二次世界大战后仍多次再版。1964年,教育史家埃德蒙·金(Edmund. King)在原著(共12章)的基础上又增写了三章现代教育部分,到1979年已出版11版。《西方教育史》被誉为经典的教育史著作。另外,奥尔德里奇(Aldrige)的《简明英国教育史》也颇具代表性。

在美国,佼佼者当属教育史家克雷明(Lawrence Cremin)的《美国教育史》(3卷本)。在书中,普通民众与精英人物一起,成为被关注的对象,扩大了教育史的研究领域。② 其他值得一提的成果包括哈佛大学教授乌里希(R. ulich)于1945年著的《教育思想史》;宾夕法尼亚大学教授马哈恩(J. Mulhern)于1946年撰写的《教育史》;1947年,哥伦比亚大学教授巴茨(F. Butts)的《教育文化史》印行,同年,耶鲁大学教授布鲁巴哈

① 雷丹:《西方教育史研究范式转型的特征》,《教育评论》2007年第6期。

② 周采:《美国教育史学:嬗变与超越》,人民教育出版社2006年版,第293页。

(J. Brubacher)著的《教育问题史》问世;1956 年,马露(H. Marrou)的《古代教育史》在纽约出版;1964 年,同样在纽约出版的伯克(Beck)的《古代希腊教育》;此后,鲍温(J. Bowen)著的《西洋教育史》第一卷,即《古代教育史》于 1972 年出版,1975 年该书第二卷,即《欧洲的文化》出版;1978 年出版的约瑟夫(Joseph)的《拿破仑后的法国教育》;哈佛大学校长普赛(N. Pusey)于 1978 年著的《1945—1970 年的美国高等教育》等等。

其他国家也出版了一些教育史专著,比如德国教育史家弗·鲍尔生(F. Paulsen)的《德国教育史》。还有不少国家集中了有关专家学者,编著出版了教育史方面的鸿篇巨制。例如法国 1981 年出版的 1400 多页的《世界教育史》(4 卷)。

在这一时期,教育史学科在师范院校的教学和科学研究中都处于重要地位。美国的大学教育系本科及研究生院的课程中,也大都设置了各种教育史学科,如欧洲教育史、美国教育史,或以专题史为内容的高等教育史、师范教育史、教育思想史等等。欧洲其他发达资本主义国家,如英国、法国、德国等也都很重视教育史学科的教学与研究工作。这对于深入研究教育史、促进教育史领域的学术交流乃至推动世界教育的发展,都有十分重大的社会价值和学术价值。

可以说,此阶段是西方教育史学飞速发展的黄金期,其特点主要有:首先,在新史学观的影响下,教育史研究领域有所扩展,普通民众被纳入到研究对象之中,各分支学科得到长足发展,如国别或地区教育史、断代教育史、专题教育史。其次,突破欧洲中心论的传统模式,树立全球视野,非欧美地区的教育开始受到关注。最后,教育史在教学中的地位稳步上升,教育史的学术价值愈发被认可。

综上所述,可窥得西方教育史学形成发展的概貌。法国的弗勒里是西方教育史学研究之先导,后来西方教育史学科诞生于德国,随后传播到美、英、法等国。它从简单粗略的研究开始,发展到今天多层次、多分支的系统研究,其学术与社会价值得到广泛认同。今后,在新史学与传统史学并存的情况下,西方教育史学的发展趋势如下:首先,多学科的交叉型、综合性研究将大大增多;其次,社会学、民族学、民俗学、人类学等学科的理论以及计量史学、心理史学、口述史学等新的史学方法将被应用于教育史研究;再次,教育史研究将越发趋于国际化;最后,教育史学家将与历史学家更加紧密地联系在一起。

(作者系华中师范大学教育学院教育史专业 2009 级博士研究生)

新史学视野下教育史研究的转向

李贤智

在我国教育史学科发展的过程中，外国教育史研究经历了创立、发展、衰落、重建的曲折历程。进入新世纪后，外国教育史学科面临的发展危机仍然存在。外国教育史研究如何摆脱不利处境，应对挑战，面向未来，成为近年来教育史学研究者讨论的一个重要话题。许多有影响的学者纷纷撰文，关注学科自身的发展状况，寻求教育史研究领域的突破和学科的繁荣。学者们分析了外国教育史学科所面临的危机及其形成的内部和外部原因，提出通过注重学科的自我反思、加强研究者主体的学术自律、科学确立学科定位等途径以帮助外国教育史学科克服危机；①回顾了外国教育史的发展阶段，提出外国教育史未来发展的趋势；②反思了目前教育史研究范式的优点与不足，提出了教育史研究范式路径转换的原则和方向。③ 在对外国教育史

① 张斌贤：《全面危机中的外国教育史学科研究》，《高等师范教育研究》2000 年第 4 期。

② 刘新科：《外国教育史学科在中国的发展历史回溯及新世纪展望》，《大学教育科学》2005 年第 2 期。

③ 梁淑红、杨汉麟：《我国教育史学科研究范式的反思和转换》，《河北师范大学学报》(教育科学版)2007 年第 1 期。

学科全面危机的思考中，学者们也开始把目光转向国外，关注国外教育史研究的状况。例如有人介绍了英国教育史百余年的发展历史与现状，①还有人评析了美国教育史学的创立、嬗变与超越。② 这些工作对于开拓教育史的研究领域不啻为有益的探索。

除了关注个别国家外，还有一个与教育史研究有关的国际组织值得关注。它就是当今教育史研究的国际组织——国际教育史常设会议，又称国际教育史协会（英文原文是 International Standing Conference for the History of Education，简称 ISCHE）。ISCHE 从创立开始即致力于各国教育史研究的交流、合作与繁荣，ISCHE 及其成员坚持不懈地探索教育史研究的新领域和新方法，对教育史研究具有广泛而深远的影响。本文拟探讨国际教育史常设会议在开拓新领域上的经验，分析国际教育史同行的研究动态，以便为我国教育史研究的转向及教育史学科的繁荣提供一些可资借鉴的信息。

一、路标转向：ISCHE 的创立背景

1978 年，为了促进国际教育史研究的交流与合作，由英国学者布朗·西蒙（Brian Simon）等热心者发动，ISCHE 在比利时鲁汶成立。ISCHE 确立的学会宗旨为：促进教育史研究，为教育史研究提供方便；为教育史研究者在国际接触、信息交换及相互合作等方面提供便利；加深教育史重要性及其对社会和教育进步贡献的理解和评价；发展学院及其他机构教育史课程的远景；安排年会、研讨会、学习团体和出版刊物以达成上述目标。③

作为教育史研究的国际组织，ISCHE 的产生有其特定的背景。在思想层面上，它受到了新教育史学思潮的强大冲击；在制度层面上，它受到各国教育史协会的有力推动。

（一）新教育史学的崛起

20 世纪中叶前后，国际史学发生了一次新的转向，其总的趋势是由传统史学转向新史学。在这个被称为“路标转换”的过程中，形成了年鉴学派、新马克思主义和社会科学新史学派等新的史学范型。新史学突破以兰克学派

---

① 贺国庆：《英国教育史研究的历史和现状》，《河北大学学报》（哲学社会科学版）2004 年第 2 期。

② 周采：《美国教育史学：嬗变与超越》，人民教育出版社 2006 年版。

③ http://www.inrp.fr/she/ische/index.htm.

为代表的传统史学范型，对欧美历史研究在史学观念、研究方法、研究范围和内容选择等方面进行了重新定向。

西方史学的转向及新史学的产生对教育史的研究产生了不可低估的影响，教育史研究范式也发生了令人瞩目的转变。在美国，伴随着 20 世纪 60 年代和 70 年代出现的“修正主义”，“新”历史登上舞台，教育史也通过加强与其母学科——历史学之间的联系而得到复兴。早在 1954 年，美国历史学家们在福特基金会的赞助下开始了重新解释美国教育史的活动。他们成立了“美国社会形成中教育的作用委员会”，探讨教育在美国社会形成中的作用。1960 年，贝林发表堪称新教育史奠基之作的《美国社会形成中的教育》，拉开了美国新教育史学的序幕。贝林在书中通过对美国公立学校起源问题的研究，“敦促历史学家们把教育看成‘不仅是正规的教育学，而且是一个在代际之间传递文化的全过程’．这样，他的《美国社会形成中的教育》成为美国新教育史学的宣言书”①。贝林的研究扩大了教育史的研究领域，更新了教育史的研究方法，提升了教育史在史学研究中的地位，将教育史研究带回到当代史学思想的主流之中。

在新史学思潮的影响下，克雷明 1965 年发表《奇妙的卡伯莱世界》，对以卡伯莱为代表的美国传统教育史学的世界来了一个总清算，给业已形成的对于卡伯莱世界的批判浪潮以强有力的冲击。进入 20 世纪 70 年代后，克雷明完成《美国教育史》三部曲，对教育史的研究对象、研究方法及研究领域不断的创新进行了卓有成效的探索。美国教育史学从此全面转向，成功地走向新教育史时代。

20 世纪 60 年代，英国教育史领域也出现了类似美国的修正主义的观点。英国教育史家西蒙 1960 年发表著作《教育史研究：1780—1870》，明确地表明教育学者已从伟人生平研究转到激进的批评这一重要的新定位。此后，西蒙的其他三本教育史的著作相继问世：《教育与劳工运动，1870—1920》(1965)、《教育改革的政治策略，1920—1940》(1974)、《教育与社会秩序，1940—1990》(1991)。他运用马克思主义阶级分析的立场、观点和方法，剖析当代英国教育问题，对英国教育界有重要影响。他的著作被奥尔德里奇认为是“改变并重塑了英国教育史”②。

① Sol Cohen. The History of the History of American Education, 1900—1976: The Use of Past. *Harvard Educational Review*, 1976, 3.

② 杜成宪、邓明言：《教育史学》，人民教育出版社 2004 年版，第 400 页。

（二）各国教育史协会的推动

20世纪50年代到60年代，欧美国家教育史的研究与教学一度陷入低迷状态，教育史在师范学院中的地位急剧降低甚至被边缘化。国际史学的新浪潮为教育史研究领域注入了新鲜血液，为处在十字路口的教育史学科指明了方向。在贝林、克雷明、西蒙等大家的影响下，西方教育史研究者纷纷汇聚在新教育史学的旗帜下，教育史研究经受了新史学思潮的洗礼，开始逐步摆脱困境，重现生机。正是在这种情形下，各国先后成立教育史研究的专业团体——教育史协会，并创办了专业刊物，为进一步摆脱学科的困难处境，开辟教育史研究的新路提供了组织保障。

美国教育史协会最早成立。1948年，美国教育史协会在大西洋城宣布成立。但在50年代后期，受进步教育协会解体的影响，教育史协会一度陷入混乱中，教育史专业研究队伍被打散。在这种情况下，克雷明和一批志趣相投的青年学者起来收拾残局。新的美国教育史协会在1960年重新成立，克雷明当选为新一届的教育史协会主席。在他的领导下，《教育史杂志》（*History of Educational Journal*）在1961年更名为《教育史季刊》（*History of Education Quarterly*）。该刊物创刊宗旨强调教育史应更加密切与历史界的联系；教育史要与社会史、文化史和心智史等领域保持经常的接触与交流；消除派系之争和狭隘性。刊物内容受新教育史学思潮的影响，主要反映美国教育史领域的改革动向，也刊登反映欧洲及发展中国家的教育史研究成果。

英国教育史协会成立于1967年，创办专业刊物《教育史》（*History of Education*）。该刊物主要刊登英国和反映前英属殖民地、英联邦国家及欧美其他国家的教育史研究成果。1970年，法国教育史协会成立，1972年，德国教育史协会成立，随后，其他一些欧洲国家也纷纷成立了教育史协会。1970年，澳大利亚也成立了自己的教育史协会。

比利时鲁汶大学教授第帕普指出：教育史领域在20世纪60至70年代出现了范式转换，传统的教育史范式已被社会史范式所取代。[①] 在新教育史学思潮的有力冲击和各国教育史协会的推动下，教育史研究需要成立一个国际平台，以进一步扩大新史学的影响，促进各国教育史研究者的合作与交流，ISCHE便应运而生了。

---

① 卓晴君、方晓东：《教育与人的发展》，教育科学出版社1995年版，第149页。

二、研究主体：ISCHE 的人员结构

ISCHE 的产生顺应了新教育史崛起的趋势，为教育史研究提供了组织保证和信息支持，成为国际教育史研究人员交流与合作的一个重要平台。ISCHE 的创立加快了教育史研究新思路的传播，各国学者的参与使得教育史研究的新领域与新方法产生了更为广泛的影响。作为教育史研究的国际组织，ISCHE 在致力于教育史领域的开拓方面提供了组织保证，该组织机构的主席、工作组和会员们都做出了自己的努力。

（一）协会主席

ISCHE 每三年选举一次协会的领导，自创立至今共选出了十位主席（见表 1）。参与创建国际教育史协会的西蒙（Brian Simon）是国际教育史常设会议的第一任主席。西蒙是英国当代教育史家，在教育史观上，西蒙认为资本主义社会制度下的教育发展不是以简单线性方式实现的。他在谈到教育改革进步和后退时指出："在一个时期内取得的进展并不意味着接踵而来的是更大的进步。"他批判了辉格派的看法，认为英国教育发展的历史"在向前发展的阶段之后，接踵而来的常常是反复，使已取得的进展化为乌有"①。因此，教育史研究要认识到教育与社会关系的复杂性，强调教育改变中的易变性。

如何研究教育史？西蒙强调首先要有批判意识。他认为，教育史研究的主要功能之一是提高教育的自我批判意识。西蒙提醒人们，教育机构本质上具有倾向于保守的特点，会抵制学校外经济和社会发展所必然引起的变化。通过历史研究提高教师们的批判意识，才会保证教师们具有一种革新和变革的动机。

西蒙提出，教育史的研究重点应集中在教育变革和社会变革的关系上，因为这是历史学家所面临的至关重要的问题。西蒙指出，以往历史研究侧重政治和法制方面的内容，而当今历史关注的焦点，是与民众休戚相关的经济和社会发展。教育史也必须相应地将其研究重心转向影响民众的广泛的社会运动，空洞的制度和机构方面的琐议以及精英人物统治教育史的现象不应再继续下去了。

比利时鲁汶大学教授第帕普（Marc Depaepe）是第五任主席。他是以问

---

① ［俄］卡特林娅·萨里莫娃、［美］欧文·V. 约翰宁迈耶主编，方晓东等译：《当代教育史研究与教学的主要趋势》，教育科学出版社 2001 年版，第 5 页。

题为导向的教育史研究的积极倡导者。他认为,研究者们讨论的"教育史是讲述教育还是讲述历史"的问题是一个虚假的问题。在他看来,教育史的研究主体和学科界限应该突破,同时要吸取新的方法来应用于教育史研究。他指出,只要研究成果有效,历史学家、教育学家以及社会学家都可以介入教育史的研究,甚至心理学家、人类学家、人口统计学家等也能对教育史的课题做出有益的贡献。他对以问题为导向的教育史研究也持积极的态度。他认为,"在教育史领域内,也从历史角度研究了教育现象,如果根据情况,以更多的从历史的或教育的方面来提出问题为方向时,上述研究就更富有意义了"。对教育史领域的出路,第帕普强调,"教育史的研究如能表明当前有关儿童培养和教育的思想和实践是如何产生出来的,并借以使它们更容易被人们所理解。那么,才有相当的用处"。①

英国当代著名教育史家、伦敦大学教授理查德·奥尔德里奇(Richard Aldrich,第六任主席)致力于以历史的视角看待当今的教育问题。② 他在分析了教育史学科作为师资训练科目受到冷落的原因后,指出,教育史的广泛作用没有受到充分的重视,教育史学科的繁荣的途径在于:教育史学科作为范围更广的历史学科的组成部分;用历史的观点来阐明教育的实践;用历史的观点来阐明教育政策。③

表1 国际教育史常设会议历届主席名单

年度	主席	年度	主席
1978—1982	Brian Simon	1994—1997	Richard Aldrich
1982—1985	Maurits de Vroede	1997—2000	Jeroen Dekker
1985—1988	Ottó Vág	2000—2003	António Nóvoa
1988—1991	Jürgen Herbst	2003—2006	Wayne Urban
1991—1994	Marc Depaepe	2006—	Frank Simon

(二)常设工作组

除了协会主席利用会议和出版物等多种形式对教育史研究动向进行影

① [俄]卡特林娅·萨里莫娃、[美]欧文·V.约翰宁迈耶主编,方晓东等译:《当代教育史研究与教学的主要趋势》,教育科学出版社2001年版,第24~25页。

② Aldrich,R. *The end of history and the beginning of education*. Institute of Education University of London,1997.

③ [俄]卡特林娅·萨里莫娃、[美]欧文·V.约翰宁迈耶主编,方晓东等译:《当代教育史研究与教学的主要趋势》,教育科学出版社2001年版,第120页。

响外，ISCHE 内的常设工作组对教育史研究领域的开拓也发挥着很大的影响。常设工作组(Standing Working Groups，简称 SWG)是根据教育史研究人员的需要和兴趣而设立的。当不少于十个的会员希望集中进行一个跨国背景下专门主题的调查研究时，就会建立一个 SWG。因此，ISCHE 下设的 SWG 会不断变化。最近几年来，SWG 的研究兴趣主要集中于教育史上跨文化的影响、性别研究以及教师联盟等研究上。目前，ISCHE 设有四个 SWG，它们的研究方向分别是："教育史上的性别"(Gender in the History of Education)、"教育史上的跨文化影响"(Cross-cultural Influences in the History of Education)和"教师工会与高等教育协会"(Teachers' Unions and Higher Education Associations)和工作组的标准(Criteria for SWGs)。

SWG 在每次年会时会根据自己的专题方向进行讨论。从 1995 年开始，每次年会的论文选辑都作为 ISCHE 的专业刊物——《国际教育史学刊》的增刊出版(见表 2)。

表 2　国际教育史协会年会专刊(1995—2007)

出版时间	卷/期	专刊内容
1995	《教育史增刊》第 1 卷	教育中的殖民地经历
1996	《教育史增刊》第 2 卷	教育与文化传播
1997	《教育史增刊》第 3 卷	教育研究的历史
1998	《教育史增刊》第 4 卷	变革社会中的学校教育
1999	《教育史增刊》第 5 卷	信仰与教育：历史与比较
2000	《教育史增刊》第 6 卷	教育史视角的挑战
2001	《教育史增刊》第 7 卷	教育与民族性
2002	《教育史》第 36/37 期	书籍与教育：阅读与学习 500 年
2003	《教育史》第 39 期	城市化与教育：城市是灯塔和明灯吗
2004	《教育史》第 40 期	中等教育：制度、文化及社会的历史
2005	《教育史》第 41 期	学校与现代性：知识、制度及实践
2006	《教育史》第 42 期	新教育：起源与变化
2007	《教育史》第 43 期	教育史上的国界与界限

(三) 协会成员

ISCHE 到目前共有 40 个国家成员，这些成员为教育史研究领域的开拓的贡献也是不可磨灭的。尤其值得一提的是美国教育史协会。新的美国教育史协会章程规定,美国教育史协会附属于ISCHE,协会的成员自动成为ISCHE的会员。① 从这个意义上说,克雷明、纳什、泰亚克等美国新教育史学的代表自然是ISCHE的会员,他们对教育史研究的影响早已是有目共睹的。

三、领域开拓:ISCHE的年会主题

为了实现协会创立时确定的各项宗旨,ISCHE建立了年会制度。1979年以来,年会每年都按计划召开。除1999年年会在澳大利亚的悉尼和2003年在巴西的圣保罗举行外,ISCHE每年在欧洲城市召开一次年会,讨论有关专题,出版论文集。

传统历史研究领域,史学研究的主要是政治史、军事史,在教育史研究中,教育史研究的领域限制在教育制度史(主要是学校教育史尤其是公立学校史)、国家教育政策以及精英人物的教育思想史这一框架中。教育史要走出困境,改变浅薄自闭的公众印象,就必须改变自身的研究方法和拓宽研究领域。可喜的是,20世纪中期以来,与国际史学研究的转向一致,教育史研究的方法和领域也逐步发生了变化。教育史研究的领域得到了拓宽,研究的视角从一元到多元,研究的方法不时更新。瓦格纳在描述70年代教育史研究的变化时指出:"在过去的20年,教育史作为一个研究领域经历了实质性的转变。教育史学从1957年被历史学会描绘为'被历史学家所羞耻地忽视'的领域,到今天被发现是最富有成果和最具有挑战性的社会史和心智史之一。"②

在ISCHE创立之后,教育史研究领域的这种变化更加明显。从1979年至今国际教育史协会所确立的主题来看(见表3),国际教育史研究的领域在不断拓宽。从年会主题中可以看出,教育史研究者的视角很广,领域很宽。从表3可以看到,国际教育史协会既关注各级教育的研究,如师范教育、学前教育、中等教育、义务教育、高等教育;也关注对特定时代或时段的研究,如古代教育、19世纪的教育、启蒙运动时期的教育;关注特定问题和专题,如教育革新、教育与文化变迁的关系、教育与现代性、城市化与教育等;关注特定的群体,如教育与民族性、处于危机中的儿童与青少年,等等。从当前教育史研究的国际范围来看,教育史研究的兴趣点仍旧是多种多样。

---

① http://www.ed.uiuc.edu/hes/about.htm.

② Jennings L. Wagoner, Jr. Historical Revisionism, Educational Theory and American Paideia. *History of Education Quarterly*, 1978, 2.

机构史、本地史、国家设施和结构史继续吸引着历史学者的注意;关于思想的社会史仍然受到学术支持;政策史继续保持其吸引力;研究的方法、方向也多种多样。人们坚信:如果能正确地理解教育史,其实它远比人们所认为的更实用,教育史能给予人们看问题的正确观点,能扩大人们的视野,还可以阐明教育问题的根源和解决问题所需要的背景。

表 3 国际教育史协会历届年会主题

时间	主题	时间	主题
1979	师范教育史	1994	教育与文化变迁的关系,1500—1994
1980	历史上的教育革新	1995	教育研究的历史
1981	19 世纪教育政策研究	1996	社会变革中的学校教育:历史与比较
1982	学前教育史	1997	信仰与教育:历史与比较
1983	历史上科学与技术对教育的影响	1998	教育史研究视角的挑战
1984	启蒙运动时期的教育研究	1999	教育与民族性
1985	高等教育和社会史	2000	书籍与教育
1986	义务教育史	2001	城市化与教育:城市是灯塔和明灯吗?
1987	国际教育关系史	2002	中等教育:制度、文化及社会的历史
1988	教师职业的社会作用与发展	2003	教育与现代性
1989	小学教学与课程史	2004	新教育:起源与变化
1990	宗教改革至启蒙运动教育革新研究	2005	教育史上的国界与界限
1991	古代教育史研究	2006	科技福音:教育史上的读写能力
1992	历史上的教育和体育运动研究	2007	处于危机中的儿童和青少年
1993	16 至 20 世纪殖民地研究	2008	教育与不平等:历史上学校教育和社会分层的途径

资料来源:1. 杜成宪、邓明言:《教育史学》,人民教育出版社 2004 年版,第 342 页。
2. http://www.inrp.fr/she/ische/conferecces.htm.

研究主题的多样性为教育史研究带来了积极的变化,首先,借用其他学科的概念术语和分析方法成为教育史研究的一个趋势。正如国际教育史协会的成员、法国教育史家卡斯巴所言,这种对其他学科方法的借鉴是很有必要的。他强调指出,如果对教师和学生历史有兴趣,必须借用社会学理论;如果要开展对当代教育的口头调查,就会涉及人种志学;如果要研究儿童政策或家庭教育策略与祖辈生活条件的联系,那么就会用到人口统计学的知识;如果对教育决策有兴趣,那一定会涉及政治和管理科学;如果要研究课堂教学的理论和实践,那就要用教育学和教学法理论了。①

其次,教育史研究进入领域扩展的阶段。教育史的研究领域扩大带来了教育史研究资源的丰富,有利于突破教育史资源相对贫乏的局面。教育史研究的领域正在和社会史、心智史、文化史领域的重合,使教育史研究显现出繁荣的局面,教育史的研究成果大量涌现。从年会的主题来看,诸如教育与民族性、教育与现代性、教育与文化变迁的关系的研究,都会涉及教育史跨学科的研究。教育史与社会史、文化史、经济学、人口学、人类学、地理学等学科的结合,是一种客观存在。这对改变教育史研究的困境无疑是大有裨益的。

在看到 ISCHE 为教育史研究带来积极影响的同时,我们也听到一些不同的声音。一些教育史研究者认为,教育史研究领域的拓宽会带来某种困惑,教育史研究仿佛突然间失去了坐标。教育史研究领域有多宽,边界是什么?教育史研究对象和领域的无所不包对教育史研究是有利还是有害?正如贝林所说,"历史研究正朝着众多的方向发展,毫无协调可言","一度不相关联的和易于驾驭的领域和问题彼此交融,失去了界限"。对于教育史研究者所采取的新方法,第帕普认为,新教育史的社会史范式,尽管被认为是非常具有权威性,但是其理论和方法论的一致性"已被证明是非常肤浅的"。②

上述问题提醒我们注意到,在当前,为每一门学科确定范围的工作面临着前所未有的复杂情况,对每个学科领域划分明确的界限变得越来越困难。笔者赞同法国当代教育史家莱昂的观点。他指出,不仅教育史,目前整个教育学科的状况,正从过去的单一型走向扩散型,从具有凝聚力走向分歧,从确定性走向不确定性。③ 与此同时,鉴于教育史的跨学科研究并不能确保历史科学的优势地位,他强调只有加强教育史学科的自主性,才能面对来自方法论的更大的挑战。在教育史研究的转向过程中,这些问题再次为我们带来了思考与启示。

(作者于2010年获华中师范大学教育史专业博士学位,现为湖北第二师范学院教科院讲师)

---

① [法]皮尔·卡斯巴:《谈欧洲教育史研究方法》,《华东师范大学学报》(教育科学版)2006年第3期。

② 卓晴君、方晓东:《教育与人的发展》,教育科学出版社1995年版,第149页。

③ [法]米亚拉雷、维亚尔主编,张人杰等译:《世界教育史:1945年至今》,上海译文出版社2000年版,第499页。

新史学对外国教育史研究的启示

付 宏

对新史学的理解，从广义而言，指的是区别于旧史学的史学，所以其为“新”。然而，这个名词具有很明显的历时性意味，即随着时间的变化，新就会变为旧，以前为新者，以后成为旧。“新史学”之“新”，在一段时期之后，就会为更新的史学所取代，“新”便成为不新了。在近两个世纪的中外史学史上，提出“新史学”或被称作是“新史学”的史学思想、史学流派、史学思潮有许多，却都有着历时性或共时性的差异。在近现代中国史学史上，如梁启超倡导的“新史学”、何炳松介绍的美国人鲁滨逊的“新史学”以及马克思主义史学等，都曾先后使用或被称之为“新史学”这一称谓。①

本文所谓的新史学，一是指滥觞于 19 世纪末 20 世纪初、50～60 年代迅速发展起来的史学新潮流，它的形成与发展旨在反对以兰克为代表的传统史学；二是指自其出现以来至今的更新变化所呈现的一种流变的史学模式。作为“兰克模式”的对立面出现并发展起来的新史学，它突破了传统史学致力于政治史、军事史和外交史的研究，主张从更加广泛的范围和更加多元的视角入手来研究人类社会的各个方面。新史学的若干观点和主张，对于当

① 张越：《“新史学”思潮的产生及其学术建树》，《史学月刊》2007 年第 9 期。

前我国外国教育史的研究具有重要的启示意义。

一、新史学之滥觞及主要流派

19世纪末、20世纪初，在德国的狄尔泰(Wilhem Dilthey)、李凯尔特(Heinrich Rickert)，意大利的克罗齐(Benedetto Croce)以及英国的特里维廉(George M. Trevelyan)等领导下，发起了对传统史学的反思和批判。他们反对把研究历史等同于研究自然科学的做法，认为在对历史的阐释中历史学家不可能完全"排除自我"，事实上绝对"客观"的历史描述是不存在的。20世纪，随着分析的历史哲学兴起，向传统史学更是提出了挑战。与传统思辨历史哲学注重历史事实的探讨和规律性认识不同，分析的历史哲学直接指向历史思维和历史认识本身，它的视角从历史事实本身转移到传统史学所忽视的问题——主体如何认识历史客体。

随着科学技术的进步以及人类学、考古学、心理学等学科的成熟，20世纪历史学家们的视野日渐开阔，计量法、比较法等被广泛应用到历史研究中，历史研究不再局限于政治史、精英人物的活动等画地为牢的做法，而是把更多的目光投向社会生活的方方面面。从新史学的提出，到现在已有一百余年。在上个世纪里，先后出现过三种类型的新史学流派：第一种是发轫于20世纪初年，以梁启超等人为代表，以倡导史学革命为目的的"新史学"①，其标志是梁启超《新史学》的发表。第二种是以鲁滨孙为代表的"新史学"，鼓吹新史学改革，以其代表作《新史学》一书为形成的标志。第三种是1929年新史学中最具代表性的流派——年鉴学派在法国诞生，其标志是费弗尔(Lucien Febvre)和布洛克(Marc Bloch)创办的《经济社会史年鉴》杂志的创刊。

二、新史学的基本特征

以上三种有重要影响的新史学体系虽然产生于不同的国度和不同的时期，各国又有不同的社会环境和历史背景，但它们都是形成于20世纪这个大的社会环境中，都意识到传统史学已经不能适应时代的发展，必须突破传统史学的樊篱，探索史学研究的新出路，使史学能更好地为社会服务。这三种新的史学体系都是在对传统史学的批判中成长起来的，但它所有方法论上

① 张越：《"新史学"思潮的产生及其学术建树》，《史学月刊》2007年第9期。

的创新、取得的进步与兰克为现代历史学所奠定的基础是分不开的。新史学的出现,使历史研究的范围被大大拓宽——历史研究已经扩展到全球的每个角落;就历史学家的关注而言,没有哪种文化被认为是太渺小或太原始而不值得关注。[①] 因此,不论是哪一种体系的新史学,都在不断完善的过程中兼具以下特征。

(一)研究内容扩展

基于一种总体史观,新史学的研究内容大大扩展,它不像传统史学那样囿于研究政治、军事史,而将视野拓展到了文化、经济、社会史,甚至是精神状态史;研究对象也不再是少数上层精英人物的活动,而是广大普通民众的生存状态。布洛克曾比喻道:"一个杰出的历史学家就像童话中的巨人,他知道哪里有人肉的气味,哪里就是他的猎物(目标)所在。"[②]这里所指的人,已不再是单个的人,而是整体的人;不再局限于少数精英,已经拓展到大众草根。如布罗代尔在其代表作《15 至 18 世纪的物质文明、经济和资本主义》中所展示给我们的就是这样一个群体,即一群生活在 15 至 18 世纪的各国的普通百姓,分别描述了这个时期内,他们的人口、种植物、饮食、居住、服饰、能源与冶金、技术革命、运输、货币、城市,继而探讨由他们组成的这个世界的经济和资本主义。这部作品关注的焦点已不再是一系列政治事件,而是人类物质经济生活、资本主义形成以及文化传播的方方面面。正如勒高夫指出的那样:"只有对物质世界、精神世界以及想象力世界等领域,予以同等注意的历史,才是表现人类生活全部层次的总体史。"[③]研究内容的扩展,还表现在突破了传统史学研究中以欧洲为中心的樊篱。"欧洲中心论"在西方史学研究中曾盛行一时,但两次世界大战从本质上对这种观点发起了挑战,从而使得触动了欧洲人唯我独尊的心态。因此"欧洲中心论"在当代已显陈腐,而"全球史观"则成为史学研究的一种趋势——新史学家义无反顾地将笔触伸展到世界的每个角落,以谋求整体史观的实现。传统史学的史料来源多是一些官方档案、考古发现,而新史学在史料的搜集中,除了注重传统史学中史料的来源渠道之外,还注重积累一些非官方记录和口述资源,以作为还原历史的最真实的材料。例如,在年鉴学派的作品中,一些鲜为人知的

---

① [英]约翰・托什著,吴英译:《史学导论》,北京大学出版社 2007 年版,第 339 页。

② 张广智、张广勇:《史学:文化中的文化——文化视野中的西方史学》,浙江人民出版社 1991 年版,第 403 页。

③ 张广智、张广勇:《现代西方史学》,复旦大学出版社 1996 年版,第 96 页。

神甫的通信、旅游者的日记、绘画、民谣、口述材料等，均被广泛应用。

（二）采用跨学科的研究方法

《经济社会史年鉴》的创刊者在致读者话中所说："现在，在历史学家与从事其他研究的专家之间，甚至在历史学家同行之间，存在一种不相往来的闭塞状况。当然，各行的研究家，都致力于自己的专业，在自己的庭院中辛勤劳动，如果他们能再关心一下同行或者'邻居'的工作，就十全十美了。但事实却是不同领域的专家之间、甚至是同领域的专家之间被无形的高墙阻隔了。"因此，为了打破这种无形的壁垒，新史学研究者不断糅合经济学、社会学、心理学等人文学科以及自然学科的诸多研究理论与方法，使得历史研究方法呈现多样化与灵活化的特性，新史学研究者也具有了新的特质——他一定是善于利用人类学家、经济学家、心理学家、社会学家关于人类的种种发明——五十年来的种种发明的研究者，因为这种种发明已经将我们对于人类的来源、进步与希望等等，种种观念革命了。[①] 正如鲁滨孙在《新史学》一书第三章"历史的新同盟"中所言："一切学科都是永远相互依赖的。"所以，新史学注重跨学科研究方法的应用，其结果是既补充、完善了对历史事实的解释，又导致了一批新的分支学科和交叉学科的出现。

（三）强调史学家的主体认识作用

新史学反对把研究历史等同于研究自然科学的做法，认为在对历史的阐释中，历史学家不可能排除自我而达到纯粹客观，因为绝对客观的历史描述是不存在的。因此，它主要关心的，并不是历史事实，而是历史研究者的认识问题。换言之，"新史学理论的立足点，已经从客体转变到了主体。传统的历史研究所关注的主要是历史的客体，而新史学的特点则体现在主体如何认识客体"。即历史研究者与历史学家的任务，并不仅仅在于通过色彩——历史史料——进行着历史素描，而在于通过发挥主体的认识能动性，借助于零星的但又相互存在着千丝万缕联系的历史碎片，进行着历史的重构，正如意大利著名历史学家克罗齐(B. Croce)所言："史料，只有通过历史学家本人心灵或思想的冶炼，才能成其为历史。"而在思想冶炼的过程中，必须充分发挥历史学家的主体认识作用。

---

① [美]詹姆斯·哈威·鲁滨孙著，何炳松译：《新史学》，广西师范大学出版社 2005 年版，第 12 页。

三、外国教育史研究的反思

综观我国外国教育史研究领域，无论是有关外国教育通史、外国教育断代史，还是外国教育思想史、外国教育制度史、外国教育人物史或是外国教育专题性研究等，都取得了不少成果，但周洪宇教授对我国教育史学整体研究所做的诊断——“纵览百年教育史学研究史，不难发现，以往教育史学研究总是将注意力放在了具体的教育思想与制度的研究，而且研究方法与思路过分依赖于历史学和教育学，缺乏体现自身学科特色的自觉性，教育史学界的研究人员极少对自身学科进行理论和方法的反思与总结，这就制约了研究者的思维和理论水平，因而在理论方面显得有点先天不足。”[①]这一问题在外国教育史学界也同样存在。外国教育史的学科性质是什么？它的研究范围、方法是什么？教育历史的客观性与研究者的主体认识之间有何关系？如果外国教育史研究者不对诸如此类的学科问题进行深入的思考，则很难从根本上摆脱外国教育史学科发展所面临的诸多问题。把握新史学理论发展的进展，借鉴新史学的研究特质，对于目前我国外国教育史学科建设，或许不无裨益。

（一）扩大外国教育史的研究领域

从近二十年来的研究成果看，学者们具有共识：教育制度、教育思想、教育实践构成外国教育史研究毫不动摇的三大板块。可是这对于丰富、悠久的教育历史来说是过于简单化、狭窄化了。教育历程不是颁布的法令、教育实践活动和一些名家的教育思想的简单累加。它还包括每个历史时期教育者的心态如何，受教育者的精神状态是怎样的，国家的教育政策、法令如何被大众所接受，人们当时的物质生活状况怎样影响着教育水平以及非正规学校、家庭、社区的教育状况怎样？因此我们应树立一种整体的教育史观，从这种观点出发来搞研究，必然带来研究领域的扩展。

研究领域扩展还可表现为实现教育问题研究对象多元化。在这方面，外国教育史学界应当向美国当前的史学界学习和借鉴。近二十年来，美国史学界力求研究问题的对象和领域多元化，开辟了不少新的研究领域，就像美国当代历史学家希梅尔法布所说：“米老鼠比富兰克林、罗斯福对于理解20世纪30年代更为重要。”外国教育史问题研究也应该像美国史学界那样，

① 周洪宇、申国昌：《新世纪中国教育史学的发展趋势》，《华东师范大学学报》（教育科学版）2007年第9期。

将研究视线更多地投放到较易被忽视的草根民众教育与学习生活。

（二）改进外国教育史的研究方法

新史学学者认为：在一些细小的文化现象背后，常含有解读该文化的密码，通过再现细小事件与普通人物当时的真实状态，不仅能够折射整个时代的发展特征，而且有可能发现历史的盲点。这种重构历史的方法同样适用于外国教育史的研究。从特定的历史事件中获取历史时代的信息，将有助于更真实地接近历史，更深刻地解读历史事件的意义和影响。

新史学对偶发事件、历史记忆的重视，对于外国教育史的研究也具有启发意义。除了密切关注新史学的研究方法之外，其他人文学科的研究成果都可以成为"他山之石"，为外国教育史研究注入活力。例如，通过采纳人类学领域的田野作业、口述笔录等方法，可以有助于寻找新的教育史料；借助于心理史学的研究分析方法，可以有效地帮助研究者分析教育家的教育思想、具体教育行为及其具体的教育实践等。总之，"历史学家就像一个试图去完成一个复杂的和缺少许多部分的拼图玩具的人"①。一切有助于回复真实历史的科学方法和成果都应当被广泛运用。

（三）提高外国教育史研究者的主体性

新史学的研究史料来源之丰富、考证之严密以及史学者们驾驭史料的能力之娴熟在作品中是发挥得淋漓尽致的。虽然他与传统史学家们主要借助官方文献的做派不同，大量引用了一些非官方的史料（包括神甫的日记、当时的地形图、绘画作品、教堂的统计数据、口述等），但都不是信手拈来，对每则史料都进行了细密的考证、分析和说明。可见，历史学家主体认识作用的发挥与史料考订、历史描述的客观真实性之间不是相互矛盾的，而恰恰是相互支持的。外国教育史研究要想对现实有更大的意义和价值，这两个方面都不能有失偏颇、顾此失彼。而目前的现状是这两方面都还做得不足：一方面，学者们呼吁要对"左"的做法纠偏，反对以"论"（尤其是偏狭之论）代"史"，而应该通过尽量还原历史本来面目，以追求外国教育史史实的再现。但鉴于目前史料严重不足，因此，应着力加强外国史史料（特别是小语种国家教育史史料）的建设；另一方面，研究者也面临着就史论史、对客观史料的主体把握不够、理论建构缺乏等问题的困扰。

在"21世纪中国史学学术研讨会"上，有学者鉴于20世纪中国史学的教

① 郭法奇：《什么是教育史研究——以外国教育史研究为例》，《教育学报》2005第3期。

训，认为“21 世纪中国史学必须解决两大难题：‘补课’和‘超越’。所谓补课，是要补科学主义时代实证史学之不足。所谓超越，是要超越西方史学已有的成就。”①补课与超越无不依赖于研究者的主体性的提高，这对于外国教育史研究也同样适用。外国教育史研究在我国已历经百年，发展至今日既有丰硕的成果，更有危机与挑战，但危机是科学的正常状态：一种科学感觉不到危机，说明它正处于停滞状态。21 世纪的外国教育史研究的生命力在于它敢于直面来自学科内外的各种挑战，并在解决矛盾、应对危机中不断走向成熟。新史学在方法论上的不断发展，必将促进外国教育史研究者跨学科、多种角度视域的反思，推动我国外国教育史研究在新的世纪的不断进步。

（作者系华中师范大学教育学院教育史专业 2007 级博士研究生）

① 周祥森：《21 世纪中国史学发展三大趋势》，《史学理论研究》2000 年第 3 期。

三 教育活动史研究的理论基础

视域融合与历史构境:实践活动取向的教育史研究

刘来兵　周洪宇

教育史学关注人的活动,在对过去的教育活动或事件的理解中构境教育历史,本是学术实践的内在逻辑。然而,主张将人的活动置于教育史研究的中心地位,还是晚近的事。长期以来,由于种种原因人的活动被机械化或抽象化理解,人们对于教育历史认识活动的探寻优位于教育历史实践活动。认识论取向的教育史研究,将研究的目光投放在精英论述的教育思想与政府规制的教育制度之上,而将现实的人的教育历史实践作为教育历史认识诠释的注脚。20世纪80年代,随着思想解放运动的展开,我国哲学界掀起"回到马克思"的学术思潮,马克思关于实践的唯物主义观点引起学界的重视。马克思实践唯物主义对于"人的活动"的理解,启示教育史学必须相应地完成从认识论到实践取向的转换,确立以人的活动为中心的学术研究路向,在对实际生活与实践的把握中实现视域融合与历史构境。

一、人的活动:实践唯物主义的理解

承认历史是过去的人的活动,是我们进行教育史研究的前提。如何理解人的活动,则又影响以何种观念来进行教育史研究。坚持唯物史观的指导,是中国教育史学科建设的内在要求。科学地理解马克思的唯物主义,是运用唯物史观进行教育史学术实践的前提。

马克思是在批判费尔巴哈唯物主义观的基础上建立自己的唯物主义观的。“当费尔巴哈是一个唯物主义者的时候，历史在他的视野之外；当他去探讨历史的时候，他绝不是一个唯物主义者。在他那里，唯物主义和历史是彼此完全脱离的。”①唯物主义地探讨历史，是马克思历史观的基本立场。马克思主张历史与唯物主义的结合，他的唯物主义首先是历史的唯物主义。如何理解“历史”是把握历史唯物主义的关键。马克思还批判了费尔巴哈的历史观：“从来没有把感性世界理解为构成这一世界的个人的共同的、活生生的、感性的活动”②。换而言之，马克思所理解的历史是由人的活动构成的感性世界，是人的实践活动的结果。他充分肯定了人在历史中的地位，而费尔巴哈“从来没有看到真实存在着的、活动的人，而是停留在抽象的‘人’上”③。所以，马克思认为费尔巴哈的唯物主义只是一种直观的唯物主义。“直观的唯物主义，即不是把感性理解为实践活动的唯物主义，至多也只能做到对‘市民社会’的单个人的直观。”④马克思眼中的人不是抽象的人，而是活动的人；不是单个的人，而是共同体中的人；不只是元首与市民阶层，而且是整个人类。马克思的唯物主义，是历史的唯物主义，也是实践的唯物主义。

历史观的分野，根本上源自对“人的活动”的不同理解。马克思批判了人们对于人的活动的两种极端理解：一是费尔巴哈的直观唯物主义，“对事物、现实、感性，只是从客体的或者直观的形式去理解”；另一种是唯心主义，人的活动被抽象化，“能动的方面却被唯心主义抽象地发展了”⑤。马克思对于历史及历史观的批判，实质上是对历史研究实践脱离大众日常生活与实践的批判：“过去的一切历史观不是完全忽视了历史的这一现实基础，就是把它仅仅看成与历史过程没有任何联系的附带因素。根据这种观点，历史总是遵照在它之外的某种尺度来编写的；现实的生活生产被描述成某种史前的东西，而历史的东西则被说成是某种脱离日常生活的东西，某种处于世界之外和超乎世界之上的东西。这种观点只能在历史上看到元首和国家的

① 《马克思恩格斯全集》第3卷，人民出版社1960年版，第51页。
② 同上书，第50页。
③ 同上。
④ 同上书，第5页。
⑤ 同上书，第3页。

丰功伟绩，看到宗教的、一般理论的斗争。”①历史的实践、过程被抽象化为历史的认识、本质，日常生活的历史被隐去，留下的是精英思想与国家意志。这种直观唯物主义与唯心主义产生的根源在于，“不是把现实当做人的感性活动，当做实践去理解，不是从主体方面去理解”②。换句话说，马克思的唯物主义承认历史是人的活动，而且要从主体的、实践的与生活的角度去理解人的活动，这是一种实践唯物主义的理解。

马克思对于“人的活动”的实践唯物主义理解，尤其是把人的活动同“主体”“实践”与“生活”等概念相结合的理解，在当代“回到马克思”的学术运动中被深度阐释。哲学领域相继形成了“主体性哲学”“实践哲学”与“生活哲学”思潮，深刻影响着当代中国社会生活与学术实践。20世纪80年代末，教育学就“教育是一种培养人的活动”达成共识。教育研究开始引入“主体”概念来建构教育理论，“主体教育思想”“主体教育实验”随之风行中国教育界，迄今已逾二十年。90年代初，教育研究发生“实践”的转向，从“教育是什么”的理论探讨转向“教育如何做”的实践研究。叶澜在马克思关于哲学在于改变世界这一基本理念的导引下，开展“新基础教育”课题研究，试图探究“一种理论如何实现实践形态的转化”③。此后，有关教育研究的“实践逻辑”“实践品性”“实践立场”成为流行语。进入21世纪，教育学有关“主体”与“实践”的研究逐步汇合，在“教育活动是作为主体的人的实践活动”的普遍认同下，教育学研究既要关怀有“生命”的教育主体，又要关注相对独立的教育实践，继而形成“生命·实践”教育学派。无论是“主体教育”论，还是“生命·实践”教育学，都在一定程度上体现了马克思实践唯物主义在教育研究与实践中的运用。

较之于教育学，教育史学对于主体与实践的关注显得相对滞后。由于没有从实践的、主体的层面去理解人的活动，以人的活动为中心的教育史研究一直处于缺位状态。事实上，尽管我们一直宣称用历史唯物主义的观点指导教育史研究，而在实践中所表现出来的更多的却是费尔巴哈式的唯物主义，教育历史中的人是客体的、抽象的人，教育活动是被理论所遮蔽的、没

---

① 《马克思恩格斯全集》第3卷，人民出版社1960年版，第44页。

② 同上书，第3页。

③ 叶澜：《我与“新基础教育”——思想笔记式的十年研究回顾》；丁钢：《中国教育：研究与评论》，教育科学出版社2004年版，第9页。

有血肉的“实践骷髅”，这“只能是一门‘见人不见行’‘见物不见事’的教育史学”①。在实践唯物主义体系中，历史是感性的世界，是由人的活动构成的，人是现实的、活动的人，活动是人生存于世界的基本方式。人在认识与实践的过程中建构自我与他人的关系世界，并形成各自的认识世界与实践世界。教育活动作为人的活动之一，同样有认识与实践之分。我们把教育历史视为感性的世界，是因为教育活动的发生，不可能只是停留在个体的认识世界中，它必须经由教育共同体的交往实践而在现实世界中得以实现。教育的实践（感性）世界显然比认识（理性）世界更符合实际的历史。无论是认识抑或实践世界，都是人创造的、由人的活动而构成的。教育史体现为人的活动史，是题中应有之义。有学者指出，“教育历史离不开人的活动，或者说，没有人的活动就无所谓教育历史”②。教育史研究以人的活动为中心，才能构建一门“见人又见行”“见物又见事”的教育史学。

然而，对于过去了的人的活动，我们无法身临其境地去感知其真实活动场景，也不能完全依托文献史料来重构。对此问题的解决，马克思认为，“只是从对每个时代的个人的实际生活过程和活动的研究中得出”③。马克思把生活与实践的观点视为认识论首要的观点，使传统认识论发生了实践转向。尽管教育历史是过去了的教育活动，但我们无法将现实的视域排除在历史的视域之外，借助历史与现实的视域融合，我们可以在基于生活与实践的理解中，回到教育历史活动的现场。

二、视域融合：回到教育历史现场

关注现实的人的活动，是当前社会科学普遍认可的实践取向。社会学、人类学就如何构建以人的活动为中心的学术实践，形成了“眼光向下”“回到历史现场”等认识论与方法论范式。教育史学在科际整合的过程中，也注意将这些理论运用到自己的学术实践中。就“眼光向下”而言，教育史学形成视野下移的学术实践，把研究重心下移至日常生活与民间教育。④ 就“回到

① 周洪宇：《对教育史若干基本问题的看法》，《河北师范大学学报》（教育科学版）2009 年第 1 期。

② 丁钢：《叙事范式与历史感知：教育史研究的一种方法维度》，《教育研究》2009 年第 5 期。

③《马克思恩格斯全集》第 3 卷，人民出版社 1960 年版，第 31 页。

④ 周洪宇、申国昌：《教育活动史：视野下移的学术实践》，《教育研究》2010 年第 10 期。

历史现场”而论，有学者称把方法论作为教育历史文化研究的灵魂，通过叙事范式感知历史，即从日常经验事实和社会文化生活的角度叙述日常教育生活。[①] 无疑，视野下移抑或历史叙事的教育史学术实践，确实带来了研究领域的拓展和范式的变革，但从认识或方法层面到实践层面，还是有距离的。也就是说，任何理论都要面对如何转化为实践的问题。教育史学从理论到实践无法回避“理解”这一行为的参与。正如马克思所说：“凡是把理论导致神秘主义方面去的神秘东西，都能在人的实践中以及对这个实践的理解中得到合理的解决。”[②]基于实际教育生活与实践立场之上的理解，是进入并感知教育历史的不可或缺的环节。

从观念形态上说，教育历史是人们对于已然发生了的教育活动的理解。尽管教育历史已然成为过去，成为教育史研究者共同面对的历史事实世界，但不同时代，即使是同一时代的不同研究者，也会创造出各不相同的历史意义世界。何以如此呢？有学者认为，这归因于研究群体“立足点”与“视域”的不同。[③] 然而，立足点与视域是不能独立存在的，必然依附于主体的行为之中。伽达默尔(Hans-Georg Gadamer)曾指出：“人类此在的历史运动在于：它不具有任何绝对的立足点限制，因而它也从不会具有一种真正封闭的视域。视域其实就是我们运动于其中并且与我们一起活动的东西。视域对于活动的人来说总是变化的。”[④]在他看来，立足点与视域是属于“活动的人”的，并将“活动的人”作为历史主体，也就是被理解者，他们身上内在即具有历史的视域。同时，作为历史理解者的我们，又具有一种现实的视域。既然历史理解中存在多极主体及其各自所具有的视域，那么，主体之间的交往是必然的，视域之间的碰撞也是不可避免的。基于此，伽达默尔认为，理解是过去与当代、历史与现实之间的视域融合过程。

以往的教育史研究强调解释、叙述，把过去的教育活动视为“感性的对象”，作为纯粹的客体加以认识。这不符合历史唯物主义的基本立场，马克思主张把历史视为“感性的活动”，“从事物的本来面目及其产生根源来理

---

① 丁钢：《叙事范式与历史感知：教育史研究的一种方法维度》，《教育研究》2009年第5期。

② 《马克思恩格斯全集》第3卷，人民出版社1960年版，第5页。

③ 叶澜主编：《“生命·实践”教育学论丛》(第二辑)，广西师范大学出版社2008年版，第1页。

④ [德]伽达默尔著，洪汉鼎译：《真理与方法》，上海译文出版社1999年版，第390～391页。

解”过去的活动，这是一种回到历史现场的追求。怎样回到历史现场呢？是理解的应用。理解是诠释学中的核心范畴，伽达默尔将理解视为视域融合的过程，恰好论证了马克思主张的以理解的方式回到历史现场的可能。他最终把诠释学转向实践哲学，又与马克思所主张哲学的实践转向保持了一致。“解释学作为哲学，就是实践哲学。”①在此，理解不再是方法与技艺，而是实践本身。理解是多极主体之间视域融合的过程，而视域融合的基点是各个时代的实际生活与实践。视域融合表达的是一种生活与实践的立场，这是历史意义得到生成的现实泉源。历史因为有了意义，才会是有生命的存在。过去的历史，才会随着生活与实践的变化，有选择地“复活”，也就是我们所构境的新的历史意义世界。

当前的教育史研究正处于视野下移的学术实践之中。我们所说的视野下移，是希望教育历史中的各类人群、教育活动中的各个参与者及其过程都被纳入教育史研究的范围，尤其是重点研究教育历史上基层的、具体的、微观的、日常的、民间的教育活动，以实现教育历史的原生态研究。章开沅在论及近代社会群体研究时指出，眼光下移的群体研究更符合历史的“原生态”，而要走近原生态，则要建立在原始资料上的历史理解上，深入历史的“现场”，走出现有研究的既存定式，摆脱“仁者见仁，智者见智”的认识论困惑。② 可见，历史研究要摆脱认识论困惑，要注意从认识领域转向实践领域。视野下移反映研究目光的更新，虽有认识论的成分，但它所指向的是教育活动的实践层面。在此，它首要思考的问题是：如何进入并感知实践的历史？显然，教育历史研究不大可能像人类学的“田野实践”那样进入活动“现场”，直接观看。即使是教育历史叙事研究，也只能进入一个短时段的教育现场，这对于当代史的建设很有意义，却无法满足长时段历史研究的需要。或许，“建立在原始资料上的历史理解”，正是我们“深入历史现场”的路径之一。

借助于马克思以及伽达默尔的理论，我们可以更清晰地把握“建立在原始资料上的历史理解”的内涵。理解是主体与主体之间的交往与对话的过程。在理解达成之前，理解中的主体之间的视域是多元的，各有立足点，它们之间可能是相持的、对立的、碰撞的。理解的达成需要经由应用。应用是

---

① [德]伽达默尔著，洪汉鼎译：《真理与方法》，上海译文出版社 1999 年版，第 653 页。

② 章开沅：《“眼光向下”与社会原态——关注近代中下层社会群体研究》，《甘肃社会科学》2008 年第 2 期。

使历史与现实发生沟通、融合的中介。在教育历史理解中，存在着三极主体，即读者、文本、作者。教育历史理解的前提是要有原始资料即文本的存在。读者作为理解行为的主体，不能只是去把握文本的语言本身，也不只是依赖心理移情方法追寻作者原意。要真正达到对文本的理解，读者先要取得某种视域，将自我拥有的视域应用于历史的情境视域，并由此创生出新的历史意义，这便是视域融合的过程。历史与现实、过去与当前的视域发生了融合，理解才真正实现。视域融合的过程，便是回到历史现场的过程。

教育史学的“回到历史现场”，是生活的而非实证的，是实践的而非思辨的理解，是基于生活与实践之上的视域融合。实证的教育史学认为，史料即史学，面对史料就是回到历史现场，可以从史料中得出历史事实。事实不是如此简单，马克思指出：“只是在人们着手考察和整理资料的时候，在实际阐述资料的时候，困难才刚刚开始出现。这些困难的克服受种种前提的制约，这些前提在这里根本是不可能提供出来的，而只是从对每个时代的个人的实际生活过程和活动的研究中得出的。”①显然，教育史学不能离开史料，但史料并不完全反映史实，甄别史料的真伪是不够的，还要甄别它们是否是生活的。因为我们所常见的史料多是精英思想与国家意志的留言簿。而思辨的教育史学认为，史论是灵魂，历史总是相对的，史学是纯粹主观的学问，应从意识、精神、理性出发抽象出一般的规律性结果。而在马克思看来，“思辨终止的地方，即在现实生活面前，正是描述人们的实践活动和实际发展过程的真正实证的科学开始的地方”②。在马克思那里，历史理解从来都不能离开对于当下社会生活的把握，实证的、思辨的历史理解要不把历史引入机械的客观主义，要不就可能走向思辨的唯心主义。以日常生活的眼光来理解过去的教育活动，这是一种实践取向的教育史研究。

三、实践取向的教育历史构境

以往的教育史研究，过于追求认识论，将教育史学术实践视为认识与叙述的过程。从诠释学的视野来看，认识与叙述都属于一种解释形式，即试图为历史探寻出一种进化论式的普遍规律。马克思指出：“哲学家们只是用不同的方式解释世界，而问题在于改变世界。”③马克思对于传统的认识论优位

① 《马克思恩格斯全集》第3卷，人民出版社1960年版，第31页。
② 同上书，第30～31页。
③ 同上书，第8页。

的哲学给予了前所未有的批判，而主张哲学的实践转向。从根本上说，这是一种从还原论、认识论思维方式到实践论思维方式的转换。就历史诠释学的立场而言，教育史学是一门诠释的学问。历史诠释内含解释、理解与应用三个要素，解释属于认识范畴，理解兼涉认识与实践范畴，而应用则属于实践范畴。对于教育史研究而言，我们需要对于过去的教育世界作出解释，以满足教育历史认识的需要。同时，我们更要从总体上还原人的活动史，即通过理解与应用，建构教育历史实践的世界。

教育历史理解是一个视域融合的过程。与解释所不同的是，它不是在对历史的抽象中说明教育历史发展的规律，而是与过去的教育活动展开对话，使理解者的视域与历史当事人的视域发生交往、融合。教育历史应用不是主张把过去的历史应用于现实，而是将现实的视域观照历史的情境，并创生出新的意义世界，它是历史与现实发生联系的中介。借助于应用，教育史研究既指向现实的生活，又指向历史的文本本身，进而实现读者、文本与作者三极主体间的互动。现实生活一旦变化，对于教育历史文本的意义追问也就随之发生变化。历史是存在于时空之中，不可改变的，赋予它们不同面目的是现实的生活、活动的人，这正是教育史研究实践取向的现实根源之所在。教育历史应用实质上是基于何种视域与立场进行教育历史构境，因为视域与立场总是随着活动的人而保持同步运动。因而，理解与应用，即是从视域融合到历史构境的过程。

何为历史构境呢？张一兵认为，构境理论是一种基于马克思历史唯物主义当代诠释基础之上的哲学思考方法。在构境理论之下，任何历史都是在对社会生活的把握中为研究主体所建构的历史情境。① 因而，教育历史构境需要考量两个方面：第一，历史观的选择。教育史观是人们对于教育历史的基本观点与总的看法，它构成教育史学的基本逻辑与概念框架，决定教育史学术实践的范式与取向。我们认为，无论教育史研究基于何种视域与立场，都不能违背唯物主义地探索历史的基本原则。第二，视域与立场的选择。视域与立场总是随着活动的人而变化，它们的选择亦是多元的。正是这种开放性与活动性保持了学术生态的多样性。叶澜认为，不同的立场与视域选择，甚或形成相对独立的学科体系或学说流派。② 尽管如此，教育史

① 张一兵：《历史构境：哲学与历史学的对话》，《历史研究》2008 年第 1 期。

② 叶澜主编：《“生命·实践”教育学论丛》（第二辑），广西师范大学出版社 2008 年版，第 1 页。

研究视域与立场的选择,应以坚持唯物史观为前提。在实践唯物主义的视域内思考教育史学术实践,我们主张把生活与实践作为研究立场,关注教育活动的实践层面,以实践活动为取向进行教育历史构境。

与以往的教育史研究不同,实践取向的教育史研究,关注教育历史上人的活动与活动的人,将教育史学术实践视为理解与构境的过程。它以理解的心态对待过去的人与活动,从当代日常生活经验入手感知曾经的教育生活世界,在对教育活动及其过程的把握中重构历史情境。正如马克思所主张的,历史的观察方法是从现实的、有生命的个人本身出发。它的前提是人,不是处在幻想的与世隔绝、离群索居的人,而是处在一定条件下进行的、现实的、可以通过经验观察到的发展过程中的人。只要描绘出这个能动的生活过程,历史就不再像那些本身还是抽象的经验者所认为的那样,是一些僵死事实的搜集,也不再像唯心主义者所认为的那样,是想象的主体的想象的活动。① 由此观之,对于教育思想与教育制度的探寻,不能把教育者的教育生活、教育制度的生成过程本身给遮蔽了。

从这个意义上说,面向教育历史这一人的活动本身,把人与活动置于教育史研究的中心,基于生活与实践的立场来理解与构境教育历史,是对以往的教育史研究取向的超越,并由此可以拓展出在传统的教育思想史和教育制度史之外的第三条研究路径——教育活动史研究。实践取向的教育历史构境,表现如下特征:第一,以实践唯物主义为教育史观。实践唯物主义主张从"主体""生活"与"实践"的角度理解人的活动,引导教育史研究重点指向实践层面的教育历史,即把教育史研究的重心移至日常教育生活、民间教育实践与教育交往过程。对于认识层面的教育史研究,更加注重教育思想的主体性、生活性与实践性,注重教育制度的生成性、过程性与现实性。第二,以实践论为思维方式。实践论思维方式是对于传统的认识论思维方式的超越。认识论思维方式在教育史研究中极其迷人,但由于它无法逾越自己所创造出来的思维与存在的二极对立,以至于教育史学长期在主观与客观史学的争执中徘徊往返。实践论思维方式以实践为中介,将思维与存在的二极结构发展为思维—实践—存在的三极结构。即无论是思维者还是历史文本,都是实践的存在者,在实践中会合。主观史学也好,客观史学也罢,都无法否认历史是一种活动。实践论思维方式指向活动史学,主观与客观史学之争将不复存在。第三,以实践作为考察问题的出发点。处在一定关

①《马克思恩格斯全集》第3卷,人民出版社1960年版,第30页。

系中的人的现实生活及其实践，是历史理解的基础。马克思对于生活与实践的重视，不是对生活“发出赞叹的微笑”，而是从实践中提出问题。也就是说，对于教育历史实践活动的关注，是有选择性的，不是讴歌，而是变革。只有从变革中才可能真正明晰教育发展的历史轨迹。正如田正平所指出的：“个别教育史工作者往往满足于书斋里的宁静生活，对丰富多彩的教育变革现实视而不见，对实践中提出的需要从历史上给予总结回答的重大问题置若罔闻。”①教育史研究不能完全从文献中寻找答案，只有坚持生活与实践的立场，对文献与现实保持一种批判的眼光，才能透过残留的文字与复杂的现象去构境历史。

概而言之，实践活动取向的教育史研究，主张重过程而轻本质，重关系而轻对象，重对话而轻独白，重实践而轻预设。实践唯物主义是马克思实践哲学在当代诠释的最重要成果之一。在我们提倡返本开新地发展马克思主义的今天，在我们追求教育史学理论和实践创新的时候，运用实践唯物主义基本原理来指导教育史学术实践，是富有现实变革意义的。

（刘来兵系华中师范大学教育学院教育史专业博士研究生，周洪宇系华中师范大学教育学院教授、博士生导师）

① 田正平：《老学科新气象——改革开放30年教育史学科建设述评》，《教育研究》2008年第9期。

实践品性视域下的教育史研究

刘来兵　周洪宇

海登·怀特(Hayden White)认为“历史学科是彻头彻尾地反理论的。它思索的是实践,是对于实践的反思”①。然而,纵览中国教育史学在中国确立与发展的百年历程,中国教育史研究一直秉持的是以教育思想史与制度史取向为主的研究范式,以至于“教育活动的经验形态在可编码的修辞过程中被不知不觉地抽干和掏空,当这些经过修辞后的理论返回实践时,教育活动或经验本身就可能已经被遮蔽”②。这种研究范式下,教育史学的理论品性不断地得到彰显,却没有顾及到教育史学实践品性的发展,原本丰富、鲜活、充盈的教育世界被抽缩成干瘪的历史教条,被搭建成一具没有血肉的“实践骷髅”③。如何提升教育史学的实践品性,发挥教育史学在教育研究中应有的功能与力量,是当前教育史学学科建设的一项现实课题。

---

① [波兰]埃娃·多曼斯卡编,彭刚译:《邂逅:后现代主义之后的历史哲学》,北京大学出版社 2007 年版,第 15 页。

② 丁钢:《教育经验的理论方式》,《教育研究》2003 年第 2 期。

③ 邬志辉:《论教育实践的品性》,《高等教育研究》2007 年第 6 期。

一、关注当代:中国教育史研究的实践立场

从本原意义上讲,任何真正科学的思想观念和理论话语都是来源于实践,又服务于实践的。作为一门具有历史学与教育学双重学科属性的中国教育史研究,亦是如此。改革开放30年以来,中国教育史研究在教育思想观念与理论话语的建构方面所取得的成绩是毋庸置疑的,然而,也正是在这种研究范式的主导下,“个别教育史工作者往往满足于书斋里的宁静生活,对丰富多彩的教育变革现实视而不见,对实践中提出的需要从历史上给予总结回答的重大问题置若罔闻”①。教育史研究实践立场的缺位,就会产生这样的追问:教育史研究有什么用?研究过去教育的功能有什么用?当我们的研究成果无法回应上述的问题时,貌似繁荣的教育史研究陷入一片质疑的危机之中,便不再是什么奇怪的事情。20世纪90年代中期以来,中国教育史学科自觉意识逐渐增强,教育史学的社会功能得到重视,教育史研究朝着多元化的方向不断发展。研究视野的下移、问题意识的增强、日常教育生活的关注等,这些新的研究趋势都为教育史学在新时期的发展增添了活力。透过这些新的研究动向的背后,不难发现,这些研究现象实质上均是教育史学实践品性不断提升的表征。

那么,何谓教育史学的实践品性?在马克思主义哲学中,实践指的是主观见之于客观的活动。主观、客观、活动,三者共同构成了实践,重心虽在于主客体相互作用,但最终必以活动的形式展现出来,因而活动才是实践的本体。比如在教育实践中,教育者主观上具有影响作为客体的学生的意愿,通过某种形式施加到学生身上,如果在主客体相互作用的过程中,教育者成功地使自己的教育意愿在学生身上得以实现,这个活动过程中就产生了某种有价值的教育经验。这种有价值的经验必然会成为教育史研究的对象,然而,一旦进入教育史研究的领域,研究者的实践观念可能发生了偏离。在研究者看来,这种有价值的经验是由教育者的主观意愿所主导完成的,这种主观意愿背后一定存在某种理论的指导,或本身就是一种新的理论。在这种逻辑思维方式之下,教育者的主观意愿成为理论研究的对象,经验本身、活动过程被抽象、理论化。也就是说,教育实践被视为主观思想主导下的客观结果,复杂而丰富的活动过程被排除在教育实践研究的视野之外。在这种

① 田正平:《老学科新气象——改革开放30年教育史学科建设述评》,《教育研究》2008年第9期。

以思想代活动的实践观主导下，教育史研究虽宣称自己研究的是教育实践，但是它践行的仅仅是一种理论层面的研究，具体表现为教育思想史、教育制度史研究。这种教育史研究实践显然满足了教育史学理论品性的发展，但对于既包括教育思想史、教育制度史，也包括教育活动史的教育实践史来说是不够圆满的。所以，强调提升教育史学的实践品性，它并不是压制与否认教育史学的理论品性，而是追求一种全面的教育史研究，二者并行不悖，共同存在于教育史研究实践之中。从这个意义上说，实践品性视域下的教育史研究，指以实践主体的活动作为研究的核心，立足于现实的教育生活，以历史性的眼光来再现、解释教育活动发生、发展的变革过程。实践品性视域下的教育史研究的功能就体现在赋予现实的教育变革以历史感，更好地为现实服务。

教育史学实践品性的回归其前提是建立关注当代的教育史研究实践立场。关注当代的语境中，"当代"首先作为一种共时态的历史存在。克罗齐(Bendetto Croce)在"一切历史都是当代史"的历史哲学世界中，清楚地赋予"当代"这样的意义："'当代'不是被称为是在最近过去一段时间的历史，只应指紧随已完成的行动产生、作为对此行动的意识的历史。"[①]在这里，"当代"不是一个时间概念，而是对历史作出叙述时所出现的一种思考状态，这种思考使历史超越了时空限制而以思想形态存在，当现实生活需要时，"那些沉默不语的文献在新生活光辉的照耀下又重新开口说话"[②]。在克罗齐看来，生活与思想才是真正的史料，历史研究不能完全从文献中寻找答案，只有坚持生活的立场，对文献保持一种批判的眼光，才能透过残留的这些文字背后去再现复杂的历史面相。这就是关注当代的第二个内涵，即"当代"作为一种历史研究的立场。同克罗齐一样，马克·布洛赫(Marc Bloch)也指出，"为了阐明历史，史学家往往得将研究课题与现实挂钩"，"只有置身现实，我们才能马上感受到生活的旋律，而古代文献所记载的情景，要依靠想象力才能拼接成形"。[③] 布洛赫与克罗齐都阐明了现实生活应作为历史研究的立场，教育史作为一门生活之学、实践之学，更应如此。

因此，无论是作为一种历史存在，还是作为一种研究立场，"当代"都涉

① [意] B.克罗齐著，田时纲译：《一切历史都是当代史》，《世界哲学》2002 年第 6 期。

② 同上。

③ [法]马克·布洛赫著，张和声译：《为历史学辩护》，中国人民大学出版社 2006 年版，第 38～39 页。

及了教育史研究中的一个核心问题——客观性，即史料的真实性与解释的客观性问题。客观性问题，既是一个理论问题，也是一个实践问题。就理论方面来说，追求史料的完全真实性无疑是苛求历史学对过去的无所不知，这既不可能，也无必要；而历史解释的客观性往往受到研究者主观意识所左右，表现为对历史缺席的审判。就实践方面来说，关注当代有利于教育史学发挥"存史""释史"功能。就"存史"而言，一是指对当代文献史料的搜集与保存，二是指对"活材料"的历史参与者的充分利用。就"释史"而言，文献研究一直是解读教育历史的主要路径，加强对当代的关注，显然可以突破文献作为唯一的教育史研究路径的局限，一方面可以借助现代通讯设备，诸如录音、摄像等，这些现场记录下来教育活动作为史料将有着无与伦比的优越性；另一方面，通过访谈直接获得教育活动主体者的体验与认识，无疑比文献解读更具有客观性。而且，就实践品性视域下的当代教育史研究来说，要了解当代教育实践如何发生、发展的，一个好的切入点就是对这些活在当下的实践者的了解。这是一个非常广阔的研究领域，但受教育史研究属于过去的研究的认识影响，教育史工作者对这些现实的研究视而不见，这无疑是教育史研究领域中的一个缺憾。尽管如此，早在中国教育史学科初建时期，教育史家舒新城就已经关注到了这个问题。舒氏本是近代中国"新教育运动"的一员主将，其后转型专职做当代教育史研究工作，为中国教育史研究做出了重大贡献。但是舒氏究竟是何许人？他为何从一名现实的教育改革者转为教育史研究者？他又是怎样开展他的研究工作的？我们本不得而知。舒新城的特别之处在于，他留下了自己的教育历史——《我和教育：三十五年生活教育故事》，这是一本个人生活教育史的自传，不是学术性著作，却闪烁着思想的光辉，让我们看到了一位教育学人的人生轨迹、为学之道与思想历程，同时也管窥到了他那个时代的教育生活。如果说他所做的近代史料整理工作抽象地记录了那个时代的教育，那他的生活教育故事则通过自我的诉说显示出了个体的生命颤动。由此，舒新城告诉我们，教育史不仅是作为教育的思想史、制度史，还有作为"人"的教育生活史。

换句话说，关注当代作为一种教育史研究实践立场的确立，意味着教育史学工作者应树立起敏锐的当代意识，积极关注当代的教育实践，进而多角度地建构整体的教育历史图景：既有政府颁行的教育政策、制度，也要有政策、制度之下的具体教育活动；既有教育决策者、教育理论工作者的教育思想，也要有大众真实的教育生活体验。

二、走向生活：当代中国教育史学的实践品性

为了拯救欧洲人性的危机，胡塞尔提出了“回归日常生活世界”的哲学命题。在胡塞尔看来，欧洲人性危机的根源在于它过分沉迷于实证主义的科学理论，从而遗忘或掩盖了人生存于其中的“生活世界”，所以，在他看来，走出危机的出路在于回到被近代自然科学所掩盖的那个“生活世界”。我们知道，教育起源于人类生活，每个人最初都是在日常生活中接受教育。人类早期的教育思想难称得上科学理论，多是直观的教育生活经验的总结，表述也是极其生活化的语言。然而，随着教育作为一门科学在近代确立之后，在逐步科学化与学科化的过程中，就出现了胡塞尔所言说的科学世界与生活世界的异化问题。教育科学世界把生活世界的活动、经验、话语等抽取出来加以符号化、形式化和片面化，把作为生活中的人从丰富的、充盈的、统一的世界图景中作为对象抽象出来置于一个高度理性自觉的教育科学理论空间当中，按照某种外在的逻辑对之加以规训、形塑，结果这些外在的规训、逻辑取代主体性的人，成为教育活动和教育研究的中心。教育史研究同样走入了上述的窠臼之中，在教育史研究构筑起来的科学世界中，教育史学的理论品性不断地得到彰显，却无法回避学科遭遇生存危机。正如胡塞尔所指出的科学世界对于生活世界的遮蔽一样，教育史学的理论品性也挤占了实践品性的空间，表现为实践取向的教育活动史一直消解于理论取向的教育思想史与制度史研究之中，遗憾的是，学界长期对此习焉不察。教育作为人类生活中普遍存在的活动，实践品性才是教育历史的原初本性，教育史研究必须观照到教育历史的实践品性。那么，什么样的教育史学研究才具有实践品性的意蕴呢？笔者认为，只有走向生活的教育史研究才是教育史学实践品性的意蕴所在。

首先，走向生活的教育史研究需要研究视线的下移。马克·布洛赫指出：“历史学所要掌握的正是整个人类，做不到这一点，充其量只是博学的游戏而已。优秀的历史学家犹如神话中的巨人，他善于捕捉人类的踪迹，人，才是他追寻的目标。”①他将人在历史中的地位置于物和思想之上，确立了人在历史中的地位，并且这里的人不再是少数精英而是普通大众。这种研究视线的下移对于教育史研究领域的开拓有着重要的意义，它带来了一系列

① [法]马克·布洛赫著，张和声译：《历史学家的技艺》，上海社会科学院出版社1992年版，第23页。

观念的变革。就以往的教育史研究而言，可以明显看出，主要倾向于对人物思想与制度变迁的研究，人物思想研究也仅就教育史上著名的精英人物进行研究，很少涉及基层人物的生活、学习与活动的具体问题与情境研究；教育制度研究“重视的是国家教育机构的形成及其演变，重心放在了描述制度的内容及因袭过程”，缺乏对决策的生成过程、在基层的实施情况及其对学校教育的影响等问题的深入研究。① 视线下移的教育史学，它所主张的视线下移不仅仅是从精英到大众、从高层到基层，还有从抽象到具体、从主流到边缘的位移。从抽象到具体，是指从宏观层面的教育思想、教育制度、教育史学理论等抽象的共同体下移至微观层面的某个人、某所学校、某次重大的教育事件等具体的个体。在这里，并不是要用微观取代宏观，也不是以个体史来取代时代史，而是以个体的视角来看时代，一如阿拉伯谚语“与其说人如其父，不如说人酷似其时代”。从主流到边缘，是指给予日常状态下的教育生活以更多的观照。从精英到大众、从高层到基层的视线位移如果处理不好，就是下位版的政治史、精英史。如有份对海内外百所高校网站首页新闻的抽样研究表明，“国内大学的校领导新闻数量为海外大学的三倍；而学术新闻占有率却只是后者的二分之一；在国内大学网站中，有关学校领导的新闻稍多于学术新闻，而海外大学的学术新闻与领导新闻的比例大致为 4∶1”②。高校本以学术研究和教学为主流，却在行政化体制下沦为边缘，但日常状态下的教育主体的生活依然是存在的，且是学校的生命力所在，应该将这部分内容纳入到教育史研究的视野。因此，教育史研究视线的下移，它不是拒绝宏观、精英、上层、主流的话语权，而是允许微观、平民、基层、边缘与之共存，归还他们言说历史的权利。

其次，走向生活的教育史研究需要研究范式的变革。对于走向生活的教育史研究来说，仅有研究视线自上而下的位移是不够的，核心还在于以书写内容为主的研究范式的变革。传统的教育史研究秉持的是以教育思想史与教育制度史为取向的理论研究范式，将教育活动史融化在教育思想史与教育制度史之中，这种思维方式主导下的研究范式亟待变革。生活的本真在于每个个体身边所发生的活动，这些活动是复杂的、丰富的、充盈的，这些活动一部分是在人的主体意识主导下发生的，一部分是特定的环境下发生的不由人的意志左右的突发性事件。以教育思想史与教育制度史统摄教育

① 周洪宇、申国昌：《新世纪中国教育史学的发展趋势》，《华东师范大学报》(教育科学版)2007 年第 3 期。

② 沈亮：《“官味度”揭开教育科研官本位面纱》，《南方周末》2009 年 1 月 16 日。

活动史，就是以精英人物的教育思想与政府制定的教育制度来取代大众的教育生活。相反，以教育活动史作为一种新的研究范式，将教育思想与教育制度融合于实践主体的活动之中，这是使抽象的教育理论回归具体的教育实践的路径。它可以清楚地展示出教育思想的演进、教育制度的制定的动态过程，更可以揭示一些潜藏在历史背后的事实。因此，以活动为中心的教育史研究，整体的逻辑图式是，从具体的教育生活出发，经过理性分析，再以活动史为形式再现教育生活。它同样可以实现从原有的琐碎的、分割的、断裂的教育史走向一种整体的、有关联的、最能代表某个时期教育生活的整体教育史。那么，如何去获得思想演进、制度形成过程的经验是教育活动史研究的关键所在。作为教育史工作者，就需要能走出书斋，走近不同阶层的教育活动的主体，"通过有关经验的故事、口述、现场观察、日记、访谈、自传或传记甚至书信及文献分析等，来逼近经验和实践本身"①，以此来表达对这些不同的教育主体的生活意义的充分尊重。

最后，走向生活的教育史研究需要写作方式的更新。以何种方式完成教育历史的写作，同样决定着教育史研究能否走向生活。就经验与活动本身而言，最恰当的表述方式莫过于叙事。"有关叙事的最重要之处在于，它是将人们对于世界的感知、人们的经历组织起来的一种模式。它是一种反理论的、不承载理论的模式。"②叙事已经运用于我国的教育研究实践之中，"实验者从自己熟悉的中国教育人物与事实入手，包括知名教育家的生活故事，普通教师的教育经历，普通校长的办学历程以及私塾教师的社会生活等"，"尝试教育叙事研究的旨趣是为了接近在中国教育时空间里发生的各种'真相'，考察由各式各样的人物、思想、声音与经验构成的事件，揭示事件中的个人'生命颤动'"。③ 其实，以叙事作为写作方式并非一种时新的创见，在中国教育史学科初创时期就已出现："五四"运动以降，由于国民民主意识的觉醒，学术精英们开始关注民间的、边缘的、少数者的教育生活，记录他们的声音，为国家教育、精英教育提供另一种新鲜的、具有活力的生活方式参照系，在一些反映小民教育生活的叙事作品中得到体现。与文学叙事为实现对现实揭示的深刻性而给予创作以充分的自由想象不同的是，教育史叙事必须给予真相以绝对的尊重。

---

① 丁钢：《教育经验的理论方式》，《教育研究》2003 年第 2 期。

② [波兰]埃娃·多曼斯卡编，彭刚译：《邂逅：后现代主义之后的历史哲学》，北京大学出版社 2007 年版，第 15 页。

③ 丁钢：《教育研究的叙事转向》，《现代大学教育》2008 年第 1 期。

言至此，我们不仅反思，今天的教育现实就是明天的教育历史，教育史学究竟该如何记录当代，表达自己？“如果一条鱼能成为一个人类学家，那么水或许是它最后发现的东西”①，教育起源于人类生活，我们却用晦涩难懂、了无生趣的文字使它毫无生活的气息；教育是全体人类生活的一部分，我们却借“思想”“制度”之名使它虽居庙堂之高，实处江湖之远。显然，观照当下生活，让生活化的语言为精英的学术和民众的生活架起一座沟通的桥梁，让个体的活动为大众展示思想、制度的时代图景，是教育史研究应着力加强的。进而言之，教育史研究应该追求书写方式和书写内容的更新，且书写方式的更新只是形式，书写内容的更新才是核心。书写内容的更新就是教育史研究在视线下移的过程中赋予大众讲述当代史的合法性，“是将麦克风交给人民的时候了，是该让人民来说话了”②。

三、教育口述史：实践品性视域下教育史研究的一种形态

就如何提升教育史学的实践品性而言，关注当代与走向生活属于认识论，而研究视线的下移、活动取向的研究范式、叙事为主的写作方式属于方法论。教育口述史作为一种实践形态的教育史研究，不乏具备实践品性的诸种要素，日益引起学术界的广泛关注与运用。作为一种新的研究方法，有必要对其渊源先作一个简要的论述。

教育口述史属于口述史学中的一个分支。口述史有着悠久的史学传统，它比语言的历史要悠久得多。人类文明史上一些最古老的著作大都是经由几代人流传下来的口述史整理而成。现代口述史的复兴与阿兰·内文斯的贡献有关，他于1948年在美国哥伦比亚大学建立了现代口述历史档案馆，对一些知名人物进行访谈，并保存了这些访谈的资料。20世纪60年代现代口述史学从美国向其他地区扩散，并于1987年在英国牛津成立了“国际口述历史协会”，获得长足的发展。中国的口述史学实践最早可追溯到司马迁写作《史记》对口述历史传说的运用。而当代的口述史写作在毛泽东主席号召由人民来写“村史”“家史”“厂史”和“战史”的“四史”运动中获得一定程度的发展，并于1958—1960年间出版了《星星之火，可以燎原》《红旗飘飘》这

① [加]许美德著，周勇译：《圆满：一个加拿大学者的中国情愫》，教育科学出版社2007年版，第7页。

② [美]唐纳德·里奇著，王芝芝等译：《大家来做口述历史》，当代中国出版社2006年版，第3页。

两套共十七卷收录的老红军和老干部口述的革命史丛书。[1] 从政治领域走向广泛的社会领域的口述在新世纪初期获得蓬勃发展,中国社会科学院在2003年12月下旬举行了"《口述历史》暨《口述自传丛书》出版座谈会",并于2004年12月组织发起成立了"中华口述历史研究会",推动了口述史在各种学科领域中的运用。

加拿大学者许美德(Ruth Hayhoe)对10位中国当代教育家的访谈是教育领域内较早的口述史实践,她和这些访谈对象之间已经完成了口述历史的工作,不过她的《现代中国精神:知名教育家的生活故事》并不是以受访者第一人称的形式写就的口述历史作品,它更多的是一种教育叙事研究的成果。与许美德的群体访谈相似的是,齐红深主编的《抹杀不了的罪证——日本侵华教育口述史》,访谈的对象达1200余名,集中选取了44位亲历者的口述,再现了一部真实的、生动的、立体的、直观的日本侵华教育史,是国内第一部运用口述史学方法记述日本侵华殖民奴化教育历史的著作。与群体口述不同的是,《上学记》(何兆武口述)、《顾明远教育口述史》、《潘懋元教育口述史》都是个人教育口述史的作品,它们分别呈现了三位口述者的教育人生及思想历程,让我们感受到了个体生命和时代脉搏的同时颤动,那种学术思想、生活智慧和生命情感相互交织而成的丰满的人物形象和鲜活的时代图景跃然纸上。

教育口述史是口述史与教育史结盟的产物。在文字出现之前,人类基本使用口述的形式记忆、讲述和传承历史,即便是文本的历史出现之后,口述史仍然是历史研究的重要方式,直到兰克学派建立起科学、严谨的历史学研究才使其被边缘化。在学校产生之前,教育活动主要是社会生产、生活当中对经验与知识的口耳相传。学校教育出现之后,教育具有了等级性,教育史就成了贵族的、精英的教育史,缺失大众的、生活的教育史。科学的教育史研究确立之后,教育史又成了思想的、制度的教育史,缺乏活动的教育史。在"关注当代"与"走向生活"的呼唤之下,口述史与教育史的结盟,有着十分重要的当代意义,将为当代教育史研究带来生活的气息,从而最大限度地发挥教育史学的学科功能。

首先,从学术功能上看,口述史料的"在场性""生活性""精神性"特征可以更好地发挥"存史"与"释史"功能。"在场性"是指口述者作为历史的亲历者,他们就是历史的"活文献",是"无价之宝",不能"眼睁睁地看其流失"。

---

① [美]布鲁斯·M.斯蒂文著,江丽等译:《中国口述史学的调查》,《当代中国史研究》1998年第1期。

他们如实地述说自己的教育经历，能最直观地显示国家的教育方针、政策、内容以及教师的教学如何在个体身上实现，实现到何种程度。“生活性”是指教育的历史也是个人生活史的一部分，可以用生活化的语言来表述历史。人民教育家陶行知提倡“生活教育”，不仅体现在教育与生活打成一片，还体现在他那生活化的语言，那是人人都能读懂的教育。“精神性”是指口述者自己讲述一些背后的故事，不仅告诉我们做了什么，还告诉我们为什么这么做，现在又是怎么看当初的决定，这些深处的精神历程对于我们解释某个事件和口述者的行为有直接的参考价值。

其次，从社会功能上看，口述史学可以满足社会对教育史的需要。社会需要是教育史学持续发展的源泉，意味着教育史研究要时刻注意观照教育现实。第一，口述史料可以与官方史料形成互补，为教育政策的制定提供民间的声音，更好地服务现实。如果一项教育政策出台之前能先听听民间的声音，听听教师、学生的理解，或许会更成熟、更具有操作性。第二，口述史学可以将教育史学工作者从书斋中解放出来，更好地参与、服务与享受生活。传统的教育史研究者埋首浩瀚的文献史料，可谓是“穷经皓首”。口述史学需要他们走出书斋，与当世的人进行晤谈，既为未来保存了此时不做以后将费更多的精力去研究也未必能发现的真实历史，又让自己所做的历史研究有机会观照到现实，最重要的是能体验到书斋之外的生活。第三，口述作品以第一人称的视角讲述故事，融教育于生活之中，极富现实性和鲜活性，读来通俗易懂，具有大众教育的功能。口述史学的教育功能体现在它不是冰冷的“说教”，而是这些感性的教育生活故事和理性的人生思考让我们在身临其境中“自得”一份真意。

正如前文所述，当代中国教育史研究正急需寻找新的路径来提升教育史学的实践品性，教育口述史只是这种实践品性视域下的一种研究形态。从方法论的角度来说，它只是教育史学叙事的路径之一。“不积跬步，无以至千里”，对于新事物，我们不能祈求太多，要知道，在科学领域，迈出一小步并不是一件容易的事情。对于中国教育史来说，教育口述史就像从田野上吹过来的春风，蕴有乡土大众及其教育生活的芬芳，也许能为教育史学带来一股清新的生命气息。

（刘来兵系华中师范大学教育学院教育史专业博士研究生，周洪宇系华中师范大学教育学院教授、博士生导师）

关于中国教育史学若干问题的理论思考

广少奎

中国教育史学创立至今已逾百年,如今正遭遇到来自学科外部和内部的双重危机。反思中国教育史学的发展历程,为困境的最终突破寻求方向和路径,日益成为中国教育史学界的自觉行动。本文主要从学科定位、"科学共同体"、阶段划分三个方面入手,对中国教育史学的百年历程及目前状况作些解读和反思。

一、中国教育史学的学科定位问题

任何一门学科都必须有其存在的依据和空间,要有区别于其他学科的质的规定性,亦即要有自己的学科定位。这是人们研究学科现状、构建学科体系、思考学科未来、梳理学科历史时都必须首先面对,也是必然会遇到的问题。学科定位不仅直接决定着学科的性质和研究的问题域,规范着该学科与其他学科的关系,表征着该学科在整个学科结构中的位置,而且也反映出人们对该学科的地位、作用、功能、价值等等的基本观点和看法,进而影响到人们对这一学科的参与程度。因此,要对中国教育史学的演变历程进行反思,就要首先对该学科的地位问题及其所包含的基本内容作出分析和思考。

要反思中国教育史学的学科地位，首先就要弄清该学科是缘何产生，又是怎样发展的。追溯历史，中国教育史学最初并非是在中国本土上自发地生长起来的，其产生的直接机缘在于“癸卯学制”的颁布和师范教育的创立。其实，早在我国师范教育创立之前，即自19世纪后半叶以后，教育史已经成为许多国家师资培训的必修课程。开设教育史课程，不仅能使未来的教师了解本国教育的历史，培养献身教育的责任心和使命感，并且也有助于养成他们与世界各国人民相互理解和相互尊重的感情。因此，教育史就成为师资养成的重要学科之一；换言之，中国教育史学自产生之日起，就与师范教育结下了不解之缘。

值得注意的是，教育史最初是作为两级师范学堂、大学堂和进士馆的专业基础课而列入“癸卯学制”的，并非只在师范一类学堂开设。1912年12月，教育部公布《师范学校规程》，规定“近世教育史”为师范学校本科各专业通习教育类科目的基础学科之一；①1913年3月，教育部公布《师范学校课程标准》，规定“教育史”于本科“第一部”第四学年开设；②同月公布《高等师范学校课程标准》，规定“教育史”为高等师范学校本科所有部系（即国文部、英语部、历史地理部、数学物理部、物理化学部、博物部）的通习课程，于第二、第三学年开设。③ 由此可见，教育史不仅是被列为师范类学校教育专业的必修课程，还被列为其他各系、各专业的必修课程。这一状况一直延续到新中国成立之前，到新中国成立之后的几十年间也大致如此。

但是，改革开放之后，教育史的学科地位发生了重大变化。先是教育史仅被列为师范院校教育专业的必修课程，其他专业不再开设；20世纪90年代以来，许多师范院校纷纷调整教学计划，教育史学科的教学时数被大大压缩，中国教育史的开设时间由原来的一学年被压缩为一学期甚至半学期，课时数则由原来的72课时被压缩到54课时（每周3课时）甚至更少。④ 这种状况无疑既影响了该学科的影响力及其在人们心目中的形象，更降低了该学科在教育学科结构中的比重，造成了其学科地位的实际下降。

由上可见，中国教育史学在百年的演变历程中，其学科地位是逐步下降的，即由原来若干学堂（学校）共同开设的通习课程，演变为仅师范类学校各

① 舒新城：《中国近代教育史资料》（中册），人民教育出版社1961年，第713页。
② 同上书，第731～734页。
③ 同上书，第738～749页。
④ 参见杜成宪、邓明言《教育史学》，人民教育出版社2004年版，第52～53页。

专业开设的通习课程，再到仅仅成为师范院校教育专业开设的专业基础课程，最后连教学时数也被进一步压缩。由是，中国教育史学的生存空间变得日益逼仄、步步缩小，学科危机也就在所难免了。

其次，再简要梳理一下中国教育史学的研究对象（或问题域、研究视阈）的演变历史。毫无疑问，中国教育史学应该以中华民族教育的发展历史作为研究对象，但是，落实到具体的研究工作中时，对于中华民族的教育历史究竟有哪些，范围有多大，哪些内容或问题应该给予阐述和关注，哪些不然，人们的看法和做法则不尽相同甚至是大相径庭的。这说明，上述研究对象观貌似正确，却是大而无当、因人而异。

综观新中国成立之前的教育史学著作，著者们大多是将制度化的教育（如学校教育、书院教育、学堂教育等），包括教育实践（教育制度、教育实施、教育者生活等）和教育理论（教育宗旨、文教政策、教育思想、教育思潮）作为研究的主要对象，关注的是有目的、有计划、有组织的教育活动，即显现于社会上层的、占社会主流地位的教育；在对教育史人物的选择与评价方面，则大多是依据“正统史观”为标准，对历史人物称颂者多，批评者少，缺乏阶级分析的观点。虽然这一时期也有极少数学者试图将研究视域放开，关注社会下层劳动者的教育状况，如杨贤江、方与严，或立意撰写完善而“近真的”教育史，或力主按照生活教育的“本来面目”来描述教育史，但由于他们将学科的研究范围确定得过于宽泛，因而虽然作出了很大努力，最后也难免生出“心有余而力不足”之感。① 总的来看，新中国成立之前，绝大多数学者对于研究对象的确定，尚能基本恪守中国教育史学的学科界限，未出现问题域的明显泛化局面。

新中国成立之后，上述状况发生了重大变化，对于中国教育的发展历史，开始尝试运用唯物主义、唯心主义的阶级分析观点来重新加以梳理和撰写。1958 年，陆定一发表《教育必须与生产劳动相结合》一文，提出“中国教育史有人民性的一面”的重要命题，认为“就教育史的主要侧面说来，几千年来的教育，确是剥削阶级手中的工具”，主张应将屈原、司马迁、范缜、柳宗元、关汉卿、曹雪芹、孙中山等史学家、哲学家、文学家、政治家写入中国教育史。由于论者特殊的身份和当时特定的环境，此文在中国教育史学界产生

① 参见杜成宪、邓明言《教育史学》，人民教育出版社 2004 年版，第 90～118 页。应该说明的是，这种现象并非仅存于中国，法国“年鉴学派”的第二代、第三代代表人物的某些主张，美国以克莱明(L. A. Cremin)为代表的教育史学派，也有类似的问题。

了广泛的影响。毫无疑问,这种观点严重泛化了教育史的关注对象,将教育史与哲学史、文学史、政治史等混为一谈,使中国教育史研究和编撰成为无所不包又无从下手的棘手之事。此后,尤其到“文革”时期,学科视域更被严重歪曲,使中国教育史学最终变成了为政治运动服务、为“儒法斗争”作注的工具。

改革开放后,随着中国教育史研究的恢复和展开,研究对象问题再次成为人们关注的热点。学者们通过反思和讨论,大致达成了以下共识:一是要注意把握教育史学科的专有视域,使之与其他学科的历史区别开来;二是教育史除应该研究学校教育和统治阶级的教育理论与实际外,也应当关注社会教育、生产教育、科技教育和劳动人民的教育。[①] 在这一观念影响下,中国教育史研究得以迅速开展,并取得了丰硕的成果。例如,学者们除编撰出版了《中国教育大系》《中国教育通史》《中国教育思想通史》《中国教育制度通史》等多卷本著作外,还有科技教育史、教会教育史、女子教育史、家族教育史、社会教育史等的撰成和出版。

综上所述,中国教育史学在百年的发展历程中,其研究视域大体经历了“肯定—否定—否定之否定”的演变轨迹。笔者以为,其背后体现出的,则是对中国教育史学科性质由基本恪守到泛化模糊再到清晰坚守的认识理路,以及对学科定位的“专业化—泛政治化(政治化)—专业化”的理解和把握。目前,由于多卷本的教育通史、教育思想通史、教育制度通史、教育史人物等研究著作皆已出版,使得传统的研究视域已无太大的用力空间,唯有进一步拓深和拓展研究视域,方能求得教育史研究的新突破。

最后,再对中国教育史学者的使命意识和参与意识问题作些简要梳理。新中国成立之前,尤其是20世纪二三十年代,从事中国教育史学研究的学者们,并非是为历史而历史地发思古之幽情,而是希望通过研究历史为中国新教育找寻对策,开辟出一条未来发展之路。例如,舒新城之所以发愿研究中国教育史,是因为他认为“中国教育不能与中国社会相适应,所以我们要找出路;要找出路必须根据已往失败的经验,认识目前的社会,求所以适应之道”[②]。概言之,这一时期的教育史家们,不仅曾积极地投身于新教育运动之中,而且还以研究教育史这种独特的方式参与到教育实践中。在他们看来,

---

① 参见赵一民《关于中国教育史的研究对象问题》,转引自杜成宪、邓明言《教育史学》,人民教育出版社2004年版,第95页。

② 吕达:《舒新城教育论著选》,人民教育出版社2004年版,第757页。

新教育之所以效果不尽如人意，是因为“窃他国皮毛而抄袭之”，未曾与中国的传统和实际结合起来；中国教育的历史足够丰厚，是能够为新教育提供借鉴和启示的。这就是他们对中国教育史的基本看法，也是这一时期人们对该学科的基本定位。

新中国成立后，随着政治氛围的不断浓厚，中国教育史研究也越来越渗入政治的因素，不仅对教育史人物评价的标准逐步走向片面和极端，而且学科视域也由逐步泛化变为严重歪曲。总体来看，人们对于这一时期以“教育大革命”为代表的教育改革实践有着很高的参与热情，参与方式则是对中国教育史进行重新研究和撰写。到“文革”时期，一些人的“使命意识”和“参与热情”更为高涨。在他们眼里，中国教育史无非是贯穿着“儒法斗争”的历史，教育史“研究”则能够也必须为现实政治服务，此即“文革”特殊背景下的“学科定位”。

改革开放以后，中国教育史研究被重新正本清源。众所周知，中国教育的历史是源远流长的，其内容也足够丰富。可以说，当今教育改革与发展中的许多问题，都能够在历史中找到经验和教训、发现借鉴和启迪；换言之，教育史尤其是中国教育史，是应该也有可能以其有针对性的研究成果，积极参与到中国当代的教育实践之中的。然而，令人不解的是，教育史研究者们参与教育实践的程度却大不如前，往往是坐在书斋之中，完成一个又一个专业课题。其原因是如学者所指出的：“教育史学科面向过去的表征，常使人自觉不自觉地忘记教育史研究的现实性与绵延性”①，还是学者们希望以自己的行动表示对“文革”时期一些人“参与热情”太过高涨的一种反动？抑或是以“板凳须坐十年冷，为文不使一字空”自勉，信守“一分材料出一分货，十分材料出十分货，没有材料便不出货。……材料之内，使他发见无遗；材料之外，我们一点也不越过去说”②？不管怎样，这种无视或未能充分重视现实教育实践之需要的研究状况无疑既内在地反映了研究者对中国教育史学的观念定位，也日益加重了人们乃至教育理论界对教育史学“迂远而阔于事情”的观感，使教育史学日益变成了“教育死学”。

以上主要就中国教育史学的学科定位及其基本问题作了极为简括的历

---

① 黄书光：《教育史学科发展的自我意识及其思考》，《当代教育论坛》2005 年第 9 期。

② 傅斯年：《历史语言研究所工作之旨趣》，蒋大椿：《史学探渊》，吉林教育出版社 1991 年版，第 500～501 页。

史梳理。在我们看来,以上所述不仅皆可视为目前教育史学危机的重要肇因,而且还以其长期存在所形成的历史积淀,愈益增加了摆脱危机的现实难度。例如,中国教育史学过早地与师范教育结缘,固然曾随着师范教育的勃兴而得以兴盛,但也在"一定程度上造成教育史学功能的固着"①,也就难免会随着师范教育这艘"大船"的浮沉而颠簸摇荡;相应地,要摆脱这种局面也就决非一日之功。再如,长期以来,对中国教育史学问题域集中于研究社会上层的、占社会主流地位教育的做法,以及将研究视域局限于通史、思想史、制度史和教育史人物的观念,则既使人看不到其他诸多有待研究的学科空白,也使人感慨教育史研究已无多少用力的空间,由是,也就难免使人生出教育史学"危机"之叹。

其实,对于这种历史积淀之于现实的影响,早有学者作出了专门研究。如制度经济学之路径依赖,揭示的就是这种影响。所谓路径依赖,是指一种制度一旦形成就会逐渐成为一种路径,会在一定时期内持续存在并影响其后的制度选择。用制度经济学重镇诺斯(Douglass North)的话说,路径依赖乃是"一种在概念上使选择集合变窄的文式,它将不同时期的决策联结了起来。……一旦一条发展路线沿着一条具体进程行进时,系统的外部性、组织的学习过程以及历史上关于这些问题所派生的主观主义模型就会增强这一进程"②。"历史是至关重要的。它的重要性不仅在于我们可以向过去取经,而且还因为现在和未来是通过一个社会制度的连续性与过去连接起来的。今天和明天的选择是由过去决定的,过去只有在被视为一个制度演进的历程时才可以理解。"③当然,制度经济学的路径依赖所阐明的是制度的选择及其变迁的轨迹。但是,我们完全可以以此来反思中国教育史学科定位的百年历程,从中获取摆脱"路径锁定"亦即学科定位僵化观念的教益。

令人欣喜的是,目前已有不少学者意识到学界存在的以上弊端,撰文或撰著呼吁改革。例如,张斌贤针对教育史工作者存在着对现实关注不足的问题,撰文呼吁人们应有必要的历史感和现实感。"历史感"就是以对历史事实为前提、以尊重历史的价值为基础、以历史主义精神为核心、以创造性转化历史为目的的主体意识;"现实感"则表现为研究者本人对所处时代教

① 此为徐中仁先生语。参见徐中仁《中国教育史学元研究管窥》,《西南师范大学学报》(人文社会科学版)2004 年第 3 期。

② [美]道格拉斯·诺斯著,刘守英译:《制度、制度变迁与经济绩效》,上海三联书店 1994 年版,第 132 页。

③ 同上书,"前言"。

育发展的高度责任感和参与意识，对反映时代发展要求的重大课题的高度敏感性以及对发展变化特点及趋势的深刻洞察和认识，同时也表现在借助当代认识工具和思维方式不断扩展和深化对历史问题研究的水平上。① 黄书光指出，忘记教育史研究的现实性与绵延性，以及未能充分认识到教育史在教育科学中的独特地位和教育史与教育学相互依存的密切关系等等，乃是教育史学危机的重要成因。② 徐中仁撰文对教育史学科性质和功能、教育史的研究方法、教育史学科地位与学科危机等进行了反思，认为教育史不是仅仅给予师范生一点教育方面的历史知识，它对于人们理解现行的教育政策，探索教育发展的规律也是十分重要的；而目前教育史学的应有功能尚未得到完全发挥，价值也未能充分实现。③ 金忠明、林炊利亦撰文指出，缺乏参与教育实践的自觉性和主动性，乃是当前教育史学危机的基本表现。④ 更应说明的是，杜成宪、邓明言两位学者在其所著的《教育史学》中，从实质研究与形式研究、内部史与外部史、通史与专史、制度史与思想史四个方面，对中国教育史学科体系作了极有见地的建构，为更新学科观念、反思学科定位提供了极为有益的启示。⑤ 我们认为，鉴于目前中国教育史学科仅仅被理解为教育专业之基础课、教育史研究内容与现实有所隔膜、教育史研究者参与意识不彰等状况，有必要强化中国教育史学面对现实问题的研究，即要加强“问题性历史”或“问题史学”研究。换言之，要带着对当代问题的关注去研究历史，从历史中找寻对当代问题的借鉴和启示，以改变教育史学的“死学”观感，使教育史学的价值和功能得以真正实现。

说到底，历史并未逝去，它与现实与未来是绵延相联的。有学者曾对历史作过如下精辟的论述，揭示了历史与现实和未来的绵延性。在朱谦之看来，“历史不但不是对于过去的记载，也不是什么对于过去的知识。历史如不是以时间为标准则罢了，要是我们承认历史就是时间的学问，那么历史便应该同现在同未来同过去一样看待，而不应只是回忆过去的史迹，历史应该

---

① 参见张斌贤《教育理论研究中的历史感》，《教育研究》1990 年第 8 期。

② 黄书光：《教育史学科发展的自我意识及其思考》，《当代教育论坛》2005 年第 9 期。

③ 参见徐中仁《中国教育史学元研究管窥》，《西南师范大学学报》（人文社会科学版）2004 年第 3 期。

④ 参见金忠明、林炊利《教育史学科困境及其对策》，《河北师范大学学报》（教育科学版）2005 年第 6 期。

⑤ 参见杜成宪、邓明言《教育史学》，人民教育出版社 2004 年版，第 72～89 页。

阐明从过去而现在而未来而不断的生命之流”①。阐明这种“生命之流”，重树人们对中国教育史学之地位、功能、作用的认识，是我们对学科定位问题的百年流变考察后的一大启示，也是当今学者应有的意识和使命。

二、中国教育史学的“科学共同体”问题

“科学共同体”本是科学社会学的一个概念，是指研究课题、基本见解、学术兴趣和专业语言大体一致的科学家组成的联合体。其形式和层次都是多样的。如有的共同体是以组织的形态构成的专业社团，有的是以学术带头人或某位学术权威为首的研究团体，有的则表现为不同辈分科学家之间的合作；其层次则有国际型、全国型、地方型、区域型等不同种类和区别。他们制定探求解决问题的基本原则、工作方式和评估标准，统一协调各自的研究课题、实施计划和具体方案。② 作为志趣相投的研究者集体，“科学共同体”对于激励学术创新、协调学术活动、推进学术研究具有重要的意义。

作为从理论上揭示、反映、思索、研究中国教育发展历史及其演变规律的一门科学，中国教育史学在百年演变历程中，“科学共同体”有着不尽相同的活动方式和表现形态。大致说来，新中国成立之前，中国教育史研究主要表现为学者个体型的研究，③其他学者则以作序、书评、引用等方式来表示对著者的支持、肯定和尊重，研究者之间似未成立显性的组织；④新中国成立后至“文革”结束前，研究者之间的关注、沟通与合作明显增强，其活动除以上基本方式外，还包括相互间的学术争鸣，以及各种教材、资料和文选的联合撰写或选编；“文革”结束至今，研究者之间的交往、沟通与合作愈益增加，全国教育史研究会的成立、《教育史研究》的创刊、多卷本教育史著作的编撰以

---

① 朱谦之:《历史科学论》，转引自黄书光《教育史学科发展的自我意识及其思考》，《当代教育论坛》2005 年第 9 期。

② 参见周寄中《科学殿堂里的共同体》，人民出版社 1987 年版，第 18 页。

③ 需要一提的是，这一时期也有若干学者合著的教育史著作，如《申报》出刊五十周年之际，曾专门出版了纪念册《最近之五十年》，邀请袁希涛、廖世承、郭秉文等共同撰文；商务印书馆成立三十五周年时，也专门出版了《最近三十五年之中国教育》，约请吴研因、廖世承、何炳松、黄炎培等共同撰文。不过，这种合作在当时仅属少数。

④ 应该说明的是，新中国成立之前，教育界曾成立了数十个社团组织。在这些组织中，与中国教育史研究关系密切者似为中国教育学会。该会到 1948 年已有个人会员 2500 余人，团体会员 108 个，在全国设有 26 个分会。该会下设高等教育、中等教育、初等教育、师范教育、职业教育、民众教育、教育行政 7 个研究会，但无(中国)教育史研究会之设。

及系列丛书的编撰出版等等，皆可视为合作增强的基本表征。总体来看，在中国教育史学百年历程中，“科学共同体”大体经历了“初露端倪—基本形成—合作加强”的发展轨迹。

新中国成立之前，中国教育史“科学共同体”的活动是不够活跃的，其表现之一是未能形成必要的学术争鸣，使研究者对中国教育史的发展阶段问题、研究对象问题、撰写体例问题及有关研究的其他理论问题言人人殊、各持己论。① 当时学科研究之所以取得了不菲的成绩，诚如学者所指出的，在很大程度上乃是研究者强烈的时代感、使命感和忧患意识使然。② 这种不够活跃的局面一方面不利于研究者协调研究课题，使研究领域和成果多有相似或重合；另一方面，则不利于奖励机制的真正形成和有效运作，使学术研究缺乏深厚的原动力。③ 著名科学社会学家默顿(Robert K. Merton)指出：“对一个人所取得的成就的承认是一种原动力，这种原动力在很大程度上源于制度上的强调。对独创性的承认成了得到社会确认的证明，它证明一个人已经成功地实现了对一个科学家最严格的角色要求。科学家的个人形象在相当程度上取决于他那个领域的科学界同仁对他的评价，即他在什么程度上履行了这个高标准的极为重要的角色，正如达尔文曾经指出的那样：‘我对自然科学的热爱……因有心要得到我的自然科学家同行们的尊敬而大大加强了’。”④可见，“科学共同体”的形成和有效运作，作为一种重要的奖励机制和途径，可以为中国教育史研究提供强大的推动力量。

新中国成立之后，尤其是改革开放至今，中国教育史学“科学共同体”的活动有所加强。这对于该学科的健康发展具有重要的意义。在科学社会学者看来，“科学共同体”的“共同”并不主要表现在观点的共同上，而是表现在有着共同的追求，即追求科学真理。科学真理要靠争鸣、讨论才能辨明。讨论有时会在师生之间或权威和后辈之间展开，有时会在学术水平大致相同的学者之间展开。“科学共同体”则为讨论的随时展开、信息的通畅交流、共

① 参见杜成宪、崔运武、王伦信《中国教育史学九十年》，华东师范大学出版社 1998 年版，第 17 页。

② 同上书，第 18 页。

③ 应该指出的是，新中国成立之前，由教育部主持、学术审议委员会具体操作，曾先后进行过六届学术奖励活动，但这种奖励是由教育行政部门主办的，与“科学共同体”的认同性奖励有所不同。

④ [美]R. K. 默顿著，鲁旭东、林聚任译：《科学社会学》，商务印书馆 2003 年版，第 395 页。

识的最终达成提供便利和条件。有学者指出，从科学史提供的资料来看，在共同体内，因争论、分歧而延缓学术发展的事例很少；即使有时在一定程度上影响到学术活动的进行，那也不是因为学术争论，而是科学家的行为模式、价值观念和道德准则等社会因素使然。共同体可能是最容易出现争论的地方，甚至会出现较长时间的意见分歧，但成员们探索的目标和方向是共同的，而且都是在争论的气氛中吸取对方有价值的观点来充实自己。因此，共同体又是最容易使人成长的地方。[①] 由此可见，加强中国教育史研究的"科学共同体"建设，对于该学科的长远发展有着不可忽视的重大意义。

然而就目前看，在教育史学界，"科学共同体"活动虽比以前有所加强，但并不尽如人意。表现之一是学术争鸣气氛不够浓厚，不少文章发表出来，结果或应者寥寥，或赞词多于批评，很难形成争鸣的局面；表现之二是学者间（尤其是不同区域学者间）的联系还不够密切，课题或成果的相似现象以及由此造成的研究资源、研究精力的浪费现象还较为严重。20世纪80年代后，中国教育史学曾迎来了再度繁盛的局面；但是，如果稍稍留心就会发现其中不少著述有相似或雷同的论述。这说明，这种繁盛并非是绝对意义上的，其背后潜藏着不容忽视的隐忧，学者们的研究也证明了这一点。[②] 有鉴于此，有些学者撰文呼吁，要强化学者间的联系与合作，整合现有力量，进行联合科研攻关，拓深与拓展教育史学的研究。[③]

令人欣喜的是，经过若干年的演变与发展，目前在教育史学界，已初步形成了依托一些大学而活动的学术流派。如以北京师范大学为依托，形成了北方地区教育史学研究中心，科研成果以中外通史研究为特点；以华东师范大学为核心，形成了华东地区教育史学研究中心，在中国教育史、中外教育史学比较等研究领域成果突出；浙江大学依托教育学院，在教育现代化研究、中外教育交流史等方面多有开拓；至于华中师范大学，则在中外近现代教育史、教育史学理论特别是教育家研究方面有不俗的表现。此外，厦门大学、河北大学、西南大学、华南师范大学等高校在专题史、比较史等方面也各擅胜场、人才辈出。

作为"科学共同体"的一种具体表现形式，上述学派的初步形成，对于教

---

① 参见周寄中《科学殿堂里的共同体》，人民出版社1987年版，第32页。

② 参见杜成宪、邓明言《教育史学》，人民教育出版社2004年版，第17页。

③ 参见金忠明、林炊利《教育史学科困境及其对策》，《河北师范大学学报》（教育科学版）2005年第6期。

育史学的深入研究和健康发展具有极其重要的意义。正如学者所指出的，“科学活动与它表面上常给人的印象大相径庭，科学家不但需要个人的自由思考，而且要被社会地组织起来共同活动。学派正是社会组织科学活动的一种特殊形式，它使科学家有效地集团化、社会化，具有其他科学组织形式不可替代的作用。”①各个学派的初步形成，不仅表征着中国教育史学“科学共同体”具有了新的活动形式和组织依托，而且给学术争鸣的开展、研究方向的分工、研究深度的开掘等提供了必要的基础和条件。说到底，“百花齐放”要以不同学派的学术成果为前提，“百家争鸣”则要靠各个学派的研究特色为依托，因之，学派的初步形成，使人们看到了教育史学摆脱危机、重获新生的希望曙光。加强“科学共同体”的组织与活动，强化学者间的联系与合作，重视学派的成长与发育，是我们对中国教育史学“科学共同体”问题考察后的思考，也是中国教育史学得以更生的希望所在。

三、中国教育史学的阶段划分问题

对于中国教育史学的发展历史进行阶段划分，也是该学科的一大理论问题。对于这一问题，目前已有不少学者进行了探讨。如刘立德在《中国教育史学科教科书百年剪影》一文中，将教材沿革的历史②划分为1900—1912、1912—1927、1927—1949、1949—1976、1976—2000等五个阶段；杜成宪等在《中国教育史学九十年》一书中，将中国教育史学的发展历史分为初创(1904—1910)、发展(1911—1921)、兴盛(1922—1937)、停滞(1937—1949)、起步(1949—1957)、展开(1957—1966)、歧路(1966—1976)、恢复(1976—1980)、高潮(1981—1993)等九个阶段；在《教育史学》一书中，中国教育史学的发展历史则被概略地分为初创(1901—1922)、发展(1922—1949)、恢复(1949—1976)、兴盛(1976—2000)四个阶段。此外，还有学者将其分为创立与确立(1904—1936)、沉寂与停滞(1937—1976)、复苏与昌炽(1978至今)三个阶段。笔者根据历史事实、参照以上学者的观点，将中国教育史学的发展历程从宏观上分为新中国成立之前、新中国成立后至“文革”结束之前、“文革”结束至今等三个大的阶段，从微观上则分为起步(1902—1922)、初盛(1922—1937)、停滞(1937—1949)、重建(1949—1957)、更生(1958—1966)、

① 刘大椿：《科学活动论》，人民出版社1985年版，第284页。

② 通过研读该文，我们认为，论者所言的教材沿革的历史在很大程度上也可理解为中国教育史学发展史。

混乱(1966—1976)、恢复(1977—1980)、复盛(1981—90年代初)、深化(90年代初期至今)等九个具体的阶段。

如上阶段划分,首先证诸历史事实是基本符合的,兹不详细展开。其次,这种划分在理论上也显得较为严谨。具体说来,第一,宏观和微观两类划分有着相互的对应关系,即是说,起步、初盛和停滞对应的是宏观上的第一阶段,重建、更生和混乱构成宏观上的第二阶段,宏观上的第三阶段则包含了恢复、复盛和深化三个具体的阶段;第二,就宏观上的每个阶段而言,它们都包含着三个具体的阶段;而这三个具体的阶段联在一起,则基本上揭示了每一个宏观阶段中事物"初始—兴盛—转捩"的一般变化轨迹。故此,我们认为,如上阶段划分既基本不与事实相违背,在理论上也显得较为精致。

对事物的发展历史进行阶段划分,当然不能为追求理论的所谓"自恰"而割裂或歪曲历史,也不能仅仅是为了据此而便于对历史作较为细致的考察,其重要性在于通过这种划分,有助于人们从思维上来把握事物发展的历史脉搏。中国教育史学已有了百年的演变历程,其发展道路坎坷波折、颇为复杂,尤其需要通过这种划分来对其历史作出统摄和解析。对照宏观的三个阶段划分可以发现,中国教育史学整体上实则经历了"肯定—否定—否定之否定"的发展历程。即是说,第二个阶段是对第一个阶段事物本来面貌(即哲学意义上的"肯定")的改造和扬弃(即哲学意义上的"否定"),第三个阶段既是对第二个阶段的改造和扬弃,也是在更高层次上对第一个阶段的回归。这种解析不仅符合事物发展的一般规律,考诸中国教育史学的史实也可以得到相应的证明。例如,在中国教育发展史的考察方面,就基本经历了"尊重历史—泛化历史、歪曲历史(影射史学)—重新尊重历史"的演变轨迹;又如,在中国教育史学的理论方面,也经历了"多元——元—深化(即多元基础上的反思和拓深)"的演进路线;再如,在教育史人物的评价方面,也大致经历了"较为客观—人为'排队'—客观全面"的基本历程。由此可见,对中国教育史学进行宏观阶段划分,实有助于我们对该学科之百年历程作出整体性的解读。

此外,如果我们把宏观和微观两种划分结合起来,还能够看出一种深有意蕴的现象,即中国教育史学先后经历了几度低潮和高潮,且其促成原因也实堪玩味。有学者研究指出,教育史学科曾经历了两次低潮和高潮,两次低潮为1937—1949年的战争岁月和1966—1976年的"文革"时代;两次高潮是从20世纪20年代初至1937年抗战爆发前和改革开放至今。两次低潮之原因,分别是战争使然和人为错误所致;两次高潮之形成,则应归功于相对稳定的社会环境和对教育事业的充分关注。① 我们对以上归纳和分析基本赞同，但应进一步说明的是，我们认为中国教育史学还分别有一次相对的低潮和高潮，低潮是从20世纪90年代初期至今，是相比于20世纪80年代后中国教育史学的复盛而言的，教育史元研究中之所谓"危机""困境"云云，即可视为是对这一低潮的描摹和代名词；高潮则是在1958—1966年，是相对于此前和此后的两个阶段而言的。至于此次高潮的促成原因，既是新中国成立后相对稳定的社会环境和社会对教育事业充分关注使然，也与当时的政治环境有着非常密切的关系；此次低潮的出现，则可以归结于外部环境和教育史研究内部诸因素所致。

上述补充在我们看来不是没有意义的。首先，三次高潮和低潮，加上三次起步性质的初始阶段，构成了中国教育史学完整的百年发展历程；否则，对这一历程的认识就可能不够完整和全面。其次，通过对这种起步、高潮与低潮的把握，我们还可以清晰地看出中国教育史学发展的周期性波动；即是说，三次大的周期性波动，即构成了中国教育史学演进的完整链条。再次，通过对比还可以发现，每一次低潮过后，随之而来的都是新一轮的起步与高潮；换言之，目前的低潮，必将预示着今后高潮的到来。这是我们通过阶段划分，对中国教育史学百年历程的思维把握。

由此，我们就可以对目前中国教育史学遭人轻忽、发展低迷的状况作出未来预测了。我们有充分的理由相信，中国教育史学在不久的将来，必将再次迎来她的辉煌。因为第一，以上分析看似是对历史的梳理，实质上乃是对事物发展一般规律的把握和揭示；故此，如果不否认中国教育史学的发展应该遵循这一规律，就不能不承认该学科一定能够走出低迷、迎来高潮。第二，正如目前许多论者所指出的，教育史学的危机是由来自外部和内部两大方面的原因造成的；但是我们认为论者们忽视了很重要的一条，就是这种危机也与学科研究的"高原现象"有着非常密切的关系。众所周知，"高原现象"是人类活动之能力提升过程中所必然遇到的一种现象，这种现象能够被突破，但要有赖知识的积累、经验的重组、观念的更新、思维的转换、训练的强化等必要条件。因之，只要承认教育史学研究是人类的一种活动，也就要承认目前的低迷现象是必然会遇到的，同时也就要相信这种现象最终是能够被克服的。

由此反观目前中国教育史学的研究状况，一方面我们更深切地认识到

① 参见杜成宪、邓明言《教育史学》，人民教育出版社2004年版，第51～53页。

了元研究的意义，另一方面，也对这种危机的最终摆脱充满了信心。我们不是宿命论者，也不是历史循环论者，不相信只靠等待就能自然而然地突破“高原现象”，使学科研究走出低迷、迎来辉煌。说到底，学科危机的解除，除其他必要条件外，更要取决于学界同人的努力程度。这是我们对阶段划分问题思考后得到的一大启迪，也是对这一问题加以重新审视和研究的意蕴所在。

（作者于2005年获华中师大教育史专业博士学位，现为曲阜师范大学教育科学学院副教授）

教育活动史研究中历史与逻辑的统一

申国昌　朱红梅　陆克俭

当教育活动史研究历经百年之际，面对颇为丰硕的研究成果，回顾波澜曲折的研究历程，当今教育史学研究人员思考更多的是教育活动史研究的未来走向与教育史学的研究方法，重新审视教育史的学科地位与学科特色，力求教育活动史研究在方法上有新突破。为了实现对教育史的综合研究和整体把握，树立大教育史观，面对众说纷纭、观点各异的史学理论，笔者认为，教育史学研究的新的突破点在于运用哲学思辨方式从宏观与综合角度去思考教育发展历程与理念演化轨迹，即教育活动史研究的基本走向在于历史与逻辑统一的新思路。

一

历史与逻辑的统一，最早是由黑格尔提出的。黑格尔认为，历史上先后出现的概念、原理的次序就是理念中范畴、理论的逻辑次序。他说："哲学体系在历史中的次序同观念的逻辑规定在推演中的次序是一样的。"①由于黑格尔的学说是建立在"绝对理念"的基础上的，因而他所说的历史与逻辑的

① 《列宁全集》第 38 卷，人民出版社 1979 年版，第 271 页。

统一不可避免地带有许多缺陷以至于致命的错误。他认为概念范畴的逻辑体系包含于绝对理念之中，在自然界之先，历史发展是逻辑理念的显现，因而往往采用先验的逻辑次序去剪裁历史。不过黑格尔毕竟首次提出了历史与逻辑的统一，并将历史看做一个有次序的进程，而且是一个必然的过程，这一点是积极的、值得肯定的，为我们研究教育史也提供了可资参考的理论价值。

真正科学论述历史与逻辑统一的是恩格斯，最初他只是将该方法作为政治经济学的研究方法，在《卡尔·马克思〈政治经济学批判〉》一文中作为重点论述，他说："对经济学的批判，即使按照已经得到的方法，也可以采用两种方式：按照历史或按照逻辑。既然在历史上也像在它的文献的反映上一样，整个说来，发展也是从最简单的关系进到比较复杂的关系，那末，政治经济学文献的历史发展就提供了批判所能遵循的自然线索，而且整个说来，经济范畴出现的顺序同它们在逻辑发展中的顺序也是一样的。"[①]"历史常常是跳跃式地和曲折地前进的，如果必然处处跟随着它，那就势必不仅会注意许多无关紧要的材料，而且也会常常打断思想进程……因此，逻辑的研究方式是唯一适用的方式。但是实际上这种方式无非是历史的研究方式，不过摆脱了历史的形式以及起扰乱作用的偶然性而已。"[②]恩格斯强调了历史顺序与逻辑顺序的一致性，尽管历史的演进是曲折的，常常插入一些突变性的跳跃式的插曲，但纵观历史长河是沿着闪烁着偶然性的必然趋势前行的。同时他也认为，在研究历史时要注重逻辑推演与哲学思辨，采用此法的要旨在于避免陷入纯史料的迷茫之中，力求从理论高度审视与反观历史。简言之，恩格斯极力倡导采用历史与逻辑统一的方法去研究问题，研究经济学是这样，研究教育史同样如此。他还说："历史从哪里开始，思想进程也应当从哪里开始，而思想进程的进一步发展不过是历史过程在抽象的理论上前后一贯的形式上的反映；这种反映是经过修正的，然而是按照现实的历史过程本身的规律修正的，这时，每一个要素可以在它完全成熟而具有典范形式的发展点上加以考察。"[③]恩格斯又一次论证了观念与历史的一致、逻辑与历史的统一。列宁也指出："概念（认识）在存在中揭露本质——整个人类认识的真正的一般进程就是如此。自然科学和政治经济学以及历史的进程也是如

① 《马克思恩格斯选集》第2卷，人民出版社1972年版，第122页。

② 同上。

③ 同上。

此。所以黑格尔的辩证法是思想史的概括。从各门科学的历史上更具体更详尽地研究这点,会是一个极有裨益的任务。总的说来,在逻辑中思想史应当和思维规律相吻合。”①列宁进一步阐释了历史与逻辑统一的方法适合于“各门科学的历史”研究,因此,该方法是教育活动史研究中的最佳方法。特别是教育思想史研究尤其要突出思想历程“和思维规律相吻合”,即注重历史与逻辑的统一。因为教育思想史是历史上教育家与教育家群体思想的结晶,是人的思维的反映,而正常人的思维必然是合乎逻辑的,并且只有合乎逻辑的教育观念与思想才会对教育发展历程产生一定影响并给教育史留下印记,如此形成的教育思想的历史与逻辑就形成了自然的统一。

历史与逻辑的统一,是黑格尔初创,后经马克思恩格斯予以唯物主义的改造与完善。逻辑是人类认识发展的规律。要求我们在研究教育史的过程中既要遵从历史的客观进程,又要善于对历史事实作符合逻辑的理论提升。

二

马克思把历史过程分为“自然次序”和“历史发展的次序”②两个层面。教育史作为教育的发展历程,也存在着这两种次序,此二者缺一不可,共同构成了生动活泼的教育史图景。所谓教育史中的“自然次序”,是指历史上重大教育事件、制度、思潮的发展与自然时间一致的次序,即按自然时间顺序构成它们之间的先与后、古与今、早与晚等次序,是客观的实际的按“自然次序”构成的教育史,可称之为“适应时间次序的历史”。③ 譬如,夏、商、周、秦、汉、隋、唐等依次发生的教育事件,就是中国古代教育史上的“自然次序”。这种次序是教育史的自然演进过程,不是随意强加于历史进程之中的。研究教育史的时候,首先应面对、了解与把握的就是“自然次序”的历史。它是教育活动史研究的基本依据与客观基础。所谓教育史中的“历史发展的次序”,主要指教育史上教育现象之间的历史演变当中的由低级到高级、由不完善到完善、由不科学到科学、由不成熟到成熟的发展性联系与顺序。该次序是经人们抽象思维与理论把握之后在人类认识视野内的一种教育史发展次序。教育史的“自然次序”与“历史发展的次序”有时是一致的,

---

①《列宁全集·黑格尔〈哲学史讲演录〉摘要》第38卷,人民出版社1979年版,第355页。

②《马克思恩格斯全集》第46卷,人民出版社1979年版,第45页。

③《马克思恩格斯选集》第1卷,人民出版社1972年版,第144页。

有时可能不一致。这正是历史必然性与历史偶然性统一的具体体现。有时从“自然次序”来看是先后次序，而从“历史发展次序”来讲却是相反的、颠倒的。比如1915年袁世凯颁布的“爱国、尚武、尚实、法孔孟、重自治、戒贪争、戒躁进”①教育宗旨，按“自然次序”在1912年民国初年颁布的“注重道德教育，以实利教育，军国民教育辅之，更以美感教育完成其道德”②的教育宗旨之后，但按“历史发展次序”则1912年的教育宗旨应在1915年教育宗旨之后，因为1912年教育宗旨是体现资产阶级教育观的进步的教育方针，而1915年教育宗旨是为封建复辟鸣锣开道的倒退的教育方针。原因就是恩格斯所讲的“历史常常是跳跃式地和曲折地前进的”③，有时前进，有时倒退，而在“自然次序”上却是具有一维性，不会出现时间的停滞与倒退。

教育史的“自然次序”性要求对教育发展历程作“原生态式的把握”，即历史的把握；教育史的“历史发展次序”性又要求对教育史作逻辑的把握。在研究过程中，二者不可偏废。“原生态式的把握方式”，也就是历史的把握，是一种从时、空、质上逼近教育史“自然次序”的具体方法，其内涵有二：一是突现历史性，按照教育史上依次出现的人物、制度与事件进行研究，“帮助人们寻求历史发展的线索，使人们的目光始终不离开历史发展中的重要曲折过程和偶然现象”④。二是展示具体性，即根据教育史上自然发生与依次出现的具体人物和具体事件去研究与描述教育发展的轨迹。所谓逻辑的把握，是着眼于“历史发展的次序”，研究者运用含义确切、规范明晰的话语，按照定义、判断和推理等形式逻辑的模式，观念地反映、揭示和把握教育史的内在本质与规律。逻辑把握采取的是理论论证与哲学思辨的形式，而历史把握则主要采取事实描述的形式。两种方式各有利弊，均不能独揽一切、包打天下。因为没有逻辑把握对教育史的共性与规律的抽象认识与理论概括，单纯的历史把握不仅会因其直观描述性和主观剪裁性而掩盖甚至扭曲它对教育史发展规律的探究，将教育史变成任人化妆打扮的女子，根本谈不上理性思考与理论提升。相反，离开了历史把握对教育史上个案、史实的具体描述，单纯的逻辑把握只能是陷入空谈与教条，根本无法对教育史作深入、全面的认识。

---

① 舒新城：《中国近代教育史资料》上册，人民出版社1961年版，第248页。

② 同上书，第226页。

③《马克思恩格斯选集》第2卷，人民出版社1972年版，第122页。

④ 吴泽：《史学概论》，安徽教育出版社2000年版，第151页。

只有把历史方法与逻辑方法统一起来，才能真正透视和折射教育史的直观外表特征与抽象内在规律。因此恩格斯讲，“逻辑的研究方式”，“实际上……无非是历史的研究方式”。[①] 因为教育史的逻辑不仅要有历史的基础，历史更需要逻辑的表达。研究教育史时，需要运用从以往的成果中得出的逻辑体系，才能将“历史发展次序”准确、清晰地表现出来，否则就只能面对杂乱无章的教育史料不知所措，很难看清历史发展的走向与趋势。正如恩格斯所说：“采用这种方法时，逻辑的发展完全不必限于纯抽象的领域。相反，它需要历史的例证，需要不断接触现象。”[②]若仅从理论上论证现代教育比近代教育、古代教育的优越性与先进性，而不去陈列中外教育史上的具体史实作为证据，那么这样的教育史一定是空洞的无说服力的。同样，一味罗列教育史上的史料而不去作理论思考与归纳概括，使得教育史成为一袋互不相干的马铃薯，不能算作标准意义上的教育史。科学的规范的教育活动史研究法应该是历史与逻辑统一的方法。历史与逻辑统一的研究方式是教育活动史研究的未来发展方向，主要原因是：它符合中国教育活动史研究的需要，切合中华民族思维完善的发展需要；运用逻辑方法去研究历史，有利于全时空考察教育史的发展线索、了解教育史发展方向与脉络、把握教育史发展的总体进程与发展趋势。

三

运用历史与逻辑统一的方法去探寻与揭示教育史发展的客观规律，是教育活动史研究人员的一项重要而艰巨的任务。教育活动史研究要善于“从历史中发现逻辑，学会用逻辑去考察历史”[③]。既要强化教育史的理论指导，站到教育理论的高度，运用哲学思辨的眼光去审视与评判教育发展历程中的利弊得失，又要重视遵从史实，奠定扎实的史学功底，善于挖掘与鉴别第一手史料，力求教育活动史研究实现“自然次序”与“历史发展次序”的统一，力争教育史成为教育学科与历史学科的完善结合。我们不能完全陷入历史主义而忽略了逻辑思辨与历史哲学，正如何兆武先生所说：“历史是人类过去的活动，但是人们对于历史的认识却不仅仅是限于要求知道或确定历史事实而已，他们还要求从历史事实中能总结出一种理论观点来，即把编

---

① 《马克思恩格斯选集》第 2 卷，人民出版社 1972 年版，第 103 页。

② 同上书，第 15 页。

③ 张岱年：《中国哲学史方法论发凡》，中华书局 2003 年版，第 64 页。

年史的记录提升到一种思想理论高度上来，寻求历史发展和变化的某种规律，从历史事实中演绎出意义或者是对历史事实赋之以意义，从而把历史事实归纳为一种理论体系。”①这正是传统教育史学向新教育史学转变的任务所在，要转变教育活动史研究文献考证和事实描述的传统方法，实现对教育史各个领域的综合考察与整体把握，就必须坚持历史与逻辑的统一。当然这里的“逻辑”，并非专指特指马克思主义理论，它包含人类一切合理的科学的理论，也包括当代西方各种史学理论、哲学理念与教育史学观。教育史学研究人员在历史与逻辑统一的总体思路上，要善于吸收诸如教育理论、哲学原理与史学理论等各种理论的精华，树立大教育史学观，挖掘历史，总结规律，指导现实，充分发挥教育史学的借鉴作用与指导功能。

遵照历史与逻辑统一的研究原则，纵观中外教育发展历程，在对教育史“自然次序”与“历史发展次序”双重考察与双重把握的基础上，同时借鉴相关学科实现历史与逻辑有机整合的经验，经过中西教育、文化的比较与归纳，我们可以初步概括出教育史发展的几条规律，以作为研究教育史的逻辑切入点。（一）社会需要是教育史发展的源泉。各国教育的发展是在社会需求刺激下发展起来的，譬如社会在某个时期需要职业技术人员，那么该时期职业教育一定发达；古代社会需要更多的是政治管理人才，因而不管是古代中国教育，还是古希腊、罗马的教育，均以培养为政治民的人才为目标。可以说，某个时期教育史的发展是该时期社会经济、政治与文化发展与繁荣的体现。（二）人类的教育活动以促进人的身心发展为准则。评判教育史上某个国家的某种教育是否具有进步性的一个重要标准就是看其是否能促进人身心和谐发展。“人类的教育活动必须符合人的身心发展规律。”②（三）中西各种文化的碰撞、借鉴与整合是教育史发展的巨大动力。数千年教育发展史向人们昭示：教育史的长河是由各种各样、风格各异的教育思想、制度、实践的支流汇集而成的。教育史是在开放中前进的，在融合中发展的。（四）教育理论与教育实践的结合，是推动教育史前进的最有效途径。教育理论是教育发展的先导，没有科学理论指导的教育史是盲目的低层次的。但理论不可束之高阁，而应将之投入实践，让其在实践中开花结果。教育史

① 何兆武、陈啟能：《当代西方史学理论》，上海社会科学院出版社 2003 年版，第 3 页。

② 吴式颖、任钟印：《外国教育思想通史》第 1 卷，湖南教育出版社 2002 年版，第 105 页。

的发展正是教育理论与实践结合的硕果。

总之，当今正值新旧教育史学理论交替过渡时期，传统教育史的实证研究、官方制度研究与精英人物研究逐步被新教育史学所倡导的整体把握、综合研究与理论提升所取代。在这一教育史学理论变迁大潮中，坚持历史与逻辑的统一是必由之路。

（申国昌系华中师范大学教育学院教授；朱红梅于 2010 年获华中师范大学教育史专业博士学位，现为武汉大学外国语学院副教授；陆克俭于 2007 年获华中师范大学教育史专业博士学位，现为深圳大学师范学院副教授）

年鉴学派对教育活动史研究的启示

邓 一

教育活动史研究，兴起于教育史研究视野的下移之中。它以历史中的人作为研究对象，是教育制度史与教育思想史形成的基础。它亦着眼于教育历史上具体、微观、日常、民间教育活动的研究中，打破传统教育领域只注重“英雄人物”的思想，要求“从下往上”研究教育活动，同时用平民化、大众化的语言及多样化的史料，吸引人的眼球，增强其阅读兴趣。教育活动史让人回到有血有肉的普通民众的日常教育活动中，体现了民众多姿多彩的教育生活，并以每个人为主体构成了一幅绚丽多彩的教育活动的画卷，以此诠释出人教育活动的方方面面。年鉴学派——现当代法国一个闻名遐迩的史学流派，它的主导理念与教育活动史的主旨基本一致，对教育活动史的研究有着重大的启示作用。

一、教育活动史：现代的呼唤

教育活动史是打破以往教育史研究的一匹“特洛伊木马”，它是攻破传统教育史城墙的利器，把教育史的研究从“圣坛”带到人间。教育活动舞台中的主角不再是少数豪杰，而是广大群众，它所书写的是人类集体的活动，而不仅仅是名人的历史。它要求拓宽研究对象，扩大研究范围，让历史中的小人物展现出教育活动的多样性，使教育研究摆脱小圈子的束缚，转向教育活动的民众研究。它注重观察民间的日常教育活动，从经典走向世俗，运用平实质朴的语言和一个个典型生动的事例描述日常的教育生活。教育活动史的研究内容与制度史和思想史不同，它转向日常、具体、微观和细节上的教育活动，这注定了它的跨学科性，也使教育活动史编撰更加灵活，由此造成了研究方法的革新。多样的研究方法走进教育史研究的视野，使其跳离狭窄的研究区域，从而进一步远离"自上往下"的传统。研究视野下移要求教育活动史的研究更加普及化和平民化，转向生活以适合大众的阅读口味。因此，教育活动史的研究就要从以往的文献研究中引入新鲜空气，使教育家从文献旧纸堆中爬梳史料的旧方式中走出来，发掘更加多样化、直观化的研究方法。同时教育活动史注重以民众的教育活动为重点，读者也并不仅仅是研究学者，因而需要引入更加生活化的写作方式和叙述手段以挖掘更多的史料去丰富写作素材。因此，回归真实的口耳相传、清晰明了的数字图表、记载详细的档案资料等都应用到教育活动史研究中。而年鉴学派的某些理论和教育活动史的研究不谋而合，具有一定的意义和借鉴价值。

二、年鉴学派：传统的反思

年鉴学派是18世纪伏尔泰学派一种历史前进的回响，它打破传统史学的"如实直书"，不满实证史学对历史细节的繁琐考证与描述，以及研究领域的狭隘，试图使史学跟上社会前进的步伐。它的理论冲击着传统史学的堤坝，也具有一种独特的法国现象。[①] 其理论闪光点如下：

首先，观察视角转变。以往的史学信奉"从上而下"看历史，自希罗多德和修昔底德时代开始，西方历史编纂就采用不同的文体：寺院编年纪、政治回忆录、博古论文等。但是长期占主导地位的是政治与军事事件的叙事，其形式是大人物——首脑与国王的重要事迹的故事——有着只重视精英和政治的传统。在德国兰克学派那里他们笃信"具有巨大内在力量的伟人"可以呈现历史的演变。如果说兰克史学关注精英人物的纵横，而法国年鉴学派的目光则聚焦于平民的一举一动。年鉴学派大师布罗代尔将历史事件描述为："表面的动荡，历史潮流负在背上的泡沫尖"，"我们必须学会不要轻易相

① 张广智：《超越时空的对话——一位东方学者关于西方史学的思考》，北京师范大学出版社2008年版，第301页。

信他们。为了历史，我们必须一头扎进浪底”。① 年鉴学派认为，研究不仅仅停留在表象上，要深入最底层，关注整个社会的人的生存状态和命运。因此，观察历史事件的角度要由“大人物”转到关注“人类”的变化。他们还对认知结构和时间观念进行了革命性的变革，以平民大众型的历史文本对贵族权力型历史文本进行取代和补充，提供更合理的历史阐述模式。由此打破大人物对小人物的封锁，恢复了小人物的生活节奏，呈现出多样的人性和历史的复杂性。年鉴学派的研究视野下移，注重群体，引发了史学研究视角的变革。布罗代尔的扛鼎之作《菲利普二世时代的地中海和地中海世界》提供了新的研究视角——一种复数意义上人的典范。在他笔下的地中海世界里，既为大人物提供了表演空间，又给小人物留下了活动的余地。我们看到：山民、平原人、农民、地主、牧民、海民、商人、王公贵族等形形色色之人，以地中海世界的自然环境为底色和基调，编织出一幅地中海史诗般的绚丽画卷。② 在关注下层民众的同时，注意民众的日常生活史。拉杜里在《蒙塔尤》中揭示山村居民的日常生活史，聚焦于当地居民日常生活中的言行举止、性行为、爱情婚姻、对儿童情感、娱乐休闲等，角色几乎包括所有男女老少，地点容纳了家庭、小酒店、祭祀场所等私人与公共生活空间，展现出一个个人活生生的活动以及他们的价值和地位，正是研究视野的下移才构成法国乡村的原汁原味。它对集体意识和大众心理的考察，开创了关于下层社会的透视与研究先河，展示出人们“活动”之前的心理因素和潜意识，“活动”之中的价值观念和指导思想，“活动”之后的自我反省以及对自身责任的认同，让研究人物活生生呈现在我们眼前。而以往的历史研究中民众在揭示历史真相中占据一定位置，却长期不受重视。

其次，打破学科界限。年鉴学派注重“问题史学”的研究，史学家以明确的方式提出问题，形成假设，再利用多样化的手段来解决已经提出的问题。由此，史学家们利用多样学科方法与多样的史料来研究历史，尤其注重历史边缘学科的研究。这就需要探索多学科研究方法以及追求跨学科范围的合作。这些方法对于历史研究有着重要作用，尤其是对史料的考证作用巨大。历史研究需要多学科的参与，年鉴学派的史学方法论由此也对文献考据、文字研究等十分重视。这既是与兰克史学的巨大差异所在又是他们自身的创

---

① 何兆武、陈啟能：《当代西方史学理论》，上海社会科学院出版社 2003 年版。

② 瞿林东、易宁：《史学理论的世界视野——外国史学研究》，北京师范大学出版社 2007 年版，第 112 页。

新。费弗尔曾明确地指出:“所有的发现不是产生于每个学科的内部以及核心,而是产生于学科的边缘、前沿以及交界线,在这些地方各学科相互渗透。”他呼吁在史学研究上多学科的合作。同时,史学研究的跨学科应保证史学为基础,其不能在跨学科的交流中丧失中心地位,由此年鉴学派提出总体史的概念,强调用具体、微观、实证的方法去改变宏观的研究方法。历史学研究的触角探及人类社会生活的每一个角落,方法借用遍及社会科学和自然科学的方方面面。例如雷瓦罗德里发表的《隆吉多的农民》是应用人口学方法的典范,拉布鲁斯的《十八世纪法国价格运动的收入概况》则是使用大量数据证明经济数据的变动与社会政治运动的因果联系。拜拉本和勒高夫的一篇论文论述拜占庭帝国在查士丁宁统治时期的医学状况对大瘟疫发生的作用。卢瓦・拉迪里的《饥荒性的不育症》更是年鉴学派应用生理学方法研究的典例。他收集许多统计材料和当时报道试图说明灾荒期间粮食的缺乏影响妇女月经周期和生育功能,导致人口锐减。①

再次,采用心态史研究方法。研究历史过程中的集体心理和精神现象,这种史学被后来年鉴学派历史家称做心态史。他们在这个领域的杰出贡献就是提出了心态素材和情感素材两个概念。② 阿里叶斯在《新史学》一书中写道:在60年代,心态史的重新出现,彻底改变了法国历史学。心态史研究范围包括:人们方方面面的活动及对生活、死亡以及爱情与性、家庭、宗教、习俗、政权与财产的态度、观念及行为方式。而口头传说、神话传奇、民俗民风、日常规范等,均是心态史学家感兴趣的主题。由于心态史的重要地位,年鉴学派对此进行大量的论述和研究,并把之视为史学发展的重要阶段。历史学家们认识到:不同的历史时期的人心理和行为有着深刻的历史差异。例如现代人认为古罗马角斗士血腥厮杀十分残酷野蛮,但这绝不是古罗马时期人们的想法。宗教狂热下的十字军东征时代,人们对死亡的观念与现今的人就有极大差异。对于心态史而言,更为注重口述材料、艺术品、墓碑、考古材料、建筑物等各类形象符号等非文字材料。③ 另外,在马克・布洛赫的《国王的触摸》中他提出要分析民众的思想,为什么国王的触摸治不了病,而中世纪的民众却愿意再去被国王触摸一次?布洛赫考察这种迷信的原因和表现,向读者展示被史学完全忽略的历史角落,再现过去人们平凡活动和

---

① 郭小凌:《西方史学史》,北京师范大学出版社1995年版,第398页。

② 罗凤礼:《现代西方史学思潮评析》,中央编译出版社1996年版,第256页。

③ 何兆武、陈啟能:《当代西方史学理论》,上海社会科学院出版社2003年版。

心理。以往的历史学研究中往往只注意了表现在史料中的书面语言，却忽视了群众的心理活动。只有注意到这些，他们才能从日常的生活中，解释过去历史上发生的民众行为，特别是在重大危机或者特定历史条件下迸发出的集体行为。勒高夫使用这种方法研究了中世纪各个社会阶层，从知识分子甚至到乞丐或者异教徒所起的社会作用；弗雷的《书籍与社会》从书名、书评、作者与读者的社会成分，再从词汇和概念反复出现的频率揭示18世纪知识分子进步的趋势。恩斯特·拉布鲁斯曾称：没有心态史研究，便没有社会研究。

最后，计量史学的应用。史料范围的扩大对传统史学基本方法及其标准提出严重挑战，结果产生许多新型的研究方法，其中最令人瞩目的就是计量史学的应用。计量史学包括以下几个方面：一是运用电子计算机。它的使用，使系统收集、利用史料进行统计分析成为可能，并向研究者提供处理大量情报和分析多变量现象的能力。二是进行统计分析。三是制作数学模式，即借用社会科学尤其是经济学中的理论模式，以数理形式来表现历史文化现象。[①] 布罗代尔认为：结构和势态的历史本质上是数字化的历史，记载长时段的人口增长、价格运动、收入变化、以及类似方面的数字及曲线和图表变化的历史，才有可能让其与事实充分比较，且计量化的历史学不是数字的抽象，而是最具体的事实，可表现过去人类在不自觉的形式中体现出来的日常生活。孚雷将计量材料分为三类：一是可直接处理的数量化材料，如记录人口出生、死亡、婚姻的教区记录。用以直接回答提出的问题。二是本身是数量化的材料，但所回答的是间接相关的问题。如利用人们不同生育间隔期材料来研究人们如何避孕、性行为等深层次文化问题。三是材料本身不适合计量，但史学家将其处理，从而回答问题。这样可统计与量化的史料远远超过纯数字、纯经济范围，凡是具有特点的史料都可以纳入量化分析之内。

三、年鉴学派与教育活动史：历史的协奏

以往的实证史学在历史研究中强调偶发性和无规律性，在具体研究中局限于历史上某些层次而忽视了许多应该研究或者注意的对象。年鉴学派在某些方面却恰恰弥补了以往史学研究中的不足，它的主导理论可以扼要如下：问题导向分析史学，且视野下移；关注人类的整体活动，而非仅仅英雄

---

① 张广智：《西方史学史》，复旦大学出版社2010年版，第328页。

人物或政治;多学科合作及多样研究方法。[①] 年鉴学派可为我们研究教育活动史提供有价值的启迪。

第一,开拓研究视野,关注教育的基层与微观活动。教育活动史是研究人类教育活动的历史,是教育思想史与教育制度史的前提与基础,没有教育活动,教育思想与教育制度不可能出现。由此教育活动的重要性可见一斑。在以往的教育研究中,我们总是关注英雄人物和进行宏观研究,而没有关注微观的细节。因此,在教育活动史研究中我们要注意教育视野的下移,研究中心转入教育教学具体、微观和日常问题中,并且把教育研究的视角下移到普通民众,通过普通民众的视角去表现教育活动中的问题则更具有张力,再从文学角度上来考虑也更具有可读性。在教育活动史研究中要注意基层民众在日常教育活动中的言行举止,并通过代表型的事例分析来表明当时教育活动的大趋势。提出问题并且进行分析也是年鉴学派的"问题史观"所提倡的,这些在教育活动史的研究中都可以拿来使用。史学家古贝尔和亨利在研究人口史时,从大量家庭记录中分离出一对夫妇全部家庭信息进行分析,然后重建出特定历史时期的家庭状况。教育活动史也可采取类似的分析或重建手法,聚焦于普通群体,重建他们的教育活动,包括当时社会情况、家庭经济、教育活动内容、教育活动方式等等。同时注意民间教育活动,包括家学、族学、私塾、授徒传艺等形式中包含的教育活动形式,把注意力集中在个别的、具体的事实或地方性的事件中。这些看似孤立的研究可以为我们深入研究整个活动史结构提供必要支撑与帮助。这也就是以小见大,从个别见一般的研究方法。我们可以以一个时期或地方的一个平凡的小人物为中心,探索这个时期发生的主要教育活动,及这个教育活动具体过程以及结果。他所代表的教育活动的实质是"一度非常普遍的且在当时的社会存在教育活动的一个变种"。因此如果我们把教育活动史的研究比作猎物的话,那么我们就要寻找各种琐碎细小的线索、痕迹,追踪而上,才能够最终发现并且捕获猎物。

第二,注重跨学科研究,拓宽史料来源渠道。夏多勃里昂在《历史研究》中写道:历史应该是一部百科全书,从天文到化学,从金融家的技巧到工匠的手艺,从绘画、雕塑和建筑知识到经济知识,这一切都应该被纳入其中。现当代西方史学的一个重要特征就是跨学科研究,而教育史的研究也不再

---

① [法]彼得·伯克著,刘永华译:《法国史学革命年鉴学派 1929—1989》,北京大学出版社 2007 年版,第 2 页。

是狭小的教育思想与教育制度而是包括更广大的教育活动。研究者可以从人类学、经济学、社会学和心理学等方面再现教育活动,使教育活动史不单单是简单的教育活动现象,它还包括更广大的社会性,甚至于可以体现人受教育的内心活动。教育活动史是研究人教育活动的历史,是以人的教育活动为研究对象,因此能够像史学那样全面借鉴其他学科的研究方法和途径。史料在研究中被研究者不断发现且永无止境,经济史的研究可以簿记统计资料,人口史可通过社区人口纪录研究历史,心态史使人们重视墓碑建筑、服装等非文字系列材料。由于"历史材料的广泛性"我们教育活动史史料的来源扩大,多学科视野让研究者可以从更多的研究资料中来找出教育活动的蛛丝马迹。同时教育活动史研究的史料的范围不再受到限制,除了书面文献外,还应包括大到各种图像材料、考古发掘成果、口述史料、统计数字、价格曲线,小到照片电影、作业本、日记等都可以作为我们研究教育活动史的资料来源。在研究中我们要注意第一手史料的重要性,充分借鉴人类数千年来流传下来的丰富史料资源。不管是官方还是民间,已经整理或是还未整理,公家的还是私人的,直接的或是间接的笔记、文集、野史、杂史甚至于小说、戏剧或者是诗歌,家谱、方志、报刊等都是我们要重点借鉴和研究的对象。同时,我们要注重对文献、历史遗物、习俗的考察研究和分析,坚持从众多视角研究教育活动。教育史学界的同仁在教育研究中也选用了相应史料研究——这是一种创新,更值得我们在编著教育活动史的研究中借鉴与思考。浙江大学田正平和陈桃兰的《抗战时期大学生生活的另类书写——〈未央歌〉中的西南联大记事》就是通过小说《未央歌》中关于学生的成长叙事和生活叙事分析教育理念;华东师范大学张梦倩与杜成宪《"蛩惑说"与"童子之情"——从童谣的历史变迁透析传统儿童观和儿童教育观》通过童谣演变透析儿童教育;台北的郑玉卿则通过毕业同学录中校长赠言的变化折射不同教育价值观与教育现象。解读了以上教育理念,对我们教育活动史的研究多元化是一个重大启示。

第三,注重研究方法创新,力求运用多元的研究方法。多样的研究方法被广泛的应用到历史研究中,同样我们教育活动史的研究也要紧跟这个大的发展脉络,把多样的研究方法引入活动史,选择性地继承与扬弃。在教育活动史的研究中要注意一般研究方法和具体研究方法的使用。一般研究方法是在社会历史现象研究中普遍使用的方法,包括历史分析法、阶级分析法、系统分析法等,它们的作用是分析研究对象内部的辩证关系。具体研究方法则包括"历史考据法、文献分析法、口述法等,同时也从其他学科借鉴一些方法引入到研究中，例如：田野调查法、个案分析法、心理分析法以及计量分析。在这里较有特色和运用较少的主要是口述法和计量分析法。在教育活动史的撰写中，语言的表达应当尽量形式多样、活泼生动，甚至于通俗易懂。只有满足了上述条件才能引起读者的兴趣和共鸣。因而口述法在教育活动史的研究中具有极大的优越性。首先它生动，史料来源于普通民众，展现凡人凡事，运用大众语言；其二它广泛，档案不再是唯一史料，开拓研究广泛天地；其三它民主，教育活动史的编纂者和教育活动发生者直接接触，具有更大的民主色彩。例如研究晚清四川书院的教育状况时，研究者采用了李铁夫先生的口述记录：

> 清代未设学校之前，各地主要是专设基金办书院。书院的主持人称山长，由地方官聘请本地或者外籍的进士、举人、拔贡之类有资望的人来担任，年俸各地不一致，在我的家乡叙永是银一百二十两。他的职务很简单，只是讲书、考课和改文。……书院的考课奖金名叫膏火，有些寒士，凭膏火就可以维持生活。书院的学生来源，除部分已经入学有了功名还要继续求上进的人之外，所有童生，完全是从私塾来。在私塾已经开笔会做文章的青年，经过地方官的考课录取，即可进入书院。叙永当时有书院两所：一叫丹山书院，是叙永厅设的；一叫蓬莱书院，是永宁县设的(厅县合治)。岳选清老师告诉我：我们县里书院的山长历来都是由县学老师兼任，在官场中被视为清品，但后来也市侩化了，官僚化了。他们不讲书只改文章，每次送生徒下泸州赶考，考上秀才之后要谢师银一百、八十两不等，还有要学生送袍套(衣料)的。他又说：住院生员，大都浮躁嚣张，不守规矩，酗酒嫖赌，招摇撞骗以及聚众滋事。①

上面这则口述材料以平实、质朴的语言揭示了晚清四川书院的教育活动现状：教师薪水丰厚任务简单主要教育活动就是照本宣科、举行考试和修改文章，教师由官府选派，但责任心不强。生员除了一部分要求上进者之外亦有混日子者，部分贫寒学子依靠进学读书赚取膏火养家糊口，也展示出了晚清书院教育沉疴积习日重，生员教育活动之外的日常糜烂生活。除了口述方法以外，计量法也应广泛应用到教育活动史研究中，它可最大限度发掘教育活动史史料，这是传统的定性分析方法无法解决的。还可使活动史研究更加精确化，运用电子计算机和数理统计法可更迅速从事研究，更精确揭

① 四川省政协文史资料委员会编：《四川文史资料集萃》(卷四)，四川人民出版社1996年版。

示教育活动,使研究更加准确和客观。同时进行数字、图表的处理,使结果更形象、直接地出现于民众眼前,引起其阅读兴趣。

教育活动史追求历史的真实,展现民众的生活,在它所抒写的这幅人类教育活动的隽永的画卷中,教育的活动与活动着的教育犹如一条奔腾不息的长河,冲击着传统教育史研究的堤坝。因此,教育活动史的研究为教育史学带来了新的曙光,年鉴学派理论亦在摸索中发展,两者相结合,拉响了教育史学研究前进的奏鸣曲。

(作者系华中师范大学教育学院教育史专业 2009 级硕士研究生)

年鉴学派及其理论与教育史学研究

郭　娅

年鉴学派产生于19世纪末、20世纪初的西方实证主义史学危机的背景之下，因吕西安·费弗尔（Lucien Febver，1878—1956）和马克·布洛赫（Marc Bloch，1886—1944）于1929年创办的《经济与社会史年鉴》（简称《年鉴》）而得名。年鉴学派的发展、演进大致经历了三个主要阶段：第一阶段（1929—1946）——“定性结构史学”居主导地位的阶段；第二阶段（1946—1969）——年鉴学派进一步强化和“制度化”的阶段；第三阶段（1969年至今）——新史学阶段。在年鉴学派的演进过程中，他们“试图糅合经济、社会、文化等因素，对历史进行总体的综合研究。……如今《年鉴》创办者所揭橥的理想已化为现实，成为一种现代西方史学研究的‘典范’，也成为现今国际史学发展的主流”①。

年鉴学派在与实证主义史学的较量和争论中，克服了实证主义史学的种种弊端，突破了实证主义史学的旧范型，形成了与兰克学派为代表的西方实证主义史学范型存在明显区别的新的史学范型（后世称为新史学范型）。

在历史本体论问题上，年鉴学派通过回答“历史是什么”的问题，确定了

---

① 张广智、张广勇：《现代西方史学》，复旦大学出版社1996年版，第70页。

其“总体史”的历史观。关于“历史是什么”的问题，从本质上主要涉及的是历史和历史学的性质问题。“在每一个历史和历史学的重要演进时期，人们都会有意识或无意识、有系统或无系统地对历史学的性质提出疑问。”这是因为，“历史学牵涉到一个社会的集体记忆或对该社会集体活动历史轨迹的探索，因而构成了人类社会意识的重要部分”①。对于“历史是什么”的问题，年鉴学派冲破了实证主义史学以偏概全、只重视文献历史和事件历史的研究框架，提出了总体史的历史观。年鉴学派的创始人之一费弗尔明确提出：“历史学是关于人的科学，是关于人类过去的科学。”这里强调的“科学”“已与昔日的科学形势毫无共同之处”，它“并不是事物的科学或概念的科学。……从最广泛的意义上而言。历史只能是人的历史”。② 年鉴学派的这一回答，一方面确立了其新史观的一个基本原则——历史学应该研究人，研究人类总体，历史学关注的是整体的人类，而不是少数杰出人物的历史；另一方面，年鉴学派确定了其历史研究的主要范围，即历史学应以“全体人类的历史”为研究对象，它研究人以及与人相关的一切方面。它关心的是人类的全部活动，而不是少数杰出人物的历史。在此基础上，“年鉴派就有可能更加雄心勃勃地鼓励进行真正的整体史研究了，在他们看来，以往的一切，从日常最不起眼的琐事到最微妙的心态，整体史都不应该加以排斥。……如果说必须让人们懂得，历史是一个整体，人的个人生活和集体生活有多少侧面，历史就应该有多少专栏、多少研究题目。”③

年鉴学派提出的总体历史不是各种历史现象的简单拼凑或堆砌，而是由各种历史现象相互联系、相互作用而组成的有机的、独特性的社会存在。因此，年鉴学派强调历史研究不能停留在历史现象的表层，而必须深入到历史现象背后，探讨其深层结构和恒定趋势，其目的在于更准确地理解现实。年鉴学派的代表性人物布洛赫开创的“定性结构史学”、布罗代尔提出的“长时段”理论，都是将历史事件置于宏观的历史背景之下去进行考察的尝试。在这些尝试中，年鉴学派更多地侧重于研究那些变化较缓慢，但又长期发挥

---

① 何兆武、陈啟能主编:《当代西方史学理论》，中国社会科学出版社 1996 年版，第 497 页。

② [法]费弗尔:《为史学而战斗》(Combats pour l'histoire)，巴黎 1953 年，第 12、30、13 页。转引自何兆武、陈啟能主编《当代西方史学理论》，中国社会科学出版社 1996 年版，第 497～498 页。

③ [法]莫里斯·阿居隆著，许明龙译:《二十世纪的法国史学》，载《史学理论研究》1995 年第 1 期。

作用的因素对历史发展的影响，如地理、社会、经济、心态、道德、宗教、文化等，以此探讨历史的发展规律或趋势。年鉴学派的这种研究取向，彻底打破了历史学与其他学科之间的壁垒，从而走上了跨学科研究历史的道路。

在史学认识论问题上，年鉴学派通过对“历史认识从何处来”的问题的回答，明确了现实与历史，主体与客体之间关系。关于“历史认识从何处来”的问题，主要解决两个层面的关系问题。一方面是要解决如何看待现实与历史的关系问题；另一方面是要解决如何看待主体与客体之间的关系问题。对于现实与历史的关系，年鉴学派针对实证主义史学割裂现实与历史的关系，否认历史研究的现实意义的主张，强调历史研究的现实意义。费弗尔认为，研究历史是“人类的需要，这是一种每个人类群体在其演进时都认识到的需要：人们从‘过去’的行为、事件、趋势中寻找着或赋予着价值，这些行为、事件、趋势预示着现实，使人理解现实并帮助人们生活在现实之中”，因此“历史学的功能是依靠现实而组织过去”。① 然而这样强调历史研究的现实意义，并不会妨碍历史知识和认识的科学性。因为历史学与其他任何科学一样都是时代的产物，都反映着该时代的需要，“科学不产生于象牙塔之中，科学产生于生活之中，是生活于每一个时代的活着的人所创造的。通过无数微妙和复杂的关系，科学与人们的各种活动相联系”②。历史学也是如此。布洛赫则更明确地提出了一个史学认识论的基本信条：“通过过去而理解现在，通过现在而理解过去。”③前半句强调的是史学的社会功能，“即是通过历史而让人们更好地理解现实社会”；后半句则体现了年鉴学派史学认识论的一个基本原则：“即现实社会的认识水平决定着现实社会的人对历史社会的认识深度。”④就像费弗尔所说的那样：“人不记得‘过去’，而总是在重建过去……人从现实出发——而正因为通过现实，他才认识和评价过去。”⑤

---

① [法]费弗尔：《为史学而战斗》(Combats pour l'histoire)，巴黎 1953 年，第 437～438 页。转引自何兆武、陈啟能主编《当代西方史学理论》，中国社会科学出版社 1996 年版，第 499 页。

② 同上书，第 500 页。

③ 姚蒙：《法国当代史学主流——从年鉴派到新史学》，生活·读书·新知三联书店 1988 年版，第 46 页。

④ 何兆武、陈啟能主编：《当代西方史学理论》，中国社会科学出版社 1996 年版，第 500 页。

⑤ [法]费弗尔：《为史学而战斗》(Combats pour l'histoire)，巴黎 1953 年，第 58 页。转引自何兆武、陈啟能主编《当代西方史学理论》，中国社会科学出版社 1996 年版，第 500 页。

对于历史研究主体与历史认识客体之间的关系，年鉴学派针对实证主义史学宣扬“史料中心论”，以及否认历史学家在历史认识中的主体作用的观点，强调历史研究者作为主体在历史研究中的主体作用。在年鉴学派看来，世界上根本不存在“客观的”和“现成的”历史事实，无论是原始史料还是历史著作，都不同程度地带有记录者和著作者的主观印记。任何历史事实均来源于历史学家对史料的比较、分析和选择，任何史料一旦离开了史学家的选择和分析也就变得毫无意义了。尽管在历史研究中，作为研究者的历史学家必须客观地反映历史事实，但是史学家对于史料并不仅仅是被动地接受和客观地描述，而是要在此基础上，对历史作出自己的解释。由此看来，在作为历史认识主体的历史学家和作为客体的史料之间，历史研究的主体——历史学家起着积极的主导作用。

这里需要说明的是：“当年鉴学派谈到历史与现实的关系、谈到人对历史的认识的相对性时，是以严格的史学科学方法论作为框架来保证的。因而，现实对历史研究的影响并不意味着史学可以受现实需要（如政治的、意识形态的利益）的随意摆布，而是史学根据现实所提出的问题以自己的学科手段和严谨方法论通过研究历史而作出回答。”①由此，年鉴学派提出了他们的以“问题史学”为核心的史学方法论原则。

在历史研究的方法上，年鉴学派针对传统史学以对“历史的描述和叙述代替一切其他史学表述形式”的“叙述史学”，提出了“问题历史”的研究方法。年鉴学派的创建者之一费弗尔明确指出：“提出一个问题，确切地说来乃是所有史学研究的开始和终端。没有问题，便没有史学。……‘在科学指导下的研究’这个程式涉及两个程序，这两个程序构成了所有现代科学工作的基础，这就是：提出问题和形成假设。”②在年鉴学派看来，只要有历史研究，就一定存在着问题。叙述性的史学虽然也是回答历史与现实所提出问题的一种方式，但是这种方式的研究一旦“离开了政治史、军事史、伟大人物史等事件系列的历史领域而进入社会史、经济史、心态史等新领域时，表述

① 何兆武、陈啟能主编：《当代西方史学理论》，中国社会科学出版社 1996 年版，第 501 页。

② [法]费弗尔：《为史学而战斗》(Combats pour l'histoire)，巴黎 1953 年，第 22 页。转引自何兆武、陈啟能主编《当代西方史学理论》，中国社会科学出版社 1996 年版，第 501 页。

性的方法就难以胜任了”。[①] 因此，新领域、新对象都需要有新的方法，于是，以“问题史学”为核心的研究方法就必须与跨学科研究联系在一起。在年鉴学派的“问题史学”研究方法中，史学家研究历史是以明确地提出问题，进而形成假设的程序进行的，在这个过程中，一旦问题确定，研究者就必须围绕这一问题使用尽可能的手段、途径、方法来回答问题，证实或推翻假设，在这个过程中，史学研究必然要求打破学科的局限，尽可能地在相关的人口学、经济学、地理学、心理学、统计学、人种学、人类学以及社会学中寻找途径和方法，其最终目的是要解决问题。年鉴学派在强调跨学科研究的同时，从来也没有抛弃过实证主义史学的史料考证手段，他们对与历史研究密切相关的文献考据学、文字学、谱系学等都十分重视，由此看来，年鉴学派倡导的“问题史学”为核心的史学研究方法体系，是一个在继承传统史学研究方法基础上形成的开放性的研究方法体系。在年鉴学派看来，任何封闭的学科在当代是毫无生命的，“所有的发现不是产生于每个（科学）学科的内部及核心，而是产生于学科的边缘、前沿、交界线，在这些地方，各学科相互渗透”[②]。

年鉴学派倡导打破学科局限，并没有就此削弱史学的特殊性及其地位。相反，史学以历史中的人为研究对象，“因此它能够、也应当全面借鉴其他学科的方法和途径，但这种借鉴是以史学为基础、为目的的。史学并不在这种跨学科的交流中丧失其中心地位，反而能对其他学科起到一种综合作用”[③]。从这个意义上而言，跨学科的“问题史学”也是使“总体史”范型得以实现的一个重要途径。而真正实现年鉴学派开创的总体史研究的是年鉴学派的第二代“宗师”——布罗代尔和他的“三时段”理论。

费尔南·布罗代尔（Fernand Braudel，1902—1985）的“三时段”理论主要反映在1958年他出版的专著《地中海与腓力二世时期的地中海世界》中。在这部专著中，布罗代尔的研究共分为三个部分：第一部分论述地中海的地理环境，包括山川、平原、海岸、岛屿、气候、交通、城市等；第二部分为单篇论文，分别研究16世纪地中海地区的经济状况，如人口、物价、商业、财政等；第

① 何兆武、陈啟能主编：《当代西方史学理论》，中国社会科学出版社1996年版，第502页。

② [法]费弗尔：《为史学而战斗》（Combats pour l'histoire），巴黎1953年，第30页。转引自何兆武、陈啟能主编《当代西方史学理论》，中国社会科学出版社1996年版，第502页。

③ 何兆武、陈啟能主编：《当代西方史学理论》，中国社会科学出版社1996年版，第503页。

三部分是政治史，叙述土耳其和西班牙争霸地中海的过程。该书的这种论述"体现了三种不同的历史时间，即地理时间、社会时间、事件(个体)时间"。后来布罗代尔便把这三种时间称为"长时段""中时段""短时段"，分别代表三种不同层次的历史运动，并在此基础上提出了三种不同的概念："结构""情势""事件"。

"长时段"，又称"地理时间"，"是一种缓慢地流逝、有时接近静止的时间"①运动，它以变化极其缓慢和时间跨度大为基本特征。布罗代尔的"长时段"理论是针对传统史学只注重"事件历史"的倾向而提出的。在布氏看来"任何历史都把过去的时间分解成不同的时段，并根据各自的偏爱选择其中的一个时段进行研究"，"乍眼看来，历史似乎是这类反复无穷的小事的集合，微型社会学和社会计量学(还有微型历史学)目前正搜集这些琐碎的材料。但是这众多的琐碎素材并不构成科学思考所能加工的全部历史实在。社会科学对事件几乎深恶痛绝，这并非没有道理，因为短时间是最任性和最富欺骗性的时间"。② 为此，布罗代尔主张用"长时段"的研究来弥补"短时段"研究的不足。在布罗代尔看来，长时段历史对人类社会发展起长期的决定性的作用。"长时段"不仅仅"是简单地扩大研究和兴趣的范围，也不仅仅是对史学研究有利的一种选择，对历史学家来说，接受长时段意味着改变作风、立场和思想方法，用新观点去认识社会"③。至于如何进行"长时段"研究，布罗代尔提出了一个在长时段问题中居首位的概念，即"结构"。布氏认为："在考察社会问题时，'结构'是指社会现实和群众之间形成的一种有机的、严密的和相当稳定的关系。对我们历史学家来说，结构无疑是建筑和构架，但更是十分耐久的实在。"④尽管"有些结构因长期存在而成为世代相传、连绵不绝的恒在因素：它们左右着历史长河的流速，另有一些结构较快地分化瓦解，但所有的结构全都具有促进和阻碍社会发展的作用"⑤。这些结构在具体历史运动中的具体表现形式有：地理结构、社会结构、经济结构和思想文化结构等。通过对这种"近乎静止"的历史时间段内结构的分析，人们可以观察到人类历史演进的深刻的内在运动。正如年鉴学派第三代代表人

---

① [法]布罗代尔著，顾良、张慧居译：《长时段：历史和社会科学》，见布氏论文集《资本主义论丛》，中央编译出版社 1997 年版，第 182 页。

② 同上书，第 176～177 页。

③ 同上书，第 182 页。

④ 同上书，第 180 页。

⑤ 同上。

物勒高夫所说的那样,"新史学的先驱们较有成效的观点无疑是长时段,历史的发展时快时慢,但推动历史发展的内在力量却只有在长时段中才能起作用并被把握"①。

"中时段",又称"社会时间",是指借用经济学家的"情势","以表示某些社会历史现象的趋势或周期"②的时间运动。它以节奏较慢、周期变化为基本特征。布罗代尔认为,"以往的政治史把一天或一年作为一个理想的时间计量单位。……但一条价格变动曲线、一次人口增长、工资运动、利率波动、生产率研究、商品流通的精确分析,所有这些都要求有更大的时间计量单位"。中时段揭示了一种较为开阔的时间度量,它提供给历史学家进行研究的时间段不是短时段的几年、一年、几个月或几天,而是 10 年、25 年或 50 年乃至 100 年的时间周期。适应这一时间周期的需要,"就出现了一种新型的历史叙述",布罗代尔称它为"普遍局面、周期的或确切地说跨周期的'叙述'"。③ 布罗代尔提倡运用所谓"情势""周期"和"循环过程"的叙述方式进行历史研究。因为,在他看来,"科学、技术、政治制度、精神工具、文明(用人们所习惯的用语),都具有自己的生命节奏和成长节奏。"④

"短时段",又称"个体时间",是指一些突发性的事件所经历的时间,"是每个个人所理解的时间,是我们在日常生活中、在梦中、在过去的表面意识中所感受的时间,是新闻记者和日记作者所理解的时间。"⑤它以瞬息万变、一掠而过为特征。当时发现的大量历史资料,"使历史学家相信,全部真理都寓于文献事实之中。……'人们只须让自己以原有的样子找来文献,按事件发展的顺序阅读,那么他就会看到:历史事件序列会在人们眼前自动地对号入座'。"⑥但是在布罗代尔看来,这种"短时段"的"事件历史"考察方法对于更深地认识历史无济于事,所以历史学家的任务就是要转移研究方向,改变研究方法,只有这样才能对历史深层运动进行深入的分析和理解。

在笔者看来,布罗代尔并不是完全摒弃"短时段"的"个体时间"的考察。布罗代尔在其《长时段:历史和社会科学》一文中明确提出:"今天我们与 19

① [法]J. 勒高夫等主编,姚蒙译:《新史学》,上海译文出版社 1989 年版,第 27 页。

② 张广智主著:《西方史学史》,复旦大学出版社 2005 年版,第 330 页。

③ [法]布罗代尔:《长时段:历史和社会科学》,见何兆武主编:《历史理论与史学理论》,商务印书馆 1999 年版,第 805 页。

④ 同上书,第 806 页。

⑤ 同上书,第 804 页。

⑥ 同上书,第 804～805 页。

世纪传统历史编纂学的决裂并非意味着与短时段观念彻底决裂。”[①]布罗代尔所批评的“短时段”观念指导下的历史研究是那种完全否定现实的“事件历史”研究。

综上所述，布罗代尔的“三时段”理论，犹如一座三层的大厦。布罗代尔所提倡的主要是“地理时间”长时段和“社会时间”的中时段，尤其是长时段，在布罗代尔看来是构成一切历史的基础。正如布罗代尔一直强调的那样：“在我们看来，长时段是社会科学在整个时间长河中共同从事观察和思考的最有用的河道。但愿我们的邻居们在思考社会现象时能把他们的观察和研究纳入这条轨道。”[②]他认为：“马克思的影响经久不衰的秘密正是他首先从长时段出发，制造了真正的社会模式。……如果把马克思主义的模式拉回到时间的可变长河中进行观察，它们的网络将显示得一清二楚。……马克思主义是上个世纪中最强有力的社会分析。”[③]

尽管自 20 世纪 80 年代，对年鉴学派的责难不断增多，同时年鉴学派的史学范式以及布罗代尔的“三时段”理论也存在着许多方面的缺陷，但是总体看来，年鉴学派的史学理论、方法和布罗代尔“三时段”对当代教育史学研究具有一定的启示意义。

首先，年鉴学派和布罗代尔“长时段”为核心的总体史观，为教育史学新的研究领域开拓奠定了理论和实践的基础。年鉴学派第一代和第二代代表人物，始终坚持追寻和探求人类社会总体的历史。在他们看来，人类社会总体的历史历来就是活生生的，以成千上万的普通民众的活动为主体的人的历史，因此历史研究不能只限定在少数精英人物的政治史、军事史和外交史的范围之内，而应该转向广大普通民众的生活的历史研究。年鉴学派的总体史观从理论上为教育史学研究新领域的开拓奠定了理论基础。

长期以来，在我国教育史学研究领域体现为一种过于简单化、狭窄化的特点。教育史学的研究领域，主要被限定在教育制度、教育思想两大板块之中，忽视对两大板块之外的教育历史现象以及教育历史现象与社会经济、政治、文化、地理环境之间关系的研究；教育史学研究对象，主要关注的是学校教育和精英人物的教育史，比较忽视普通民众的社会、家庭教育史，从而使

---

① [法]布罗代尔：《长时段：历史和社会科学》，见何兆武主编《历史理论与史学理论》，商务印书馆 1999 年版，第 805 页。

② [法]布罗代尔著，顾良、张慧居译：《长时段：历史和社会科学》，见布氏论文集《资本主义论丛》，中央编译出版社 1997 年版，第 202 页。

③ 同上。

教育史学研究变成了教育法令、教育制度和一些知名教育家的教育思想的简单累加，掩盖了丰富的教育历史现象背后的民众教育心态、民众受教育状况与其物质生活状况的关系，也掩盖了民众社会教化等方面的丰富教育历史的内容，使教育史学研究逐渐走向了狭窄、僵化，这种趋势是导致教育史研究陷入危机的重要原因之一。笔者以为，在教育史学研究中树立整体的教育史观是十分必要的。因为，一方面它有利于使教育史学研究从传统的两大板块以及少数精英人物的思想史的狭小圈子中解脱出来，从更广阔的时空中揭示教育历史过程的纵深和相互联系以及各层次的运动，由此必然带来教育史学研究领域的扩展；另一方面，它为教育史学与其他社会科学的交流、合作架起了桥梁，大大拓展了教育史学的研究视野，也为教育史学的跨学科研究奠定了基础，从而使我们对教育现象的发生、发展的历史认识得更加清楚和更加深刻。

其次，年鉴学派所倡导的强调研究历史的现实意义和研究者主体作用的历史认识论，为正确处理教育史学研究的"客观性"与教育史学研究者"主体意识"的作用之间的关系问题提供了认识论的基础。长期以来，在教育史学研究中存在着两种倾向：一种是单纯强调研究者的主观认识，尤其是在"左"的思想影响下，教育史学研究"常常出现以政治主张、政治倾向来代替客观的历史结论，对史料恣意切割，任意裁减历史，研究中的政治色彩和阶级分析的观点浓郁，常常以论代史"；一种是受到传统史学观的影响，"强调对史料的占有和考证以及历史描述的客观性，而将研究者的主观认识放到相对次要的地位，就史论史，研究的主题和目的不明确，史料大量堆砌，以史料代替史学研究。"①从根本上说，这两种倾向都存在着一定程度的偏差。因为教育史学研究就其功能而言，一方面要尽可能地反映客观的教育历史，追求教育历史的真实性，探索教育历史发展的客观规律，以便为现实教育提供借鉴；另一方面我们必须清楚地看到，在追求教育历史事实的客观性、探寻教育历史发展规律的同时，研究者的历史认识和历史思维是无法回避的。"在历史学中不首先认识历史认识的能力与性质就要去侈谈历史的本质或规律，也正像飞鸟要超过自己的影子，是一桩完全不可能的事。"②因此，教育史学研究必须将追求教育历史的客观性与发挥研究者的主体意识作用密切

---

① 傅林：《20 世纪西方新史学范式对外国教育史研究的启示》，《教育研究》2003 年第 11 期。

② 何兆武：《历史理性批判论集》，清华大学出版社 2001 年版，第 378 页。

结合起来，教育史学研究才有价值。

年鉴学派在其历史研究的实践中，始终强调历史研究的现实意义，突出研究者的主体作用，从而形成了与传统史学截然不同的历史认识论。年鉴学派虽然是以向传统史学挑战的姿态出现的，但是实际上，年鉴学派突出历史研究的现实意义和史学家认识主体作用的主张，并非是对传统史学的完全抛弃，而只是针对传统史学进行批判的策略而已。由此可见，历史学家主体认识作用的发挥与史料考订、历史描述的客观真实性之间不是相互矛盾的，恰恰是相互支持的。笔者认为，在教育史学研究中，要想使教育史学研究对现实教育发展与改革具有更大的意义和价值，就必须既重视史料的考订以及对历史进行客观的真实的描述；又重视教育史学研究的现实意义，尤其要重视对教育史学研究者主体作用的发挥，只有这样，才能保证教育史学研究走上真正科学的发展道路。

最后，年鉴学派所构建的以"历史时间"为核心的叙述体例和他们所倡导的以"问题史学"为中心的跨学科研究方法，为教育史学研究及其方法的改革指明了方向。年鉴学派将"历史时间"作为历史学与其他学科相区别的独特个性，提出了以地理、社会和事件时间顺序来逐步完成历史构图的方式——叙述体，在他们看来，"空间、时间和人类是历史过程中的三个统治者的抽象，而人类则是空间和时间之间长期和反复地相互作用的载体。"①尤其是布罗代尔独辟蹊径提出的"长时段"理论，对教育史学研究颇具启示意义。传统的教育史学研究更多关注的是"教育重大事件发生史和教育家(或教育思想家)的活动、思想史，历史唯物主义告诉我们，这是不全面、不辩证的。教育活动中的'人'应该是复数的'人'、动态的'人'……除少数精英人物外，作为群体的人也在积极参与和推动着教育的发展历程"②。因此在教育史的叙事研究中，就不能单纯只关注重大事件发生史和教育家的活动史，还应该关注参与教育活动之中的群体的教育史的研究。这种研究应该是以大量详实的史料为基础的，因此教育史的叙事研究，首先涉及的是史料建设和研究手段的问题。在这方面，年鉴学派在其具体研究中所表现出来的对史料搜集的重视程度以及史料来源的广泛程度，如"史料来源也不应仅仅局限于官方统计文献、数据，口述资源、艺术作品、日记、人物传记、报纸、杂志等等都

① 罗凤礼：《现代西方史学思潮评析》，中央编译出版社 1996 年版，第 262 页。

② 傅林：《20 世纪西方新史学范式对外国教育史研究的启示》，载《教育研究》2003 年第 11 期。

是可资利用的史料”[1]等，为教育史史料的积累和运用提供了不同于传统的视角。

与此同时，年鉴学派提出的“问题史学”为中心的跨学科研究方法，一方面符合当今历史学研究逐渐走向综合和跨学科研究的总体趋势，另一方面彻底打破了传统史学研究那种孤军奋战、囿于故纸堆的史料梳理办法，将其他社会科学的研究技术和研究手段引入教育史学研究，无疑为研究提供了新的思维角度和切入点，也可能形成今后教育史学研究新的生长点。

（作者于2007年获华中师范大学教育史专业博士学位，现为湖北大学历史文化学院副院长、副教授）

① 傅林：《20世纪西方新史学范式对外国教育史研究的启示》，载《教育研究》2003年第11期。

微观史学与中国教育活动史研究

李　永　周洪宇

进入21世纪，面对教育史学自身的发展危机，教育史工作者有必要不断进行学科反思，进而着力建构教育史学科的理论范式。作为历史学的分支学科，教育史学需要大胆借鉴当代西方新史学理论，充实和加强自身理论体系。作为新史学的一支，微观史学"大处着眼，小处入手"的研究视角与教育活动史研究有着内在的本质联系，对当下中国教育活动史研究的开展具有诸多借鉴。

一、微观史学的兴起及其研究特点

20世纪七八十年代之前，新史学研究多关注经济、历史地理或相关题材，片面夸大"长时段"结构和热衷于静止历史的分析，忽视了个人和单个事物，因而饱受学科内外的诟病与质疑。为克服弊端，20世纪70年代，部分史学家进行了方法革新的尝试，微观史学应势而生。

"微观史学"由意大利史学家卡洛·金兹伯格和乔万尼·列维等人提

出，是一种"以缩小观察规模、进行微观分析和细致研究文献资料"①为本质的研究方法。1976年金兹伯格出版的《乳酪与蛆虫——一个16世纪磨坊主的精神世界》是微观史学的经典著作。此后微观史学的影响逐渐扩大，并影响欧洲其他国家。

作为研究方法的创新，微观史学摆脱了抽象和概括的研究对象，重在关注微观的、具体的、易于观察的人或物，尤其是关注不同的阶级、阶层的文化、社会状况以及个体或群体彼此之间的矛盾冲突，试图通过对微观现象的研究，阐释其文化内涵，折射政治、经济和社会方面的现状。

为了在限定的范围中收集证据、鉴别史料，微观史学者在实践中形成了提名法与证据范式两种基本方式，②同时还借用了文化人类学"深度描述"的方法。著作编撰方面，微观史学家倾向于采用叙述的写作手法，阐述研究假设和史料之间的冲突，避免史实与观察相脱离。通过叙述揭示人物之间的关系，揭示社会和文化内涵。在史料运用上，他们更注重史料的广泛性、多元性和精确性，更贴切地重构作者所要描述的社会图景。

微观史学的出现为史学界带来了革新，但由于自身的局限，忽视了宏观的、总体的历史背景，将视野局限在狭小的、琐碎的问题上，因此受到了诸多批判。客观来讲微观史学在新史学推陈布新的转变中发挥了关键作用。它从微观层面研究人们的日常生活行为，以小见大，丰富了对人这一历史主体的研究，克服了宏观研究的抽象性、概括性和枯燥性，从另外一个角度提供了一个深刻地观察人类历史的机会。

二、中国教育史中的微观研究

第二次世界大战以来欧美史学呈现出繁荣景象，诸多流派次第登场，史学方法的更新为教育史学研究带来了新思路，"同时也为教育史学家与历史学家结盟、开创教育史研究的新局面创造了条件"③。

微观史学作为新史学的重要流派，为深刻观察教育史实提供了崭新的视角。随着国内教育史学界对史学理论的日益关注，对微观史学的认识也

---

① Giovanni Levi. On Microhistory. *New Perspectives on Historical Writing*. Edited by Peter Burke, PA: The Pennsylvania State University Press, 2001,99.

② 周兵:《微观史学与新文化史》,《学术研究》2006年第6期。

③ 张斌贤、孙益主编:《探索外国教育史研究的新领域与新方法》,广西师范大学出版社2009年版,第32页。

在不断深入，学者们自觉不自觉地在实践中进行着中国教育史的微观研究。

刘云杉的《帝国权力实践下的教师生命形态：一个私塾教师的生活史研究》，通过对清末塾师刘大鹏的个案研究，彰显一位塾师在科举废除前后的心态历程。王枬的《教师印迹：课堂生活的叙事研究》，通过现场观察和田野工作，运用叙事的方法解读了教师课堂生活背后隐含的教育内涵。张素玲的《文化、性别与教育：1900—1930年代的中国女大学生》，聚焦于20世纪初期中国第一代女大学生群体，研究她们在不同的教育文化环境中的生活。许美德的《思想肖像：中国知名教育家的故事》，通过口述访谈了11位中国教育家的成长历程、事业发展与学术贡献。

这些研究体现了教育学界对个案研究、叙事手法、口述方法的高度重视。它们关注了广大普通教师和学生的日常教育生活，实际上与微观史学目光向下，关注历史上小人物、小事件的研究主张不谋而合。这是微观史学在中国教育史研究中的成果。这些成果的研究对象、方法、理念与原有中国教育史研究有所不同，其最大的特点是体现"教育活动"的特色。教育史关注的不仅仅是制度和思想层面的探究，而是具体的、鲜活的场景，它可以是一名私塾教师的内心世界，它可以是平淡课堂中蕴藏生机的教学活动，它也是学生群体的生活图景，它还是教育者的思辨轨迹。

近年来，教育学界对教师活动、学生活动、教学活动、办学活动等相关"教育活动"研究的增多，关注程度的提高及研究成果的问世，体现了学界开始倾向于关注教育活动的重要地位，而教育活动史的提出正是对当下学术实践的总结与思考，只是目前的理论体系还有待完善。

三、中国教育活动史研究如何可能

从教育史学的研究对象来看，教育思想史与教育制度史的二元划分模式已经成为广泛认可的学术规范，但是这种划分只是认识教育史研究对象的一种方式，而不是唯一方式，如此将会把真实的教育世界简单化。对于教育活动史的提法，学术界说法不一，下面将从教育史的研究对象和教育活动史的内涵两个层面予以阐释：

第一，中国教育史研究对象的再认识。

英国历史学家柯林伍德在《历史的观念》一书中说："历史发现的是何种

事物的真相？我的答案是 res gestate（活动的事迹）：人类在过去的所作所为。"①他还认为历史学就是关于活动事迹的科学。梁启超也指出："史者何？记述人类社会赓续活动之体相……其专述中国先民之活动，供现代中国国民之资鉴者，则曰中国史。"②他认为赓续活动即过去的活动，是历史研究对象的主体。

教育史是历史学和教育学的交叉学科，是在历史学滋润下成长的，它与历史学有着天然的血缘关系。历史活动作为历史学研究的本质对象，自然也是教育史研究中不可或缺的一部分。

教育学研究中最能充分体现教育本质的是人们的"教育活动"，究其原因主要在于教育活动是人类活动中最重要最独特的活动形式和领域。苏联学者休金娜曾指出："人的活动是社会及其全部价值存在与发展的本原，是人的生命以及作为个性的发展与形成的源泉。教育学离开了活动问题就不可能解决任何一项教育、教学、发展的任务。"③

通过考察历史学和教育学的研究对象，为中国教育史接纳教育活动史作为研究对象确立了理论的合理性。教育活动史是教育史不可分割的一部分。教育史应该以历史上感性的、实在的、具体的教育活动的发展及其演变作为研究对象。

第二，中国教育活动史研究的内涵。

"教育活动"是专指直接以促进人的有价值发展为目的具体活动的总称，也是指教育者与受教育者以各种方式参与教育过程并进行互动的方式的总和。④

长期以来，我们的教育史学研究在于寻求教育历史发展的"规律"，注重精英思想和制度形成，而忽视了历史进程中各种人物活动及其事件。其实，教育历史离不开人的活动，或者说，没有人的活动就无所谓教育历史。⑤

人类对教育活动认识的成果，逐渐系统化成为教育科学。教育活动是

---

① [英]柯林伍德著，何兆武、张文杰译：《历史的观念》，商务印书馆 1997 年版，第 37 页。

② 梁启超：《中国历史研究法》，上海古籍出版社 1998 年版，第 1 页。

③ 瞿葆奎、吴慧珠：《教育学文集》，人民教育出版社 1991 年版，第 3 页。

④ 周洪宇：《对教育史学若干基本问题的看法》，《河北师范大学学报》（教育科学版）2009 年第 1 期。

⑤ 丁钢：《叙事范式与历史感知：教育史研究的一种方法维度》，《教育研究》2009 年第 5 期。

教育学产生和发展的基础，教育学推动和提升着教育活动的发展和进步。教育与教育学相伴而生，并行发展。如果教育学不研究人们的教育活动，那就无法进行；同样，如果教育史学不研究人们的教育活动史，再怎么研究教育思想史和教育制度史，也缺乏前提和基础，只能是一门“见人不见行”“见物不见事”的教育史学。

从学科分类看，笔者认为教育活动史是一种运用新方法、从新角度加以解释的新面孔的教育史，是一种新的研究范式，其内涵可归结为：追求总体史的研究宗旨，视野下移、以民众的教育生活为研究重点，以问题研究为本位，确立“视情而定”的理论与方法，坚持文本与口述、地上与地下、史学与文学相结合的大史料观，采用“善叙事理”的叙事方式等等。

四、微观史学对中国教育活动史研究的启示

结合上文对微观史学研究特点和教育活动史内涵的分析，笔者认为微观史学对中国教育活动史研究的启示可归纳为以下四个方面：

第一，视野下移、微观化的研究取向。

与西方传统史学相比，微观史学家把眼光转向了反映社会各阶层心态的个人、小群体等一般民众，关注与普通民众相关的婚姻、家庭、宗教信仰、日常生活中的观念和行为。在金兹伯格看来，对一个具体的、有名有姓的人进行研究，远比对抽象的个人概念研究更有价值。在《乳酪与蛆虫》中，金兹伯格通过重构主人公麦诺齐奥的生平历史，抓住其与众不同的世界观，从小人物的侧面分析主人公异端思想言论产生的原因，并把目光投射到主人公所处的时代与文化中。

过去的教育史研究多是自上而下宏观的研究取向，导致微观细节的日常问题无人问津，下层民众和大众文化教育成为了研究的空白，因此也就无法展现出教育史生动鲜活的特色。教育活动史研究必须贴近生活、视野下移，以具体教育生活为研究重点，探究日常教育问题和民众的教育活动。

如法国教育史学家皮尔·卡巴斯就主张研究教科书、教育内容以及学生个人书写物等相关问题。就教科书而言，可以研究教科书的定义、立法、教科书编写者的身份、教科书的生产和销售以及教科书的内容与使用等问题。[①] 以日常教学中的教科书作为研究对象，通过具体化和细节化的史料分

① [法]皮尔·卡巴斯：《谈欧洲教育史研究方法》，《华东师范大学学报》(教育科学版)2006年第3期。

析，就可以生动地再现当时教育的发展现状，展现教育活动的立体场景。

视野下移、微观化的研究取向是今后教育史学发展的趋势之一，唯有如此，教育史学才能赢得广阔的研究空间。

第二，以问题研究为本位，确立"视情而定"的理论与方法。

微观史学"让史学向历来被忽视的人群敞开大门"，"在小群体层面上探寻历史动因"，因为他们研究的问题就在其中，从自下而上的立场选择、广泛史料的收集到采用叙事手法等背后凸显出他们以日常问题研究为本位，确立"视情而定"的理论与方法。

教育活动史从"教育活动"的目的出发，就必须坚持"自下而上"将研究从上层和精英移到下层和民众，以"他者"的立场，即站在教育活动者的立场，设身处地地感觉和体会，运用归纳的思维方式，对微观化的教育史料和事件加以概括与总结。

问题意识不仅决定研究视角，还决定"视情而定"的理论方法，包括选择研究对象、研究方法、资料来源，进而也决定了研究成果的适应性及社会功能。教育活动史选取的对象是民众，所撰写的教育史学论著的内容和所使用的材料要倾向于民众教育史，表达方式上要力求形式生动活泼，成为民众喜闻乐见的一种作品，研究成果应符合大众的欣赏水平和阅读能力，通俗化、大众化，以避免教育史学的"贵族化"倾向，使得教育活动史成为真正意义上大众化的教育史。英国教育史学家理查德·奥尔德里奇认为教育史学研究和教学的宗旨应该定位于满足大众的需要，他说："教育史"是更普及的、大众教育领域的课程。①

第三，追求全景式总体史的研究宗旨。

20世纪中叶以来，"全面史""整体史""总体史"一直是西方史学家追求的目标。"总体"是指政治、经济、社会与文化的有机结合，但事实上，许多标榜"总体"的著作多在政治、经济、社会三者之间建立联系，而将文化孤立于外，其原因在于未能准确把握文化与其他三者之间的"连接点"。

微观史学的研究恰恰解决了这一问题。微观史学的研究对象是人的日常行为，属于内在的文化范畴，对具体问题的讨论与探微，是为了说明体现于外在的政治、经济、社会活动，这就等于在文化模式与政治、经济、社会体制这些宏观概念之间架起桥梁。

① [俄]卡特林娅·萨利莫娃、[美]欧文·V.约翰宁迈耶主编：《当代教育史研究与教学的主要趋势》，教育科学出版社2001年版，第121页。

如果微观研究与宏观研究构成了史学研究的两个维度，给人以全面的认识，那么教育活动史、思想史、制度史就构成了教育史学的三个研究维度，重新建构了研究对象，使教育史的研究内容整体化。教育活动史是教育者与受教育者以各种方式参与教育过程并进行互动的历史，是影响人们的教育思想和教育制度发展过程的关键性因素。它既是教育思想史和教育制度史的起源，又是教育思想史和教育制度史存在的前提和基础，还是连接教育思想史和教育制度史的中介和桥梁。

除了对研究对象的整体性构建，教育活动史还可以进行教育总体史的研究，也就是把特定区域的教育视为一个整体，全方位地把握它的总体发展。其方法可全方位地立体地考察社会教育状况，从特定地域的历史积淀、民间文化、社会网络、教育生活等方面入手，力图展现出这一地区的教育立体全景，并在历时性的研究中，加入其他社会科学，如社会学、心理学、经济学等学科的理论与方法，注重结构与功能的共时性分析。这既是总体教育活动史在特定领域内的研究尝试，又可以在实践中推动教育活动史研究的深入发展。

第四，坚持多元结合的大史料观。

鲁滨孙在《新史学》中主张"把那些许多不见于书本或碑文记载的材料认为是史料"①。微观史学延续着鲁滨孙的思想，其史料来源广泛，涉及法庭证词、治安报告、监工报表、演讲、私人笔记、信件等五花八门的原始材料。结合教育活动史的研究，在史料收集上要"上穷碧落下黄泉，动手动脚找东西"，不仅要肯于下功夫，还要思维开阔，坚持文本史料、口述资料、田野调查等相结合的大史料观。

当下教育史研究的文本"边际"已经被充分扩展，除了传统的文献资料以外，宗谱族谱、方志、日常读物、诗歌民谣、小说戏剧、野史笔记等等都因蕴藏着丰富的教育史料，被纳入了史料的发掘范畴。梁启超在《中国历史研究法》中曾经讨论过"常人向来不认为史料者，吾侪偏从此间觅出可贵之史料"的方法，小说也在其范围之内。梁启超认为"《儒林外史》中胡屠户奉承新举人女婿，固非事实也，然明、清间乡曲之人一登科第，便成为社会上特别阶级，此却为一事实"。② 无论小说作者驰骋冥想至何境界如《西游记》《聊斋志

① [美]詹姆斯·哈威·鲁滨孙著，齐思和等译：《新史学》，商务印书馆 1989 年版，第 60 页。

② 梁启超：《中国历史研究法》，上海古籍出版社 1998 年版，第 53 页。

异》，一旦着笔叙事，总不能脱离其所处的环境，不知不觉中展示了当时的社会背景。

教育活动史的重心是底层、是民间，因此，就必须注意收集散落于民间、民众之中的教育史料，包括非官方记录和口述史料。英国口述史学家汤普逊认为，口述史的首要价值在于，“它给了我们一个机会，把历史恢复成普通人的历史，并使历史与现实密切相联”①。口述资料的收集需要深入民众，有的材料仅限于口头流传，或深埋于民众的心中，但这些认识和看法，可能比那些文字记载的东西更能传达民意。

在民间史料获取上，人类学的田野调查作为“他山之石”尤为重要。采用田野作业和口述笔录方法寻找新的教育史料，可以搜集到极为丰富的民间文献，听到大量关于教育思想、教育习俗、教育人物等内容的传说和故事，有利于搞清楚古代或者近现代的教育事件、教育设施或教育人物的真实生活，所揭示的社会文化内涵也往往是文献记载未能表达的。将田野调查资料与文献资料进行比对，往往会发现原来没有意义的内容在田野调查之后都变得有意义了。

通过笔者对中国教育活动史研究范式以及微观史学对其研究启示的分析，希望能引起大家的进一步思考，共同推动中国教育活动史理论体系的不断完善。什么是“教育活动史”这个问题，不仅需要学术争鸣，更需要付诸行动。相信当教育活动史的新著不断问世的时候，研究体例日渐成熟的时候，关于教育活动史的疑惑自然就迎刃而解了。

（李永系华中师范大学教育学院教育史专业2009级博士研究生、中南民族大学讲师，周洪宇系华中师范大学教育学院教授、博士生导师）

① 杨雁冰：《口述史学百年透视》（上），《国外社会科学》2002年第2期。

微观史学对教育史研究的启发

张　纯

20世纪七八十年代，西方许多历史学家对此前西方史学中计量的、社会的研究过多的现象以及片面夸大长时段结构、热衷所谓"静止的历史"的倾向日益不满。认为西方新史学和年鉴学派所作的是"没有人和事件的历史"，而这种历史是无法体现历史学的特性的。在各种研究著作中，重点已转向在时间和空间上都有限的历史。"到90年代更明确地强调要研究个人（个性）、独特性和突发事件。在理论上则号召，首先要注意的不是'长时段结构'（不论是意识形态结构、文化结构、心态结构，还是经济结构），而是要注意历史上的'当事人'（不论是'普通人'，还是'伟人'）。换言之，研究的中心已不是超个人的力量，是个人对结构的解释，是不同的个人及每个人所固有的特征。"①这种以注重对人的研究，对人的情感、心态、日常生活、思想、命运等各个方面为特征的微观史学理论就成为史学理论发展的潮流。

一、微观史学的内涵

西方微观史学的研究风气最早始于意大利，它形成于20世纪70年代

① 陈啟能：《略论微观史学》，《史学理论研究》2002年第1期。

末，以北部的博洛尼亚大学为中心，主要代表人物有卡洛·金兹伯格(Carlo Ginzberg)、乔万尼·列维(Giovanni Levi)、卡洛·波尼(Carlo Poni)、埃德尔多·格伦迪(Edoardo Grendi)、马可·费拉里(Marco Ferrari)等，他们最早创造了“微观史学”(Microstoria，即 Microhistory)这个词，用来界定这样一种“在本质上以缩小观察规模、进行微观分析和细致研究文献资料为基础”①的研究方法。后来，意大利微观史学的影响逐渐扩大，并影响欧洲其他国家，如法国年鉴学派历史学家雅克·勒韦尔(Jacques Revel)和贝尔纳·勒佩蒂(Bernard Lepetit)就曾专门撰文讨论历史微观分析问题，并发展了意大利微观史学的若干方法，20 世纪 80 年代年鉴学派史学研究中的一些趋势和法国的“日常生活史”(Histoire de la vie quotidienne)、心态史(Histoire des mentalite)对意大利的微观史学也有不同程度的影响。此外，德国和奥地利的“日常史”(Alltagsgeschichte)，英国的“个案史”(case history)，可以说都与意大利的微观史学有着密切的关系。在 20 世纪 70 年代末，微观史学在整个西方史学界正在形成为一种独特的史学趋势，尽管在一些具体的研究方法上并不一致，甚至存在种种争论，但仍有许多共同的特点。一般而言，微观史学家，不把注意力集中在涵盖辽阔地域、长时段和大量民众的宏观过程，而是注意个别的、具体的事实，一个或几个事实，或地方性事件。他们的研究结果往往是局部的，不可能推广到围绕某个被研究的事实的各种历史现象的所有层面，但它却有可能对整个背景提供某种补充的说明。也就是说，微观史学家的结论记录的或确定的虽只是一个局部现象，但这个看似孤立的现象却可以为深入研究整体结构提供帮助。总之，微观史学的特点并不在于它的研究对象的微小和分析规模的狭窄或带有地方性。

以微观史学代表人物金兹伯格的名著《奶酪与蛆虫——一个 16 世纪磨坊主的精神世界》(*The Cheese and the Worms*: *The Cosmos of a Sixteenth-Century Miller*)分析来看，书中的主人公是一位叫梅诺乔(Menocchio)的意大利农民，他一生生活在 16 世纪意大利北部山区一个叫做蒙特利勒(Montereale)的偏僻山村，以经营磨坊为生。梅诺乔一直试图向周围的村民宣传自己关于上帝、教会和世界的观点，因此于 1583 年被当地宗教法庭以“异端和亵渎上帝”的罪名起诉，经过前后两次长达十多年的审讯，于 1599 年前后被宣判处死。金兹伯格于 20 世纪六七十年代在乌迪内(Udine)的档案

① Giovanni Levi. On Microhistory. *New Perspectives on Historical Writing*, edited by Peter Burke, University Park, PA: The Pennsylvania State University Press, 2001.

馆里发现了宗教法庭对梅诺乔的审讯记录等相关文件。金兹伯格利用大量的史料将研究聚焦在一个历史中的小人物身上，用显微镜去放大和解读这个人物及其所处的时代，由此建立起一种与上层精英文化相对的“下层文化”或“通俗文化”的历史。

微观史学的研究对象主要是历史上具体的、易于观察的、个别的人或事物。但是，微观史学家并不主张仅仅局限于对微观现象和具体情况进行考察和孤立研究，而是通过研究微观现象折射出其他方面的现象。譬如，研究个人，既要研究某个个人的一切可能的具体方面，又要探讨该个人的变化与周围社会环境的关系。从这点上它与宏观研究并无二致。因为其研究的对象是具体的个体，并注重历史叙述，因而其作品都能吸引读者，引起读者的兴趣。

从研究方法来看，微观史学主要有两种基本研究模式：提名法和证据范式。提名法是指：“缩小历史考察的规模到可以精确地确认身份的个人。”①以名字为关键词，交织成为一张严密的网，为研究者提供了一个全方位、立体的研究视角和空间。因为一个人名不仅能够还原个人的生活轨迹及其内在的思想情感，更能够重建围绕在这个人周围的社会关系网络。证据范式又称为推测范式。正如金兹伯格认为的“历史学家的知识是间接的、基于迹象和零碎的证据之上的、推测的”。微观史学家的这种推测是建立在具体的事件、具体人物、具体地点的基础上，注重深入分析，着重揭示内在的一些东西。因而微观史学家更强调史料的真实性和精确性。

二、教育史学研究的现状及困惑

从20世纪初至今，中国教育史学研究已走过了百年的历程，尤其在20世纪80年代中期以后，中国的教育史学科发展呈现出长足发展的态势，并取得了一系列的成果。例如打破了古今的界限，深化教育通史的研究；坚持史论结合，运用新的理论和观点进行分析和评价；注意运用比较史学的方法开展中外教育史的比较研究。随着改革开放的进一步深入，教育史学界也认识到教育史的研究必须进一步贴近现实、参与现实、为现实社会建设服务的发展趋势。这一方面表现为带着对现实问题的思考来研究人类教育的历史，另一方面表现为通过回顾中国近代教育改革、发展的历程，来总结经验和教训。如出版了《中华民国教育史》(熊明安著)，《民国教育史》(李国兴主

① 周兵：《当代意大利微观史学派》，《学术研究》2002年第1期。

编),《共和国教育五十年》(教育部编),《"文化大革命"中的"教育革命"》等。教育史研究也不断重视史料建设,例如《太学文献大成》(首都图书馆编),《中国书院史资料》(邓洪波主编),《中国近代教育史资料汇编》等等。教育史也不断拓宽视野,比如重视少数民族教育史和地方教育史的研究,《中国少数民族教育史》(韩达主编,共3卷)就是其中的重要代表作,还有《广西教育史》(蒙萌昭等主编)、《湖北教育史》(熊贤君著)、《福建教育史》(刘海峰著)等。教育史在教育思想及制度研究上也不断打破传统的思路,收到了别开生面的效果。研究者们开始对个别教育家的教育思想、观点进行微观分析,并上升到对思想教育流派、教育思潮、教育哲学的宏观综合型研究,试图结合中国文化传统和社会思潮的变迁,从教育理念的演变等更深层次来阐释中国教育思想发展的内在逻辑。例如《中国近现代教育思潮和流派》(董宝良、周洪宇主编),《中国教育管理史》(孙培青主编)等。以上都是教育史研究的新的发展和取得的成果。

从90年代中期以来,教育史的历届教育史年会都对学科的建设进行了探讨,认为教育史的发展面临着危机,例如张传燧(2001)认为:教育史学的危机主要是封闭保守,远离现当代学科的发展,存在着为教育史而教育史的倾向;杜成宪(2004)认为,教育史危机与经济制度转型有一定关系,急功近利的思想使得教育史这种基础学科不受关注,导致研究后备人员受到影响。可以说,教育史学的危机来自多方面,究其内部的原因主要是教育史研究自身理论和方法的欠缺。虽说教育史学科自身的理论建设取得了一定的发展,但从总体上说水平仍然不够高,在吸取相关学科的研究成果、进一步开拓研究领域、更新研究方法和思路方面我们还有许多路要走。应该提倡借鉴社会学、民族学、民俗学、人类学等学科的理论,运用现当代教育史学的新发展如计量史学、心理史学、口述史学、微观史学等来推动教育史学的研究和发展。

三、微观史学理论对教育史研究的启发

长期以来,我国的教育史学研究都主要以传统的史学理论为基础,将教育史划分为教育制度史、教育思想史、教育实践史三大部分来研究,这不仅局限了研究的内容也局限了研究的方法。一般而言,教育史界对教育家及其思想研究较多,对教育机构和实践研究较少;就教育家教育思想而言,对教育家的直接的文本解读多,而对其他文本和资料的参考较少;静态的考察和分析教育思想较多,而较少从比较和思想传播、运用研究;对正规教育机

构研究得多，对非正规教育机构研究少等等。这些正好是微观史学理论最为擅长的地方，因而引进微观史学的研究方法可以加深和拓展对教育史的研究。

1. 微观上把握，细微处入手

传统的史学主要强调从宏观的角度来研究教育历史，涉及微观层面的研究较少。教育制度史、教育思想史和教育实践史三大板块的研究过于固定，这对于丰富、悠久的教育历史来说是过于简单化和狭窄化了。在教育历程中，教师和学生是构成教育活动的主体，应该受到关注，而我们常常忽略了他们的存在。每个历史时期教育者的心态如何？受教育者的精神状态是怎样的？非正规学校、家庭、社区的教育状况怎样？这些微观层面的研究有助于弥补宏观研究的不足，对于我们全面、真实地了解各个时期的教育状况十分必要。因此，我们应该树立一种微观的教育史学观，从这种观点出发来搞研究，必将带来研究领域的扩展。

在研究历史上精英人物的同时，还应该将视野拓展到广大的民众，因为真正的教育实践发生在基层。任何一场教育改革的推行、一个教育政策的制定都不是少数个体的行为后果，虽然历史记载显性地表现为颁布了某人提交的一个法案，某人兴建了一所学校，某位教育家的思想影响深远，但是真正发生的历史远比表面现象复杂，一个历史结果的形成是当时社会各阶层、各利益集团相互斗争的结果。所以，应“将那些名不见经传，但多少在历史上留下痕迹的‘小人物’的研究纳入研究者的视野，追溯其独特的生存状态和回应挑战的独特方式，使历史图像的构成呈现出丰姿多彩、复杂多样的本态”①。如在进步主义教育改革和新教育改革过程中，新教育理念的推行、政府和学校教师对待改革的态度和行动、学生及其家长对改革的反应等都充满矛盾和冲突，这些来自“下层”社会的历史能够真实地反映那时教育改革过程中遇到的问题，能够探寻教育理论与教育实践的互动，能够揭示群众的智慧在实践中的创新活动。

2. 重构历史，实现方法上的创新

微观史学家常借用人类学和心理学的方法，同样，教育史研究也可借鉴历史学、社会学、人类学、心理学的研究成果，增强研究的科学性、内容的丰富性和认识的多元性。费孝通先生的《江村经济》是社会学领域的代表之作，他主要通过对江浙农村的生活进行细致的观察和描写，使得中国20世纪

① 陈启能：《略论微观史学》，《史学理论研究》2002年第1期。

30年代的农村生活跃然纸上，且对当时社会的情况、矛盾有着深入的体现。这些都是我们应该吸收到教育史学研究中的。如果有可能我们可以重新走访当时的故地，重新感受当时的情景，根据现有的史料，重构当时的历史景象和当时的人物心理。这些细微的情节，常含有解读该文化的密码，通过再现细小事件和平常人物当时的状态，能够折射整个时代的发展特征。

3. 注重表述的历史性和文化性

微观史学家通常在著作的表述上采用情节性的叙事，它不是为了叙述而叙述，而是通过他们叙述的事件和人物揭示其社会与文化的内涵。他们认为，叙述是最好的方法，借此可以告诉读者研究假设和史料之间的冲突，使用通俗易懂的语言来表述，可以吸引读者的兴趣。因为“个体在阅读文本时都带有自身预设的假想，阅读文本的过程就是读者和文本、和文本的作者交流的过程，阅读者不是被动接受文本的思想，而是在主动建构知识”。我想在这方面费孝通先生的社会学著作《江村经济》可以为我们提供一个很好的范本。优秀的教育史著作不在于艰深晦涩，让人望而生畏，而是平实的语言表达和情节性的叙事分析。

（作者系华中师范大学教育史专业2008级博士研究生、深圳大学师范学院讲师）

文化形态史观对教育活动史研究的启示

申国昌　张明武

正值教育活动史研究处于学科反思与方法探新之际,众多研究人员力求跳出传统微观史学的窠臼而跃入宏观、整体与综合的新领域,深刻反思过去仅将主流文化、精英人物、官方制度作为主要研究对象,而忽略与之并存的非主流文化、中间群体、基层实践研究的弊端与不足,广泛吸纳与借鉴西方各种史学流派的研究方法,在反思之余形成了创建大教育史观的共识,以此来开拓教育活动史研究的新领域。在这种教育史学理论反思与重构的特定背景下,文化形态史观为教育活动史研究人员带来了新鲜空气,给教育活动史研究以更多的新启示。

一

文化形态史观发端于德国历史哲学家斯宾格勒,集大成于英国当代著名历史学家汤因比。文化形态史观是把文化(文明)作为一种具有高度自律的,同时具有生、长、盛、衰等发展阶段的有机体,倡导文化对等、多中心、多动因,主张多视角、多层面研究世界各种文化,通过比较各种文化的兴衰得失,从而去整体把握与宏观思考人类历史的发展历程。

文化形态史观的首创者斯宾格勒的代表作《西方的没落》,是对长期以来占西方独霸地位的"欧洲中心"论的反叛。他以生物进化论为科学依据，将文化看作是有机体，要经历生、长、盛、衰的发展变化过程。一种文化"有生就有灭，有青春就有老境，有生活一般地就有生活的形式和给予它的时限。"①每种文化都要遵循这样一个自然发展过程，他认为西方文化"中心论"是不成立的，将西方文化描述为"永恒真理"也是不现实的。他倡导打破"中心论"，建立文化多元历史形态评价体系。他运用整体的等值的、多元的历史观，去审视与评判世界历史文化，提出了等量齐观的八种文化：埃及文化、巴比伦文化、印度文化、中国文化、古典文化（古希腊罗马文化）、阿拉伯文化、墨西哥文化、西方文化。"这些文化都是动态存在着的个别世界，就其意义而言，它们在历史的一般景观中和古典文化一样重要，而就其精神之伟大与崛起之力量来说，它们还往往超过古典文化。"②这种观点充满了"历史面前一切文化一律平等的味道；它对于西欧中心论的观点，不失为一次重大的突破"③。这八种文化各具特色，每一种文化都各自循着自己的发展轨迹经历了初创、发展、兴盛与衰落的演变历程。在发展过程中，没有哪一种文化可被视作比其他文化更优越。《西方的没落》"显示了一种等价性、共时性与多样性的世界文化发展图景，在对世界各个独具个性的文化的相互比较中，寻求文化发展的规律"④。同时，斯宾格勒认为西方文化与其他七种文化一样，在经过前文化时期与文明时期三个阶段后，必然走向衰败与死亡。他奉劝欧洲史学家切勿仅以欧洲文化为中心去研究世界历史，而应以平等的态度对世界各种文化进行研究，因为世界历史就是各种文化形态的"集体传记"。

文化形态史观的集大成者——英国当代著名史学家汤因比，在其代表作《历史研究》中，在继承斯宾格勒的观点的基础上，创造性地发展了文化形态史观，将该史学流派推向一个新的高潮，使之成为一种思潮，对世界史学界产生了重大影响。汤因比的卓越贡献在于对人类历史发展的历程作了宏观、整体与综合的把握。"我试图把人类的历史视为一个整体，换言之，即从世界性的角度去看待它。"⑤他将文明看做历史研究的单位，他认为，人类发

① 斯宾格勒：《西方的没落》，商务印书馆 1963 年版，第 66 页。

② 同上书，第 18 页。

③ 何兆武、陈啟能：《当代西方史学理论》，上海社会科学院出版社 2003 年版，第 101 页。

④ 张广智：《西方文化形态史观的中国回应》，《复旦学报》2004 年第 1 期。

⑤ [英]汤因比：《历史研究》上册，上海人民出版社 1986 年版，第 10 页。

展的6000年历史上，曾出现过21个文明，之后又增加了玻里尼西亚文明、爱斯基摩文明、游牧文明、鄂图曼文明、斯巴达文明等“停滞发展的文明”，共26个文明，后来又增加到了37个。汤因比认为，各种文明好似几代人的生命延续，具有历史继承性，这些文明之间具有“亲属关系”，而且是“价值相等的”“平行同时代的”。关于文明的起源，汤因比不同意19世纪以来西方传统的种族论和环境论，强调文明的产生是对恶劣环境挑战而成功应战的结果，即文明起源于“挑战与应战”。第一代文明的起源，主要是对物质环境提出的各种挑战作出了成功的应战；第二、第三代文明的起源则大多是对人为环境挑战所做出的应战。不过汤因比认为挑战与应战不一定完全成正比例关系，有时挑战超出一定范围，应战就无以应对，因而挑战与应战应该是适度的，过度的挑战会使文明夭折。“足以发挥最大刺激能力的挑战是在中间的一个点上，这一点是在强度不足与强度过分之间的某一个地方。”①此外汤因比将文明分为起源、生长、衰落与解体四个阶段。他将文明生长的动力归结为那些富有创造能力的少数人的“自决能力”。这部分人通过退隐与复出来达到推动文明进步的目的。文明的衰落是由于“自决能力”的丧失，从而导致和谐状态受到破坏。同时由于少数创造性人物的骄傲，也会致使文明丧失。汤因比在论述大部分文明已走向解体的必然趋势时，他对西方文明尚存一线希望：“死去的那些文明，并不是命中注定的，也不是‘天生要死的’，所以我们的文明也不是必须同其他多数文明共命运的。”②最后，他还对未来作了预见与前瞻，将希望寄托在东方：“21世纪是东亚人的世纪，并非惊人之言。”③

由上可见，从斯宾格勒到汤因比，文化形态史观作为一种新的史学理论逐渐走向成熟，并以其富有批判与革新精神的显著特征，日益得到世界各国学者的关注，因此称之为史学上的“哥白尼革命”当之无愧。

二

文化形态史观不仅在西方学界产生了巨大影响，而且在中国史学领域也产生了强有力的回音。据王敦书先生考证，最早在中国介绍斯宾格勒及

① [英]汤因比：《历史研究》上册，上海人民出版社1986年版，第173页。

② 同上书，第15页。

③ [英]汤因比：《半个世界——中日历史与文化》，(台湾)枫城出版社1979年版，第15页。

文化形态史观的是李思纯，[①]他于1923年留法学成回国，任教于东南大学，当年在《学衡》上发表《论文化》一文全面介绍了《西方的没落》的观点，使中国学界及时了解了斯宾格勒及其文化形态史观。之后在中国宣传文化形态史观的学者是被称为“史学奇才”的张荫麟，他于1928年翻译了《西方的没落》的美译本，取名为《斯宾格勒之文化论》，并在《国闻周报》与《学衡》上发表。此外，作为《学衡》杂志主编的吴宓在介绍文化形态史观过程中，也是功不可没。他在《学衡》上经常发表关于文化形态史观方面的评论，他认为斯宾格勒代表了现代学术综合研究的精神及趋势。当汤因比的《历史研究》出版后，1936年张君劢在《明日之中国文化》一书中作了介绍，使国人对文化形态史观有了大概的了解。

文化形态史观真正在中国产生重大影响的要算是40年代的战国策派学术群体的崛起。1940—1941年，云集云南昆明的史学家林同济、雷海宗、陈铨等创办了《战国策》半月刊，之后又在重庆出版的《大公报》上开创《战国》副刊，先后发表了许多介绍文化形态史观的文章以及运用文化形态史观去研究中国历史的论文，使文化形态史观真正在中国生根发芽。林同济的《战国时代的重演》就是“运用文化形态史观，从世界文明共时态比较研究的视角出发，将当时的中国与世界都定位在‘战国时代’”[②]。战国策派学人中运用文化形态史观研究中国历史最成功的要算雷海宗，他将阐发文化形态史观的论文集结成《中国文化与中国兵》一书。他强调历史不是一元的，而是多元的，每个文化的历史形态是大致相同的。他运用文化形态史观去研究历史的杰出成就是《西洋文化史纲要》的出版，还提出中国文化“三周说”。

借鉴西方文化形态史观的又一个高潮是20世纪80年代以后，在中西文化交流频繁的新时代，斯宾格勒的《西方的没落》与汤因比的《历史研究》又重版发行。系统介绍文化形态史观及运用该史观研究历史的有刘家和、朱维铮、许冠三、张志刚等一大批当代著名学者与专家。文化形态史观已成为影响我国史学研究的一种最重要的理论，其研究方法与思维方式已深深地影响着我国的历史、文化、哲学及社会学的研究，该思潮已成为对我国影响至深的主潮之一，它将直接决定着我国史学研究的未来走向。

---

① 王敦书：《斯宾格勒的文化形态史观在华之最初传播》，《历史研究》2002年第4期。

② 张广智：《西方文化形态史观的中国回应》，《复旦学报》2004年第1期。

三

教育史作为史学的分支学科，同样可以借鉴文化形态史观的研究思路与方法。深入探究文化形态史观的内在本旨与精神实质，给我们教育活动史研究人员以诸多新启示，对当前加强教育史学科建设，拓宽研究视野，更新研究方法，从而建立“大教育史观”具有十分重要的现实意义。深入领会与分析文化形态史观的思想内涵，给教育活动史研究以如下启示。

启示之一：在教育活动史研究中，不仅要采用传统的研究方法，而且要吸收与借鉴西方文化形态史观的研究方法，开辟研究的新领域。学会从文化视角去观察与审视教育问题，将教育作为传播与传递文化的重要手段，教育思想也是社会文明的一个因子。任何一种教育都不会是永恒不变、永葆青春的，一种教育就是一个过程，就像斯宾格勒与汤因比所言的那样，好像是一个有机体，都要经历产生、发展、衰落与消亡的自然过程。因此我们研究教育史时，不能用停滞的僵死的眼光去看待某国教育或某种教育，而应用动态的眼光从去研究，找出其产生的根源、发展的动因、衰落与消亡的原因，从而达到“以史为鉴可知得失”的治史目的。

启示之二：文化形态史观反对将一种文化作为中心，而应当对世界存在着或存在过的各种文化均进行研究，打破“中心论”，倡导多元化。在教育活动史研究中，我们也要采取文化形态史观的多元价值观。第一，不能仅将欧美的教育作为外国教育活动史研究的重点。欧美教育目前固然发达，但其以后也难保永久发展的态势；况且其他国家与地区的教育也各具特色，也应作为研究的重点，诸如印度教育、非洲教育、中东教育、东南亚教育、南美教育等。第二，不能仅将汉族教育作为中国教育史的研究重点。而应当在重点研究汉族教育的同时，也要关注中国境内各少数民族的教育传统、教育观念、教育实践以及有代表性的教育家和著名学校，以开放的胸怀、兼容的态度和探索真理的精神，从多角度、多层面去研究中国各民族的教育史。第三，不能仅将主流文化的教育观作为教育思想史的主线。斯宾格勒认为，每一种文化都有各自的基本特征，人类历史本来就是各种文化的“集体传记”。在人类历史上存在着代表不同文化的基本象征的多元现象。[①] 在中国教育活动史研究中，我们既研究以儒学为主线的主流文化，也要研究以道家道教、佛学佛教、伊斯兰教、基督教等构成的非主流文化的教育观与教育实践

---

① 张广智：《西方史学史》，复旦大学出版社2003年版，第289页。

活动。这样才有可能勾画出一幅充满生机与活力的中外教育史图景。

启示之三：文化形态史观将历史看做一个整体，正像汤因比所说："我试图把人类的历史视为一个整体，换言之，即从世界性的角度去看待它。"①这就给教育活动史研究以新的启示：应当对人类教育发展的客观历程作整体与综合性考察。教育活动史研究要打破中国教育史与外国教育史的人为壁垒，突破狭隘的国别史界限，将中国教育史纳入世界教育史的研究视野之内。中国是世界不可分割的一员，特别是中国近现代教育史是在世界教育的大背景下在借鉴与学习中缓慢前进的，因此中国近现代教育史尤其要融于世界教育活动史研究之中，只有在世界教育史图景中才能找到中国近现代教育史的线索与脉络。同时，要善于在中外教育史整体研究中比较与把握中外教育成功与失败的经验、教训，进而取长补短，为当今教育改革提供可资借鉴的经验，这正是治史的宗旨所在。

启示之四：汤因比的"挑战与应战"的理论，为探究教育史上重大制度变革与思潮涌动的机理与动因提供了新启示。譬如，经历了两千年封建传统教育的中国，在20世纪中叶遇到欧美新教育模式的挑战，作了沉痛反思之后，为了应战西方发达教育的挑战，有识之士积极寻求振兴中华教育之良策，迫使近代中国教育步入近代化轨道。当然挑战要有一定的度，若挑战过强超过了应战者承受的限度，就会导致文明夭折。如北魏鲜卑文化教育原先有自己的民族文字与特有的教育方式，在受到中原文化教育的强大挑战和冲击后，无力应战，只好丧失本民族文化教育传统而完全被汉化。

启示之五：斯宾格勒倡导打破"古代—中古—近代"这个长期以来主宰着西方研究的思维模式，告诉我们教育活动史研究人员不要固守传统的教育史分期方法，切勿在教育史分期问题上模式化，摆脱传统研究中受制于政治与历史的做法。因为历史发展本身没有固定的模式可循，而且各国教育又有各国的特殊性，因国而异，不能采取千篇一律、一刀切的分期方法。尤其是中国教育活动史研究要改变过去按原始社会教育、奴隶社会教育、封建社会教育与半殖民地半封建教育分期去研究教育史的传统方法。或根据自然分期法，或根据思潮板块去研究中国教育史，这样有可能更贴近历史。

启示之六：文化形态史观倡导从宗教学、神话学、心理学等角度去探究推动历史发展的深层次文化动因与文化潜意识，这就为探寻教育史发展的内在动因提供了新的思考角度。过去研究教育史仅从经济、政治、社会变

① [英]汤因比：《历史研究》上册，上海人民出版社1986年版，第10页。

迁、人才需求、对外交流等方面去探索与思考发展动因，忽略了人的深层次、潜意识动因。文化形态史观给我们诸多启迪，引导教育活动史研究人员从古代神话、宗教信仰、民族心理、个人欲望等方面去多角度、深层次地挖掘教育思潮的起因、教育制度的发轫与教化实践的启动，从教育的主体——人的潜意识与心理冲动等视角去认识教育史发展的历程与走向，从而使教育活动史研究从显性因素的研究转向隐性动因的探寻。只有如此研究，才能再现生动活泼、充满生机的教育史画面。

当然，西方文化形态史观不可避免地存在着某些理论失误，诸如放弃了历史或文化合力问题的研究，割裂了精神动因与文化本质的联系，将文化灵魂归结为经验的神祇等。不过只要我们善于在批判中借鉴，扬弃中学习，就会从文化形态史观中汲取有利于教育活动史研究的新思路与新方法，进而为教育史学理论大花坛增添一株绚丽多彩的花。

（申国昌系华中师范大学教育学院教授，张明武于2010年获华中师范大学教育史专业博士学位）

四 教育活动史的研究对象与范围

《中国教育活动通史》的编写设想与编写大纲

周洪宇

一、编写设想

传统教育史研究对象主要是教育思想史与教育制度史，出版的教育通史也只有教育思想通史和教育制度通史，教育活动通史从未有人研究和出版，这是学术界与出版界的一大缺憾。因而，有必要编写和出版中国教育活动通史。

教育活动史是教育者与受教育者以各种方式参与教育过程并进行互动的历史，是影响人们的教育思想和教育制度发展过程的关键性因素。它既是教育思想史和教育制度史的起源，又是教育思想史和教育制度史存在的前提和基础，还是连接教育思想史和教育制度史的中介和桥梁。教育活动史与教育思想史、教育制度史构成一种倒三角关系，教育活动史是起源、前提和基础，教育思想史和教育制度史是派生物和结果。没有教育活动史，就没有教育思想史和教育制度史。三者相辅相成，缺一不可。因此，研究教育史，必须研究教育活动史。

教育活动史主要以人的教育活动的发展及演变历史为研究对象，重点研究人类历史上各种直接以促进人的有价值发展为目的的具体活动以及教育者与受教育者参与教育过程，进行互动的各种方式的发展、演变的历史。具体包括：分析教育史上教师、学生、教育行政管理人员等在教育过程中的内外部活动及其表现形式和特征，探索这些活动发生、发展的规律及作用；分析研究家庭教育活动、社会教育活动的内容、形式的演变历史及其规律等等。从而实现研究重心“下移”的目标，将研究的视线逐步向下移动和对外扩散，实现教育史学研究从精英向民众、从高层向基层、从经典向世俗、从中心向边缘的转移。

中国教育活动通史的特点主要有二：第一，着眼于整个教育活动过程的研究，重点研究教育历史上基层的、具体的、微观的、日常的、民间的教育活动，力求通过生动、形象的表达方式来展示丰富多彩的生动鲜活的教育活动史，从而实现对教育活动的原生态研究，以此来弥补原有研究的不足，从而形成教育思想通史、教育制度通史、教育活动通史三维一体的完整体系。第二，主要研究不同历史时期教育政策的制定过程、具体教育管理活动、各类学校办学行为、校长日常管理活动、学校日常教学活动、教师日常生活状态、学生日常学习与生活、学生课余活动、学潮学运活动、教育社团活动、科技普及活动、家庭家族教育活动、宗族宗派教育活动、社会教化活动、民间宗教教化活动、民风民俗教育活动、中外教育交流活动、教育家的海外传播及影响。

中国教育活动通史将对中国历史上的教育活动进行系统研究，从古至今，内容丰富，预计《中国教育活动通史》共分八卷，每卷约 35～40 万字，全套共计 300 万字左右。

全书由笔者主持。笔者曾对教育活动史作过一定的理论探讨，编写了《教育史学通论》《范式转换与学术新域——教育活动史研究引论》，出版过专著《文化与教育的双重历史变奏——周洪宇文化教育史论集》《开拓与创建——陶行知与中国现代文化》《陶行知生活教育学说》和《陶行知的四个世界》，主编或合作主编《陶行知研究在海外》(主编)、《陶行知教育学说》(副主编，1995 年获第一届教育部人文社会科学研究优秀成果一等奖)、《中国近现代教育思潮与流派》(共同主编，1998 年获第二届教育部人文社科研究优秀成果二等奖)、《中国近现代教育实验史》(共同主编)、《学位与研究生教育史》(主编，2006 年获第四届教育部人文社科研究优秀成果二等奖)，并主编过《中国教育传统与变革丛书》(10 册)和《教育史学研究新视野丛书》(10 册)等大型丛书，具有主编大型丛书的经验，有能力也有信心组织好丛书的编写工作。担任分卷主编的都是全国综合大学与师范大学的教授或博士生导师，参加编写的作者均是近年来在学术界崭露头角的中青年学者，他们来自全国各地的综合大学或师范大学，全部具有高级职称且获博士学位，大都出版过教育史学术专著，积累了丰富的研究经验。他们分别是：第一卷，曲阜师范大学教育科学学院广少奎教授；第二卷，河南大学教育学院赵国权教授；第三卷，厦门大学高等教育研究院张亚群教授；第四卷，湖北大学历史文化学院郭娅教授和聊城大学教育学院胡志坚教授；第五卷，华中师范大学教育学院申国昌教授；第六卷，山东师范大学教育学院李忠副教授；第七卷，华中师范大学教育学院周洪宇教授和湖北大学教育学院赵厚勰副教授；第八卷，华中师范大学教育学院但昭彬教授和福建师范大学教育学院涂怀京教授。

编写步骤：第一，2008 年 10 月，编写负责人在济南与山东教育出版社研究编写方案。第二，2009 年上半年召开第一次会议，即编写大纲讨论会，明确任务，具体分工，分头撰写。第三，2010 年底至 2011 年上半年完成初稿。第四，2011 年下半年召开统稿会，统一体例，规范表述，增删内容。第五，2012 年上半年主编审稿。第六，2012 年 8 月定稿并交出版社。

二、编写大纲

第一卷　先秦卷

第一章　人类早期教育活动

　第一节　传说中的人类早期教育活动

　第二节　石器时代的劳动教育活动

　第三节　氏族公社的礼俗教化活动

　第四节　父系社会的准学校教育活动

第二章　文教政策的形成及其实施过程

　第一节　夏商周文教政策的形成及其实施过程

　第二节　春秋战国文教政策的形成及其实施过程

第三章　夏商周官学教育活动

　第一节　夏朝官学日常教育活动

　第二节　商朝官学日常教育活动

　第三节　西周官学日常管理活动

　第四节　西周官学日常教学活动

　第五节　西周宫廷日常教育活动

第四章　春秋战国官学教育活动

　第一节　官学日常管理活动

第二卷　秦汉魏晋南北朝卷

第三章 私学教育活动
 第一节 私学日常管理活动
 第二节 私学大师讲学活动
 第三节 私学学生学习活动
 第四节 私学师生日常生活、心理状况及相互关系
第四章 家族教育活动
 第一节 文化世家教育活动
 第二节 名门望族教育活动
 第三节 历代皇子教育活动
 第四节 家庭启蒙教育活动
 第五节 家庭礼仪教育活动
 第六节 家庭女子教育活动
第五章 社会教育活动
 第一节 民间风俗教育活动
 第二节 民间传艺授徒活动
 第三节 民间道教教育活动
 第四节 民间佛教教育活动
第六章 少数民族教育活动
 第一节 北方少数民族教育活动
 第二节 南方少数民族教育活动

第三卷 隋唐五代十国卷

第一章 文教政策形成及其实施过程
 第一节 隋朝文教政策的形成及其实施过程
 第二节 唐朝文教政策的形成及其实施过程
 第三节 五代十国文教政策形成及其实施过程
第二章 官学教育活动
 第一节 国子监的日常管理活动
 第二节 国子监的日常教学活动
 第三节 国子监学生的学习活动
 第四节 国子监学业成绩考查活动
 第五节 国子监师生日常生活、心理状况及相互关系
 第六节 太学的日常管理活动
 第七节 太学的日常教学活动

第四卷　宋辽西夏金元卷

第一节　宋代文教政策的形成及其实施过程
第二节　辽代文教政策的形成及其实施过程
第三节　西夏文教政策的形成及其实施过程
第四节　金代文教政策的形成及其实施过程
第五节　元代文教政策的形成及其实施过程

第二章　官学教育活动
第一节　官学的日常管理活动
第二节　官学教师选拔任用活动
第三节　官学教法改革活动
第四节　官学的日常教学活动
第五节　官学的教学组织形式
第六节　官学学生的学习与生活
第七节　官学的学业考核活动
第八节　官学师生日常生活、心理状况相互关系
第九节　地方官学教学与管理活动
第十节　生员的科举考试活动

第三章　书院日常活动
第一节　理学家的教育活动
第二节　书院日常管理活动
第三节　书院日常教学活动
第四节　书院学生日常生活
第五节　书院学术交流活动
第六节　书院师生日常生活、心理状况互动活动
第七节　书院经费筹措与管理活动

第四章　家庭教育活动
第一节　家学传统教育活动
第二节　文化世家教育活动
第三节　家庭启蒙教育活动
第四节　家庭礼仪教育活动
第五节　家庭女子教育活动

第五章　社会教育活动
第一节　民风民俗教育活动
第二节　乡约规范教育活动

第五卷　明清卷

第六节　地方官学后勤服务活动

第七节　社学日常教育活动

第四章　私学教育活动

第一节　书院管理活动

第二节　书院讲学活动

第三节　书院学习活动

第四节　书院研究活动

第五节　书院筹款活动

第六节　私塾教学活动

第七节　私塾师生日常生活、心理状况及相互关系

第八节　私塾考核活动

第五章　家庭教育活动

第一节　皇子教育活动

第二节　家学教育活动

第三节　族学教育活动

第四节　家庭启蒙教育活动

第五节　家庭礼仪教育活动

第六节　家庭女子教育活动

第六章　社会教育活动

第一节　民风民俗教育活动

第二节　乡规民约教育活动

第三节　民间传艺授徒活动

第四节　民间宗教教育活动

第五节　中外民间教育交流

第七章　少数民族教育活动

第一节　蒙古族教育活动

第二节　回族教育活动

第三节　藏族教育活动

第四节　维吾尔族教育活动

第五节　壮族教育活动

第六节　其他少数民族教育活动

第八章　留学生教育活动

第一节　俄罗斯留学生在华教育活动

第六卷　晚清卷

第一节　蒙古族教育活动
第二节　回族教育活动
第三节　藏族教育活动
第四节　维吾尔族教育活动
第五节　壮族教育活动
第六节　其他少数民族教育活动
第七章　游学教育活动
第一节　留美幼童的管理活动
第二节　留美幼童的学习生活
第三节　留欧学生学习与生活
第四节　留日学生学习与社会活动
第五节　庚款留美学生日常生活
第六节　官员出国考察学务活动
第八章　其他教育活动
第一节　商人捐资兴学活动
第二节　民间社团办学活动
第三节　农民起义军教育活动
第四节　华侨捐资兴学活动

第七卷　民国卷

第一章　教育政策的形成及其实施过程
第一节　中华民国临时政府教育政策的形成及其实施过程
第二节　北洋军阀政府教育政策的改变及其实施过程
第三节　南京国民政府教育政策的形成及其实施过程
第四节　中共革命根据地教育政策的形成及其实施过程
第五节　日伪沦陷区奴化教育政策的形成及其实施过程
第二章　公立学校教育活动
第一节　教育行政管理活动
第二节　各级学校教育管理活动
第三节　中小学日常教学活动
第四节　中小学教师日常生活
第五节　中小学学生学习活动
第六节　中小学学生日常生活
第七节　中小学学生课余活动

第六节　幼儿教育实验活动
第七节　师范教育实验活动
第八节　职业教育实验活动
第九节　中外教育交流活动
第十节　华人华侨教育活动

第八卷　中华人民共和国卷

第一章　新中国教育政策的形成及其实施过程
第一节　50年代初期教育政策的形成过程
第二节　50年代中期至60年代教育政策调整过程
第三节　十年"文革"期间教育政策的形成及其实施过程
第四节　80年代后期至90年代教育政策的重大调整
第五节　21世纪以来教育政策的新变化
第二章　学前教育活动
第一节　幼儿园教育管理活动
第二节　幼儿园日常教学活动
第三节　幼儿园教师日常生活
第四节　幼儿园学生日常生活
第五节　幼儿园卫生保健活动
第六节　幼儿园师生互动活动
第七节　幼儿园师生心理状况
第三章　中小学校教育活动
第一节　中小学校教育管理活动
第二节　中小学校日常教学状况
第三节　中小学教师日常生活
第四节　中小学学生学习生活
第五节　中小学学生日常活动
第六节　中小学师生互动活动
第七节　中小学师生心理状况
第八节　中小学课余活动
第九节　中小学学业考核活动
第九节　工农速成学校的教学实况
第四章　高等学校教育活动
第一节　高等学校院系调整活动

第七节　职业院校师生互动活动
第八节　职业院校师生心理状况
第七章　民办教育活动
第一节　民办学校教育管理活动
第二节　民办学校经费筹集活动
第三节　民办学校招生录取活动
第四节　民办中小学日常教学活动
第五节　民办中小学教师日常生活
第六节　民办中小学学生学习活动
第七节　民办中小学学生课余活动
第八节　民办大学日常管理活动
第九节　民办大学教师教学活动
第十节　民办大学教师日常生活
第十一节　民办大学学生学习活动
第十二节　民办大学学生日常生活
第十三节　民办大学学生课余活动
第十四节　民办大学学业考核活动
第十五节　民办大学师生互动活动
第十六节　民办大学师生心理状况
第八章　留学教育活动
第一节　留学教育的重新活跃
第二节　留美教育活动
第三节　留英教育活动
第四节　留法教育活动
第五节　留德教育活动
第六节　留日教育活动
第七节　外国留学生在华教育活动
第九章　家庭教育活动
第一节　家学传统教育活动
第二节　家庭启蒙教育活动
第三节　家庭礼仪教育活动
第四节　家庭女子教育活动
第十章　社会教育活动

（作者系华中师范大学教育学院教授、博士生导师）

关于中国教育活动史研究的几点思考

广少奎　刘京京

2009年10月，第三届“两岸四地教育史研究论坛”在北京师范大学召开。来自全国各校的百余名同仁以“视野下移中的教育史研究”为题，就教育史研究如何深入推进等问题展开了热烈的讨论。会议中的另一项活动，就是讨论《中国教育活动通史》研究的必要性与可行性。与会者详细讨论了研究提纲，将该研究分为八卷、200余章，共计300余万字，研究时限3—4年。如此宏大的研究计划，无疑既需要加强沟通，更需要众多专家的参与。故此，与会者讨论成立了八个研究小组，每组负责一卷的研究和撰写；确定了每组的负责人和各组之间的总协调人，决定会后邀请更多学者共同参加；还确定了全书的出版、印刷等事宜。此次会议，标志着教育活动史研究的正式启动。

笔者不才，忝列研究者行列，且被确定为第一研究小组的负责人和第一卷(先秦卷)的主编。会议结束以后，笔者即着手编写和确定第一卷的详细研究提纲，并邀集我校教育科学学院、历史文化学院等单位的相关学者，共同致力于该卷的研究和撰述。笔者认为，《中国教育活动通史》的研究，既是一项填补教育史学术空白的工作，也是当前社会变革的新形势对教育史研究提出的一大要求，符合本次年会“社会变革中的教育史研究”之主题。为进一步明晰研究的相关问题，笔者借此次年会之机，将半年多以来的思考和建议提出来，希望能得到学界方家的指点和帮助，并希望能够引起各研究小组同仁的关注和讨论。

一、为何做：中国教育活动史研究的意义

关于开展《中国教育活动通史》研究的意义，即研究的必要性和重要性，在“研究论坛”分组会议上，与会专家已有过讨论；周洪宇在《对教育史学若干基本问题的看法》(《河北师范大学学报》2009 年第 1 期)一文中，对此也已有若干阐述；而且，周洪宇、申国昌在为该次“教育史研究论坛”提交的论文《教育活动史：视野下移的学术实践》中，对这一问题阐述得更是较为详尽。笔者综合各方面的观点，结合自身的思考，认为该研究的意义至少表现为如下几方面：

（一）有助于展示教育史的生动面貌

探寻历史的具体场景，展示历史的生动面貌，是研究历史的不懈追求，也是研究者的重大使命。既然教育活动史研究被定位于“主要以历史上感性的、实在的、具体的教育活动的发展及演变历史为研究对象，重点研究人类历史上各种直接以促进人的有价值发展为目的的具体活动，以及教育者与受教育者参与教育过程、进行互动的各种方式的发展、演变的历史”；①而且，既然教育活动史研究的着力点被集中于日常教育、基层教育、民间教育、世俗教育，不再过于关注精英人物的教育思想，也不再过于阐述显性的、高层的、宏观的教育制度，而是力图在相当程度上实现教育史研究从精英向民众、从高层向基层、从中心向边缘、从经典向世俗的转变，那么，可以相信，该研究对于复现教育史的具体场景、展示教育史的生动面貌应该会有所助益。

（二）有助于更新教育史的研究视角

更新教育史的研究视角，使研究和撰述更加鲜活、生动、具体、形象，回归教育史的生活化、场景化、生成性、过程性特质，应该成为当前教育史研究的一大努力方向。在此方面，教育活动史研究可被视为一种有益的尝试。正如课题主持者所明确倡导的，该研究将把关注的眼光更多地转向基层，探悉历史上教育、教学中的具体问题、微观问题、实际问题和日常问题，通过分析实际教育活动中微观的教育史料，来探讨当时的教学实况；将把探寻的兴

---

① 周洪宇：《对教育史学若干基本问题的看法》，《河北师范大学学报》(教育科学版)2009 年第 1 期。

趣较多地集中于民间和社会，着重揭示大众在教育活动中的思想反映、求知心理、获知状况，特别注意挖掘长期以来为人所忽视的非正规教育。[①] 果能如此，教育史的研究视域也就不再局限于“宏大叙事”“重大场景”，而是更多地投向生活化、细节化的教育史实，从而使教育史呈现出一种较新的研究视角。

（三）有助于顺应新史学的理论转向

所谓新史学，一是指20世纪初开始萌动、五六十年代迅速发展起来的旨在反对以兰克为代表的传统史学的史学新潮流，二是指近几十年来世界范围内的这种潮流的更新与变化。作为从反对“兰克模式”发展起来的史学理论，它极力强调如下理念：（1）扩展研究和关注的内容；（2）注意采用跨学科的研究方法；（3）强调史学家研究的主体意识；（4）注重历史与现实的联系。[②] 在当前学术研究领域，《中国教育活动通史》无疑是一项规模较大的研究工程。八卷本的著述篇幅，将使论述的范围有可能扩展至以往教育史未曾论及的广阔领域；力量较强的研究队伍，也有可能促成学术关注点向基层、民间的方向转变。此外，注意彰显研究者的主体意识、问题意识，注重各种史料的鉴别、整理和分析，运用统计方法、比较方法、叙事方法、博弈分析方法、心理史学方法，以及在可能的情况下运用口述史学的方法，也是教育活动史研究一直强调的基本思路。笔者认为，如能将这些思路贯彻下去，就能较好地顺应史学研究理论的新变化，进而使教育史呈现出较新的撰述面貌。

（四）有助于构筑教育史的完整框架

教育活动史是独立于教育思想史、教育制度史的专门内容，三者一起构成教育历史的完整图景。三者之间的关系，应该是既相互补充、相对独立，又相互联系、相互沟通的。具体来说，一方面，教育活动史不能成为教育思想史、教育制度史既有成果的简单移植、直接叙述，而是作为教育思想史、教育制度史的实践起源、实际土壤、实施渠道和史实基础。故此，教育活动史研究既应特别坚持视野下移、扎根基层，又须包容教育思想史、教育制度史未曾涉及的许多内容。另一方面，教育活动史既不能无视，也不宜刻意避免

---

① 周洪宇、申国昌：《教育活动史：视野下移的学术实践》，《教育研究》2010年第10期。

② 参见傅林《20世纪西方新史学范式对外国教育史研究的启示》，《教育研究》2003年第11期。

涉及教育思想史和教育制度史,因为二者与教育活动史的关系甚为紧密,很难割裂。故此,教育活动史研究除要致力于自己独有的内容外,还应该注意揭示各种教育思想(包括影响较小的、非主流的教育思想)的原始意蕴、生成过程和实际影响,昭示教育制度(尤其是微观的教学制度、教育管理规定、学生行为规范等等)的出台背景、运行状况和基本走向。即是说,当教育活动史与教育思想史、教育制度史有所关涉时,既不是照搬文本,也决非重新编排,而是从活动中去透视制度、分析思想,揭示其具体的、基层的、实际的状况。概言之,教育活动史与教育思想史、教育制度史既有重大区别,也有密切联系;只有三者并重,才能构筑起教育史研究的完整框架。

(五) 有助于增强教育史的阅读趣味

英国当代著名教育史专家理查德·奥尔德里奇将教育史学研究的宗旨定位在要适合大众的需要、成为普及的内容。究其实,教育史学研究视线的下移是多方位的,不仅要求研究对象由精英转向民众,还应当使其撰述合乎大众的欣赏水平和阅读能力。教育史研究通俗化,决不意味着教育史研究庸俗化,而是在取材范围、表述形式和呈现方式上要力求生动活泼,成为民众喜闻乐见的一种新史学。在取材范围上,既然教育活动史立意主要从日常教育、基层教育、民间教育中选取材料,因而其研究结果能更贴近于民众的日常生活,这对于增强教育史的阅读趣味应该有所助益;在表述形式上,该研究将尽力避免使用深奥、晦涩、专业化的语言,并且力避大段地、直接地引用史料,以免使教育史成为少数人才能阅读的著作;在呈现方式上,《中国教育活动通史》将在各卷中增添较大数量的图片、图表和实物影像资料,并辅以说明性的文字,以增强教育史著作的直观性。笔者相信,通过这些做法,既有可能扩大教育史的读者范围,也有助于增强教育史的可读性、生动性和益智性。

二、做什么:对中国教育活动史研究内容思考

以上所述的研究"意义",是笔者在综合材料和自身思考的基础上提出的个人观点。笔者认为,这可以视为对于教育活动史研究的未来展望和希望。当然,这些希望是否在多大程度上能够变为现实,还有赖于课题组同仁的努力程度。同时,上述"意义"有些也可被视为研究的建议和目标,视为今后工作大致的立足点和着眼点。

笔者认为,在明确了"为何做"之后,还要进一步明确"做什么",即要对研究内容有清晰的把握和认识,才能使研究更有效地开展下去。在此方面,

课题主持人已有非常明确的表述。如周洪宇在《对教育史学若干基本问题的看法》一文中主张，教育活动史应该分析教育史上教师、学生、教育行政管理人员等在教育过程中的内外部活动及其表现形式和特征，探索这些活动发生、发展的规律及作用；分析研究家庭教育活动、社会教育活动的内容、形式的演变历史及其规律等等；主要研究各类教育行为史、各类学校办学史、各种教学史、教师活动史、校长活动史、家庭教育史、社会教育史、民间教育史、教育社团活动史、科技教育活动史、宗教教育活动史、文化教育传播史、海外教育活动史等等。周洪宇、申国昌在《教育活动史：视野下移的学术实践》中则进一步阐述说，教育活动史就横向而言应该探究历史上教育教学的日常活动，包括教学实况展示、教师生活状况、学生学习状况、校长治校活动等微观的教育情节；探究历史上家庭家族的教育活动，包括家庭发蒙活动、家庭品行教育、家法惩戒活动等一般的教育场景；探究历史上社会教化活动，包括乡规民约教育活动、宗教礼仪教育活动、民风民俗传承活动等；就纵向而言则应分为先秦、秦汉至南北朝、隋唐、宋元等八个部分。

笔者对此甚为赞同，但还想作进一步的补充。现提出以下三点针对研究内容的思考，希望能对教育活动史研究的顺利进行有所助益。

（一）整体与阶段相结合

《中国教育活动通史》是一套涵盖时间长、关注视野宽、涉及内容多的专史类著作。作为一项系统的研究项目，《中国教育活动通史》既要求从各级各类教育活动的角度全面地、系统地反映历史，又要求各卷的编、章之间要有一定的联系，有大体一致的撰述体例、视野和框架，要能够反映出教育历史较为鲜明的发展线索和演变脉络。笔者认为，此即系统研究的会通性、整体性的特征和要求。但是很显然，以上所述的各种研究内容，并非在教育活动之发展的每个历史分期中都具有、都存在，而是呈现出有些内容在此一时期尚付阙如、下一时期却蓬勃发展，或者此一时期一枝独秀、下一时期则难以为继的现象，从而造成有些内容能够梳理出清晰的演变线索，有些则不能的状况。笔者以为，此即系统研究的分期性、阶段性特征。历史研究所必需的真实性、客观性和准确性，要求我们应该在尊重历史的前提下反映历史、梳理历史、分析历史。因此，在整体框架的指导下尊重不同时期的阶段性特征，即整体性与阶段性相结合，是我们把握如上纷繁内容的一大要求。

（二）叙述与分析相结合

挖掘史证、引用史料、叙述史实、爬梳史籍，是教育史研究自身的独有特色。也许正因如此，教育史学常常被他人目为面向“故纸堆”的学科，讥为与现实相脱离的教育“死学”，批评教育史研究分析不足、论述不力、理论不强。毫无疑问，改变这一观感的唯一途径，就是必须加强教育史研究的分析力度，提升教育史撰述的理论水平。事实上，在新史学理念的影响下，主张彰显研究者的主体意识，强调带着对现实问题的关注去研究历史，主张将叙事方法、博弈分析方法、心理史学方法、口述史学方法等等引入教育史研究，是近些年来教育史学界的一致呼声，并且也促成了一批新研究成果的问世。只是目前与现实问题的关涉度似乎尚嫌不足，各种新理论、新方法的运用也不够广泛。有鉴于此，注重叙述与分析的密切结合，注重揭示历史与现实问题的关系，尤其是注意采用新的理论框架和分析工具，应该成为撰述教育活动史时处理研究内容的又一要求。《中国教育制度通史》之“总序”云：“教育制度史的研究方法，显然不应该仅仅将史籍中的一些材料归纳转述成现代语言，也不应该是依据现代的教育体系去构造历史。……我们所要做的，是科学、客观地去审视材料，以保证在材料的取舍上不致产生偏差；同时，我们也需要作为一个思想的代理人进入到史料本身，以深察制度提出者的思想的逻辑和内涵，保证我们对其实际意图的理解不致错误，从而有助于丰富我们的头脑，增长我们的智慧。”笔者认为，这段话虽是就教育制度而言的，对于我们如何对待教育活动史的研究内容也同样有效。

（三）文字与图片相结合

笔者认为，《中国教育活动通史》可能呈现出的一个重要特色，就是在各卷中增添较大数量的图片、图表和文物影像资料。这样做不仅仅是为了增强论著的阅读趣味和直观感受，而且它们本身也应被视为教育史的一大内容，甚至说，图片和影像在一定程度上即可以展示出一部教育发展的历史。事实上，许多用文字难以说清或者需用很多文字才能说清的东西，常常用图片或影像就能使人一目了然，能够让人产生身临其境之感，并能引发人的感受和思考。即是说，图片、影像在教育史论著中决非可有可无的东西；恰当地选用它们，可收到形象生动、事半功倍的效果。因此，文字叙述和分析与图像的表述和说明相结合，应成为对待教育活动史研究内容时的又要考虑的一大问题。

三、如何做：对中国教育活动史研究的方法建议

《中国教育活动通史》的研究和撰述是一项具有相当难度和挑战性的工作，这不仅是因为此类研究前无先例，难免使人生出罕有参照的茫然之感；也不仅是因为该研究与现有的教育思想通史、教育制度通史既要有所区别，

又要注重联系，而此种关系又实难把握；还因为目前对于"活动""实践""教育活动""教育实践"等关键词的内涵与外延还见仁见智、观点不一，从而给研究的实际操作带来困难。这可能是众专家对教育活动史研究有所担心、有所质疑乃至有所争议的焦点所在，也是研究后续工作中必然遇到的重大难题。为使该研究能够较为顺利地进行，现提出以下几点方法性的建议：

（一）遵循一个原则

所谓遵循一个原则，就是要遵循"依靠事实和史实说话"的原则。众所周知，教育史研究需要遵循一些基本的原则，如辩证唯物主义原则、历史唯物主义原则、具体问题具体分析原则、问题决定方法原则等等。这些原则是所有研究都须遵循的，教育活动史也不能例外。但是，既然教育活动史研究希望再现教育活动历史的生活化、场景化、生成性、过程性特质，并且立意主要从日常教育、基层教育、民间教育中搜取材料，主张深挖基层、民间和其他文字载体中的史料，那么历史事件的佐证、历史言论的辨析和历史行为的确证，相关史料的鉴别、整理和分析也就显得尤其重要。因而就这一研究而言，最为关键和极端重要的就是要遵循"依靠事实和史实说话"的原则。

（二）依托两种模式

所谓依托两种模式，即是对于较为重要和完整的教育活动，可以依托以下两种模式进行再现和分析：一是"背景—过程—结果—影响"模式，笔者将其简称为"BPRI"模式，即英文"Background—Process—Result—Influence"之缩写；二是"如何—为何—是谁—什么—哪些—哪里—何时"模式，笔者将其简称为"H6W"模式，即英文"How—Why—Who—What—Which—Where—When"之缩写。前一模式较为宏观，着眼于史实完整的、线性的流程，可用以从纵向上再现、梳理和反映影响较大的事件、主张和行为；后一模式较为微观，立足于构成活动的七类因子，可用于从横向上对更为具体、基层的教育活动进行条分缕析。笔者认为，前述教育活动史的研究内容尽管林林总总，但依托以上两种模式，就完全有可能将许多内容再现清楚、分析透彻。

（三）把握三大要素

在上述两种模式中，无论是"模式一"中的四类因素，还是"模式二"中的七类因子，都只是对具体的、历史的教育活动进行深入分析时的基本着眼点和切入点，而不是对教育活动进行宏观统摄时的分析框架。因而在上述基础上，还应依托包容量更大的分析模式，才能将教育活动的历史反映清楚。笔者认为，在此方面，应该尽力做到"把握三大要素"。所谓把握三大要素，即是要从“主体、行为、线路”和“事实、程序、价值”等两类不同的三种要素之组合入手，对不同层次的教育活动进行辨别和确认，并据此加以反映、分析和立论。“主体、行为、线路”所能揭示的是教育活动的主体、内容和方法，适合对教育活动进行史实性的、本体性的反映；“事实、程序、价值”所能揭示的则是教育活动的实况、进程和影响，适合对教育活动进行整体性的、历时性的评价。质言之，“教育活动”所指涉、包含的是教育者和（或）受教育者说了什么、做了什么，以及（或者）发生了什么事情，经历了什么事件，产生了什么影响。笔者以为，只要把握住三大要素的不同组合，并注意对它们进行动态的、生活的、场景的分析，就能够既使得教育活动史研究强调主体转换、注重行为和过程的宗旨和追求有望实现，又能够避免袭用教育思想史、教育制度史的已有框架，从而始终坚守自己的独有论域。

（四）凸显四点特色

如前所述，教育活动史研究具有相当大的挑战性，需要不断总结经验，探索改进。要使《中国教育活动通史》的研究和撰述有所突破，呈现出较为新颖的学术面貌，就应该及早地找准工作的着眼点和着力点；即是说，在研究过程中，应该围绕几个方向集中用力，层层推进，步步深入。笔者认为，该研究应该至少致力于以下方向，力求体现出如下几点特色：

1. 图文并茂，以文为主，凸显撰述趣味性

图文并茂，增强可读性，是教育活动史研究要追求和体现的一大特色，这在前文已有阐述。然在笔者看来，“图文并茂”并非“图文并重”，更不是“以图代文”。究其实，各类图片、影像等固然重要，但它们只能作为文字必要的、有益的补充，而不能喧宾夺主，取代或省略文字的表述分析；即便是所选定的图片和影像，也须以文字做出解释、解读和说明。概言之，笔者所认定的图文并茂，是图应精选、文要平白，以图辅文、以文明图；所认定的趣味性则须通过图、文和关注范围的相互合作而达成。如果为追求论著的直观性和愉悦性而将教育活动史表述成历史的“连环画”，那不仅无助于学术进步，反倒消解了历史研究的严肃性。

2. 史料多元，合以正史，凸显资料多样性

注重从日常教育、民间教育和其他文字载体中选取史料，以实现研究视野的下移，是教育活动史所要体现的又一特色。这一特色无疑需要大力倡扬。然而笔者担心，一方面，教育历史独有的过往性和史实记载突出的官方性特征，决定了这些民间史料恐非轻易能够获得，甚至会阙如而无求。时间越是久远，这种现象就越明显。另一方面，“上穷碧落下黄泉”之后得到的此

类史料，虽可能比官方史料更真实、生动、具体和生活化，但也难免会有偏于一隅、道听途说、只言片语、言辞过激等等弊端。因此，在尽力挖掘和利用民间史料的基础上，应该参合正规、全面、系统的官方史料，才能既实现史实互参，又求得史料多元。如果过于依托民间史料，不以官方史料弥补罅漏，就会因民间史料残缺不足而极易出现历史"拼凑图"的倾向，那不仅无助于教育活动史的贴近真实，反倒离析了学术研究的严谨性。

3. 再现场景，揭明意义，凸显历史生成性

笔者认为，教育活动史研究所要追求的又一特色，就是希望通过各种史料的深度发掘，力求再现历史的生动场景。这一特色也无疑值得肯定。但在笔者看来，除依托史料再现场景外，还需对史实加以解读、分析，揭明活动意义，梳理历史脉络，反映演变轨迹。可以说，后者不仅能折射出研究者的理论水平，更是教育史学的真正魅力之所在。有鉴于此，教育活动史研究就不能停留在挖掘史料、再现史实上，而应该在史料加工上下功夫，尽力将历史生生不息、历久弥新的特色揭示清楚、反映出来。如果止步于史实的叙述和罗列，就有将教育活动史演变成历史"流水账"的危险。那不仅无助于提升教育史学的生命力，反倒冲淡了学术研究的严密性。

4. 视野宽阔，注重统摄，凸显研究系统性

笔者以为，研究教育活动的发展历史，既是社会变革对教育史研究提出的新课题，更是新史学理念影响下的产物。正是在这种背景的影响下，学者们撰文指出，应该加强教育历史日常问题的研究，视野下移、史料多元、关注民间、论域具体，并萌发了研究中国教育活动史的计划。[①] 应该说，作为长期被学界忽视的一大研究对象和领域，教育活动史确需集中力量、联合攻关，但这既有很强的挑战性，也有很大的危险性。关于挑战性，上文已有不少阐述，兹不赘言；关于危险性，笔者认为主要表现在如下两端：一是有可能"泛化"教育史的关注论域，将本不属于教育活动史的内容勉强列入，使得撰述不堪其累；二是有可能"碎化"教育史的研究对象，将琐屑、零散、片断的教育活动内容引述进来，使得撰述缺乏主线。有鉴于此，笔者认为，在研究过程中，应在整体理念和框架的指导下，既注意视野宽阔，又注重内容取舍，才能将教育活动的发展历史梳理和反映清楚。如果不注意框架的统摄，就有使

① 参见周洪宇、申国昌《新世纪中国教育史发展趋势》，《华东师范大学学报》（教育科学版）2007 年第 3 期；申国昌、周洪宇：《全球化视野下的教育史新走向》，《教育研究》2009 年第 3 期。

教育活动史撰述陷入“繁琐化”的危险。那不仅无助于凸显思维的系统性，反倒解构了学术研究的严整性。

（作者广少奎于2005年获华中师范大学教育史专业博士学位，现为曲阜师范大学教育科学学院副教授；刘京京为曲阜师范大学教育科学学院2009级硕士研究生）

魏晋南北朝琅邪王氏家族书法教育管窥

黄宝权

受动荡时局的影响,"魏晋南北朝时期的学校教育,总的形势是官学时兴时废,似断又续。这个时期教育事业的延续主要是依靠私学、家学,而不是官学"①。家学作为私学的一种类型,其主要特点是在家庭内部世代相传一种知识和技艺。"自汉代学校制度废弛,博士传授风气止息以后,学术中心移于家族。"②琅邪王氏家族中的书法教育也沿袭了这一轨迹,主要是通过家学教育来培养书法人才。该家族普遍重视书法教育,培养出了王羲之、王献之等众多杰出的书法人才,奠定了其家族在魏晋南北朝乃至在中国书法史上的地位。魏晋时代,上自帝王将相,下至黎民百姓,皆喜好书法,这构成了整个时代的特征。史载,曹魏之时,文士晕蒸,书家鳞萃。两晋书法亦"书以晋人为盛。晋之书,犹唐之诗、宋之词、元之曲,皆所谓一代风尚也"。③ 北朝碑志书法,绚烂错变,无体不备。即便是国势不振的南朝,其书法也是盛

---

① 孙培青:《中国教育史》,华东师范大学出版社 2006 年版,第 127 页。

② 陈寅恪:《隋唐制度渊源略论稿》,中华书局 1963 年版,第 41 页。

③ 马宗霍:《书林藻鉴》,文物出版社 1984 年版,第 47 页。

极一时。所谓“上自天子，下至庶民，互相淘淬，浸成风俗”[①]，这说明，书法在当时不仅是一门艺术，同时，它的普及又成为一种独特的社会文化现象。

文艺复兴时期的意大利美迪奇家族以其家族对艺术教育的突出贡献而被世界所铭记，该家族的艺术教育呈现出与琅邪王氏家族截然不同的风格。那么，书法艺术在当时缘何能成为琅邪王氏家族及时人的“最爱”？它与美迪奇家族的艺术教育又存在怎样的异同呢？这即是本文所要探讨的问题。

一、魏晋南北朝书法教育繁荣兴盛的社会因素

（一）书法本身价值和社会价值的推动

书法是以文字为基础和载体的，无论士农工商都需要学习。除了参与者的广泛性，书法还与人类的精神生活密切相关。人们通过书法的学习，可以陶冶情操，修身养性，获得自身心灵的满足和愉悦。由于当时士人很讲究往来的尺牍书法，尺牍书法被视为人之脸面，并成为人们品鉴欣赏的艺术品。表明当时人们重视书法不仅仅是它能满足平时交流的需要，时人还将书法视为门面和一己文化的象征，它在当时代表着一个人的整体外在形象，同时也是一个家族的外在符号象征。所以世家大族都很注重书法教育，这是书法本身所具有的价值所在。

然而，书法在士族中间得以兴盛，本质原因是因为书法在士族社会与家族文化中扮演了重要的角色，具有特有的社会价值。魏晋之前，书法还基本上是社会底层的职业，很少能得到上层人们的关注。然而从魏晋开始，特别是随着哲学思想、物质条件和书艺技法的变异与革新，书法艺术的地位发生了很大的变化，不断受到人们的重视，一些家族以书法为“家业”“家学”，其中最具代表性的当推琅邪王氏家族。[②] 世家大族纷纷借助于文化艺术来巩固和扩大自己的特权，由此形成了众多的书法世家，如东晋时期出现了所谓的“八王”“三谢”“六郡”“四庾”等，他们引领着当时的书法潮流，把持了书法品评的话语权。从此，社会上有崇高地位与威望的高门士族纷纷跻身书家队伍，书法的重心转入到社会的上层，并日渐占据社会的主导地位。从此，书法成为上层文化的组成部分，不但摆脱了“雕虫小技”的地位，反而成为一个人审美情趣、文化品位的象征。这样，书法既能满足个人的审美需要，又能建立个人文化形象，提高自己的社会地位，从而具有了超脱于艺术之上的

---

① 颜之推：《颜氏家训·杂艺》，辽宁教育出版社2001年版，第61页。

② 姚晓菲、吴玉霞：《琅邪王氏书法艺术论》，《新疆艺术学院学报》2010年第6期。

社会价值。[①] 此外,一些中下层士人为了跻身社会上层和改变自身的命运,也往往注重文艺方面的修养,书法成为一条必要的进身之阶和仕途的敲门砖,这也是书法社会价值的体现。

(二) 社会对善书者的重视

正因为书法在士人社会中扮演着十分重要的角色,有着较高的地位和价值,魏晋南北朝时期出现了许多对善书者的重视情况,善书者往往会享有较高的礼遇。一些帝王将皇族的子女下嫁给善书者,并对善书者进行提拔重用。如琅邪王褒,善草书,七岁能文,未满二十举秀才,为秘书郎、太子舍人,梁武帝十分赏识其才艺,将侄女嫁给了他。梁元帝时,官至吏部尚书、右仆射。承圣三年,西魏攻陷江陵,王褒随元帝出降,入长安,又以文才、门第而受到北朝重视,授车骑大将军、仪同三司。周武帝时凡大诏册,皆令王褒起草。[②] 北朝对善书者也加以擢用,"周文初,属天下分崩,时学术之士盖寡,故曲学末伎,咸见引纳。至若冀俊、赵文深(二人均为当时的书法名家)之徒,虽才愧昔人,而名著于世,并见收用"。[③] 阎毗颇好经史,能写篆书,尤其擅长草隶,为当时名家。周武帝见后十分欣赏,将清都公主嫁给了他。[④] 这些事例充分说明了统治者和社会对善书者的推崇和重视。善书者享有如此高的礼遇和尊崇,必然导致社会上涌现大量的书法学习者和追随者,整个社会出现了全民学习书法的热潮。之所以出现这种情况,其中的一个重要原因是,魏晋南北朝时期,以书法秀美而被擢用从而踏上仕途者不乏其人。

(三) 崇尚艺术鄙弃武事的社会风气

魏晋时期,社会上普遍出现了士人崇文尚义、鄙弃武事的风气。这是因为,虽然有些豪门大族在辅佐王室建立政权方面建有显赫功绩,但是,如果一味偏重武事,并不会为家族带来长远的发展,而真正受到重视的,还是以儒传家的文化家世。东汉以降,世家大族的崛起,大都带有文化上的特征,文化上的优势是保持家族地位的一个重要方面,没有一定的文化修养,即使政治上、经济上称雄一时也难以保持世家大族的长久不衰的地位。

书法作为艺术的一个重要组成部分,亦是文化的一个重要载体,在一定程度上,书法代表家族的文化地位和文化涵养。东晋中期,由于政局基本稳

① 王元军:《六朝书法与文化》,上海书画出版社2002年版,第8页。
② 李延寿:《北史卷八三王褒传》,中华书局1975年版,第2792页。
③ 李延寿:《北史卷八二黎景熙传》,中华书局1975年版,第2747页。
④ 李延寿:《北史卷六一阎庆传附阎毗传》,中华书局1975年版,第2184页。

定，门阀士族拥有充足的物质条件，再加上玄风昌炽，故此一时期的琅邪王氏多淡于事功，而喜悠游山水，玄谈辩论，更追求精神上的适意与自由，而“书法是这自由的精神人格最具体最适当的艺术表现”①。龚鹏程先生认为：“书法，在汉魏南北朝期，是新兴的艺术门类，也是当时地位最高的艺术。”②由于在门阀士族社会，士人多竞玄虚、任自然，讲究风流，注重文化素质和艺术涵养，以攻艺事为消遣，书法在当时的艺术中最能代表和表达魏晋人空灵的玄学精神。这无疑会深刻影响包括书法在内的文化艺术的发展，书法获得了独立发展的契机，世家大族普遍注重门风的优美，注重培养家族中的优秀艺术人才，使家族的文化薪火得以世代延续，从而保持家族在文化上的优势。为此，世家大族和豪门贵族都普遍重视书法艺术的传承。

二、琅邪王氏家族书法教育成功的家庭因素

（一）书法教育的重要途径——切磋和砥砺

魏晋时期，随着九品中正制的推行，家族门第成为婚姻、选举、入仕的重要条件，为了维护家族门户长盛不衰的优势地位，使得各个家族普遍注重家族文化的培育和建设。“当时门第传统共同理想，所期望于门第中人，上自贤父兄，下至佳子弟，不外两大要目：一则希望其能具孝友之内行，一则希望其能有经籍文史学业之修养。此两种希望，并和成为当时共同之家教。其前一项表现，则成为家风，后一项之表现，则成为家学。”③所以，强烈的宗族本位的观念，使家族领军人物往往十分注重家风家学的培养和承继，也很注重对能支撑延续家族地位的人才的发掘和培养。琅邪王氏家族亦是如此。

琅邪王氏在家族中发现有才华和潜力的子弟时，感觉家风维系有望，常会给子弟以鼓励。王羲之的叔父王廙曾称：“余兄子羲之，幼而岐嶷，必将隆余堂构。”④王羲之年少以书法名于当世，史云：“（羲之）尤善隶书，为古今之冠，论者称其笔势，以为飘若浮云，矫若惊龙，深为从伯敦、导所器重。”⑤当时陈留阮裕有名于时，为王敦主簿。王敦经常对羲之说：“汝是吾家佳子弟，当

① 宗白华：《美学散步》，上海人民出版社1981年版，第213页。

② 龚鹏程：《道教与书法艺术的关系》，《中华书道研究》1994年第2期。

③ 钱穆：《中国学书思想史论丛》三，台湾东大图书有限公司2009年版，第159页。

④ 张彦远：《历代名画记》卷五，江苏美术出版社2007年版，第118页。

⑤ 房玄龄等：《晋书》，中华书局1974年版，第20页。

不减阮主簿。"[①]长辈这样的言论对王羲之来讲,无疑会起到极大的激励作用,从而促使其发奋图强,终成一代"书圣"。

书画人称晋室第一的王羲之的叔父王廙,在王羲之很小的时候,便对王羲之进行言传身教。史载,王羲之曾向王廙讨教学习绘画之法,王廙画《孔子十弟子图》来勉励他:"嗟而羲之,可不勖哉!画乃吾自画,书乃吾自书,吾余事虽不足法,而书画固可法,欲汝学书,则知学可以致远,学画可以知师弟子行己之道,又各为汝赞。"[②]从此,"画乃吾自画,书乃吾自书"成为琅邪王氏家族书法教育的传世家训,为后世所代代继承。在此家训的影响下,王氏家族非常注重对书法艺术的批判和创新。在王廙出外任职之时,他又延请著名的女书家卫铄教其书法,对王羲之来讲,从小就生活在家族为其营造的良好的书法教育的氛围之中,其书法成就的取得,与其家族中长辈的鼓励、教导是分不开的。

书法成就在当时仅次于其父的王献之刚学书法时,王羲之悄悄从其后抽其笔,没有成功,于是断言王献之日后当会有大的书法成就。王羲之曾书《乐毅论》一篇与王献之共同学习,使得"献之所以尽得羲之用笔之妙"[③]。在父亲的教导下,献之十五岁的时候对书法已有自己的看法,并劝其父亲改体,表现出强烈的创新意识。这说明王氏家族气氛民主融洽,晚辈们可以与长辈进行平等交流与切磋,双方在和谐的家庭气氛中书艺共同得到了提高。这种良好的家风也直接促使了王氏家族的书法艺术的不断进步。

(二) 书法教育的重要特征——秘密传授

魏晋南北朝时期,随着书法日益受到人们的重视,人们便产生了对上层社会士族书法的仰慕与向往,对他们的书法产生了神秘感,但往往是苦求而不得。这反映出了当时的社会风气,即在当时书法的传授中,以家族为单位,奉行一种秘密传授的方式,其他家族要想获得书法奥秘,往往要采取不正当的手段来攫取,可见在当时人们的观念中,书法作为家传的内容是不能轻易对外人传授的。由于每个家族都有自己的书法风格,书法家族为了保持其家学地位和家族的文化优势,家传往往采取一种较为封闭的模式,所谓"秘不示人"是也,这反映了当时书法世家大族普遍的心态。唐张怀瓘如是

① 王晓真:《王羲之研究三题》,《书法研究》1995年第1期。
② 张彦远:《法书要录》,上海书画出版社1986年版,第118页。
③ 轶名,顾逸点校:《宣和书谱》卷一六,上海书画出版社1984年版,第291页。

说："夫经是圣文，尚传而不秘；书是妙迹，乃秘而不传。"①

史载王羲之曾云："时年五十有三，或恐奉烛奄及，聊遗教于子孙耳，可藏之，千金勿传。"②寥寥数语遗言，王羲之却珍若至宝，可见书艺对其家族的重要性。羊欣《笔阵图》记载："晋王羲之，旷子也，七岁善书，十二，见前代《笔法》于其父枕中，窃而读之。父曰：'尔何来窃吾所秘？'羲之笑而不答。父见其小，凡不能秘之，语羲之曰：'待尔成人，吾授也。'羲之拜请：'今而用之，使待成人，恐弊儿幼令也。'父喜，遂与之。不盈期月，书便大进。"王旷不授书于羲之，是担心羲之年幼，不能保守秘密而使书法外泄。王羲之曾为王献之作《笔势论》，最后云："今书《乐毅论》一本，及《笔势论》一篇，贻而之心，勿扬于外，缄之秘之，不可示诸知友。"③这种书传的诡秘性在当时社会是很普遍的。因而有人说："古人与笔法，无不自秘者。然亦以秘之甚，故求之者心挚而思锐，一得其法则必有成。"④可见笔法对学书者的重要性。

（三）书法教育的重要对象——妇女教育

妇女在家族教育中的作用历来为人们所重视。魏晋时期女子的书法教育与男子一样受到家族的重视。由于家族内部浓厚的文化氛围，长期的耳濡目染加上对教育的重视，使士人家的女子往往具有较高的文化素养。与琅邪王氏家族联姻的大都是具有良好文化修养的世家大族，其家族的女子中有不少有成就的书法家，仅在东晋，女书法家就有王羲之之母卫夫人、王羲之之妻郗璇、王洽之妻荀氏、王凝之之妻谢道韫、王献之之女等十人之多，她们多出身于书法世家，良好的家庭教育成就了她们的书法艺术成就，同时他们又将教育所得还于家庭，用于教育族中的子弟。事实表明，她们在家族书法教育中起到了重要作用。东晋最大的书法家琅邪王氏的领袖人物王羲之，其母姓卫氏，父王旷早在王羲之只有六七岁就失踪，所以其教育主要由其母卫氏与其姨承担。王僧达之子王融，母临川太守谢惠宣女，曾教王融书学。东晋王洽妻荀氏、少子王珉妻汪氏均善书。王羲之娶的是郗鉴之女郗璇，郗氏甚工书，其兄郗愔、郗昙谓之为女中笔仙，所以王羲之七子之中有五人善书当不能完全归功于王羲之一人之教育。可见，所谓琅邪王氏家族"家传之学未有如王氏之盛者"⑤实应有妇女之功劳。东晋琅邪王氏家族书法教

① 张彦远：《法书要录》卷四，上海书画出版社 1986 年版，第 241 页。

② 同上书，第 8 页。

③ 同上书，213 页。

④ 包世臣：《艺舟双楫》，世界书局 1936 年版，第 29 页。

⑤ 轶名，顾逸点校：《宣和书谱》卷一六，上海书画出版社 1984 年版，第 283 页。

育的成功与家族中的妇女教育是密不可分的。

三、琅邪王氏家族的书法艺术教育与美迪奇家族艺术教育的异同

（一）传承特点

有学者曾这样问道："除了欧美的几个文明国家外，有几个没有大家族制度的存在？"[①]可见家族制度是在东西方所普遍存在的。但与中国家族的艺术教育相比，西方家族的艺术教育表现出完全一种截然不同的情形。以文艺复兴时期的佛罗伦萨著名家族之一美迪奇家族为例，该家族热衷于学术和艺术赞助，极大地推动了佛罗伦萨艺术的繁荣。16世纪一位历史学家毫不夸张地说："绘画、雕刻、建筑这三种最崇高的艺术所以达到我们今天所见的这种优美的程度，主要归功于佛罗伦萨人的辛劳和技艺。这与美迪奇家族的大力投资赞助和身体力行是分不开的。"[②]蜚声国际的乌菲齐博物馆最初就是按美迪奇家族的科西莫一世的旨意建造的，该馆以收藏大量的文艺复兴时期的绘画名作而闻名于世，有"文艺复兴艺术宝库"之称，有400多年的历史。该家族统治佛罗伦萨近三个世纪，一直有爱好、扶植和保护文化艺术的优良传统，在家族的统治下，马萨乔、多纳太罗、波提切利、达·芬奇、拉斐尔、米开朗基罗、提香、曼坦尼亚等文艺复兴巨匠的作品，在这里皆有收藏。美迪奇家族的艺术收藏由科西莫·伊尔·韦奇奥首开先河，但是把收藏品作为教育手段而公开的人文主义构想则肇始于洛伦佐，他将家族收藏的古代及当代艺术品公开展示，供年轻艺术家学习、研究。

同为著名的文化大家族，面对艺术教育所采取的方式却是天壤之别，一个是秘密传授，一个则是公开学习，笔者认为这主要源于中西文化的差异和特定的历史因素，使得中西家族的艺术教育采取了完全不同的两种途径。

（二）艺术成就

琅邪王氏家族通过成功的书法教育，培养了一大批优秀书法人才，并形成了代有书法名人的书法世家。王氏书法中，王导、导从弟廙、导子恬、恬弟洽、洽子珣、珣弟珉、僧虔、志、彬、佑、籍等等，皆有书名。其中，王导一支作为琅邪王氏家族的主流，善书者尤为突出，从晋到南朝绵延不绝，皆为当时大书法家，虽王旷一系只有王羲之、王献之等著名书家，且维持数代而已，但均为书坛头号人物，影响也最大，王羲之有七子，均善书，载入史册的有五

---

① 易家钺：《西洋家族制度研究》，上海商务印书馆1931年版，第1页。

② [意]马基雅维里：《佛罗伦萨史》，上海商务印书馆1982年版，第194页。

人，其中献之成就最大，与羲之并称为“二王”。在家族成员的共同努力下，琅邪王氏家族凭借其书法上的绝对优势，确立了其家族在当时的书法世家的领头羊地位，对后世书法产生了重大的影响。

作为艺术教育的热衷者的美迪奇家族，同样在艺术领域取得了不菲的成就。该家族通过收藏大量的艺术作品，公开展示给广大的艺术家们学习研究，不仅造就了蜚声国际的乌菲齐博物馆，更是将文艺复兴时期的一批批艺术作品通过家族的资助而得以为世人所熟知，成就了一大批艺术巨匠，如号称文艺复兴时期意大利佛罗伦萨三杰的拉斐尔、达·芬奇、米开朗基罗等，为意大利甚至全世界艺术的传承作出了不可磨灭的贡献。

两个家族在艺术上所取得的成就在人类历史上都占据着重要的地位，琅邪王氏家族通过家族成员内部的艺术教育使家族文化得以世代传递，丰富了中国的文化艺术，使魏晋南北朝艺术成为中国古代“文化艺术的大觉醒时代”；而美迪奇家族则通过家族内外的共同努力推动了佛罗伦萨乃至意大利艺术事业的繁荣，造就了文艺复兴这一文化奇迹。二者的艺术成就堪称平分秋色。

（三）可持续性

对于两大家族艺术发展的可持续性，从时间上来看，通过琅邪王氏家族在家族成员的共同努力，家族代有书法名人，然而仅仅持续了两三个朝代一百多年而已；而美迪奇家族的艺术事业则持续了好几个世纪，这一点差别还是比较显著的。究其本质原因来看，中国的宗法制度造成了琅邪王氏家族艺术传承方式的封闭性，阻碍了家族艺术事业的长远的发展，这对中国的文化传承和发展无疑是极为不利的。而美迪奇家族则对艺术传承坚持开放的发展原则，着眼于推动整个艺术领域事业的发展，较之琅邪王氏家族，目光显得更为开阔和长远，这是值得推崇和借鉴的。

（作者系华中师范大学教育学院教育史专业 2009 级博士研究生）

宋代民间士人的教育活动初探

张建东

宋代民间士人是一个具有一定流动性、但相对稳定的群体，主要包括科举不第、仕途失意及部分不愿入仕的学者等。这个由不同群体组成的特殊阶层，人数庞大，他们大多数生活在社会的基层，很多人经济窘迫，基本没有什么政治权利。从事教育是他们谋生的主要手段之一。因他们拥有可以随时改变自己身份的文化知识，仍有可能成为官僚士大夫中的一员。目前把宋代民间士人作为一个独立群体进行研究的学者还不多，研究他们的教育活动情况的成果几乎空白。但从教育史的视角来看，这一群体对宋代民间教育、社会教化起着极其重要的作用，理应引起我们的重视。同时，“作为历史学分支学科的教育史学，应将研究重心移向民间，着重研究大众在教育活动中的思想状况、求知心理、获知状况，他们之中有的是教育的创造者，有的是教育的实施者……这些民众不管处于何种状况，都应该是未来教育史学研究的内容”①。

① 申国昌、周洪宇：《全球化视野下的教育史学新走向》，《教育研究》2009 年第 3 期。

一、民间士人从事教育活动的社会背景

宋代是科举制度的改革和发展时期，随着宋代造纸术、雕版印刷术等传播方式的进步、"右文"政策的影响以及统治阶级笼络士人以谋长治久安需要等原因，科举取士人数达到中国封建时期的最高峰，两宋共取士 115427 人，平均每年 361 人，是唐代的 5 倍，明代的 4 倍，清代的 3～4 倍。① 值得注意的是，科举制度发展到宋代已趋于完善，相对的公平、公正性增加了其吸引力，成为广大中小地主及自耕农出身的知识分子迈向仕途的主要途径。而取士名额的增加及部分贫寒子弟"朝为田舍郎，暮登天子堂"的成功经历给广大士人造成了只要读书就有机会进入仕途的假象，这也助长了科举士人的剧增。

因此，虽然宋代贡举名额和录取名额都有大幅度增加，但这并不意味着士人整体入仕的机会增多，因为参加考试的士人人数增加速度远远大于录取名额的增长速度，贡举资格的获得更加艰难，金榜题名者更是百中挑一。如淳化三年"诸道贡举人万七千三百，皆集阙下……得汝阳孙何以下凡三百二人，并赐及第，五十一人同出身"②。这一年贡举人数为 17300 人，而实际录取的进士名额仅为 353 人，二者之间的比例约为百分之二。对此现象，欧阳修曾不无忧虑地上书道："今东南州军进士取解者二三千人处，只解二三十人，是百人取一，盖已痛裁抑之矣。"③竞争是如此惨烈，科场如战场，以至于"天下才能，老于岩穴，不沾寸禄者多矣"④。

宋代这批尚未入仕，尤其是屡试不第的知识分子，在残酷的现实面前，只能将自己的事业投向更广阔的下层民间社会。他们中有的化为民间艺人，有的转以农商医卜为业，但其中的大多数还是选择并乐于以教授生徒为业，主动参与民间文化传播和社会教化，启迪民智，为往圣续绝学。而"宋代士人与以前士人的一个显著区别是教师身份和意识得到空前的凸显，这与前代'人之耻，在好为人师'的传统大相径庭"⑤。如宋人苏舜钦就曾自得地

---

① 张希清：《论宋代科举取士之多与冗官问题》，《北京大学学报》（哲学社会科学版）1987 年第 5 期。

② 李焘：《续资治通鉴长编》卷 33，中华书局 1979 年版。

③ 马端临：《文献通考》卷 30，中华书局 1986 年版，"选举三"。

④ 脱脱等：《宋史・吕蒙正传》卷 265，中华书局 1977 年版。

⑤ 王德明：《宋代士人教师身份与意识的凸显与诗歌理论的转型》，《河北师范大学学报》（哲学社会科学版）2009 年第 1 期。

说："近今得脱去士籍，非不幸也。自以所学教后生，作商贾于市，未必饿死。"[①]他们或"掌教县庠数年，又教授郡学"[②]，或"以诗书礼乐教授乡里，士大夫不远百里，皆就之肄业焉"[③]，或被"里人聘为弟子师"[④]，这批被称为"乡先生"的下层知识分子用自己在教育事业的默默耕耘，推动了中国传统文化在宋代广阔的基层社会的薪火相传。

由于宋代民间士人人数虽多但在正史上却鲜有记载，大多湮没在历史长河中，因此，研究其教育活动，除引用相关正史外，还需引用一些有关宋代的史论、笔记小说等资料，这是基于"教育历史问题研究史料应取之于民间，要深入民间收集存在于民众当中的教育问题史料，注意挖掘那些非官方记录和口述的历史资源"的原则。[⑤] 这些资料中的内容或许没有正史的记载可信度高且主观色彩较浓，但正是散落在其中的鲜活的人物记载，如一粒粒遗珠，使我们有可能真正地了解到那个时代这些小人物栩栩如生的教育活动情况。

二、民间士人在地方官学和书院的教育活动

在各州县府学任教以及在地方书院传道授业者一般多为博学硕儒或地方名士，他们大都能理性地看待科举考试并摆脱其羁绊，纷纷投入到教育和学术研究当中，著书立说，教授生徒。

（一）被延请至地方官学，从事教育活动

宋代三次兴学运动在中国教育史上书写了光辉灿烂的篇章，"其历史意义不仅仅在于教育整体规模的空前扩大，更重要的是，它开启了教育'平民化'的新时代"[⑥]。而宋代教育技术的革新推动了教化重心向地方州县学下

---

①《与欧阳公书·苏舜钦集·拾遗》，上海古籍出版社 1981 年版。

② 黄宗羲：《宋元学案》卷 6，中华书局 1986 年版。

③ 脱脱等：《宋史·孝义传》卷 456，中华书局 1977 年版。

④ 脱脱等：《宋史·欧阳守道传》卷 411，中华书局 1977 年版。

⑤ 周洪宇、申国昌：《新世纪中国教育史学的发展趋势》，《华东师范大学学报》（教科版）2007 年第 3 期。

⑥ 周宝荣：《试论宋代教育的平民化》，《河南师范大学学报》（哲学社会科学版）2009 年第 4 期。

移。[①] 这直接导致“庆历以后，州郡无不有学”[②]的局面。随地方官学的逐渐普及，入学人数的不断增加，师资的捉襟见肘成为发展教育的最大瓶颈。

面对这种情况，中央和地方政府都不约而同地注意到民间士人在这方面的价值，如宋仁宗在庆历四年曾下诏曰：“学者其进德修业，无失其时。其令州若县皆立学，本道使者选部属官为教授，员不足，取于乡里宿学有道业者。”[③]该诏令明确要求，地方官在立学时，若师资不够，可以就近聘请当地“宿学有道业者”。而各地地方官为发展地方教育，造福桑梓，也会主动延请本地有一定学养的民间士人充任官学教授。甚至一些地方官为本地兴学，相互间还会发生人才的争夺。

在中央兴学、地方积极办学但缺乏师资力量这样良好的机遇和背景下，很多民间士人表现活跃，积极奔走于州县之间，运用自己所掌握的文化知识，到地方官学开坛讲学，甚至有的还充当主讲、主持，利用这个平台来尽情施展自己的才华，一解科考不第带给自己挥之不去的创伤和阴影。从他们任教的目的来看，这批人大致分为两类：一类以教育为归宿，不求闻达，潜心学术；一类是借此提高声望，希望重新入仕。

如宋代华阴士人侯可屡试不第后笃志为学，“于礼之制度，乐之形声，诗之比兴，易之象数，天文，地理，阴阳，气运，医算之学，无所不究，自陕而西，多宗其学，先生也以乐育为己任，主华学几二十年”[④]。侯可是民间士人中较有名望之人，他精通经学、天文历算等，学识渊博。科场失意后，他把教书育人作为自己最终归宿，并主持华阴县学将近二十年，为当地的教育事业作出了贡献。

而庆历年间王安石任鄞县县令时，曾聘请当地学者视为楷模的慈溪隐君子杜醇到县学任教，刚开始杜醇并不愿赴任，在王安石的一再劝说下，才最终答应下来。而“慈溪令林肇立学，又启先生为师，亦固辞，王文公作《师说》以勉之，二邑文风之盛，自先生始”[⑤]。赵宋王朝明确诏示“（本朝）与士大夫治天下”[⑥]的治国方针，这导致中国士人的地位在两宋有一个显著的提高，

---

① 张雪红：《宋代教化的重心下移与组织重构》，《河北师范大学学报》（教育科学版）2008年第9期。

② 脱脱等：《宋史·职官志七》，中华书局1977年版。

③ 脱脱等：《宋史·选举三》卷157，中华书局1977年版。

④ 黄宗羲：《宋元学案》卷6，中华书局1986年版。

⑤ 同上。

⑥ 李焘：《续资治通鉴长编》卷221，中华书局1979年版。

文人自觉、文人意识空前凸显。杜醇可以说是宋代士人的较好诠释，作为隐居民间的饱学之士，他有比较独立的文人意识，潜心学术，“学以为己，隐约不求人知，以孝友称于乡里，耕桑钓牧，以养其亲”。任教后，影响和促进了鄞县和慈溪两地教育事业的发展，连王安石都不禁作《师说》夸赞他的贡献。同时，我们从两地竞相聘任杜醇为师也能看出地方政府对教育和人才的重视。

成都士人郭友直也是在地方官学授业的杰出代表。郭友直字伯龙，他下第后，“在成都学舍教导凡三十年，蜀士大夫与四方从宦者与伯龙无不识也。家藏书至万余卷，誊写校对尽为佳本，伯龙无不读，人有问之，伯龙无不知也。所以人多与之游”①。郭友直读万卷书，满腹经纶，如此学识居然落第，可见宋代科考竞争之激烈。然而，失之东隅收之桑榆，他用自己毕生之学来教书育人，受聘成都学舍三十年，成就斐然。由于其人格学问，当地官僚士大夫无不为其心折，纷纷前来拜谒访学。他利用教书育人这种方式实现了自己的人生价值。

除以上所举侯可、杜醇、郭友直外，宋代在地方官学活动的民间士人不胜枚举，他们积极创立并传播自己的学说，扩大自己的学术影响，实现作为儒者“立言”之人生价值与理想，收到了与科举入仕殊路同归的理想效果。

（二）任教于地方书院

宋代书院最初多由私人出资所办，官府一般不直接出面干预书院管理。但书院不是私学，它的官办色彩颇为浓厚，绝大多数书院在创立和发展过程中都得到了官方的认可、支持甚至赞助，它的主持人山长多由各路学官兼任。因此它是一种和私学区别很大、“介乎官学和私学之间、民办官助并受政府控制的教育组织机构”②，是地方官学的重要补充。它的出现和发展，对中国传统文化的传承、创造，起了举足轻重的作用。虽然书院大多有官方背景，但它又不像官学那样钳制很严，学者可以自由讲学，互相争鸣，传播学说。因此，它是名儒贤士激流勇退后较为理想的归宿，也是很多下层士人趋之若鹜的教育场所。

有一定经济条件的民间士人，自己创办规模不等的书院，并在其中从事教育。如宋代著名的应天府书院就是由民间士人曹诚投资创办，“造舍百五十间，聚书数千卷，博延生徒，讲习甚盛。府奏其事，诏赐额曰应天府书院，

① 《四库全书·史部·蜀中广记·地理类·杂记之属》卷 91。

② 杨布生、彭定国：《中国书院与传统文化》，湖南教育出版社 1992 年版，第 3 页。

命奉礼郎戚舜宾主之;仍令本府幕职官提举,以诚为府助教。宋兴,天下州府有学自此始"①。曹诚出资创办书院,广招弟子并对其进行教育,声名远播,甚至引起了朝廷的关注,得到了政府的奖掖,曹诚也随之被任命为书院助教,应天书院也成为宋代州县之学的先声。

与朱熹齐名的宋代大儒陆九渊创办象山书院。"学者辐辏,每开讲习,户外屦满,耆老扶杖观听。……及熹守南康,九渊访之,熹与至白鹿洞,九渊为讲君子小人比喻于利一章,听者无不感动兴起,至有泣下。"②这一段记载生动地描述了陆九渊的授业风采:每次开坛讲学,听者云集,既有学者,也有普通百姓,甚至耄耋老人也扶杖前来旁听。他讲解深刻生动,教学方法娴熟,以至于听众沉浸其中而不知晓。

有实力创办书院的士人毕竟不多,有更多有学识但无力办学的士人被聘到别人的书院从事教学活动。如郑乾道"与朱松友善,时共讲学,假馆以处松,为南溪书院"③;而"陈宓守延平时作道南书院,聘学蒙为学长,诸弟子执经座下者百余人"④,等等。

值得注意的是,一些著名的理学大家、事功学大家如杨时、朱熹、陈傅良、叶适、陈亮、王应麟等等,成名前都曾开办或任教于书院来传播学说,提高声望。在他们的引领和带动下,书院教育的层次得到提升,影响不断扩大,从而吸引更多的民间士人来书院从事教育活动。

三、投身私学,关注启蒙教育

任教官学和书院是民间士人的普遍理想,但官学和书院聘请的一般都是其中名望较大、才识渊博之人,这对大多数士人来说,是可遇不可求的事情,所以,他们只好把目光放在更为基层的乡村,从事私学教育活动。宋代私学一般包括乡校、冬学、村塾、家塾、义塾、精舍等。在科举考试的刺激下,渴望接受教育的人数不断增多,而官学容纳能力有限,这就需要私人办学来填补,既满足了读书人的求学要求,又为政府解决了社会问题。在政府的默许和扶持下,私学的触角已深入到社会的每个角落,"乡校家塾、舍馆、书会,

① 冯迈:《容斋随笔:三笔》卷五,飞鸿阁清光绪二十一年(1895)石印本。

② 脱脱等:《宋史·儒林四》卷四三四,中华书局1977年版。

③《延平府志》卷二六,清同治十二年重刊本。

④《永福县志》卷八,清乾隆十四年刊本。

每一里巷，须一两所。弦诵之声，往往相闻”①。在这种背景下，民间士人中一大批以学术和文化教育为终身职业、被称为“乡先生”的平民学者，“或教小学养生”，兴办“冬学”，编写“村书”，②使穷乡僻壤到处都出现了琅琅读书声。

在私学进行教育活动的民间士人大致可以分为两类：一类是被宗族或里人出资聘为教师，一类则为自创学馆，收费授徒。

（一）被宗族或里人聘请任教

宋代宗族共同体是宋代社会的基本细胞。它不同于殷周时期政治关系与血缘关系高度统一的具有权力性的宗法组织，也不同于东汉以后讲究身份门第的门阀士族以及割据一方的宗法性豪强共同体，而是“深入乡间基础，具有大众性、散在性、普遍性”，“宋代这种受统治者大力支持的宗族共同体一经形成，便发挥了强大的社会文化功能”。③ 为了鼓励子弟求取功名，光宗耀祖，壮大宗族实力，宗族共同体普遍用族中公产聘请教师，提高族人文化素质。

北宋名臣范仲淹是宗族私学的引领者，他在其《续义庄规矩》明确规定：为范氏子弟办义学，“择有士行者二人充诸位教授，月给糙米五石”。此后，各地宗族组织纷纷效仿，创建各种规模的家塾、族塾、义学、社学等，许多著名学者如吕祖谦、陆九渊等所在的宗族就设有家塾。如吕祖谦所在的吕氏宗族就一直坚持聘请地方名士充为教师，靠宗族的力量照顾其衣食住行，饮食为“每日两膳”，学费及衣物费用“依家之有无，诸生之众寡为之节”，若老师身体有恙，诸生还要轮流“侍粥药”，④优厚的礼遇不仅解除了受聘教师的后顾之忧，同时也调动了他们教学的积极性，所以这些名门大族能长期保持长盛不衰，人才辈出，和宗族重视本族儿童及年轻子弟的教育、为其聘请名师硕儒的传统密不可分。

文献记载此类私学俯拾皆是，为宗族的长远利益计，他们一般都重视对教师的选择，对教师的学识人品都有要求，大都聘用“有士行者”“知名之士”“里中硕儒”等。如衡阳赵氏以田地五千亩为义田，除赡养族众外，立义学，

① 《四库全书·史部十一·都城纪胜·地理类八·杂记之属》。

② 周宝荣：《试论宋代教育的平民化》，《河南师范大学学报》（哲学社会科学版）2009年第4期。

③ 冯天瑜、何晓明、周积明：《中华文化史》，上海人民出版社2005年版，第526页。

④ 吕祖谦：《东莱别集·家塾》卷一，宋籍珍本丛刊宋刻元明递修版，北京线装书局2004年版。

“辟四斋，岁延二师，厚其饩廪，子弟六岁以上入小学，十二岁以上入大学……学规如岳麓石鼓”①。而著名的江州陈氏宗族“乃唐元和中给事陈京之后，长幼七百口，不蓄仆妾，上下雍睦。……食必群坐广器，未成人者别一席。犬百余只，一巨船共食，一犬不至，则群犬不食。别墅建家塾，聚书延四方学者，伏腊皆资焉，江南名士皆肄业于其家”②。陈氏家族上下和睦，拥有严格的族规、厚重的学风，连其所养之犬也训练有素；同时本宗族十分注重子弟的教育，通过收藏书籍、献出别墅、聘请四方学者等方式兴办家塾，为本族多培养人才以改变家族命运。除了招收本族子弟外，这些大的宗族共同体还招收外族聪颖贫寒学子来就学，为他们免费提供食宿。这既能让他们与本族子弟相互切磋学问，也能通过这些族外子弟宣扬本族，扩大本宗族的影响。在这些大宗族兴学的影响下，全国各地普遍兴起此类私学。由于宗族共同体的普遍性，且每个共同体子弟少则几十人，多者数百上千人，这就需要大量的师资来填充，为很多学有所成的民间士人提供了施展自己的舞台。

除族学外，也有许多村庄邻人几家或十数家筹集经费，创办村学、冬学等，聘请老师。这些私塾比较关注启蒙教育，限于经费，一般规模较小，设备简陋，收费低廉，但却是广大默默无闻的失意士人安身立命的场所，为他们提供了生活上甚至精神上的出路。如“李建勋罢相江南，出镇豫章。一日，与宾僚游东山……忽平田间一茅舍有儿童诵书声，相君携策就之，乃一老叟教数村童。叟惊悚离席，改容趋谢，而翔雅有体，气度潇洒。丞相爱之，遂觞于其庐，置之客右，叟亦不敢辄谈。李以晚渴，连食数梨，宾僚有曰：‘此不宜多食，号为五脏刀斧。’叟窃笑。丞相曰：‘先生之哂，必有异闻。’叟谢曰：‘小子愚贱，偶失容于钧重，然实无所闻。’李坚质之，仍胁以巨觥，曰‘无说则沃之’。叟不得已……曰：‘见《鹖冠子》，所谓五脏刀斧者，非所食之梨，乃离别之‘离’尔。盖言人之别离，戕伐胸怀，甚若刀斧。’遂就架取一小策，振拂以呈丞相，乃《鹖冠子》也，检之，如其说，李特加重。”③这段文字描述的乡间老叟正是这一类塾师，他们虽流落民间，仍“翔雅有体，气度潇洒”，不失士人风范；甚至能纠正丞相身边宾僚之谬误，有理有据，不卑不亢。此等人才却埋没于田间茅舍以教“数村童”为业。正如陆游在《秋日郊居》中生动描述的那

① 刘克庄：《后村先生大全集·赵氏义学庄记》卷九二，四部丛刊本。

②《宋元笔记小说大观·湘山野录》卷上，上海古籍出版社2001年版，第1396页。

③ 同上书，第1393页。

样:“儿童冬学闹比邻,据案愚翁却自珍。罢授村书闭门睡,终年不着面看人。”①他们忍受着被称作“愚翁”的委屈,把教书作为自己的职业和精神享受,由于他们坚守的精神世界不可能会被孩子们和无知村人所理解,以至于“终年不着面看人”!

(二)自开学馆,聚徒讲学

宋代民间士人尤其一些科举落第者迫于生计,常常根据自身的经济情况开设规模不等的学馆,招收学生,并收取一定的学费以养家糊口。这类私学一般比较关注儿童的启蒙教育。如龙溪人陈谔,“少游太学,累试报罢,归以其学教授里人”②;余姚人胡宗伋,“元符间,试礼部不第,归而教授乡里,学者多从之游”③,虽然两人后来都通过聚徒授业扩大影响而重新入仕,但他们的经历表明:在宋代设馆教书是失意士人比较常见的选择。

宋人叶梦得在其《避暑录话》中就生动地描述了“乐君”这一人物:“乐君达州人……家甚贫,聚徒城西,草庐三间,以其二处诸生,而妻子居其一。……一日,过午未饭,妻使跛婢告米竭。乐君曰:‘少忍,会当有饷者。’妻不胜忿,忽至屏间跃出,取按上简击其首,乐君袒而走,仆于舍下,群儿环笑,掖起之。已而,先君适送米三斗。乐君徐告其妻曰:‘果不欺汝,饥甚,幸速饮。’……每旦起,分授群儿经,口诵数百过不倦。少间,必曳履慢声抑扬,吟讽不绝。”④从这段生动的文字记载中我们隐约可以窥见当时这些“乡先生”在私学实施教育的一些特点:首先收入菲薄,甚至食不果腹,只能雇“跛婢”,有时还需邻人的接济才能度日;其次因经费问题教学设备比较简陋;再次由于没有统一的学制标准,也没有固定的入学条件和修业年限,学生程度参差不齐,他们只能根据自己的判断大致分为若干层次,然后分别授课;最后是教学方法机械单调,一般采用只重记诵不重理解的填鸭教学方法,不利于启迪儿童智慧,而案上有简,说明课堂上体罚盛行。但教师们一般都能安贫乐道,认真传道授业,对学生要求严格,教学之余仍不忘钻研学问。

私学作为普通“乡先生”对幼童进行启蒙教育的场所以及满腹经纶却仕途失意的地方名士宣传自己学说的重要阵地,在宋代教育中占有独特的地位,它教学设施简单,收费低廉,但学制灵活,有很强的适应性,深入到街巷

---

① 陆游:《陆游集》,中华书局 1976 年版。

② 《龙溪县志》卷 15,清光绪五年补刊本。

③ 黄宗羲:《宋元学案》卷 31,中华书局 1986 年版。

④ 《宋元笔记小说大观·叶梦得·避暑录话》卷 4,上海古籍出版社 2001 年版,第 2660 页。

里弄、穷乡僻壤,在发蒙、启迪民众智慧方面贡献尤多,而民间士人作为私学教育的主要实施者更是功不可没。

四、积极参与地方教化

荀子曰:"儒者在本朝则美政,在下位则美俗。"①宋代民间士人虽身处江湖之远,但作为传统儒家文化熏陶出来的基层社会的学者,出于文化自觉,大多数能坚守"士穷不失义,达不离道"的儒家人格理想。他们"独善其身",努力使自己成为一方道德楷模,除积极参与学校教育外,还利用言传身教、参与解决地方事务、参加民间文艺教化活动等途径推广儒家道德,把教化、影响周围百姓作为自己的社会责任,潜移默化地发挥着他们的社会教化作用。

(一)德化民众、和睦邻里

一些有学识德行的民间士人,他们在日常生活中的言行本身就极感染力,甚至能影响一方风俗。北宋著名隐士、被称为康节先生或安乐先生的理学家邵雍就极典型。"康节先生居洛,凡交游年长者拜之,年等者与之为朋友,年少者以子弟待之,未尝少异于人,故得人之欢心。……每出,人皆倒屣迎致,虽儿童奴隶皆知尊奉。每到一家,子弟家人争具酒馔,问其所欲,不复呼姓,但名曰:'吾家先生至也。'虽闺门骨肉间事,有未决者,亦求教。康节先生以至诚为之开论,莫不悦服。十余家如康乐先公所居安乐窝起屋,以待其来,谓之'行窝'。故康节先公没,乡人挽诗有云:'春风秋月嬉戏处,冷落行窝十二家。'洛阳风俗之美如此。"②邵雍用自己的道德品质及用学识帮助百姓解决实际问题等方式赢得了本地几乎所有人的拥戴,并将其视为"吾家先生",就连至亲骨肉之间的"家丑"也向他请教解决方式,他总会以真诚感化当事人,取得"莫不悦服"的效果。因此乡人纷纷以他为楷模,规范自己的日常言行,甚至改变了洛阳一带的风俗,可见其教化之功。

对于危害乡里的不法分子和鸡鸣狗盗之徒,这些民间士人不仅仅用空洞的说教来劝诫,还用实际行动给予他们教育和感化,使之悔悟并改邪归正。如:"王昭素,酸枣县人,学古纯直,行高于世。市物随所索偿其直,货者乃曰:'适所索实非本价。'昭素谓之曰:'汝但受之,免陷汝于妄语咎。'自尔

---

①《荀子·儒效》,清光绪十七年刻本。

②《宋元笔记小说大观·邵伯温·邵氏闻见录》卷20,上海古籍出版社2001年版,第1859页。

人无敢绐者，相诫曰：'王先生市物不可虚索。'一夕，盗者穿窬将入，以横木满室，不通其穴。昭素觉之，尽室之物潜掷于外，谓偷儿曰：'速去速去，恐有捕者。'盗惭，委物而遁，乡盗几息。"①王昭素用自己高尚的德行使市侩和盗贼惭而改之，在他的影响和感召下，当地市场得到了规范，盗窃现象几乎不再发生，民风变得更加淳厚。

（二）参与民间文艺教化活动

"宋词、宋文、宋画、宋代古玩以及宋代理学，构成了一个精致辽阔而又森严的贵族世界，而在这一世界之外，别有一种文化形态崛起，这就是熙熙攘攘的商市生活、人头攒动的瓦舍勾栏中成长起来的野俗而生动的市民文化。"②一大批民间士人敏锐地发现这些勾栏瓦舍是一个施展抱负、教化社会的广阔舞台，并积极投身其中。在勾栏瓦舍上演的众多文艺节目中，"说话"是具有广泛影响的文艺形式，说话又包括"小说""讲史""讲经""合生或说混话"四种形式。其中"讲史"是流传最广泛、最具教化意义的文艺形式。两宋"讲史"大都取材于正史，以史实为基础加以虚构，这就需要有一定文化知识的人去从事；由于受宋人喜闻乐见而不缺听众，养家糊口也能得到保证；尤其是在历史知识的讲演过程中可以穿插道德教化的内容，所以这批民间知识分子摇身变为民间艺人，纷纷登上讲史舞台。据统计，南宋杭州一地著名的讲史者就有乔万卷、许贡士、张解元等二十三人，由此推测，那些走街串巷、深入基层农村的讲史人更是不可胜数。

苏轼在《东坡志林》中就栩栩如生地描述了这类讲史说话人的风采："涂巷中小儿薄劣，为其家所厌苦，辄与钱，令聚坐听说古话。至说三国事，闻刘玄德败，颦蹙，有出涕者；闻曹操败，即喜，唱快。以是知君子小人之泽，百世不斩。"③讲史者用精彩生动的讲演，将三国故事、历史观念深入到民众甚至顽劣幼儿的心灵深处。刘忠曹奸的正统历史观念在中国民间以巨大的影响力存在，"讲史"的作用不容忽视。这只不过是流落民间的一位普通讲史者，可以想象那些著名讲史人是何等的令人神往。

刘克庄在《田舍即事》中云："儿女相携看市优，纵谈楚汉割鸿沟。山河不暇为渠惜，听到虞姬直是愁。"陆游也在其诗《小舟游近村，舍舟步归》中

---

① 《宋元笔记小说大观·文莹·玉壶清话》卷 3，上海古籍出版社 2001 年版，第 1471 页。

② 冯天瑜、何晓明、周积明：《中华文化史》，上海人民出版社 2005 年版，第 546～547 页。

③ 苏轼：《东坡志林·怀古》卷 1，中华书局 1981 年版，第 7 页。

曰:“斜阳古柳赵家庄,负鼓盲人正作场。死后是非谁管得,满村听说蔡中郎。”这些都是关于讲史活动的生动记录,讲史人每到一处,人们扶老携幼,“满村听说”,如痴如醉。可见宋人对该文艺形式的喜爱程度。中国文人士大夫精心制作的“上古隐奥之文章”,经讲史说话人加工咀嚼,化为“今日分明之议论”,渗透于中国传统文化的血肉躯体之中。

宋代“讲史”作为民间文艺教化活动的一种重要形式,在大批民间士人的主动参与下,受到社会广泛的欢迎。这种非正式教育活动所包含的“身临其境”的精神塑造机制与功能,在教化功能上有时甚至胜过学校的正式教育。

宋代民间士人在传播文化、发展地方教育、参与地方教化等方面有独特贡献,但由于正史只关注少数帝王和精英人物,缺乏对这一群体的记载,以至于后人逐渐忽略了他们的价值。这群人数众多却仕途狭窄的士人,在现实面前,大多数主动或被动地选择了教授生徒这一职业,是地方教育活动的主力军,也有部分流落为民间艺人。他们寄情于教育事业或社会教化,活跃于地方官学、书院、私学、社会生活等各个教育场所,正是这些数量众多的平民学者在基层社会的默默耕耘,才造成宋代社会民风渐开、文风四起的局面。

(作者系华中师范大学教育学院教育史专业2010级博士研究生)

明清鲁东南庄氏家族教育的特色及启示

广少奎

庄氏家族是明清时期鲁东南地区著名的科举望族、官僚世家。庄氏家族移民之初,生活贫苦,以务农为生。五世祖庄谦于万历四十七年(1619年)中进士,成为庄氏第一个获取功名的人,家业初振。清入关后,社会动荡,庄氏家族由此进入一个短暂的沉寂期。至八世祖庄若肯,家族再次复兴。十一世祖庄瑶、十二世祖庄锡级"父子进士",成就了家族科举辉煌。这一时期,庄氏家业鼎盛,人才辈出,家族实力大增,成为鲁东南科宦望族。明清二代,庄氏共出进士八人,举人二十二人,"五贡"三十四人,其余各类生员三百余人①。这些科举士子的涌现,使庄氏从明末之后的近四百余年里有效地保持了地方望族的地位。

庄氏家族何以在明末的几十年间,就从一个贫弱的移民家庭变为科宦满门、锦衣玉食的地方望族?其根本原因就是独具特色而又富有成效的家族教育。荀子曰:"干越夷貉之子,生而同声,长而异俗,教使之然也。"②庄氏家族在发展过程中,逐渐形成了以科举为目标,尊师重教,精心举业,著书立

① 庄维林、庄宿庭:《鲁莒大店庄氏族谱》,2000年续修。
② 《荀子·劝学》。

说，办学兴社，以科举诗文为主、书画为辅，族谱修订为手段的家族教育特色。成功的家族教育促进了家族成员的迅速成长，进而促进了家族的勃兴。

一、庄氏家族教育的基本特色

庄氏家族在家族发展史上，根据不同时期的特点，与时俱进，家学发展也呈现出鲜明的家族特色与地域特征，主要表现在以下几个方面：

1. 重视道德，传承家训

我国古代向来重视道德教育，家庭教育中尤然。从诸葛亮的《家诫》到颜之推的《颜氏家训》，从唐太宗的《帝范》到曾国藩的《家书》，以家诫、家训、家谱、家书为代表的家学，都凸显出道德教育在我国家庭教育中的特殊地位，以科举起家的庄氏也不例外。在历次修订家谱、撰写家训的过程中，庄氏都将道德教育放在重要位置。从为人处世到读书兴家，从勤俭持家到安身立命都有所涉及，其中有庄位中《仁圃斋治家十二忌九戒》，庄瑶的《留有余斋忠言十二则》及《家教箴言六则》，庄许的《训弟子箴言》。"勿忘诗书，治家勤俭，处事和平""人当砥行砺名，期其远大，区区翰墨词章未足以概学问也"，①是庄氏先人对后学的殷切教导。独立成书的家训作品有庄位中的《十二忌九戒》，庄瑶的《式古篇》《课子随笔》《慎守堂家训》，其中以《式古篇》为代表，其书共分五卷，分为立身、居家、应世、贻后、居官五大类，集古人名言，撮人生大要，用以教育庄氏后学。"懿行嘉言，足铭左右。秘之为性命身心之学，扩之见民胞物与之天，资于教子训家，尤为剀切。"②这些家训是前辈一生经验的总结，以诗文的形式传于后人，作为后学不断进取的经验与教训，有效地促进了家业的延续。

庄氏家族非常重视对子女的教育，"勤俭持家，读书兴业"作为科举世族的发展奉条在庄氏亦有体现。庄氏族谱记载了庄庆豫和庄恩绶的家教箴言："读书即生命，保身保家，承先带后，胥在于是"、"譬诸一身，财者，肉也；地者，骨也，而读书则气脉也。有骨肉而无气脉，人胡以生"。③ 他们以朴素的比喻诠释着读书兴业的家训。庄氏在外做官者多为教谕、训导等职，教育事业倾注了他们大量心血。庄咏精于理学，奖励后学，任邱县知县期间，重修桂岩书院，邀请山长，并亲自讲学，为其提供资金。庄瑶、庄予桢、庄恩植、

① 庄维林、庄宿庭：《鲁莒大店庄氏族谱》，2000 年续修。

② 庄瑶：《式古编·弁言留有余斋》，道光十八年(1836)刻本。

③ 庄应宸：《城阳朱陈村庄氏族谱·家传》，光绪三十二年(1906)续修。

庄锡级等都有外地做官并在书院讲学的经历，这些经历也为他们教育子女提供了经验。庄瑶卸官回籍后曾办“东墅”，作为族人子弟读书的场所，并作《东墅杂咏》诗篇嵌入墙壁内，让子侄辈研读经书，继承前辈遗志，表现出庄氏对教育的高度重视。

母亲是孩子的第一任老师，在孩子成长中的作用不可小觑。在庄氏家族的发展历程中，女性起到了极为重要的作用。庄位中出生三个月父亲即殁，其母吴太儒人素性严明，延师课读，稍有怠惰即加督责。吴太儒人病危时握着庄位中的手说：“汝父赍志以殁，余复不得见汝成立，大惧汝之不克乘父志也。”①庄位中、庄咏父子刻苦攻读，终于完成祖上遗志。庄锡纶英年早逝，其二子在其妻袁氏抚养下，均有所成，使得“书香有继，克绍家声”。在道德传家过程中，庄氏女性孝慈睦邻，有效地影响了后世子孙。庄锡级之妻张氏俭以自奉，宽厚待人，灾荒之年屡次赈济灾民，受一方盛赞。庄阿聚之妻丁氏，是日照乡绅丁铠轩之女，其夫早逝，丁氏忍着巨大的悲痛，抚养幼子，照料公婆。莒地大旱，她捐粮助赈，复兴新民小学，赢得“诗礼名门，知书名义”的赞誉。庄宝儒之妻赵氏，夫君早逝，“守节抚孤，恩勤抚育，勖以无坠家声”②。正是这些有远见的母亲，使庄氏家族得以人才不辍、代代繁荣。

2. 刻苦学习，尊师重教

在科举制日益完善的明清时期，功利性极强的学习目的在士子中表现得非常明显。明成化八年(1472)，离庄氏居所十五公里处大白常村的王璟考中进士，累官至都察院左都御史、太子太保，受朝廷追封二代。远溯西汉时期，临沂地区还有一位以“凿壁偷光”闻名于世的经学家匡衡。这些远近著名的故事被记入庄氏家训，警示后人。从贫弱之家到问鼎一方，庄氏家族刻苦学习，科举为本成为家族教育的突出特点。在庄氏族谱中，记载了数十位庄氏族人刻苦学习的事迹。庄谦少时家贫，靠卖烧饼为生，却经常到私塾门口偷听塾师讲学，后受塾师王凯接济，终于成名；庄予桢“幼年好学，课余犹于诸兄弟默诵经史，陈说典故，以为常。值捻匪作乱，携家避居山中，得间，犹手置一编，日夜无少懈焉”③；庄日跻读书欲睡，用瓷片刺腿，血流至足。庄谐家贫，每逢考试，步行前往青州府，吞雪充饥，却一日不忘诗书。这些记

① 庄应宸：《城阳朱陈村庄氏族谱·家传》，光绪三十二年(1906)续修。

② 庄陔兰：《重修莒志·列女节孝·人物九》卷七十二、卷六十四，莒县新成印务局民国二十五年(1936)。

③ 庄应宸：《城阳朱陈村庄氏族谱·家传》，光绪三十二年(1906)续修。

载深深影响了庄氏后学，使之秉承先辈遗志，追求科举功名。

齐鲁之地自古就有尊师重教的优良传统。著名儒家传经大师，曾任临沂兰陵令的荀子将教师提高到与天地君亲同等重要的地位，几至师云亦云的程度，这对同处临沂的庄氏家族有着深远影响。庄谦年少家贫无力读书，塾师王凯见其聪慧好学，免费讲读。庄谦成名后，庄氏家族供养其受业恩师王凯后半生，并立下规矩，庄氏世世代代与王氏友好，永远不准购买王氏土地。庄咏年少时听说哪里有名师，会不惜数百里的路程前去请教。清光绪年间，温水泉村刘培基任塾师，以身作则，治学严谨，其学生庄予桢中进士，成为庄氏复兴时期的重要人物。

3. 创立书院，结社讲学

书院夜诵是著名的"莒州八景"之一，书院文化对莒地之民影响深远。庄氏前期多就学于家塾，家族势力扩大后，就逐渐开始创办书院，提升族人学识。清乾隆六年(1741)，庄氏族人在大店浔河南岸建立了占地六亩多的"林后大学"，有师生宿舍、食堂、藏书室二十余间，延聘名师，教授四书五经等儒家经典，后根据环境特点，取因树成屋之义，改称"因园"。"因园"创立发展过程中，吸收我国传统书院的特点，族人在其中研学诗词、理学，是供祭祖先、交友聚宴的理想之地，"因园"环境优美，办学时间近百年，成功地推进了庄氏科业的再次复兴。庄锡绅的《花朝后四日宴集林后因树书屋》，朱凤翱的《因树成屋咏梅花》《大店学中杂咏》都记载了"因园"的优美景色和同好研读诗文的乐趣。

明末书院讲会制度风行一时，东林书院讲会名动天下，结社讲学成为一时之风尚。庄氏家族亦是如此。庄氏族谱记载：道光年间，大店庄在芳于村东文昌阁立"文昌社"后，世乱废弛，庄氏相约子侄等重建之，曰"文昌继社"。庄恩艺、庄恩植与同族兄弟叔侄结"思诚社"，后庄予检继之。二社定期讲学解疑，切磋学问，坚持到晚清时期，宗族乡党多有所成。清光绪年间，莒州知州蒋楷对"文昌继社"高度评价："文昌继社，备试卷，集生童，按期分题较艺，评定甲乙，传观而奖励之，数十年而成名者多社中人，迄今士林犹称述不忘"①。庄恩植也在《九日登七峰顶文昌阁怀李际武并思诚社同人》一诗中，记述了与同社诸人登山作赋、凭吊古迹的雅致和对同社亲友的殷切期望。通过这种结社交游的形式，庄氏族人形成了一个"学术共同体"，有效地促进了全体成员的共同进步。

① 庄应宸：《城阳朱陈村庄氏族谱·家传》，光绪三十二年(1906)续修。

4. 重视诗文,兼习杂艺

家族文化生长于区域文化的土壤中。齐鲁之地自古就是中华传统文化的发源地之一。从宋元直至明清的近千年间,诗坛上都有山东诗文大家的影子,从李清照、辛弃疾到李攀龙、王渔洋,均领一时之风尚。山东科举世族在发展过程中也出现了精于诗文的特点,桓台王氏、高密单氏均以诗文名震海内。[①] 大店庄氏也是如此。而且随着时间的发展,后学涉猎范围更广。从早期的专于科举的功利性,到后期家业扩大,逐渐重视素质教育,学习内容逐渐转向文学、书法、绘画、音乐、美术、医学、数学、生物等多个领域。

有明一代,庄氏家族家业初兴,后因庄鼐受朝廷通缉,家族所藏作品焚烧殆尽,家族文化遭到重创。清代中期后,庄氏进入快速发展期。自庄位中起至庄陔兰止,共有十一人近五十余部作品传世。其中庄咏的《学庸困知录》被时任山东学使的李少峰评为初学"四书"者的"暗室之漆灯,而迷津之宝筏"[②]。民国二十三年(1934)庄陔兰应莒县县长卢少泉之聘,担任《重修莒志》总纂,于1935年底定稿,详述了从西周到民国年间莒地的历史文化,成为研究莒文化的重典。诗词方面有庄咏的《菊香亭诗草》,庄瑶的《小琅玕馆古近体诗》《杜津浅说》,庄逵《浔西诗草》《红豆青松唫舍诗文集》,庄湘泽(女)《籁声阁诗词集》等。书法方面,沂蒙地区自古翰墨飘香,书法名家层出不穷。东晋时期,以天下第一行书《兰亭集序》名世的"书圣"王羲之,唐代开创"蚕头燕尾"的"颜体"的颜真卿都曾生活在这里。庄氏家族吸收区域文化精华,涌现出以庄瑶、庄锡纶、庄陔兰为代表的数十位书法名家。其中以颜体大家庄陔兰的《重修定林寺碑》为代表作品。绘画方面,有庄逵、庄呈骏、庄迈、庄景楼和剪纸艺术家庄平(女)等,其中以庄景楼的《卢雁图》《花鸟四幅屏》最为著名。在医药方面,庄瑶、庄允埔、庄云章、庄少庚成就突出。数学家庄圻泰、生物学家庄孝僡、音乐家庄虔昕(女)等等,则从另一个侧面反映了庄氏族学与时俱进的嬗变过程和厚重博大的内容体系。

二、庄氏家族教育对现代家庭教育的启示

人类社会发展至今,聚族而居的状况已基本被单个家庭独居的状况所取代,但是豪门世族家族教育的优秀元素还是给予了我们很大的启示。笔者认为,这对于当前家庭教育的启示至少表现在以下几方面:

① 党明德、何成:《中国家族教育》,山东教育出版社2005年版,第175~205页。

② 庄咏:《学庸困知录·序》,城阳清和堂,道光二十三年(1843)刻本。

1. 重视以德育人，开展对子女的道德教育

道德教育历来为我国社会所重视。立身立德、以德育人，是古代家族（家庭）教育不可或缺的内容，也是我国优秀的教育传统。今天，这一传统尤其需要发扬。从清华大学刘海洋"硫酸伤熊"到云南大学马加爵"残害室友"，从中学生举刀砍向母亲到网络流行语"弑师"，无不显示出道德教育的缺失。古语云："染于苍则苍，染于黄则黄"。儿童正处于人生观、价值观、世界观的形成期，可塑性极强，是道德教育的良好时机。孔子曰："弟子入则孝，出则弟，谨而信，泛爱众，而亲仁，行有余力，则以学文"①，充分体现了德重于智的道理。道德教育理应成为家庭教育的首要内容，也是家庭教育不可推卸的责任。

先学做人，后学做事。我国古代豪门世族之所以缙绅满门、代代繁荣，正是由于他们始终把道德教育放在首位，把"修齐治平"作为精神追求。族谱家训作为我国古代社会特有的文化形态，对家族教育的作用非常重大。庄氏家族以族谱家训为手段，谆谆告诫，以身示范，给我们今天以极好的启示。孔子云："其身正，不令则行；其身不正，虽令不从。"②榜样的力量是无穷的。正是庄氏先祖励精图治、奋发进取的精神，尊师重教、严于律己的品质激励着后人，使其家业经久不衰。

2. 注重集体教育，着力打造"学习共同体"

当前，随着我国独生子女的日益普遍，如何培养他们的集体主义精神，越来越成为教育所要面临的问题。在此方面，庄氏家族的发展史也给我们提供了很好的借鉴。如前所述，庄氏家族之所以能够长期问鼎一方，重要原因在于创建家族书院，注重结社讲学，逐渐形成了一个充满活力的"学术共同体"，在相互砥砺中促进了全体成员的发展。事实上，在家庭教育中，在亲友间形成小型的"学习共同体"，不仅有利于青少年学习成绩的进步，也有利于其人际交往能力和团队合作精神的养成，从而进一步促进个体的成长。

苏联著名教育家苏霍姆林斯基曾在他的教育试验田"帕夫雷什中学"里，给我们展示了一个集体主义教育的梦幻乐园。当前流行的小组合作学习（cooperate learning），也以其明显的成效证明了集体学习的可能性和优越性。事实上，在家庭教育中注重互帮互学，打造"学习共同体"，不仅能促成家庭成员的共同进步，更有利于孩子顺利地融入社会、健康成长。

---

①《论语·学而》。

②《论语·子路》。

3. 重视素质教育,培养全面发展人才

重视素质教育,培养全面发展人才,是我国现阶段的教育目标,这在庄氏家族发展历程中也有体现。例如,庄瑶作为庄氏家族发展中期的重要人物,政绩卓著,爱好广泛,在诗词、书法、医药等领域都有很深的造诣。嘉庆二十一年(1816)中举,嘉庆二十二年(1817)中进士,任工部都水司主事。道光二十年(1839)任河南河北兵备道,身先士卒,政绩卓著,受到当地百姓爱戴和道光帝的赞许。道光帝曾对赴河南就任的官员说:"尔等到官日,做事用心如庄瑶,则朕信汝。"①庄瑶辞世后,获赠太仆寺卿,入祭乡贤祠。庄陔兰,光绪二十九年(1903)中举,光绪三十年(1904)中进士,钦点翰林院庶吉士,后授翰林院编修,后由翰林院保送日本法政大学留学,留日期间加入中国同盟会。民国十四年(1925)孙中山先生逝世,庄陔兰退出政坛,赴崂山广善寺研究佛经,民国二十一年(1932)返回故里。民国二十三年(1934)出任《重修莒志》总纂,民国二十五年(1936)应孔府之邀,赴曲阜担任末代衍圣公孔德成的汉文老师,受到礼遇,死后葬于孔林,成为唯一葬于孔林的外姓人。庄陔兰不仅经史皆通,而且是名震一方的书法大家和著名的收藏家,藏有众多字画、金石。他收藏的商代"且辛剑"和汉代"上林瓦当"都堪称精品。这些多样的爱好,丰富了他们的业余生活,进一步促进了他们的发展。

当今社会全球化趋势日益显明,对家庭教育也提出了新的人才标准。在此情况下,培养全面发展、兴趣广泛的个体,成为家庭教育的重要使命。人只有在自己感兴趣、能发挥自己才能的活动中,才会消除心理的压力和疲劳,获得自我肯定,感受到真正的满足。庄瑶、庄陔兰等人的经历,充分显示出多样性爱好对人发展的重要性与必要性。

"知今宜鉴古,无古不成今。"如何搞好家庭教育,是一个非常重要的课题。庄氏家族四百余年的发展历史与经验,给我们现代家庭教育以重要的启示。相信在历史经验的滋养下,现代家庭教育必然更加成熟,也更加完善。

(作者于2005年获华中师范大学教育史专业博士学位,现为曲阜师范大学教育科学学院副教授)

① 庄陔兰:《重修莒志·列女节孝·人物九》卷七十二、卷六十四,莒县新成印务局民国二十五年(1936)。

清末浙江学生学习生活与社会交往

刘训华

如何从宏观的角度把握近代中国史的发展变迁，学生活动是一个很好的观察切片，近代中国某种意义上可以说是学生化的中国，而国内对于学生史的研究，桑兵的早期著作①力图以一种感性的方式，表现清末学生的活动与作用，而近年来瞿骏的学生生活史研究②，则是将清末学生与五四学生进行了有效的串联。而这样对于学生史研究的共性，与周洪宇近些年所倡导

① 参见桑兵《清末新知识界的社团与活动》（生活·读书·新知三联书店 1995 年版），该书主要从社团的联系与活动开展角度，论述了新知识界的成长。另一部学生史名著《晚清学堂与社会变迁》（广西师范大学出版社 2007 年版），则从文化分层与西学引进着手，详述学生群体的形成、兴盛及学潮的内容，并论及学堂学生群体视角中清末民主化进程、反清革命及清末社会变迁。

② 瞿骏：《“没有晚清，何来五四”之反思——以“转型时代”（1895—1925）学生生活史为例》，载《学术月刊》2009 年第 7 期；《辛亥革命与日常生活——以学堂学生与城市民众为例》，载《开放时代》2009 年第 7 期。

的教育活动史①的研究是相统一的，周洪宇认为研究教育史应该追求一种全景式总体史的研究宗旨，在生活与平民化的生活圈中寻找历史与教育的契合点。而浙江就是这样一个能够典型地反映近代中国历史变迁的、并体现学生活力与动力的一个契合点。

浙江由于地理区域的优势，它是近代中国最早接受欧风美雨熏陶的区域之一，近代浙江涌现出来的各类人才兴盛于政治、经济、军事、文化等各个社会舞台。而这些人才的源头——清末浙江学生的生活状况，也很好地反映了处于近代社会大转型时期的中国一个沿海省份独特而具个性的教育场景。

平淡总是历史的常态。新式读书人，是针对科举时代的士子们而言。清末学生在读书之时，方默默于世间一角。社会的剧烈变革，也无时不影响着学生的生活状态与它的社会交往。清末学生群体的产生与他们的初期成长，内中拥有许多极具个性与魅力的话题。仅就清末学生的生活与交往来说，尽管是刚刚起步，但是它们涌现出来的形式与内容，与传统的私塾、书院相比，也是具有深刻的变化。

概括学生群体的业余生活与社会交往，受资料的限制，在研究上有一种难度，而常态的形式，往往难以留下深刻的内容。笔者力图通过对清末学堂片断的回忆与分析，寻找清末浙江学生②在新旧相间的清末所经历的学习生活与社会交往，探究新式读书人的成长。

一、清末浙江学生的学习生活

在清末废科举、兴学堂的时代号召下，浙江各地普设中小学堂。由于新式学堂跨越式的发展，带来了诸如师资、课程等方面的制约，相较旧式的科举授课模式，新式教育由于课程内容的丰富与延伸，课堂教学出现了很多新情况。首先是由于课程设置标准的缺乏，课程的规范化建设在当时成为几

① 详见周洪宇《学术新域与范式转换——教育活动史研究引论》，华中科技大学出版社 2011 年版。该书作为教育活动史学派的重要理论著作，在强调教育史研究范式转换的同时，在研究方式上注重以民众的教育生活为研究重点，以问题研究为导向的研究取向，而这种以教育活动为研究载体的反映历史变迁的低社会视角的历史叙事，也正是教育与历史的研究使命高度结合与碰撞之所在。在研究方法上，强调地上与地下、史学与文学、书面与口述三结合的大史料观，“视情而定”的理论与方法论，采取“善序事理”的叙事形式，这也使该学派在以教育活动作为研究对象时，具有更多的史学学科研究倾向。

② 本文中的“学生”主要指学堂学生，不包括留学生。

乎难以完成的使命，所以各地多根据自身情况，灵活设置自己所能开设而又适合新学的课程。

后来成为著名文学家的浙江学生沈雁冰（即茅盾）接受的启蒙教育很早，在进学堂前就读过家塾、私塾。随着新学在浙江的深入，沈在8岁时进了乌镇的立志小学接受初小程度教育，后转学到植材高等小学，成为该校的第一班学生。沈雁冰所读的植材高等小学，也经历了中西学堂的发展阶段。小学堂的课程设置随着时间的推移而不断更新。沈雁冰回忆说："我进植材后，才知道教的课程已经不是原来中西学堂的英文、国文两门，而是增加了算学（代数、几何）、物理、化学、音乐、图画、体操等六七门课，又知道教英文和教新增加的课程的，都是中西学堂的高才生，毕业后由学校保送到上海进了什么速成班，一年后回来做我们的老师的。教我们英文的叫徐承焕，用的课本是内容相当深的，他还兼教音乐和体操。教代数、几何的是徐的兄弟徐承奎，用的几何课本是《形学备旨》，代数课本是什么记不得了，但进度很快。图画课在当时一般的小学校里是不容易开的，因为教师实在难找。植材小学总算找到了一个，是镇上一位专门替人画尊容的画师。那时，乌镇还见不到照像，人死后，就请画尊容的画师来画一张尊容像，留作纪念。对于音乐，我是喜欢的。音乐用的是沈心工编的课本，其中有一首《黄河》，共四节，现在还记得第一节是'黄河，黄河，出自昆仑山，远从蒙古地，流入长城关，古来多少圣贤，生此河干。长城外，河套边，黄河白草无人烟，安得十万兵，长驱西北边，饮马乌梁海，策马乌拉山。'这首歌曲调悲壮，我很喜欢，但不懂歌词的意义，教音乐的徐先生，只教唱，不解释歌词。我问母亲。母亲为我详细解释，并及白草的典故，但乌梁海、乌拉山，母亲也不懂，只说这大概是外国的地名。"①从沈雁冰的回忆里，不难看出，浙江早期的初等学堂教育，普及一定的科学知识，尤其是增加了算学、物理、化学、音乐、图画、体操等传统科举所不具备的内容，对学生的个人成长起着至关重要的作用。而由于前所未有之新学发展，合格的师资成了一个大问题，经过一定阶段的培训，留校生成为弥补师资缺乏的一种重要途径。同时，对于美术等个别科目，如植材这样的乡镇小学堂，让那些本身就没有新学基础的人，如那个替逝者画像的画师来教授美术，是当时浙江乡镇小学堂课堂教学活动中特别的现象。

小学堂学生的学习生活，因其年龄特点、学堂临家近等情况，在特定的学生身上，会有它的特殊性。沈雁冰回忆在嘉兴桐乡乌镇时的上学情景，尽

① 茅盾：《我的学生时代》，新蕾出版社1982年版，第35～37页。

管挨家很近，却是另外一番景象：“那时候，父亲卧床不起，房内总要有人伺候，所以我虽说上了学，却时时要照顾家里。好在学校就在我家隔壁，上下课的铃声听得很清楚，我听到铃声再跑去上课也来得及，有时我就干脆请假不去了。母亲怕我拉下的功课太多，就自己教我，很快我就把《论语》读完了，比学校里的进度快。《速通虚字法》帮助我造句，《论说入门》则引导我写文章。那时，学校月月有考试，单考国文一课，写一篇文章（常常是史论），还郑重其事地发榜，成绩优秀的奖赏。所以会写史论就很重要。沈听焦先生每周要我们写一篇作文，题目经常是史论，如《秦始皇、汉武帝合论》之类。他出了题目后，照例要讲解几句，暗示学生怎样立论，怎样从古事论到时事。我们虽然似懂非懂，却都要争分数，自然跟着先生的指引在文章中‘论古评今’。”①沈雁冰所读的学校就在自家的隔壁，想来是很多儿童读书时所期望的理想境地，同时亦可作为小孩子炫耀的资本。但由于父亲的病重，本该让沈雁冰所喜悦的这种隔壁学校的感觉，笼罩在一种忧伤之中。而新旧时代的传统教育、母亲和良师的引导，又成为小学堂学生重要的素质启蒙教育内质。

为了更好地适应作文的要求，“硬地上掘曲蟮”，沈雁冰还无师自通地发明了文章写作的三段式。“第一，将题目中的人和事叙述几句；第二，论断带感慨；第三，用一句套话来收梢，这句套话是：‘后之为××者可不×乎’？这是一道万应灵符，因为只要在‘为’字下边填上相应的名词，如‘人主’‘人父’‘人友’‘将帅’等等，又在‘不’字之下填上‘慎’‘戒’‘欢’‘勉’一类动词就行了。每星期写一篇史论，把我练得有点‘老气横秋’了，可是也使我的作文在学校中出了名，月考和期末考试，我都能带点奖品回家。”②这样一种为了应付作文的八股式的文章写作范式，是小学生在学习生活实践中小聪明意识的体现。

相较小学堂而言，创立于 1897 年的浙江省第一所真正意义上的中学——绍郡中西学堂则更具有代表性。1898 年冬，戊戌变法失败后，在北京任翰林院编修的蔡元培认为清廷政治改良无望，于是弃官回绍，应聘出任绍郡中西学堂总理（校长）。1899 年 3 月 12 日，绍郡中西学堂开学，学生到者有 23 人，附课生 3 人，算学师范生 1 人。蔡元培说：“北京大学蒋梦麟君与北大地质学教授王烈君，都是那时第一斋的小学生。”“中央研究院秘书马禩光

① 茅盾：《我的学生时代》，新蕾出版社 1982 年版，第 33 页。
② 同上。

君，浙江省教育厅科员沈光烈君，都是那时第三斋的高才生。”除上述四人外，有记载的学生，“尚有杜煐孙、胡孟乐、张梁、张桢、寿昌田、骆思曾、诸福诜、张云樵、蒋梦桃，以及师范生李雪身、张德骧等人”。①

蔡元培办学重视师资的选配、教材的编写与课程改革：“1899 年 7 月，学堂更名为绍兴府学堂。蔡元培招揽‘极一时之选’的教员，力排守旧势力的阻扰和干扰，积极推进新式教育：购置科学仪器，改革课程设置，自编教材课本，先后增设日文、体操、测绘、物理化学等课，并率先引进外籍教员。在蔡元培的主持下，绍兴府学堂经革新而成为清末国内新式学堂的佼佼者之一，在中国近代教育史上占有一席之地。”②

其时绍郡中西学堂，分为三斋，最高为第三斋亦称理学斋，略等于今天的高一，其次是第二斋，亦称词学斋，略等于今天的初一。再次是第一斋，亦称蒙学斋，略如高小一年级。此外，还设有国学、专习算学等附课生、师范生班。③

蒋梦麟曾就读于第一斋，他若干年后深情回忆，对绍郡中西学堂这段懵懂的初学岁月，给予了很高的评价：“中西学堂教的不但是我国旧学，而且还有西洋学科。这在中国教育史上还是一种新尝试。虽然先生解释得很粗浅，我总算开始接触西方知识了。在这之前，我对西洋的认识只是限于进口的洋货。现在我那充满了神仙狐鬼的脑子，却开始与思想上的舶来品接触了。我在中西学堂首先学到的一件不可思议的事是地圆学说，我一向认为地球是平的。后来先生又告诉我，闪电是阴电和阳电撞击的结果，并不是电神的镜子里发出来的闪光；雷的成因也相同，并非雷神击鼓所生。这简直使我目瞪口呆。从基本物理学我又学到雨是怎样形成的。巨龙在云端张口喷水成雨的观念只好放弃了。了解燃烧的原理以后，我更放弃了火神的观念。过去我们所崇拜的神佛，像是烈日照射下的雪人，一个接着一个融化。这是我了解一点科学的开端，也是我思想中怪力乱神信仰的结束……”④从蒋梦麟的回忆中，可以看出，在蔡元培执掌下的绍郡中西学堂，不仅对于西学予

① 蔡元培：《自写年谱》，载高平叔《蔡元培年谱长编》第 1 卷，人民教育出版社 1999 年版，第 146 页。

② 章玉安：《绍兴一中建校百年史略》，见绍兴市政协文史资料委员会编《绍兴文史资料第十二辑》，1998 年内部印刷，第 147～148 页。

③ 相关内容见高平叔《蔡元培年谱长编》第 1 卷，人民教育出版社 1999 年版，第 146～147 页。

④ 蒋梦麟：《蒋梦麟自传：西潮与新潮》，团结出版社 2004 年版，第 55～56 页。

以启蒙式的教育，而且为学生奠定了近代科学的基本理念。

浙江近代重要教育家、杭州知府林启在 1898 年 4 月创办的浙江蚕学馆，是近代浙江一所具有职业教育性质的新式学校。初期招生 30 余名，所取学生以秀才为多。“学生数额三十名，不论举贡生童，有能家世业蚕，文理通顺，年在二十左右，明敏笃静者，准其报名投考。惟短视人于显微镜不相宜。课程设有理化、动植物、蚕体生理、病理、解剖、气候、土壤、饲育、植桑、缫丝、采种等科，学程二年，林启自兼总办，并派人赴日本留学专习蚕桑。此馆为全国最早的农业专科学校。”①在办学的过程中，那些由于特殊专业而必须具有的课程，它们的师资建设成为一时的难题，而这方面的课程建设，邻国日本经常是中国学习的对象。

求是书院是清末浙江具有高等教育性质的最高顶层设计，求是书院在创办之初就历经波折。曾在求是书院求学的钱均夫②回忆说：“求是书院初办时，招收已就学之秀才，入学者膳宿费全免，并有三五元之膏火费。学生共 30 名，戊戌新政时，推广而分设内外两院。招收外院学生，以有志于讲求新学者为合格，一时应试者极为踊跃。政变后，退学者甚众，留者不过十之一二，故陈师(陈仲恕)尝谓此辈不退学者诚为认识国事力求新学之学生”。③

求是书院的课程与教学也体现了当时的时代特性：“当时之课程远无今日之完备。国、英、数为必修课，学生专心于国文者最多，英文教师有时兼授理化、生理卫生。学生无实验，均由教授行之。国文不是由教授直讲，而由学生自行研阅，疑则发问，教师解答，往往有一句钟内教师未发一言者。然学生必须日作札记，每晚呈缴，由教师批改。文课则头班生每逢朔望试作，二班生于朔望与头班生合课外，复于初八日、二十三日加课试作。”④求是书院后来发展为浙江高等学堂，其课程设置也与时俱进，初期自设的基础上发生很多的变化。后来清政府《奏定学堂章程》的出台，对于学堂的规范办学，

---

① 浙江省政协文史资料委员会编：《浙江文史资料选辑第四十二辑 · 新编浙江百年大事记 1840—1949》，第 88 页。

② 钱均夫(1880—1969)，名家治，祖籍杭州，1904 年考入日本东京高等师范学校，1912 年，钱均夫在上海创办了“劝学堂”，传播民主革命的思想。曾在原民国政府教育部任职多年，后任浙江省教育厅厅长；1956 年被国务院任命为中央文史馆馆员，1969 年去世。其子是中国当代最杰出的科学家和中国航天事业的奠基人钱学森。

③ 钱均夫：《求是书院之创设与其学风及学生生活情形》，载《浙江近代著名学校和教育家》(浙江文史资料第四十五辑)，第 2 页。

④ 同上。

也起到了良好的标杆作用。

清末学生对学习生活，是第一代学生群体成长的集体回忆。钱均夫曾经深情地回忆其在求是学院的求学经历，认为教授国文的老师多是博学之士。这其中难以忘怀的，“如乙亥年求是书院聘请宋燕生（平子，平阳人）先生主讲，养正书塾聘请陈介石先生主讲”，并认为“宋先生学问德望为海内冠，读书能过目不忘，并谓不独尽阅中国书籍，即大藏经典，亦皆过目。年事虽高，而思想甚新，著有宋平子卑议，学生有询以既有卑议，则必有高议，能假阅否。师谓有之，然斯时尚不许尔辈假阅也”。而且博学教师不仅是学识令学生神往，就是其经历也是令学生赞不绝口的。宋“并曾游说李鸿章、张之洞等，欲为国事有所划策，不为所采，退为主讲”。有一次，见一学生读《红楼梦》，便问该生读到何处，答到已至某某回，于是宋先生随命该生背诵芙蓉诔，学生不能做到，但是宋先生即自始而终背诵之却能够一字不乱，他告诫同学：“尔辈读书，遇有佳文，须熟记之，则他日行文，方有进境。”①

又有一次询问一学生《经世文编》，问其每日能阅几本，答曰十余篇，师喟然曰：“如此则全书正续两编共有48册，若干年后，始能阅完，中国书籍，即以全书所载者，浩如烟海，尔辈何时方能读毕。”于是有学生问老师每天应该读几本，答道每天要读三四本，并且“抽取若干精读之文，而指讲之，一篇不乱，其记忆力之坚强也如此”。“故宋先生在校未到一年，学生受益甚多，而校风顿变。师所教学，纯为启蒙式教育，非斤斤于占哔者所可比拟也。”②博学型老师能够对学生产生深刻的影响，如宋恕这样的良师，以其渊博的学识、极强的记忆力以及对学生学习生活的关心，深得学生爱戴。

阅读进步书籍，是清末追求进步的学生一大倾向。梁启超的文章一度是青年学生追捧的对象。《新民丛报》对清末时期学生的影响力，蒋梦麟记忆犹新。“梁启超在东京出版的《新民丛报》是份综合性的刊物，内容从短篇小说到形而上学，无所不包。其中有基本科学常识、有历史、有政治论著，有自传、有文学作品。梁氏简洁的文笔深入浅出，能使人了解任何新颖或困难的问题。当时正需要介绍西方观念到中国，梁氏深入浅出的才能尤其显得重要。梁启超的文笔简明、有力、流畅，学生们读来裨益匪浅，我就是千千万万受其影响的学生之一。我认为这位伟大的学者，在介绍现代知识给年轻

① 钱均夫：《求是书院之创设与其学风及学生生活情形》，见《浙江近代著名学校和教育家》，浙江人民出版社1991年版，第2～3页。

② 同上。

一代的工作上，其贡献较同时代的任何人为大。他的《新民丛报》是当时每一位渴求新知识的青年的智慧源泉。”①总的来说，清末学生在回忆业余生活的时候，都带有一种流连不舍的感觉。

二、清末浙江学生的社会交往

新式学堂的人际关系和社会交往，是有别于传统的科举时代的学子情谊。科举时代的读书人，因科举这一独特的进入主流社会的模式，而与政府保持重要的政治、感情与心理维系。这种维系因为清政府的废科举而断绝，清末的新学生从政治、感情与心理上逐渐走到了政府的对立面，而清末学生的人际关系与社会交往，因为是在社会的转型时期，则更显出一种特别的新气象。

学生的业余生活总是丰富多彩的。钱均夫回忆说：“往昔在校时，各同学孳孳为学，互以敦品励行相勉，如有以功利之说进者，常自笑之，而不以为意。斯时人人必读之书有四种，即林太守颁发陶拙存先生所编之求己录及明夷待访录、天演论、曾胡文集等书。盖其意即在激发志气，养成民族意识，进而灌输欧西新思想，以谋自力更生。学生中有曾受曾胡李三公影响者颇不少，如蒋方震同学，其在武汉大公报上所写《日本与日本人》一文中，论及中国抗战必须坚持到底，不可中途妥协一节，则与李鸿章于甲午战败单衔请勿与和授以全权继续作战之奏议所述者不谋而合，由此亦可知蒋氏受李公影响之深。”②

可以看出那时候求是书院学生勤奋笃学、思想进步、同学互勉的这样一种良好学风。马叙伦在杭州养正书塾的回忆则增添了学生的一种洒脱和浪漫的情怀：“廿八年清明时节，西子湖边，山盘翠倚，水皱青绿，柳似舞丝，桃如含笑，怎不逗起我们的春情。向来清明、立夏这些节日是放假的，这年却改了规则。我们向学正先生要求，请向监督商量，仍旧放假。他说：‘不行’，自然大家不高兴。我们几个师范生却有点不师范了，就和几个头二班里的同学请了假，溜到西湖上，赊了几匹马，大家轻衫策鞭，游山玩水，好不赏心

① 蒋梦麟：《蒋梦麟自传：西潮与新潮》，团结出版社 2004 年版，第 69～70 页。

② 钱均夫：《求是书院之创设与其学风及学生生活情形》，见《浙江近代著名学校和教育家》，浙江人民出版社 1991 年版，第 3 页。

悦目。”①

学生追求个性解放，喜欢无拘无束地去野外游玩。这样的场景即使今天回想起来，也是让人非常向往与欣喜的。喜欢读书，尤其是启发性的书籍，也是学生业余生活的一项重要内容。“说到我的革命思想，是发生在十六岁。那时，我读了王夫之的《黄书》、黄宗羲的《明夷待访录》和《明季稗史》里面的《扬州十日记》、《嘉定屠城记》一类的书，有了民族民权两种观念的轮廓，这年又碰上了义和团的事变，八国联军冲破了北京，就峻深了我的民族观念，又读了些孟德斯鸠的《法意》、卢梭《民约论》的译本，和李提摩泰的《泰西揽要》一类的书，不知不觉地非要打倒满洲政权，建立民主国家不可，并且就想找同志了。”②

养正书塾创新了教法，对优秀的学生采取了激励机制，允许跳级学习。到了后来，更是用优秀的高年级学生教低年级学生，这样的方式方法即使在今天看来，无疑是遵循了教育的规律，有利于人才的培养，做到了因材施教。同时，在激励机制面前，同年级同学的友谊，高、低年级同学的友谊，也得到了充分的发展。“我在二班里，也是半年就和全班的同学一起升入了头班。可是我苦了，因为他们的算学都是学微积了，而我连三角也学不好。英文也连造句还咯哩咯嗒，改学日文，又讨厌他总是鬼话。不过我在历史国文掌故方面的成绩，除了汤尔和、杜士珍两位同学外，我总超过其他同学们，所以保持了在头班的地位。我在头班半年不到，和汤杜两位同学的成绩又超过了其他同学，忽然把我们三个加了一个特班生的头衔，却仍在头班里读书，这是在前清光绪二十七年上半年。下半年书塾里又出新花样了，加设师范生六名。备班学生一班，备班取来的学生都是现在的初小一二年级，师范生呢，并非另开一班，也不增加教育科目，就是给我和汤杜两位同学，和还有周继善、叶诚然、龚康寿三位同学（都是头班生）加了一个职务，叫我们去教备班学生，不过不算正式教员，所以特立这个名目。我们在备班里，一面是教师地位，一面还是同学地位。我们对于这班里的小兄弟，真是看得和自己的兄弟一样。而我们的教法，不但用了陈老先生教我们的方法，‘不愤不启，不悱不发’，我们和他们真德谟克拉西。我们有时设了一个问题，反而自己退下讲台来坐在学生位子上，请他们里面自动要说话的上去互相质问辩难。

---

① 马叙伦：《我在六十岁以前》，生活·读书·新知三联书店 1983 年版，第 14～15 页。

② 同上书，第 17～18 页。

所以他们也和我们亲热得要死。”①成绩优异的学生客串小老师，这是严重缺乏师资的清末新式教育的无奈，但也为同学之间的关系增添了新鲜的内容。

回忆不总是美好的，蒋梦麟回忆杭州一所办学资质较差教会学校的学潮时，认为该学潮是由守旧教师引发。“校园之内惟一像样的建筑是礼拜堂和校长官舍。学生则住在鸽笼一样的土房里，上课有时在这些宿舍里，有时在那间破破烂烂的饭厅里。大概是出于好奇吧，学生们常常喜欢到校长官舍附近去散步。校长不高兴学生走进他的住宅，不速之客常常被撵出来。有一次，一位强悍的学生说什么也不肯走开，结果与一位路过的教员发生冲突。围观的人渐聚渐多。那位学生说先生掴他的耳光，同时放声大哭，希望引起群众的同情。这次纷扰遂即像野火一样波及全校。学生会多数决议，要求校长立即开革那位打人的教员。校长断然拒绝学生的要求，群众的情绪愈涨愈高。校长冷然告诉学生说：如果他们不喜欢这个学校，就请他们卷铺盖。不到两个小时，全体学生都跑光了。”②由此可以看出，因为守旧教师的成见而酿成的学生学潮活动是新旧教育转型时代一个特有的现象。

中国的同窗之情，是一种除了亲情之外较为亲切的一种情感。同学的勇敢坚毅，是学生们非常敬畏的事情。“辛亥革命中，江北提督之参谋长史寿白，提兵攻取南京，浙江克复时之总司令周赤忱，均为求是学生，彼等于功成之后，相率退职。又如同学王维忱，后为高等学堂教务主任多年，亦曾参加国父孙中山所领导之十大革命战役中之萍乡一役，光复后，乃缄口不言其事，此种光明磊落之态度，只知为人群服务为己任，正与董仲舒立言之一意相吻合，故敢以斯二语表明求是之学风。”③同学之间，对于那种有大功于社会的校友，无论何时，都是令校友们所肃然起敬。

清末学生早期的社团活动，是学生进行社会实践的重要途径。社团既孕育了学生的社会思想，又锻炼了组织管理才能。中国现代意义上最早的

---

① 马叙伦：《我在六十岁以前》，生活·读书·新知三联书店 1983 年版，第 11～12 页。

② 蒋梦麟：《蒋梦麟自传：西潮与新潮》，团结出版社 2004 年版，第 64～65 页。

③ 钱均夫：《求是书院之创设与其学风及学生生活情形》，见《浙江近代著名学校和教育家》，浙江人民出版社 1991 年版，第 4 页。

大学生社团[①]是1900年求是书院(今浙江大学的前身)学生参与成立的励志社。1900年,八国联军攻陷北京,帝后出奔西安。蒋方震等一批进步学生为朝廷的屈辱无能感到十分气愤,不少学生偷阅违禁书刊,并秘密组织"励志社",发表抨击时政的文章。每周举办读书会、演讲会,以"砥砺品学,促进维新"为目的,发扬爱国民主思想。是年冬,唐才常在汉口组织"自立军",事泄被害。蒋百里激于义愤,赋诗悼念。当局欲加迫害,经各方努力,蒋被保护送赴日留学。后来,蒋方震成为我国杰出的军事家和军事理论家。

而几乎与此同时,中国留日学生在日本成立了励志会。励志会与励志社仅差一字,他们共同的爱国救亡信念却是始终不变的。"(励志会)为庚子(1900年)东京留学界所组织。其时各省学生东渡留学者不过百数十人,尚无何种结合,此会实为留学界创设团体之先河。有会章五条,不外以联络情感策励志节为宗旨,对于国家别无政见。惟是时革命思潮已风起云涌,会员中主张光复主义者大不乏人。激烈派如戢元丞、沈云翔等均任会中干事,故亦不啻一革命宣传机关。"[②]

励志会主要以联络情感、策励志节为宗旨,对国家别无政见,亦无满汉之分。会员可考者有42人,浙江籍学生10人,他们这些人当中,在历史上较有名气的有王宠惠、良弼、金邦平、秦毓鎏、陆世芬、陈榥、张继、章宗祥、曹汝霖、董鸿祎、钱承志等人[③],尽管各人留在历史上的方式各异,但毕竟都留下一定的历史印记。或许在他们进入社会的若干年后,像励志会这样的组织经历与人际交往,是他们较为重要的一笔人生财富。

通过这些学生社团,清末浙江这些优秀的学生,通过学生式的社会交往,在较为单纯的人际关系中,将眼光更多地投向民族与国家的发展,表明了清末学生比之前的科举时代的读书人有了一种不依附政府的新式的社会责任感与国民意识,而这很可能是这些学生在日后思想上进一步革命化的重要前提。

---

① 传统将北京大学1904年成立的抗俄铁血社作为第一个现代意义上的大学社团。但经笔者考察认定,1900年已经具备高等学校功能的求是书院(浙江大学前身)学生组织"励志社",从时间上来说更早于抗俄铁血社,并且完全具备学生社团的功能,所以本文将1900年由求是书院学生成立的励志社作为最早的中国高校学生社团。

② 冯自由:《励志会与〈译书汇编〉》,见《革命逸史》(上),新星出版社2009年版,第81页。

③ 张玉法:《清季的革命团体》,中央研究院近代史研究所1982年版,第253～255页。

三、新式读书人的旧学情结与教育活动的历史走向

清末许多浙江学生来自有功名的士子。1905 年 1 月 28 日，清驻日公使杨枢奏于日本东京设法政速成学堂，教授游学官绅。另片请设经纬学堂，教育中国游学生。谕曰："出使日本国大臣杨枢奏，请设法政速成科学，教授游学官绅，下学务大臣知之。"又谕曰："又奏特设经纬学堂，下外务部、学部大臣知之。"①这其实也可以看出留学不仅是适龄学生的事情，就是已经有了功名的旧士子，他们也想披着新学的外衣。毕竟新的东西从外表来看有种让人赏心悦目的感觉。

蒋梦麟在浙江高等学堂读书的时候，旧学的科举考试也如期而至。蒋梦麟回忆到："为求万全，我仍旧准备参加科举考试。除了革命，科举似乎仍旧是参加政府工作的不二途径，并且我觉得革命似乎遥遥无期，而且困难重重。"②蒋梦麟其时的分析，真够得上冷静而睿智。进入政府的途径，还是科举，同时他对革命认为是遥遥无期而其困难重重，不知道何时可以实现。而科举考试的那种严密形式，有着它的合理性与公平性。"考生点名后就可以进考棚了。他的帽子和衣服都得经过搜索，以防夹带，任何写了字的纸头都要没收。考生鱼贯进入考棚，找出自己的位置分别就座。座位都是事先编好号码的。考卷上有写好考生姓名的浮签，缴卷时就撕去浮签。考卷的一角另有弥封的号码，录取名单决定以后才开拆弥封，以免徇私舞弊。清末时，政府各部门无不百弊丛生。唯有科举制度颇能保持独立，不为外力所染。科举功名之所以受人器重，大概就是这个缘故"③。

旧式功名即使在清末，在社会中还是具有相当强的影响力。同时，由于清末是旧学与新学交替之际，有些富有的家庭，则是请人以旧学的授课形式辅以一些新学的教学内容，是旧瓶装新酒。金开英回忆说："我考进清华之前，没有进过任何学校，都是请人来家里教。我只有小时候住在南浔，后来住上海，中间曾回去过一段时间，其他时候则住在北平。在上海的时候，父亲请人来家里教我们念书。我们三个表兄弟——我、我舅父徐晓霞的儿子和张石铭的儿子——合请了两位上海华童公学的老师，他们都是广东人，一个教英文、数学，一个教格致（包括物理、地理、历史等），上课地点是三家轮

① 《清德宗实录》，卷 540，第 7～8 页。

② 蒋梦麟：《蒋梦麟自传：西潮与新潮》，团结出版社 2004 年版，第 72 页。

③ 同上书，第 75 页。

流，一家一个月。我家另外还请了一位中文老师，名叫杨仲庄，杭州人，很有点名气，杭州吴开文的牌子就是他写的，杭州人称砚台为‘砚碗儿’，这点很特别。”①由于清末教育具有的过渡性特点，很多资料都可以表明，在清末浙江学生中，具有旧学功名的学生，具有一定的数量。

相较于新旧交杂中的学生思想与功名意识，学生的教育活动或许更具有它的积极的历史意义。清末浙江学生的学生生活，是那个时代中国沿海学生生活的一个缩影。在漫长而又充满希望的“学而优则仕”的科举晋升主流社会的渠道堵塞后，读书人的知识、理想与社会认知发生了重要的变化。社会的变革在摧残了一部分上进的人心的同时，它也使读书人对正常的个人发展前景失望。

比较科举时代的无学制、无年限、低成本的求学方式，新式学堂的求职者，更需要有种经济基础的支撑。清末浙江学生的学习活动，似乎显得有趣而生动。但在它背后所隐藏着的，则是无序社会中拥有知识和文化的平民子弟在心灵深处所蕴含着的对进入主流社会的内在冲动。“没有晚清，何来五四”的内涵意义是肯定了“五四”相较于晚清的正统历史影响，然则就历史的演变来看，晚清的学生更具有研究的实际价值。清末学生所创造出来的读书范式，他们对于新式书刊、思想的痴迷，为后来的“五四”学生提供了良好的实践范本。无论从历史的渊源还是现实影响而言，清末学生的学习、生活与社会交往的场景，都隐藏在“五四”现象的源头之处。

（作者系华中师范大学教育学院教育史专业 2010 级博士后）

① 陆宝千、黄铭明：《金开英先生访问记录》，中央研究院近代史研究所 1996 年版，第 23～24 页。

清末民初湖北法律教育与武汉律师业之发展

赵永利

律师是近代从西方传入我国的新兴职业。在清末法制近代化进程中西方律师制度被引入,经过晚清的探索和民国初年的创设,我国的近代律师制度得以确立,中国律师从此登上历史舞台。近代律师与中国古代长期存在却一贯被明令禁止的讼师有着本质的不同,二者的主要区别之一,就是律师需接受以西方法律课程为主要内容的新式法律教育,获得从业资格,从而取得协助当事人诉讼、辩护及处理法律事务的合法身份。

中国近代的新式法律教育,亦是在清末随西方的法律及教育制度的传入而出现并逐步发展起来的。中国古代曾有过延绵两千余年的法律教育,但其主要目的是培养封建官吏,并且"在封建正统的法律价值体系当中,'德主刑辅'的结构形式在逆向上反被放大,变成了崇儒弃法,法学与法律教育也随之逐渐式微"①。鸦片战争后,中华法系的地位受到强有力挑战,在西方的胁迫、示范和了解西方法政制度的有识之士推动下,清政府最终选择学习西方的律法及相关制度,实施了从军事、政治到教育、法律等一系列变革,对包括律师在内的新式法律专业人才的需求变得日益迫切,由此导致法政留

① 王健:《中国近代的法律教育》,中国政法大学出版社 2001 年版,第 50 页。

学潮的出现与国内新式法律教育的产生。

在清末民初之际，那些未来的律师要获得从业必不可少的条件——新式法律教育，一是出国留学，一是进入国内新兴法政学堂（校）或大学学习。而在这两个方面，湖北均一度处于全国前列，这使得武汉律师业①在民初迅速兴起，武汉成为国内律师活动最为活跃的城市之一。近代法律教育是法制史学者研究的重要内容之一，律师等自由职业者群体则是近年来史学界关注的热点之一，然而学界对近代湖北的法律教育及武汉律师业却还缺乏研究，已有的地方史志著作也语焉不详，不乏错讹之处，因此笔者不揣鄙陋，试对清末民初湖北法律教育的发展及其对武汉律师业的影响作一介绍，希望能起到抛砖引玉的作用。

一、清末湖北法律教育的起步与武汉律师业之萌生

近代湖北的法律教育肇始于甲午战后。甲午战争的惨败使国人与清廷都切实认识到仅靠引进西方的船炮“器物”不能实现富国强兵的目的，中国需要像日本那样进行政治、法律、教育诸方面的“政制”变革。于是日本成为中国学习的榜样，清政府开始大规模派人赴日留学，民间自费留日也成一时风尚，其中法政之学被视为向日本学习的重要内容之一。在此次留日风潮中，湖北表现得尤为突出。

（一）从留学到自办，清末湖北法律教育迅速起步

甲午战后，以长期担任湖广总督的张之洞倡导学习日本最力。张氏在其代表著作《劝学篇》中提出留学“西洋不如东洋”，并罗列赴日留学的诸多有利条件，有学者称此文“不啻为留学日本的宣言书”②。张氏还认为：“日本法律学最讲究，其法学共分六门，民法一门极为西人称赞佩服，于东方风土人情，尤为相宜可行。”③他将其主张在湖北切实施行，从各学堂中选择成绩优异者官费留日深造，同时还鼓励民间及官员自费赴日留学。1896 年，首批 13 名公派学生赴日，开启赴日留学的先河，其中就有湖北房县人戢翼翚。戢氏系湖北省留日第一人，曾入东京专门学校学习，后获政治经济科进士出

---

① 本文所探讨的武汉律师，是指近代在武汉三镇开展业务的华人律师，不包括在武汉的外国律师。

② [日]实藤惠秀：《中国人留学日本史》，生活·读书·新知三联书店 1983 年版，第 23 页。

③ 苑书义主编：《张之洞全集》（第十一册），河北人民出版社 1998 年版，第 8754 页。

身，为"近代留日法科的先驱者"之一。1901 年后留日学生逐年递增，到 1906 年人数约为 8000 人。其中湖北籍学生占很大比例，到 1905 年湖北留日学生人数已增至 1700 余人，即将毕业返国者约 500 人，湖北留日学生人数约占全国留日学生总数的 21%。① 在清末留日学生中，湖北籍学生人数一度居全国之冠。

在这批留学生大军中，法政留学生占据了极大的比例。因为较之其他学科，学习法政相对费时短、较容易，且回国后多就职于法政学堂、司法及政府机关，出路较广。据统计，仅日本专为中国留学生设立的法政大学法政速成科前后五期毕业生人数就达 1145 人。② 湖北留日生中学习法政者尤不乏其人，据清末湖北留日学生 537 人所习专业分析，其中学法政者有 139 人，占 25.9%。③ 如汤化龙、居正、张知本等后来在湖北乃至全国政坛有一定影响力的人物，均曾留日学习法政。另外，此时还有少数人赴欧美留学，如 1904 年湖广总督端方选派湖北各学堂学生 22 名赴美德法俄等国游学，其中马德瑞等 3 人学习法律。

大量法政留学生的培养，为湖北省内法律教育的创设提供了人才保障。清政府实施"新政"后，废除科举、改革官制、兴办学堂、立宪修律纷至沓来，教育与法律领域的变革尤其明显，培养储备新式法律人才变得刻不容缓，国内法律教育的兴办迫在眉睫。此时京津兴办的新式大学中已创设法律专业，修律大臣沈家本和伍廷芳奏请成立了京师法律学堂，1905 年后直隶、京师及各省法政学堂也次第兴办。在湖北，大批在日本接受过新式法律教育的留学生纷纷投身到湖北省内新兴的法律教育事业中，为湖北省内的法律教育的发展提供了师资，使较之京津等地法律教育机构兴办相对较晚的湖北能紧随其后，从最初的一无所有到开设多家公、私法政学堂，法律教育一度相对发达。

湖北省内法律教育的起步，始于 1902 年两湖高等学堂法律门的创设。两湖高等学堂是由张之洞将其 1891 年开办的两湖书院改设而来，并聘请美国教士、京师同文馆总教习丁韪良筹划办学。该学堂学额 120 名，选两湖、经

---

① 苏云峰：《中国现代化的区域研究（湖北省，1860—1916）》，台北中央研究院近代史研究所 1981 年发行，第 471 页。

② [美]任达著，李仲贤译：《新政革命与日本：中国，1898—1912》，江苏人民出版社 2006 年版，第 58 页。

③ 湖北地方志编纂委员会编：《湖北省志》（教育），湖北人民出版社 1998 年版，第 84 页。

心、江汉书院的优等生入学，共设学科八门，法律门为其一。但因学校参加革命活动的学生太多以及急需初等教育师资，该校举办不到两年即改为两湖师范学堂。[①] 湖北省内法律教育不幸夭折。

1908年，督鄂的赵尔巽顺应潮流，创办了湖北官立法政学堂，开始大批培养政治、法律专门人才。该学堂内分专科与讲习所，专科三年毕业，每年招收学生100名，官绅兼收；讲习所一年半毕业，第一学期各收200人，第二学期后每学期各收100人。[②] 后为解决律师人才的缺失问题，1911年春湖北法政学堂内还曾附设"辩护士养成所"，招收高等小学毕业及法政学堂肄业生200名，专门培养所需律师人才。[③] 至1910年11月，该校已有教员17人，学生4个班共529人。[④] 当时法政学堂的教师很多是留日法政生，教员汤化龙、张竞仁、李祖虞、何奇阳等还考中过法政科举人。张知本回国后也曾历任湖北法政学堂监督、法政讲习所教师等职。此外，学堂还聘有日本法学士出身的作田正一、筱崎正、玉木薰藏等日本教习，弥补学堂兴办之初的师资不足。[⑤]

1910年，在清政府准许开设私立法政学堂后，湖北私立法律教育开始兴起，由留日法政生谢健开设了湖北最早的私立法政学堂，促进了湖北法律教育的发展。谢健后来领有湖北军政府颁发的第一号律师证书，他曾在日本留学六年，与陈其美、秋瑾等先后同学，并与戴季陶过从甚密。由日本回国后，谢氏就曾联络留学日本学习法政的汤化龙、胡瑞棠、毛家骐等人筹商开设私立法政学堂，"未有成功"。后在清政府政策许可后再次奔走，"得批准咨部立案，租定武昌痘母祠街房屋为校址"，创办了湖北私立法政学堂。该校初创时以汤化龙为教务长，谢健为学监，萧瑞堂、毛家骐为监学，并吸引留学回国的法律专家何奇阳、张文烺、杨子鸿及国学专家吴我尊、赵誉船等任教，可谓人才济济，兴盛一时。时任湖北咨议局长的汤化龙称"湖北之有私

---

① 湖北地方志编纂委员会编：《湖北省志》(教育)，湖北人民出版社1998年版，第44页。

② 朱有瓛主编：《中国近代学制史料》(第二辑下)，华东师范大学出版社1983年版，第499页。

③ 苏云峰：《中国现代化的区域研究(湖北省，1860—1916)》，台北中央研究院近代史研究所1981年发行，第187页。

④ 李珠、皮明庥：《武汉教育史》(古近代)，武汉出版社1999年版，第230页。

⑤《湖北法政学堂同学录》，湖北省档案馆档案，档案号：LSB2.1～2。

立法政学堂,自斯堂始”[1]。

紧随其后,清朝翰林、曾赴日考察法政的夏寿康创办了江汉法政学堂,湖北教育家刘鸿烈则创办了湖北公立法政学堂,两所学校各有学生一二百人。刘氏明明办的是私立学校,却偏偏在校名中用了“公立”二字,之所以出现这种情况,据说是因为当时“一般传说私立学校,是私自设立的,刘鸿烈利用这种风传,才命名为公立学校,好像他的学堂,才是公共设立”[2],不过是刘氏利用社会偏见招揽生源的一种手段而已。

据统计,在清末二十年间,湖北接受新式教育的人数有20000余人,其中习法政者约有3000人,占到了15%。[3] 当然,时人如此热衷于接受法政教育,主要是在科举制度废除后将此视为晋身的阶梯。在当时,“住法政学校被一般读书人视为做官的捷径”[4]。但是,大量新式法律人才的涌现,毕竟为律师人才的出现提供了可能。接受法律教育者虽然不一定会充任律师,但要当律师则须接受新式法政教育。而且事实证明,其中确不乏热心律师事业者,武汉最早的律师正是从中产生。

(二) 留日法政生“唱主角”,辛亥前后武汉律师现身

1906年3月,修律大臣沈家本和伍廷芳两人主持拟订的《刑事民事诉讼法草案》完成。在这个诉讼法草案中,对本国及外籍律师的资格、执业申请、管理、责任、义务以及惩戒等问题均作了规定。根据该草案的规定,“凡律师欲为人办案,须在法律学堂考取合格,给有堪为律师文凭”。可见,接受新式法律教育是清末立法者对申请律师资格提出的首要条件。虽然该草案未获通过,但是清政府所设计的律师制度蓝图已经被勾勒出来。

此时武汉律师即已现身,只因律师制度并未确立,其活动范围仅限于汉口租界区内。由于列强攫取了领事裁判权,在上海、汉口等租界内均允许外籍律师参与辩护,洋律师早已开始在武汉活动,20世纪初,接受了新式法律教育的本土律师也开始出现在汉口租界内。据说在1907年前后,曾赴日本学习法政的陈英、张伯烈等30余人报经政府批准取得了律师资格,开始在汉

---

① 谢健:《谢铸陈回忆录》,台北文海出版社1973年版,第30页。

② 同上书,第31页。

③ 苏云峰:《中国现代化的区域研究(湖北省,1860—1916)》,台北中央研究院近代史研究所1981年发行,第471页。

④ 政协武汉市委员会文史学习委员会编:《武汉文史资料文库》第四卷(教育文化),武汉出版社1999年版,第155页。

口租界的会审公廨担任代理人或辩护人。① 因清政府在律师制度的设立上终究不甚积极，一味以人才不足为托词来推延，一直到其灭亡律师制度都没建立起来。不过，早期武汉律师虽不能在华界开展业务，但毕竟积累了实践经验，个别出色者还赢得了一定的社会知名度，为之后武汉律师业的发展奠定了基础。

辛亥革命的爆发打断了清末修律和律师制度筹设的进程，但是在革命党人的积极推动下，实际却是加速了中国律师制度构建的步伐。武汉是首义之地，革命后按照三权分立模式组建了湖北军政府政权，由张知本执掌湖北军政府司法部。在时局一片混乱，革命前途仍不明朗之际，由于武汉大量法律专业人才的存在，加上张知本与湖北军政府司法部的支持，武汉律师异常活跃，急不可待地走上历史前台。

张知本出任湖北军政府司法部长后，力谋司法独立，积极筹建各级审判厅，并率先在审判中引入了律师辩护制度。早在 1911 年 11 月，武昌首义之初，张知本就组织审理了轰动一时的"唐牺之案"，时间尚在备受瞩目的上海"姚荣泽案"之前，其意义非同一般。此案的亮点，就是引入了律师辩护制度，允许被告唐牺之聘请当时武汉著名律师陈英出庭辩护。有学者评价这"从司法上，它表明近代司法民主化的开始，从律师史上说，律师虽尚无制度，但律师活动在辛亥年间已经合法存在"②。

湖北军政府司法部还提出"民刑二案原被告申诉判理难无屈冤，今仿外国之办法，准律师上堂辩护，免人民冤屈莫伸"，专门挑选"法律精湛"或"经验有素"者，发给律师证书，准"人民自由延请"。③

表 1　1912 年湖北军政府发给证书律师一览表

姓名	籍贯	毕业学校与履历
陈英	湖南善化	日本中央法科
瞿宗铎	湖南湘阴	法政学堂教员
方忠源	安徽定远	日本中央法科
王日灏	湖北均县	考试法官，沙市地厅检官

① 武汉地方志编纂委员会编：《武汉市志》(政法志)，武汉大学出版社 1999 年版，第 376 页。

② 王申：《中国近代律师制度与律师》，上海社会科学院出版社 1994 年版，第 37 页。

③《整顿司法之办法》，《国民新报》1912 年 8 月 10 日。

（续表）

姓名	籍贯	毕业学校与履历
谢健	四川	日本大学法科
刘荫榕	直隶	日本早稻田政治经济科
崔有庚	安徽太平	北京法律学堂
黄崇勋	安徽太平	北京法律学堂
侯阴昌	直隶	日本明治大学

资料来源：据《律师一览表》，《国民新报》，1912 年 8 月 8 日。

以上 9 人即是武汉最早得到湖北军政府认可的律师。其中至少有五人曾留学日本学习法政，多具有司法或教学工作经验，“或法律湛深，或经验丰富”。如在“唐牺之案”中担任被告辩护律师的陈英，如上文所述，曾留学日本学习法律，清末即在汉口租界开展业务，在武汉已颇有些名气，首义后曾被张知本委任做沙市地方审判厅厅长。① 不久，陈英赴上海任地方检察厅厅长、审判厅厅长等职，其间参与了宋教仁遇刺案的审判，因敢于票传国务总理赵秉钧，成为民初鼎鼎有名的“法界三君子”之一。陈氏是民初武汉律师中的佼佼者之一，反映了此一时期武汉律师的水平。

不难看出，首义后武汉最早出现并得到认可的律师，多为早年留日法政生，少数毕业于较早成立的京师法律学堂，还没有湖北本地法政学堂的毕业生。概因清末湖北兴办的公、私立法政学堂的学生此时多不及毕业，又因首义之后湖北各级司法审判机构的筹建，以及当时警察署、自治筹备署等机构的筹设，急需大量接受过新式法政教育的人才，结果“所有学习法政者，经过考试或未经考试派充各县判事、检事、书记官、警察署长和自治储备员，（法政）学校为之一空”②。

即便如此，武汉律师也已小有规模，并互为呼应，大声疾呼“共和成立，首重人权，司法虽然独立，然非实行律师制度不克达完全保护之目的”③，先后多次建言湖北军政府司法部、都督黎元洪和南京临时政府司法部等部门，

① 台湾中央研究院近代史研究所：《张知本先生访问记录》，台北中央研究院近代史研究所 1996 年发行，第 24 页。

② 政协武汉市委员会文史学习委员会编：《武汉文史资料文库》第四卷（教育文化），武汉出版社 1999 年版，第 153 页。

③《律师刘荫榕武汉律师事务所成立广告》，《国民新报》1912 年 9 月 22 日。

要求批准颁布《湖北律师暂行条例》，同时还制定了“律师公会章程及一切规则，呈请司法部在案”①。至迟在1912年8月前，湖北律师公会就已经成立，且制定了相关章程。②

在湖北军政府司法司的支持下，武汉律师已介入各种诉讼之中。如1912年汉口德租界内发生英美烟公司守门华捕高某殴打乡人王某致死一案，涉案双方虽均是华人，但因案件发生在租界内，照旧例应由会审公廨审理，此时的湖北军政府司法部正积极筹设各级审判厅，凭着辛亥革命后的“剩勇”和收回领事裁判权的迫切愿望，决定此案由即将开设的汉口审判厅审理。审理中准许双方“各延辩士当堂辩驳”，并“备旁听券分给军商报界入座旁听”。③ 且只允许双方聘请华人律师辩护，后被告欲聘请外国律师，遭到法庭的拒绝。在这样有利的司法环境与社会氛围下，武汉律师热情高涨，发展迅速。

面对武汉律师的快速发展，为了防范律师包揽词讼、招摇撞骗的不堪局面出现，张知本还会同民政司长刘心源制订了《律师惩戒章程》三条，要求从业律师遵守相关法令及律师公会会则，饬令律师公会遵行。如果律师出现违规行为，“则由律师公会会长依常任评议员会或总会之决议，声请惩戒于地方检察长，呈请高等审判厅惩戒裁判”。“惩戒处分分为四种：(甲)五百元以下罚款；(乙)二年以下之停职；(丙)除名；(丁)训诫”，律师“如有大不法行为，准用司法官惩戒法之规定。”④此章程的出台在北洋政府制定的律师惩戒章程之前，对武汉律师的行为起到了规范作用，有利其健康有序的发展。

二、民初湖北法律教育的快速发展与武汉律师业之兴起

到了民国初年，法政更是吃香，全国上下，“法政学堂之设立如雨后春笋”，“赴日学法政者，亦如过江之鲫”。其实与清末一样，这些人大多仍是将接受法政教育视为从政的“敲门砖”，但客观上促进法律教育的发展及法律专业人才的培养。这一时期湖北法律教育的快速发展，为武汉律师业的兴

---

①《司法司筹办各级审判厅情形报告书》(续).《国民新报》1912年8月31日。

② 湖北律师公会成立具体时间无考，此处系据《时报》1912年8月16日及《国民新报》1912年9月22日等相关报道推断而知。

③《租界命案待裁判》，《中华民国公报》1912年4月16日。

④ 苏云峰：《中国现代化的区域研究》(湖北省，1860—1916)，台北中央研究院近代史研究所1981年发行，第192页。

起提供了人才保障。

（一）从混乱到规范，民初湖北法律教育稳步发展

较清末时的狂热情景，此时湖北留学日本学习法政却是冷清不少。如1914—1915年全国官费留日学生1107人中，湖北只有52人，而学习法律者只有6人。[①] 另有一些进步人士因不满北洋政府打压革命而赴日求学，如董必武、张国恩等人即在民初湖北革命党人受保守派排斥之时选择赴日学习法律。此外，此时湖北也有少数赴欧美学习法律者。但正如下文所揭示出的，随着湖北出国接受法律教育人数的减少及省内法律教育的发展，民初律师的构成也发生变化，逐渐以在湖北接受法律教育者占多数。

清末就存在的湖北官、私法政学堂在民初得到了较快发展。1912年，北洋政府教育部公布了《专门学校令》《法政专门学校规程》等法令，规定改清末的学堂为学校，准许私人或私法人设立私立专门学校，并确立了法政学校的办学宗旨与办学标准。是年湖北官立法政学堂改名为湖北公立法政专门学校，私立江汉法政学堂也改名为私立江汉法政专门学校。而由谢健创办的湖北私立法政学堂又由时任武昌地方检察厅检察长的何奇阳等重新恢复，于1913年改名为私立湖北法政专门学校。此外，1912年秋，宋教仁、石瑛等革命党人在武昌湖南会馆创办江汉大学，由宋教仁任总理。该校设有法律、政治等专修科，学生最多时达700多人。

但是，法政学校在民初近乎泛滥，学校质量参差不齐成为舆论焦点，尤其是众多私立法政学校办学条件简陋之极，教学质量堪忧。针对这种状况，教育部采取了种种措施加以整顿，如令法政学校限期停止招考别科，取缔不合规格的私立法政学校等，仅在江苏一省就取缔13所此类私立法政学校，致法政学校及学生均大幅减少。在湖北，由宋教仁等革命党人创办的江汉大学因政治原因被北洋政府强令解散，私立江汉法政专门学校因达不到教育部要求被勒令停办，而湖北公立法政专门学校与私立湖北法政专门学校却不在整顿取缔之列。其实两校办学条件及生源也是问题多多，只是相对较好一点而已。

湖北公立法政专门学校现存校史资料不多，难知其详。仅知该校先后由刘洪烈、张文烺、罗兆鸿充任校长，1920年有教职员工25人，曾两度赴日留学、大革命失败后壮烈牺牲的革命烈士何羽道此时即在该校任教，负责教

① 陈学恂、田正平主编:《中国近代教育史资料汇编(留学教育)》，上海教育出版社1991年版，第690页。

授经济学、货币论、银行论、宪法等诸多课程。① 学校开设法律、政治经济两科，每年各招一班，招生人数共在百人左右，至 1923 年，共计毕业 712 人，其中法律科毕业生至少 393 人，并有在校生 311 人。② 1924 年，湖北督军肖耀南将湖北的四所专科学校改为大学，其中湖北公立法政专门学校易名为湖北省立法政大学，并由张知本担任校长。1926 年该校并入国立武昌中山大学，即后来的国立武汉大学。湖北公立法政专门学校是民初湖北最重要的法律教育机构，各方面条件要较湖北私立法政专门学校为优，培养了大量法律专业人才。

与之相比，民初湖北私立法政专门学校虽然办学规模扩大，学生增多，但办学条件仍过于简陋。当时除了办公室一间外，只有教室四间，发讲义处一间，学校除了给学生、教授提供讲义之外，无任何图书或其他文化娱乐体育设施。学校专职员工只有 8 人，其中教课者仅 3 人，主要是从湖北公立法政专门学校聘任兼职教授，这些人按钟点拿钱，上课常是走走形式，一点不负责任。开设课程是预科（一年）学国文、英语、法学通论、心理学、伦理学等；法律本科学习比较宪法、暂行新刑律、民法、民诉法、刑诉法、监狱法、法制史、审判实务等。教师多数为当年留日法政速成生，学术涵养不够，此时已经暴露出学识陈旧、生搬硬套等诸多短处，后来甚至干脆翻印北京朝阳大学的讲义应付了事。该校学生，多数未在中学毕业，以乡下私塾生为主，其次为谋求学历好向上爬的机关低级公务员，还有部分打算转行的师范毕业生，一些审检厅的一般职员及无执照的律师也混到这儿混文凭。学校大开方便之门，只要交纳学费，参加学期考试，就能混个文凭，其他概不过问。③

后该校办学条件逐渐改善，维持办校将近 20 年。毕业于该校的学生约 2000 余人，“私立法政出身的法官、律师、行政官，不独散布在鄂属七十一市县，即江西、湖南、四川、安徽等省，亦不乏人”④，形成一股不可忽视的势力。该校领导如谢健、何奇阳、毛家骐等人后均曾担任国民政府司法高官，学生中也出了一些优秀人才，其中在武汉从事律师业务者有知名律师张谟、郭宗夔等，名标青史的“劳工律师”施洋也毕业于该校。至 1926 年该校停办时，在

---

①《湖北省公立法政专门学校庚申同学录》，湖北省档案馆档案，档案号：LSB2.1-154。

②《湖北法政专门学校第七班同学录》，湖北省档案馆档案，档案号：LSB2.1-106。

③ 政协武汉市委员会文史学习委员会编：《武汉文史资料文库》第四卷（教育文化），武汉出版社 1999 年版，第 153～157 页。

④ 谢健：《谢铸陈回忆录》，台北文海出版社 1973 年版，第 31 页。

校生尚有600余人。

除了法政专门学校之外，1912年创立的私立武昌中华大学成为民初湖北开设法律教育的又一重要学校。该校是由热衷于教育事业的陈宣恺和陈时父子捐家产兴办的私立大学，在华中地区颇具影响力。长期担任该校校长的陈时16岁即赴日留学，先后就读于东京宏文学院、私立庆应大学、早稻田大学、中央大学，获法学学士学位。在日期间，矢志教育的陈时就专门考察了大隈重信所创办的私立东京专门学校（法律专科），立志效法。①

中华大学于民元初创时即开办了专门部，分设法律和政治经济两别科。后江汉大学与江汉法政专门学校合并入该校，不仅补充了生源，张知本等人也转入该校任教。不过，转校生中成分复杂，很多达不到教育部的要求，其中“别科转学各生，多属冒滥，不合定章”，多有裁汰。② 此外，在该校长期讲授法律课程的戚运枢、姚名帛等，均在汉兼任律师。1916年，该校经教育部正式立案，开始陆续开办本科各专业，后在法科内开设法律学系。不过，1926年之前的十年间，中华大学本科总体发展缓慢，其中法科法律专业尤其弱，仅培养一届毕业生，共计3人。但是，该校专门部法政两科却育人不少，仅1915年6月，专门部法律科第一届毕业生即有145人。截至1926年，法律科共计毕业508人之多。③

以上种种，反映出民初湖北几所开办法律教育的学校在师资、教学、生源等方面的实际情况，总体而言是差强人意。虽然其为本地提供了大量的法律人才，但是其毕业生整体素质不能高估。

（二）本地法律人才“初养成”，民国初年武汉律师业兴起

1912年9月16日，北洋政府司法部颁布《律师暂行章程》，标志着律师制度在中国正式确立。该章程中规定“律师应于地方审判厅所在地设立律师公会”，“律师公会以在该地地方审判厅管辖区域内之律师为会员”，像湖北律师公会这样在首义后自行设立的全省性律师公会组织就不符合要求，需要组织新的律师公会。彼时武汉三镇在建制上并不统一，汉口、武昌两地均设有地方审判厅，于是经过积极筹措，两地的律师公会很快便分别成立。其中，“汉口有律师公会，自民国二年（1913年）始，其时加入组织者，不过十

① 马敏、汪文汉编：《百年校史（1903—2003）》，华中师范大学出版社2003年版，第105页。

② 同上书，第115页。

③ 武昌私立中华大学编：《武昌中华大学二十周年纪念特刊》，1932年版。

数人"[①]，而"武昌律师公会，自民国二年(1913年)严山谦被选为会长后，始初具规模"[②]。可见，到1913年，汉口、武昌两处的律师公会均已成立，其会员人数虽不可考，但合计应有数十人，武汉律师业已初具雏形。现仅知是年加入汉口律师公会并于1934年至1935年担任该会会长的萧崇勳，毕业于湖北公立法政专门学校，可推知湖北本地培养的法律人才已开始加入律师队伍。

《律师暂行章程》规定获得律师资格的基本条件，除是满20岁之男子外，须通过律师资格考试或具有免试资格。实际上，"自该章程(1912年章程)生效到南京国民政府制订、公布《律师法》的十几年中，中国社会获取律师资格的绝大多数，均出自此途(即免试甄拔)。而作为律师资格获取的主要途径的正规考试，居然未举行过一次"[③]。而对免试者的要求，第一条就是"在外国大学或专门学校修法律之学或法政之学三年以上得有毕业文凭者；在国立、公立大学或专门学校学习法律之学或法政之学三年以上得有毕业文凭者"。可见民初对律师资格的要求首重学历，并且要求并不高，公私法政学校的法律及法政毕业生都符合条件。这样，民初武汉律师业很快迎来快速发展期。

表2　汉口律师公会历年加入律师人数表(1913—1926)

年份	入会人数	年份	入会人数
1913	5	1920	8
1914	1	1921	4
1915	0	1922	4
1916	1	1923	6
1917	47	1924	11
1918	21	1925	10
1919	7	1926	1

资料来源：据《汉口律师公会会员录(民国二十四年制)》自制

如上表所示，在1935年汉口律师公会的会员中，1917至1918两年间加入律师业者共有68人，为历年来人数较多的两年，其中尤以1917年为多，共

---

① 《汉口律师公会会员录》(民国二十四年制)，武汉市档案馆档案，档案号：105-1-520。

② 涂文学主编：《武汉老新闻》，武汉出版社2002年版，第314页。

③ 徐家力：《中华民国律师制度史》，中国政法大学出版社1998年版，第88页。

47人。据报载,当时"自开放登录以迄于今,律师辈出,即月来之具领证书者,数竟达一百一十二名之多,称一时之盛。昨复有已取得资格之律师(共11人)拟在武汉执行职务,在高等厅请求登录,当经核准注册矣"①。这种律师登录"井喷"现象的出现,主要是因为湖北大量涌现的法政学生此时纷纷加入武汉律师队伍。从民国元年以来,湖北省内法政教育一直异常火爆,而法政学校别科学制三年,本科学制四年,因此到1916至1917年间,正是法政毕业生开始大量涌现之际。然而,此时由于北洋政府的倒行逆施,民初兴办的各级审检厅多数遭到裁撤,这使得法政毕业生就职司法部门的机会大减,"除少数参加各种考试及格,或者人事关系较好,得到政府部门录用外,其余大部分只有向司法部具领律师证书,在法院登录,执行律师职务,以谋生活出路。"②这正是1917年前后武汉律师人数剧增的主要原因。其后数年,武汉律师或有增加,只是发展速度明显减慢。

当然,从上表虽然看出武汉律师业在民初的快速发展,但似乎还不能反映出湖北法律教育与武汉律师业的直接联系。那么,下面两表也能予以佐证。

表3　1947年汉口律师毕业学校所在地统计表　　(单位%)

毕业学校所在地	武汉	上海	北京	南京	安庆	江西	广西	黑龙江	开封	日本	法国	美国
人数	128	11	24	3	2	1	1	1	1	7	1	1
所占比例	70.7	6	13.2	1.6	1.1	0.6	0.6	0.6	0.6	3.8	0.6	0.6

资料来源:据1947年《汉口律师公会会员录》编制(总190人,有9人无法统计)

表4　毕业于武汉各法政学校的汉口律师人数统计表　(单位%)

毕业学校	人数	百分比
湖北公立法政专门学校	24	18.7
湖北私立法政专门学校	31	24.2
湖北公立法律专科学校	17	13.3
私立武昌中华大学	33	25.8

① 《核准注册》,《汉口中西报》1917年5月16日。

② 政协武汉市委员会文史学习委员会编:《武汉文史资料文库》(社会民俗卷),武汉出版社1999年版,第329页。

（续表）

毕业学校	人数	百分比
湖北法政专门学校	5	3.9
湖北省立法科大学	4	3.1
湖北私立江汉法政学校	5	3.9
国立武昌中山大学	5	3.9
武昌法律别科	2	1.6
湖北官立法政学校	2	1.6
总计	128	100

资料来源：据1947年《汉口律师公会会员录》自制

从以上两表不难看出，直到抗战之后，武汉律师中除了少数律师（其中多为湖北人）是在北京、上海等地或日、美、法等国接受法律教育后回到武汉执业外，有7成以上的律师毕业于武汉的法政类学校。且其中70%的律师毕业于湖北公立法政专门学校、湖北私立法政专门学校、私立武昌中华大学等几所院校。由此不难看出，民初湖北法律教育的发展对武汉律师业有着直接的贡献和长远的影响。

三、结语

清末民初，湖北大规模的留日学习法政潮及公私法政学校的兴建，使得湖北法律教育一度风生水起，造就了大批的新式法律人才，为武汉律师业的发展壮大提供了保证。民国时期，在武汉“法廨两辕门，律师招市，悬挂几遍，极黑白错综之至”[①]，武汉律师的数量在全国亦处于前列。而且其中不少律师具有较高的职业素质与很强的社会责任感，他们在维护人权、保障司法公正等方面发挥了积极作用，对湖北地区的法制近代化建设、社会进步均有促进作用。他们中的一些还积极投身到20年代的政治运动中，涌现出了董必武、施洋等杰出代表，为武汉律师界赢得了荣誉。

但是，近代湖北法律教育的历史局限性也为武汉律师业埋下了种种隐患。诚如朱家骅所指出的那样，清末学习法政者，大多留学日本，毕业生以速成科程度居多，国内的法政学校虽应时而起，但入学程度既低，师资亦感

---

①《法官严启昆之招市》，《镜报》1928年11月22日。

缺乏，因陋就简，当然谈不上法学，所以学法律的人数虽属不少，而有用之材却又不多。[1] 这也正是清末民初湖北法律教育水平的实际写照。由于这些法政学校的教学水平与学生构成的良莠不齐，造成武汉律师的整体素质也参差不齐，为之后湖北律师业及司法界的种种乱象埋下伏笔。

（作者系华中师范大学教育学院教育史专业2008级博士研究生）

① 王健：《中国近代的法律教育》，中国政法大学出版社2001年版，第352页。

从民初教育宗旨的制定过程看官、民话语之互动

但昭彬

1911年10月,武昌首义推翻了清王朝的君主专制统治。1912年1月1日,中华民国临时政府在南京成立,以孙中山为首的资产阶级革命派取得了文化教育的话语权。1月9日教育部成立,蔡元培担任首任教育总长。适值民国初生、共和方成之际,如何制定一个符合共和精神的教育宗旨?就成为官方、学者、民众三方讨论的共同话题,公共话语由此产生,"公共领域"①粗具雏形。

蔡元培执掌教育部不久,民众就发出呼吁:"民国教育,今方开始,必确定宗旨,方能达其教育之目的。"②学者也《敬告民国教育总长》:"请速订教育方针。"③正是在民众、学者的话语鼓动之下,蔡元培于是年2月,在《教育杂志》上发表《对于新教育之意见》一文,阐述了他的五育教育方针。学者陆费逵拜读了《对于新教育之意见》之后,有感而发,建议《民国教育方针当采实

---

① 按照西方社会学家的观点,"公共领域"是一个自由平等的公民互动所构成的空间,其主要互动方式则是理性讨论与沟通。虽然意见的不同也会使他们产生争辩或对抗,但争辩对抗仍然不脱理性的诉求,"公共领域"的特征之一在于理性沟通。

② 汪涛:《论民国当确定教育宗旨》,载《中华教育界》第1卷第1号(1912年1月25日)。

③ 陆费逵:《敬告民国教育总长》,载《中华教育界》第1卷第1号(1912年1月25日)。

利主义》。同年4月,正是因为"颇承同志饷以说论",蔡元培又将《对于新教育之意见》改名为《对于教育方针之意见》,在《东方杂志》上刊载,首次在标题上明确使用"教育方针"这一术语,提出了五育并举的教育方针。随后,在同年7月召开的临时教育会议上,经过官方、学者、民众的热烈讨论和民主议决,达成共识为"四育教育宗旨"。教育部于同年9月2日颁布。

民众何以能首发其声?学者何以能建言议政?官方何以能积极回应?教育宗旨何以能民主制定?本文试图从教育活动史的视角,运用话语分析的方法,透过民初教育宗旨的制定过程,尝试剖析官方、学者、民众话语互动背后的交往理性。

一、民众呼吁:民国当确定教育宗旨

民国初建,临时政府便制定了《临时约法》,第一次把言论自由、出版自由等写进了宪法。一时间民间报刊"风起云涌,蔚为大观"。仅1912年,全国就有500家报纸(大部分报纸都是政党的报纸)问世。报刊遍地和政党蜂起的现象,共同构成民初的两大景观。应该说,这是人民获得话语权之后的必然现象。

值得注意的是,民间话语权在民初"尽扫专制之流毒"的话语氛围下得到进一步的张扬。特别是以蔡元培为首的教育部,"立于人民之地位",甘当"人民之公仆",使民众觉得教育部"幸庆得人,此深可为吾未来国民贺者也"①。对于这样"一位可以进言的主管部长",激发了民众的主人翁意识,民众、学者无不"进我言责"②。因此,就在教育部成立的当月,民众便发出了"民国当确定教育宗旨"的呼吁。

首发其声的是时任《中华教育界》杂志主编的汪涛。他在1912年1月25日出版的《中华教育界》(第1卷第1号)上,发表了《论民国当确定教育宗旨》一文,首发民间吁请制定教育宗旨之先声。

在文章的开篇,作者分析了清末十年兴学无效的原因:"清兴教育,已逾

① 陆费逵:《敬告民国教育总长》,见吕达主编《陆费逵教育论著选》,人民教育出版社2000年版,第101页。

② 王云五:《蔡孑民先生与我》,载《东方画刊》第2卷第12期,转引自王世儒编撰《蔡元培先生年谱》(上册),北京大学出版社1998年版,第120页。

十年，所以纷扰无效者，无确定之教育宗旨故也。”①事实上，清季兴办教育并非无确定之教育宗旨，只不过钦定的五项教育宗旨正如何振武所说，在于“养成忠君之奴隶”。显然，这个钦定的五项教育宗旨是为封建专制服务的。那么，到了民国初建，国体、政体为之一变时，教育宗旨也须随之改变。他认为：“世界各国，政体不同，教育宗旨亦不得不各异。然其养成本国最适之国民则一也。”为此，他列出了四种主义，“为吾民国教育宗旨：人道主义、政治主义、经济主义、军国民主义”。

在他看来，这四种主义，是“各有特长”。值此民国初建之时，“非兼采不为功”。因而，“民国教育，今方开始，必确定宗旨，方能达其教育之目的。比之行舟，启碇之时，当确定其方向，方能达其目的之地也”。

何振武在同期《中华教育界》杂志上发表了《敬告民国办学诸君》：“清廷兴办学校之宗旨，不外养成忠君之奴隶。以此之故，于是，独立、自尊、自由平等之思想不能输入，压制束缚之手段愈趋愈精。盖将深奴隶之根性而免革命之风潮也。”②

创办于1912年1月3日的《越铎日报》，在同年2月26日发表了《论今日教育之急点》之社论，呼吁民国成立首先应“改变教育宗旨”。这些都是颇具民间色彩的典型言论，集中地表达了民众对于新生共和国必须尽快制定适合国情的教育宗旨的迫切心情。从另一侧面也反映出民众对于政治的参与感增强和表达政见能力的提升。

二、学者建言：民国教育方针当采实利主义

陆费逵(1886—1941)是中国近代著名教育家、出版家。1912年元旦在上海成立中华书局。1月7日创办《中华教育界》月刊，并在创刊号上发表《敬告民国教育总长》一文，吁请教育总长尽速宣布教育方针。在2月25日出版的《中华教育界》第2号上发表《民国教育方针当采实利主义》一文，对教育总长提出的教育方针进行呼应。

陆费逵在文章的开头，对蔡元培提出的五育并举方针提出了自己的看

① 汪涛：《论民国当确定教育宗旨》，载《中华教育界》第1卷第1号(1912年1月25日)。以下未注明出处之引汪文，均引自此文。

② 何振武：《敬告民国办学诸君》，《中华教育界》第1卷第1号(1912年1月25日)。

法："吾谓蔡君意见，并非兼采五端，而实以世界观及美感二者为教育方针也。"[①]由此，提出了他对教育方针的认识："教育方针当与国是一致，尤当合世界之潮流，非可尽超轶乎政治也。"在他看来，"国家破产，外侮立乘；国民破产，盗贼愈甚"。若不提倡实利主义，国家和国民都免不了灭亡。

陆费逵认为，施行实利主义教育，不仅能治贫，而且还能增强国力，高尚人格。没有实利主义，其他四种主义（军国民、公民道德、世界观、美感）将无所附丽。陆费逵所谓实利主义，并非仅指实业、手工、图画，"盖此特其形式也"。它对个人来说是通过教育获得生活的知识和技能，从而取得谋生的资格；对国家来说，可以增长财利，增强国力；就道德教育而言，又是人人养成勤俭、耐劳、自立、自营之精神。举凡一切为人之德义，实利主义之教育无不含之。教育人人使能维持其生活，或更从而进步之，"斯教育之目的达矣"。他严肃指出，必须学习欧美各国注重实利主义教育的长处。中国若不急施实利主义教育，"而欲与英、德、法、美诸国竞，其不贫且弱者，殆无天理也"。

陆费逵在文章的最后极力强调："窃谓民国教育方针，宜以实利主义为标志，勤俭耐劳为学风。"他呼吁，民国教育方针当采实利主义。因为只有实利主义才是军国民及公民道德赖以"附丽"的基础，故实利主义是一切教育方针的源泉。他大声疾呼："不能再搞修心养性的教育，而应当代之以功利主义的实利教育。"他主张，教育本义当定为培养国民人格以发扬民国精神，同时"愿蔡君及教育界同志共研究之"。其议论新颖独特，富有革新精神，在上海乃至全国倾动一时，对民国初年教育方针的厘定产生了重要的、积极的、直接的影响。

积极向教育总长建言的还有庄俞（1876—1938）。民国初建之时，他正在商务印书馆任编译，并兼任《教育杂志》记者。作为曾从事过教育工作的他，对于教育方针也有自己的思考。民初媒体关于教育方针的讨论，也激起了他的话语冲动。1912年4月，他在《教育杂志》（第4卷第1号）上发表了《论教育方针》一文，比较全面系统地阐述了"今日当定实利主义为教育方针"的观点。

作者首先讨论了关于厘定教育方针的意义：

> 专制时代有教育乎？有之。无宗旨，无秩序，无实际，故行之数十

① 陆费逵：《民国教育当采实利主义》，见璩鑫圭、童富勇编《中国近代教育史资料汇编·教育思想》，上海教育出版社1997年版，第851页。以下凡未标明出处之引陆文，均引自此文。

年无成效之可言也。军兴时代有教育乎？有之，无经济，无统辖，无人才，故或创议建设或则合力维持，仍无成效之可言也。今日者，政体幸改共和矣，大局幸获统一矣，建设之事千端万绪，正未易言。而教育一项，实为立国之命脉，强国之枢机，尤以亟亟研究者也。①

在他看来："专制时代教育方针不能正确，军兴时代教育方针未遑讨论，惩前毖后，今日诚不能不致意于此。"他呼吁"今日之中央教育部，当虚心下问，征集国民对于教育之意见，召集教育家商榷教育进行之方法，各省教育司亦当如是"。不然，"人人拒教育于不置议论之列，人人视教育为无足轻重之事，吾恐今日之教育将永永操纵一少数人之掌握，使无穷之希望仍托梦想幻境，岂吾民国之福亦岂吾国民所宜者耶？"为此他大声疾呼："今日所亟宜研究者实为教育方针。"这是因为："盖方针不定，则教育无从进行，更何成效之可言？吾国今日之地位处于群雄注视之秋，今日之时势又落后于万分危急之际，治标之策，立本之图，政治家实与教育家共负之。"他期盼："一方面由政治家统筹全局，以镇定国家之地位；一方面由教育家确定宗旨，鞠育人才，以巩固国家之基础；同时并进则数十年之后，庶几免于恐慌。若秉国者不为永久计，则亦已耳。苟其不然，则今日之教育固万不容须臾缓也。"

庄俞在文章的末尾，对于蔡元培的五育方针也有自己的评判："其理论可谓高尚矣，其政策可谓宏博矣。"可惜的是，它"不能适用于存亡强弱渺不可知之中国"。他认为："欲以超轶政治之教育定为方针必有徒劳无功之弊；至美感教育，不足为济急之作用。若欲定美感教育为教育方针，亦非今日所宜。"正是因为教育方针与"教育关系至巨且重"，且"事关全国"，他建议："凡属国民，皆宜各举所知，共同讨论，愿我教育家共抒伟论，以觇今日之教育行政官。则民国之大幸也。"由此可见，作者对于民初教育方针的建言，既充满了热切的期盼，又流露出深切的遗憾。而且这些遗憾，也正好切中中国教育宗旨的弊端。他呼吁对教育宗旨的制定，要国民、教育家、教育行政官"各举所知""共同讨论"。

三、官方回应：对于教育方针之意见

蔡元培身为教育总长，虽政务缠身，仍殚思竭虑于新教育的理论思考。他认为，探讨教育之归属与地位，厘定教育之宗旨与方针，这是教育改革的

① 庄俞：《论教育方针》，载《教育杂志》第4卷第1号(1912年4月)。以下凡未标明出处之引庄文，均引自此文。

首要之义。为了阐发其对民国新教育的看法，阐扬其完全人格教育的思想主张，在民众的呼吁及学者的建言下，他发表了《对于新教育之意见》。

就在该文发表不久，陆费逵又发表了《民国教育方针当采实利主义》予以呼应，贾丰臻也积极参与《讨论教育部长对于新教育之意见》，这是一篇专门针对蔡元培《对于新教育之意见》而发表的个人之意见："既称之曰教育方针，则可譬为人之头脑主宰一切，万无政出多门之理。窃恐两途并骛，一事无成犹之泛舟大洋，主持罗针者，东西南北靡有底定，如是而欲达到目的地，诚戛戛乎难之。"①

对于学者与民众的呼应，蔡元培又将《对于新教育之意见》改名为《对于教育方针之意见》在《东方杂志》发表予以回应。为何要对学者与民众的呼应进行回应，他在文章的开头作了说明："近日在教育部于诸同人新草学校法令，以为征集高等教育会议之预备，颇承同志饷以谠论，顾关于教育方针者殊寡，辄先述鄙见，以为喤引，幸海内教育家是正之。"②

接着，他在文章中提出了军国民教育、实利主义教育、公民道德教育、世界观教育和美育这五育并举的教育方针，并对这"五育"作了具体而又明确的阐释。

蔡元培最后强调，上述五育，尽管各自的作用不同，然而均是"养成共和国民健全之人格"所必需的，"皆今日之教育所不可偏废者也"。关于这五育的关系，他用了个形象的比喻：

> 军国民主义者，筋骨也，用以自卫；实利主义者，胃肠也，用以营养；公民道德者，呼吸机循环机也，周贯全体；美育者，神经系也，所以传导；世界观者，心理作用也，附丽于神经系，而无迹象之可求。当然，这五育并不是平分秋色，而是以公民道德为中坚，盖世界观及美育皆所以完成道德，而军国民教育及实利主义，则必以道德为根本。③

在文章的结尾，蔡元培再次说明他提出的五育教育方针"以质于当代教育家，幸教育家平心而讨论焉"。虚怀求教之意，完全表露无遗。

---

①《群学会杂俎》第1期，第27～43页。转引自王炳照、阎国华主编：《中国教育思想通史》(第6卷)，湖南教育出版社1994年版，第13～14页。

② 蔡元培：《对于教育方针之意见》，见璩鑫圭、童富勇编《中国近代教育史资料汇编·教育思想》，上海教育出版社1997年版，第653页。以下凡未标明出处之引蔡文，均引自此文。

③ 蔡元培：《全国临时教育会议开会词》，见陈学恂主编《中国近代教育史教学参考资料》(中册)，人民教育出版社1987年版，第141页。

四、达成共识:教育部颁布“四育教育宗旨”

为征集全国教育界对民初教育改革之意见,教育部决定在北京召开临时教育会议共同讨论之。1912 年 7 月 10 日至 8 月 10 日,临时教育会议在北京召开,邀集全国教育界人士 56 人与会。会议的主要内容之一,即研究确定教育宗旨。

7 月 10 日,蔡元培亲自主持了临时教育会议。他在会议上一方面强调“此次教育会议,即是全国教育改革的起点”,另一方面注重民国时代教育原则的议定和教育方针的厘定。

7 月 18 日,临时教育会议将议员刘以钟等提出的“请决定相对的国家主义为教育方针案”、侯鸿鉴提出的“请明定教育方针案”、徐炯提出的“确定教育方针以固国本案”与部交原案(蔡元培关于教育方针的意见)“一并成立,付审查会并议”。在 7 月 19 日的表决会中,代表对所提议案,讨论热烈:

> 于形式一方面,赞成刘、吴案以国家为中心,而不背世界进化之原则,并不妨个性之发展。于内容一方面,赞成部交议案,遂决议注重道德教育,以国家为中心,而以实利教育与军国民教育辅之。至美育一层,加入中、小学校、师范学校教则内,俾知注意。议员颇有主张将世界观与美育一并加入教则,其理由谓我国民于世界观念素来缺乏,不应将此废弃;或又谓世界观为宗教的,哲学的,不应加入普通教则内。议长以加入世界观三字于教则内付表决,赞成者二十五人,少数;或又谓世界观与世界观念绝然不同,宜将世界观念加入教则,赞成者亦为少数。①

从上述文字来看,是次会议开得非常民主。在充分肯定部交议案内容的基础上,唯对其中的世界观教育一说持不同意见,认为“这种思想陈意太高,不易为人所了解”,因而不宜列入教育方针。可以说,本次会议形成了一个民主互动的局面,这当然与蔡元培一贯行事“交由众议”的民主作风大有关联。而此时蔡元培已辞去教育总长一职(7 月 14 日),由范源濂继任。参会代表不以蔡元培在位而极尽阿谀逢迎,也不会因其辞职而对其提案任意诋毁。最后会议议决,仍沿袭清末“教育宗旨”旧称,中华民国新的教育宗旨

---

① 我一:《临时教育会议日记》,见舒新城编《中国近代教育史资料》(上册),人民教育出版社 1981 年版,第 298～299 页。

为："注重道德教育，以实利教育，军国民教育辅之，更以美感教育完成其道德。"①历时一个月的临时教育会议，共收到提案92件，完全议决者23件，至8月10日"行闭会式"。

应该说，这个新的教育宗旨，除对世界观教育一项弃而未用外，还是基本上采纳了蔡元培的意见，大体上代表了他的教育主张。蔡元培亦虚心接受大家的意见，后来在谈及教育方针时，一般不再提世界观教育，而只称"德育、智育、体育、美育四项"，并解释说："所谓健全人格，内分四育，即体育，智育，德育，美育"，"这四育是一样至要，不可放松一项的"，应"平均发展"。②于此亦见蔡元培的恢宏气度和民主作风。

上述教育宗旨公布后，教育部先后又颁布了各种《学校令》，对各级各类学校的教育宗旨分别作出了具体规定。

五、话语互动：体现公共领域的理性沟通

从民初教育宗旨的制定过程来看，充分展现了民众、学者、官方三者之间的话语互动。

民众、学者呼吁于前（汪涛的《论民国当确定教育宗旨》、陆费逵的《敬告民国教育总长》、何振武的《敬告民国办学诸君》均发表在元月），才有蔡元培的《对于新教育之意见》发表于后（2月）。陆费逵、庄俞、贾丰臻又针对蔡元培的《对于新教育之意见》，再发表《民国教育方针当采实利主义》《论教育方针》《讨论教育部长对新教育之意见》等建言。有鉴于此，蔡元培再将《对于新教育之意见》改题为《对于教育方针之意见》（4月）予以回应。特别是在临时教育会议上（7月、8月），参会代表又对此进行了热烈的讨论并达成共识。最后教育部颁布新的教育宗旨（9月）。官方、学者、民众三者之间的话语互动，由此可窥一斑。民初对于教育方针的讨论，已俨然成为传媒的公共话语。民初之所以能够形成官方、学者、民众三者之间话语互动的局面，正是由于民众、学者呼吁于前，官方回应于后；官方倡议于上，学者、民众呼应于下的彼此尊重、平等对话所使然。

从官方、学者和民众三者之间的话语互动的局面来看，充分体现了公共

---

① 陈学恂主编：《中国近代教育史教学参考资料》（中册），人民教育出版社1987年版，第178页。

② 蔡元培：《普通教育和职业教育》，《蔡元培教育文选》，人民教育出版社1980年版，第116页。

领域的理性沟通。

公共领域的产生需要四个条件：一为存在共同关心的议题；二为愿意了解他人的想法；三为以语言进行互动；四为接受较佳论证的效力。如果这四个条件存在，公共领域的成员就可以进行有意义的沟通。①

从民初的实际情形来看，“清帝退位，民国统一，政治革命，功已成矣。今日最急者教育革命也”②。因此，改革教育就成为朝野共同关心的议题。“教育事业，当随时事为转移。专制国之教育，与共和国迥乎不同，故未有政体革命而教育不革命者。民国成立，教育宗旨为之大变。”③教育宗旨的变革就成为教育改革的关键。陆费逵基于自己“好言教育”④的天性，首先《敬告民国教育总长》，请“速宣布教育方针，颁布普通学校暂行简章，组织高等教育会议，规定行政权限”。他的这些改革建议，具有“较好的论证”（better argument），因而得到教育总长蔡元培的认可与支持。蔡元培于是就教育方针等事宜向陆费逵咨询，陆费逵则以《民国教育方针当采实利主义》作为呼应。

公共领域的交往理性原则，要求在交往行动中，所有人能够平等地参与对话，自由地证明自己的观点，是一种没有强制的相互协商。这种交往行动，即言语的对话必须符合真实性、正确性和真诚性的要求。真实性是说出的话符合“外在世界”的对象和事件；正确性是说出的话符合“社会世界”的共同规范；真诚性是说出的话符合“内心世界”的经验（情感、欲望、意向）。这种交往理性强调四规则：其一，任何有能力的人都可以参加对话、辩论；其二，任何人都可以质疑任何主张，都可以提出自己的任何主张，都可以表达自己的要求和愿望；其三，任何人都不能以支配性、强制力妨碍上述两方面的权利的行使；其四，对话的进行只在意谁能提出“较好的论证”。⑤

民初官方、学者、民众之所以能形成话语互动并达致理性沟通，笔者认

① 参见江宜桦《公共领域中理性沟通的可能性》，见许纪霖主编《公共性与公共知识分子》，江苏人民出版社 2004 年版，第 190 页。

② 陆费逵：《教科书革命》，见吕达主编《陆费逵教育论著选》，人民教育出版社 2000 年版，第 100 页。

③ 我一：《临时教育会议日记》，朱有瓛主编：《中国近代学制史料》第三辑上册，华东师范大学出版社 1990 年版，第 6 页。

④ 陆费逵：《新学制之批评》，见吕达主编《陆费逵教育论著选》，人民教育出版社 2000 年版，第 132 页。

⑤ 江宜桦：《公共领域中理性沟通的可能性》，见许纪霖主编《公共性与公共知识分子》，江苏人民出版社 2004 年版，第 181 页。

为主要在于：

一是民初打破了晚清封建专制所形成的官方话语霸权或话语垄断，民主共和的精神已深入人心。倘若说话语是人与人实现心灵沟通、进行自由交流的手段，那么，“话语霸权”就是中止人与人之间的心灵沟通、中止自由交流的手段。它不是话语本身的功能，而是产生在人与人之间政治、经济、伦理的权力关系之中。[①] 在公共领域中，每一个人所表达的意见都只是一种看法。没有任何意见具有优先性，足以被当做颠扑不破的真理。[②] 无论是官方，还是学者和民众，在话语交流中，三者均具有平等的权利，都能够倾听、理解、容忍其他主体的话语言说，而且都是发自内心的自愿的言说。

二是淡化或弱化了政治色彩和意识形态。官方、学者、民众三者之间，不存在着任何话语“禁区”或不可言说的话题，而对民国应制定一个什么样的教育宗旨，成为三者都关注的共同话题。

三是强化了话语主体的人文色彩和法律意义。由于清末实行的新教育培养了大量的“阅读公众”，在民主共和的政体下，人们的公共关怀和参与意识有了提高，讨论国是与发表政见的能力明显增强。加上《临时约法》规定人民有言论、著作、刊行及集会、结社的自由。这就从法律文本上扫除了公共领域扩张的障碍。当然，蔡元培所具有的“遇事虚怀观一是，与人和气察群言”[③]的民主精神以及“思想自由”“兼容并包”的思想作风，更为三者的话语交流，营造了良好的话语气氛，拓展了“知无不言，言无不尽”的话语空间。教育（包括教育宗旨）由于本身所具有的公共性，由是成为人们言说的公共话语。

透过民初教育宗旨的制定过程，笔者似乎已分明看到，民主政治的一缕春风，民主决策的一丝悸动。由此可知，在一个民主与法治的社会，其“公共领域”的生成与展开，始终是与相应的公共话语的形成、传播和深入人心相伴随行的，它们彼此依存，又相互促进。公共话语的形成，也就标志着“公共领域”的诞生。只要官方、学者和民众三者之间的话语互动体现理性沟通，最终就能实现各方意志的良性互动和利益的多赢。民初教育宗旨的制定就是一个例证。由此也可证明：话语的转型是社会变迁的缩影。

（作者系华中师范大学教育学院副教授、博士）

---

① 参见王富仁《“西方话语”与中国现当代文化》，载《文学评论》2004 年第 1 期。

② 江宜桦：《公共领域中理性沟通的可能性》，见许纪霖主编《公共性与公共知识分子》，江苏人民出版社 2004 年版，第 177 页。

③ 李兴华：《人世楷模蔡元培》，上海人民出版社 1988 年版，第 114 页。

政府与民间互动、上下结合进行的“新教育运动”

汪楚雄

传统教育史学研究以教育思想和教育制度为全部内容，近几年随着教育史学研究领域的扩张，这一价值取向遭到质疑。从20世纪90年代初开始，周洪宇即开始倡导教育史学研究不能局限于教育思想史和教育制度史的范畴，而应关注教育活动史研究，特别是在2009年中国教育史学年会上，他明确提出了教育史学“研究对象三分论”（教育活动、教育思想和教育制度），引起与会者的热烈讨论。教育活动史是教育思想史和制度史的“起源”“前提和基础”“中介和桥梁”，[①]离开它，教育史研究成为无源之水。笔者试图从教育活动史的研究视角，对近代“新教育运动”进行个案研究，以就教于同仁。

从1912年中华民国建立到1930年国民政府初期爆发的“新教育运动”，是当时国际教育新潮影响下的必然反应，也是中国教育变革的时代要求。中华民国建立后，虽然民主科学成为时代话语，但封建思想仍极为浓厚。为了启蒙民众，使之成为真正的共和国民，同时为了追赶西方，救亡图存，以蔡

① 周洪宇：《对教育史学若干基本问题的看法》，《河北师范大学学报》（教育科学版）2009年第1期。

元培、黄炎培、陶行知等为首的教育家群体继承前清的“教育救国”余绪，掀起了一场新教育改革运动，即“新教育运动”。但是民国建立后不久，就陷入军阀混战的泥潭，直到国民政府成立两年后，国家才渐趋稳定。在此期间，虽然国家分裂，经济衰败，但是在以民间力量为主导的新教育运动中，政府与民间互动，上下结合得较为默契，新教育改革取得了巨大的成就。

一、新教育运动的形成与发展

新教育运动是民国北洋政府时期和国民政府初期(1912—1930)由蔡元培、黄炎培、郭秉文、蒋梦麟、陶行知、胡适等留学欧美的新教育家群体为主角，由众多一线教师和国外教育专家积极参与，以民间教育力量为主体，以实用主义教育哲学为理论基础，以提倡和实践教育民主化、科学化、国际化和本土化为基本目标，包含众多专门化教育运动的资本主义性质的教育现代化改革运动。[①]

新教育运动与此前的清末教育改革在性质和目的上有明显不同，清末教育改革基本上是改良性质的，旨在维护和巩固封建专制统治，而新教育运动则批判中西传统教育，提倡教育民主化、科学化、国际化和本土化，旨在为新生的资产阶级共和国培养合格的国民。它最明显的特征有两个：一是教育家相对独立地办学，即改革以民间力量为主体；二是以杜威为代表的欧美教育新思想为指导，即以现代教育思想为理论基础。

民主共和政体的建立为社会各个领域的全面转型和全方位改革提供了良好的历史机遇。新教育运动即在此时发生，它大体可分为四个时期，从1912年中华民国成立到袁世凯病逝，教育部宣布恢复民初教育宗旨和废除袁记教育法规为第一期，为运动的发轫期；从北京大学改革到中华新教育共进社成立，《新教育》创刊，为第二期，为运动的发展期；从五四运动爆发、杜威来华到1925年中华教育改进社和全国教育会联合会召开最后一届年会为第三期，为运动的高潮期；此后到南京国民政府建立初期为第四期，为运动

① 陶行知在《民国十三年中国教育状况》一文中指出：“近二十年来，中国正处在使其教育现代化的过程中。”参见华中师范学院教育科学研究所主编《陶行知全集》第1卷，1984年版，第510页。杜威访华时也提到“我希望中国的教育家一方面实地研究本国本地的社会需要，一方面用西洋的教育学说作为一种参考资料，如此做去，方才可造成一种中国现代的新教育”。参见赵祥麟、王承绪编译《杜威教育论著选》，华东师范大学出版社1981年版，第443页。

的尾声期。

（一）在中国"新教育运动"的发轫期，民初教育改革由教育部主导，民间参与新教育改革的热情开始显露。

1912年1月1日，中华民国成立，1月9日，临时教育部成立，随即着手教育改革，革故鼎新，形成新旧教育的分水岭。《普通教育暂行办法》14条和《普通教育暂行课程标准》11条规定，废止清末教育宗旨和所用教科书，小学废止读经，中学取消文实分科，实行单轨制，大学废止经科，鼓励创办私立大学，废除奖励出身等等。1912年7月到8月，临时教育会议如期召开，商讨教育转轨事宜，随后从9月开始，颁布了新的《学校系统令》，以及各级各类学校令及其规程，通过出台政策，推动各级各类学校的发展。教育部领导的每一步改革都注重教育立法，形成完整的教育法规系统，使教育改革有章可循，有法可依。

新教育改革基本上是围绕第一任教育总长蔡元培的教育理念进行的。蔡元培是民初教育改革的灵魂，也是新教育运动的领军人物，他宣布全国临时教育会议为"全国教育改革的起点"，并相继提出了教育家办学，教育独立于政治；提出"五育并举"的教育方针，对清末教育宗旨予以批判和扩充；宣传杜威的教育思想，提倡教育与生活相联系；倡导教育公平，如开放女禁和民族平等，组织教授会和评议会；提倡儿童中心论；主张学习欧美，超越欧美；提倡科学教育，实验教育；注重通俗教育，民众教育；注重学术，"大学以教授高等学术、养成硕学闳材、应国家需要为宗旨"。①

在这些教育理念的指导下，民间教育力量积极参与新教育运动，有的甚至纳入体制的轨道，或进入政府机构，如教育家范源濂进入教育部，与蔡元培合作改革；陆费逵等人为教育部起草《普通教育暂行办法》和《普通教育暂行课程标准》等。商务印书馆和中华书局等出版机构，编印《共和国教科书》、《中华教科书》等新版教科书，并发行《教育杂志》和《中华教育界》等新式教育杂志，支持和宣传教育改革等。黄炎培所在的江苏省教育会，提出实用主义教育思想，在全国掀起热潮，并推行新的教育宗旨。直隶教育会长张佐汉等人认为，教育是国家的事业，"非萃集全国教育家，各执疑难，逐项剖析"不可，1914年主持成立了全国教育会联合会，"以体察国内教育状况，并应世界趋势，讨论全国教育事宜，共同进行为宗旨"。② 在民国前期政治腐败

① 璩鑫圭、唐良炎编：《学制演变》，上海教育出版社1991年版，第663页。

② 朱有瓛等编：《教育行政机构及教育团体》，上海教育出版社1993年版，第199页。

的乱世，该会在教育界日益发挥着越来越重要的中枢作用。

1915 年，陈独秀在上海创刊《新青年》，宣传民主与科学，反对封建和迷信；批判传统伦理道德，反对尊孔读经，为“新文化运动”揭幕，从此新文化运动与新教育运动（简称为“双新运动”）这“一对孪生兄弟”①，开始合流共舞，共掀文化教育变革的新高潮。同年，留美学生任鸿隽等人在美国创立中国科学社，发行《科学》月刊，向国人宣传科学，与《新青年》遥相呼应。

但是在社会剧变时代，新旧交替，矛盾重重，传统教育派与新教育改革派之间展开了激烈的论战，为建立什么性质的教育而争，如要民主科学还是要专制迷信、要不要尊孔读经等。袁氏死后，教育总长范源濂对于袁氏当国时的教育政策，或废除，或修改，宣布恢复到民初教育改革的轨道上来，论争以改革派获胜而告终。

（二）在新教育运动的发展期，中华民国陷入分裂，南北对抗。教育部的领导作用开始下降，民间的教育力量开始领舞新教育运动。1917 年是个特别的年份，蔡元培和郭秉文等领导的高校改革开始探索中国现代大学模式，陶行知、蒋梦麟和胡适同年归国，陈独秀和《新青年》进入北京大学，黄炎培等发起成立中华职业教育社。

北大改革成为此期对中国教育界乃至文化界影响最大的事件。其影响主要体现在两个方面，一是以《新青年》为中心形成的“新青年派”，把新文化运动推进到一个新的层次，提出“文学革命”的口号，掀起白话文运动，为现代社会所需要的普通语言的流行扫清了障碍，对中国历史发展的各个方面产生了全方位的深远影响。二是北大教学改革举国瞩目。蔡元培按照“思想自由，兼容并包”的办学原则，贯彻大学研究高深学术的办学宗旨，对学校进行全面改造，设评议会改革学校行政管理，设立教授会改革教学管理，废科改系，改革学科设置，支持师生组织学术团体、发行报刊、邀请知名学者讲学，组织各种学术活动，容纳不同学派，百家争鸣，“道并行而不相悖，万物并

① 吕达:《中国近代课程史论》，人民教育出版社 1994 年版，第 337 页。在此有必要指出的是，有些学者认为不可称二者为“双新运动”，理由是二者不能并列。事实是，将二者相提并论的人很多，如费正清、巴雷·基南、陈元晖、吕达、唐文权等。（参见[美]费正清著，刘尊祺译《伟大的中国革命》，世界知识出版社 1999 年版，第 219 页。璩鑫圭、唐良炎等编:《学制演变》，上海教育出版社 1991 年版，第 1091 页。中国社会科学院科研局等编:《五四运动与中国文化建设》上，社会科学文献出版社 1989 年版，第 4 页。）唐文权:《“五四”精神:中国教育现代化的巨大动力》，《华中师范大学学报》（哲学社会版）1989 年第 4 期。

育而不相害”。

南京高等师范学校意在建成中国的美式高校。校长郭秉文、校长办公室主任刘伯明(相当于副校长)和教务主任陶行知都是美国哥伦比亚大学毕业生。1918 年中国科学社将其总部从美国搬回国内前后,南高几乎将该社归国社员一网打尽,尽数聘为教授,使南高成为当时中国科学之都。因为中国科学社成员基本上是中国在美留学生的精英分子组成,由此更加重了南高的美国化色彩。校长郭秉文按照“四平衡方针”办学:“通才与专才的平衡。人文与科学的平衡。师资与设备的平衡。国内与国际的平衡。”

在大学改革进程中,教育部参与《大学令》的修改制定工作。改革的实践经验形之于《教育部公布修正大学令》,此令由北京大学领衔北京八所国立高校和教育部反复推敲,多次协商,最终定案。

在精英教育改革的同时,职业教育同时兴起。1917 年,黄炎培联络蔡元培等社会各界人士组织成立中华职业社,发行《教育与职业》杂志,推进全国职业教育的发展。该社成立之初,教育总长兼内务总长范源濂、次长袁希涛、外交总长伍廷芳、众议院议长汤化龙等人列名发起人,给职业教育社以鼎力支持,教育界形成声势浩大的职业教育运动,全国教育会联合会在 1917 年 10 月召开的第三届年会上,通过呈部决议案《职业教育进行计划案》,职业教育进一步走向全国。

(三) 在新教育运动的高潮期,政府无力推动改革,民间教育力量成为改革的主导者,上下之间配合比较默契,新教育运动向纵深发展。

此期最先发生的是五四运动。五四运动是政治运动,也是教育运动。它是新教育改革的产物。新教育给运动提供了思想动力,培养了运动的发动者和组织者,运动的策源地在学校。在五四运动中,新派力量借机传播新知,启蒙民众,是一场名副其实的社会教育运动。白话文借五四运动之力抵达穷乡僻壤,一时出现了近 400 种白话报刊,《新青年》的发行量达到 15000 份以上。白话文成为教学用语,对提高整个中华民族的文化素质产生了深远的影响。五四运动加速了教育与社会和生活之间的联系,文化下移,知识分子与劳动阶层进一步结合,“劳工神圣”“工读”“工学”等成为人们耳熟能详的词。大学和中学乘“五四”东风,相继实现了男女同校,这是教育公平的历史性进步。

五四运动发生的同时,北京大学和江苏省教育会等教育机构和团体合作邀请杜威访华。杜威在华两年有余,行程遍及十几个省份,演讲达二百余次,他的《五大演讲》成为当时的畅销书。《新教育》等教育期刊发文介绍其思想学说。《时事新报》等其他报刊跟踪报道。杜威的弟子胡适、陶行知、蒋梦麟等人陪同翻译，写文章，作演讲相陪。各地各级领导都十分重视，迎来送往。全国形成"杜威热"。杜威对中国的影响主要表现在民主、科学、实验等教育理论和方法上，由理论到实践的任务由其后来华的孟禄、推士、麦柯尔、克伯屈等美国教育家群体和中国教育界共同完成的。孟禄来华促成了中华教育改进社的诞生。

中华教育改进社成为中国当时最大的教育社团，它是新教育运动发展的结果和中后期的领导核心。它推动新教育的科学化、民主化、国际化和本土化运动。该社首先发起推动平民教育运动。1923年8月，中华教育改进社成立"中华平民教育促进总会"，全国有20多个分会，遍设"平民学校"和"平民读书处"，发行平民教材《平民千字课》，销售达300余万册，其他平民读物30多种。平民教育运动旨在根除"愚""穷""弱""私"，使国民成为"整个的人"，为陶行知生活教育理论的形成和共产党"唤起工农千百万"的革命实践作了前期铺垫。当然，平民教育运动的形成并非一日之功，它可以追溯到《新青年》提出的平民主义思想，北京大学学生邓中夏等人创办平民教育演讲团，1919年10月北京高师成立了平民教育社及创办《平民教育》等。尤其是1920年，晏阳初在长沙、烟台、杭州和嘉兴等地进行大规模的识字试验，成为改进社关注并推动平民教育运动的导火索。

中华教育改进社推动的教育科学化运动可分为教育调查、教育统计、教育测验、教学法实验和学制实验等五个方面。杜威在前面进行理论宣传，孟禄在后面开展实践活动。① 1921年9月5日到12月9日，孟禄应实际教育调查社的邀请来华调查中国的教育，进行"临床诊断"和"把脉"。从北京到厦门，孟禄调查了9省18市的200多处教育机构和教育设施。根据孟禄的建议，该社于1922年6月聘请推士来华，介绍美国研究科学教育的方法，解决中等教育和科学教育问题。推士首先草拟了《考查及改进中国自然科学之计划》，在1922年6月至1924年的两年多时间里，他深入考察调查了全国10个省24座城市190所学校，将其调查结果写成《科学教育与中国》，改进社据此编写了《中小学课程标准纲要》。改进社在陶行知的计划和安排下，从1922年5月至1923年4月，进行了全国最大规模的教育调查统计，制成56种表格，并由梁启超、郭秉文、陶行知、胡适等人写成24份报告书，提交万

① 《孟禄与中国教育界同人在中央公园饯别会之言论》，1922年4月《新教育》第4卷第4期。

国教育会议，在国际舞台上展示中国教育的成就。又邀请麦柯尔来华，帮助中国教育界发展教育测验工作。在 1922 年 9 月至 1924 年的两年多时间里，麦柯尔发表了多场演讲，编制出 40 余种教育心理测验量表，撰写了《中国教育的科学测量》，完善了他首创的 TBCF 制，①并举办了两期全国性教育心理测量讲习会，培训人员 300 多人，在全国掀起教育测验运动的高潮。1923 年，中华教育改进社与中国基督教教育协会、国立及教会学校的主要教育家商定进行全国教育测验，从 1923 年 9 月到 1924 年 2 月，接受测试的儿童覆盖全国 22 个城市和 11 个乡镇，计有 92000 人。教学法实验主要有设计教学法、道尔顿制和南京鼓楼幼稚园幼儿教育实验等。其代表人物主要有俞子夷、沈百英、舒新城、廖世承、李步青、张九如和孙本文等，并请来克伯屈和柏克赫斯特等人来华进行指导工作。学制实验主要是围绕《壬戌学制》展开的。在颁布之前，广东执信中学率先试行六三三学制，广州市第 20、24 国民学校分别进行实验，颁布之后，通令一年准备期，实验遂在全国铺开。在学制实验中，廖世承所领导的实验最为典型。1923 年，全国教育会联合会传布的《实验新学制中小学进行及补充办法》和《新学制课程标准纲要》两个文件，对草案试验期表现出来的利弊进行了很好的总结和吸收，使新学制更加完善。此后，新学制正式走向全国。

新学制运动是新教育运动走向高潮的产物。自从《壬子学制》公布以后就一直批评如潮，整齐划一而缺乏灵活性，学段不合年龄段而无合理性，中学重普通教育而失平衡性，总而言之病在沿袭清制，模仿日本，没有广收各国之长，没有研究国情。全国教育会联合会是新学制改革运动的领头羊。从 1915 年在天津召开的第一次年会开始，学制修订就被提上议事日程，1921 年在广州召开的第七届年会上形成“学制系统草案”，后经教育部召开的学制会议修改，同时，全国各地教育专家展开热烈讨论，各地学校广泛实验，再由全国教育会联合会第八次年会作最终修改定案，最后由政府公布实施。在广州年会上，孟禄就学制问题参与了广泛的座谈和讨论，“其言论主张直接影响于会议，间接影响于会后全国教育者，实非浅鲜”②，会后，孟禄还就此发表多篇文章。《壬戌学制》主体采用美国的六三三学制，定下适应社会进

① 麦柯尔来华演讲计有：《教育科学》(《新教育》第 5 卷第 5 期)，《施行教育心理测验捷径》(《中华教育界》第 13 卷第 6 期)，《中国教育的科学测量》(《平民教育》“教育测量”)，《测量》(《学灯》1923 年 8 月 1 号)，《教育心理测验之施行方法》(《教育杂志》第 15 卷第 12 号)，《教育心理测量》(《新教育》第 7 卷第 2、3 合期)等。

②《第七届全国教育会联合会年会纪略》，1922 年 1 月《教育杂志》第 14 卷第 1 号。

化之需要、发挥平民教育精神、谋个性之发展、注意国民经济力、注意生活教育、使教育易于普及和多留各地方伸缩余地等七条标准，它标志着中国教育界在移植与创新国外新教育和继承与变革传统教育中走向成熟。

与新学制运动几乎同时爆发的另一场教育运动是收回教育权运动。早在1916年1月，朱元善就在《教育杂志》上发表《教育独立》一文，直指教会教育。1920年1月30日，陈纯人在《浙江省立第一师范学校校友会十日刊》上发表"评论"《教育独立》。1922年，蔡元培发表《教育独立议》，对教会教育的批判日多，收回教育权运动开始兴起。"世界基督教学生同盟"准备1923年3月在清华学校召开第11次大会，讨论"学校生活基督化"等问题，中国学生十分反感，组织"非基督教学生同盟"相对抗，掀起全国性的抵制运动，同年9月，余家菊在《少年中国》上发表《教会教育问题》，首次提出"收回教育权"的口号，建议对教会学校实施注册。此后，"广州学生收回教育权运动委员会"的成立导致全国各社会团体、知名人物、学生组织、报刊杂志等纷纷表明态度，一致提出收回教育权。"据叶嘉炽统计，仅1922年3月至5月，全国即有30多个反教团体成立"①。中华教育改进社亦于1924年7月的南京年会上通过余家菊的《请求力谋收回教育权》和吴士崇的《请取缔外人在中国设立学校》两个议案，同年10月，全国教育会联合会在开封年会上通过《教育实行与宗教分离》和《取缔外人在国内办理教育事业》两个议案。教育界一方面学习西方的积极成果，一方面反对在华的宗教教育，取舍分明。

新教育运动的最大特色是以美国为师。以杜威为代表的欧美新教育思想为理论基础。仅从《教育与职业》的统计数据可见一斑。但这是情有可原的。因为当时美国的教育走在世界前列，无出其右。中国学习赶超西方列强，自然以强者为师，无可厚非。有一个时期，中国留美学生总数居遣往各国留学生之首，归国者有相当多的人投身教育事业；与从其他国家归国的留学生相比，美归教育专业留学生最多。所以在民国时期，教育界精英人物多数有美国留学背景，他们在教育界位居要津，加强了美国教育在中国的影响。但这并不意味着他们盲目仿效，而是以国情为依据，以学理为凭借，创造性地学习。

① 史静寰、王立新：《基督教教育与中国知识分子》，福建教育出版社1998年版，第235页。

《教育与职业》所载文章统计表①

国家	美国	英国	德国	日本	法国	苏俄、菲律宾、奥地利等国	总计
相关文章数	56	17	16	14	7	5	115
百分比	48.7%	14.7%	13.9%	12.2%	6.1%	4.4%	100%

（四）新教育运动的衰退期。巴雷·基南认为，从北京政府撤销郭秉文东南大学校长职务开始，新教育运动开始走下坡路。教育总长刘哲摧残教育，北洋政府制造“三一八”惨案，通缉蒋梦麟，捕杀李大钊、《京报》社长邵飘萍和《社会日报》主笔林白水，北方成为人间地狱。北京大学等校师生纷纷南下避祸。江苏省教育会被国民党接手改组。新教育运动的三大中心北京大学、东南大学和江苏省教育会都受到不同程度的蹂躏，领导运动的两大教育社团中华教育改进社和全国教育会联合会相继停止召开年会，前者在陶行知领导下艰难跋涉，后者无形解散。

在国民政府初期，有两个方面的大事件可以记录，一是蔡元培在国民政府领导下进行的大学区制和大学院制的推行。二是乡村教育试验的推广。

大学区制借鉴法国的经验，是以所在地的大学作为当地的教育行政领导机关，大学校长兼任教育行政长官，大学院是全国最大学术教育机关。旨在“教育学术化”，避免“教育官僚化”。其思想基础是教育独立，教育家办理教育，政教分离。在民初全国临时教育会议上议定，10年内分别设立北京、南京、武昌和广州等4个大学区，每区一所大学；②但没有付诸实施。北伐成功后，国民政府刚刚成立，为稳定政局和安抚北洋时期备受摧残的教育界，赞成推行大学区制，但是这一思想显然不合乎中国的文化传统和当时的社会现实，不久夭折。从理论上说，教育属于社会系统之一支，不可以独立于社会系统之外，西方的教育曾经也有过独立的时期，但是随着社会的发展，政府的干预越来越深入和广泛。在中国历史上，只要政府稍有统治力，教育从来没有独立过。在国民政府统治稳固后，此制更是与“党化教育”背道而驰，“对蒋介石的独裁本性，也实在是一种忤逆或挑战”。③ 如果学术独立，党义位置何在？如果行政独立，政府岂非成为摆设？哪一条都行不通。

① 此表主要统计的是前70期（1917.11—1925.11）的文章，据黄嘉树《中华职业教育社史稿》（陕西人民教育出版社1987年版，第31页）内容制成。

② 舒新城编：《中国近代教育史资料》上册，人民教育出版社1981年版，第309页。

③ 喻本伐、熊贤君：《中国教育发展史》，华中师范大学出版社2000年版，第502页。

“乡村教育思潮是五四运动后勃然兴起的一种教育思想潮流。”[①]最先关注乡村教育的是李大钊，他于1919年2月在《晨报》上发表《青年与农村》，在文中提出“我们中国是一个农国，大多数的劳工阶级就是那农民，他们若是不解放，就是我们国民全体不解放。”鼓励青年“去作那开发农村，改善农民生活的事业”。[②] 但最先系统论述乡村教育的却是余家菊，他从1919年发表《乡村教育的危机》以后，接连发表了《乡村生活的彻底观察》、《乡村教育运动的涵义和方向》和《乡村教育的实际问题》等文章，为乡村教育的理论建设作出了贡献。乡村教育的实验则主要由陶行知、黄炎培、梁漱溟、晏阳初等教育家推动的。乡村教育实验在新教育运动的衰退期，形成高潮，逐渐形成六个大的派别：

一是国民党派。孙中山改组后的国民党提出“联俄、联共、扶助农工”三大政策，有力地推动了乡村教育的发展。1924年在广州、1925年在广西、1927在武昌开办了农民运动讲习所，培养了数以千计的农村干部，就农民学校而言，湖南发展最快。1926年5月，在广东举行了第一次农民代表大会，有湖南、广西等11省代表与会，通过了《农村教育决议案》。

二是共产党派。从国共合作开始，共产党就一直把农村作为工作的重点，组织工农运动卓有成效。到1925年2月，杨开慧等在韶山办起了20多所农民夜校。[③] 毛泽东在《湖南农民运动考察报告》中预言，在“不久的时间内，全省当有几万所学校在乡村中涌现出现”。[④]

三是平民教育派。中华平民教育促进会总会总干事晏阳初从平民教育的角度关注农村教育，在傅葆琛的帮助下，从1924年开始，他们在河北定县等12个县创设了乡村平民学校，1929年将平教总会迁往定县。为了“化农民”，他带领200多新知识分子先进行“农民化”。晏阳初认为平民教育应与乡村建设双管齐下，傅葆琛认为前者只是手段，后者才是“救国的重心”。他们认为乡村的主要问题是“愚、贫、弱、私”，据此提出文艺教育、生计教育、卫生教育和公民教育“四大教育”，采取学校式、社会式和家庭式“三大方式”，

---

① 董宝良、周洪宇主编：《中国近现代教育思潮与流派》，人民教育出版社1997年版，第457页。

② 人民出版社编：《李大钊选集》，人民教育出版社1959年版，第146、149页。

③《毛主席创办的韶山农民夜校》，《湖南教育》1977年第3期。转引自董宝良、周洪宇编《中国近现代教育思潮与流派》，人民教育出版社1997年版，第460页。

④ 中共中央毛泽东选集出版委员会编：《毛泽东选集》一卷本，人民出版社1964年版，第40页。

创办平民教育专科学校、儿童实验学校和幼稚园“三所学校”，以《农民千字课》作为教材。

四是职业教育派。该派是以中华职业教育社为核心发展起来的，1926年开始在昆山徐公桥试点。他们从大职业教育观的角度开展乡村职业教育实验，把教育当做一种手段，谋求整个农村的改造，“把全部农村改进的事务，统统包在我们责任范围以内，而不愿限于教育”①。他们认为农村的四大问题是“穷、愚、弱、散”，而“穷”是问题的总根源，先后提出解决生计、“富教合一”和“富教政合一”的主张，“富政教”当中，“以教育为重心”，“教育一项，实在是三方的总策源，是三方的神经主张”。② 该派进行了六年半试验，黄炎培总结达到了“三个绝无”：“(1) 农民物品典质：由少数而进于绝无。(2) 烟赌：由公然的盛行而进于绝无。(3) 游民乞丐：由少数而进于绝无。”③

五是乡村建设派。以梁漱溟和梁耀祖为代表，他们认为自鸦片战争以后，国外文明的输入把农村搞得伦理混乱，文化失调，必须按照“伦理本位，职业分途”的模式进行重建，而“从头建设，全是教育工作”。④ 1929 年，他们开始在河南开始进行乡村自治教育，理想目标是“四无”：“村无游民，野无旷土，人无不学，事无不举”。乡农学校的课程分恒常课程和特殊课程两类，主要培养乡农的民族固有精神，增进乡农文化知识，进行强身健体教育，进行促进农业生产的生计教育，进行公民教育和娱乐教育。乡村建设试验成效巨大，受到国民党的表彰，陆续被推广到菏泽、济宁等 14 个县。

六是生活教育派。1926 年 11 月，中华教育改进社总干事陶行知与赵叔愚等成立了“教育改进社特约乡校教师研究会”，12 月 3 日在《新教育评论》上发表《改造全国乡村教育宣言书》，提出“四百万”计划：“要筹募一百万元基金，征集一百位同志，提倡一百万所学校，改造一百万个乡村。”⑤陶行知创办的学校晓庄师范学校于 1927 年 3 月 15 日开学，开学时虽然只有 13 名学生，但是标志着“一个新纪元正在放射曙光”⑥。学校发展很快，在被解散前，

---

① 中华职业教育社编：《黄炎培教育文选》，上海教育出版社 1985 版，第 172 页。

② 江问渔：《农村改进与农村教育》，《中华教育界》22 卷 4 期。

③ 中华职业教育社编：《黄炎培教育文选》，上海教育出版社 1985 版，第 207 页。

④ 宋恩荣主编：《梁漱溟教育文集》，江苏教育出版社 1987 年版，第 248 页。

⑤ 华中师范学院教育科学研究所主编：《陶行知全集》(第一卷)湖南教育出版社 1984 年版，第 646 页。

⑥ 华中师范学院教育科学研究所主编：《陶行知全集》(第二卷)湖南教育出版社 1985 年版，第 26 页。

学校建成了师范院、中学、小学、幼稚园、民众学校、乡村医院、中心茶园、农艺陈列室馆、中心木匠店、晓庄商店和晓庄剧社等数十个教育机构，成为享誉世界的名校。国际自由平等同盟会派来的两名代表参观后预言，晓庄“将为新中国创造一种新的教育制度出来”。① 美国教育家克伯屈参观后评价说，“他的实验的方针和办法，以及发动的理想，进步的过程，都合乎我的标准。这也可以代表中国整个民族的精神”。他预言，一百年后，人们要回头来“纪念晓庄”和“欣赏晓庄”这所“教育革命的策源地”。② 几年后，晓庄精神甚至在印度都得到圣雄甘地的赞赏而被推广。但是1930年，晓庄学校被国民党以“违背三民主义”，“翼图暴动”的名义武力查封，陶行知受到通缉。

大学区制和晓庄师范都是在南北军阀政权易手后所进行的教育实践，其中包含着两位教育家的教育思想和救国方略。蔡元培想借鉴西方经验来治疗中国教育和学术受制于官僚行政之病根，从高端着手，办理纯粹的教育。陶行知想以自创之药方医治中国破败乡村之痼疾，从低端起步，办理生活的教育。这是两种不同的理想，在中国教育普遍落后的情形下，两种教育方法都是对症之药石，但是，由于政治的腐败，都归于失败。

二、新教育运动的组织与构成

运动的发生离不开组织的推动，组织行为是人类的天性，组织是权力的载体。为了达到一定的目标，人们进行权力交换和组合，形成组织，使权力在组织中得到充分发挥，实现利益最大化。推进新教育运动的组织有三条线：一是政府教育机构和团体，从教育部到各省教育厅，到各地公立中小学。二是民间教育机构和团体，有全国教育会联合会、中华教育改进社和江苏省教育会等教育团体，以及众多私立学校等。三是教育出版机构，以商务印书馆、中华书局等出版机构为代表，还有《新青年》和《新教育》杂志社等。在民初，第一条线是主要领导组织；在运动的中后期，第二条线成为运动的主导力量，有人戏称，全国教育会联合会和中华教育改进社是新教育运动中的“民间教育部”。第三条线贯穿运动始终。这三条线组成人员相互交织，相互影响，相互促进，如张元济和陆费逵等人既是出版家，又是教育家；蔡元培、范源

① 陶行知等著，李定开编：《为中国教育寻觅曙光》上册，四川教育出版社1989年版，第224页。

② [美]克伯屈：《我对晓庄之感想》，《陶行知研究在海外》，人民教育出版社1991年，第204页。

濂等人更是"三栖明星"。

新教育运动的构成要素主要包括三方面，一是运动的主导者，二是运动的对象，三是运动的内容。运动的主导者是极力推进新教育改革的新派教育界人士，包括运动领袖、教育家群体和一线的广大教师。政府里面也有改革派，当然民间的更多。运动的对象是极力反对新教育改革的保守势力，主要是保守思想，上下都有保守势力。运动的内容是教育变革的主要内容。改革运动的对象不是本节所论重点，改革内容在上面一节有所论述，本节主要讨论运动的主导者。

运动是一定规模的群众共同参与的集体行动。没有领袖的群众只是一盘散沙，只有在领袖以其远见卓识或人格魅力的团结领导下，指明运动的方向，并坚忍不拔地为之奋斗，群众才能发挥巨大的威力。运动最初是由少数精英人物发起的，人数有限，在运动发展过程中，参与的群众越来越多，领袖人物逐渐脱颖而出。在不同的领域或不同的地区都有不同的领袖。在领袖群体中又有领军人物。在领袖的周围往往聚有一大批精英人物，他们形成团队，为了达到共同的目标，积极宣传鼓动，让更多的民众投身到运动中来。由领军人物到领袖群体，再到团队，最后到广大民众，形成金字塔结构，一动则全国动，运动就是这样在全国展开的。在教育领域，领军人物和领袖群体往往是一流的教育家，精英团队往往成长为教育家群体。

蔡元培、黄炎培、范源濂、郭秉文、蒋梦麟、陶行知、胡适、陈宝泉、经亨颐、金曾澄等人都是一流的教育家，蔡元培是其中的领军人物。蔡元培是前清翰林，望重仕林，他又留学德国和法国，新派景仰，他身上还有一股温润的人格魅力，为新旧人物所接受。在民初任教育总长时期，他所提出的一系列教育主张为此后的新教育运动确立了发展的方向。在运动中后期，陶行知成为耀眼的新星，在主持全国最大的教育社团中华教育改进社的过程中，积极促进中国教育的现代化，探索中华民族教育的出路，创造性地提出生活教育理论，从而跻身一流的教育家行列。他们俩在教育运动的全方位规划方面不同于其他的教育领袖。当然他们二人还有各自专注领域，蔡元培是中国"现代大学之父"，陶行知是"人民教育家"。黄炎培从主持江苏省教育厅到领导江苏省教育会，主持全国最发达地区的教育，表率群伦，创办中华职业教育社，使之取代实业教育，进入学制，并为国家培养了大量的职业人才，黄炎培被誉为"职业教育之父"是当之无愧的。范源濂多次出任教育总长，与蔡元培一道为民初教育改革奠基，组织教育调查会等，为新教育运动作出了巨大贡献。郭秉文将南京高师扩建为东南大学，使之成为中国科学的大本营，为中国教育界输送了大量科学人才，成为“东南大学之父”。蒋梦麟一面扮演“新教育”的理论家角色，一面充当蔡元培北大改革的继承人，创造了北大历史上的辉煌。胡适以北大和《新青年》为基地，在协助蔡元培和蒋梦麟改革北大的同时，与陈独秀等人一起掀起白话文运动，使之成为教学用语。陈宝泉在北京高师校长任内，宣传杜威思想，响应陶行知的“教学法”改革，参与中华职业教育社，成为中华教育改进社的董事，使北高成为新教育运动的坚强堡垒。经亨颐任浙江省教育会长，兼浙江第一师范学院校长13年，聘“四大名师”，实行教育改革，提倡白话文，使之成为浙江“新文化运动”的中心，后主办春晖中学，实行男女同校，是运动中的知名人物。金曾澄长期担任广东高师校长，培养了大批人才，在兼任广东教育会会长期间，带领同仁制订出《壬戌学制》草案的最初蓝本，为全国教育会联合会第七届年会所接纳，其功至巨。

这些领袖人物并非单兵作战，身后都有支持其教育探索的机构或团体。蔡元培从教育部到北京大学，再到大学院；陶行知从南京高师到中华教育改进社，再到晓庄学校；黄炎培从江苏省教育会到中华职业教育社；郭秉文从南京高师到东南大学；胡适所从北京大学到安徽公学；蒋梦麟从《新教育》杂志社到北京大学；晏阳初的中华平民教育促进会总会、张伯苓的南开大学和陈时的中华大学等，都是他们推进改革的大本营。在这些大本营中，都集聚了大批精英人物，形成精英团队，如北京大学集中了蔡元培、陈独秀、李大钊、蒋梦麟、胡适、鲁迅、马寅初、高一涵、钱玄同、刘半农、陈汉章等；东南大学集中了郭秉文、陶行知、刘伯明、柳诒徵、梅光迪、任鸿隽、邹秉文、杨杏佛、胡明复等人；张元济所在的商务印书馆聘来胡适、蒋维乔、庄俞庄适兄弟、高凤岐和高梦旦兄弟、唐钺、杜亚泉、杨保恒、吴研因、黎锦熙、王云五、傅运森等人；陆费逵所在的中华书局就聘有范源濂、沈恩孚、陈寅、戴克敦、顾树森、沈颐、黎锦晖、丁锡华、吴研衡、朱文叔等人；陶行知所在的中华教育改进社更是集中了诸如梁启超、蔡元培、范源濂、张伯苓、黄炎培、郭秉文、胡适、蒋梦麟等全国的知名人物。还有中华平民教育促进会总会、中华职业教育社、中国科学社、江苏省教育会、浙江省教育会等教育社团无不集中了大批的教育学者。

从这些精英团队中成长出大批的教育家群体，如张元济、陆费逵、蒋维乔、晏阳初、梁漱溟、庄俞、周诒春、俞子夷、余家菊、姜琦、任鸿隽、邓萃英、梅贻琦、黎锦熙、廖世承、郑晓沧、陈鹤琴、舒新城、邹秉文、杨贤江、恽代英、孟宪承、陆志韦、吴研因、朱经农、庄泽宣、邱椿、罗家伦等一百多位教育家，学有专长，业有专攻，在中学教育、师范教育、幼儿教育、乡村教育、教育文化、教育出版、教育理论、教育实验、教育批评、科学教育等方面都有原创性贡献。他们或在前清就以推广新学名世,在新教育运动期间发扬光大;或在当时默默无闻地探索,后来才跻身教育家行列;或在运动之初还是学生辈,在运动之中后期才成为教育大家。

教育领袖和教育家群体固然是运动的主力,但众多的一线教师和积极参与新教育运动的不同阶层的民众也功不可没,如参与道尔顿制和设计教学法实验的沈百英和孙本文等人,以及受新式教学法影响的全国无数学校的师生们,推广平民教育的大人物朱其慧和"小先生"陶宏等人,参加全国教育会联合会等教育团体的历届代表和会员们,为教育报刊努力撰稿的天民和汪懋祖等人,向市民演讲的平民教育讲演团的邓中夏等人,参加留学的周恩来和傅斯年等人,为教育捐款的穆藕初和陈嘉庚等人,参与心理学测验的麦克乐等人和被试学生们,到国外参加国际教育会议和展览的汤茂如和黄建中等人,参加科学教育培训和白话文培训的人们,还有支持陶行知的平民教育运动的冯玉祥和安徽教育厅长江彤侯,以及受《平民千字课》影响的数百万平民,就是那些反对新教育运动的保守人士如林纾和张厚载等人都为运动的发展作出了贡献。因为他们的存在,新教育运动向纵深发展。

三、新教育运动的历史作用与地位

新教育运动对中国的历史作用是多方面的。首先从社会角度而言,新教育运动促进了中国社会的现代化进程。新教育运动加剧了"西学东渐"的步伐,加速了中国社会意识形态的剧变,养成健全国民的新教育理想在一定程度上得到实现,公民意识得到加强。妇女解放成为时代潮流,平民受到更广泛的教育,教育公平迈出了历史性的步伐。中国与世界的联系更为紧密,中国学习西方的心态由被动的接受和模仿变为主动的借鉴和创新。信息传播更加快捷,公共领域在社会事务中扮演越来越重要的角色,新闻媒体和民间组织等对社会舆论的形成、对政府行为的监督和对社会黑暗的暴露起到了至关重要的作用。教育与社会的联系加强了,以学生为先锋的五四运动成为中国现代史的开端;近代科学教育不仅培养了大批科技人才,而且发展了科学技术,提高了生产力,为科学的应用打下良好基础;职业教育的兴起极大地促进了中国社会经济的繁荣,培养了大批的技术型劳动人才,为第一次世界大战期间民族工商业的兴旺注入了活力。当然,在新教育运动中,国人对帝国主义的本质有了更清醒的认识,增强了民族凝聚力和救亡图存的决心。

其次,从文化角度而言,广义的文化包含教育,狭义的文化与教育并列,吕达先生说"新文化运动和二十年代初的教育革新运动,是一对孪生兄弟"。

唐文权认为"'五四'新教育运动同'五四'新文化运动原本是一对同生共长的孪生姐妹"①,道理就在这里。教育培养人才,这些人才发起文化运动,文化运动反过来促进新教育的发展。"文化运动和教育改革运动是分不开的。文化运动落到实处就是教育改革",②否则时过境迁,文化运动就如一阵风吹过,除了历史就没有什么痕迹。白话文只有成了教学用语才算真正取代文言文的位置,文化落到实处即为教育。当然,近代发起"双新运动"的多数成员基本上属于同一个新知识分子群体。他们知晓世界文化发展的趋势,他们的努力方向就是通过文化教育的途径来改变人们的思想和行为,塑造新的社会意识形态。文化教育有别于枪林弹雨的战斗,但"大音稀声",最有威力和远效。"双新运动"之间的关系可谓"同源、同质、异构、不同步"。"同源"是指其思想来源,都来自西方;"同质"就是指性质上和某些内容上相同,都带有革命性,追求民主和科学,都是借鉴西洋文明丰富、创新和发展中华文明,白话文、平民主义、国语统一、简化汉字、开放女禁、收回教育权等在这面看是文化运动的内容,在另一面看是教育运动的内容;"异构"主要是指其构成内容的主体不同,新教育运动重在教育思想、教育制度、课程设置、教材教法等方面的变革,而新文化运动主要是宣传文学革命,反复辟,反封建伦理道德等。"不同步"表现在时间上,新教育运动发轫于 1912 年的中华民国成立,结束于南京国民政府初期,而新文化运动一般认为始于 1915 年的《新青年》创刊,终于 1923 年的科玄之争。

再次,从教育角度而言,新教育运动促进了中国教育的现代化进程,成为现代教育的"基石"。③ 何谓教育现代化?"教育现代化是一个国家教育适应现代社会发展要求所达到的一种较高水平状态,是传统教育在现代社会的现实转化,是包括教育思想、教育制度、教育内容、教育方法在内的教育整体转换运动。教育现代化的核心是人的素质现代化。"④在新教育运动中,中

① 吕达:《中国近代课程史论》,人民教育出版社 1994 年版,第 337 页。唐文权:《"五四"精神:中国教育现代化的巨大动力》,《华中师范大学学报》(哲学社会版),1989 年第 4 期。

② 陈元晖:《纪念五四新文化运动七十年》,中国社会科学院科研局、《中国社会科学》杂志社编:《五四运动与中国文化建设——五四运动七十周年学术讨论会论文选》上册,社会科学文献出版社 1989 年版,第 4 页。

③ 马小泉、周洪宇等:《强权与民声》,河南大学出版社 1991 年版,第 306 页。另见李华兴主编《民国教育史》,绪言,上海教育出版社 1997 年版,第 3 页。

④ 王铁军:《教育现代化论纲》,南京师范大学出版社 1999 年版,第 29 页。

国的传统教育走向解体和重构，新型教育体系基本形成，国家确立教育宗旨或教育方针，制定全国统一的学制，实行教科书审查制度，形成从学校、地方到中央的三级教育管理模式，上下结合制定教育政策和法规，地方负责筹款兴学，学校负责学校行政和教学管理。党政与教育分离，宗教与教育隔断，这是新教育运动的追求。按学科分级分类教学，教育更加符合学生的生理、心理和认识发展规律；教育行为越来越具有人性化，教师在学校事务中的主体地位和学生在教育教学中主体地位都得到提升，学生的自治能力在“做中学”中得到提高；师生之间、男女之间、士农工商之间、城乡之间、民族之间实现了最大限度的教育公平。国民素质得到前所未有的提高。并且，国内外双向的教育交流缩短了中国与国际发达教育之间的差距，使新教育运动成为国际教育新潮的一部分。

在近代中国教育现代化的进程中，总体而言，新教育运动处于“器物—制度—文化”的“文化”期，从清末的被动学习西方到民国时期真心实意的主动学习。就历时性而言，新教育运动存在于清末时期的“新式教育”和国民政府时期的“新教育”之间，它批判地继承了清末教育改革的成果，开创了国民政府时期的各种教育运动。就共时性而言，它处于欧洲的新教育运动和美国的进步主义教育运动之间，以及五四运动和新文化运动之间；它兼收并蓄欧美新教育的积极成果，与五四运动和新文化运动相响应。

纵观中国近代教育发展史，如果说洋务时期的“新式教育”是开创性的，“维新”和“新政”时期的教育是历史性的，那么，新教育运动时期的教育改革是决定性的。因为洋务时期的“新式教育”虽然是零星的，但它在中国传统教育的大幕上撕开了一个缺口。“维新”和“新政”时期，创办西式大学，书院改学堂，颁布教育宗旨和学制，废除科举制，教育制度上的变革是划时代的，是历史性的。但是“中体西用”“忠君尊孔”“奖励出身”和“女禁森严”等传统思想并没有改变，在新教育运动中，这些观念发生了彻底的变化，“民主科学”“共和国民”“工学”“开放女禁”“全盘西化”等新的观念兴起。学校课程比重易位，清末儒经和中文课程占2/3，科学占1/3；在新教育运动中，国文等传统课程占1/3，外语和科学课程占2/3。教育的指导思想也发生变更，赫尔巴特的教育思想在清末占主导，杜威的教育思想在新教育运动中成为主角。这些变革在中国近代教育史上不可不谓是“决定性的”，所以说它是中国教育现代化的“基石”，一点都不过分。

（作者于2009年获华中师范大学教育史专业博士学位，现为华中师范大学美术学院讲师）

民国时期大学校训与教育活动

陈功江

学校教育的基本要素，大体有教育目的、教育组织形式及其管理、教学内容、教学过程、教学反馈及师生关系、教育方式与方法、教学评估，等等。其中最为重要的因素有三，即目的、内容和方法。研讨民国时期知名大学的校训，可知大多与此三要素相关。现就此进行专门研讨。

一、大学校训与教育目的

在此所研讨的教育目的，并非为政者所确立的教育政策或教育方针。此为研讨校训的政治生态环境时所应重点关注的问题之一。在此所研讨的教育目的，主要是办学者的意向，即立校目的、培养目标或教育任务。当然，这与教育宗旨通常具有关合性。

衡量教育的首要指标，便是看它是否为"有目的"的社会实践活动。学校教育的目的性，远较社会教育和家庭教育强烈、鲜明。在"政教合一"的模式下，为政者与官学办理者的教育目的是高度一致的；清末所颁教育宗旨中的"忠君""尊孔"二项，便是这种高度关合的明证。在此值得讨论的问题有二：一为历代私学是否可以自主地确立教育目的；二为历代书院是否可以自主地确立教育目的。

就历代私学的总体发展轨迹而论，每当“政教合一”之时，私学会表现得相对消沉；而每当“政教分立”之时，私学便会表现得相对兴盛。值得注意的是，自春秋末期私学产生之后，真正令禁私学者，只有秦代和北魏，且为时均不长。换言之，私学作为官学的辅助，是长期存在且发挥了重大历史作用的。且不论春秋战国儒、墨、道、法等诸子百家的办学目的和培养目标各有不同，即使在汉代“独尊儒术”后，精舍或精庐的立学宗旨，不仅与太学有异，甚至与主流意识形态也有所不合。如西汉官方意识形态为“今文经学”，旨在培养为现实政治服务的官吏；而精舍教学中，多有以“古文经学”为依归者，旨在造就精于训诂的学者。这种立学旨趣的殊异，起码反映了私学的“非主流”追求。又如盛唐的高级私学，多有以造就文人、骚客为务者，即使有如达官韩愈的公余讲学，所讲“原道”论，也与国子学和太学有所不同。再如北宋，即使有“三次兴学”高潮，有王安石“荆公新学”借助政权的强势介入，但周敦颐、程颢、程颐、张载等人的私家讲学，甚至可视为对主流意识形态所发起的无言挑战；其立学宗旨的殊异，更是显而易见。假若这种意向也可以视之为“隐形校训”的话，其自主性或相对独立性也是显而易见的。

至于书院宗旨的殊异性，则更是彰明昭著。书院的创立，与理学的形成同步；它轻贱科举的表示，则表明它已背离了“学而优则仕”的传统。可视为书院“院训”者的表述。有白鹿洞书院的“学性达天”、岳麓书院的“忠孝廉洁”、太极书院的“推本谨始”、鹅湖书院的“穷理居敬”等等；尤其是东林书院门联——“风声、雨声、读书声，声声入耳；家事、国事、天下事，事事关心”——不仅可视为顾宪成的遗训，更可视为东林书院的院训。即使在清代书院官学化后，书院在考据训诂方面的追求，也与国子监大有不同。在晚清“洋务运动”的书院改制中，新型书院的立院宗旨，大多反映了“中体西用”的时代精神。如上海格致书院的创立旨趣为：“欲中国士商深悉西国之事，彼此更敦和好。”①又如湖北两湖书院、浙江求实书院，虽具有官办性质，然而在教育宗旨上，也明显有异于官办传统教育设施和新创“洋务学堂”。

近代中国创立的教会学校和殖民学校是中国亘古未有的。它们在不平等条约的庇护下，更是取得了诸多特权，并可完全自主地确立各校的教育宗旨。就教会学校而言，其校训多与《圣经》或基督教理念相关，毫不顾忌中国的教育政策；就殖民学校而言，若有校训话，仅仅只是宗主国教育宗旨或校

---

①《格致书院董事会记录》，朱有瓛主编：《中国近代学制史料》第一辑下册，华东师范大学出版社 1986 年版，第 167 页。

训的翻版，毫不顾忌中国的民族文化和民族精神。这两种学校的培养目标，当然是要培养各自在华利益的代言人。但无论是为培养教徒或者顺民所确立的校训，却在形式上丰富了教育的途径，并在事实层面默认了不同的教育追求。

中华民国成立后，1912年颁行了“四项教育宗旨”，继而又有袁世凯“教育要旨”和“教育纲要”的颁行，接着又爆发了有无必要颁定教育宗旨的讨论。民国前期，教育实际处于无恒定宗旨的时段；或者说，此期为官方教育宗旨弱化的时期。正是由于这种变动或弱化，才使教育的独立性相对强化，才使各级各类学校拥有个性化追求的校训成为可能。有基于此，似可得出如后判断：校训是官方教育宗旨弱化和各校立校旨趣强化的必然产物。

若从培养目标的角度透视，可说大多校训均据此立意。民国时期知名大学中，与此相关的表述有：清华大学校训“自强不息”；东南大学校训“止于至善”；厦门大学校训“自强不息，止于至善”；南开大学校训“允公允能，日新月异”；东吴大学校训“法古今完人”；金陵大学校训“诚、真、勤、仁”。其他诸如“德才兼备”“厚德”“宏德”“明德”“亲民”“笃志”“身正为范”“诚朴”“忠信笃敬”，等等，不仅在民国时期采用率甚高，而且在当今也毫无过时之忧。我认为，此类校训较富个性化色彩的表述有：云南大学——“立一等品格，求一等学识，成一等事业”，山东大学——“气有浩然，学无止境”。

二、大学校训与教育内容

狭义的教育内容，多指课程与教材。宽泛说来，学校性质、专业设置也与教育内容密切相关。就民国时期的中高等学校而言，可类分为普通、职业和师范三种性质。不同性质学校的教育内容，当然不同。若就普通高校而言，又可分为文、理、工、农、医、法、商等院系，其下又可细分为更多的专业方向。如此，教育内容的各有侧重，又是理所当然之事。

校训的制定，除依据不同的培养目标外，还可依据各有侧重的教育内容。就学理而言，目的与内容联系紧密。因为培养特定的人，必然要用特定的内容。如师范学校要培养教师，就必然会用“教育类”课程来彰显其师范性；而职业学校要培养技工和工程师，就必然会用“职业类”课程来彰显其职业性。因此，依据教育内容来确立校训，也就有了可能。

就北京大学隐性校训中的“兼容并包”而言，显然是就学术禁区、知识边界而言的。它除明确反对学理的排他性外，更是力主教学内容的广博性。就清华大学校训中的“厚德载物”而言，“厚德”是以伦理为基础，而“载物”却是以科学为基础；无论是伦理还是科学，均是就知识属性而言的。当然，就清华大学的性质和系科设置而言，更为重视科学技术，理当成为其首要特色。只是当第一次世界大战结束后，新科技武器所造成的战争惨烈，使纯粹的科技主义遭受普遍质疑。在此背景下，以“厚德”作为“载物”的前提，更是具有了特殊的时代内涵。

再如金陵女子大学校训“厚生”(Abundant)，所据为《约翰福音》第10章第10节所言：“我来了，是要叫人得生命，并且得的更丰盛。”这虽可理解为教育目的，但更宜理解为教育内容。该校课程更为重视人文性，骨干课程有中文、外语、经济、社会、历史、哲学、音乐、体育、艺术、医学、护理等，辅修课程则有教育学、心理学、生态学、卫生学、地理学等。更为重要的是，该校所开设的家政系，不仅与“厚生”密切相关，而且产生了广泛的社会影响。该系不仅关注家庭技艺，而且更为关注儿童福利。在该校的影响下，共有五所学校在社会学系和家政系开设了与儿童福利密切相关的课程。由吴贻芳博士担任主席、由14人组成的儿童福利委员会，根据这些不同的课程，制订了一个完整的计划，包括儿童发展、儿童心理、儿童健康、儿童营养以及儿童福利机构的管理等内容。实际工作，由学生在成都和华西校园内的托儿所里完成。①

除关注儿童外，金陵女子大学还注意服务于农村中的农民。在日军侵占南京后，该校还将校园改设为难民收容所，救助妇女、儿童等难民达2750人。这种“金陵精神”，无疑与“厚生”的校训相关。

在当代高校所确立的校训中，亦多有与教育内容相关者。如国家会计学院校训中的“不做假账”，事关诚信品质，也对会计规范提出了明确的要求；北京舞蹈学院中的“文舞相融”，则对文化素养和舞蹈技艺提出了要求，并将两者的结合、融通作为有所追求的更高境界；北京林业大学的校训“养青松正气，法竹梅风骨”，其实质追求者，虽为松、竹、梅的精神风貌，然而如何使松、竹、梅傲立并长存于世间，无疑也事关知识和学问，且均与“林业”相关；广东药学院的校训“药学中西，医道济世”，则典型地反映了学科特色及特定的教育内容。

校训可依据教育内容的特色而订立，还有诸多实例可为明证。若就民国时期的专门高校而言，法政、工业、农业、医学、药学、商业、外语、美术等

---

① 康本德夫人、蔡路德著，杨天宏译：《金陵女子大学》，珠海出版社1999年版，第122页。

科，均可就各科特定教育内容而确立校训。即使是工业专门学校，也可依据属性的不同，如吴淞商船学校、河海工程学校、山东矿业学校、南通纺织学校等，从而确立富有个性的校训。此外，还可依据本校的主干专业或强势学科来确立校训。除上列商船、河海工程、矿业和纺织外，尚有土木科、机械科、造船科、电气机械科、建筑科、应用化学科、采矿冶金科、电气化科、染色科、窑业科、酿造科、图案科等；若依各校的特色学科而确立校训，那么个性化的特色无疑更可能彰显。

三、大学校训与教学方法

狭义的教学方法，主要指教师在教学过程中依据一定教育原则所采用的方式和手段。在此所言的教学方法，不仅包括教师的教，而且还包括学生的学，甚至还包括师生互动中的“教学相长”。在高等教育或大学阶段，无疑“学法”较“教法”更为重要。正是有基于此，陶行知在“五四”时期便力主将“教授法”改称“教学法”，从而使教学方法更为灵活多样，并为校训依据治学方法的殊异而确立，提供了可能。

当然，方法与目的、内容也是互为关合的。就北京大学的隐性校训“思想自由、兼容并包”而言，既是要求培养具有独立学术见解的人，也是要求在教育内容上兼收并蓄、海纳百川，同时也是要求培养手段应不拘一格，应通过独立思考和自由争鸣的手段来达成培养新人的目标。再如中国海洋大学校训“海纳百川，取则远行”和四川大学校训“海纳百川，有容乃大”，均是从思想方法的角度立意，要求博闻兼取，不拘一格。此外，华侨大学校训“会通中外，并育德才”，不仅关系到教学内容，而且也与思想方法相关。

与治学方法关系最为密切的校训，当推中山大学校训“博学、审问、慎思、明辨、笃行”，此语出自《礼记·中庸》。在此所要强调指出的是，当朱熹在《白鹿洞书院教条》中将其列作“为学之序”后，它事实上不仅是治学方法，而且还关系到为学的步骤、教学的过程或环节，颇与杜威的“思维五步术”（困难→疑问→假设→试验→断语）相关。它所揭示者，是治学的规律或法式。即不仅关涉片断的具体学法或教法，而且能够一以贯之地将它们组串在一起，使其拥有了“认识论”的灵魂，从而在教学论上拥有万古常新的价值。正因为此“为学之序”对于大学教育更为切近，所以西南联大曾以“博学、审问、慎思、明辨”作为校训，而华南理工大学更是照录《中庸》的“博学之，审问之，慎思之，明辨之，笃行之”作为校训。有无“笃行”的殊异，主要在于是否强调“知行合一”的理念。西南联大去此一项，大约是更为看重在校的理论研习；而中山大学和华南理工大学保留“笃行”，大约是在于强调理论联系实际，强调学以致用，强调完善自我和利济苍生的为学目的。

就北洋大学校训“实事求是”和浙江大学校训“求是”而言，实际也与教学法或治学法密切相关。“实事”要求，“务实”而非“务虚”，这是实证主义哲学的首要信条，是科学思潮能够兴盛的保证，且与中国传统的治学基调背道而驰；“求是”，必须透过现象探寻本质，即探寻事物的内在规律性，进而依照这种“定律”，去改造客观世界和主观世界。由于北洋大学和浙江大学均以理工科见长，所以强调“求是”更是理所当然。如此，是否以文见长的院校便不宜以此作为校训呢？答案当然是否定的。因为中国人民大学和中共中央党校的校训，也均为“实事求是”，在武汉大学、扬州大学等校的校训中，也均有“求是”一项。值得注意的是，这大多是就学风立意的，而非依据科技主义本旨。无论这种界定是否偏颇，但有一点可以肯定，即此类校训均与思想方法相关。或可这样说：“实事”与“笃实”相近，“求是”则与“博学、审问、慎思、明辨”密切相关。

若就具体教学方法而言，圣约翰大学在1931年申请立案时所报呈的校训则较有代表性。该校训取自《论语·为政》，具体表述为：“学而不思则罔，思而不学则殆。”在中国教育史上，通常将此归纳为“学思结合”或“学思并重”的原则。朱熹在训释这句话时有言：“不求诸心，则昏而不得。不习其事，故危而不安。程子曰：‘博学、审问、慎思、明辨、笃行五者，废其一，非学也。’”①朱熹在此将“学”字理解为“习其事”，颇与孔子“学而时习之”的本意相近。若在研讨大学校训时如此理解“学”字，则显得过于偏狭；若结合程颐的论述，“学”首先应指“博学”，属于认识或知识范畴；然后方可与“笃行”相联系，因笃行属于实践或伦理范畴。至于“思”字，与“审问、慎思、明辨”的相关性，则显而易见。若严格说来，学思结合主要关涉“博学”和“慎思”两个环节，要求在深化理性认识上用功。这无疑是符合大学精神的，并在学习方法上点出了要窍所在。此类校训的精华，还包括复旦大学校训：“博学而笃志，切问而近思。”其中的“切问而近思”，也是孔门教学方法的精华，并且也具有历久弥新的教育价值。

（作者于2009年获华中师范大学教育史专业博士学位，现为武汉城市职业学院常务副院长）

① 朱熹：《四书章句集注》，中华书局1983年版，第57页。

自我实现、社会互动与教育家的教育活动

胡志坚

意大利历史学家克罗齐(Benedetto Croce)有过一句著名的论断:"一切历史都是当代史",意思大体是说正是基于对现实的兴趣才促使人们去研究以往的事实。① 如果我们承认中国史学强调"以史为鉴"的史学资鉴功能的合理性的话,克罗齐的这个论断就是有道理的。我们研究历史,不单单是为了澄清历史事实,更重要的是我们所研究的历史事实,对我们当前的生活是有意义的。

笔者对中国近现代教育家的关注与研究,正是出于个人的兴趣和对现实教育以及教育者的观照。

作为一名教师,一名培养教师的教师,笔者自 1985 年从师范院校毕业以来,在经历了 20 世纪 90 年代初"下海潮"冲击的困惑,经历了 90 年代中期其他行业人员的"下岗潮"之后,就一直在反思,教师究竟应该如何认识自己的职责?如何成为一名好教师?如何培养学生成为一名好教师?我常常问自己,在 20 世纪上半叶那个如此动荡的年代,何以会有一批教育家在孜孜地追

① [意]本尼戴托·克罗齐:《历史和编年史》,参见[英]汤因比等著,张文杰编《历史的话语:现代西方历史哲学译文集》,广西师范大学出版社 2002 年版,第 398～410 页。

寻着教育救国的梦想？他们何以会在顺境时不骄、在逆境中不馁？他们的所思、所想、所行是什么？他们又是何以如此思、如此想、如此行的？他们的不骄、不馁，他们的所思、所想、所行对今天的教师，对今天教师的培养有什么启迪？等等，这些对笔者来说有着极大的吸引力。可以说，它已不仅仅是一种学术兴趣，更主要的是出于对现实教育以及教育者的观照。①

作为20世纪上半叶的著名教育家，陶行知先生的经历对笔者寻求问题的答案有着特别重要的意义。“他本是旧社会人物，又是镀金博士，已跻入高等华人之列，只要他肯向统治者低头，他不但可以长久保持高等华人的地位，而且还可步步高升，更多分享民脂民膏。”但陶行知没有这样做，他“鄙视这种高等华人的地位”，“他认为……自命高等华人，享受糜烂生活，乃是最可耻的行为。所以他毅然决然抛弃高等华人的地位，投入人民大众行列，并且彻底清算高等华人的思想意识，全心全意为人民服务，终于成为最受尊重的人民导师”。②

是什么原因使得陶行知能够“鄙视这种高等华人的地位”并“毅然决然抛弃高等华人的地位，投入人民大众行列”，又是什么原因使得陶行知能够“全心全意为人民服务”并“终于成为最受尊重的人民导师”？本文拟从心理史学的角度，对此进行探讨。

一、陶行知的自我概念

自我概念是社会学家和心理学家普遍关心的一个研究领域，也是人格心理学和社会心理学所共同使用的概念。在社会心理学中，自我概念是研究个人社会化和个性化过程时的重要范畴，社会心理学中的自我(self)或自我意识(self-consciousness)，主要是指人的反身意识，即以自身为对象的意

---

① 社会和公众对中国教育和某些教育者的批评乃至批判，是任何一个从事教育研究的理论工作者都无法回避的问题。

② 华岗：《痛悼陶行知先生》，参见陶行知先生纪念委员会编印《陶行知先生纪念集》，1946年版，第48页。

识，它不同于精神分析学派的自我(ego)的含义。[①] 社会心理学中关于自我概念(self-concept)及其结构，目前尚没有统一的认识。按照英国心理学家伯恩斯(R. Burns)的观点，自我概念可以看成是一个自我态度系统，它由现在自我或认知自我、愿意成为的自我或理想自我和自己相信的别人觉察的自我或他观自我三部分组成。[②]

自我概念是本研究的一个起点，也是理解从社会与教育家互动的角度研究教育家的关键。

自我概念作为一种主观体验，具有三种基本功能：保持内在一致性、决定个人对经验的解释并决定个人的期望。首先，个人需要按照保持与自我看法相一致的方式采取行动。也就是说，通过维持个人内在一致性的机制，自我概念实际上起着引导个人行为的作用。其次，一定的经验对于个人具有怎样的意义，是由个人的自我概念决定的。每一种经验对于特定个人的意义也是特定的。不同的人可能会获得完全相同的经验，但他们对于这种经验的解释却可能很不相同。解释经验的基点在于个人的自我概念。正如人们具有保持自己的行为与自己的自我看法相一致的强烈倾向一样，人们也强烈地倾向于按照与自己的自我概念相一致的方式来解释自己的行为。第三，在各种不同的情境中，人们对于事情发生的期待、对于情境中其他人行为的解释以及自己在情境中的行为表现等，都决定于个人的自我概念。或者换句话说，个人的自我概念决定了他对事情的发生、不同情境中他人和

---

① 在弗洛伊德的精神分析理论中，有三个彼此区别又相互联系的概念，即本我(id，也翻译为伊底)、自我(ego)和超我(superego)。在弗洛伊德看来，本我是人格中与生俱来的最原始的潜意识结构部分，由先天的本能、基本欲望所组成，其中以性本能为主，所遵循的是"快乐原则"。自我是从本我中分化出来的，是个人的本我与环境相互作用的结果，它既要满足本我的即刻要求，又要按客观要求行事，所遵循的是"现实原则"。而超我是从自我中分化出来的，是自我中起着监督功能、限制本我的本能冲动的部分，所遵循的是"至善原则"。弗洛伊德用这些概念分别讨论了人格的形成和发展、人格动力和人格结构。由于弗洛伊德过于强调本我中性本能冲动的重要性，因而引起了人们极大的非议，以致有人把精神分析的"心理史学"称为"退缩的历史"，进而宣判了"心理史学的破产"。也正因为如此，本研究没有采用以个体人格心理学作为主要的心理学理论依据。另外，有些研究者往往把自我与人格概念不加区别的交互使用，但一般而言，自我只是人格中一个重要的组成部分而不是全部。参见叶浩生主编《西方心理学的历史与体系》，人民教育出版社 1998 年版，第 301～302 页；[美]大卫·斯坦纳德著，冯刚、关颖译：《退缩的历史——论弗洛伊德及心理史学的破产》，浙江人民出版社 1989 年版；周晓虹：《现代社会心理学》，上海人民出版社 1997 年版，第 143 页。

② 章志光主编：《社会心理学》，人民教育出版社 1996 年版，第 95～97 页。

自己行为的期待。①

1946年陶行知逝世后，以人格独立著称于世的梁漱溟先生在纪念陶行知的文章中这样写道：

> 陶先生是一个一往无前、奔赴真理的人。他心目中，有他对于社会的理想要求。就在这里，他好便真好，恶便真恶，好恶真切分明，虽然有时不形于色。大家谁都佩服陶先生是一个力行的人。……当今这个"好话说尽"的世界，一切只见说不见做，越显得陶先生朴勇卓绝，任何人都落在他后边。你只是众人随着他，受他感到鼓舞而向前；不是吗？他不唯勇往，而且踏实沉毅。因此，勇于奔赴理想的人尽还有，而终不及他。我在此等处，最折服陶先生。我简直要五体投地向他膜拜。②

这说明，一生追求"知行合一"的陶行知以自己的行动实现了自己的理想，也获得了世人的尊敬。同时也说明，陶行知的理想自我和认知自我是合而为一的，他的理想自我就是他的认知自我。

陶行知的理想自我和认知自我是怎样的呢？早在崇一学堂读书期间，陶行知就确立了理想自我的形象，那就是"我是一个中国人，要为中国做出些贡献来"③。这一理想自我，成为陶行知一生自我概念的中心，所有其他自我概念，都是围绕这一中心并且为了实现这一中心而展开的。具体而言，陶行知的认知自我和理想自我包括："热心力行""立真去伪""行出一真是一真，谢绝一伪是一伪"④"人生必有出世之精神而后可以入世""佛不入地狱，谁入地狱！""已达达人，爱人如己，超度众生""我本来是一个中国的平民""为一大事来；做一大事去""幼吾幼以及人之幼""以治人者治己；在劳力上劳心""在立脚点要平等；于出头处求自由""捧着一颗心来，不带半根草去""奋斗是成功(万物)之父""宁为真白丁，不作假秀才""追求真理做真人""友穷，迎难，创造""博爱存心，和光映面，不惑不忧，不惧不恋。学而不厌，诲人不倦，服务第一，手不释卷。思想青春，何可不变，愿师少年，站在前线""仁者不忧，知者不惑，勇者不惧，达者不恋""富贵不能淫，贫贱不能移，威武不

---

① 章志光主编：《社会心理学》，人民教育出版社1996年版，第92～94页。

② 梁漱溟：《悼念陶行知先生》，参见陶行知先生纪念委员会编印《陶行知先生纪念集》，1946年版，第153页。

③ 朱泽甫编著：《陶行知年谱》，安徽教育出版社1985年版，第5页。

④ 华中师范学院教育科学研究所主编：《陶行知全集》(第一卷)，湖南教育出版社1984年版，第2、28页。

能屈，美人不能动"[①]，等等。除了这些自我概念外，陶行知也有自认不足之处，即"容易发怒"，而这种习惯在他看来则是"于人于己，两受其害"[②]。由此可以看出，在陶行知的自我概念中，虽然强调理想自我与认知自我的一致性，但也自认有和常人一样的不足，没有把自己排斥在常人之外而自诩为"神"。

陶行知生前愿意接受并记录下来的他人评价(即他观自我)，主要反映在两个方面。第一，蒋梦麟对他的评价，即"有传教精神的教育家"。1923 年 12 月 12 日陶行知在给王伯秋的信中，谈到在蒋梦麟家办平民教育处时的一段趣事。他写道：梦麟兄近来忙得很。我昨晚到他家里去劝设平民读书处的时候，他颇露难色。我问他说："中国最高学府，北京大学代理校长家里可以容得不识字的人吗?"他笑笑说："错是不错。"我说："既是不错就要干。你如无暇，我来代你训练助教，只须老兄下一命令：'从今天起，家里的人不识字的都要读书，识字的都要教书。'我就有办法。"他先后找了他的世兄蒋仁裕和门房李白华进来，我就一五一十地教了他们一回。他们即刻去教老妈子和车夫，高兴得很。对此，蒋梦麟评价陶行知说："你很有传教的精神。"[③]这是陶行知生前记录的为数不多的关于他人对自己评价，由此可以看出陶行知对这种评价的认可度。第二，1946 年冯玉祥对他的评价，即"古今两大叫化子，乞讨兴学教赤子。利他无我超孔子，祝君高寿一百儿。"这是冯玉祥给陶行知的祝寿诗，由于搞错了年龄(冯玉祥把 55 岁的陶行知说成了 50 岁)，冯玉祥专程找到陶行知以致歉意。为此，陶行知专门写了一首诗答谢冯玉祥："如果我是五十岁，祝您花甲才初度。但愿不知老将至，发奋忘食给人助。"[④]并把此事写信告诉自己的儿子陶晓光。由此可以看出，陶行知在心理上接受了冯玉祥对他"乞讨兴学，利他无我"的评价。可以说，"有传教精神的教育家"和"乞讨兴学，利他无我"，构成了陶行知的他观自我。[⑤]

---

① 华中师范学院教育科学研究所主编：《陶行知全集》(第五卷)，湖南教育出版社 1985 年版，第 28、42、54、55、89、133、160、235、422、700、760、782、964 页。

② 同上书，第 842 页。

③ 同上书，第 59 页。

④ 同上书，第 954 页。

⑤ 陶行知逝世后虽然有很多对他的评价和赞誉，但由于没有进入到陶行知的心理领域，或者说没有被陶行知本人认可或不认可，因此，不能把它们作为陶行知他观自我的内容。

二、自我实现与陶行知的教育实践

社会心理学研究表明，人的社会行为的发生和表现，从其外在形式来看，总是与一定的目标和方向相联系的，而从其内在起因来看，则总是由一种或多种动力所推动和驱使的。如果说外在的目标和方向说明了社会行为的指向、所要获取或所要达到的目的，那么，内在的动力则解释了社会行为为什么的问题。而这两个方面，都属于社会动机研究的范畴。①

以"立真去伪"为理想追求的陶行知，要实现"使全中国人都受到教育"的自我概念，他唯一能作出的选择，只有"力行"。事实上，他也是以宗教家"传教"般的精神，努力实现着自己的理想自我。从社会心理学认知相符理论的角度，只有这样，他才能保持内心的一致和平衡。换言之，自我实现，保持认知、态度和行为间的一致性，保持自我概念的一致性，构成了陶行知教育改革实践的内在推动力。

陶行知在保持自我概念一致性时的行为方式是"求真力行"。但在一个充斥着伪善的社会中，"求真力行"遇到的困难是可想而知的，这就迫使陶行知不得不不断提醒和强化自己的认知和态度，调节自己的心态，以达到内心的平衡。

1923 年下半年，正是平民教育运动初起之时，陶行知以极大的热情投入到这场利国利民的教育运动中。正如陶行知本人所说的："大家对于平民教育都是初次试验，都是外行，都有奋斗精神，冒险精神，都不免有些错误。"面对这些问题，陶行知提醒平教同仁"要忍耐"，"要原谅"②。他自己则以"求真力行"的方式，探索着平教的方法和出路。他在给友人的信中写道："知行这三天以来，立志凡我脚迹所到的地方，就是平民教育到的地方。我们不久就要把平民教育输入军队里、善堂里、工厂里、监牢里、尼姑庵里、济良所里。我们要叫黑暗的地方大放光明。佛不入地狱，谁入地狱！"③一句"佛不入地狱，谁入地狱"，为自己"求真力行"的行为方式找到了认知和态度上的平衡点。

要搞平民教育，首先要做到的就是和平民打成一片。这看似简单的问

---

① 周晓虹：《现代社会心理学》，上海人民出版社 1997 年版，第 205 页。

② 华中师范学院教育科学研究所主编：《陶行知全集》(第五卷)，湖南教育出版社 1985 年版，第 33 页。

③ 同上书，第 42 页。

题，在当时社会，对一位留过洋、“镀过金”，对一向西装革履的教授、“高等华人”来说，也不是一件容易的事情。但陶行知做到了。对于自己的这种选择，陶行知在给妹妹文渼的信中作了说明，同时，也反映出他达到认知、态度和行为一致性的心理调节过程。

知行近日买了一件棉袄，一双布棉套裤，一顶西瓜皮帽，穿在身上，戴在头上，觉得完全是个中国人了，并且觉得很与一般人民相近很多。

我本来是一个中国的平民。无奈十几年的学校生活，渐渐地把我向外国的贵族的方向转移。学校生活对于我的修养固有不可磨灭的益处，但是这种外国的贵族的风尚，却是很大的缺点。好在我的中国性、平民性是很丰富的，我的同事都说我是一个“最中国的”留学生。经过一番觉悟，我就像黄河决了堤，向那中国的平民的路上奔流回来了。①

1926年底，当中华教育改进社的活动陷入困境时，陶行知在给凌济东的信中写道：

本社的经济情形，已是山穷水尽，这是事实，谁也不能否认。本社已是山穷水尽，本社的同人应当怎样呢？我们应当在山穷水尽的时候，找出一条出路来！本社之所以山穷水尽，是因为中国教育已到山穷水尽了。我们倘不能为中国教育找出生路，决不能为本社找出生路。

依据杨先生的推算，吾兄还有五十年的寿源去干这件伟大的事业。我主张自筹款，自罗人才，积极进行，与人互助则可，决不可因人成事。……人生为一大事来，做一大事去。

山穷水尽！好一个山穷水尽！这是天地给我们另找生路的惟一机会。我们应当欢欢喜喜地接受这个机会。②

陶行知用“人生为一大事来，做一大事去”的理想追求，把困难当做自我实现的“机会”，克服了实现理想自我与社会现实的矛盾所带来的心理冲突，保持了自我内心的平衡；同时又为自己从事乡村教育实践提供了内在的动力。

1946年，在中国的民主运动处在最艰难的时候，在两位好友和民主斗士已经倒在统治者黑暗的枪口之下时，陶行知依然没有退缩，依然站在斗争的最前沿。7月16日，他在给育才同学会上海分会全体同学的信中写道：

现在民主斗争已经到了最尖锐的阶段，反民主分子不惜用恐怖手

① 华中师范学院教育科学研究所主编：《陶行知全集》（第五卷），湖南教育出版社1985年版，第55页。

② 同上书，第145～146页。

段来抵抗那不可抗拒的大势。李公朴先生(育才之友)便是这样的牺牲了。我提议再接再厉,前仆后继,屡败屡战,以底于成。我提议每逢死了一位民主战士,即以感召培养一万位民众新战士来顶补,死了一百位民主战士,即以感召培养一百万位民主新战士来顶补。因此我们纪念公朴先生的最好的办法,是立志把自己造成一位英勇的民主战士。不但如此,还要做民主酵母,使凡与我你他接触的人,都发起民主的酵来,成为一个个的英勇的民主战士。只要我们肯得为民主死,真民主就会来到,而中华民族也一定可以活到万万年。让我再详说英勇的民主战士是怎样培养出来。第一套功夫是"仁者不忧,知者不惑,勇者不惧,达者不恋"。第二套功夫是"富贵不能淫,贫贱不能移,威武不能屈,美人不能动"。有了这些德性,无论过着什么关口,也会胜利的通过。虽杀身亦成仁了。我们应该在这些德性上面努力进修共同勉励。①

在这里,陶行知以"仁者不忧,知者不惑,勇者不惧,达者不恋"和"富贵不能淫,贫贱不能移,威武不能屈,美人不能动",达到了"求真力行"行为方式与认知和态度上的一致,并由此推动着自己民主教育改革实践的进行。

由此,笔者认为,自我实现,是陶行知能够"鄙视高等华人的地位"并"毅然决然抛弃高等华人的地位,投入人民大众行列",能够"全心全意为人民服务"并"终于成为最受尊重的人民导师"内在动力之一。

三、社会互动与陶行知的教育实践

角色理论是社会心理学解释社会互动的一种理论。该理论研究表明,社会认可是人们自我价值的最重要来源。一个人只有得到了社会的接纳和承认,才能够形成稳定的自尊感和确立稳定的自我一致性,才有可能获得自信和安全感。对于成人而言,无论一个人所做的事业多么有益于人类,只要他还没被社会认可而成为社会的一个构成部分,他就不可能有稳定的自我一致性并在此基础上获得自我价值感(feeling of self-worth),就难以建立真正的自尊与自信。②

陶行知教育改革实践的价值,陶行知的自尊和自信,同样也是来自社会的认可和接纳。自然,这种认可和接纳,不是来自于统治者,而是来自民众。

① 华中师范学院教育科学研究所主编:《陶行知全集》(第五卷),湖南教育出版社1985年版,第963~964页。

② 章志光主编:《社会心理学》,人民教育出版社1996年版,第81页。

普通民众的认可和接纳，普通民众的角色期望，构成了陶行知理想自我角色扮演的强大动力。

永汇、金祥，是两个芜湖的普通学徒，在陶行知的鼓励下，他们开始读书识字，这对陶行知是莫大的鼓舞和认同。吴立邦，一个十几岁的小学生，在陶行知的引导下，也在思考爱国问题，也在努力参与平民教育运动，读到他的信，陶行知不能不感到"如同吃甘蔗一样，越吃越有味"。韩庆鼎，一个普通的说书人，把陶行知等人开办平民教育的精神和活动编成评书，活灵活现地加以赞扬和传颂，这又是对陶行知教育实践的有力鼓励！①

赵叔愚是晓庄师范第一学院的院长。作为一名和陶行知同样留美归国的留学生，与陶行知一起下到乡村，下到农民中从事乡村教育，他对陶行知的支持自不必说，更令人感动的，是他的夫人对陶行知工作的期望和鼓励。在她病危时，陶行知去看她，她对陶行知说："叔愚因我生病，不能专心助你办学，我心里很不安。但我活时虽不能为晓庄努力，死了做鬼也是要保护晓庄的。"②在这种角色期望下，陶行知怎能不加倍的努力！

荆璞同志：

昨天从武昌渡江的时候，宗麟把您的信给我看，手上摸着很厚很厚的一叠，不像平常的送别信，我疑心里面有些出人意外的礼物。打开一看，知道是您产后不用老妈省下来的钱，要我代您用去。当时几分钟内，使我心里起了波浪，不知如何是好。最初我想托宗麟带回来还您。因为这种牺牲精神结晶的礼物，几乎是没有人配接受。等到转了一个念头，我就毅然决然地毫不推让地收了下来。上海幼儿团和劳工幼儿团里的孩子们是过着贫苦的生活。有了您这笔款子去，是能叫他们生活丰富起来。春神来到，小树将要复活了。在我们的女同志中，您是最能牺牲的一位。在徐家角您背着阿沪办幼稚园的影象是深刻的印入了我的头脑里。总有一天，会有人要代您选这样一个象。我知道您就是一位二十世纪的观世音菩萨啊！祝您和宗麟联合湖北教育学院及湖北同志们向前创造！③

---

① 华中师范学院教育科学研究所主编：《陶行知全集》(第五卷)，湖南教育出版社1985年版，第63～64；66～69；86～87页。

② 同上书，第123～124页。

③ 同上书，第290～291页。

这是1935年3月9日陶行知写给一位普通教师王荆璞的信。在这封信中,我们可以体会到王荆璞对陶行知工作的支持、期望,我们也可以看到一位普通教师在教育事业中的形象。

可以说,正是这些普通人,让陶行知了解到中国社会的真正力量,认识到自己的根。也正是在和这些普通人的互动过程中,促使陶行知能不断努力实现自我,通过保持自我概念的一致性,推动着他的教育实践不断发展、前进、扩展和深化。

由此,笔者认为,自我实现、社会互动是教育家教育实践的主要内在动力。一种教育实践健康、深入地开展,离不开教育工作者理想、稳定的自我概念,也离不开教育工作者群体内部积极、有效地互动和支持。中国的教育改革实践如要健康、深入地开展,教育工作者的自我概念与社会互动就是两个不容忽视的因素,毕竟,"没有教师的协助及其积极参与,任何改革都不能成功"①。

(作者于2005年获华中师范大学教育史专业博士学位,现为聊城大学教育科学学院副院长、教授)

① 联合国教科文组织总部中文科译:《教育——财富蕴藏其中》,教育科学出版社1996年版,第15页。

从校园生活看教会大学学生的培养[①]

赵厚勰

教会大学之所以在近代中国创立，其主要目的之一就是为了培养符合基督教精神的人才。这一培养对象构成了教会大学的主体，也成为人们关注的焦点。教会大学的各种活动离不开学生不同程度的参与。

从一般意义上来说，"生活"的含义是人们为了生存和发展而从事的各种各样的活动。它所涉及的内容其实是相当宽泛的。我们这里所要考察的教会大学学生的校园生活，研究对象与范围虽然有了一定限制，但涉及的内容同样宽泛。我们此处将其主要限定在以下几个方面：校园环境与日常生活、社团活动与文体生活、宗教生活与社会服务。

一、校园环境与日常生活

构成校园环境的主体是校园建筑，而形成校园建筑的前提则是取得一定的校园用地。教会大学主要通过两种途径解决用地问题。第一种途径是收购官宦人家现有的宅院。这在教会大学建校之初尤其如此，因为可以解

---

① 本文为章开沅教授主持的国家社科基金项目"中国教会大学与中西文化交流"的中期成果之一。

决学校的燃眉之急。1915 年春，金陵女子大学开办时所使用的校舍，就是李鸿章的第五个儿子所有的。校舍为两座并排而立的宅邸。“每座拥有四个铺了石径的院子，彼此背靠背，另有一个院子被隔在一边。宅邸为灰色砖瓦盖成，飞檐高耸，煞是雅致。”[①]圣约翰大学、燕京大学在成立之初也有类似的经历。教会大学解决校园用地的另一种主要途径，则是购买或干脆强占城外的荒地，而这些荒地大多为中国人的坟地。从教会大学的相关资料来看，通过购买坟地来获得校园用地的难度一般都较大。华西协合大学在筹办之初，打算在成都城外购买一块 150 亩左右的土地，这块土地主要是水田和墓地。相比较而言，水田还可以用足够的现金购买到。但是，“购买墓地相当地困难”，“为了能够买到旧墓地，要获得死者亲属们、常常是那些不知姓名的远亲们的一致同意；确定新墓地和重新迁葬遗体；并且要使这些家属人人满意，这要求手法上得体、坚韧的忍耐和时间的消耗。由于当地组织和官吏们的协调，以及无休止的盖印，经历了数月、有时是数年的交涉，传教士们最终获得了用于建设大学的足够土地”[②]。

教会大学取得校园用地后，先后建造了新的校园建筑。这些校园建筑，“至今已成为继承者引以自豪的学校传统的重要组成部分”。“教会大学所开创的中西合璧式建筑形式，是中西建筑文化交流过程中不可缺少的内容，也是试图将中国传统建筑与西方近代建筑相结合的有益尝试。”[③]这种颇具特色的大学建筑，使得教会大学形成了一种幽雅恬静的校园环境，成为吸引青年学子来此求学的一个重要因素。

燕京大学是教会大学中西合璧式建筑的最高艺术典范。燕大校园建设的总建筑师是来自美国的墨菲(Henry K. Murphy)，中国教会大学的许多建筑都是他设计建造的。墨菲在司徒雷登的要求下，采用“宫殿式”的设计，“陆续建造了八十八幢中西合璧式建筑，创造了一种浓厚的‘中国化’环境气氛，在中国近代的教会大学或国立、私立大学中，燕京大学的建筑群堪称是规模最大、质量最高、整体性最完美的校园建设工程。”[④]燕大校长司徒雷登本人也对学校的建筑十分满意：“燕大新校址完成后，很多年来，凡是来参观

① 德本康夫人、蔡路得著，杨天宏译，王薇佳校：《金陵女子大学》，珠海出版社 1999 年版，第 7～8 页。

② 黄思礼著，秦和平、何启浩译：《华西协合大学》，珠海出版社 1999 年版，第 35～36 页。

③ 董黎：《中国教会大学建筑研究》，珠海出版社 1998 年版，第 40～41 页。

④ 同上书，第 218 页。

的人，都夸赞燕园是世界上最美丽的校园。因为他们异口同声地说，后来我们也几乎相信了。”①

齐鲁大学在济南建校后，建筑是西式的，但是保留了中国屋顶的斜线风格，这在中国的建筑中是比较少见的。② 材料使用的是大块的青石，非常美观。③ 当时的学生都被新校园的面貌深深地打动了。他们描绘道：“校园非常宽敞。到处是美丽的鲜花和林木，中心的小花园尤其如此。这个小花园被花卉和小道分割开来，看上去就像英国国旗。这看上去非常有趣，同时也意蕴深长。”“学校的学生宿舍建得非常好。桌子、椅子、火炉、书架和床一应俱全。电灯、自来水及暖气应有尽有。所有这些都对健康十分有益。”“我们医学院是在城墙内。学校的铁门顶上有山东基督教大学字样。一条大道不仅通向医学院，而且还可以通往教师住宅、护士楼、医院、男生宿舍和门诊部。道路两旁都有玫瑰花。当春天到来时，树枝绽开了美丽的新叶，玫瑰花吐露芬芳。这看上去像是伊甸的花园！”“我们大学的教堂耸立在校园的南部。这是一座石建筑。它的美和宽敞会深深地打动你。如果你站在塔楼上放眼四望，大自然的美景尽收眼底。也许你能分辨出生活在尘世和离群索居的区别。教堂里和外面几乎一样明亮，因为我们的教堂大约有一百多个窗户。”④

优美的校园环境，能够在无形之中对学生产生一种吸引力，营造出一种强烈的读书氛围，令学生徜徉其中，对他们产生一种潜移默化的影响。著名作家冰心于1918年秋季进入协和女大（后并入燕京大学）。协和女大位于北京灯市口佟府夹道，原为清佟王的府邸，女大的大礼堂，就是王府的大厅堂三间打通改成的。厅前的台阶很高，走廊也很长，廊前台阶两旁种着一行猩红的玫瑰。“这玫瑰真是‘又红又香，无人不爱’，而且花朵也大到像一只碟子！我们同学们都爱摘下一朵含苞的花蕊，插在鬓上。当然我们在攀摘时也很小心花枝上的尖刺。”“记得我还写了一首诗，叫做《玫瑰的荫下》。因为那一行玫瑰的确又高又大，枝叶浓密，我们总喜欢坐在花下草地上，在香气

① [美]司徒雷登：《在华五十年》，纽约，1954年。转引自董黎《中国教会大学建筑研究》，珠海出版社1998年版，第218页。

② 郭查理著，陶飞亚、鲁娜译：《齐鲁大学》，珠海出版社1999年版，第106页。

③ 李文欣：《忆齐鲁大学读书时》，《山东文献》第11卷第3期。

④ 郭查理著，陶飞亚、鲁娜译：《齐鲁大学》，珠海出版社1999年版，第108～109页。

氤氲中读书。”①正是这种优美宁静的环境，成就了冰心日后的文学人生。

教会大学对学生的管理素来较为严格，在学生的日常生活与行为规范方面也是如此。1898 年进入圣约翰大学的朱友渔回忆他的求学生活时说：“我们当时有个很有名的‘污点制’。在一周里，如果哪位学生床铺不整、在教室喧哗、晚上 9 点半后开着灯等等，都可以给他记一个污点。我们当时都说，学监的眼睛像鹰眼一样，他们到处抓违规的学生。卜舫济博士每个星期五检查所有的学生宿舍。星期六下午我们才有机会擦掉一周的污点：有一个污点，我们就要在教室里坐上半小时。卜舫济博士亲自来检查记录。有几次，他操起尺子，打我们的手心。”②学生宿舍是学生生活的重要场所，教会大学都有严格的宿舍管理制度。20 世纪 20 年代末，齐鲁大学的宿舍规则制定得十分详细：规定了开灯及熄灯的时间；要求学生爱护器具，爱护环境；规定了必须安静的时间，如午休时间不许喧哗；洗衣和做饭须在规定的房间内进行；熄灯后不准燃烛，有想看书的同学可以到读书室去，但最晚不得超过 12 点。③ 在吃的方面，齐鲁大学的食堂跟宿舍是一体的，学生食堂就设在每个宿舍楼内。当时实行饭团制，即每个学生每学期向学校交纳一定的膳费，吃饭的时间就可以到食堂去吃，一般一座宿舍楼为一个饭团。1935 年膳费为每人每学期 30 元。饭团职员除了厨师是聘用的之外，其他均是从学生中产生。每个饭团设膳长两人，书记一人，司库三至四人，米面二人，客饭一人，油盐一人，司煤一人，卫生一人。职员的任期为半年，不得连任。至于吃什么菜肴，则每个宿舍负责一日。④ 这样所有学生都可以吃到自己喜欢的菜。同时，学生对于饭菜的质量要求较高，男生宿舍就曾经因为饭菜质量太差而更换厨师。⑤

由于教会大学对学生要求较严，导致有人对其产生了误解，以为教会大学清规戒律较多，学生动辄得咎，学校缺乏人情味。事实上并非如此，而是恰好相反。教会大学的人情味还是比较浓厚的，在日常生活管理方面也体现了以人为本的思想。齐鲁大学要求每位专业课的导师至少每月一次与他

---

①《我和玫瑰花》，卓如编：《冰心全集》第 7 卷，海峡文艺出版社 1994 年版，第 251 页。

② [美]赉玛丽著，王东波译：《圣约翰大学》，珠海出版社 2005 年版，第 60 页。

③ Bylaw of Women's Domitory of Cheeloo University，1929，齐鲁大学档案 109-1-397，山东省档案馆。

④《齐大旬刊》，1935 年 11 月 10 日，第 6 卷第 7 期，齐档 109-1-507，山东省档案馆。

⑤《齐大旬刊》，1935 年 3 月 20 日，第 5 卷第 15 期，齐档 109-1-507，山东省档案馆。

的学生会谈，了解学生的学习状况，并根据学习情况给予指导。要求老师在周末的时候不要留过多的作业，以免影响学生的休息。学校还希望学生经常参加体育锻炼，甚至强制学生参加，以增强学生的体质。学生宿舍的设备也十分齐全，如宿舍内都设有读书室、洗衣房、厨房等，给学生提供了很多方便。宿舍内还专门配有访客和服务人员的房间，受到了学生的热烈欢迎。为了解决学生的看病问题，学校制定了详细的医疗保障制度，使学生的身体健康得到保障。① 这些管理措施表明，学校工作是围绕着学生全面发展与健康成长而开展的。

教会大学的师生关系一般较为融洽。燕京大学的校友在回忆自己的大学生涯时，感受最深的往往就在这方面，而且他们认为这是自己在燕大所受到的最重要的教育之一。在他们所接触的教师中，最难忘的是燕大校长司徒雷登："新人入燕大，首先受到的是司徒雷登的礼遇。他努力与每一个人建立起个人关系，燕大人的生婚病死，凡人生大事都短不了他。""你添一个孩子，害一场病，过一次生日，死一个亲人，第一封信、短简是他寄的，第一盆鲜花是他送的，第一个欢迎微笑，第一句真挚的慰语，都是从他来的。"②

圣约翰大学校长卜舫济特别强调师生之间要亲密无间，平等相待。他自己首先在这方面树立了榜样。每逢周末，他总是在家里举行晚会，请学生们轮班到家里做客，喝茶，吃蛋糕，玩些游戏，唱点歌曲，随便聊聊天。1889年的一天，他写道："星期六晚上，我在家里接待学生。他们一个班一个班地来到我家，在玩乐中度过几个小时的时光，吃点简单的茶点，放松放松。"③圣约翰著名校友颜惠庆曾这样回忆卜舫济："在这种毫无拘束的场合中，他不仅会晤一般青年，更因此而赢得他们对他的信心和敬爱。学生们对此种富有意味的茶话会，莫不引领企盼，早日参加。"④卜舫济夫人黄素娥也是如此。她是一位"集教师、朋友和母亲于一身的"女士，"她曾以其爱心，关心着每一位学生，关心他们的切身利益"。⑤ 圣约翰学生吴仁基曾这样回忆道："作为圣约翰大学校长夫人，她与校长先生一道，为学校的快速发展倾注了满腔的

---

① Special Meeting of the Board of Directors，Cheeloo University，1936，齐档 109-1-507，山东省档案馆。

② 冰心：《司徒雷登校务长的爱与同情》，《燕大周刊》1936 年第 6 期。

③ [美]赉玛丽著，王东波译：《圣约翰大学》，珠海出版社 2005 年版，第 25 页。

④ 颜惠庆著，姚崧龄译：《颜惠庆自传》，(台北)传记文学出版社 1990 年第 2 版，第 10 页。

⑤ [美]赉玛丽著，王东波译：《圣约翰大学》，珠海出版社 2005 年版，第 145 页。

热情；对全体学生来说，她乐于提供建议和帮助；对于年龄较小的学生来说，她像慈母一般，热心地参与他们的活动，以他图为己图。笔者仍记得，每逢星期六的晚上，学生逐班被他们夫妇邀至住所，欢声笑语，共享家庭之乐。而在此等场合，黄素娥女士喊着学生的名字，对他们的到来表示由心的欢迎。”“笔者还记得，有一次自己生病，在她家里，黄女士给予了无微不至的关怀。所有生病的学生都能讲述出黄女士是怎样细心照料他们的，用温暖和语言安慰他们。在她看来，探访生病的学生是她的义务。”①

教会大学的这种环境气氛和人际关系，实际上正是基督教精神的体现。在学校的办学者看来，基督教不仅是一种信仰和价值观，它更应该直观地体现为一种生活方式，透过这种生活方式，学生们可以深刻地体会到基督教的理念、价值与人生哲学，并从中获得一种强烈的精神感召力，从而对他们的思想与行为产生影响。因此，教会大学着力营造一种大家庭的氛围，形成一种平和、温馨的气氛和平等、亲密的人际关系，使学生无时无刻不受到强烈感染，进而影响他们未来的人生走向。这正是教会大学的优长之一，也是其他大学可资借鉴之处。

二、社团活动与文体生活

学生社团是活跃于教会大学的学生自治组织。学生们以这些社团为中心和纽带，开展各种相关的课外活动，活跃于各大学的校园之中。

近代中国教会大学的学生社团，其成长与发展历程，基本上是与教会大学的发展同步的。早期的教会大学登州文会馆在1900年时，就有各种类型的学生社团组织共8家，分别为成立于1876年的传道会，成立于1883年的勉励会，成立于1886年的戒烟酒会和赞扬福音会，成立1895年的青年会和新闻会，成立于1898年的中国自立学塾会，以及最早于19世纪60年代就已经成立的辩论会“摘藻会”等。② 这些早期的学生社团，其中多数是以宗教性质为主，这也反映了教会大学的办学宗旨与目的。

随着教会大学的进一步发展，学生社团的数目逐年增加，社团性质也逐渐丰富。除宗教性社团之外，学术性、文艺性、联谊性乃至政治性社团纷纷涌现。圣约翰大学早在20世纪末之时，就有莎士比亚研究会、军乐会、益智

---

① [美]赉玛丽著，王东波译：《圣约翰大学》，珠海出版社2005年版，第94～95页。

② 张汇文：《一所早期的教会学校——登州文会馆》，《文史资料选辑》1978年第2辑，上海人民出版社1978年版。

会、珍珠会、互助会、摄影会等自发性学生社团组织。中国近代教育史上的第一个校友会也是1900年由圣约翰的师生发动组织的。[①] 在华中大学成立之前，文华书院及文华大学时期的学生社团先后有圣提摩太会(St. Timothy Society，1897年成立)、英语协会(1898)、文华青年会(1901)、文华学生军(1905)、学生合唱队(1905)、学生剧团(1908)、军乐队(1908)、童子军(1913)、体育运动协会、文华学生协会(1918)、文华大学学生自治政府(1920)、艺术俱乐部(1921)、学生联谊会(1921)、新知识联谊会、英语修辞协会等。[②] 华中大学成立后，1930年代的学生社团有：学生自治会(成立于1929年)、国际关系研究会(1930)、基督徒团契(1932)、社会科学会(1932)、教育学会(1932)、科学会、歌咏团等。20世纪30年代前后的天津工商学院也有众多的社团组织。从其活动性质看，大致有"文娱体育类"的工商体育委员会、游艺会、国术团、昆曲社等；"生活类"的膳食合作社、消费合作社等；"学业类"的商学研究会、数学研究会、物理研究会、通俗科学讲演团等；"综合类"的学生自治会、学生俱乐部、校友会、班长会等；"辅助教学类"的消防、体训等组织；"时效类"的援绥会、抵私团、毕业纪念刊编辑委员会等临时性组织。[③] 同一时期，齐鲁大学的社团组织也很多，有文学社、齐鲁剧社、女生部、教育协会、广播委员会、天文爱好者协会、中国人生存问题研究会、国际关系协会、社会经济学会、网球协会、民族舞小组、唱诗班等等。[④] 据不完全统计，齐鲁大学的社团组织至少在20个以上。[⑤] 各社团都开展了内容丰富的活动。

我们可以以金陵大学为例来简要分析教会大学的学生社团。到1934年12月为止，金陵大学共有各类学生社团组织"增至37种。此外，尚有迟迟未及呈请备案者"。在已经备案的34种学生社团组织中，大致包括四种类型：(一)学术组织和团体，如历史学会、植物学会、经济学会、会计学会等共计18种，占到总数的一半以上。(二)同乡会、同学会，如湖北同学会、川籍同

---

① 徐以骅：《中学与西学——作为西学输入渠道的圣约翰大学》，载章开沅主编《社会转型与教会大学》，湖北教育出版社1998年版，第41页。

② Boone University Fiftieth Anniversary 1871—1921.

③ 邓红：《民国时期教会大学学生状况初探——以天津工商大学学生为例》，《河北大学学报》2001年第3期。

④ 崔霞：《齐鲁大学的校园文化研究》，山东大学中国近现代史专业硕士学位论文，2006年。

⑤ 同上。

学会和云南同学会等，共计 9 种；（三）宗教团契组织，全校只有一个。（四）政治社团组织，以各种形式的学生自治会组织为多数，共计 6 个。① 金陵大学的上述各类社团，或可在一定程度上反映当时教会大学学生社团的某些共性。首先，学生社团大都是学生自主办理的。在金陵大学学生社团中，除两个学术性社团（农业经济学会和作物育种研究社）是师生学术共同体之外，其余主要是由学生自我组织成立和自我管理的。其次，学术性的学生社团占了半壁江山。这在某种程度上反映了当时教会大学学生社团的一种状况，即学术性社团组织的发达。第三，与初期教会大学相比，宗教性社团大为减少，这是 20 世纪 30 年代教会大学世俗化的一种反映。最后，金陵大学拥有一定数量的政治性社团组织，学生可以通过它们对学校行政及社会政治发挥一定的影响力。这也在一定程度上反映了当时教会大学学生关注与参与学校及社会事务的热情，同时也反映了学校当局及政府的某种宽容态度。

当然，各教会大学之间存在不同程度的差异，同时每所大学也有各自的特色与优势，在学生社团方面也是如此。因此，上述对金陵大学社团的分析，只是从一个侧面反映当时教会大学的社团组织情况，而并非一种全面的概括。

教会大学学生社团所开展的活动是相当丰富的。以齐鲁大学为例。前已述及，齐鲁大学有着众多的社团组织。在这些社团组织中，文学社最为活跃，其活动也最为频繁。作为一个学术性的社团组织，它早在登州文会馆时期就已成立。当时的主要活动是鼓励学生多作文言文与白话文。文学社活动的另一个重要内容，即训练学生在众人面前、在课堂上作公开演讲，以此培养他们表达自己意见的能力和在公共场所讲话的胆量与方法。文学社还举行现代议会式的会议，大家一起讨论问题，解决问题，借以让学生认识西方的议会制度，培养他们的民主政治观念。② 进入 30 年代以后，文学社活动定为每月一次，每次的活动内容大部分是邀请学者给学生作演讲，与同学进行交流。除讲座外，为了活跃活动的气氛，文学社还偶尔搞一些话剧表演、音乐会等，都受到学生的热烈欢迎。这些形式多样的活动使文学社在所有社团中显得格外活跃和引人注目。③ 除文学社外，其他社团活动也很丰富。教会大学的学生社团及其举办的各种活动，丰富了学生的课余生活，为学生

---

① “生气勃勃之本校学生社团组织”，《金陵大学校刊》第 141 号，1934 年 12 月 3 日。

② 杨懋春：《齐鲁大学史》（二），《山东文献》第 9 卷第 3 期，第 9～10 页。

③ 崔霞：《齐鲁大学的校园文化研究》，山东大学中国近现代史专业硕士学位论文，2006 年。

提供了展现与发挥自我的舞台，锻炼了他们各方面的能力，极大地促进了他们的成长。

在教会大学学生的各种课余生活中，值得特别关注的还有学生的文体生活。虽然有些学生社团本身就带有文体性，也组织和从事一些文体活动，但这是从学生社团的角度而言的。一个学生可以不参加某个社团组织，但不能不从事一定的文体活动，因为这是教会大学的普遍要求。从教会大学学生所参与的全部活动而言，教会大学的文体活动，或许是他们参与度最为广泛的课外活动。这些文体活动，构成了各教会大学的特色，成为教会大学对学生开展日常教育工作之不可缺少的组成部分，也成为教会大学对中国教育的贡献之一。

教会大学的文艺活动是多姿多彩的。齐鲁大学经常举行文艺晚会，包括迎新晚会、节日晚会以及一些全校性的文艺晚会。有些晚会是由学生自发组织的，而且学校特别鼓励这一点，因为这样既能提高学生的参与热情与兴趣，又能锻炼他们的组织能力和领导能力。如1933年12月23日晚，齐鲁大学医学院举行焰火大会，一时铁树银花，金星彩焰，热闹之极。[①] 此外，学校还举办各种艺术展览。如1935年10月19日，Dr. Mosse和Mr. Drake联合举办了水彩素描画展，吸引了很多学生前去参观。[②] 天津工商学院的文艺活动也异常丰富。学校以国剧社、话剧团、口琴会、杂技会、昆曲社、管弦乐队等学生团体为骨干，经常开展文娱活动，弘扬中国戏剧，提倡国乐，培养同学对话剧的兴趣，帮助同学熟谙普通乐理，了解西乐，形式多样，参者踊跃，“成绩颇为人称道赞许”[③]。尤其话剧团上演曹禺名著《原野》，为华北之首，影响巨大，“在当时可谓是疯狂整个津沽”[④]。继工商之后，各地剧社陆续上演，使《原野》迅速扬名华北、华南各地。

演出戏剧，是教会大学学生所喜爱的一项活动。在燕京大学的学生社团中，仅剧团就有六七个。他们曾演出《打渔杀家》《十三妹》《桑园会》《二进宫》等曲目，据说还曾尝试用英语演唱国剧《武家坡》。[⑤] 这些剧团也配合时

---

①《齐大旬刊》，1934年1月1日第3卷第13期，齐档109-1-157，山东省档案馆。

② Cheeloo Weekly Bulletin，1935年10月19日，第488期，齐档109-1-510，山东省档案馆。

③《跃进中的工商学院》，《工商生活特刊》，1942年，第43页。

④ 介忱：《工商话剧团的复话》，《工商生活迎新特刊》，1944年，第56页。

⑤《燕大国剧社忆旧》，《燕大文史资料》第三辑，北京大学出版社1990年版，第425页。

势，自编自演一些戏剧来反映社会状况，激励民族斗志。这些演出都收到了较好的效果。1923 年毕业的燕大学生谢婉莹(冰心)是一位十分活跃的戏剧爱好者，她经常组织和参加学生的演剧活动。据冰心本人回忆，有一次，美国威尔斯利女子大学(Wellesley College)校长访问燕大女校，忽然指明要看老北京的传统婚礼仪式，学校就让学生自治会安排一次演出以满足她的要求。自治会就让冰心具体负责。凤冠霞帔、靴子、马褂之类的道具很快就借来了，但一个棘手的问题却是几经动员还是没有人愿意扮演新娘。情急之下，谢婉莹只好挺身而上，打趣道："这又不是真的，只是逢场做戏而已。你们都不当，我也不等'父母之命，媒妁之言'，我就当了！"结果由谢婉莹出演新娘、凌淑浩出演新郎，而由陈克俊和谢兰蕙扮演伴娘。当天晚上，学生们在女校教职员宿舍院里，大大热闹了一阵，又放鞭炮，又奏鼓乐，好不热闹。扮演新人的谢婉莹和凌淑浩还着实磕了不少的头。①

教会大学的现代戏剧演出，可以算得上是其对中国社会的一大贡献。有不少学者已经指出了这一点。丁罗南曾专门研究过中国现代戏剧的起源问题，他的结论是受西方戏剧的影响，中国现代戏剧的起源可以追溯到近代中国基督教学校所上演的学生剧，具体地说就是 1898 年上海圣约翰书院学生上演的《官场丑史》。欧阳予倩也早就指出，"上海是新剧的发祥地，远在一八九八年就有教会学校圣约翰书院学生演出"②。根据孙崇文的研究，实际上圣约翰大学的现代戏剧演出还可以上溯几年，因为今天我们仍能找到圣约翰大学学生 1896 年演出的剧照。③

音乐活动也是学生文艺生活的一个重要内容。虽然西方音乐早就随着基督教的传播流入中国，但直到教会学校开办之前，它主要是依附于宗教仪式而呈现在人们面前的。教会学校以及教会大学在中国成立以后，西方音乐教育逐渐开展，教会大学成为人们接触西方音乐的一个重要窗口。教会大学十分重视对学生开展音乐教育，纷纷在学生中组织唱诗班和西洋乐队，有的学校还开设了音乐课程。音乐逐渐成为每一个教会大学学生的必修科目，成为他们课内外必不可少的学习内容，也成为他们日常生活的一个重要

---

① 冰心：《我的大学生涯》，卓如编：《冰心全集》第 7 卷，海峡文艺出版社 1994 年版，第 646～655 页。

② 转引自王列耀《基督教文化与中国现代戏剧的悲剧意识》，上海三联书店 2002 年版，第 59 页。

③ 孙崇文：《抗战以前中国基督教大学及其学生生活研究》，华东师范大学教育史专业博士学位论文，2005 年。

组成部分。

1905 年，文华大学建立了第一个学生合唱队，1907 年经康明德(Kemp, Robert A.)先生的指导，于 6 月 3 日在文华思殷堂成功地举办了首场演唱会。该合唱队还曾在汉口剧院为武汉市民演出，引起轰动。合唱队每学期还为文华大学师生献演一台节目。由于师生的共同努力，文华大学合唱队被誉为当时武汉最好的音乐队之一。[①] 1908 年，文华大学从美国购回一批乐器，成立了文华大学管乐队，从此，开始了所有重大场合的演奏。[②] 文华大学并入华中大学以后，该乐队仍然存在。[③] 华中大学成立有唱诗班，并设有音乐系(组)，对学生开展音乐教育。[④] 由于教会大学的音乐氛围相当浓厚，学生相聚在一起时常以唱歌助兴。1904 年毕业于登州文会馆的王元德曾回忆说："昔者，文会馆同学一堂，每以讴歌相尚。"[⑤]这可算是当时教会大学学生生活的写照。华南女子文理学院不仅开设一些音乐专业课程，各种音乐活动也相当丰富。据《华南学院校刊》记载，民国初年，该校音乐组织情况如下：音乐社，每月集会一次，活动包括演讲、讨论、研究、报告等；歌咏团，每星期练习一次，每学期公开演奏一次至二次；圣咏团，担任本校及本市教堂之崇拜音乐；演奏会，每学期至少三次，由师生或请专家个别演奏；音乐会，每学期一次至二次，由团体及个别演奏；民众歌咏，每星期集合一次以各界人士组成；音乐欣赏，每星期一次师生自由参加内容包括音乐解说及听名曲；弦乐团，每星期练习一次，由本校师生组成；音乐节，按国际公定以五月第一星期为音乐节，每日公演各种音乐节目。[⑥] 上海圣约翰大学校长卜舫济，1888 年上任不久就组织了一个唱诗班。[⑦] 在教师的引导下，圣约翰大学的学生还培养起了对合唱的兴趣。虽然最初学生的这一兴趣看起来的确令人吃惊，但"大多数中国学生对西洋乐的音调和节奏都有很高的欣赏力"[⑧]。学

---

① 张安明、刘祖芬：《江汉昙华林——华中大学》，河北教育出版社 2003 年版，第 26 页。

② 同上书，第 27 页。

③ [美]柯约翰著，马敏译：《华中大学》，华中师范大学出版社 2003 年版，第 27 页。

④ 同上书，第 50 页。

⑤ 王元德、刘玉峰编：《文会馆志》，潍县广文学校印刷所 1913 年版，第 66 页。

⑥《华南学院校刊》(油印本)，私立华南女子文理学院出版委员会，1914 年 11 月 30 日。

⑦ [美]赉玛丽著，王东波译：《圣约翰大学》，珠海出版社 2005 年版，第 31 页。

⑧ 同上书，第 53 页。

校还成立了乐队。1903年圣诞节后一个多月，卜舫济夫妇和家人从美国休假回校时，大学部的学生们举行欢迎活动。"学生们穿着制服，走出学校很远，队伍前头是校鼓乐和横笛队，来迎接他们尊敬的校长。"①凡重大的活动，学生乐队经常参加。沪江大学也非常重视学生的音乐教育。在20世纪20年代，由安德生博士(Dr. Elam Anderson)主持，规定所有学生都必须修完音乐课程，这成为学生毕业的一个基本前提。在沪江，学校每个月都要至少举行一至两次的音乐会，安德生博士经常邀请一些著名的音乐家到校演唱。黄浦江畔的学校音乐室也成为沪江的一景，随时走过都能听到窗后飘来的悠扬的琴声，往往令人驻足凝神。② 福州协和大学的音乐氛围也相当浓厚。根据1943年的学生刊物记载，当时中西乐器都有学生学习，西乐有"钢琴、提琴、吉打、柔可梨里、口琴、竖笛"等，中乐有箫、笛、京胡、二胡、椰胡、月琴、三弦等。即使在最艰苦的抗战时期(学校内迁邵武)，钢琴也有五架，乐器有十余件。走进协大校园，"你或许可在礼堂前听到萧邦的前奏曲，而同时又可听到一楼楼上一阵阵的京胡'一马离了西凉月……'正谭派的武家坡"。学生方面还成立了各种音乐组织，如协大歌咏团，圣歌团，协大乐队(有中乐队、西乐队和铜乐队)，从而更增强了协大的音乐氛围。③ 要注意的是，上述教会大学多为综合性大学，而不是以音乐为主的专科学校(院)。它们对音乐重视到这般程度，即使在当今中国的普通大学里也不为多见。教会大学的音乐活动，不仅陶冶了学生的情操，丰富了学生的日常生活，同时也促进了西方音乐艺术在华的传播，更因此而培养了一批早期的音乐家。

教会大学的办学者十分重视培养学生健全的身体，因而非常重视体育。教会大学的体育运动也成为学生的一项主要活动。圣约翰大学是"我国近代体育事业发展的摇篮和温床"④，许多近代体育项目是经由它引进中国并推广的。在它成立之初，学校就按照西方教育模式的要求在学生中提倡开展体育活动。由于受传统思想的影响，起初学生们也是"每不喜脱去长袍，从事竞走"。所以，学校"不得不采用强迫制度，规定运动时间"。⑤ 根据校友

---

① [美]赉玛丽著，王东波译：《圣约翰大学》，珠海出版社2005年版，第54页。

② 孙崇文：《抗战以前中国基督教大学及其学生生活研究》，华东师范大学教育史专业博士学位论文，2005年。

③《协大学生》(油印本)，1943年。

④ 孙崇文：《抗战以前基督教大学及其学生生活研究》，华东师范大学教育史专业博士学位论文，2005年。

⑤《圣约翰大学运动概况》，《圣约翰大学1879—1929》(五十周年刊)，第43页。

回忆，当时学校规定学生每天必须有两个固定的时间段用于身体锻炼：上午是集体的早锻炼，七点钟全体学生都要到操场“做半小时的集体哑铃体操”；下午4点钟下课以后，则是学生的自由活动时间，学生们大多在操场上自由运动，而“凡遇星期一、三、五下午4时半至5时半，群至操场参加军式操演（天雨则免）”①。到1902年，学生对户外体育活动已培养起了极大的热情。“每天下午4点半后，操场便因活动的学生而焕发出勃勃生机，他们似乎已领会了西方人走出校门的精神的真谛。他们跑步、冲刺、喊叫，全然不像是中国人。在三个网球场上，你能看到精彩的表现，不时还有几辆自行车绕场飞驰。操场尽头的一座普通的建筑物‘尽职尽责地’起着体育馆的作用。由于它的南侧完全开放，我们能一眼看到学生在翻筋斗、攀爬、游泳，这些活动一般都在课余时间进行。军体操和健身操也经常进行。学生穿着整洁的制服，完成各种各样的体育动作，真是赏心悦目。几年前，中国的保守派还蔑视这类文人。他们觉得文人的举止应是见人弯腰打拱，像孔老夫子那样斯文地迈着方步。令人高兴的是这种观念在圣约翰几乎已经荡然无存，学生积极参与体育活动和比赛的精神就是很好的证明。”②最初学校的体育设施不完备，后来随着办学条件的逐渐改善，学校的体育项目也日渐丰富与规范。各种体育运动队组织纷纷成立，各种体育比赛也名目繁多，圣约翰大学学生在各种校外比赛中屡获佳绩。

与圣约翰类似，早期的文华书院，学生体育活动较为单调，学生对于体育的兴趣亦由于中国传统之影响并不甚高，“为了使学生们参加体育活动，Mac Carthy先生有时不得不在活动时间将所有教室关闭，费力说服孩子们到运动场上去”③。不过，在热爱运动的西籍教师影响下，近代体育运动很快流行开来。1905年后，文华大学即有足球、棒球（时称野球）、田径运动等作为课外活动。文华大学的体育运动成绩较为突出。其足球队最早就叫做“常胜将军队”，一度在华中地区无敌，号称在每一场比赛中都要进六个球。在文华的带动下，武汉的足球运动从此兴起，因而成为中国开展足球活动最早的城市之一。其他体育活动也多类于此。④ 齐鲁大学的体育活动也十分

---

① 徐善祥：《“约大”的回忆》，载上海市政协文史资料委员会《上海文史资料存稿汇编（第九辑）》（科教文卫卷），上海古籍出版社2001年版，第11页。

② [美]赉玛丽著，王东波译：《圣约翰大学》，珠海出版社2005年版，第52～53页。

③ Hugh P. F. Tam: *The Past of Boone University*, 1914.

④ 左松涛：《基督教大学学生群体与近代中国社会变迁：以文华、华中大学为讨论中心》，华中师范大学中国近代史专业硕士学位论文，2003年。

丰富。1930年代前后，学校每周六下午都有篮球和网球活动。进入冬季后，篮球活动变为曲棍球，曲棍球的活动时间大约是每年的12月到次年的3月。网球在冬季一般停止活动，大约从每年11月中旬停止到次年4月中旬恢复。学校还把体育课规定为必修课程，男生一周两次，在周四和周六下午。体育课的内容包括很多球类运动，如排球、棒球、篮球，也包括网球。[①] 除日常体育活动外，齐鲁大学的各种校内外体育比赛也很多，齐大学生均积极参与，并取得好成绩。20世纪三四十年代，天津工商大学的体育运动也非常普及。校、院、系、班都有体育组织。学生自由组合的运动队更是众多，如1936年有华光等篮球队二十余个，前进等足球队七八个，长虹等网球队十余个，星期六等垒球队四五个。体育赛事频繁，尤其各种球类比赛经常举行。校内最大型的运动会是一年一度的春季运动会，除工商男女学生外，另设"公开组"，由工商校友、南开、法汉、民队、汇文、圣路易等组队参加。比赛精彩，1946年春运会"破纪录者不下十余项"[②]。来宾甚众，有时多达5000余人，社会反响热烈。此外，工商学生还积极参加校外比赛，尤其"华北体育界各项主要比赛，均无役弗与"[③]，且战果累累。之江大学的学生组织了各种体育队，包括足球队、篮球队、羽毛球队和径赛队等，在校内外引起人们很大兴趣，并在1918年3月11日甘卜体育馆(Gamble Stadium)举行的华东大学生田径运动会上一举夺魁。[④] 沪江大学的体育在学生活动中占据重要地位。体育课大为增强了学生的体质，同时，体育为形成大学精神作出了良好贡献。1920年代，沪江大学学生相继在体操、网球、足球和篮球等项目上赢得校际比赛的冠军。[⑤] 在华中大学，不论男女学生，体育都是必修课程，在全校形成了普及体育运动的良好风气，并多年保持着体育强校的优良传统。除每周的体育课外，学校组建有足球队、篮球队、排球队、网球队及体育运动协会，同学们根据自己的特长和爱好踊跃参加。[⑥] 华西协合大学在建校之初，体育运动或其他任何要求竞技的运动形式在中国大学生中不被喜爱。在丁

---

① 崔霞：《齐鲁大学的校园文化研究》，山东大学中国近现代史专业硕士学位论文，2006年。

②《跃进中的工商学院》，《工商生活特刊》，1942年，第43页。

③ 工商学院出版委员会：《私立天津工商学院一览》，工商学院，1935年。

④ 队克勋著，刘家峰译：《之江大学》，珠海出版社1999年版，第40页。

⑤ 海波士著，王立城译：《沪江大学》，珠海出版社2005年版，第55～57页。

⑥ 张安明、刘祖芬：《江汉昙华林——华中大学》，河北教育出版社2003年版，第91页。

克生、詹尚华(Alf Johns)、白明道(Parber Bayne)和布礼士(Brace)等人的指导之下,大量西方运动项目被引进四川,并且很快地流行开来。篮球、网球和排球不久得到开展。在1925年举办的四川省体育运动会上,华西协合大学学生在几乎全部项目上赢得冠军。华西协合大学对改变四川人的体育观念起到了较好的促进作用。①

教会大学之所以普遍重视体育,是与他们致力于培养"阳刚型"基督徒的理念密切相关的。在这种基督教理念的指导下,他们积极组织与开展各项体育运动,使学生形成了良好的锻炼习惯,有利于他们的身心健康发展,改变了以往中国传统读书人羸弱书生的形象,同时也为中国教育界引入近代体育制度起到了推动作用。

三、宗教生活与社会服务

宗教生活是教会大学学生的一大特色。而教会大学学生广泛开展的社会服务,则是秉持基督教的精神开展的活动,在一定意义上可以看做宗教生活的延续,故此处将它们放在一起论述。

传播基督教以及培养基督教领袖,是早期教会大学办学主要目的之一。圣约翰书院早在成立之初,就定其教育方针为"宗教第一,教育第二"。学校当局一再重申其目标是"向所有的学生传授有关基督教的知识,并尽可能引导他们成为教徒"②。在这种教育方针与培养目标的指导下,初期的教会大学宗教气氛相当浓厚,整日生活在校园里的学生自然也受到强烈的感染。

初期的教会大学安排了大量时间让学生学习基督教课程,主要内容为《圣经》以及与之相关的课程,它们一般为必修课,且受到学校高度重视,多由外国传教士亲自讲授。除了正规的宗教课程之外,教会大学还利用各种途径开展宗教活动。如圣约翰书院时期,学生每天必须参加例行的晨祷和晚祷,学生无论是不是教徒,都作一律看待,绝无例外。在19～20世纪之交时,圣约翰的学生每天上午7时半及晚上9时须至聚集所点名祷告。星期日除早晚祷外,还得参加于上午10时及下午4时举行的正式礼拜,每次约需1小时半,学生不论奉教与否都须跪拜、祈祷、唱诗、听讲。每逢"主日",即每

---

① 黄思礼著,秦和平、何启浩译:《华西协和大学》,珠海出版社1999年版,第124～126页。

② 徐以骅:《教育与宗教:作为传教媒介的圣约翰大学》,珠海出版社1999年版,第183页。

月第一个礼拜日，正式礼拜还要增加一次。因此，学校的宗教气氛十分浓厚，并给不少来访的外国传教士留下深刻印象。不少传教士对圣约翰学生在宗教上宗教的虔诚与投入深表赞叹。①

齐鲁大学、之江大学等教会大学还经常组织一些不定期的福音传播活动来吸引新教徒。1906 春天，约翰斯顿(Howard Agnew Johnston)牧师由美国来到了齐鲁大学(当时名为山东新教大学)文理学院，连续数天开展宗教聚会活动，并取得较好成果，共有 54 名学生接受了洗礼。② 1922 年，之江大学校友、长老会牧师朱新僧(音译，Chu Sin-sen)在学校发起了“宗教强化周运动”，在活动结束时，有 30 名学生公开表示信奉基督教。1922 年 11 月，艾迪(Sherwood Eddy)和琼(E. Stanley Jones)也在之江大学连续组织了三次宗教集会，结果有 44 名学生公开了他们对基督教的信仰。此外，这一年来校给学生作宗教宣讲的还有普林斯顿的厄得曼博士(Charles R. Erdman)，学生志愿运动的威尔得博士(Robert P. Wider)，“新时代运动”(New Era Movement)的福尔柯博士(Dr. Hiram J. Foulkes)，日本的古利克博士(Dr. Sidney Gulick)等人。③ 震旦大学对于学生的宗教生活就抓得很紧，学生甫一入校就要求接受“爱天主、爱教会、爱教宗、爱天上的美善”的所谓“四爱教育”，熟读“校规”，必须接受神甫的宗教灌输，自觉参与弥撒等宗教活动，若有违犯，轻则处以不得领取“圣体”的惩罚，重则直接开除教籍和学籍。

为了保证与加强宗教活动的开展，教会大学成立了不少宗教团体，如青年会、退修会、查经班以及基督教团契等。查经班(Bible Class)是教会大学较为普遍的一种宗教活动形式。1912 年，金陵大学青年会组织了一个查经班，很快就吸引了近百名学生参加，他们分别编成 20 个五人规模的小组，轮流主领，共同修行。陶行知也参加了青年会的活动。

基督教团契(Christian Fellowship)是一种基督徒开展宗教活动的组织，在西方有两千多年的历史。④ 近代以来，这种组织也逐渐在中国教会大学校园中产生。团契主要是为宗教服务的，开展灵修、布道等宗教活动；同时也为学生提供交际、活动的场合和机会，增进个人品德修养，丰富学校生活的内容。任何人均可以参加团契，不管是教师、学生、工友，还是校友，不管属

---

① 徐以骅：《教育与宗教：作为传教媒介的圣约翰大学》，珠海出版社 1999 年版，第 183～185 页。

② 郭查理著，陶飞亚、鲁娜译：《齐鲁大学》，珠海出版社 1999 年版，第 84～85 页。

③ 队克勋著，刘家峰译：《之江大学》，珠海出版社 1999 年版，第 49～50 页。

④ 南京大学高教所：《金陵大学史料集》，南京大学出版社 1989 年版，第 265 页。

何种教派，甚至不管是否基督徒，参加者被称为“契友”。团契的活动方式十分灵活多样，经常组织一些社交、学术、文体活动和社会公益活动，参加者通过这些活动，一方面丰富了生活，另一方面也增进了对基督教的了解。由于这种了解是通过日常生活以及形式多样的校园活动获得的，因此显得十分自然亲切，其效果远远超过正规的课堂教学和严格死板的教堂说教。

圣约翰大学的团契产生较早。1888 年，学生宗教组织圣十字社（the Holy Cross Society）成立，1893 年改名为圣安德鲁社（the St. Andrew's Society），三年后又改组合并为圣约翰书院基督教团契（the St. John's Christian Fellowship），成为当时正在中国兴起的基督教青年会运动的分支，它也是圣约翰大学最大的学生宗教组织。1922 年时其活动分别由学生事工、社会事工、社区服务、宗教和出版五个委员会负责开展。① 大多数基督教团契成立于 20 世纪 20 年代以后。

20 世纪 20 年代中国爆发的“非基督教运动”和“收回教育权运动”，结束了教会大学传播基督教的黄金时代。教会大学再也不能像过去那样公开、强制地向全体学生宣讲基督教教义以及传教布道了。

由于中国政府的限制，教会大学的宗教教育受到较大打击。宗教学院（或神学院、系、组）不能与大学一起向政府立案，也不能颁布正式学位，导致其在大学内的地位颇为尴尬。毕业于宗教学院的学生大幅度减少。燕京大学宗教学院从 1920 年到 1926 年的本科生毕业人数平均每年接近 4 人，但从 1927 年到 1930 年毕业人数平均每年仅 1 人。②

1925 年，中国政府在规定教会大学必须向政府立案的同时，还规定不得将宗教课列为必修课。因此，绝大多数教会大学都将宗教课程改为选修课。燕京大学的反应较为积极，它在 1925—1926 年度以后取消了本科生在就读期间必须修读 4 学分宗教课程的规定。虽然如此，燕京大学并未放弃其提供宗教课程的理想，每年仍为学生提供 10～15 科与宗教研究有关的课程，作为大学通识课程的一部分，并且它们也涵盖了各种不同的范围、类别，内容也十分多样化，以吸引学生自由选修。

尽管非基督教运动对教会大学的宗教教育有一定的打击，但大多数学校的宗教气氛仍然较为浓厚。如 1930 年代的齐鲁大学，宗教活动就十分频繁，包

---

① 徐以骅：《教育与宗教：作为传教媒介的圣约翰大学》，珠海出版社 1999 年版，第 187 页。

② 吴梓明：《基督宗教与中国大学教育》，中国社会科学出版社 2003 年版，第 58 页。

括一些固定的宗教活动，如每周二下午都有妇女圣经学习会（Women's Bible Study Group），每周三早上 8:15 有周三祈祷会（Mid-week Prayer Meeting），下午 6:45 是唱诗班活动。每周日早上 9:45 有牧师用中文演讲，下午 5:30 用英文演讲。每年年初，学校都会组织全体祈祷周（Universal Week of Prayer）。此外，齐鲁大学每年还有学生全体祈祷日（Universal Day of Prayer for Students），例如 1937 年的祈祷日是 2 月 21 日。此外，齐鲁大学还有静休、宗教讲座、基督教节日活动等等。[①] 可见，即使到 30 年代，有些教会大学的宗教色彩仍然较为浓厚，学生不论是否为基督徒，都会受到较强的感染。

教会大学的基督教团契在非基督教运动后有了较大发展。为了应对国内的非基督教运动，1926 年燕京大学在迁入新校址之后，学校的基督徒自动组织了一个基督教团契。这是一个全校性的宗教组织，具有较强的开放性，不仅能容纳不同宗派的信徒，甚至非信徒也可以参加各种大小活动。[②] 活动参加者都是自愿的，其活动也多种多样，主要包括“灵修”（即各种宗教活动如早祷、主日崇拜、圣诗咏唱等）、“康乐”（如节日庆祝、郊游、聚餐等）以及“服务”三方面。燕大团契是师生基督教生活的一个重要纽带，它对燕大校园文化的培育，对燕大学生成长的影响都至为深远。30 年代的齐鲁大学也成立有团契组织，分为师生共同组成的团契和主要由教师组成的团契，其中前者到 1937 年 2 月时，已有会员 300 多名。[③] 教会大学的基督教团契直到抗日战争期间都一直存在，如抗战时期，四川成都华西坝迁入金陵大学、金陵女子文理学院、齐鲁大学、燕京大学等四所教会大学，加上原有的华西协合大学，合称“教会五大学”。这五所大学都有学生团契组织，经常举行各种宗教及非宗教活动。40 年代，华中大学的团契也很活跃，华大园里有“圣公会团契”“中华基督教团契”“循道会团契”及“信义会团契”四团体，各团体分小组活动。“团契”提倡团结友爱、助人为乐，同时也为青年人提供交际活动的场合和机会，以增进各人的品德修养、丰富校园生活。每周定期在各教授家团聚一次，平时举行有各种演讲、讨论、唱诗、远足、交谊活动、社会服务等。后来，随着校园民主运动的高涨和具有进步思想师生的影响，“团契”的宗教色彩日益淡薄，民主自由之风日渐浓厚，契友们也经常利用课余时间进

① 崔霞：《齐鲁大学的校园文化研究》，山东大学中国近现代史专业硕士学位论文，2006 年。

② 吴梓明：《基督宗教与中国大学教育》，中国社会科学出版社 2003 年版，第 72 页。

③ *Cheeloo Weekly Bulletin*，1937 年 2 月 27 日，第 543 期，齐档 109-1-510。转引自崔霞《齐鲁大学的校园文化研究》，山东大学中国近现代史专业硕士学位论文，2006 年。

行社会调查，帮助儿童读书、探讨时事和各种社会问题。①

基督教教义强调牺牲与服务精神，因此，教会大学一向主张学生投入社会，多为民众做切实之事。服务社会遂成为教会大学学生日常生活中必不可少的重要组成部分。

近代教会大学很多都成立有服务社之类的机构，以专门致力于服务社会的工作。齐鲁大学从20世纪20年代开始，在龙山设立了乡村服务实验社，又陆续在胶济铁路沿线的周村和青州设立了分站。服务社的主要工作是教导、帮助农民改进生产技术，引进新的农作物品种，提高农民的收入，改善农村的经济状况。服务社还致力于乡村文化教育的发展，主要开展了四方面的工作：一是开办民众学校，教农民识字、读书，特别开办专门针对妇女和儿童的学习班，以提高整个乡村的人口素质；二是开办图书室，当时龙山服务社有图书500多本，这些图书开阔了农民的知识面，引进了先进的技术；三是订报纸、杂志，所订报纸有《大公报》《山东民国日报》等在全国和山东影响较大的报纸，杂志是有关于农业、卫生、家事等的。服务社所订的报纸杂志合计20余种，不仅让农民学到了农业生产的一些新知识，而且开拓了农民的视野，给农民打开了一扇了解外面世界的窗口；四是组织游艺活动，服务社有篮球架、单双杠、秋千、乒乓球、军棋、围棋、象棋等，使农民在农业生产之外，有了更多的娱乐生活，增强了乡村的文化氛围。除此之外，服务社在改善农村医疗卫生方面也做了很多工作。②

除齐鲁大学外，其他教会大学也都设立了相应的社会性服务机构，以学生为主体从事社会服务工作。如华西协合大学学生会下设有诊疗室、出诊部、公共卫生宣传队，每周开三次门诊，免费为贫苦病人诊疗；岭南学堂（岭南大学前身）早在1910年就由学校基督教青年会主持在附近创办村童学校，教农民子弟读书识字，办校役夜馆，教学校工友学习国文、英文、算术、地理、历史，学校青年会传道部还组织学生每逢星期天四乡布道，同时宣传农村科技知识。③ 东吴大学师生曾于1920年代在苏州创办了专门招收失学儿童的惠寒小学，儿童入学免收一切费用，并供给书籍用品，教员由东吴大学师生义务担任。学生们还利用暑假的时间在苏州和江浙各地开办短期义务学

① 张安明、刘祖芬：《江汉昙华林——华中大学》，河北教育出版社2003年版，第98～99页。

② 崔霞：《齐鲁大学的校园文化研究》，山东大学中国近现代史专业硕士学位论文，2006年。

③《中华基督教会年鉴》，1916年，第70页。

校。他们为校内外仆役等人开办了工余夜校，分甲乙两级，每晚授课二小时，讲授国文、算术、习学、常识等；[①]金陵女子文理学院一向注重培养学生热爱人生、服务社会的精神。抗战前，金陵女大曾在南京本校对门设立邻里服务处，为失学儿童开办小学。抗战期间学校内迁成都以后，在四川仁寿县设立乡村服务处，下设妇婴组、幼儿教育组、挑花组、鸡种改良组等四个小组，来帮助和指导当地人解决生活上的实际问题。[②] 天津工商学院学生也积极从事社会服务活动。如1925年冬，因冯张混战而避乱天津的难民，衣食无着，生活极端困难。工商学生不怕严寒，三天三夜募捐240元，救助天津难民。1937年夏，川灾严重，工商学生发起"救济川灾募款运动"，一周募洋200余元，汇往四川。工商学生热心公益事业，"成绩昭著，极得社会人士赞扬"[③]。华西大学在抗战时期还有不少学生参加了战时服务团，义务救治伤病员；1940年和1941年参加暑期边疆服务团，赴川西服务区进行考察服务。教会大学学生的这些社会服务活动，使学生能更广泛地了解社会、参与社会、融入社会，同时也加强了教会大学与社会的联系，扩大了教会大学的影响，提升了教会大学的声誉。

总之，教会大学的学生生活及其活动，富有强烈的基督教氛围，对学生的成长产生了积极影响。大凡教会大学毕业的学生，不管其是否入过教，我们都可以或多或少地从他们身上看到基督教的影响，这正好在某种意义上反映了教会大学培养策略的成功之处。

（作者于2006年获华中师范大学教育史专业博士学位，现为湖北大学教育学院副教授）

---

① 顾培庸：《义务夜学校》，《东吴年刊》1922年。

② 肖鼎瑛：《仁寿县乡村服务处》，载《永久的思念》，金女大校友会编1993年版，第109页。

③《全体学生慷慨输捐救济川灾》，《工商学生》1937年第1期。

教育活动史视野下的近代教育期刊研究

喻永庆　刘大伟

教育活动史主要以“历史上感性的、实在的、具体的教育活动的发展及演变历史为研究对象，重点研究人类历史上各种直接以促进人的有价值发展为目的的具体活动以及教育者与受教育者参与教育过程，进行互动的各种方式的发展、演变的历史”①，它展现了一种有血有肉的生动、鲜活的教育场景，是影响人们的教育思想和教育制度发展过程的关键性因素。而近代教育期刊以其区域分布广、创刊时间长、内容丰富、办刊质量高、影响大等特点，在中国近代教育改革与发展活动中扮演着重要的角色，成为中国近代教育史研究的重要组成部分。但是长期以来，近代教育期刊研究并未引起教育界与出版界的足够重视，它更多地被当做研究近代教育的文献资源，而其在中国近代教育发展过程中所扮演的角色和发挥的影响，却被无意间忽略了。为了更好地深入开展近代教育期刊研究，笔者认为，将近代教育期刊这一专题纳入教育活动史的研究范畴，从活动这一历史图景去关照近代教育期刊在教育制度的生成、教育思想的传播、教育方法的推广与具体个人或群

① 周洪宇、申国昌:《教育活动史:视野下移的学术实践》,《教育研究》2010 年第 10 期。

体的教育实践，不仅将拓展与深化近代教育期刊研究，而且也能够丰富近代中国教育史研究。鉴于此，笔者主要从近代教育期刊研究中实施教育活动史的可能性与可行性两个方面进行了一些探讨。

一、近代教育期刊呼唤教育活动史作为其指导依据

第一，近代教育期刊发展历程就是一部教育活动的历史。近代教育期刊作为西学东渐的产物，伴随着清末“新政”中的教育改革应运而生。从1901年国人自编的教育专业期刊《教育世界》问世以来，到1949年，中国近代教育期刊累计达千种以上，省级以上教育期刊也达四百多种，[①]它们作为不同时期教育改革与发展的产物，内容也涉及教育的各个领域。如清末新政时期出现的《教育世界》及随后的《教育杂志》，为西方教育的引入与清末学制的改革贡献颇多；《中华教育界》的创刊同民国的建立联系在一起，并以“研究教育、促进文化”为宗旨，为民国时期的教科书改革、教育方法的引进与调试，以及其他教育方面的革新作出了巨大贡献；同五四新文化运动一起诞生的《新教育》，以“教育为方法，养成健全之个人，使国人能思、能言、能行、能担重大之责任，创造进化的社会，使国人能发达自由之精神，享受平等之机会”为创设之用意，极力鼓吹教育的民主化与科学化，有力地配合了当时的新教育运动。《生活教育》《平民教育》《乡村教育》同20世纪二三十年代的生活教育运动、平民教育运动与乡村教育运动相联系，有力推动这一时期教育的民主化、生活化、普及化的进程。对于这些期刊，笔者不一一列举。总之，近代教育期刊的创办大多是应时、应景，同教育发展的实况紧密相连，并在教育改革的活动中，对近代中国教育的近代化与中国化产生了深远的影响，它们发展过程本身也是一部中国教育的发展活动史，展现这一时期不同个人与群体在教育上的艰难改革历程。

第二，近代教育期刊与近代教育活动紧密相连。在中国近代社会，教育作为社会改革的重要推动器，一直为知识界所推崇，“教育救国”的呼声激荡着整个近代中国。在这种情绪的感染下，中国知识分子阶层对教育可谓是关怀备至，一方面主动从事西方各种教育学说的译介与理论建构，一方面积极从事各种具体教育改革实践活动。在这一过程中，为了更好地宣传自己的教育思想与教育实践，他们出版各类教育期刊作为理论宣传与实践展示的平台。如陶行知的生活教育学派所主办的《生活教育》，该杂志于1934年

① 顾明远主编：《教育大辞典》(第10卷)，上海教育出版社1991年版。

2月创刊,1936年8月停刊,它作为近代生活教育学派的理论刊物,其创办与发展同生活教育运动基本同步,并在发展过程中不断调试着生活教育理论与指导着生活教育实践的开展。《生活教育》这份期刊可以说是集结了生活教育学派以及对生活教育感兴趣的人们,他们的思想大都从该期刊传播到整个中国。可以说,《生活教育》杂志就是一部生活教育学派的发展历史,它真实反映了生活教育学说的产生、发展的全过程。因为在这份期刊中,生活教育学派成员的共同思想、成员之间思想的差异与他们之间一些成员思想的分裂与分化过程,以及这些思想又是如何反应在实践操作层面都有所体现。另外,如《教育杂志》与《中华教育界》在道尔顿制教育实验的传播、《乡村教育》在乡村教育思想的传播与教育实践活动的影响等等,这些无不说明,近代教育期刊在创办与发展过程中,以及在此过程中的具体实践活动,对教育改革起到积极引导作用,它们都是近代教育改革活动的重要组成部分,推动着中国教育的近代化。

二、如何将教育活动史贯彻到近代教育期刊研究中来

首先,加强教育期刊的自身活动的研究,提高对近代教育期刊本体的研究意识。正如前面所言,20世纪上半叶,中国创办的近代教育期刊有千种以上。这其中,既有一些专门的教育期刊,也有一些综合性的教育期刊,涉及高等教育、中等教育、小学教育、职业教育、平民教育、乡村教育、儿童教育等领域。对于这些教育类期刊,只有从本体上研究近代教育期刊的办刊发展历程,即一份近代教育期刊的创办、发展与消亡的整个活动过程,才能真正感受与体会它们在近代教育中的时代影响与历史功绩。如《教育杂志》与《中华教育界》,它们作为近代最有影响两家出版机构——商务印书馆与中华书局的馆办期刊,它们是怎样兼顾教育界与出版界两方面的利益,而成为中国近代教育期刊史上的两朵奇葩;《教育与职业》与《新教育》,它们作为中华职业教育社与中华新教育共进社的两份社团期刊,对中国职业教育的发展与新教育的普及方面可谓是厥功甚伟,它们又是如何通过期刊壮大队伍、提升影响与实施教育改革措施的;《教育丛刊》与《教育研究》,它们作为北京高师与国立中山大学编辑的两份教育期刊,它们由近代高校教育研究者举办,他们又是如何经营与维护期刊,表达对教育的一些基本观点与看法,这些都值得我们深入研究。总之,对近代教育期刊进行研究,期刊本体的研究必不可少,而且应该作为首要条件,这样才能带来近代教育期刊研究的深入。

其次,重点考察近代教育制度与教育思想的生成过程。从过去中国教育史研究的重心来看,人们会发现这样一种情况,即研究重心"高位化",具体表现为研究者关注的重点主要集中于社会上层精英的教育思想与国家层面教育制度的变迁,而教育制度研究"重视的是国家教育机构的形成及其演变,重心放在了描述制度的内容及因袭过程"①,缺乏对决策的生成过程、在基层的实施情况及其对学校教育的具体影响等问题的深入研究。如在近代学制这一专题研究中,我们以往较多关注近代癸卯学制、壬子·癸丑学制与壬戌学制三个学制的演变过程、时代影响与它们之间的异同点等方面,对学制的制订、修改、实施与完善过程以及在此过程中不同组织、群体的活动研究甚少。而近代教育期刊产生于学制初创之时,对整个学制变革都有详细的记载,是研究近代学制的重要史料来源。如《教育世界》杂志,对清末癸卯学制给予了较多的关注,从学制制订前对日本教育法规、学制章程的译介,为学制建设提供蓝本,到大量刊发近代学制的探索性研究,推动学制建设的步伐,再到刊布清末学制建设的最新成果,促进近代学制的实施,最后刊译欧美教育制度,推动清末学制改革与完善。《教育世界》参与了清末学制的酝酿、讨论、制订、发布、完善的全过程。而《教育杂志》《中华教育界》《新教育》等期刊对民国学制的变革贡献颇多。在学制制订之前,大力组织专题讨论,刊发专号与开辟专栏,如《教育杂志》刊登了"学制课程研究号",《新教育》刊登了"学制研究号",《中华教育界》开辟了"学制研究"专栏,发表国外最新教育制度状况与时贤对以前学制评论性文章。学制颁布后,大力刊发有关学制的实践报告与对学制的修补、完善性的建议,使学制的制订更加适合教育与学生发展的需要。在整个学制的变革过程中,近代教育期刊作为学制研究与探讨的重要平台,发挥着强有力的纽带作用,有效地把国内外教育,学制研究者、制订者和学制成果实践者联系了起来,展现了一个生动而又鲜活的近代学制演变过程。近代教育期刊中大量具体的、细节化的史料,生动记载当时的教育发展实况,为中国近代教育史研究的重心下移提供了广袤的天地。

最后,深入挖掘近代教育期刊创办过程中的单个人物或群体的教育活动。长期以来,中国教育史的人物研究大多注意精英人物的研究,并且对一些精英人物存在过度阐释的嫌疑,而另一方面,对涉及社会底层人物的教育生活的具体问题与情境的研究极少,这在教育期刊研究中尤为突出。如笔

① 李弘祺:《中国教育史英文著作评介》,台湾大学出版中心 2005 年第 2 期。

者对《中华教育界》作者群与编辑群进行统计时发现，一些站在中国近代教育改革的第一线的教师、校长等个人，未得到当前教育界的足够认可。如李廷翰，在当前各种教育大辞典中，已无法寻找到其介绍。但在《中华教育界》上有详细的记载，他作为近代上海名盛一时的万竹小学校校长，在《中华教育界》上的署名文章有 26 篇之多，这其中还不包括一些连载性文章，可以这样说，只要寻找到万竹小学的校史，结合李廷翰在《中华教育界》刊发的文章，足以研究该人的教育思想，并且同时也能够深入探讨近代校长这一角色的在近代教育改革中的作用与影响。另一方面，一些教育研究群体也同样值得我们关注，在中国近代教育史上，民国这一阶段作为中国教育思想百花齐放、争奇斗艳的时期，各种不同形式的教育社团、组织与个人积极从事具体教育改革活动。为了更好地宣传自己的思想与改革措施，他们自办或借助不同的教育期刊发表自己的言论。因此，研究近代这些教育期刊，可再现他们为近代教育的改革竞相奔走的全过程，展示不同人物与流派的时代影响与历史功绩，但由于历史与意识形态等方面的原因，我们对近代教育的一些人物、思潮与流派缺乏一些公允的评价，如中国近代教育史上的国家主义教育思潮就存在着这种状况。在国家主义教育思潮方面，《中华教育界》是其思想传播的大本营。国家主义教育学派的代表人陈启天，从 1924 年 7 月第 14 卷第 1 期至 1926 年 11 月第 16 卷第 5 期任《中华教育界》主编，利用该刊刊发了该派多篇文章，如余家菊、李璜、左舜生、杨效春、曹刍、舒新城、范寿康等国家教育协会成员的名字出现在该刊的频率相当之高。此外，还陆续刊发了“收回教育权运动号”“国家主义教育研究号(上、下)”“留学问题号”“小学爱国教材号”“公民教育号”等专号，大力宣传国家主义教育思想，使该刊几成为宣传国家主义教育思想的刊物。由此可见，《中华教育界》较为系统地介绍了国家主义教育思潮的发生、发展与消退的全过程，是研究国家主义教育学派的重要参考文献。

近代教育期刊是中国教育史研究的一个重要专题，但相对于其他专题研究，近代教育期刊研究可谓相当滞后，这不仅仅是技术上的原因，更为重要的是研究者思维定势，将教育期刊定义为资料库的性质。只有解放这种思想，将近代教育期刊纳入教育活动史的范畴，才能真正促进近代教育期刊研究的繁荣。

(作者均系华中师范大学教育学院教育史专业博士研究生)

海外华文教育的历史回顾与梳理

耿红卫

海外华文教育从历史渊源来看，少说也有几百年的历史，遍布亚洲、美洲、欧洲、大洋洲、非洲各大洲，东南亚诸国华文教育尤为突出。然而，关于海外华文教育的历史研究，最早散见于20世纪20年代以来的论著中，如刘士木等编写的《南洋华侨教育论文集》，在对马来亚、印度尼西亚、越南等国的华侨教育的历史回顾中涉及了华文教育的历史。新中国成立之初，海内外学者对华文教育的历史研究较少，直至20世纪80年代以来，随着中国改革开放的逐步深入，综合国力的增强，海外掀起了"华文热"，这时，海内外一些学者在关注海外华文教育的现状和发展趋势的同时，为了寻找发展的历史依据更好地服务于现实，才把视野投向海外华文教育的历史研究。然而，迄今为止并没有专门的海外华文教育史的著作问世，尽管发表了一些有关华文教育史方面的论文，也仅限于国别华文教育史研究和个别大洲的华文教育史研究，并且在研究中大都出现了概念混淆的状况，比如，既没有学者对华文教育与对外汉语教学等相关概念作出区分，也没有学者从历史学、社会学等视角对海外华文教育史的发展历程作出历史分期和规律性研究。因此，本文以此为切入点，从宏观角度对海外华文教育的历史发展轨迹作出系统疏理，让人们熟知历史，以史为鉴，以便进一步推动海外华文教育工作的开展，从而更好地为华人社会服务，为所在国的经济和社会发展服务，为中华文化的传承光大和中国的经济发展做出贡献。

一、华文教育的内涵及相关概念的区分

何谓华文教育，众说纷纭，许多专家学者都持有不同的意见和观点。笔者认为，在弄清华文教育的概念之前，首先要区别开几个相近的概念，即华侨教育、华人教育、对外汉语教学。

华侨教育是华侨为其子女学习中国语文和科学文化知识，在侨居地兴办的教育。后来向国内发展，同时还包括国内为吸纳华侨子弟入学所施行的教育及华侨回国投资开办的教育。民国后期又称侨民教育。[①]

华人教育是已成为他国公民的华人所接受的教育，它包括以当地语言为媒介的教育和中华语言文化和其他方面的教育。[②]

对外汉语教学主要是指对非华裔的外国人讲授中国语言文字的教学。它作为一门语言教学，指的是对外国人进行以汉语作为第二语言的教学。[③]

华文教育则是华侨教育和华人教育的一个组成部分。在华侨教育中，它占有重要地位，甚至是主要地位；在华人教育中，除个别国家外，它处于从属、次要地位。但它又区别于后两种教育形式，主要表现在三个方面：一是教学内容上，它注重汉语言文化教育，而后两种则不仅传授汉语言文化，而且以此为媒介，几乎涵盖了包括数理化在内的所有科学文化知识；二是教学对象上，华侨教育的对象主要是中国侨民，华人教育的对象是外籍华人，而华文教育的对象是不仅是侨民，还包括外籍华人、华裔和非华裔的外国人；三是教学目标上，华文教育包括华侨教育和华人教育的培养目标，同时也培养外国人，使其成为“中国通”或“汉学家”。[④] 因此，我们说，华文教育的概念相当广泛，它包含海外华侨华人来中国国内（包括台、港、澳）学习中国语言文化、华侨华人与所在国对华族子女所进行的中华民族语言文化教育以及非华人来中国或在居住国接受中国语言文化的教育。既包括对华侨、华人

---

① 别必亮：《承传与创新——近代华侨教育研究》，河北教育出版社 2001 年版，第 43～44 页。

② 马兴中：《华侨华文教育的回顾与前瞻》，《暨南学报》1999 年第 2 期。

③ 顾圣皓、金宁主编：《华文教育教学法研究》，暨南大学出版社 2000 年版，第 13～17、35、3、26 页。

④ 华文教育研究所：《试论华文教育的学科定位、特征及其他》，《华侨大学学报》（哲学社会科学版）1997 年第 3 期。

和华裔的教育,也包括对非华裔的外国人施教的对外汉语教学。

从对华文教育的概念的界定中,可以看出,华文教育实际包括两部分:海外华文教育和国内华文教育。"海外华文教育属于民族语言文化教育,使华侨、华人所在国教育系统的一个组成部分,国内的华文教育则属于中国教育的一个组成部分。"[①]本文主要研究海外华文教育。[②] 由于受地域或历史的影响,各国对华文教育的称谓有所不同,如有华侨华文教育、华文教育、中华文化教育、中文教育等,我们统称为华文教育。对于华文学校的称谓也不同,如有华侨学校、华文学校、中文学校、中华学校等,本文将沿用一些约定俗成的称谓。

二、海外华文教育的历史分期

海外华文教育自产生之日起主要经历了五个发展时期[③]:

(一)海外华文教育的形成期

这一时期可以大致界定为1840年鸦片战争之前。

海外华侨华文教育是在华侨社会形成后产生的。中国人移居国外的时期可以追溯到秦汉时期,至今已有两千多年的历史。随着中外文化的交流日益扩大和国内战争的影响,移居海外的中国人逐渐增多。到了盛唐时期,

---

① 顾圣皓、金宁主编:《华文教育教学法研究》,暨南大学出版社2000年版,第13~17、35、3、26页。

② 这里所说的海外,是指中国之外的亚洲其他国家和各大洲所开展的华文教育。

③ 这五个历史时期的划分主要以华侨华人兴办华文教育的兴衰沉浮为依据。具体表述为:形成期——华侨移居海外,形成华侨社会,开始创办少量的旧式华侨学校。兴盛期——1840年鸦片战争爆发,大批清民流亡海外,遍及全球各大洲(南极洲除外),华侨创办华侨学校之风气日盛,华文教育的开展达到历史最高潮;抗日战争期间,东南亚的华文教育跌入低谷,但由于时间短,且仅占海外华文教育的一小部分,因此未单独分期,特此解释。不平衡发展期——第二次世界大战结束后,海外各国奉行民族独立政策,对华文教育实行管制,并且由于大多数华侨加入所在国国籍,华侨华文教育开始转向华人华文教育,并成为当地教育体系的一部分;在东南亚,华文教育受到所在国政府的压制、排挤,华文教育跌入低谷;在其他大洲,因多种因素,华文教育开展得也很缓慢。复兴期——20世纪80年代,随着中国改革开放政策的实行,华文的商业价值也日益提升,海外诸国对华文教育的政策有所转变,大多国家都实行了多元文化政策,华侨华人在较为宽松的环境下,下定决心,重振华文教育。高涨期——90年代以来,随着"华文热"的兴起,诸多国家实行了更加有利于华文教育的政策,华侨华人社会抓住机遇,采取有力措施,以多种形式兴办华文教育,使其呈现出高涨的局面。

中国人移入近邻东南亚的人数呈快速上升趋势，东南亚日益成为华侨华人最为集中、人数最多的地区。明代以后，海外已出现华人社会。暹罗与中国的交往很早，到17世纪中叶，定居暹罗的中国人有三千人。明代郑和下西洋，有力推动了海外华侨社会的形成。据史料记载，菲律宾马尼拉有明代后期最大的华人社会，人口约2万～3万人。在日本，由于日本政府欢迎中国商船前去贸易，到明代后期，平户、长崎已出现聚居的"唐市"，到万历年间，日本诸岛已有华人2万～3万人。① 当时的华侨饱受战乱之苦，漂流到异国他乡，大多都过着极其艰难困苦的生活。但海外华人社会的形成为华文教育的诞生奠定了基础。

清王朝统治中国之后，把流落在海外的华侨视为"外化顽民"，拒之归国，使他们成为"海外孤儿"。然而，这些海外华侨，身在海外心系祖国，不忘却祖国的传统文化，有极强的在海外求生和发展的愿望，又有极强的文化寻根意识。华侨社会为解决华侨及其子女的母语教育问题，便着手兴办私塾，建立书院、书室、义学、义塾、学堂，海外华侨华文教育也随之诞生。有文字记载的最早的华文学校，是1690年荷属东印度尼西亚巴达维亚华侨倡办的"明诚书院"②，当时学生有30～40名，经费由华侨"公馆"负担，后因办理不善而停办。印尼的私塾、书院等旧式学校，发展较早，1772年巴达维亚养济院内设义学，③不久华人雷珍兰、高根观办南江书院，18世纪下半叶又有明德书院创办。此后印尼许多岛屿，凡有华侨居住的地方，都陆续办起了私塾或书院。另外，在新加坡、马来亚和泰国，19世纪初也先后办起了旧式学校。1819年马来亚槟榔屿华侨创办了五福书院，是马来亚的首所华文学校。1829年新加坡已设立华侨私塾三所。④

旧式华文学校，教育形式大多仿效中国的私塾办学，多借用会馆、宗祠、庙宇为教室，也有设在私人商店的，教师多从国内聘请落第秀才等。教学内

---

① 顾圣皓、金宁主编：《华文教育教学法研究》，暨南大学出版社2000年版，第13～17、35、3、26页。

② 海内外学者一般都认为，明诚书院的创办是海外华文教育的发端，但在设立的时间上有不一致之处。如顾明远主编的《教育大辞典》(4)指出书院创办的时间为1690年，而在别必亮著的《承传与创新——近代华侨教育研究》一书中，则将时间界定为1729年。查阅多种资料，目前更多人倾向于1690年为创始时间。

③ 顾明远主编：《教育大辞典》，上海教育出版社1992年版，第377页。

④ 马兴中：《华侨华文教育的回顾与前瞻》，《暨南学报》1999年第2期。

容主要是《三字经》《千字文》《百家姓》《大学》《中庸》《论语》等[①],目的是使长期居住海外的华人后代,学习(祖国)中国的语言文字,弘扬并继承中华优秀的传统文化,并学习尺牍、珠算等应用学科,以适应营生之需要。

(二) 海外华文教育的兴盛期

1840 年鸦片战争爆发至第二次世界大战结束,是海外华文教育的兴盛期。

在 20 世纪以前,侨居地政府对华文教育基本上持不干涉和放任的政策。到了 20 世纪尤其是 20 年代以后,由于国家主义思潮的泛滥,海外各国大多推行排斥和反华的政策,使海外华侨华人备受欺凌。但华人社会不畏强权,为争取教育的平等权进行了有理有节的斗争,显示出华夏人的进取、旷达和英勇的精神。并通过自筹经费、自设华校、自聘教师等多种渠道,克服各种办学困难,使海外华文教育呈现出蓬勃发展的良好局面。

1. 华文学校遍及海外。华侨办学,既不依赖于当地政府,也不依附于中国,而是靠侨民的力量。“各国的初等教育,必有政府的提倡、援助、强迫。华侨的初等教育,完全出于自动。”[②]侨民们不论是富豪或是小商贩、街头贫民都表现出办学的积极性,通过个人办、集资办、地方会馆办、中华会馆办等多种形式,使华校如雨后春笋般涌现出来。

1854 年新加坡闽籍华侨陈金声创办了一间影响较大的“萃英书院”,此后,槟榔屿华侨兴办了南华书院。左秉隆任新加坡总领事期间(1881—1891),大力创办华侨教育,1882 年创立会贤社,并先后推动开办培兰书室、毓兰书室、乐英书院、养正书屋等;1888 年美国旧金山华侨开办了全美第一所华侨学校——中西学堂;1897 年日本华侨创办了中西学校;1899 年菲律宾华侨在马尼拉设立中西学校;1902 年马来亚华侨设立中华学校,同年朝鲜华侨在仁川设立中华学校;1904 年缅甸华侨创立中华义学;1905 年新加坡华侨创设养正学堂;1907 年柬埔寨华侨开设端华中学;1908 年泰国暹罗华侨创办益华学堂,同年越南华侨兴办了闽漳学校。[③] 1909 年,加拿大维多利亚中华会馆创办的中华学堂。从 1881 年到辛亥革命爆发时,各地海外华侨共创办了华侨学校 100 多所。

---

① 黄皇宗主编:《港台文化与海外华文教育》,中山大学出版社 1992 年版,第 4 页。

② 深撅成:《荷印华侨之初等教育》,刘士木等编:《南洋华侨教育论文集》,“国立”暨南大学南洋文化事业部 1929 年版,第 60 页。

③ 马兴中:《华侨华文教育的回顾与前瞻》,《暨南学报》1999 年第 2 期。

辛亥革命后,华侨办校的势头更为迅猛,华侨学校逐步遍及侨胞聚集的各个地区。不仅亚洲、北美洲,而且非洲、大洋洲、中南美洲的华侨也都开办了华侨学校。到 20 世纪 30 年代,中南美洲已建成华校 12 所,其中秘鲁 5 所,巴西和英属西印度群岛各 2 所,巴拿马、墨西哥和古巴各一所。1930 年世界各地华校总数约为 2495 所,学生总数为 111807 人。截至二战结束,海外各地华校已经发展到 3455 所。就地域而言,亚洲 3260 所(东南亚 2781 所),美洲 110 所,大洋洲 60 所,非洲 23 所,欧洲 2 所。就类型而言,中学 155 所,师范学校 8 所,职业学校 9 所,小学 2673 所,民众及补习学校 95 所,种类不明学校 498 所。①

2. 参与管理机构众多,且由分散走向联合。虽然华文学校遍及诸多国家,但一般不受当地政府的干预,而是华侨自己管理。从历史沿革来看,主要有以下三种形态②:

第一,宗亲组织管理。华侨早期创办的学校以私塾为主。创办者多为有地缘、血缘和方言纽带的地域性宗亲集团或非地域性的宗亲团体,学校由宗亲集团(团体)董事会负责管理。如马来亚槟城邱公司于 1907 年创办的邱氏家学,为家族子弟提供免费教育,在宗祠内上课。此举影响很大,很快为其他宗族所效仿,涌现出了杨氏族学、九龙堂林公司、颖川堂陈公司等。这类学校,在宗亲理事会的领导下,由独立的理事会负责管理。由于只招收本族子弟且带有家长作风,大大限制了学校的发展,其办学、管理模式之弊端是显而易见的。

第二,帮派组织管理。20 世纪前后,海外华侨在各侨居国成立了许多帮派组织。该种组织主要有来自同一地域、操持同一方言的华侨组成。多以会馆和地域冠称,如福建帮、潮州帮、客家帮、海南帮等。如闽帮发起的新加坡道南学堂,参与的商家多达 110 家,陈嘉庚先后担任道南学校总理 13 年。当时闽帮的学校还有爱同、崇福、光华等。这种管理模式造成了各自为政的局面,对华文教育的发展也有不利的影响。③

第三,教育社团(机构)管理。二战前,海外许多国家的华侨都成立由华侨学务总会、教育总会等全国性的华侨组织。这些虽属社团,但在华文教育

① 参见别必亮《承传与创新——近代华侨教育研究》,河北教育出版社 2001 年版,第 13～26 页;林莆田《华侨教育与华文教育概论》,厦门大学出版社 1995 年版,第 61 页。

② 早期主要为宗亲组织和帮派组织管理华校,后来逐步走向联合,由教育社团等大型组织来管理华校,但三种形态长期共存。

③ 周聿峨:《东南亚华文教育》,暨南大学出版社 1995 年版,第 5～6、15～22、23 页。

的管理方面与其他社团有本质的区别，主要负责华文教育。如最为著名的荷印华侨学务总会便是最早的华侨教育机构。其他如新加坡有养正、端蒙、道南、崇正、爱同、应新等华文学校发起的英属马来亚华侨学务总会和1913年在陈嘉庚主持下设立的福建会馆教育科，马来西亚1913年在槟城成立的华侨学务总会，菲律宾有华侨教育会、马尼拉中华教育会等。1926国民政府在南京成立华侨教育总会，海外各地相继建立了华侨教育总会的分支机构，到二战结束时已有41个单位。华侨教育团体、机构的建立，在某种意义上是广大华侨向往统一联络的共识。这些华侨教育团体通过派官员到学校视察、开展研讨会、观摩比赛和筹集资金等，对于华侨学校的改革施教方案、编写中小学教科书和侨校之间的团结等方面，具有极大地推动作用。同时还有助于架设侨校与祖国联系的桥梁，增进华侨对祖国的认同感。

3. 中国政府及有关团体的支持。海外华文教育不论是在教育宗旨上、学制上还是在教学用书上，大都认同于祖国。如南洋[①]各国的华文学校都是在中国立案的。无论是华侨还是当地政府，都将华文学校视为建立在所在国土地上的中国学校。因此，中国政府和有关团体对海外华文教育也表现出极大的关心和支持。

第一，清政府对华文教育的影响。清朝末年，政府改变了对华侨的敌视态度，转为拉拢和亲善。1868年签署《中美续修条约》（即《蒲安臣条约》），清政府首次以条约的形式表明“护侨”的立场。并于19世纪70年代中期在英国首设领事，之后在美国、西班牙、法国、古巴、朝鲜等16个国家和横滨、檀香山、汉城、南非洲、澳洲等45个地区设立了领事。[②] 尽管当时清政府未制定任何关于华文教育的具体实施方案，但也采取了一些措施来推动海外华文教育的开展。表现在多次指派国内官员或驻外领事到华侨学校视学、劝学和指导。如1905年后，清政府相继在荷印巴达维亚、英属马来亚的新加坡和槟榔屿等地设立了劝学所，并陆续派考察外埠商务大臣兼南洋学务大臣张弼士管理马来亚槟城中华学校（1904年成立）事务，两广总督岑春煊派官员刘世骥到南洋“查学”，中国驻荷兰公使馆参赞钱恂到爪哇调查了解各华侨

① 所谓“南洋”，以政治区域来分，当时包括缅甸、暹罗、菲律宾、法属安南、英属马来联邦、马来属邦、海峡殖民地（合称英属马来半岛）、北婆罗直属地、文莱、沙捞越（合成英属婆罗洲、英属马来半岛与婆罗洲合成为英属马来亚），荷印东印度以及葡属帝汶力利，即现在通称的东南亚。

② 别必亮：《承传与创新——近代华侨教育研究》，河北教育出版社2001年版，第2、43～44页。

学校的情况并进行“劝学”等等。除南洋之外，1907 年还派内阁侍读梁庆桂到北美筹办侨民兴学事宜。同时，海外华侨受到进步的革命思想的影响，纷纷派自己的子女回国内学习祖国的语言文字和传统文化。清政府认识到在国内兴办华侨教育刻不容缓，于 1906 年在南京创办了暨南学堂专门招收华侨子女入学，这是中国创办的第一所华侨学校。

第二，改良派、革命党的兴学活动。维新变法失败后，康、梁等维新志士逃往海外，极力提倡开办学堂。康有为曾协助创办新加坡的中华女子学堂，并在槟城举办了师范班，还派弟子及支持者到学校任教或支持当地华侨开办学校。1903 年康还多次到印尼的巴达维亚、泗水、锦石、岩望等地发表兴学演讲，号召“为中国人，就必须恢复中国人之优良风俗，讲中国之语言，视中国之文字，读中国之圣贤遗训”，大大激发了华侨的办学热情和民族自豪感。1899 年梁启超逃往日本，在华侨的支持下建立东京高等大同学校，吸引一大批思想激进的华侨子弟到校学习，国内被解散的湖南时务学堂的 11 名学生也慕名前往。“国内维新之声四起，咸以设立学堂为当务之急，海外侨胞亦起响应。”①

以孙中山为首的革命党人在海外华侨中宣传革命，鼓励兴学育才，影响很大。避居海外的革命同志通过华侨夜校（部分由自己创办）、组织阅读报社等多种形式宣传革命思想，有利于华侨及时学到新知识，跟上时代的潮流。1906—1909 年仅在马来亚，同盟会掌握的华侨学校就达 30 多所，并附有华侨阅读报社 30 多个。②

第三，民国政府对华文教育的支持。民国政府政权虽然频繁更迭，但对海外华文学校的视察、视学、调查从不间断。从 1912 至 1917 年，仅派往马来亚调查华侨学务就有 8 次之多。民国政府对华文教育最大的贡献是设立了华侨教育机构。1913 年，教育部颁布了“领事管理华侨学务规程”，1914 年又公布了“侨民子弟回国就学规程”，同时制定了华侨学校简明调查表分发给各领事馆，调查各国华侨教育情况。1927 年后对华文教育更加关注，成立了大学院之下的侨民教育委员会、侨务委员会之下的侨民教育处（1932 年），并建立了专门为华侨学校培养师资的侨民师资训练班（1934 年更名为侨民教育师资训练所），还设立了全国升学华侨学生临时接待所等。

---

① 转引自廖鸾扬《南洋侨民教育问题》，南京华侨先锋社 1946 年版，第 38 页。

② 沈太闲：《我知道的马来亚同盟会》，中国人民政治协商会议全国委员会文史资料研究委员会：《文史资料选辑》(76)，文史资料出版社 1981 年版，第 46 页。

民国政府参与华文教育的另一项重要内容是在国内发展华侨教育，作为海外华文教育的辅助和提高。如1927年南京政府批准将暨南学堂升格为国立暨南大学，抗战时期还兴办了3所国立华侨中学和3所华侨师范学校。1927年暨南大学成立南洋文化教育事业部，其任务是针对办教育中出现的问题进行研讨，为华侨子弟回国读书提供便利，举办华文教育交流会并编写研讨会论文集，出版刊物和教材等，为东南亚的华文教育发展做出了积极贡献。①

（三）海外华文教育的不平衡发展时期

第二次世界大战后，海外华文教育因地域不同或者当地政府的政策变化而进入不平衡发展期。

1. 亚洲、非洲的华文教育的曲折发展

第二次世界大战后至20世纪50年代末，华人逐步由侨民演变为当地民族。所以华文教育的内涵逐步扩大，不再是单纯意义上的侨民教育，而成为当地民族文化教育的一个有机组成部分。如新加坡政府明确规定，华文同巫、英、印等语言一样，平等受到法律保护。而多数国家华侨华人联合会、华人团体、华校联合会都主张各族母语教育一律平等，要求承认华文教育，为民族语文的生存与发展开展了不懈的努力，投资办学一时蔚然成风。像马来西亚、新加坡等地形成了从小学、中学到大学的较为完备的华文教育体系。② 但是到了20世纪六七十年代，由于大多数国家都将华文教育纳入当地教育事业的轨道，大力推行“英语至上”的教育政策，对华文教育施行打击、压制和停办的政策，从而使几乎所有的华校失去了办学的独立性，华文教育的系统性和完整性极大的受挫。如非洲的毛里求斯等国家因殖民当局或当地政府对华校采取限制措施，以致大量学生转到当地公、私立学校或前往欧洲国家受教育，华校生源短缺，先后被迫关闭。再如印度尼西亚政府禁止华文教育的开设，泰国将华文作为原华校的一门外语来开设，新加坡将华文作为母语教育的一个科目来开设等。同时，华文教育的功能也大大减弱，战前具有的政治、经济、文化、联络（同中国教育事业的联系）等多方面的功能已经几乎丧失殆尽。华文教育不再和升学、就业产生必然的联系，当地的华人子弟只有学好英语和其他科学文化知识，才会有好的出路。因此，年轻一代的华人大都不再对学习华文感兴趣，即使学习也只是为了保留中华“文

① 周聿峨：《东南亚华文教育》，暨南大学出版社1995年版，第5～6、15～22、23页。
② 田燕：《海外华文教育概况》，《民族教育研究》2000年第3期。

化之根”的需要，将其作为文化传播的工具。

2. 欧洲、大洋洲、美洲华文教育的蠕动开展

第二次世界大战结束不久，由于战争对各国的经济、教育等方面造成了极其严重的影响，旅欧华侨华人数目较少。除20世纪40年代末旅荷瓯海同乡会(旅荷华侨总会的前身)在阿姆斯特丹创办一个“中文补习班”外，①欧洲各国华文教育几乎处于停滞状态。直至50年代末，整个欧洲也没有开设几家“中文班”，也未形成上规模的华校。六七十年代随着中国综合国力的增强，旅欧华侨华人呈上升趋势，荷兰、英国等国的华侨华人社团开设了几所中文学校。70年代以后，印度支那半岛发生动乱，致使一批批华裔涌入欧洲，侨胞中的有识之士大声疾呼，急切希望旅欧各社团创办中文学校。先后在法国巴黎、英国格林威治、荷兰阿姆斯特丹、阿纳姆等城市创办了六七所中文学校。但华文教育在欧洲尚未得到普遍开展。②

在大洋洲，华文教育的起步较晚，迄今也只有近百年的历史。20世纪50年代以来才有了较为显著的发展。如澳大利亚政府实行了多元化的文化政策，支持和鼓励华文学校的兴办，先后办起了墨尔本华文学校、悉尼中文学校等。新西兰华侨华人社团自1955年至70年代末，办有惠灵顿华侨中文学校近十所，还开办了许多华文班。塔希提、巴布亚新几内亚、斐济等国的华文学校也相继创办起来。

在美洲，第二次世界大战以后华文教育出现了几乎停滞不前的局面。美国虽然废止了排华议案，加速了华侨华人加入美国国籍的进程，1950年美籍华人就比1940年增加40%，③但是由于历史原因和客观条件的限制，中文学校并未增加多少。70年代以后，华侨华人自办了几十所中文学校，主要分布在洛杉矶、圣地亚哥、西门子、湾区屋仑、芝加哥、纽约、波士顿、休斯敦等城市的新华埠。④ 比起日益增多的华人华裔来说，远远不能满足华文教育的需要。在加拿大，华侨华人数比第二次世界大战前有所增加，然而由于各种原因，华文教育也未有较大进展。据统计，1968年华文学校才有14所，其中

① 胡允革、郭康强等主编：《旅荷华侨总会五十周年纪念特刊(1947—1997)》，旅荷华侨总会1997年版，第40～91页。

② 章志诚：《欧洲华文教育的历史与现状》，《八桂侨刊》2003年第1期。

③ 梁培炽：《旧金山华文教育现状及发展刍议》，中国海外交流协会文教部编《海外华文教育文集》，暨南大学出版社1995年版，第49页。

④ 李天锡：《北美洲华文教育的历程及其特点》，《华侨大学学报》(哲学社会科学版)2000年第4期。

温哥华5所，其余多分布在维多利亚、多伦多、渥太华及蒙特利尔等华埠。①

3. 新中国与海外华文教育

新中国建立以来注重开展华文教育工作，使处在低谷中的海外华文教育焕发出生机。第一，鼓励华侨加入当地国籍，对华侨华人在当地兴办的华文学校不再直接参与或干涉。第二，在海外华文教育收到侨居国政府的压制时期，许多华侨华人处境艰难，有许多华侨愿意回国学习，中国政府于1953年出台了《长期收容处理华侨学生工作方针与方案》等相关政策，热情接待和安置了大批归国华侨学生。归国华侨学生大部分来自东南亚各国。据1949—1953年的统计，印度尼西亚占59.21%，马来西亚占17.24%，泰国占7.12%，缅甸占5.9%，越南占3.27%。此外还有来自菲律宾、日本、加拿大、苏联、朝鲜等国的华侨学生。② 第三，针对来中国学习的海外华侨子女的不同学历层次，中国在北京、厦门、广州、汕头、南宁、昆明、武汉等地建立灵活多样的补习学校。于1957年决定重办暨南大学，1960年福建泉州市创办了华侨大学。之后，农工等专科学校在厦门、海南等地陆续开办。1978年以后办学层次又有新的提高，除本科、预科、专科教育外，研究生教育、中国语言文化学校、华侨华裔青少年夏(冬)令营、汉语水平考试也应运而生。还掀起了海外侨胞、港澳同胞捐资助学的热潮，汕头大学、五邑大学、嘉应大学、宁波大学等相继开办。③

中国台湾省在海外华文教育方面也做了很多工作。第一，把侨民学校纳入中国台湾的教育系统。20世纪五六十年代，中国台湾召开海外教育会议，制定《侨民中小学章程》、《侨民学校立案章程》、《侨民学校董事会组织章程》等法案法规，其工作重点是巩固和发展从小学到大专院校的侨民学校系统。规定海外侨校的设立要向中国台湾当局立案，参照中国台湾现行学制和课程标准等。据统计，1964年海外侨校达到5052所，其中在中国台湾立案的2285所，占海外侨校总数的45.2%。④ 第二，重视对华侨的师资选拔与培训。主要有三种途径：一是吸引侨生到台升学师范科，毕业后回侨居地服务。从1952年到1972年间，中国台湾共推荐毕业侨生2000余人返回侨居地侨校任教。⑤ 二是就地设校训练或在侨校增设师范班。如1955年菲律宾

---

① 吴同永编著：《海外华侨教育史略》，福建省侨办文教宣传处1996年版，第161页。

② 周聿峨：《东南亚华文教育》，暨南大学出版社1995年版，第5～6、15～22、23页。

③ 马兴中：《华侨华文教育的回顾与前瞻》，《暨南学报》1999年第2期。

④ 吴端阳：《台湾海外华文教育工作述评》，《海外华文教育》1994年第2期。

⑤ 转引自台湾侨委会编《侨务统计》，侨务委员会1991年版，第26页。

华侨专科学校成立培养初级中学教师，越南的穗城中学、缅甸的崇正中学都增设师范班培养小学教师。三是采取多种方式培训海外华校师资，如举办海外华校教师回台上研习班，每年利用假期在海外各地的侨校为教师举办华文教师研习班，派遣教师到海外侨校任教或讲学，开展巡回讲座等。[①] 第三，支持海外华文教育工作。20 世纪 60 年代以后，许多海外华侨侨居国(尤其是东南亚)相继实行民族同化，对华校实施限制和取缔的政策。台湾省于 1972 年召开海外华文教育座谈会，支持华侨华人开展中华文化和华文教育。还采取向华校赠送各类教科书、向侨校实行专款补贴、设立教师奖励基金、推广海外广播、函授教育等多种措施。

(四) 海外华文教育的复兴期

20 世纪 80 年代是海外华文教育的复兴期。

1. 中国经济的腾飞和综合国力的增强提升了中文的商业价值。改革开放以来，中国同世界各国在政治、经济、文化等领域的交流日益扩大，综合国力日益增强，向世界开放的商业和贸易市场愈来愈多。无论是华裔大亨或者是非华裔富豪都逐步意识到，中国是一个极大的市场，要想充分占领它必须精通中文。正如想打入欧美市场要掌握英语一样，不懂中文必然会吃亏。[②] 进军中国市场的各大财团都纷纷谋求懂华文的英才，并将华文作为必备的培训课程。此外，海外华人经济实力的增强，财富雄厚华人企业家的崛起，华人企业的集团化和国际化，也是提升华文经济价值的因素。

2. 许多国家为适应经济发展的需要，放宽了华文教育政策。冷战结束后，和平与发展成为时代发展的主旋律。世界各国为了缓和矛盾，发展经济，大都采取了宽容的政策，允许多元化的文化共存。海外华侨华人为本国的经济和社会的发展作出的贡献有目共睹。许多国家的政府和领导人意识到了华文的重要意义和价值，鼓励华侨华人讲授和学习、使用华文华语。如 20 世纪 80 年代以来，泰国政府制定政策给华文教育一定的发展空间："A. 华文同英、日、法、德文一样享受同等待遇，使华文与其他外语取得平等地位，列入外文教育的语种，成为政府倡导学习的一门语种；B. 民办华文小学授课华文的班级由一至四年级扩大到六年级，民办中学由课后的业余补习提升为课授供学生选修；C. 放宽华文教师聘任资格，准许民办学校向中国

① 袁慧芳、彭虹斌：《台湾华文教育初探》，《高等函授学报》(哲学社会科学版)2001 年第 2 期。

② 吴洪芹：《海外华文教育复兴之探析》，《八桂侨史》1995 年第 4 期。

国内聘请不懂泰文的华文教师赴泰任教。”①马来西亚政府把华语当做本国的一种资产，在大部分独立中学高中阶段开设华文课程，并将华文列为政府中学文凭考试的科目。新加坡自1978年起，大力提倡华语普通话运动，号召华人讲华语。总理吴作栋曾讲话说，通过学习华文教育可以明白“修身、齐家、治国、平天下”的道理，故而亲自带头学习华语，以激励国人对华语教育的重视。新加坡教育部长陈庆炎宣布，从1990年开始，让更多的小学开设第一水准的华文课；在大学选修班阶段，教育部将在特定的学院里提供语文专修课程，让有语文水准才能的学生修读更高水准的华文课等。② 越南政府鼓励兴办各种形式的华文教育，1989年准许中小学校设立中文夜校，1990年国会通过决议准许成立民办华文学校和实行华文教育多样化，1991年9月5日教育部在胡志明市举行首届华语初级会考。③ 其他如东北亚、美洲、大洋洲、欧洲、非洲的许多国家，都实行了多元化的文化政策，使华文教育得到了有利的发展机遇。

3. 华侨华人致力于华文教育的发展。海外华人对中华民族有强烈的认同感，希望保持本民族的文化心态。当华文教育受到当地政府的排斥或打击时，华侨华人为争取民族文化权益进行了不懈的斗争。如菲律宾华人社会长期致力于建立一个华文教师培训中心，从1985年开始菲华商联总会每年暑假聘请中国台湾教师在马尼拉举办“师资讲习会”，设立杰出华人教育工作奖等。泰国中华总商会专门创办了教授华文的“泰中大学”。马来西亚华人捐集教育基金以支持华文学校。华人领导人也非常重视中华文化的继承与发扬光大，如新加坡副总理李显龙在谈到该国华语运动时说，通过华语，保持和发扬传统的文化价值观，并加强华族新加坡人的认同感，是华语运动的另一使命。华人掌握母语，能够加强个人的归宿感和自信心。④ 民族认同感是推动海外华文教育振兴的重要因素。

（五）海外华文教育的高涨期

20世纪90年代以来，随着中国的经济腾飞和综合国力的进一步增强，经济贸易和文化交流的日益扩大，海外各国掀起了学习华语华文的热潮。

1. 各国支持华侨团体办好各级各类华文学校。如90年代以来，马来西

---

① 厦门大学海外汉语言文化教育研究所编：《海外华文教育》1993年第3期。

② 梅显仁：《海外华文教育的振兴》，《八桂侨史》1998年第3期。

③ 何万宁：《东南亚华文教育复兴的原因分析》，《教育评论》1999年第3期。

④ 廖练迪、罗英祥：《海外华文教育的复兴与展望》，《嘉应大学学报》（社会科学版）1997年第1期。

亚尝到华文为引进外资带来的甜头，教育部决定拨款支持华文学校办学。而原来的华文学校，大都是华人社团自筹经费独立创办的。截至1994年，马来西亚千余所华文小学中，有851所享受政府的半津贴，享受全津贴的华文小学就有432所。泰国华人社团于1991年倡议筹办一所华文大学，很快得到泰国大学部批准，1992年5月泰皇赐名为“华侨崇圣大学”。泰国客属总会筹建了泰国商业学院，马来西亚客属工会联合会筹建了南方大学，新加坡恢复了华山大学（曾合并为国立大学）等。华文高等院校的创办，为海外华文教育的腾飞起着重要作用。①

2. 许多国家的学校竞相开设中文课程。华语华文作为国际交往工具，越来越受到世界各国的重视。目前约有60多个国家上千所高等学校设立中文系或中文专业，相当一部分高等学校把华文设为必修课。这是当地华侨华人子女学习和接受华文教育的重要途径。美国开设华文课的大专院校已有四五百所，还有300多所中小学也开设了中文课，华语已成为美国的第三大语言。20世纪90年代华语进入加拿大的主流社会，在社会各个领域中把华文作为公共外语的日益增多。仅有650万人口的瑞士就有两所大学设有华语专业，一所大学开设有中文课。英国、法国、德国的许多大学都设有中文系，有的还设有汉学院。非洲的埃及夏姆斯大学，中文系可以授予学士、硕士和博士学位。②

3. 举办多种形式的华文学习班和补习班。海外全日制的华文学校主要集中在亚洲国家。而在美洲、大洋洲、欧洲、非洲，业余的华文学习班和补习班很多。20世纪90年代以来，华人涌入这四大洲的人数增多，“亚洲和‘四大洲’华人人口比例由1967年的96％比4％，变成了1993年的87％比13％”③，使得各种形式的华文学习班和补习班如雨后春笋般涌现。美国大约有670所，加拿大温哥华地区有130所，英国有200所，荷兰24所，法国华人社团几乎都办中文班。④ 办学经费多为自筹，租、借当地学校教室或华人社团场所上课，教师多为华人知识分子义务兼任，学习中国文字和中华文化等。这些学习班和补习班在一定程度上满足了华人新移民的需要，也迎合了全球“华文热”的需要。

---

① 何万宁：《东南亚华文教育复兴的原因分析》，《教育评论》1999年第3期。

② 吕永潮：《海外华文教育蓬勃兴起》，《华人时刊》2002年第5期。

③ 福建省侨办编印：《华人华侨与侨务（1）》，福建省侨办1994年，第45页。

④ 顾圣皓、金宁主编：《华文教育教学法研究》，暨南大学出版社2000年版，第13～17、35、3、26页。

由上可知，海外华文教育的发展，既与华侨华人所在国的政策导向相关，也与华侨华人团体的经济实力和教育资源相关，更与中国的综合国力和中文在国际上的地位相关。

（作者于2008年获华中师范大学教育史专业博士学位，现为河南师范大学文学院教授）

美国华人教育活动研究(1848—1943)

李　永

1848 年以后,随着美国加州淘金热的兴起,中国南部的民众跨越太平洋移民美国新大陆,并逐渐落地生根。在华人移民美国的近百年间,他们保持民族习俗、延续传统文化,教育是其文化传承的重要手段之一。以家庭教育和社区中文学校为主要方式,以中文学习相伴随的文化学习为主要内容,教育活动一直维系着华人与中国大陆的感情联系,强化了青年一代的民族意识,形成了强烈的民族文化认同。

本文力图借鉴教育活动史的理念和新文化史的叙事手法,展现第二次世界大战前美国华人丰富的教育活动,注重教育的发生发展过程,尤其是华人父母与土生华人子弟关于语言学习的矛盾冲突,探讨教育对文化学习、文化认同的影响,希冀为当下美国华人华文教育提供有益的借鉴,为现阶段我国的侨务政策、华文教育政策提供历史依据。

一、第二次世界大战前美国华人移民概况

要了解美国华人的教育活动,就必须对美国华人的移民概况有所了解。第二次世界大战以前,美国华人社会已经历了近百年的发展,华人社会的变迁主要受美国社会中结构性因素——美国移民政策的影响。根据美国对华

移民政策的不同，可分为前后两个时期：自由移民时期（1882 年以前）和禁止时期（1882 至 1943 年）。

18 世纪末已有华人迁移北美新大陆，但直到 1848 年加利福尼亚发现金矿，才开始有大量的华人进入美国。中国人在 1854 年开始大批进入美国，是年就有 10684 个中国人进入美国，以后中国人逐年入美人数在 2000～8000 之间。① 受淘金热所吸引的华人移民以贫穷的华工为主，其中大多数是成年单身男子，他们有着强烈的旅居观念，移民只为经济目的，因此很少携带家眷。这一时期的华人家庭以跨洋家庭为主，这是非常态的家庭结构。在这种分裂的家庭中，对子女的教育通常由其国内的妻子和亲属来完成。移民中有一小部分是富有的华商，这些富裕阶层的移民还可能在中国南方的教会学校接受过英语教育。华商可以携带家眷，这成为仅有的正常的华人家庭。

淘金热出现以后，美国政府对华工采取的是自由移民政策。19 世纪 70 年代以后，美国发生经济危机，失业率激增导致民间排华活动日盛，种族主义的政界人士趁机抨击华人迎合选民，直接酿成了 1882 年排华法。1882 年《排华法案》是美国第一个限制某一特定国籍——中国人向美国移民的联邦法。该法案规定 10 年内禁止华工移居美国。该法在有效期终止的 1892 年被延期 10 年，而在 1902 年又被无限期延期。② 从 1880—1924 年间，美国共有 14 项排华法案获得通过。在美国，华人成为了文化上易于区分、政治上极易受到侵害的少数民族群体。

持续时间长、条目繁多的排华法给华人家庭带来了最致命的影响，使华人社会成为单身汉社会，使分裂的家庭成为主导的家庭结构。这种情形一直延续到 20 世纪一二十年代随着土生华人人口的增长，小生产者家庭的出现。这些华人家庭主要是小业主和曾是华工的家庭，与商人家庭不同，他们从事的是小本生意，如洗衣、餐馆和杂货等。从事商业行为，使华工获得了商人身份。身份的改变对华人家庭的发展有着重要的意义。即使在 1882 年排华法颁布后，商人移民美国仍可以携带家眷。这样，获得商人身份的华人家庭通过链式移民使得更多故乡的子女和亲朋来到美国，促进了华人家庭

---

① 周南京主编：《华侨华人百科全书历史卷》，中国华侨出版社 2002 年版，第 612 页。

② Darrell Y. Hamamoto, Rodolfo D. Torres. *New American Destinies——A Reader in Contemporary Asian and Latino Immigration*, Routledge New York and London 1997, 75.

的壮大。

随着华人家庭中儿童的增多,子女教育成为华人父母生活中一项重要日程。一方面是由于中华民族重视教育的传统,一方面也源于在备受歧视的异质文化中生存,教育可以极大地改善生活品质。随着社会条件的成熟,中文学校也应需而生了。在这一时期,华人家庭教育和中文学校教育成为华人教育活动的主要内容。

二、美国华人的家庭教育

家庭教育在人的成长、民族文化的传承中具有不可替代的基础性作用。中华民族历来是一个重视家庭也重视教育的民族,海外华人秉承中华民族的优良传统,重视对子女的教育,而且特殊的生活环境使他们更看重家庭教育。①

语言学习和文化传承是华人家庭教育的主要目的。由于家庭教育主要围绕家庭日常生活而展开,语言的沟通与交流就成为最自然的一种教育方式。在这个过程中,传统的文化通过口头语言和日常行为得以向下一代传承,文化学习得以延续。我们还要看到随着土生华人子女的英语技能的不断提升,英语成为了华人子弟与外界交流的渠道,中文的实用性在日后逐渐削弱。

受中国传统家庭观念的影响,传统道德教育如伦理道德、为人处世、衣食住行以及生活习俗等成为华人家庭教育活动的主要内容,传统文化不仅在华人家庭中世代传承,也在唐人街的华人社区形成浓浓的传统文化氛围。

(一) 家庭教育的内容

第二次世界大战前,美国华人家庭主要是少数华商家庭和小生产者家庭,受经济条件的限制,他们的家庭教育内容也有所区别。早期的华商家庭经济条件较好,在华童数量较少的情况下,如果经济条件允许,这些家庭通常会将子女送回国上学。而留下来的孩子家长则雇请家庭教师对子女进行专门的文化知识教育。这就是所谓的私塾教育。私塾主要教授简单的识字和珠算,其传授的知识十分有限。每月四五美元的学费对于许多贫困的家庭来说仍然难以承受,因此普及面不广。但是作为一种教育形式,它是后来中文学校教育的雏形。

---

① 耿虎:《试论华文教育的多样化构成与中华文化的多层次传播》,《世界民族》2007年第1期。

在唐人街的小生产者家庭中，由于生活和工作密切相关，华人父母对孩子的管教很多，主要寓教于日常生活中，父母和孩子用中文交流并且监督他们的行为。不论是旧有的华商家庭还是刚出现的小生产者家庭，家庭教育的许多内容都是一致的，主要表现为三个方面。

首先，中文学习是华人家庭中非常重要的一项内容。在华人家族史的研究中，就有很多关于家庭教育的个案。

吉尔伯特是一个守规矩的中国家庭的儿子，而且是一个优秀的学生。他从小到大一直听父母说："别给中国人丢脸。"他父母在这方面很严格：吉尔伯特和他的兄弟姐妹们不仅懂英语，还要懂汉语。他们从小就在家里说汉语。"我给你们说汉语的时候，"他还是孩子的时候他父母就对他说，"你要用汉语来回答。绝不能用英语跟我说。第一，我听不懂；第二，我们无法进行谈话。除此之外，一个中文老师的儿女们中文说不好可怎么行呢？"①

许多华人子弟的自述也佐证了这一点。"我父母不会讲英语，所以我们在家对父母必须讲华语。我们在家和兄弟姐妹都讲英语，对讲英语的朋友们也说英语。父母有时为总在家讲英语骂我们，并敦促我们去华人学校学习，以便学会中文说、写、阅读，这样，以后我们回国，才能与那里的人们共同生活。"②

其次，华人家庭非常重视道德教育，重视面子问题。上面提到的吉尔伯特父母就一直给孩子灌输"别给中国人丢脸"的思想。在华人父母看来，如果自己的孩子做出了违反道德的行为，那会让他的家族和亲朋丢脸，被别人嘲笑。"《王冠杂志》曾报道过这样一个故事。一个小孩因踢球不小心砸碎了理发店的玻璃。孩子的父亲自然照价赔偿，并为自己孩子的过失前去赔礼道歉。第二天，理发店里挤满了华人顾客。因为孩子的过失传到亲戚那里，他们从全城各地赶到这里，拿出钱来，资助这个理发店，用实际行动弥补过错。"③

最后，在华人家庭中，父母，尤其是父亲的权威是至高无上的，父母对子女的要求也比较严格。孩子们从小就知道应该听父母的话，遵从父母的教导努力学习中文、保持日常行为符合传统道德规范等等，年长哥哥或者姐姐

---

① 泗丽莎：《百年金山——我的美籍华人家族奋斗史》，广西师范大学出版社 2010 年版，第 261 页。

② 吴景超：《唐人街：共生与同化》，天津人民出版社 1991 年版，第 243 页。

③ 宋李瑞芳：《美国华人的历史与现状》，商务印书馆 1984 年版，第 161 页。

会帮助父母管教年幼的弟弟妹妹。体罚经常被华人父母作为一种教育手段，华人作家刘裔昌在描述他母亲时这样写道："母亲只知道如何挥舞鸡毛掸子的把柄打孩子。她就是用这根柔韧的掸子的藤条来管教我们的，我就也就成了华人朋友们称之为'遵从父母之命的模范子女'。"①

不论是哪一种华人家庭，中华传统的伦理道德都是家庭教育的重要内容。例如许多家庭的家训、家教就是一种重要的表现形式，它围绕着为人处世这一核心环节对子女提出了具体的要求。最后要提及的是，特殊的文化环境使得美国华人家庭教育与传统中国家庭教育不同，华人家庭教育还带有浓厚的爱国感情和寻根意识，辛亥革命以后，华人社会中民族主义活动勃兴，受民族主义精神的感召，这种民族意识较之以前的自发状态更为突出。

（二）家庭教育发展的影响因素

华人家庭教育受制于华人家庭本身的形成与发展。在早期华人移民社会中，特别是经过了长期严酷的排华法打击之后，家庭生活不是一种常态，因此家庭教育也无从谈起。从华商家庭到小生产者家庭，华人家庭规模不断壮大后，家庭教育的意义才更加明显。这一阶段的家庭教育愈加强调传统文化的传承，也是作为对抗异质文化、种族歧视的一种手段。

从教育的内容来看，受制于经济条件，工作与生活密不可分，家庭教育也超越了日常生活的范围。除了强调传统的伦理道德、家长权威之外，遵守纪律、重视合作等精神也被加入到家庭教育的内容中。

20 世纪以后，随着华人土生子女的增多，华人移民后代被融入美国主体社会的强烈愿望所征服。华人家庭教育也从重视中国传统文化的教育与传承，陷入到中西教育的文化冲突之中。于是，保留传统文化与融入主流社会的愿望共同构成了影响美国家庭教育思想发展的重要因素。

三、华人社会与中文学校

伴随着美国华人移民的增多和华人社会的初步形成，以学习民族语言文化为主要内容的中文学校教育也得以兴起，并不断发展。第二次世界大战以前中文学校的兴起与发展既是美国华人客观需求的具体反映，也是他们民族感情的寄托和民族生存的需要。

（一）中文学校的发展变化

1. 旧式学校的发展

① 宋李瑞芳：《美国华人的历史与现状》，商务印书馆 1984 年版，第 161 页。

19 世纪 70 年代以后，华人学龄儿童数量不断增多，华人子女的教育问题逐渐提上日程。以旧金山为例，加州 15 岁以下的华人子女有 75%聚居于此，1867 年有华人儿童 500 人，到 1900 年增至 4000 人。① 第一所私塾的开办日期如今已无从查考，但从 1880 年旧金山市人口普查中出现十余名中文教师的事实可以大致推断出，在 19 世纪 70 年代，中文学校已经出现了。② 在美国许多大城市的华人聚居区，还出现了自发举办的用广东话开办的中文学习班。

私塾和专馆是旧式中文学校的主要形式。私塾主要是识字性质的，大多水平较低，使用国内传统的教材，主要教授写字和珠算。专馆多以塾师的姓氏称呼，如曾馆、胡馆等，其程度较高，有的设有文史专科，主要讲授四书、古文、八股、唐诗等课程。光绪年间，华埠设立私家专馆十余间，每间有学生二三十名，在下午五时到八时上课。很多教师是在科举考试中落第，并因各种理由出洋的秀才和举人。③

19 世纪 70 年代以来，美国国内的反华情绪高涨，1870 以后，华人儿童被禁止进入加州的公立学校就读。1885 年，华人小学的开办就是加州政府修改教育法规，允许为华人学生设立隔离学校的结果。④ 这种种族隔离教育一直延续到 1946 年。与此同时，1888 年，金山学堂也在中国公使和华人社团的努力下成立了，不久更名为大清学院。这是一所采用传统教材授课的旧式学堂，约有学生 60 名，其教学水平大致可以与同时期国内的私塾专馆相比，华人子弟通过学习回国依然可以适应升学与考试。例如土生张北祥在 1892 年入大清书院，13 岁随父母回广东，17 岁考入两广西学堂，1904 年应全省会试，得庠生(秀才)。⑤

2. 新式学校的发展

20 世纪初，清政府革新教育制度。1907 年，朝廷任命梁庆桂为学务专

① Mary Roberts Coolidge. *Chinese Immigration*. New York: Henry Holt And Company 1909,436.

② 麦礼谦:《传承中华传统:在美国大陆和夏威夷的中文学校》,《华侨华人历史研究》1999 年第 4 期。

③ 刘伯骥:《美国华侨史》,(台北)黎明文化事业公司 1976 年版，第 355 页。

④ 麦礼谦:《传承中华传统:在美国大陆和夏威夷的中文学校》,《华侨华人历史研究》1999 年第 4 期。

⑤ 麦礼谦:《从华侨到华人——二十世纪美国华人社会发展史》,香港三联书店 1999 年版，第 50 页。

员,赴北美兴学。与此同时,美国许多中国人士呼吁要在美国建立中式学校,这一方面是为了满足华人社区日益增长的文化需求,同时也是为了强化其民族意识,尤其是年轻一代的民族意识。

表1　美国华人创办较早、规模较大的中文学校①

校名	创办者及时间	学生人数	特点(课程与上课时间等)
旧金山中西学堂	中国驻旧金山领事馆,1882年	刚开始有60人	四书、五经、《左传》、《故事琼林》;下午和晚上、星期六全天上课
旧金山中华学校	旧金山中华会馆,1909年	1940年有560人	实行"六三三"学制,教学内容随时代变化,为全美较为完备的华文中等学校
旧金山金巴伦学校		有中小学生600人	
纽约华侨公立学校	一些私塾合并,中华公所资助,1908年	1970年从幼儿园到高中共设92个班级,学生3000多人,教师130人	星期六全天和星期日下午上课,全美国规模最大的一所华侨华人学校
檀香山明伦学校	青年学务俱乐部,1911年	1936年有学生1348人,教师33人	1919年学生自治会组织话剧团,到华埠演出《胶州泪》,帮助华人了解国内大事。
旧金山晨钟学校	华侨青年组织的晨钟剧社,1919年	最多有学生200人,6年后因经费困难停办,但影响较大	课程设有国文、国语、译文、珠算、修身、国画、体操、历史、地理和乡土史等

梁庆桂会同中华会馆的学务公所于1909年开办了一所新式学堂,名为大清侨民公立小学堂。这是一个真正意义上的中式学校,它强调语言学习,并采用清政府学部所提供的课程大纲。学校开办时共有110名学生,由中华会馆负责主持校务,它的教学内容包括经学、修身、国文、历史、地理、习字、体操和唱歌等。在梁氏的推动下,旧金山建立了几所中文学校,并在萨克拉门托、芝加哥、西雅图等地的华埠先后开办了侨民学堂。大清侨民公立小学的建立,标志着美国的华文教育进入了新的发展阶段。新式学校逐渐取代

① 刘汉标、张兴汉:《世界华侨华人概况》(欧洲、美洲卷),暨南大学出版社1994年版,第187页。

了旧式的私塾、学馆，学校不但传授国学，而且学习西方科学文化。①

民国时期，政府制订了鼓励和褒奖华商办学的措施，国内推翻帝制、提倡民主及科学的社会发展也符合海外华人对祖国改革的期望，在民主主义思想的推动下，中文学校在美国进一步发展。

以旧金山为例，旧金山作为美国华人集中的大埠，是公认的美国华文教育的中心。民国初年大清侨民小学堂更名为中华侨民公立学校，依旧保持着在华人教育中的领导地位。1920年该校开始招收女生，1922年增设初中部，②1927年，学校扩建并改称中华中学校。1928年成为北美第一所开设高中课程的华校。

20世纪二三十年代，旧金山出现了许多其他类型的学校。如教会学校，1921年成立的圣玛丽学校和1925年成立的协和学校，都是基督教会学校，他们与中华中学一起成为二战前旧金山华埠三所最大的中文学校。③ 1930年孔教会也创设了学校。另外还有一些由政党、文化团体或个人兴办的学校。如1919年，"晨钟社"的社员陈显朝、赵宝光、刘炳垣等所筹办的晨钟学校。其经费是由剧社负责筹措，并一直支持其发展长达数年。晨钟学校的办学者是受中国资产阶级民主革命影响的知识分子，从校歌中我们多少可以感受到时代的印记和办学精神：

大哉晨钟，铛、铛、铛的惊人梦。
鸟噪(zào)鸡鸣频催起，
三竿红日已升东。
最是恼人众生未醒，
何能以振聋发聩？
今世界弱肉强食，
怒潮来汹涌；
图强自立，非教育不为功。
祖鞭猛着，奋志为雄。
人世百年易过，
鹏程万里难通。

---

① 麦礼谦：《从华侨到华人——二十世纪美国华人社会发展史》，香港三联书店1999年版，第55页。

② 麦礼谦：《传承中华传统：在美国大陆和夏威夷的中文学校》，《华侨华人历史研究》1999年第4期。

③ 同上。

莫等闲，虚老韶华悲功空。
勖(xù)哉齐努力
振我华国之宗风。
将见金门港上，
我校人才蔚起与世大同。①

20世纪二三十年代，美国华文教育进入全盛时期。1934年旧金山有10所华文学校，1848名学生和47位教师。在高中以下阶段，华校学生与美国公私立学校华人在校生人数之比是0.638。② 在美国的其他一些大中城市，如洛杉矶、纽约、奥克兰还有夏威夷等出现了一所或多所中文学校。大多数城市通常只有一所学校，基本是由社团，通常是本地的中华会馆主办。而且它们的规模比旧金山的学校要小得多。

尽管华人中文学校在战前获得了长足的发展，但是它始终是中文补习性质的学校，与东南亚全日制的华文学校不同，与美国英文学校教育相比，中文学校也始终没有占据主导地位。即使是在华文学校的较盛时期，仍有大部分华侨子弟没有进入华校。如30年代末，美国大陆约有12000多名5～14岁的华童，但华文学校的学生只有3000多人。③ 同时，华人父母出于在美国安身立命的考虑，鼓励子女进入美国学校接受正规的西方教育，以便更好地适应美国社会，跳出父辈低微的行业圈子，获得更好的社会地位。

（二）中文学校的办学目的

第二次世界大战前，兴办中文学校的主要目的是向学生传授中国语言及文化知识，培养他们在华人社会中谋生的技能，而且如果他们需要，还可较顺利地回国继续升学。提倡中式教育的一个主要目的就是保留母语，这一点在许多其他民族社会也是如此。《中西日报》在一篇社论中指出，如果让我们的下一代只是学习西方的语言而不学中文，他们接受的教育就不完整。这篇社论随后分析了让中国孩子学习中文的重要意义：他们身体中流的是中国人的血。无论他们生长在任何国家，总会和祖国的同胞有着千丝

---

① 麦礼谦：《从华侨到华人——二十世纪美国华人社会发展史》，香港三联书店1999年版，第54页。

② 麦礼谦：《传承中华传统：在美国大陆和夏威夷的中文学校》，《华侨华人历史研究》1999年第4期。

③ 王苍柏：《战前美国华侨教育初探》，《八桂侨史》1994年第1期。

万缕的关联。①

中文学校集中体现了第一代华人移民父母迫切地希望他们的美国土生子女学习并延续部分中国传统文化的希望与努力。② 中文学校为年轻一代学习中国文化基础知识创造了条件,这也是土生子女较为普遍的经历。“我在波特兰接受美国公立学校教育,读完三年中学。我又在晚上和星期六半天上中文学校。我觉得中文学校是很值得上的,我在那里受益不浅。”③

第二次世界大战以前,广大华人虽身在海外,但是内心深处是割舍不断的爱国之情,兴办中文学校以继承中华文化正是这种崇高民族感情的具体反映。中文学校体现了华人社区为了强化与中国大陆的纽带所做出的有意识、有组织的努力。华人中文学校的兴起和繁荣使得越来越多的华人孩子可以在唐人街接受中国传统文化教育。正如《中西日报》所陈述的,华人在美国建立中文学校的目的,就是让美国华人的子女在祖国需要时能承担起振兴祖国的责任。多一个孩子上中文学校,未来就多了一个有用的国民。④

同时,教育的发展也与华人社区的生存密切相关,《少年中国晨报》强烈地呼吁华人为兴建中华学校提供捐助,它指出:在这个世界,唯有教育才能兴邦立国,否则就会孱弱衰败;在异国他乡的定居者,只有教育才能保证世代繁衍。⑤

(三)中文学校的教学内容

华人中文学校从本质上讲是侨民教育,属于中国国内教育的一部分,故其多沿袭国内的教育体制,不仅教材、教师主要来自国内,而且教学方式、教学管理等也与国内基本类似。如旧金山中华学校于1922年采用“六三三”学制,即小学6年、初中3年、高中3年的新式教学制度,并用国语代替方言作为教学用语。

从教学内容上讲,中文语言、文化知识是教学的重点。具体表现在两个方面:一方面汉语既是教学媒介用语,也是一种母语的学习与知识的掌握;另一方面无论是传统私塾中的《三字经》《百家姓》等科目,还是新式学堂中的国文、经济、历史、地理等科目,都围绕传授中华文化知识而设置的。这一

① 陈勇:《华人的旧金山——一个跨太平洋的族群的故事(1850—1943)》,北京大学出版社2009年版,第199页。

② Iris Chang. *The Chinese In America*. New York:Penguin Books 2003,182.

③ 吴景超:《唐人街:共生与同化》,天津人民出版社1991年版,第174页。

④ 周南京主编:《华侨华人百科全书历史卷》,中国华侨出版社2002年版,第201页。

⑤ 同上书,第264页。

阶段的教学内容与教育目的紧密相联，明显体现了对民族语言、文化的传承。

例如《新国文》课本第18课的主题是“亲属”。以下列出的是众多称谓的一小部分：父之兄为伯父，父之弟为叔父……伯叔父之子为从兄弟。姑母、舅父、姨母之子为表兄弟。① 因为亲属关系是构成华人社会关系的基础。中文学校所使用的教材带有明显的文化意义，在加强华人的文化认同观念上起到了重要作用。

爱国主义是华人教育又一个重要的主题。《新国文》第17课有一篇关于“爱国”的文章，文章开头直接切入主题：“国以民立。民以国存。无民则国何由存？无国则民何以庇？故国民必爱国。”不论在语言教学还是历史教学中，中文学校都注重向学生灌输民族主义情感。在《新撰历史教科书》中，将美国的《排华法案》视之为中国近代史上的奇耻大辱。②

（四）中文学校发展的影响因素

当19世纪末中文学校开始在美国建立时，他们仿效中国的教学模式，希望学生能获得与中国同辈们相同的语言和文化水准。然而，美国华人在人力和物力方面都不足以建立一个能与美国教育体制相适应的教学模式，因此中文教育只能成为华人学生在公立学校教育之外的补充。唐人街中文教师和学生的回忆就反映了中文教育发展中存在的问题。

中文教师：她（吉尔伯特的母亲）知道孩子们常向父母抱怨没有自己的课余时间。周内，她每天下午3点30到5点上课，星期六从上午10点到12点30。星期天，礼拜从早8点持续到11点，课程从11点到下午3点。孩子们发牢骚说没有时间玩。他们上完美国学校再上中文学校，然后在洗衣房、饭店和古董店打工，他们还有家庭作业和家务活要做。③

学生：公立学校学习以外，我需要到一个公寓打扫厨房或者做一个小时的家务。然后，我回到家里吃晚饭。饭后，从下午5点到8点在中文学校学习。之后，回到家庭或洗衣服、或做些打扫房间的家务方能休息。④

第一，中文学校教学时间短，教师的自述中上课时间合计17小时，学生自述中如以每周7天每天3小时计算也不过21小时。如以国内每天8小

① 周南京主编：《华侨华人百科全书历史卷》，中国华侨出版社2002年版，第266页。

② 同上书，第267页。

③ 泗丽莎：《百年金山——我的美籍华人家族奋斗史》，广西师范大学出版社2010年版，第287页。

④ Iris Chang. *The Chinese In America*. New York: Penguin Books, 2003, 182.

时，每周5天计算，合计40小时，中文学校授课时间约等于国内学校授课时间之半。第二次世界大战时，因人力短缺、师资困难，旧金山中文学校教学时间缩短至十小时。其他华埠的学校效尤，学生程度因而低落。

第二，中文学习对华人子弟也并非易事。早期华人移民家庭中，中文的使用程度较高，这个问题还不是特别突出，但是土生华人学习中文就较为困难了。“我记得我曾花了不少时间学习那枯燥无味的汉语课本，但不论我多么努力，总是记不住。我记不清为什么我学别国语言时非常机灵，而对为了保持自尊必须学会的中文却其笨如牛。”①

第三，从教学对象来看中文学校面对的是华人子弟。许多华人儿童在接受完正规教育之后再到中文学校学习，尽管中文学校的授课时间短，但是对许多华人子女来说，特别是小生产者家庭的子女，课余要完成公立学校的课业，还忙于赚钱补贴家用或照顾家庭生意，再接受额外的中文教育实在是一种负担，怪不得“孩子们常向父母抱怨没有自己的课余时间”。

从社会环境来看，早期华人教育活动主要受到美国种族歧视的影响以及中国民主主义的兴起和高涨。中文学校的兴办是华人为应对认同危机的一种抗争，也是传承传统文化、寄托爱国之情的一种必然选择。但是，由于长期以来主流社会对华人的歧视以及对华人负面的宣传，导致了华人青年在美国没有出路，更让华人子女愈加排斥“无用”的中文教育。②

四、文化学习与文化认同

海外华人是中华民族的重要组成部分，担负着在海外传承中国传统文化的重任。在美国，不同代际的华人经历了从墨守成规到入乡随俗的文化适应过程，其文化认同也由单一的中华文化取向向多元文化认同转变。

（一）新老移民文化认同的转变

文化认同是人类群体对于文化的倾向性共识与认可，由于各个群体存在于不同的文化体系中，文化认同也因文化的差异而不同，并表现为对各自文化的归属意识。

文化认同是一种“集体无意识”，它具有先赋性和内生性。文化先于每

① 吴景超.:《唐人街：共生与同化》，天津人民出版社1991年版，第175页。

② Iris Chang. *The Chinese In America*. New York:Penguin Books,2003,185.

个具体的个体，并且在每个个体身上很自然地表现出连续性。① 文化认同形成并表现在具体的环境中，它随着人们的物质条件、社会环境和心理状态的变化而改变。美国华人的文化认同基于历史回忆和现实生活的经历，它随着时间的流逝在不断的发生改变，但是又保持着一定的稳定性。

第二次世界大战之前的华人从代际上来说主要分为两类：老移民与土生华人。老移民聚族而居，生活在大城市的唐人街中，他们视自己为中国人。这一代华人移民虽然仍旧尽力认同中国传统文化，但这种认同已在不自觉地发生变异。土生华人自小就在美国出生或幼年来到美国，相比老移民，深受西方教育影响的土生华人从生活方式、家庭关系、思想意识和价值倾向等各方面逐渐脱离了中国传统文化的影响，转而接受美国的传统和习俗，积极地融入主流社会。

（二）华人教育对文化认同的影响

美国华人“在新的环境中能够吸收多少文化，这取决于他们出生和居住的条件，以及年龄和个人的经历”②。在个人的经历中，教育是一个非常重要的因素。特别是在土生华人的成长中，复杂的教育背景、中西方的文化冲突是其文化认同危机的根源。

语言是文化认定中最为重要的指数，是文化最重要的载体。语言的工具属性和文化属性在特定的语境中有可能是分离的，或受到轻重不同的强调。第一代美国华人以中文为主要语言，乡音未改，对于身份的认定就较为容易。从第二代移民开始，中文逐渐退守，使用英语者增多，至第三代以后，英语成为日常与阅读语言，对于他们而言，中文的实用意义降低，而文化象征性增强了。

尽管在20世纪初，仍有很多华人学生把学习中国语言及文化视为谋生的技能，但进入30年代后，在深受公立学校和西式大学教育影响的年轻一代中，美国文化已明显占据优势，英文也已成为更多华人移民的日常用语。有时候公立学校影响是如此之大，它使家庭的影响毫无用处。“居住在波士顿的华人母亲们告诉我，他们的孩子不喜欢讲汉语，甚至当父母用母语和他们讲话时，他们也用英语回答。”③

---

① 杜宪兵：《“恋旧”与“洋化”：纽约唐人街华人的民俗生活与文化认同》，《民俗研究》2009年第1期。

② 宋李瑞芳：《美国华人的历史和现状》，商务印书馆1984年版，第256～258页。

③ 吴景超：《唐人街：共生与同化》，天津人民出版社1991年版，第243页。

第二次世界大战以前，华人社团将很多时间、精力和金钱投入到中文学校之中，以传承民族的传统。但在第二次世界大战爆发前夕，这些学校仍面临着华人本土化不断增长这一艰难的挑战。这是因为华人依旧被视为来自贫弱国度的少数民族而受到歧视，中文不可能取得与西方语言同等的社会地位，因此无法成为美国学校认可的外语，所以很多土生华人仅仅是为了服从家长的意志才到中文学校上学。

土生华人在努力融入主流社会的过程中，因受到阻碍，为表达自己的强烈意愿，也会出现文化认同取向的完全逆转，表现为鄙视华人的文化和价值标准，赞同美国的一切，这就是所谓的认同危机。总之，第二次世界大战前土生华人的文化认同不再是单一取向，西方的教育背景和美国的多元文化氛围促使其本地化的认同趋势日益明显。

当今美国，尽管华文教育的影响与美国主流文化相比处于劣势，但华文教育的力量仍然在不断壮大。随着中国综合国力日益增强，在多元取向的文化认同趋势下，中华文化也在世界范围内广泛传播。越来越多的华人都要求子女通过进入美国当地的华人学校学说中国话，甚至将他们送回祖国亲身体验中国传统文化，中文学校的入学人数也较以往大大增加。新时期的华人教育不再以学习中文为唯一目标，而是更加重视华人子女的全面发展和对中华民族的认同感，就读于中文学校几乎成为所有华人后代的共同经历。

五、结语

第二次世界大战前美国华人移民的教育活动集中于家庭教育和学校教育。华人家庭教育主要受到因排华法影响的华人家庭结构的变迁而变化；中文学校教育则在种族歧视的压力下艰难发展，而随着华人本土化，华人教育又面临着文化认同危机的挑战。

华人教育以民族语言文化的传承、传播为使命，为美国华人社会保存了中国的传统文化，并对华人移民的文化认同起到深远的影响。在战前的华人社会中，除了少数人或固守中国文化，或完全美国化以外，大部分华人介于两者之间。在教育选择上，华人父母将子女的英文教育放在首位，但是通过家庭教育和中文学校教育继承传统文化，维系与中国的文化认同。

根据未来文化认同呈现多元取向的发展趋势，在华人教育和文化传承上我们要一方面坚持华人文化，继承民族的优良传统；另一方面，要适应美国社会，朝着主流社会的发展方向作出调整；此外，还要注重发挥华人教育的文化传播功能。

只有坚持这种文化认同的合理定位，才更有利于海外华人更好地在移入国落地生根；只有通过华人教育这个平台，使中华文化在海外华人中更好地得以传承，也才能更为有力地推动中华文化在世界范围内的广泛传播，也有利于中华文化与世界文化的交流融合。

（作者系华中师范大学教育史专业2009级博士研究生、中南民族大学讲师）

牧口常三郎的人生历程与教育活动

蔡幸福

牧口常三郎所处的时代，正是日本大和文化与西方文化博弈激烈的时代。两种不同文化的碰撞，给生活在这一时代的每一个日本人打下了深深的烙印。牧口常三郎便是日本传统大和文化与新兴西方文化撞击与交融打造的范本。当然，牧口常三郎在从船工之子走向教育大师的历程中，一刻也未曾离过自身对人生的体味和实践。揭开牧口常三郎的坎坷人生，我们可以发现，他那熠熠生辉的智慧、前卫的创价教育理念和为和平而殉身的悲壮事迹至今仍具有启迪意义，值得学术界深入研究。

一、本土文化的浸染

当牧口常三郎于1871年农历六月初六出生时，接抱他的社会环境就是那块饱受大和文化沐浴浸染的土地。

牧口常三郎诞生地日本柏崎县查刈羽郡荒浜村（现新泻县柏崎市荒浜），位于柏崎市的北面，面对日本海，与佐渡岛遥遥相望。当时的荒浜村虽然自然风光非常美丽，但是土地贫瘠，气候恶劣，庄稼难以成活，而且可耕的土地很少，生活在这里的居民日子过得非常困难。

牧口常三郎是船工渡边长松的长子，父亲给他取名叫渡边长七。1877

年，由于生活拮据，长七的父亲长松抛妻别子，前往北海道打工挣钱，自此杳无音信。不久，母亲伊莱改嫁给本村的柴野右卫门，长七由姑姑托利抚养，成为牧口善太夫的养子，此时，长七年方 6 岁。长七是一个听话、机灵、肯动脑筋而且很有孝心的孩子，不仅对善太夫夫妇非常乖顺，而且还经常照顾年迈的爷爷（爷爷住在原来的家里，离养父家很近）。现存的资料中虽然再也没有涉及此后他父母的信息，但我们可以推测到懂事的长七的念父思母之情。

由于生计艰难，这一带的村民最害怕的有两件事：一是政府征兵。因为青壮年男子大都是家庭的支柱，一旦应征，整个家庭生活将更为困窘。二是义务教育。明治政府把教育改革作为"大振皇基"的主要施政纲领之一。"文化开化"既是整个国家的大政方针，同时又是教育改革的指南。在教育改革的一系列举措中，普及初等教育成为首选。然而对于贫困的家长来说，更是期望自己的孩子成为家内劳动的帮手或下地干活的劳动力，所以凡是家境贫寒的儿童，年及六七岁后，多半要帮助父母干力所能及之活，他们或在家照看弟妹、编织草鞋、搓捻绳索，或外出刈草牧牛喂马，有的甚至上山去田助以樵耕之业。另一方面，因国力所限，实施义务教育初期的教育费用仍多由人民负担。此外，"一刀切"式的脱离各地区、各学校实际、脱离学生的学习能力和水平的教学制度和教学计划以及脱离现实生活的教学内容等也都是人民对义务教育产生反感的重要原因。

尽管如此，善良的善太夫夫妇视长七为己出，疼爱有加。加上二人智慧贤良，深知知识的重要，所以在生活极为困难的情况下，还是咬紧牙关送长七读了四年初小。长七时年 7 岁，生性聪明、懂事的长七对养父母的关爱很是感激和珍惜，一有时间就埋头学习，在校则如饥似渴地汲取新知识，遇上在家帮忙不能上学时，就谦虚地邀请上过课的同学去海边，以沙滩为黑板，把当天落下的课程补上。由于学习勤奋刻苦，长七念完四年初小后，深谙读写之妙，被同学们称作"优等生牧口""秀才牧口"。也正是因为长七的向学之心甚笃，所以当他初级小学（当时学制为四年）毕业后为生活所迫辍学在家帮养父干活时，周围的人颇为惋惜。

值得一提的是，在长七读初小期间，正是日本开明政策和保守思想经过磨合渐渐走向妥协的时期，或说是传统大和文化观念经过朝廷中保守斗争而得到复活的时期。众所周知，中日两国一衣带水，交往历史极为久远。在漫长的交往史中，对日本文化最具意义的当数儒家文化的植入。从原生性角度看，儒家文化理所当然属于域外来客，然因其引入的时间久远，儒家文化早已与日本固有的神道文化乳水交融并且与后来的武士道浑然一体，共同组成了日本大和文化的主干。从这个意义上看，儒家文化也就成了日本的本土文化的一部分。而且，儒家文化从它登上日本岛屿的那一刻，也就表现了其强大的生命力支配着日本人的灵魂。长七上初小的四年，也正是儒教思想在明治之初受到短暂冲击而很快得到复活的时期。最重要的表现是1882年颁发的《幼学纲要》。

《幼学纲要》是为了对幼年儿童进行道德教育而编纂的。其内容充分地体现了儒家道德。由此可见，当时朝廷对教育提出的要求是强调传统的道德，而且它以颁赐敕谕和圣旨的形式来表述这种要求的。这不仅是对维新以来不断探索的教育改革加以否定，而且也给以后的"国民道德"教育定了基调。长七伴随着"五经四书"并沐浴着以儒教思想为龙头的大和文化度过了四年初小。这四年对长七来说不仅是难忘而勤学的岁月，更富有意义的是他在这里培植了学习兴趣，懂得了明伦修身之道。

辍学在家的长七虽说在一定程度上缓解了家庭生活的压力，但面对当时外国经济的冲击显然是苍白无力。长期以来荒浜的渔网是用从长冈出产的麻编织而成的。但由于外国便宜耐用棉的大量涌入，网就由麻网变成棉网，村里的渔网生产濒临破产。不过，此前的荒浜村通过渔网交易，与北海道唯一的藩——松前藩来往密切，许多年轻人为了生计都去松前打工赚钱(这在村里叫做"闯松前")。1885年，为谋求出路，也是为了让成绩出众的长七的才华不至于被埋没，善太夫夫妇在村里一些德高望重者的大力支持下，将年仅14岁的长七送到当时正进行大规模开发建设的北海道港口城市小樽，并拜托在北海道的叔父渡边四郎治给予照顾。

在叔父的关照下，长七来到小樽警察署当杂役，帮助倒茶、跑腿、整理文件。没事时，就倚桌看看书。下班后的长七更是争分夺秒地刻苦学习，晚上常常抽空至叔父家附近的寻常高等小学旁听。好学的长七还把不多的薪水都用来买书，而且只要有空闲，就抓紧时间埋头苦读。署员们亲切地称他为"学生杂役"。幸运的是，长七的勤奋和向学之志得到了由小樽郡长兼任的警察署长森长保的赏识。1889年3月，森长保由小樽调往札幌的时候，也让牧口常三郎作为署长家的寄食生(一边在人家帮着干家务事一边学习的学生)一同前往。工读的生活持续了大约两年后，长七向署长展示了超乎期待的成果。他克服了自己只有小学毕业的不利条件，荣幸地考取了北海道普通师范学校(现北海道教育大学的前身)，而且，一进校就被编入三年级。学校采取寄宿制，不仅发制服，每个月还有一些助学金。这对贫寒的长七来说，无疑是雪中送炭。师范学校的学习经历在牧口常三郎的人生道路上占有极为重要的地位，这既是他终生从事教育的起点，也为他后来形成创价教育思想提供了重要契机。

如果说，四年初小为长七打开了大和文化之门，那么四年的师范教育使长七的文化底蕴更为厚实。师范教育是明治政府教育体制中的重点。1880年（明治十三年）制定的《改正教育令》，扩大了府县立的师范学校，从此师范学校的数目骤增。1886年，政府又制定了《师范学校令》，规定：师范学校旨在“培养教员应有的品德和学识”。在师范学校里，要培养学生具有顺良、信爱、威重的气质。这里的“顺良”是针对国家而言，即要做一个忠于国家的标兵；“威重”是针对学生而言，因为他们将来都要为人师表。当时，教育被看成明治政府实现“富国强兵”的基础，而作为教育“母机”的师范教育自然被视为“富国强兵”的先行部队。长七就学的北海道寻常师范学校是在函馆师范学校和札幌师范学校被废除后新建的学校。与日本其他师范学校一样，北海道寻常师范学校受着严格的管制。仅从师范生必学必知的《小学教员须知》和《小学教员任免规则》就可略知一二。《小学教员须知》明确指出：对于教师来说，道德教育比智育更为重要。而且强调要把儒家伦理道德与近代国家的爱国心结合到一起，挂在尊天皇爱王室的旗帜下，要教育学生“忠皇室、爱国家、孝父母、敬长上、信朋友、爱卑幼……”《小学教员任免规则》明文规定：“硕学老儒等有德望者”、“善于教授修身科者，不必经过考试则可授予该学科任用证书，录用为教师”。师范学校的另一个显著特征就是一切军事化，学生们受到严格监督，违反纪律者要遭到严厉制裁。为培养学生的“尊王爱国”思想，让学生具有为振兴国威而献身的体魄和精神，学校时常在夜里进行“紧急集合”一类的演习，早上在走廊整队点名，每天都要高唱军歌，有时还要持枪训练。值得敬佩的是，尽管在这种军队式的生活和国家主义的气氛中接受的师范学校教育无视人的个性，违反教育规律，但长七不仅没有成为法西斯军国主义教育的牺牲品，反而注意吸取大和文化中的有益成分，从正面发扬光大了早年所学的《幼学纲要》中提倡的孝行、忠节、和顺、友爱、信义、勤学、立志、诚实、仁慈、礼让、俭朴、忍耐、廉洁、敏智、刚勇、公平等做人处事的优良品格，走出了狭隘的岛国主义的阴霾，注意到家乡、国家和世界共存共荣的关系，孵化了崇高的国际主义情感。

1893年1月，长七改名为“常三郎”。6月，牧口常三郎在本校附属小学实习（4个月），并担任该校高小一年级女生班班主任。同年，成绩优异的牧口常三郎师范毕业，被分配到附小当训导。师范毕业后，牧口常三郎一边兢兢业业地教书，一边对教育理论和现实问题进行深刻的思考，与此同时也开启了自己的教育职业生涯。

在学习和工作中，牧口常三郎除对本土文化的承纳外，还非常注重对日本文化先贤和大家思想的兼收。在附小当训导之时，长期以来地理学科在教育中受到冷落、教学方法一成不变，且是仍停留在对山川物产死记硬背上的现象让牧口常三郎颇为痛心。所幸的是，当时有些思想敏锐的学者已经结合日本大和本土文化着手对地理学进行研究，其中，地理学家内村鉴三(1861—1930年)和志贺重昂(1863—1927年)获得了突破性的研究成果，而这恰恰成了吸引牧口常三郎从事地理学研究的直接动因。内村鉴三是日本著名的宗教思想家和学者，在近代日本思想史上产生过重大影响。他精通宗教学、生物学、历史学、英文等，同时对地理学有着很深的造诣。牧口常三郎从北海道师范学校毕业后的第二年，即明治二十七年，内村鉴三发表了他的地理学专著《地理学考》(后更名《地人论》)。这部书主要是从世界和谐的角度来探讨日本的位置，主张日本应当成为东西方之间的桥梁。书中所倡导的国际主义精神对牧口常三郎产生了很大的影响。

与《地人论》相继问世的是志贺重昂的《日本风景论》。该书立足于日本对地理学进行了世界范围的思考，将地理学的视野拓展到日本以外的世界，这对牧口常三郎的人生观、自然观和世界观产生了巨大的启迪价值。在取人精华的基础上，牧口常三郎对地理学科教学中存在的有关问题进行了富有成效的探索。与以往陈旧的教法不同，牧口常三郎不仅仅告诉学生哪里是山、哪里是河、哪里出产什么等，而且将地理知识生动化、生活化和生命化，进而着重探讨人与自然的关系，人生与地理的结合等等。对学生来讲，这种教授法特具魅力。在受益于对地理教学的扎实研究的同时，牧口常三郎的创价教育思想也得以孕育。

二、西方文明的洗礼

牧口常三郎虽然没有在外国人开办的教会学校学习的经历，也没有享受过漂洋过海求学他乡的“奢侈”，更没有出色的外语水平，但是他与时俱进，紧贴整个国家扩张而开放的脉搏，借助着博览他人的译作并在外来文化的冲浪中形成了自己独到的人生观和世界观。

牧口常三郎一生经历了明治、大正和昭和三个时代，在明治时代生活了41年。这个时期，正是日本以前所未有的力度和深度走向世界的时期，也是日本文化教育进行首次除旧布新的时期。

在文明开化的风潮中，明治政府对教育制度也进行了种种积极的改革尝试，采取了一系列得力举措，主要有：首先是不惜重金，聘请西方国家的技术专家和教师，以培养本国的科技人才和教师。其次是废除封建教育体制，建立资产阶级的新学制。三是加快普及初等义务教育步伐。由于政府的高度重视，日本仅用了30年的时间就在全国普及了初等义务教育，成为世界教育史上在全国范围内完全实现普及初等义务教育的最早的国家之一，它比英国早4年，比法国早10年。同时就其普及速度而言，也远远超过经过七八十年才在全国范围内真正普及初等义务教育的工业化最早的英国和法国。对日本近代教育发展有着特别意义的是，政府在教师培养方面狠下功夫。除从国外聘请先进教师来日授课、采用导生制的方法，招收已有相当文化基础的青年，通过短期速成养成、从经济上给予吸引外，还派遣了相当数量的人员赴英、法、德、美等国留学，研究各派教育理论。这样整个明治时期就形成了一个相当完善、相当全面的师范教育体制，从而有力地促进了各级各类学校的发展和日本国民思想的解放。牧口常三郎与其他日本国民一样，在其青少年的教育经历中，也自然充分享受着这种吸纳外来文明而形成的成果。从事教职后，牧口常三郎更是博览古今日外书籍，而且深受欧美哲学家、思想家和教育家的影响。特别值得注意的是，牧口常三郎的教育思想与大正时代外来的教育思想以及由此而引发的教育思潮也密不可分。第一次世界大战后，日本的国际交往日益频繁。与此同时，国内民主运动也不断高涨。在这种形势下，欧美各国教育思想陆续传入日本，其中，最盛行的有公民教育思想、实用主义教育思想、自由主义教育思想、人格主义教育思想等。外来的教育思潮对日本教育界有较大影响。作为工作在教学一线的牧口常三郎，对这些外来的教育思想进行了广泛的涉猎。这一点可以从他的作品中引用的人名得到证明。这些人名包括了从柏拉图时代到20世纪初在哲学、教育和社会学领域具有一定影响的一些重要人物。其中，康德和杜威在牧口常三郎思想的形成和发展中起到了举足轻重的作用。

牧口常三郎对康德情有独钟，早在26岁时发表的论文中，“康德”的大名赫然在册，此后，牧口常三郎对康德的著作一直进行潜心研习。直至生命结束前夕，牧口常三郎还在反复体会康德哲学，而且受益至深。从牧口常三郎去世前从狱中寄给家人的最后一张明信片上写着的“反复精读康德哲学”的语句中可以看出，在寒冷狭窄的单人牢房里，牧口常三郎虽然孑然一身，但正是伟大哲学家康德的著作陪伴着他愉快地走完了人生的最后一程。牧口常三郎独创“美·利·善”的价值观是以康德的“真·善·美”为基础，在不断攀登哲学一个又一个高峰中产生的。在一定程度上讲，康德关于"所谓人的价值，'并不是得到了什么'，而是'做了什么'"①的思想便是牧口常三郎创价教育思想的哲学源头。康德一生主张人权至上的思想和永久和平。在他看来，"使人们陷入苦海的，正是人们之间的相互倾轧"，这其中最大的倾轧就是"战争"。康德认为，要启蒙人性思想，使人聪明睿智，关键在于实行教育革命。在他看来，好的教育就是世上一切善产生的土壤和源泉，人如果不加强自身的道德修养，恶就会如影随形、滋生蔓延。只有使民众提高道德水平，才能将社会导入向善的轨道。为此，教育一定要面向世界，培养人的世界公民意识；教育必须进行改革，培养出一批"世界公民"。也只有培养出超越狭隘国家、民族意识的世界公民，才能构筑"永久和平"的基石，而且只有为"善的实现和弘扬"奋斗的人们团结起来，才能实现世界的"永久和平"。康德将"人权"置于政治之上，主张为捍卫人权应建立"诸国家的联合体"，认为由此带来的"永久和平"，就是"政治的至善"。康德的这种教育观和和平观正是牧口常三郎一生致力于创价教育和"大善政治"并为之牺牲生命的精神动力。

如果说康德对牧口常三郎的影响主要是在哲学和政治方面，那么，杜威的现代教育思想，尤其是他提出的尊重儿童个性、重视教育与生活的沟通、注重学校与社会的联系等一系列主张则是牧口常三郎教育思想形成和发展的重要来源。

在日本现代化的进程中，伴随着西方先进文化和教育思想的传入，杜威的教育思想也漂洋过海东进日本，并引起了日本学者的极大兴趣。主要表现在两个方面：其一是杜威的著作开始传入日本并被翻译出版，开始流传；其二是日本学者开始将兴奋点投入到研究杜威的哲学和教育思想上，并出版发表了很多研究成果，国人争相购买和传阅。在这种十分有利的背景下，杜威访日的计划又得以实现，使他有机会亲自到日本访问和讲学，宣传他的民主的、实用主义教育思想，加上新教育运动在日本的发展，使得杜威的实用主义教育思想在20世纪二三十年代的日本产生了更大的影响。虽然从20世纪40年代起到第二次世界大战结束期间，杜威教育思想的影响在日本受到了阻碍，达到了"谷底"，但在第二次世界大战结束后，杜威的教育思想在日本的影响与研究很快得以恢复，并且随着研究的不断深入而逐渐加大，

① 冉毅、曾建平主编：《关爱人性　善待生命——池田大作思想研究》，湖南师范大学出版社2003年版，第176页。

出现了日本学者所说的"杜威勃兴"。

众所周知,没有资料表明杜威在日本两个半月的讲学中牧口常三郎遇到过杜威,也没有如果能遇见他们可能进行交流的说法。相反,种种现象表明,牧口常三郎与杜威之间的个人联系很难。而且,由于语言障碍排除了牧口常三郎与杜威面对面进行双向有效交流的可能性。杜威可能没听说过牧口常三郎。然而,杜威在日本的演讲很快被翻译。作为一位长期从事校长工作、而且善于学习、思想敏锐的牧口常三郎在杜威的思想登上日本岛后,与其他的日本学者一样给予了极大的关注并且深受影响。其实,牧口常三郎与杜威"结缘"已久。早在 1896 年 26 岁的牧口常三郎在《观念类化作用》这篇最初公开发表的论文中,第一次论及杜威。他在引用美国教育学家 Charles De Garmo(1849—1934)的《新式教授术》中,对杜威《心理学》的一段话引起共鸣,进行了引用,并称杜威是费尔巴特主义心理学家。① 牧口常三郎对杜威的生活教育理论有着很高的认同度,他在《创价教育学体系》第 1 卷第 2 篇《教育目的论》第 2 章《作为教育目的的幸福》的开场白中就教育目的与生活的关系进行了透彻的阐述,并明确指出:"教育的目的在于圆满达成文化生活。能够适当表达此含义的语汇,除了'幸福'之外无他。根据数十年的经验和思索,我深信'幸福'是最切实、坦率地表达人们所渴望的人生目的之语汇。换言之,教育是要使受教者获得幸福的生活。教育不是教育人员或父母为了自己的生活欲望而把受教者当作手段,应以受教者本身的生活为教育活动的对象,谋求其幸福。也就是说,受教者的成长发展,必须始终都包含在幸福生活中。"他认为,杜威所说的"'以生活为目的,在生活的情境里,透过生活去达成'这句话,的确是值得我们教育人员深省"②。对此,他自己直至晚年还初衷不改,在 1942 年举行的创价教育学会大会上的发言中依然认为,"生活法不去生活的话是很难理解的。美国实用主义哲学家杜威的生活法就是在生活中通过生活才能理解的。这是铁的真理,不容被怀疑的"③。牧口常三郎对杜威的《学校与社会》和《民主主义与教育》等译著多有研读,而且体会颇深。牧口常三郎在《创价教育学体系》中对杜威所提出的

---

① [日]伊藤贵雄:《牧口常三郎与杜威》,《和谐社会与和谐世界——池田大作思想国际学术研讨会》论文集,华中师范大学、创价大学 2006 年编,第 186 页。

② [日]牧口常三郎著,刘焜辉译:《创价教育学体系》第 1 卷,正因文化事业有限公司 2004 年版,第 153 页。

③ [日]伊藤贵雄:《牧口常三郎与杜威》,《和谐社会与和谐世界——池田大作思想国际学术研讨会》论文集,华中师范大学、创价大学 2006 年编,第 189 页。

教师要高度关注自身的教育方法和态度这一看法进行了充分的肯定:"'改革教育方法更重要的是必须改革态度'……只把教育材料的知识传授,教育自然就能成功的话,这样的时代已经过去了。而且从那样的教育中也承认教育的本质就是知道儿童们获取知识。……可是,我们可以进一步想一想,被委托去指导儿童们获取知识的教育工作者,在他教个别人方法之前,首先自己必须作为考虑教育方法的榜样人。因此,这种研究方法的基点就取决于教师的态度了。这就必须当作省察的问题来对待了。这也是美国教育家杜威在他的著作中所强调的一点。"①此外,牧口常三郎对社会、学校与社会的关系以及民主等诸多方面的看法都可以看到他从杜威教育思想中所吸取的营养。

三、宗教文化的影响

1928年对牧口常三郎来说,是人生的一个转折点。这年6月,已是57岁高龄、担任白金小学校长的牧口常三郎邂逅了日莲正宗的在家信徒、时任目白学校校长三谷素启。三谷素启对《法华经》和日莲的思想很有研究,昭和四年秋,曾出版过《立正安国论精释》。二人一见如故,通过三谷的讲解,牧口常三郎很快同心仪已久的宗教——日莲佛法产生了共鸣,并成为日莲佛法坚定的信徒。从此,牧口常三郎开始了充满艰难险阻的宗教实践。

步入垂暮之年的牧口常三郎选择日莲正宗的原因与日本佛教文化的久远密不可分。公元6世纪初,百济圣明王派使者到日本献金铜佛像等,自此佛教从中国经由百济正式传入日本。经过传入之初朝廷内部以主管军事、刑狱的大连物部氏和主管祭祀的中臣氏为首的豪族反对派和当时主管财政的大臣苏我氏信奉派之争得以立足后,很快便成为日本最大、最有影响的宗教。在其移植和发展过程中,由于受到日本社会政治、经济和文化习俗的制约和影响,形成了自己鲜明的民族特色,正是这种特色导致其对日本国民内心的感化和国家的进步具有伟大的力量。作为一名日本国民,牧口常三郎自然饱受佛教文化的陶冶,而且在对待佛教上,与其他日本人一样,有着更多的亲近感。

此外,牧口常三郎所处的时代背景及其个人遭遇也是他入信佛教的重要原因。

---

① [日]伊藤贵雄:《牧口常三郎与杜威》,《和谐社会与和谐世界——池田大作思想国际学术研讨会》论文集,华中师范大学、创价大学2006年编,第189页。

第一次世界大战以后，日本地主、资产阶级虽然大发横财，但人民生活水平却日趋下降，失业人数增多，社会极度不安。为应付危机，日本统治者对内加强军事法西斯统治，对外扩大侵略，白色恐怖笼罩全国。在牧口常三郎看来，如此混乱反动的时代正是日莲描绘的"末法浊世"。为挽救镰仓时期日本所面临的内忧外患，日莲不仅身体力行，而且写下了大量开启人们智慧、拯救人们心灵的著作，其中，最富有救世思想的是镰仓时期所著的《立正安国论》。在第一次世界大战以来日本所处的黑暗世道里，牧口常三郎和户田城圣同所有进步的日本人士一样苦苦寻求民族的出路，而《立正安国论》就如同一盏黑夜中的明灯，为师徒二人指明了方向。

牧口常三郎是一位刚直不阿、积极进取的教育工作者，在他历任校长的学校里，教学工作有明显的成就。可是他的耿直以及对学生的一视同仁时常开罪于一些当地的权贵，以致经常被排挤和左迁。经济上，牧口常三郎皈依日莲正宗前后已是八个孩子的父亲，一家生活十分拮据。而且，在 1924 到 1928 年短短的四年间，次子善治、四子长志和长子民城相继因病去世。长期以来工作中的种种波折和生活上的种种不幸无疑也是牧口常三郎寻求宗教寄托的又一原因。与牧口常三郎同命相连的户田城圣，此时也与牧口常三郎一样正经历着一生中最不幸的时期。关东大地震之后，户田城圣生了一个女儿，不久便夭折，据说他整整一个晚上抱着爱女的尸体痛哭不已。接着妻子又死于当时最可怕的结核病。户田城圣自己也是重病缠身，终日咳血不止。在这段绝望的日子里，他打算过移民，曾加入过由岛贯兵太夫负责的基督教移民团体力行会，也曾求助过佛祖的保佑。① 可以说，志同道合的牧口常三郎和户田城圣信行日莲教义其初衷便是为了改造这个"恶浊末世"，使之净化为人间佛国。

1930 年，牧口常三郎撰写的《创价教育学体系》第一卷正式出版前夕，为使创价教育学从教育改革的理论真正成为教育改革的实践，牧口常三郎和户田城圣两人组织了"创价教育学会"，牧口常三郎任学会会长，户田城圣任理事长，学会的事务局设在户田城圣创办的时习学馆。从早期学会的《纲领》来看，创价教育学会基本上是一个名副其实的"教育"方面的学会，提倡从教育制度、教育方法、教育者的选拔等角度改造帝国的教育。随着时间的推移和牧口常三郎对日莲佛法信度的加深，牧口常三郎将教育和宗教融为一体，并将宗教定位为他践行创价教育的核心和灵魂。1935 年，牧口常三郎

① 何劲松：《创价学会的理论与实践》，中国社会科学出版社 1995 年版，第 176 页。

在创价教育学会的会员守则中明确提出了学会的目的，即“研究教育学，培养德才兼备的教育者，改造国家教育”。1939年，随着许多家庭主妇和普通职业者的加入，以教育改造为目的的创价教育学会掀起了以宗教革命为基础的生活革新运动。为适应形势发展需要，牧口常三郎提出：《法华经》是一切生活方式革新的指针，教育改革只不过是这场运动的一部分而已。

牧口常三郎自1932年麻布新崛寻常小学宣告停校而退职，永远地离开了他心爱的小学校长的岗位后，便全力投入到普及创价教育学理论和创价教育学会的宗教革命实践之中。为推动教育改革，牧口常三郎在各地作巡回演讲，同时，还积极编辑、宣传学会的机关刊物。从牧口常三郎晚年推行的宗教教育的实践中可以看到，牧口常三郎是虔诚的信仰主义者。自他信仰日莲教义那天起，便自觉地利用日莲的佛教思想指导自己的生活和研究。他确信，教育的指导原理、方法，包括社会改革的方针都必须以佛法为基础。为了更好地以宗祖日莲的法华精神解救现实社会中的各种问题，牧口常三郎刻苦钻研日莲教义。当时东京中野昭伦寺(欢乐寮)每月第二个星期日的下午举办日莲教义讲座，牧口常三郎每场必到。在学习和实践中，他将自己的学说同宗祖日莲的教义结合起来，使日莲正宗在新的时代、新的历史条件下重新找到了出路。伴随着蛰伏活动的步步深入，创价教育学会的性质逐渐从教育研究团体转变为宗教团体。会员除教员外，还有中小工商业者、工薪阶层。① 可以看出，随着时间的推移，学会的活动中心已由初期“教育改造”逐步转变为“宗教革命”。就是说，它的教育色彩渐渐减少，而宗教色彩与日俱增。

特别值得一提而且感人肺腑的是，牧口常三郎晚年为了人类的和平与正义，殉身佛法。此举不仅折射了牧口常三郎感天动地的正气，也反映了他受宗教文化浸染的深度。

1941年3月，日本政府为了全面备战，禁锢进步思想，颁布了新的《治安维持法》，规定：政府可以以大不敬罪取缔合法的宗教团体、组织。同年12月，日本偷袭珍珠港，向美国宣战。为统一思想，政府强迫全体国民祭祀皇大神宫的大麻(神符)，信仰其神道。牧口常三郎坚持自己的宗教信仰，对此表示公开的对抗，并组织大家烧掉了皇大神宫的大麻(神符)，也禁止创价教育学会会员去参拜神社。日本政府为了占领意识形态领域，强行对整个宗教界的各门各派进行整顿。当时软弱的宗教联合会因为害怕政府的镇压与

① 何劲松：《创价学会的理论与实践》，中国社会科学出版社1995年版，第79页。

反动当局同流合污、沆瀣一气，向全体檀林信徒颁布了“原地遥拜皇宫，遥拜伊势神宫”的通告。与日本政府格格不入的是，牧口常三郎将“大善”（和平）作为学会前进的目标。在1941年11月2日召开的创价教育学会第三次大会上作了题为“大善生活的实践”演讲。他呼吁人们，特别是学者和知识分子应当深入到社会实践中去，注意学问和生活的结合，避免那种生活与宗教相隔绝、学问与实践相脱节的现象。由于对军国主义做法的激烈反对，牧口常三郎及创价教育学会被反动当局视为眼中钉、肉中刺。1942年5月，创价学会刊物《创造价值》在创办十个月后被迫停刊。1943年，宗教联合会召集牧口常三郎和户田，向创价教育学会下达“接受神符令”，遭到牧口常三郎斩钉截铁的拒绝。之后，牧口常三郎同军国主义政府和宗教联合会进行了针锋相对的斗争。1943年7月6日清晨，72岁的牧口常三郎在伊豆下田朋友家被逮捕，原因是违反《治安维持法》，拟订罪名是“大不敬”。在监狱中，牧口常三郎始终洋溢着乐观向上的情绪，铮铮铁骨，雄睨反动当局，坚持日莲佛法提倡的永远和平的精神，为人类和平的美好愿景同当时的法西斯政府进行了无畏不屈的斗争，直至1944年11月18日零点因衰老和极度营养失调离开人世。

四、亲身实践的结晶

牧口常三郎在一生中的教育理论与实践中从来就不崇洋媚外，不被他人的言行所束缚，用自己的“脑袋”指挥自己的言行，一切只讲“好不好”、“适不适”，始终着眼于实用，立足于实际，内化后实践，表现了极强的主体性。

这一点早在从牧口常三郎初执教鞭之时所独创的“文型主义”作文指导法中就得到了充分的体现。1892年6月，那是他进入北海道师范学校的第二年。当时该校规定四年级学生必须在附属小学进行四个月的教学实习，牧口常三郎作为一名“教生”，第一次给高等一年级的学生上课。在实习过程中，牧口常三郎注意到原先教学特别是作文教学上的不足之处，于是大胆改革创新，发明了“文型应用主义”作文指导法。实践证明，这种着眼点放在理解文章的基本结构、掌握文章的类型之后师生一起创作、然后再逐步培养学生的独自写作能力的方法深受学生青睐。1913年，牧口常三郎就任东京下谷区（现台东区）的东盛寻常小学校长，兼下谷第一夜校校长。三年后，又被新建的大正寻常小学聘请为第一任校长。在教学实践中他积极推行在北海道师范学校发明的“文型应用主义”教学方法，同时又在学生的习字课上提倡“骨书应用主义”。牧口常三郎在教学方法上的创新为全校教师作了楷模，得到了日本教育教授研究会的赞赏。

牧口常三郎的主体意识还在他的处女作《人生地理学》中得到了充分印证。

牧口常三郎所处的时代正值日本文化与外来文化相互碰撞被迫而又自觉地走上"文明开化"的道路的时期。当时，展现在日本人眼前的新的、未知的世界越来越大，研究、了解这个世界便成了这个时代的迫切需要。过去，日本主要是通过荷兰为媒介接受欧洲文明，自1853年6月3日美国的培理舰队惊破了日本人的"太平之梦"始，锁国体制由此崩溃。随后被迫与美、英、俄、荷诸国缔结了"亲善条约"。在危机意识的驱使下，牧口常三郎等日本有识之士很快自醒并觉察到吸取洋学、研究地理学以达到富国强兵的必要性。可是，让牧口常三郎痛心的是，他那个时代中地理学的发展仍然不尽如人意，长期受到冷落。他特别对当时一成不变的、仍停留在对山川物产死记硬背上的教学方法深表不满。可以说这些感触便是他最初锐意地理研究并撰写《人生地理学》的原因所在。

当然，吸引牧口常三郎从事地理学研究的直接动因是同时代的两位学者内村鉴三和志贺重昂以及他们的著作。内村鉴三（1861—1930年）是日本著名的宗教思想家和学者，是在近代日本思想史上产生过重大影响的人物。他精通宗教学、生物学、历史学、英文等，同时对地理学有着很深的造诣。明治二十七年，内村发表了他的地理学专著《地理学考》（后更名《地人论》）。书中主张日本应当成为东西方之间的桥梁。与《地人论》相继问世的是志贺得昂（1863—1927年）的《日本风景论》。书中，志贺积极地把目光投向日本以外的世界。同内村鉴三的国际主义相比，强烈的民族主义构成了志贺的鲜明特色。他认为，日本尚处在创业时期，确立立国的根本是当务之急，而首要的是必须培养人们"热爱日本国土的观念"。不难看出，这种思想实际上是当时"日本主义"和"国家主义"意识在地理学界的体现。牧口常三郎对内村鉴三和志贺重昂向来极为敬仰，对他们的新作更是敬佩有加。然而，他对二人的思想并不是完全"照单全收"，尤其是对志贺重昂将日本绝对化的民族主义作风进行了大胆的扬弃，对内村鉴三的国际主义精神进行了更多的吸纳。他强调日本人是整个人类中的一员，日本国只是整个世界当中的一个国家。在家乡、国家、世界三者的关系上，他认为，家乡好比就是一个人出生时的产床，日本国就像是自己住的家，世界上其他国家如同是邻居。[1] 这种批判性的学习精神充分体现了牧口常三郎人格中强烈的个性化特征，而且就当时“日本主义”势力日渐抬头、日俄战争激烈的状况来说，极为宝贵。

我们还可以从20世纪初他曾经对日本教育界长期存在的经验派与理论派互不关联的“两张皮”的现象进行的精辟分析和建言中看到其过人的智慧和主见。牧口常三郎指出，全国多数教育实践者大部分部属于经验派，介绍欧美新学说为己任的学者及其共鸣者则属于理论派。从事教育工作的全国教育实践者至少拥有自明治维新以来60多年的经验累积，在实际教育上有很大的势力，倘若能真正加以整合，应该可以成为厚实的教育智慧。可是，令人遗憾的是，它尚未达到以其经验成果所建立的原理去批判、指导教育事业和建立新经验的地步。因此，多数实践者虽然有珍贵的经验，却对于输入欧美学说的理论派无能为力而陷于焦虑、不安。在教育思想方面，理论派的新学说傲然地向经验实践者摆出领导者的独占权威姿态。然而，理论派所着眼的根本，往往是叙述欧美新学说或只停留在介绍而已。乍看之下，他们是用非常深邃的学理去解决实际问题，让只靠经验的实践者倍觉既困难又崇高，引起其注意与困惑。因为只听到理论说明让人觉得很有兴趣，及至要实施其原理时，却脆弱不堪。虽然说明崭新奇特，却与想要排斥的旧有思想并无二致，没有任何胜过传统教育学说的实践措施，反而有画虎类犬之嫌。他认为，用“远水救不了近火”来形容理论派研究影响当代教育界效果之脆弱最为恰当。也正是这种原因，尽管过去80多年来日本的教育学说不断改变，而且是转变迅速，然而这些理论并没有达到足以批判或修正多数经验产物的地步。在牧口常三郎看来，要彻底改变这种现状，必须促使研究着眼点与态度的大转变，换言之，教育实践者不要像过去那样太拘泥于遥远的学者理论，应该从自己每天的经验着手研究，根据经验的归纳所确立的原理去更新下一个经验，摆脱过去盲目焦虑的生活，迈向意识的、目的明确的教育生活领域。他呼吁教育实践者要改变过去望着天上星星前进的危险态度，放弃一直以来依赖海外的态度，而“先注意看脚下”，回到独创之路，去接近独特的境界。他相信，只要反省日常经验，确认成功或失败的迹象，分析其过程，就可能发现珍贵的真理。总之，“不要只依赖学者们在书房中的研究，要综合珍贵的经验去确立原则，在日常工作中验证，把这些原理、原则留给下一代，这是现代教育实践者的重大使命，教育成长，方能由此可期。除非有

---

① 何劲松:《创价学会的理论与实践》,中国社会科学出版社1995年版,第65页。

这种态度,否则真正的教育发展是无法期待的。”①

牧口常三郎并没有停顿在对经验派与理论派的劝告和批评上,而是本着务实开拓的精神,在长期实践的基础上对教育理论进行了构建,进而提出了以“利”“善”“美”为价值观体系基本内容的创价教育理论。正如池田大作在《创价教育学体系》第一卷的序文所言:“创价教育学是牧口常三郎先生多年在学校教育实践中所构思,具有实证的教育方法。和以往观念哲学论所建构、缺乏实证性的教育学迥然不同,是独创性的教育学说。一言以蔽之,它是‘养成创造人生目的价值之人才’的教育学说。”②不难发现,与以往的价值论相区别而且非常具有创意的是,“牧口常三郎的价值论的最大特点是将‘真’——‘真理’从他的价值体系中排除掉,用‘利’来取而代之,并严格地区别了真理和价值的界限。他认为过去人们在研究价值问题时,之所以不能从根本上解决问题,其最主要的原因就是没有能够弄清楚价值和真理的关系问题,以至于混淆了两者的性质界限。”③众所周知,哲学上的价值论一般是以“真”“善”“美”“圣”为其基本的价值内容,而牧口常三郎则排除了其中的“真”,并代之以“利”这样一个独特的价值标准。他还将“利”看作是一切价值的基础,把“利”解释为“对个人整个生命的直接影响的关系力”,即作为评价主体的人的生命延长所依附的关系力。同时,又把“圣”纳入宗教的范畴,并认为“圣”可以为“利”所包容。这本身就是他对“价值论”所做出的富有创造性的价值。在《创价教育体系》一书中,牧口常三郎提出了“从经验出发,以价值为目标,以经济为原理”而建立新教育学的口号,反复论述了创价教育学的基本观点,即“人生就是价值的追求”。人生价值的获得和实现就是幸福。牧口常三郎认为,“教育学是以创价指导为对象,教师创造人格价值为目的之科学,与应用心理学或社会学的研究所得的原则去创造价值是迥然不同的,换言之,以教师的创价作用去研究对象,获得原则,让教育实务者从事创造价值的运作之知识系统”④,创价教育学是在教师所发挥的创价

① [日]牧口常三郎著,刘焜辉译:《创价教育学体系》第1卷,正因文化事业有限公司2004年版,第38页。

② [日]村上专精著,杨曾文译:《日本佛教史纲·总论》,商务印书馆出版1981年版,第5页。

③ 孙穗平、孙耀珠:《价值与创造价值——牧口常三郎〈价值论〉的核心理论》,《河北大学成人教育学院学报》2002年第4期。

④ [日]牧口常三郎著,刘焜辉译:《创价教育学体系》第1卷,正因文化事业有限公司2004年版,第16页。

作用的指导下使教育者发挥“价值创造的作用”的知识系统。教育的作用就是对人生幸福进行指导，就在于“价值创造能力”的丰富。在牧口常三郎看来，教育意味着指导学习者如何使其行为创造更大的价值。教育的原点就是生活，教育所做的一切就在于指导把无意识的、没有价值的和非合理的生活变成有意识的、有价值的生活和合理的生活。在这个过程中，教育无论如何也必须引导那些实施教育者超越个体、超越时间和空间，去探求普遍性法则的认识。总之，牧口常三郎的价值论以“利”代替了“真”，其主要目的是强调价值的创造性，即通过人为的努力改善对象与主体的关系，从而密切对象与主体间的关系，达到价值创造的目的。显然，牧口常三郎的价值论已不仅仅停留在只做理论上的说明，而是积极地将人们引导进社会实践的领域。这个领域就是创价教育的实践领域。① 牧口常三郎的这些见地不仅在当时有着极强的独创性和前瞻性，而且至今仍具有鲜明的时代意义。

回首牧口常三郎一生，让人心潮澎湃。尽管他在生前没有引起当时日本政府和社会的足够重视，但这并没有影响他的价值存在。尤其是牧口常三郎的“利、善、美”为核心的价值观和以人的幸福为教育目的创价教育思想和实践，值得世人推崇和借鉴。

（作者于 2008 年获华中师范大学教育学院教育史专业博士学位）

① 孙穗平、孙耀珠：《价值与创造价值——牧口常三郎〈价值论〉的核心理论》，《河北大学成人教育学院学报》2002 年第 4 期。

五、教育活动史的研究原则、方法与条件

教育活动史研究原则简论

李浩泉　周洪宇

过去我国的教育史学侧重于对人物思想与制度变迁的研究，人物思想研究也仅仅是对教育史上的精英人物进行研究，很少涉及基层人物的生活、学习和活动的具体问题与情景的研究；对教育制度的研究也缺乏对决策的生成过程、在基层的实施情况及其对学校教育的影响等问题的研究。[①] 这主要是由于长期以来教育史学和其他人文社会科学一样都不可避免地受到"理性主义""科学主义"等思潮的影响，尤其直接受到"科学史学"很大影响。"科学史学"强调历史是一种客观真实的存在，只要通过科学的方法，获取客观的事实、证据，"让史料自己说话"，就能揭示历史发展的客观规律。正因为其研究旨趣在于试图发现宏大的历史规律，故这种史观主导下的教育史学研究就必然是宏观研究多，微观研究少；理论研究多，事实研究少；宏大叙事研究多，日常叙事研究少；浅度叙事研究多，深度叙事研究少。

随着社会的发展，人们发现，自己在不知不觉中沦为了科学的奴隶，人的主体性遭到了严重地忽视。同时也认识到，科学也不是万能的，而是一柄

---

① 周洪宇、申国昌：《新世纪中国教育史学的发展趋势》，《华东师范大学学报》（教育科学版）2007 年第 9 期。

"双刃剑"。于是在社会科学的各个领域出现了重大的转型,历史学也不例外。到了20世纪70年代,西方史学在继"传统史学"向"新史学"的转变之后出现了再次的转向,即由"新史学"向被称为"微观史学"的"新新史学"的转向。"新新史学"或"微观史学"的研究旨趣在于历史上的那些具体的、易于观察的、个别的人或事物,是要对微观的个体或事物的具体情况进行深入的考察。强调研究视野的下移,关注的是文化史、生活史、心态史、口述史和个案史等。

我国教育史学界的一些专家、学者也开始就教育史学研究的相关问题积极大胆地探索。强调研究视野的下移,研究视角的转换,研究方法的开新,强调从史学研究的"无人"状态进入到"有人"状态等。丁钢认为从叙事的视角来解读教育历史"其意义不仅在于变迁教育史研究视角与方法,更在于如何把人的活动置于教育史研究的中心地位,并以此强调教育史的历史感知及其人文意蕴"①。于述胜也认为口述史"代表的不只是研究方法的更新,更是历史观的变化,即从历史研究的'无人'状态进入'有人'状态",它意味着"从单纯关注学术思考的结果转向进一步关注学术活动的过程,关注学术与人生的动态关联",意味着"从单纯地关注知识到进一步关注学术研究者的矛盾困惑、情感体验、理想追求、利害权衡……"②周洪宇就教育史学的理论基础、科学体系的重建等方面提出了自己的构想。在此历史背景下,教育活动史研究的提出就成为了一种历史的必然。周洪宇认为,以往教育史学研究对象传统的"两分法"遗漏了"教育史学研究的另外一个甚至更为基础、更为重要的对象,那就是教育活动史。如同教育学不研究人们的教育活动,就无法进行一样,教育史学不研究人们的教育活动史,再怎么研究教育思想史和教育制度史,也缺乏前提和基础,只能是一门'见人不见行'、'见物不见事'的教育史学"。③

教育活动史是教育者和受教育者以各种方式参与教育过程以及互动的历史,是影响人们教育思想和教育制度发展过程的关键性因素。教育活动史"既是教育思想史和教育制度史的起源,又是教育思想史和教育制度史存

① 丁钢:《叙事范式与历史感知:教育史研究的一种方法维度》,《教育研究》2009年第5期。

② 于述胜:《教育口述史漫谈》,《中国教师》2009年第5期。

③ 周洪宇:《对教育史学若干基本问题的看法》,《河北师范大学学报》(教育科学版)2009年第1期。

在的前提和基础,还是连接教育思想史和教育制度史的中介和桥梁”①。教育活动史、教育思想史和教育制度史构成一种倒三角形关系,教育活动史是起源、前提和基础,教育思想史和教育制度史是派生物和结果。没有教育活动史,就没有教育思想史和教育制度史。三者相辅相成,缺一不可。离开了教育活动史,教育思想史和教育制度史有如无源之水,难以维持,有如无桥之岸,无法沟通。

教育活动史研究与以往教育史学倾向于对教育思想与教育制度变迁的研究相比,主要以历史上感性的、实在的、具体的教育活动的发展以及演变历史作为研究对象。它首先表现为教育史学研究范式的转变,同时也为教育史学研究开辟了一个全新的研究领域。对此教育活动史研究除仍然坚持客观性、系统性、创新性以及继承性等原则外,还应该注意以下几个原则:

一、多微观研究,少宏观研究

宏观认识历史主要是从总体上、联系上、多侧面、全方位和发展的角度去对历史进行考察,是以认识历史发展的必然性、规律性和人类历史现象的统一性为目的;而微观认识历史则主要是考察人类历史的局部或个别现象,通过具体历史事件、历史活动的考察,展现历史的多样性和丰富性,阐述历史事实。教育活动史研究是以教育活动而且是具体生动的教育活动为研究对象,因此只能是从微观入手,也即是从历史上曾经发生过的具体生动的教育活动入手。只有这样才能研究出以人为主的、活生生的教育活动史。

比如,要研究学校教育中的教学活动,就可以重点研究教育政策制定活动、官方教育改革活动、学校经费筹集活动、学校日常教学活动、校长日常管理活动、教师日常生活状况、教师选聘考核活动、师生交往互动活动、学生日常学习生活、学生课余生活活动、学生应试活动、学生教学实习活动、学潮学运活动以及学校后勤服务活动等。② 当然,这里强调对教育发展历史上具体、生动的各种教育活动的研究不能是为了研究活动而研究活动,因为我们关注的不是教育活动本身,而关注的是这些活动以及活动主客体“背后的东西”。正如像格尔兹在《文化的解释》中所引用的保罗·里克尔(P. Ricoeur)

---

① 周洪宇:《对教育史学若干基本问题的看法》,《河北师范大学学报》(教育科学版)2009 年第 1 期。

② 周洪宇、申国昌:《教育活动史:视野下移的学术实践》,《教育研究》2010 年第 10 期。

的一段话那样，我们关注的不是"言说这件事，而是对言说的'讲述'；我们根据对言说的'讲述'来理解作为话语目标的意图外化过程；正是由于这个意图外化过程，'言说'要成为'阐述'和'被阐述'。一句话，我们所写作的内容是言说的'思想'，是'内容'是'要旨'。写作确定的是言语事件的意义，而不是事件本身"①。也就是通过历史上发生过的具体教育活动的研究，一方面寻求对历史上发生过的各类教育活动主客体所从事的教育活动的一种理解；另一方面是寻求对历史上发生过的各种教育制度和思想的形成、发展以及衰变的过程的一种理解。

二、多事实研究，少理论研究

事实与理论之间总是存在一种"张力"。这种"张力"的存在很大程度上是由于"求知者"的"求知意志"所造成的。无论是逻辑推演主义的理论话语还是女性主义、后现代主义的话语创新活动都没有能解决"理论"与"事实"之间的"张力"。在逻辑推演主义者，那里这种张力表现为"理论"与"事实"的绝对符合，表现为"证实"或"证伪"。在女性主义、后现代主义者那里这种张力则变为理论与事实之间的"有限表达"，也即理论不可能描述所有人的生存体验。前者的紧张来源于事先在内心假定有一种完美如数学般的人文思想与语言，它能用来发现、表达社会事实的真理。后者的紧张来源于不舍得放弃自己的"记忆"，以一种"空灵"的心态走入生活世界，然后让生活世界里的思想与语言来填补自己的"空灵"。就是维护话语自由的"相对主义"以及试图再现逻辑推演力量的"整合主义"都未能消除这种理论与事实之间的紧张。因为他们的目的都仍然是放在理论建构上。只不过"相对主义"者是将个人对世界的看法、感受和诉求提升为某种主义、理论，而"整合主义"是试图吸收各种理论的基础上，勾勒出一种能够解释世界整体的理论构架。因此，只要是围着理论打转，就无暇"走入事实"。②

这给教育活动史研究的直接启示，就是要多具体生动的事实研究，少抽象概括的理论研究。这里的事实就是指教育发展历史上的具体生动的教育活动，因此教育活动史研究不宜过于追求建构理论、发现宏观规律，才有可能真正走进事实，深入到教育发展历史上发生过的具体生动的教育活动之中。

---

① [美]克利福德·格尔兹著，纳日碧力戈等译：《文化的解释》，上海人民出版社1999年版，第25页。

② 丁钢：《教育研究的叙事转向》，《现代大学教育》2008年第1期。

三、多日常叙事研究，少宏大叙事研究

在古代中国文字中，“叙”与“序”是相通的，故叙事常常称为“序事”。《周礼·春官宗伯·职丧》中说：“职丧掌诸侯之丧，及卿大夫、士凡有爵者之丧，其尽禁令，序其事。”这里的“序其事”就是讲的安排丧礼事宜的先后秩序。同书的《乐师》一节又说：“乐师掌国学之政，以教国子小舞。……凡乐掌其序事，治其乐政。”唐代贾公彦疏：“掌其叙事者，谓陈列乐器及作之次第，皆序之，使不错缪。”这里改“序事”为“叙事”，既讲了陈列乐器的空间次序，又讲了演奏音乐的时间顺序。此时所谓“序事”，表示的乃是礼乐仪式上的安排，非今日特指的讲故事，但已经考虑到时间和空间上的位置和顺序了。[①] 到后来，叙事才有了今天的含义，即“叙事就是作者通过讲故事的方式把人生经验的本质和意义传示给他人”[②]。

而教育活动史研究就是把历史上发生过的教育活动或者说一个个鲜活、生动的故事重新描述出来、讲述出来，因此叙事的方式刚好符合教育活动史研究的这一特点。当然这里的叙事并非指传统的宏大叙事。因为宏大叙事(grand narrative)就像一个网眼太大的筛子，会筛选掉大量最精彩的历史细节，由于它“将一切人类历史视为一部历史、在连贯意义上将过去和将来统一起来”，因此它必然是“一种神话的结构。它也必然是一种政治结构，一种历史的希望或恐惧的投影，这使得一种可争论的世界观权威化。”[③]它同全面性、普遍性、共性、合法性以及宏观规律、实证、权威、现代化、整合、个人魅力、结构和一以贯之的主题等概念密切相关。教育活动史研究如果继续采用宏大叙事的方式，就只能仍以追求所谓的“历史发展的客观规律”为目的，或把自己的研究视角放在一定时期、乃至一定时代的所谓共同特征、共同行为上，这就又会是“目中无人”的教育史，是一门“见人不见行”“见物不见事”的教育史学。

日常叙事是通过对个体日常生活经验、日常生活活动进行想象性表达的一种叙事形态，它通过讲故事的方式讲述日常生活经历、经验来展示人生的内容和发展趋势，来揭示日常生活的意义和价值。它与多元性、差异性、

---

① 杨义：《中国叙事学》，人民出版社 1997 年版，第 10～17 页。

② [美]浦安迪：《中国叙事学》，北京大学出版社 1995 年版，第 7～8 页。

③ Dorothy Ross. Grand Narrative in American Historical Writing: From Romance to Uncertainty. *The American Historical Review*, 1995, 653.

特殊性以及细节、分析、解构等概念相关。同时由于“个体是构成社会总体的分子，个体的日常生活是个体通向社会外界的通道，个体的命运常常能折射出时代的变迁和历史的风云，因为个体的日常生活接近常态的人生，更能反映出现实生活的真实状况，因而更具有普遍性和真实性”①。将日常叙事运用于教育活动史研究之中，是今后教育史研究的一种重要趋势。当然，在运用时要注重很好地吸收和借鉴中国传统叙事的以下方法与特点，即以各部分非同质性、非同位性以及部分之间存在的联结性或对比性的关系，形成结构张力；以视角的流动贯通形成整体性思维特点以及依靠对话和行动，并借助有意味的表象的选择，在暗示和联想中把意义蕴涵于其间。② 只有这样研究出的教育活动史才可能是真正鲜活的、充满生命力的、能从中“闻到人肉味”的教育史。

四、多深度描述研究，少浅度描述研究

深度描述(thick description)原本是人类学、民族志领域的研究方法。格尔兹在《文化的解释》一书中多次使用了这一概念，有时又称之为“刻画”。格尔兹认为，深度描述是对“现实——此时或彼地具体的人说了什么；他们做了什么；他们遇到什么”的描述。它“在于努力从一去不复返的场合抢救对这种话语的‘言说’，把它固定在阅读形式中”。③ 邓金认为，深度描述能将“行为背后的意图和意义揭示出来”，能让读者“身临其境地体会其所描述的经历与事件”。深度描述“绝不仅仅只是记录人物的所作所为，而是去详细描述情境、情感以及人际交往的社会关系网络，它必须能将其所描述的东西活生生地呈现出来，从而唤醒人们的情感与内心感受。它将历史插入经历，以求能将交往情境中的个体的经历意义及其发展顺序揭示出来。在深度描述中，交往个体的声音、情感、行动与意义不仅能被人‘听到’，而且能被人‘看见’”④。而浅度描述则不涉及细节，只是简单地报道事实或所发生的现象。

比如，对中国历史上“楚人围顿”这一历史事实，在《春秋》只记载了“秋，

---

① 董文桃：《论日常生活叙事》，《江汉论坛》2007年第11期。

② 丁钢：《叙事范式与历史感知：教育史研究的一种方法维度》，《教育研究》2009年第5期。

③ [美]克利福德·格尔兹著，日碧力戈等译：《文化的解释》，上海人民出版社1999年版，第22页。

④ [美]诺曼·K.邓金著，周勇译：《解释性交往行动主义：个人经历的叙事、倾听与理解》，重庆大学出版社2004年版，第105～125页。

楚人围顿,纳顿子于顿”的这样一句话,而在《左传》中却作了如下记载:[1]

> 秋,秦、晋伐若。楚斗克、屈御寇以申、息之师戍商密。秦人过析隈,入而系舆人以围,昏而傅焉。宵,坎血加书,伪与子仪、子边盟者。人惧曰:“秦取析矣,戍人反矣。”乃降秦师。秦师囚申公子仪、息公子边以归。楚令尹子玉追秦师,弗及。遂围陈,纳顿子于顿。

我们可以看出,《春秋》只是把“楚人围顿”这样一个历史事实作了一般地记载,故属于典型的浅度描述,而《左传》则注意利用了叙事所具有的优势,把这段史实的前因后果,尤其是发生、发展的过程进行了详细的叙述,这就属于深度描述。邓金(同时)指出,在社会科学领域中浅度描述随处可见。比如,相关参数、图标、变量、结构模式、统计表以及各种社会指标都是属于浅度描述。在质性研究中,研究者对自己所要描述或解释的代码、内容只是做简单地说明便草草了事也是属于浅度描述。他还认为浅度描述与所使用的词语类型存在很大的相关性。比如在浅度描述中研究者通常是使用一些抽象的远离生活经验的学术用语来代替生动的、贴近生活经验的概念和术语。[2] 由此可以看出,要将教育发展史上丰富多彩的、处于流动中的教育活动生动、鲜活地呈现在读者面前就必须多深度描述研究,尽量避免浅度描述研究,只有这样,才能改变传统教育史学“目中无人”的弊端,才不会导致历史记忆的“缺失”。

总之,教育活动史研究作为教育史学研究的一种崭新的范式和全新的研究领域,要对研究的目的、对象、内容、方法、途径以及原则等理论问题重新进行深入的思考。其中的研究原则除仍然坚持客观性、系统性、创新性以及继承性等原则外,还要注意下面几个原则:多微观研究,少宏观研究;多具体事实研究,少抽象理论研究;多日常叙事研究,少宏大叙事研究;多深度描述研究,少浅度描述研究。只有这样,才能使教育活动史从根本上有别于传统的教育史,才能使教育史学成为一门真正“见人又见行”“见物又见事”的教育史学。

(李浩泉系华中师范大学教育史专业2009级博士研究生,周洪宇系华中师范大学教育学院教授、博士生导师)

---

① 丁海琴:《中国史传叙事研究》,国际文化出版公司2002年版,第96页。

② [美]诺曼·K.邓金著,周勇译:《解释性交往行动主义:个人经历的叙事、倾听与理解》,重庆大学出版社2004年版,第105～125页。

论教育史学跨学科研究的必要性和可能性

郭　娅

一、跨学科研究的一般问题

（一）什么是跨学科研究

“跨学科”一词最早出现于20世纪20年代的美国，当时美国社会科学研究理事会提出“跨学科”这一概念的主要职能是发展涉及两个或两个以上学会的研究。美国哥伦比亚大学著名的心理学家R. S. 伍德沃思（Robert Sessions Woodworth，1869—1962）是最早公开使用“跨学科”这一概念的。1926年，他在社会科学研究理事会上指出：“理事会是几个学科的集合，要努力促进不止一个学科进行的研究；除理事会外，其他组织都无法担负起组织开展跨学科协作或研究的责任。”①但这以后，“跨学科”的说法并没有被普遍使用。直到1930年，美国社会科学研究理事会在一份有关理事会的目标的声明中，才正式使用了“跨学科的活动”的说法。1937年《新韦氏大学词典》和《牛津英语词典补本》首次收入“跨学科”一词。到20世纪50年代，“跨学科”才被社会科学界普遍使用。就字面而言，跨学科表示的是“跨介于传统

① 刘仲林主编：《跨学科学导论》，浙江教育出版社1990年版，第19页。

学科之间或跨出传统学科之外”的含义。就学术含义而言，通常所说的“跨学科”至少包含或引申出三个不同层次的含义[①]：(1) 打破学科壁垒，把不同学科理论或方法有机地融为一体的研究或教育活动，即对那些处于典型学科之间的问题的一种研究。这一基本含义的两大支柱领域是跨学科科研和跨学科教育。(2) 指包括众多的跨学科学科（交叉学科）在内的学科群，即“跨学科”是所有具有交叉（跨学科）特点的学科的总称。(3) 指一门以研究跨学科的规律和方法为基本内容的高层次学科。我们这里引用“跨学科”这一概念，更多地取跨学科研究的基本含义。

对于什么是跨学科研究，目前学术界还没有统一的认识。第一个给跨学科研究下定义的是瑞士著名心理学家皮亚杰，他在1970年第一次国际交叉学科会议（即尼斯会议）论文集中提出：“人们可能希望学科关系出现更高阶段的更替，这个阶段可以称为跨学科阶段（transdisciplinaire），到此阶段，人们不再满足于学科间的交互影响而已。人们在整体系统内部致力于搜寻互相关联性，而不再考虑学科边界的稳定性。”[②]按照皮亚杰定义，跨学科研究应该是以超越或跨越旧的学科划界为特点的，跨学科研究相对旧的或传统的学科而言，是一个前所未有的新阶段。与此同时，皮亚杰和奥地利学者埃里克·詹奇还把“跨学科”与“多学科”（multidisciplinarity）以及“超学科”（transdisciplinaruty）相区别，认为：“多学科”是低层次的、利用多门学科的知识进行研究；“跨学科”是中等层次的、多学科间的相互作用、相互补充的合作研究；“超学科”则是高层次的、不存在学科界限的统一研究。

然而皮亚杰的这个定义，并没有被学术界广泛认同，在皮亚杰之后，又出现了其他几种对跨学科研究的概括。

(1) 尼斯会议的定义。尼斯会议组织者“采纳的是以综合性为内涵的定义”。他们认为：“跨学科研究是通过全面和跨越学科的综合以求超越狭隘学科世界观的研究。系统论、结构主义、社会生物学等被看成典型范例。”[③]

(2) 尼克莱斯奇的定义。尼氏认为：“跨学科性知识为新型有机知识（new’invivi’knowledge），并称这是对跨学科知识本质的揭示，它建立在三个公设之上：在自然和自然知识中，实在（reality）有不同的层次，与此相应，知

---

① 刘仲林主编：《跨学科学导论》，浙江教育出版社1990年版，第20～21页。

② 张岂之、谢阳举：《哲学与跨学科研究》，《西安交通大学学报》（社会科学版）2004年第3期。

③ 金吾伦主编：《跨学科研究引论》，中央编译出版社1997年版，第16～17页。

觉也有不同层次;从一种实在层次穿越到另一种实在层次靠内涵逻辑的中词为媒介;实在和知觉层次的整体性结构是复杂的结构,每个层次的存在依赖于所有层次的同时性存在。"①

(3) 耶格尔和谢林格尔的定义,"认为为了将跨学科研究与交叉或多学科研究区别开来,可以在两种组成上定义跨学科研究。首先,跨学科研究的科学问题来源于真实世界,可是又不适于或不可能靠个别学科或平行方法能解决得了的。比如环境问题,又比如对抗非典那种传染病。其次,跨学科研究有四个步骤,即:从真实世界中的问题进入到科学理解和主要问题的辨析;根据恰当定义的互相关系将问题分解为子问题;充分自由地运用各种方法于子问题,所谓方法的跨学科使用;合成子问题的答案达到整个问题的解决。他们还指出跨学科研究不是学科研究的边缘工作或副业。"②

(4) CIRET 的定义。国际跨学科研究中心的定义之要点"是突出了跨学科研究的特质,即以复杂性科学为基础的世界观,知识的层次性和统一性,新型知识生产方式,跨学科研究是超越学科界限的等"③。

(5) 西方学者 G. 伯杰在 OECD 出版的《跨学科——大学的教学和科研问题》文集中作过这样的解释,认为"跨学科是两门或两门以上学科之间紧密的和明显的相互作用,包括从思想的简单交流到学术观点、方法、程序、认识、术语和各种数据的相互整合,以及在一个相当大的领域内组织的教育研究"④。

(6) 美国学者朱丽·汤普森·克莱恩(Julie Thompson Klein)在《跨学科:历史、理论和方法》中更明确地指出:"在本世纪,跨学科被定义成一种方法论,是一个概念,是一个过程,是一种思考方式,是一种哲学,以及是一种反思的意识形态……在通常情况下,我用跨学科一体化互换等形容词来表达融合不同观点的设想或渴望。"⑤

上述各种定义,反映了近三十年来对跨科学研究类型理解的加深和变化。虽然其强调的侧重点不同,但是我们从中可以看到,跨学科研究是随着学科的出现和发展而出现的一种必然趋势。就跨学科研究过程而言,"跨学科"不是简单的学科交叉,而是在学科交叉基础上整合研究,从本质上来说,

---

① 金吾伦主编:《跨学科研究引论》,中央编译出版社 1997 年版,第 16～17 页。

② 同上。

③ 同上。

④ 同上书,第 46 页。

⑤ 转引自崔少元《从女权主义到后女权主义》,中国期刊网。

跨学科研究不仅仅强调学科的交叉研究，更多强调的是一种从学术观点、研究方法和程序以及认识、术语和各种数据的相互整合。就“学科”与“跨学科”关系而言，“学科”是社会知识发展到一定阶段的产物，正是由于“学科”的出现，才使得科学研究得以深入，但是当分科而治的学科发展到与其相关学科相互脱离时，这种过分专门化使得各科研究的范围日益狭小，也使科学进步的步伐放慢时，跨学科研究也就成为必然。从这个意义上而言，“学科”更准确地说是专门学科是跨学科研究产生的前提，没有专门学科的出现，也就无所谓跨学科，而跨学科研究是学科进一步发展和丰富的基本途径。

（二）交叉学科、多学科研究与跨学科研究

交叉学科、多学科研究与跨学科研究是学术界讨论最多的话题之一，然而，对交叉学科、多学科研究以及跨学科研究的内涵的理解以及它们之间的相互关系，目前国内学术界还有许多争议。有人认为交叉学科研究等同于跨学科研究，也有人认为跨学科研究就是多学科研究。造成这种认识差异的关键，在于没有从根本上弄清交叉学科、多学科研究和跨学科研究等概念内涵的区别及其它们之间的相互关系。因此，要真正了解跨学科研究的实质，更好地进行跨学科研究，就必须对这几个概念加以区分。

对“交叉科学”的解释有许多种。归纳起来主要有以下三种主要观点，第一种观点认为，新学科、新兴学科、边缘学科、横向学科、横断学科就是“交叉科学”，对于这一类“交叉科学”的解释又可分为以下三种不同的表述：“(1) 具有明显的交叉性和边缘性，是在某些传统学科的交叉点和边缘部分重合的基础上产生、发展起来的，或称为交叉学科或称为边缘学科。(2) 就新学科而言，已形成分支学科、交叉学科、边缘学科、综合学科、横断学科、新层学科和比较学科的类型。(3) 由于科学发展出现了明显的饱和现象，而在这种情况下，人类强大的科学能力又不能弃置不用，于是就发生了一系列交叉学科(边缘学科、综合学科、横断学科)。”第二种观点认为，“交叉科学”是一种学科群，对这种学科群的表述又有三种：“(1) 交叉学科是覆盖众多学科的新兴学科群，它包括边缘学科、横断学科、综合学科、软学科、比较学科和超学科共六种类型，是所有交叉学科的总称。(2) 所谓交叉学科，是指由不同学科、领域或部门之间相互作用，彼此融合形成的一类学科。(3) 交叉学科，从本质上来说，乃是在社会科学和自然科学之间的宽阔的交叉地带出现的包括边缘学科、横断学科、综合学科在内的新生学科群落。”第三种观点认为，“交叉学科是一种跨学科性的协作攻关和跨学科研究性的科学实践活动”，这种观点对交叉学科的表述分为四种：“(1) 凡是突破一个专门学科的原有界限，研究内容或研究方法涉及两门学科以上的这种研究领域都可归纳到交叉科学名下。(2) 交叉学科是对跨学科规律、方法、趋势的总体研究。(3) 交叉学科不仅是一个理论的概念，它也是，或者首先是一种实践活动，是不断修正学科概念、原理、界线和界面的组织活动。(4) 交叉学科是指具有不同学科背景的专家所从事的联合的、协调的、始终一致的研究。"①

从以上三种表述中，我们可以清楚地看到，"交叉学科"有多义性和歧义性，学术界在使用这一概念时，不仅存在一定的混乱现象，同时也混淆了"跨学科"与"交叉学科"两个概念之间的区别。因此有必要对"交叉学科"这一概念给出一个相对统一和科学的定义。

现实中，人们对某一概念的界定，往往会从广义和狭义两个方面加以界定，从广义的角度看"交叉学科"，它是对一大类具有交叉性特点的学科群的整体指称。从整体上而言，它既包括较低层次的交叉学科，也包括较高层次的综合学科、横断学科，并与它们构成属种关系。但是作为广义上的"交叉学科"概念本来就不具有确定性，它既不足以解释它所包容的综合学科和横断学科，又与下属的一个种概念狭义的"交叉学科"的名称相混淆，因此用广义的"交叉学科"概念，很难把握"交叉学科"这一概念的本质特征。

一些著名科学家在论述交叉学科时，倾向于对它作狭义的约束性表述。如钱学森提出"什么叫交叉学科？我认为，所谓交叉学科是指自然科学和社会科学相互交叉地带生长出的一系列新生学科。"②钱学森对交叉科学的界定，旨在倡导加强自然科学和社会科学的联盟，为我们指明了加强交叉学科建设的主攻方向。但是，仅把交叉学科解释为自然科学与社会科学的结合，未免有些局限。因为现代科学发展中学科间的相互交叉渗透已经很普遍，其中自然科学与社会科学间的交叉虽然是发展的主流，但是也不能排斥两大科学内部各学科及分支学科间的相互渗透和多渠道、多层次的交叉。因此笔者认为"交叉学科"应特指交叉性学科，即在两门或两门以上学科交叉渗透基础上发展起来的一大类不同层次的学科或学科群。它主要包括以下几个层面的内容：(1) 狭义交叉学科，即"两门学科在其结合部通过交叉渗透，或用一门学科的原理或方法解决另一门学科的研究对象问题所产生和发展起来的学科"。如政治社会学、历史社会学、教育社会学、教育经济学等，当然也包括自然科学与社会科学在下属部门和技术科学层次上的交叉

① 朱桂龙、毛家杰、杨永福：《刍议跨学科研究的界定》，《科学研究》1998 年第 3 期。
② 钱学森：《交叉科学：理论和研究的展望》，《光明日报》1985 年 5 月 17 日。

渗透,如教育技术学等。(2) 综合学科,主要是指“多门学科相互渗透融汇,在共同研究某些新问题或复杂的客体中,集中运用多门学科的理论和方法而形成的新兴交叉学科”。如传播学、领导科学和软科学等。(3) 横断学科,是指“以各门学科的某些共同特点、各种运动形式间的内在联系和共同规律为研究对象的新兴交叉学科”。[①] 如社会控制论、人口控制论、认知心理学都属于此类。从以上三种交叉学科的类型上看,它们之间既有交叉性这一共同的特征,又在生成模式、交叉范围与跨度、简单与复杂、分化与综合等方面表现出不同特征和等级层次上的差别,尽管如此,这些不同等级层次上的交叉学科最终都是指向具体的一类学科或学科群的。至于交叉学科研究,则更多地是指形成狭义交叉学科、综合学科和横断学科的实践过程,这一过程的最终落脚点是交叉学科的形成。

对于多学科研究,可以从两个方面来理解:一方面从学科研究对象的划分来看,多学科研究主要是指以不同的学科视角研究同一自然现象或社会现象的情况。这种情况的出现,主要是随着新学科的不断出现和学科的进一步细化,同一自然或社会现象成为了不同学科的研究对象,于是对于同一学科中的自然或社会现象,就会有多种不同学科的研究视角。这种研究视角的出现,并非是出于对某种社会或自然现象的关注,而是在其学科的发展过程中涉及与某一学科中的某一自然与社会现象相关的问题时,才涉及此学科中的某些问题。如社会学中有关社会阶层流动因素的分析,是将教育作为主要影响因素来对高等教育进行分析的;再如,经济学中关于人力资本理论的解释和研究中对高等教育的分析研究,是出于对经济学人力资本理论的关注,而不是对高等教育问题本身的关注,其研究成果的最终表现形式大多也是以经济学成果出现的。由于采用了不同的视角进行研究,这一层面上的多学科研究成果相对同一学科对同一问题的研究成果要丰富些,同时不少学科的某些理论成果也能较快地为人们所接受,但是这些学科的主要目的是用对高等教育现象的解释、说明来论证它们各自学科的理论,在这里高等教育只是其各自学科理论研究的一个有力的例证,在这种多学科研究中,高等教育始终是配角,而非主角。

另一方面,从方法论意义上的多学科研究来看,多学科研究主要关注的是“对现有方法的核心部分与理论基础的反思、对它不合理性的发现、对新

① 张明根:《交叉学科、跨学科研究及其启示》,《国际关系学院学报》1994 年第 2 期。

的方法结构的构建，进而使方法总体发生突破性的变化”①。这里的多学科研究更多地是方法论意义上的，它主要强调的是借用其他学科的研究视角和思维方式，站在本学科的立场上研究学科的现象和相关问题，在把握学科具体现象特殊性的基础上运用其他学科的研究视角、思维方式，“而不是直接照搬别的学科的理论、概念及其从发现问题到检验结论所需的顺序与规范”②。

“跨学科研究”，在西方学术界通常被称为“整合研究”。西方学者提倡科际整合研究的立论前提是西方分析理性，针对的是由于学科壁垒所造成的现代社会科学技术的高度分化使得单一学科和单一的思维方法对一些理论和实践中的重大问题难以回答或难以解决的现实，在这种形势下，跨学科研究的理论与方法应运而生。这种跨学科研究关注的重点在于打破各学科各自为战的状态，要求“一切思考必须出自于科学的态度和有赖于多种科学的合作；强调语言和科学的统一化；强调知识和经验的相互验证；强调语言及其逻辑之间的整合；强调哲学对人文、社会、科学的统整”③。这种取向对科学研究持一种整体性的认识，但它本身并不是否定传统的分科治学，而是在传统分科治学基础上进行跨越学科界域的科学研究。

这种跨学科研究从性质上看，既不是一种简单的学科间的交叉，也不是单纯的用不同学科的视角关照某一学科中的某些问题，更不是一种简单的学科间的研究方法的采借，而应该是一种新的研究范式，这种新范式主要诉求“是方法论上有所发展，突破学科壁垒，化解文、理科界限”④。跨学科研究虽然与交叉学科、多学科研究有着密切的联系，如交叉学科研究必须具有跨学科性，同时跨学科研究也必须有多学科的参与，然而，跨学科研究与交叉学科和多学科研究并不是完全等同的研究。这种不同点主要表现在以下几个方面：

首先，交叉学科实质上是跨学科研究的结果。因为任何交叉学科研究活动，必须是跨学科性的活动，当科学研究一旦跨越学科之间的传统界域后，则必不可少地发生交叉，而交叉学科在跨学科域或学科际域中如果形成了相应的新范型、专业规范和学科语言，就产生了新的学科，即交叉学科。

---

① 叶澜：《教育研究方法论初探》，上海教育出版社1999年版，第13页。

② 李海芹：《多学科研究与高等教育理论的形成和发展》，《高等教育研究》2004年第6期。

③ 孟卫青：《教育研究的跨学科取向》，《教育评论》2003年第2期。

④ 同上。

从这个意义上而言，交叉学科是跨学科研究的结果。

其次，就交叉学科和跨学科研究所指称的对象而言，"'交叉科学'这一称谓含义明确，不管二维交叉，还是多维交叉，最终都体现有交叉点，有明确具体的学科所指"①。而跨学科并不是指具体学科，它更多意义上指的是一种研究趋向或研究范式，在这种研究范式中，必须将参与的各个学科的学理融合成一套新的原理、原则。

最后，跨学科研究与多学科研究是不同层次的研究。瑞士心理学家皮亚杰和奥地利学者J.詹奇认为"跨学科"与"多学科"是有区别的，"'多学科'是低层次的，利用多门学科的知识进行研究；'跨学科'是中层次的、多门学科间相互作用，相互补充的合作研究"②。虽然在跨学科研究的实施过程中，会有多学科的参与，也会出现不同程度的学科交叉，但是它不只是强调对同一学科中的现象或问题从不同的角度或侧面进行介入，而是要求参与其中的各个学科根据自身学科的概念、构架、研究方法提出对问题的特定看法，并在此基础上形成一个多维视角的研究范式。

（三）范式转换与跨学科研究的关系

"范式"(paradigm)最早是由美国学者托马斯·库恩(Thomas S. Kuhn，1922—1996)提出的术语，原意是语法中的词尾变化，库恩借用此术语来表示范例、模式、模型等，同时也用这一术语表示包括范例等在内的重大科学成就和某一科学共同体成员共有的一整套规定和科学共同体的共有信念。库恩认为，范式有两重主要含义："一个是总体意义上的，可称之专业母体(disciplinary matrix)，包括科学共同体的一切共有的信念；另一个则是把其中一种特别重要的信念抽出来，构成前者的一个子集，称之为范例。"③根据英国语言学家玛格丽特·马斯特曼对库恩《科学革命结构》中范式概念的分析，库恩在该文中使用的21种范式，概括起来主要由三个部分组成："(1)科学概括(包括定律、理论等)、模型、范例部分。它们是根据科学史上重大的科学成就来确定的。如果一个科学成就能把一些坚定的拥护者吸引过来，而且能够为这些重新组合起来的科学工作者留下各种有待解决的问题，则可能成为范式。(2)社会—心理部分，指各种对科学发展产生影响的社会—

① 邢润川：《关于交叉科学研究中的几个问题》，《高等学校文科学报文摘》1994年第11卷第3期。

② 金吾伦主编：《跨学科研究引论》，中央编译出版社1997年版，第45～46页。

③ 陈方：《库恩的"范式"与夏皮尔的"背景信息"的比较》，《华南师范大学学报》(社会科学版)1997年第2期。

心理因素,包括历史、经济、文化、民族传统和社会心理部分等,特别是科学共同体的社会和心理特征。(3) 形而上学部分,这是范式的核心,包括某些基本原则、科学信念乃至世界观等。"①库恩认为,每一科学共同体都有自己特有的科学范式,以区别于其他的科学集团,科学的进步必须依靠范式的变更来实现。在库恩看来,范式在科学发展中起着十分重要的作用。范式的形成,标志着从原始科学到成熟科学的重要转折。在常规科学中,范式决定科学的各个方面,科学共同体在范式框架内从事高度定向的解难题活动,这些活动标志着科学的进步;当旧范式面临反常和危机,为新范式所取代时,便导致科学革命,科学革命标志着科学发展的又一重大转折,标志着科学共同体以一种全新方式看待世界,同时意味着新的常规科学的到来。由此可见,库恩提出"范式"概念的真正用意并不在于范式本身,而在于强调范式转换在科学革命中的作用。

在库恩看来,"科学革命"的实质,一言以蔽之,就是"范式转换"。它主要是指在科学研究过程中,由于人们在广泛接受的科学范式里发现了现有理论解决不了的"例外",尝试用竞争性的理论取而代之,进而排挤掉"不可通约"的原有范式的过程。库恩认为:"一种范式通过革命向另一种范式的过渡,便是成熟科学通常的发展模式。"②因为"在科学史上的前范式时期之后,在所有同化新理论和几乎所有同化新现象的过程中,事实上都必然要求摧毁旧范式,并发生不同的科学思想学派间的彼此竞争和冲突。"③而新范式一经形成,对于科学的发展便具有决定性的作用。在心理上,范式是科学共同体所共有的信念;在理论方法上,范式是科学共同体共有的模型和框架。"它是某一科学家集团在某一专业或学科中所具有的共同信念,这种信念规定了他们的共同的基本理论、观点和方法,为它们提供了共同的理论模型和解决问题的框架,从而形成该专业或学科的一种共同传统,并为该专业或学科的发展规定了方向。"④库恩的这种"范式转换"的意义主要表现在两个方面,一是对社会科学中某些规范性认识的质疑,即对"那些为各种模式和理

① 陈方:《库恩的"范式"与夏皮尔的"背景信息"的比较》,《华南师范大学学报》(社会科学版)1997 年第 2 期。

② [美]托马斯·库恩:《科学革命的结构》,北京大学出版社 2003 年版,第 11 页。

③ 同上书,第 88 页。

④ 陈方:《库恩的"范式"与夏皮尔的"背景信息"的比较》,《华南师范大学学报》(社会科学版)1997 年第 2 期。

论,包括对立的模式和理论,所共同承认的,已成为不言自明的信念”[①]的质疑,构成了范式转换的前提,也是学术发展的动力。二是“范式转换”“打开了我们的历史思维空间,从更加宽广的视角去观察和解释历史,从而使我们观察历史的视角日趋多元化,对历史本身的认识也愈见丰富多彩,逐步更逼近历史的真实”[②]。尽管“自然科学”的范式与“社会科学”的范式有所区别,后者较之前者可能会具有更大的主观色彩,但这并不能否定“社会科学”的范式中仍存在哲学意义上的否定或扬弃基础上的“范式转换”,而这种范式转化也正是社会科学认识不断走向进步和深入的机制。

比较范式转换与跨学科研究的关系,我们可以清楚地看到,虽然不能说范式转换完全等同于跨学科研究,但是两者却存在着密切的关系。首先,科学危机是跨学科研究和范式转换产生的前提。库恩在《科学革命的结构》中明确指出:“有时,一个应该用已知规则和程序加以解决的常规问题,科学共同体内最杰出的成员们做了反复的研究以后,仍未能按预期方式运行,由此而揭示出一种反常,虽经一再努力,仍不能与共同体预期相一致。通过这些方式和其他方式,常规科学一再地误入迷津。到了这种时候,即到了科学团体不再能回避破坏科学实践现有传统的反常时期,就开始了非常规的研究,最终导致科学共同体做出一系列新的承诺,建立一个科学实践的新基础。这乃是一个非常规时期,其间科学共同体的专业承诺发生了转移,这些非常规时期在本文中称之为科学革命。……其中的每一次革命都迫使科学共同体抛弃一种盛极一时的科学理论,而赞成另一种与之不相容的理论。……而且每一次革命也改变了科学的思维方式。”[③]从库恩的论述中可以清楚地看到,科学危机是范式转换的前提,解决危机的主要途径是通过科学革命。

同样,由于科学技术的高度分化同时又高度综合的特点,在科学发展中,任何理论上和实践上所出现的重大问题都不是单一学科和单一的思维方式所能解决和回答的。从科学发展的历史看,西方的科学研究一直沿着分科治学的途径发展着,尤其是18世纪以来,日益精细化和逻辑严谨的科学文化形态使得科学研究的范围日益狭窄,同时也使科学进步的步伐逐步放慢,结果造成科学工作成效本身成为问题,引起了科学研究工作的反思。在

① [美]黄宗智:《中国经济史中的悖论现象与当前的规范认识危机》,《史学理论研究》1993年第1期。

② 马敏:《如何理解史学研究中的“范式转换”》,《北京行政学院学报》2002年第2期。

③ [美]托马斯·库恩:《科学革命的结构》,北京大学出版社2003年版,第5页。

这种情况下,西方的一些学者发出了"如果我们不能建立一套共同的解释,一套共同的传统和一套共同的语言,我们就要毁灭"①的呐喊。正是在这种背景下,西方学者率先开始了跨学科研究的尝试。他们认为,对于许多重大的理论和实践问题,只有在多种学科的高度综合和多种方法的综合运用中,才能得到圆满的回答和彻底的解决。这就要求人们在科学研究中要从对个别事物的研究过渡到对系统的研究;从单值的研究向多值的研究过渡,从单目标函数研究向结构的研究过渡;从单方向的研究向矩阵和网络研究过渡,这种跨学科研究的理论与方法既是理论的产物,又是实践的产物,同时也代表了一种全新的学科观念和创造性的结构形式与思维方式。由此可见,不论是跨学科研究,还是范式转换,都是以科学研究中出现的科学或学科危机为前提的,科学危机的产生必然引起科学革命,而科学革命的结果又不可避免地引起范式转换。

其次,跨学科研究与范式转换在认识论上有着相似的内部机制和取向。让·皮亚杰(Jean Piaget, 1896—1980)在《跨学科研究的一般问题与共同机制方法论》中提出:"跨学科研究可能源于两种思考,一种思考涉及结构或共同机制,另一种则与共同方法有关。"②这里的结构或共同机制主要是指"科学知识间的相互联系。由于这种联系要通过人的科学研究活动才能得以体现",因此跨学科研究又特指"研究主体根据学科间的内在联系,创造开发跨学科知识产品的科学研究活动"。③ 这种活动具有以下三个方面的特点,一是普遍联系性,即跨学科研究产生与发展的历史表明,科学与自然界一样,其内部具有普遍性联系,而这种普遍联系及其作用和运动转化,是跨学科研究产生和发展的客观基础;二是方向性,即跨学科研究的产生并非主观臆断,而是由科学研究中跨学科问题的存在及解决而引导产生的;三是团体性,即跨学科研究必然涉及多个学科,因此跨学科研究不可能离开多学科人员的共同参与与协作,也就是说必须形成科学共同体,跨学科研究才有可能进行。"跨学科研究的真正目标是通过实际上在于建构性重组的交换来达

---

① 孟卫青:《教育研究的跨学科取向》,《教育评论》2003年第2期。

② [瑞士]让·皮亚杰著,蔡槐鑫译:《跨学科研究的一般问题与共同机制方法论》,《当代学术通观》(社会科学卷)上海人民出版社2004年版,第431页。

③ 朱桂龙、毛家杰、杨永福:《刍议跨学科研究的界定》,《科学学研究》1998年第3期。

到对各个知识领域作改造或重新组织"①，即"它融合了不同学科的范式，推动了以往被专业学科所忽视的领域的研究，打破了专业化的垄断现象；增加了各学科之间的交流，形成了许多新的学科；创造了以'问题解决'(problem-solving)研究为中心的研究模式，推动了许多重要实践问题的解决"②。由此决定了跨学科研究的发展趋向是通过不同学术思想间的碰撞、互补、衔接，构建起一个融合多个学科理论的全新体系。

范式转换主要源于"科学共同体中某一小部分人逐渐感觉到：他们无法利用现有范式有效地探究自然界的某一方面，而以前范式在这方面的研究中是起引导作用的。在政治发展和科学发展中，那种能导致危机的机能失灵的感觉都是造成革命的先决条件"③。在库恩看来，在科学革命中，有三种现象可以引发新理论："第一类是那些现存范式已妥为解释的现象，但它们很少成为科学家创建新理论的动机和出发点。……第二类现象是指那些其本质已为现有范式所表明，但其细节的理解却有待范式完善的现象，它们是科学家常规研究的对象。但是这种研究的目的，在于完善现有范式，而非发明新范式。只有当这种完善工作失败后，科学家才会遭遇第三类现象，即公认的反常现象，其特征是无法被现有范式同化。只有这类现象才会促成新理论的发明。"④笔者以为，在库恩的范式转换理论中，只有第三类现象才能称为真正意义上的科学革命。因为"在科学史上的前范式时期之后，在所有同化新理论和几乎所有同化新现象的过程中，事实上都必然要求摧毁旧范式，并发生不同的科学思想学派间的彼此竞争和冲突"⑤。由此可见，跨学科研究在强调对学科结构和共同机制思考的层面上与范式转换有着极为相似之处。

综上所述，我们可以看出，跨学科研究与范式转换有着一定的内在联系，尽管我们不能说跨学科研究完全等同于范式转换，也不能妄言任何范式转换都是跨学科的，但是，不论是跨学科研究还是范式转换都是以科学或学科危机为前提的，而科学或学科危机的必然趋势是引起跨学科研究或是范

---

① [瑞士]让·皮亚杰著，蔡槐鑫译：《跨学科研究的一般问题与共同机制方法论》，《当代学术通观》(社会科学卷)上海人民出版社 2004 年版，第 475 页。

② 金吾伦主编：《跨学科研究引论》，前言，中央编译出版社 1997 年版。

③ [美]托马斯·库恩：《科学革命的结构》，北京大学出版社 2003 年版，第 85 页。

④ 马敏：《如何理解史学研究中的"范式转换"》，《北京行政学院学报》2002 年第 2 期。

⑤ 同上。

式转换。跨学科研究的结果是将不断拓展新的研究领域，引导、促进新兴学科的孕育发展，并在此基础上形成新的理论、方法和新的科学共同体，因此，虽然范式转换不一定要通过跨学科研究，但是跨学科研究的结果从一定程度上会引起范式转换。

二、教育史学跨学科研究的内涵

教育史学的跨学科研究，是指跨越教育史学学科之间的传统界域，将其他学科的概念、理论和方法运用于教育史学研究或面对共同问题由教育史学参与的各学科协作的整合研究。具体而言，主要包括三个层面的渗透和融合：

第一个层面，是教育史学与其他相关学科在理论层次上的渗透与结合。这种渗透与结合主要包括教育史学与相关学科从思想的简单交流到学术观点、程序、认识、术语和各种数据的相互整合，具体而言应该是教育史学科与其他相关学科如教育学、历史学、社会学、心理学、文化学、经济学、统计学等学科之间的互惠吸引，并在此基础上创造开发教育史学跨学科知识产品的科学研究活动。教育史学的跨学科研究解决的应该是该领域与其相关学科的理论有共性的有关问题，同时还必须对教育史学研究对象进行系统的、整体的考虑，并在此基础上形成一整套具有普遍意义的理论体系，从而满足教育史学学科基础结构具体化的需要。实际上，这个意义已经远远超过了单纯方便研究工作的意义，因为人文科学在进行跨学科研究时，"各门人文科学并非只是简单地维护所有跨学科关系，而是将它们自己纳入最终囊括所有科学的一个循环或一个一般网络之中"，而"所有的创新的倾向实际上都想把边界沿纵深向后撤，而沿横向向度则对它们提出疑问。所以，跨学科研究的真正目标是通过实际上在于建构性重组的交换来达到对各个知识领域作改造或重新组织"。[①] 而这种建构性重组或改造重组，从根本上而言是教育史学理论层面的整合研究。

第二个层面，是教育史学与相关学科在经验层面上的渗透和融合。当前的社会实践已经形成了一个体系，在这个体系中，任何重大社会实践问题的解决，都离不开学科之间的综合。在人类社会的发展过程中，不仅自然科学、技术科学变成了现实直接的生产力，教育活动也直接或间接地参与到生

---

① [瑞士]让·皮亚杰著，蔡槐鑫译：《跨学科研究的一般问题与共同机制方法论》，《当代学术通观》(社会科学卷)，上海人民出版社 2004 年版，第 475 页。

产力发展变革的过程当中，担当起重要的角色和任务。在这样的背景下，当今科学的发展表现出的极为明显的特征就是研究课题的高度综合性和多学科性质，这就需要参与其中的各门学科，不仅要在学科理论层面上进行渗透和结合，同时也要求参与其中的各学科在经验层面上的渗透与结合。教育史学跨学科研究在经验层面上的渗透与结合，主要表现为社会实践中提出了一类与教育史学相关的综合性问题，要通过运用综合的知识和多种的方法和手段加以研究，在此基础上形成一类知识的共同体，并在知识共同体的基础上再发展分化出一些新的学科的过程。

第三个层面，是教育史学与相关学科在方法论层面上的渗透与融合。就跨学科研究方法的发展趋向而言，主要表现为以下几个方面的特点：一是数学方法广泛向自然科学、社会科学一切部门渗透；二是自然科学中产生的实验理论方法，包括假设、模拟、思想实验等已成为社会科学和技术科学所广泛采用的方法；三是形成一类综合性的学科，这类综合性学科本身具有一般方法论的特点；四是在综合运用自然科学、社会科学、技术科学的各种知识和方法去解决当代综合性问题的过程中，还形成并继续发展着现代科学所特有的综合性方法和综合性评价原则。[①] 教育史学的跨学科研究在方法论层面上的渗透和融合，主要是指应用一门或几门学科的研究方法去研究原属于教育史学科的对象，这就使得不同学科的研究方法和研究对象有机地结合起来。教育史学跨学科研究在方法论层面的渗透和融合主要是通过方法的移植、方法的渗透和方法的融合三个途径来实现的。

综上所述，教育史学的跨学科研究应该是教育史学与其相关学科之间渗透和结合的产物。这种跨学科研究应该是多层次、多视角、全方位的综合性研究。在这一研究过程中，跨学科研究不仅体现在研究方式方面的转换，还有思维方式、研究范式的转换。因此这种跨学科研究对于取得高质量的研究成果是至关重要的，不但能够提高科学研究的效率，而且可以保证研究成果具有广泛的应用性和科学性。

三、教育史学进行跨学科研究的必要性和可能性

教育史学科从19世纪产生以来，已经蹒跚走过了漫长的历史，经几代人的不懈努力和探索，教育史学取得了令人瞩目的成绩，但是，我们也应该看到，与其他学科比较而言，教育史学在当代社会剧烈变革的转型时期还面临

① 参见金吾伦主编《跨学科研究引论》，中央编译出版社1997年版，第22～23页。

着巨大的发展困难与危机。造成这种危机的原因是多方面的,其中一个主要的原因是教育史学本身不够开放的心态和意识,由此造成了教育史学在长期的发展过程中相对封闭的研究状态。这种状态如果持续下去,无疑会对教育史学的发展产生致命的影响,因此教育史学的跨学科研究是历史发展的必然趋势。

首先,从历史发展的纵向看,教育史学的跨学科研究是科学本质的必然表现。这可以从两个层面来理解:

从宏观的历史发展的角度看,人类是在自然界和社会中生存和发展的,在长期的历史发展过程中,人们必须要科学地认识和改造自然和社会,才能更好地生存与发展,这就不可避免地产生了揭示自然规律的自然科学和探究社会发展规律的社会科学。自然科学研究对象是自然世界,社会科学研究对象是人类社会。尽管这两类对象不同的研究似乎分野分明,但是它们都是客观物质世界及其运动形式。物质世界本质上是同一的,物质世界的运动之间也存在着无穷的天然联系,探讨事物的本质和联系,正是科学研究最根本的使命。从这个意义上而言,教育史学作为人类社会科学的重要组成部分,它的发展、运动与物质世界的运动同样存在着无穷的联系,因此教育史学的跨学科研究是科学本质的必然表现。

从学科历史发展过程来看,科学的发展大体经历了综合、分化、再综合三个历史阶段。在古代,由于生产力水平低下,人们的活动范围的相对狭小,导致了人类认识的局限,科学尚处在一个朦胧的综合时期,当时的许多科学巨匠往往在没有学科边界的领域中纵横驰骋。从15世纪下半叶开始,随着生产力的巨大发展和人类认识能力的提高,科学得到了系统和全面地发展。在人们从不同角度和侧面分门别类研究客观世界的基础上,科学也开始从综合走向分化。特别是到了19世纪上半叶,科学的分化达到了相当精细的程度,不仅形成了丰富的学科门类,而且形成了一种日趋精细化和逻辑严谨的科学文化形态。这种文化形态反映在学科发展上则表现为科学越来越专门化,由此导致了两个方面的结果,一是这种专门化和具有逻辑严密分科的研究给西方科学带来了客观的成就;另一方面过分的专门化往往又损害了处于现实完整过程中的认识,从主观上造成了人们对世界和复杂的社会问题的狭隘认识方式,从而阻碍了科学的发展。

20世纪中叶以来,由于新的实验技术和巨大而精密的观察工具的产生,人类的视野在微观和宏观两方面都不断扩大,一方面使得科学的分化越来越细,另一方面,“由于人类日益深刻地认识了物质世界和各门学科的相互联系和相互转化的丰富内容，传统学科界限不断被打破，边缘学科、横断学科、综合性学科等交叉学科大量兴起，科学在高度分化的基础上实现了新的综合，而且综合的趋势越来越占主导地位”①。就方法论思潮的发展更替而言，“分析与综合相辅相成，浑然一体的知识体系要向精细专门方向深入，一定程度的分化必定带来相应程度的统一。科学研究领域学科高度分化与专门化必然产生相应的整体化与跨学科化。……这乃是科学思维自身发展的内在要求”②。因为现代科学分化的形式与第一次完全不同，主要表现为在从前各自独立的数门基础学科之间正在形成许多新的学科。这些新学科的出现，正是多门学科交叉、融合基础上的又一次分化。“这种分化过程似乎表明：在分化过程中新兴的科学和学科，不但不会引起和加强科学知识分化为彼此之间各自独立的部分，反而会导致各门科学知识因内部多方面的结合而成为一体，这就是所谓科学的分化将最终导致科学的一体化的观点。”③现代社会科学的分化与整合趋势的形成原因，主要在于各门学科本身不仅概括了客观事物的特殊矛盾性和特殊规律性，同时也概括了客观事物的一般矛盾性和一般规律性。教育史学与其他任何一门学科一样，都应该是个性与共性的统一。这就决定了教育史学与其他学科之间具有彼此相似、相连、相互吸引、相互交叉、相互渗透、相互重叠和相互包涵的性质，这些性质决定了教育史学的发展趋向是相互融合和相互整合的。辩证地看，“学科的分化是向更深更广的整化过渡，而更深更广的整化既决定了新的分化可能性，又规定了新的分化形式”④。从这个意义上说，教育史学的跨学科研究是科学或学科发展的必然。

其次，从教育史学科发展的现状看，教育史学科相对封闭的研究倾向导致了教育史学危机和学科发展的迟缓的状况，决定了教育史跨学科研究的必然性。

综观中外教育史学科发展的过程，我们可以清楚地看到，虽然教育史学科在各国的发展经历不尽相同，取得的成果也各有差异，但是，不论是西方还是中国的教育史学界，不论是在中国还是在外国的教育史研究中，都或多或少地存在着危机。这些危机不仅表现为教育史学科研究队伍的萎缩、研

① 刘仲林主编：《跨学科学导论》，浙江教育出版社 1990 年版，第 11 页。

② 金吾伦主编：《跨学科研究引论》，中央编译出版社 1997 年版，第 42 页。

③ 王新荣：《当代世界跨学科研究》，载《软科学研究》1989 年第 2 期。

④ 刘翠兰、张二芳：《从系统辩证的整体观看跨学科研究的必然性》，载《山西科技》1996 年第 2 期。

究人员结构失调和研究工作的失范[①],表现为"教育史研究者普遍注重'述而不作',注经疏义,长于铺陈,拙于分析,陈陈相因,人云亦云,缺乏创新,缺少个性"[②]等,也表现为教育史学科"远离当代学科发展、远离教育理论发展、远离教育改革实践发展,'为教育史而教育史'的封闭保守的研究倾向"[③]。究其原因,除了宏观上社会环境的变迁和价值观的变化所造成的对应用、实用、功利、利益的普遍追求,对基础学科研究重视程度下降以及科研环境的变化外,更主要的在于教育史学科本身的研究存在着严重的自我封闭的弊病。由于实行学术分科,不同专业之间逐渐形成了壁垒,而这种壁垒又反过来进一步强化了学科的封闭,其结果是从事不同专业研究的人员之间很难进行实质性的交流和沟通,使相当一些专业和学科必然处于封闭的状态。正如有的学者指出,"外国教育史学科研究的封闭不仅表现在它很少自觉地吸取人文社会科学的研究成果(在过去,它曾经非常注重从世界通史和政治史吸取营养,而近来连这一点也做得很少),而且表现在它甚至基本忽略与教育学科其他分支学科的交流。这样做的唯一结果就是,学科研究故步自封、墨守成规"[④]。这不仅是外国教育史学科研究中存在的严重问题,同样也是中国教育史学科研究中的一个通病。这种状况继续下去,只能使教育史学科研究危机不断加深,最终导致教育史学科的自生自灭。因此教育史学研究要走出学科藩篱,寻找到一片新的天空,就必须通过跨学科研究这一条途径,才能开启更广阔的研究视野,进行更科学的问题研究,也才能使教育史学科更好地为现实服务。

通过以上的分析,我们可以清楚地看到,教育史学科的跨学科研究不仅是学科发展客观规律的必然反映,同时也是教育史学科走出困境的必然选择。但是我们在庆幸为教育史学走出困境和危机找到出路的同时,还应该冷静地分析一下教育史学进行跨学科研究的可能性。

美国著名学者约翰·布罗克曼(John Brockman)在他的《第三种文化》中明确指出:"世界是复杂的这一事实是本质性的,而非偶然巧合,这个世界

---

① 张斌贤:《全面危机中的外国教育史学科研究》,载《高等师范教育研究》2000年第4期。

② 周洪宇:《教育史研究改革管抒》,载《教育评论》1991年第2期。

③ 张传燧:《〈教育史学〉的反思与重构》,载《华东师范大学学报》(教育科学版)2001年第3期。

④ 张斌贤:《全面危机中的外国教育史学科研究》,载《高等师范教育研究》2000年第4期。

有着数不尽的不同事物和现象。最终，在这个复杂的自我组织的世界上，事物的所有特性都是相关的。”①正是因为这种“相关性”的存在，才使跨学科研究的实施具备了可能的前提。

首先，物质世界的统一性和转化性，为教育史学的跨学科研究奠定了理论基础。

作为人类认识对象的物质世界是一个统一的整体，而在这个统一的整体中，物质形态是丰富多彩的。同时，各种不同的物质形态并不是孤立地存在，而是依一定的尺度、质量、能量和运动形式等区分为不同的层次，形成不同的系统。然而这些不同的层次系统不是孤立的和僵化不变的，它们共同处在一个有机的统一体中，相互联系、相互作用和相互转化。不同层次间的物质以多种形式相互联系着，“任何一个层次，都是上有更高层次统摄，下有更深层次隶属。每个层次无论在时间序列上，还是空间广延上，都只是物质世界的一个‘关节点’”②。各个层次之间不仅相互联系、相互统摄，而且纵横交错，各自根据自身的规律形成推移过渡的环节，由此自然界呈现出层次结构的整体性特点。这种整体性决定了“以探索自然奥秘为己任的科学也不能被割裂在一个个封闭的学科的小格子里，必然要根据探索的需要，冲破小格子的限制，上下求索，形成跨学科研究”③。

物质世界中不同层次间除了具有整体性特点外，还存在着各层次之间相互转化的可能性。恩格斯说：“正如一个运动形式是从另一个运动形式中发展出来一样，这些形式的反映，即各种不同的科学，也必然是一个从另一个中产生出来。”④因为学科是依据物质层次不同来进行分类的，而物质不同层次的相互转化，也必然带来学科与学科间的过渡和转化。从自然界由各种基本粒子演化成复杂的元素，再进一步合成化合物分子，再到分子凝聚成物体和非生命物质演化成生命物质的历史过程中，我们可以清楚地看到，自然界是一个由低层次向高层次不断演化的过程，“这种演化过程像一根红线，把不同学科的分领域、分段研究串联起来，使不同学科发生广泛的相互影响和相互作用”⑤。与自然科学相类似，人类社会的整体性、统一性、进化性和转化型，也为社会科学的跨学科研究提供了重要的契机。这种契机相

① [美]约翰·布罗克曼著，吕芳译：《第三种文化》，引言，海南出版社 2003 年版。

② 刘仲林主编：《跨学科学导论》，浙江教育出版社 1990 年版，第 101～102 页。

③ 同上书，第 102 页。

④ 恩格斯著，于光远译编：《自然辩证法》，人民出版社 1984 年版。

⑤ 刘仲林主编：《跨学科学导论》，浙江教育出版社 1990 年版，第 103 页。

对自然科学而言表现得更为突出，因为社会科学重要的核心元素是人，这就决定了社会科学的所有研究都是以人为中心展开的，而人本身就是集生理的、心理的、政治的、科学的、文化的、经济的、伦理的诸种因素于一身，社会正是由这些复杂的人为要素所构成的，在这个复杂的社会系统中，各种因素相互作用、相互影响，其本身就呈现出跨学科的天性。因此自然科学和社会科学的复杂性、统一性以及相互转化性，为教育史学的跨学科研究奠定了理论基础。

其次，现代科学聚散共生的特征及其复杂性特点，为教育史学的跨学科研究提供了前提。

20世纪60年代以后，一方面，随着先进试验技术和精密观察工具的出现，人类对客观物质世界和主观思维领域的认识不断深入，从而使科学分化呈现出日益细化的趋势，并在此基础上形成了包含数以千计的学科门类在内的庞大知识体系；另一方面，“由于客观世界与各门学科间相互联系和相互转化的复杂性、科研方法的多样性以及科研目的综合性，人类逐渐认识到，依靠单一的学科知识体系，无法更深入揭示研究对象的本质特征，学科间的交叉、渗透和综合成为一种新的必然趋势。这种情况决定了很多重大的理论和现实课题必然具备跨学科特征，解决这些综合性复杂问题不能仅仅依靠传统的科学研究模式，而必须从不同的学科领域，运用不同的科学理论进行跨学科研究才能实现”①。因为科学的发散为跨学科研究提供了多角度、多学科的视野，而科学的聚合又为跨学研究寻找到了具体的实现途径，从这个意义上而言，现代科学聚散共生的发展趋势是教育史学跨学科研究的必要前提。

最后，教育史学本身所具有的交叉学科性质，为教育史学进行跨学科研究提供了现实条件。

美国学者布里克曼(W. W. Brickman)认为：“教育史在学科性质上具有双重特性。由于教育史首先是应师范教育之需而出现的，因此在实践中，它首先被看做教育学的历史组成部分而成为教育学的一门分支学科的。但在理论上教育史则是历史学的一个分支学科，它与母科学的关系犹如教会史、经济史、科学史、音乐史与母科学的关系一样。”②正是教育史学的双重学科

① 李春景、刘仲林：《跨学科研究规律的实证分析》，载《科学技术与辩证法》2004年第2期。

② 许建美：《布里克曼教育史学观述评》，载《教育史研究》2001年第1期。

性质，决定了教育史学研究不仅与教育学存在着相互作用的关系，同样也不可能完全脱离历史学而特立独行。在教育学的各个分支学科中，教育史与教育原理或教育哲学有着最为密切的关系。通过对教育史的研究，我们不仅可以鉴古通今，而且通过对教育理论的把握，也可以使教育史学研究能在历史与现实的结合中更好地为现实服务。同样，处于教育学与历史学交叉地带的教育史，既从属于社会科学中的教育学，又具有人文学科的鲜明特点。教育史学与历史学之间存在的天生割舍不掉的“母子”情结，决定了教育史学与历史学进行跨学科研究的必然性。19 世纪以前，教育史学是从属于历史学的。19 世纪后期，随着学校教育以及师范教育的发展，教育史才从历史学中独立出来，成为一门相对独立的学科。在此之后，教育史研究主要以制度化教育尤其是学制、学校教材以及教法的发展史为研究对象，而日益脱离了历史学的主流，这种状况引起了许多历史学家的不满。到 20 世纪中期，随着历史学日益社会科学化，美国许多历史学家开始“对于美国历史学家不研究美国教育史，而美国教育史研究脱离历史学主流，尤其是脱离社会史和心智史研究新潮流的状况提出了批评”①。20 世纪 80 年代以后，跨学科研究成了众多史学家广泛使用的基本方法，在这种情形之下，要求教育史学研究工作者必须与世界史学主要潮流对话，不断增强学科发展的后劲，并为新的教育史学理论学科体系的建立奠定良好的基础。在这一方面，马克斯·韦伯已为我们树立了榜样。马克斯·韦伯在分析中国的士大夫阶层时，就从美学、语言学、文学、伦理学、教育学和社会学等角度，考察了这个等级的形成、特点和功能。仅从教育学理论出发，他就探讨了教育方针、任务、对象、内容、机构、设施、师资、初等、中等、高等教育及考试等方面的内容，这种考察不仅别开生面，提出了许多新问题，而且所获得的研究结论，也刷新了前人已有的认识。从这个意义上而言，教育史的交叉学科性质，决定了教育史学研究“不仅受制于教育学的知识体系，而且，还应该努力吸收、运用历史学的学科规范”②。“任何社会科学都不是一个独立的、封闭的、具有逻辑上完整理论体系的部门……一切社会科学都处在成长和试验的状态中。”③教育史学的交叉学科性质决定了它的发展既要不断地从当前教育各学科研

① 周采：《美国教育史学：嬗变与超越》，人民教育出版社 2006 年版，第 90 页。

② 王剑：《美国中国近代史观的展现及其他——关于柯文在〈中国发现历史〉的思考》，载《浙江大学学报》(人文社会科学版)2001 年第 3 期。

③ [英]杰弗里·巴勒克拉夫著，杨豫译：《当代史学主要趋势》，上海译文出版社 1987 年版，第 72 页。

究中得到理论上的补充、发展和完善，又必须从历史科学体系以及其他社会科学体系中汲取养分。这里所说的发展，不仅是指对其他社会科学方法的吸收，更是对其他自然科学和社会科学理论的采借以及在此基础上形成的新的教育史学理论体系，因此教育史学永远是成长和试验状态中的知识体系。

（作者于2007年获华中师范大学教育史专业博士学位，现为湖北大学历史文化学院副院长、副教授）

问题史学与教育活动史研究

贺鹏丽

美国学者费希尔曾说过:“史学是一个解决问题的学科。”不同于以叙事为主的传统史学,以问题为核心的研究理念成为法国年鉴学派一面独特的旗帜。问题史学,作为历史与现实联系和互动的桥梁,建构一种“提出问题,解决问题”的历史阐释模式,体现综合性、科学性、现实性、立体化、多样性和启发性等特点,鼓励人们带着问题去研究历史,寻求现实与历史的契合点。如此独特的问题史观,对当下中国教育活动史研究的开展与撰写具有借鉴意义。

一

第一次世界大战后,年鉴学派异军突起,为史学注入了新鲜血液。年鉴学派摒弃传统史学过分注重实证、封闭学科等做法,强调以问题作为史学方法论核心,打破学科局限,倡导跨学科研究。其首创者贝尔(H. Berr)就认为:“史学乃人类过去的事实,是对人类的一切事物以及与人类的事实发生关系的自然界的研究。因此只有包括人类事实总和的历史才是完整历史。这样的历史不应成为资料的拼凑而应是有机的、内在联系的整体,它以解释为目标，要求更多学科综合性的研究。”[①]反对“画地为牢”，提倡以开放性的视野去研究历史，年鉴学派随着自身不断成长与发展，广泛吸收和借鉴了社会学、经济学、心理学、人类学、统计学、地理学及语言学等方面的理论和方法，主张跨学科研究，体现了开放性、综合性的史学特点。

在总体史观的指导下，问题史学强调史学研究的分析性和理论性，更加注重事件因果关系的分析，着力挖掘历史运动的深层动因。年鉴学派创始人之一吕西安·费弗尔(Lucien Febvre)最早提出问题史学，他明确表示："提出一个问题，准确地说来是所有史学研究的开端和终结。没有问题，就没有史学……这两个程序构成了所有现代科学工作的基础：这就是提出问题和形成假设。”[②]历史学回答的不应是“是什么”的问题，而是“为什么”的问题。胡适强调“大胆假设，小心求证”的研究方法，在假设的基础上，进行论证分析，最后解决问题，这正表现了史学研究的科学性。

问题的提出，使人清楚地明白在浩渺无边的历史大海中要找什么，而如何拨开如层层迷雾般的史料，寻求到问题的答案，这需要史料革新，方法创新。马克·布洛赫(Marc Bloch)形象生动地指出：“一件文字史料就是一个见证人，而且像大多数见证人一样，只有人们开始向它提出问题，它才会开口说话，历史研究若要顺利展开，第一个必要前提就是提出问题。”[③]与传统史学所推崇“史料即史实”之观点相悖，年鉴学派历来主张史学家拥有“问题意识”，主张向史料诘难，带着问题去思考过去，研究历史。“有了需要研究的问题，才会有可供研究的材料。”[④]可见，史料是由问题统帷，且可以发现。正如雅克·勒高夫(Jacques Le Goff)所强调的那样：“‘(我们)所提出的不是一种让史料自己说话，而是由史学家提出问题的史学。’它比任何时候都更重视从现时出发来探讨历史问题，以便能在一个‘动荡不宁的世界中’生活和理解。”[⑤]不断地鼓励史学家、研究者带着问题去做研究，搞学问，而且应从现实角度出发，立足于现实，理解历史。

“问题史学”孕育于法国年鉴学派，从提出、实践到成熟，经由三代年鉴

---

① 郭小凌：《西方史学史》，北京师范大学出版社 1995 年版，第 390 页。

② [法]费弗尔：《为史学而战斗》，转引自朱本源《历史学理论与方法》，人民出版社 2007 年版，第 55 页。

③ [法]布洛克：《为史学而辩护》，[英]杰弗里·巴勒克拉夫：《当代史学主要趋势》，人民出版社 2006 年版，第 44 页。

④ 何兆武、陈啟能：《当代西方史学理论》，上海科学院出版社 2003 年版，第 397 页。

⑤ [法]J. 勒高夫，姚蒙译：《新史学》，上海译文出版社 1989 年版，第 13 页。

派史学家的理论创设和完善，形成一套以问题为构架的史学阐释模式，转变了传统史学重叙述轻分析的研究取向，提倡带着问题去研究历史，主张史料和方法的革新，注重现实与过去的联系与互动等新特征，无疑照亮了史界。

二

教育史学作为历史学分支学科和教育学基础学科，其发展历程是史学与现实对话与交流的过程，反映着所处时代的特征，使得教育史学成为一门充满活力与生机的学科，更好地展现其存在的价值与功能。随着对教育史学科的深层认识和理论深化，其研究对象不仅包括人物思想和教育制度研究，而且应包括教育活动史的研究。教育活动史是教育者与受教育者以各种方式参与教育过程并进行互动的历史，是影响人们的教育思想和教育制度发展过程的关键性因素，既是教育思想史和教育制度史的起源，又是前两者存在的前提和基础，也是连接两者的桥梁与中介。教育活动史与教育思想史、教育制度史构成一种倒三角关系，教育活动史是起源、前提和基础，教育思想史和教育制度史是派生物和结果。三者相辅相成，缺一不可。

教育活动史具体研究学校教育活动、家庭教育活动和社会教育活动的内容、形式的演变历史及其规律等等。重点研究教育历史上基层的、具体的、微观的、日常的、民间的教育活动，力求通过生动、形象的表达方式来展示丰富多彩的生动鲜活的教育活动史，从而实现对教育活动的原生态研究。由于以往教育史研究的关注焦点在于上层人物思想和宏观制度研究，导致微观的、细节的、日常的问题乏人问津，成为研究领域的空白，因此，应当将研究的重心转向教育、教学的具体问题、微观问题和日常问题。研究内容应涉及基层人物的生活、学习与活动的具体问题与情境；研究视线逐步向下移动和对外扩散，实现教育史学研究视野从贵族阶层向平民大众、由精英向草根的过渡。通过转向研究历史当中的具体教育问题，来真正展示出生动鲜活的教育史学科特色。

三

随着教育史学科理论体系的不断完善，通过分析和探讨问题史观的研究特点，我们有必要借鉴问题史学法开展教育活动史研究。

（一）研究教育活动史要有问题意识

著名科学哲学家波普尔言："科学与知识的增长永远始于问题，终于问题——愈来愈深化的问题,愈来愈能启发大量新问题的问题。"①问题是研究的核心,是研究的出发点和归宿。带着问题去研究历史是问题史学的研究指向,以提出问题为开端,通过回答问题来分析论证史料,最后以解决问题而结束。"问得越多,解决问题越彻底。应当一个问题扣一个问题地追问下去,找到问题提的根本性原因和规律。"②只有不断提问,不停地追问下去,才能更彻底地解决问题。树立问题意识对于任何学科研究而言都是至关重要的,有助于人们深化、扩展、更新对待定问题的认识和理解,从而更好地解决问题。

问题是认识主体与客体在相互作用过程中的阻隔和中断。简言之就是存在的疑难、疑虑和困惑。以问题为取向不仅决定了研究视野的下移,研究领域的扩大,还决定了研究方法的多样和史料来源的多元。"历史研究要有明确的问题意识。要提出一个有意义有价值的问题,这是研究的前提。"③在总体史观的指导下,问题史学根据研究需要而吸收其他学科的方法,倡导方法多样性,毕竟"史无定法"。中国经济史学家吴承明认为应"根据所研究问题的性质和史料的可能性,选择你认为适宜的方法,进行研究。不同问题可用不同方法,同一问题也可用多种方法来论证,结论相同,益增信心,结论相悖,可暂质疑"④。教育史学研究会遇到各种问题,有宏观问题与微观问题,有大问题与小问题,有冷问题与热问题,有具体问题与抽象问题等。由于以往教育史学研究的关注焦点集中在上层人物研究和宏观制度研究,而中下层民众和日常的、微观的问题研究涉及很少。顾颉刚言:"要打破以圣贤为中心的历史,建设全民众的历史。"⑤因此教育活动史应扩大研究对象,注重研究教育历史的教育日常问题。

当然在研究教育活动史的过程中,因种种客观因素制约,无法做到面面俱到,研究内容也难以包罗万象,所以我们的研究需要突出重点,找出特色,以专题为形式,以问题为牵引,通过深入分析具体的细节化的史料,不仅可以生动地再现当时教育发展的实况,将一部鲜活的教育史呈现在读者面前,而且能够使读者带着问题充满好奇心地去感受历史,体会历史,从而达到引

① 波普尔:《真理·科学性·科学知识增长》,《科学知识进化论——波普尔科学哲学选集》,生活·读书·新知三联书店 1987 年版,第 184 页。

② 郑天挺:《漫谈治史》,载《学史入门》,中华书局 2007 年版,第 2 页。

③ 杨玉圣等:《学术规范导论》,高等教育出版社 2004 年版,第 115 页。

④ 吴承明:《经济史:历史观与方法论》,《中国经济史研究》2001 年第 3 期。

⑤ 顾潮:《顾颉刚年谱》,中国社会科学出版社 1993 年版,第 150 页。

人入胜的效果。

（二）研究教育活动史要关注现实问题

教育史学作为历史学科和教育学科的交叉学科，要为历史与现实服务。它不仅仅要科学地解释人类的教育历史，更应以促进当今的教育改革与发展为己任，为现实政治活动提供历史借鉴，为教育政策的制定提供历史依据。马克·布洛赫（Marc Bloch）坚守史学信条："通过历史来理解现在，通过现在来理解过去。"①研究者不仅要有历史感，而且也应保持现实意识，历史研究要像其他学科一样应从现实问题出发，然后通过历史来发现、解决这些问题。巴茨（P. F. Butts）言："研究教育史可以帮助我们看出目前的重要问题是什么，这些重要问题是怎样出现的，过去曾怎样解决的，过去解决的办法能否用来解决目前的问题。"②教育史是教育发展的永久宝库，应该成为教育改革与发展的加油器，着眼于现实，服务现实，通过微观具体的历史事实，来展示历史上成功的教育理念、教育管理、教育实践和教育决策等闪光方面，为当今的教育改革与发展提供或多或少的借鉴、启发作用。

教育活动史应将研究重心放在发掘古今中外教育发展史上成功的教育实践、改革的经验和做法，以现实中存在的问题去引发与牵引教育活动史的研究。同时研究历史可以通过现实给予灵感，不仅由今知古，同样能由古知今。研究者的历史感培养不应总局限于历史本身，现在的知识和现实生活往往以一定的方式更直接帮助我们去理解历史，解释历史。"只有通过现在，才能窥见广阔的远景，舍此，别无他途……在历史学家审阅的所有画面中，只有最后一幅才是清晰可辨的。为了重构已消逝的景象，他就应该从已知的景象着手，由今及古地伸出掘土机的铲子。"③鉴古通今，知今通古，以史为鉴，古今参照，相得益彰。比如，当今我国教育改革浪潮如火如荼，关于教育公平问题，更是给予相当的关注。周洪宇和申国昌曾撰文谈到重点高校录取名额投放问题，文章通过一系列鲜明数据回顾和反思了我国考选历史，提出合理投放名额的思路、原则及具体投放名额的计算方法等有价值的建

① 何兆武、陈啟能：《当代西方史学理论》，上海科学院出版社 2003 年版，第 394～395 页。

② 滕大春：《美国教育史》，人民教育出版社 1994 年版，第 58 页。

③ ［法］马克·布洛赫著，张和声、程郁译：《为历史学辩护》，中国人民大学出版社 2006 年版，第 40 页。

议。① 以现实问题出发,从历史长河中寻觅成功的教育理念和教育实践,以此来为现实服务,更好地解决现实生活中存在的问题,不失为我们的研究提供了一种价值取向。

（三）研究教育活动史要采用问题分析法

问题史学最大的特色在于重视"提出问题—形成假设—解决问题"的阐释模式。如此的研究思路强调了历史学同自然科学和社会科学在方法论上的统一性,着意于探讨历史解释和历史认识的客观性等问题,与20世纪的分析的历史哲学家所提倡的观点不谋而合。在他们看来,历史解释已不是那种普遍常识的解释,而是根据社会学、人类学、语言学、心理学、经济学等诸多学科总结出来的定律来加以解释。这就有助于历史学与社会科学各学科之间的交汇与沟通,所以覆盖定律模式是现当代跨学科研究的产物,但它一旦产生之后,又进一步推动了历史学跨学科研究的发展。② 不同于传统史学"如实直书",以史料为宗,问题史学注重分析论证的重要性。雅克·勒高夫(Jacques Le Goff)曾言:"史学是分析高于叙述。"③由于人们对历史事实仁者见仁、智者见智,认识主体的主观性等因素都制约着材料的真实性。因此研究者应运用一定的研究方法,以敏锐的历史观察力,依据"遗存"的活动轨迹和历史碎片来还原或重构历史现场,发现深层的历史动因,探讨历史发展规律。

我国著名学者钱穆很重视研究问题的能力,认为研究者要有"史才","才"的突出表现是"贵能分析,又贵能综合"④。在研究中发现了问题,将问题提出,形成暂时的假设,如何去验证或推翻假设,才能最终达到解决问题的目的,这就需要我们依靠逻辑推理及判断等方法来分析问题产生的内在原因及其发展规律。例如,我们在研究某一人物的教育思想时,总是局限于教育目的、教育功能、教育内容和教学方法等死板框架中,相继解释即可,却无法向读者道明此教育家是如何形成他的教育思想,也难以使教育家的形象更丰满、更真实地展现于读者眼前。通过问题分析方法,能够比较客观、科学地将历史人物的教育思想形成及其发展的原因、背景和影响因素等各方面体现出来。因此教育活动史研究要强调分析论证的思路,不仅要向世

① 周洪宇、申国昌:《我国考选历史的回顾和反思——兼谈我国重点高校录取名额投放问题》,《教育研究》2006年第4期。

② 张广智:《西方史学史》,复旦大学出版社2010年版,第341～342页。

③ [法]J. 勒高夫等:《新史学》,上海译文出版社1989年版,第88页。

④ 钱穆:《中国历史研究法》,生活·读书·新知三联书店2001年版,第12页。

人展现出一部真实的活动史，而且要注重理论的运用，科学地阐释教育史。史学和科学共通之处在于都注重材料的可靠性，讲究方法的合理性，强调结论的可检验性。这就需要史学家在考证史料、甄别事实和论证阐释的过程中，必须具备实事求是的科学精神，秉持严谨的科学态度，反对妄断和作伪。

（四）通过生动表述展现教育活动史问题

年鉴学派“攻击以兰克为代表的传统史学，但并不是全盘否定它，而是批判继承了其中合理的因素，这就是历史主义的治史原则”[1]。问题史学强调以问题为中心的方法论，分析论证的研究思路，但不完全抛弃叙述的写作方式，认为“真正的叙述是以分析为前提的，历史并不是直接性的”。[2] 在分析的基础上，进行叙述、解释，史学的功能不光是治学，教育的作用也很重要。在教育史学研究中，最早采用与实践“问题史”这一史学书写方式的是美国教育问题史专家J. S. 布鲁巴克，他认为问题史编排的优点在于，每一章都以问题为开始，又以问题为结束……因此，有助于读者不断地穿梭在历史与现实之间，有助于加深对教育史的了解，同时也可以激发读者对教育史的兴趣。为了将史学的研究成果更好地服务于民众，需要文字形象生动，讲究文采。良好的文学修养，高超的文字技巧，有助于提升史学著述的质量。教育史学研究重心的下移，是整体的、全方位的，要求研究对象由精英转向民众，研究史料从官方转向民间，研究成果应符合大众的阅读能力和欣赏水平，以避免教育史学的“贵族化”倾向。“通史性、综合性和通俗性的史学作品，应当在遵循专业标准和学术规范的前提下，尽可能地讲究文采和故事性；而专题论著则以材料和论证为重，必须大量引证和分析，在内容方面通常缺少故事性，也不便过于讲究词章。”[3]因此，注意研究成果要适合于民众的阅读口味，以此来满足大众的读史需求。教育活动史学研究成果的通俗化、大众化，并非庸俗化，只是在表达方式上形式活泼，语言生动形象，成为民众喜闻乐见的一种作品。

记载、叙述着人类悠久的教育历史进程的教育史学，为现代教育改革与实践给予历史的指导。问题史学以问题为研究取向，基于现实，运用科学合理的研究方法，挖掘和考据史料，论证分析，最后解决问题的独特研究思路，

---

① 张广智、张广勇：《史学：文化中的文化——文化视野中的西方史学》，浙江人民出版社1990年版，第404页。

② [法]J. 勒高夫等：《新史学》，上海译文出版社1989年版，第91页。

③ 李剑鸣：《历史学家的修养和技艺》，上海三联书店2007年版，第28页。

讲究文采的写作方式，使我们能够更好地解释教育史、理解教育史，从扑朔迷离的历史现象、错综复杂的历史资料中去发现历史真相，在历史兴衰更替中总结教育本质，探讨教育发展的历史规律，真正做到鉴往知来，进一步深化对教育活动史研究的认识。

（作者系华中师范大学教育学院教育史专业 2009 级硕士研究生）

口述史学法在教育活动史研究中的运用

刘小庆

教育活动史是教育者与受教育者以各种方式参与教育过程并进行互动的历史。其研究对象主要是历史上具体的、实在的、感性的教育活动的发展和演变,这其中就包括各种直接以促进人的有价值发展的具体活动,以及教育者与受教育者互动的这样一个过程。教育活动史就是要探索这些活动发生、发展的规律及作用;分析研究家庭教育活动、社会教育活动的内容、形式的演变历史及其规律等等。简而言之,教育活动史是教育史学研究的一个极为重要的内容,是连接教育思想史和教育制度史的中介和桥梁。将口述史研究运用于教育活动史,表明了教育史研究者自觉意识的增强。

一、教育活动史——"草根的文化"

教育活动史的研究就是要打破以往教育史研究只关注社会上层、精英人物的现象,转而更加关注普通民众的日常教育问题,使教育史更具备生活的气息,从而促进文化的下移,这也是教育史学研究的宗旨。教育活动史的研究要达到这种普及化和平民化的目的,必然要从民间和民众当中来搜集教育史料,并且要十分注意挖掘那些非官方记录和口述史料。来源于民间的东西,必然带着民间的气息,研究者重要的是验证其真实性,不要刻意修饰,以保持它的"原汁原味",让教育史不再是干巴巴、了无生气的文字,让它鲜活起来,让大家看得懂。"他山之石,可以攻玉",在这个研究过程中,不仅要以马克思唯物历史观为史学理论基础,还要借鉴兰克学派、年鉴学派等的史学理论、运用一般的研究方法,更要借助于具体的研究方法。因为这三大方面分别着眼于处理不同层次的问题,各司其职。研究方法的理论基础是最高层,解决的是研究立场和指导思想的问题。一般研究方法是中间层,要解决的是对社会历史(包括教育历史)现象及其原因、本质的认识,更好地把握教育历史的规律。而具体研究方法是最低层,着重解决教育史料的处理和分析,恢复教育史实和基本线索,为深入研究铺平道路。三者相辅相成,缺一不可。口述历史法是具体研究方法中的一种。教育活动史为什么对口述历史法青睐有加?口述历史法对教育活动史的研究又有什么帮助?要了解这些问题,有必要对口述历史法进行阐释。

二、口述史——"过去的声音"

正如保尔·汤普逊所说:"任何历史都取决于其历史目的。"借助历史,普通人想要理解的是他们亲身经历的动荡和变迁。[①] 口述史与历史的这种基本目的关联,使得史学界对口述史褒贬不一。早在有文献记载之前,人们就通过口耳相传来保留和传承自己的传统。口述史是对过去发生的事情和当时人们的想法的鲜活再现。口述史注重对社会普通阶层的历史研究,为历史学家提供了丰富多彩的资源,日益受到学术界的认可。此外,沟通方式的改变,也使得口述史益发重要。口述史这种关注大众历史的重心与教育活动史文化下移的研究宗旨不谋而合。"口述史"正式产生于20世纪40年代。简单来说,口述历史就是指口头的、有声音的历史,它是对人们的特殊回忆和生活经历的一种记录。[②] 它包括个人的平生经历、感情,和对时代的理解。唐纳德·里奇说:"口述史就是通过录音访谈来收集口头回忆和重大历史事件的个人评论。"[③]从这两种定义都可看出,口述史主要是通过访谈个人或团体,来搜集原始资料,重构和再现过去的历史。口述史的特殊之处就

---

① [英]保尔·汤普逊著,覃方明、渠东、张旅平译:《过去的声音——口述史》,辽宁人民出版社2000年版,第2页。

② 李向平、魏扬波:《口述史研究方法》,上海人民出版社2010年版,第2页。

③ [美]唐纳德·里奇著,王芝芝、姚力译:《大家来做口述历史》,当代中国出版社2006年版,第2页。

在于它是以活的载体为对象来获取史料，这是它与文献法最大不同的地方。透过对个人的访谈，口述史可以更加公平、客观地记录当时的人和事，更大限度地实现信史的目的。当然，这里并非完全否定官方历史的真实性，但是，怀疑的态度正是史学家治史应有的态度，有怀疑，才能求真。尤其是对底层民众、小团体的真实生活和想法，官方史料甚少记录。在一定程度上，口述史是可以弥补官方文献资料的不足和缺憾，真正还历史于民众。口述史不仅只是提供种种研究历史的素材，更重要的是以自己独有的方式阐释历史。

中国的口述史历史悠久，从《诗经》里脍炙人口的“关关雎鸠、在河之洲”到司马迁著《史记》，都采用了大量的口述资料。今天，中国的口述史发展已经开始与国际口述史发展接轨，到了一个新时期。但是，国内的口述史研究更多的是介绍西方的口述史研究，缺乏自身系统的研究，这是口述史要努力向前迈进的地方。值得注意的是，台湾地区口述史研究已经形成了显著的特征，即“人民化运动”。“人民化运动”，指的是口述史学研究的对象从“上层分子”过渡到“基层范围”，口述历史访谈的重点不再是社会、政治和经济领域中具有重大影响的精英，而是那些不受关注的弱势群体。[①] “人民化运动”彰显了台湾地区口述史研究突破了传统的史学研究方法，这正是口述史发展的方向。国外，口述史在北美、欧洲、非洲和以色列经历了长期的发展。其中，最值得一提的是美国在20世纪30年代，政府在新政时期为反对失业发起进行的一项名为“30年代的联邦作家计划”实验。该实验收集了全国各地以前的黑奴、工人和定居的移民的生活经历访谈。在北卡罗莱纳出版并由库奇(W. T. Courch)编辑的一部当代选集，名为《这些就是我们的生活》(These Are Our Lives)(1939年)，展示了对于口述史基本潜力的相对认识。[②] 可以说，这是一次全新的展示人民生活场景的大胆尝试。西方口述史正在不断地自我反思和革新中继续发展。口述史使历史不再仅仅是“与文献一起生活”的僵化，而是积极走出书斋去参与、去了解和记录普通人的生活。

三、天作之合——口述史与教育活动史的邂逅

了解了口述史和教育活动史的基本理念，口述史和教育活动史的结合

① 李向平、魏扬波:《口述史研究方法》，上海人民出版社2010年版，第18页。

② 参[英]保尔·汤普逊著，覃方明、渠东、张旅平译《过去的声音——口述史》，辽宁人民出版社2000年版，第72页。

似乎要呼之欲出，它们就那么自然地摆在了我们面前。之所以这样说，是因为无论从教育活动史的研究对象、研究问题，还是研究方法、宗旨来看，它与口述史的研究目的和方法都十分契合。

首先，教育活动史的宗旨是要实现普及大众、文化下移，就要打破以往教育史学研究中心“高位化”的现象。过去的研究者关注的重点主要集中于社会上层精英的教育思想和国家层面教育制度的变迁，关于精英人物教育思想的研究很多，而涉及社会底层人物的教育生活的具体问题与情境的研究极少。教育制度研究“重视的是国家教育机构的形成及其演变，重心放在了描述制度的内容及因袭过程”①，缺乏对决策的生成过程、在基层的实施情况及其对学校教育的具体影响等问题的深入研究。周洪宇在《教育活动史与教育史学科建设》中着重强调了中国教育史学界要做到研究重心“下移”，必须改变这种研究重心“高位化”格局，向基层和边缘转移。在教育史领域，口述史不仅能够导致历史中心的转移，而且还可以开辟出新的、重要的探索领域。对曾经遭受忽视的群体进行重新认识，不仅丰富了教育史研究，更体现了教育史的民主化。

其次，从研究对象来看，教育活动史研究的是普通民众。正如布罗代尔所说：“没有乡村，如何懂得城市？……没有穷人的黑面包，怎有富人的白面包？”②普通民众才是历史的创造者。面对教育史研究领域的重复研究，民众研究的纳入极大地拓宽了教育史研究的范围。而重视民众、尊重民众正是口述史研究的一贯要求。口述史能够让缺乏地位和身份的弱势群体以及受文字文献限制的边缘人群有机会表达他们的真实想法，好比去了解农村手艺人是如何对他们的后代进行教育的。对他们来说，现有的文献与他们的生活相差太远。

再次，从研究问题来看，教育活动史是要对民众日常教育问题的微观层面进行描述，从而探寻教育对人的发展价值。要获取民众关于教育的原始资料，还有什么办法比运用口述法去与当事者——这一活的资料来源打交道更有效呢？口述史研究方法是一个双向的过程，研究者应当也必须是个好听众，而信息提供者也应该是个积极主动的帮手。口述史通过对个体的

---

① 周洪宇、申国昌：《新世纪中国教育史学的发展趋势》，《华东师范大学学报》（教育科学版）2007年第9期。

② [法]布罗代尔：《15至18世纪的物质文明、经济和资本主义》（卷一），生活·读书·新知三联书店1992年版。

访谈与真诚的理解，呈现个人发自内心的想法、看法，体现出教育史学科生动、鲜活的特色，而不仅仅是晦涩难懂的史料。

最后，从研究方法和成果来看，教育活动史不限于传统的文献法等研究方法，要求积极借鉴各学科的研究方法，依据具体情况，为我所用。美国口述史学家迈克尔·弗里斯科曾经断言："如果回忆被作为历史回忆过程性质的目标来看待，口述史学将是发掘、探索和评价历史回忆过程性质的强有力工具——人们怎样理解过去、他们怎样将个人经历和社会背景相连，过去怎样成为现实的一部分，人们怎样用过去解释他们现在的生活和周围的世界。"①这一切，将给予我们新的触动。口述史访谈是一个互动的过程，它牵涉一个自我分析、自我了解的真实过程，在某种程度上决定了所获资料的性质。因为在这个互动的过程中，有助于暴露和确定社会偏见，从而提高史料的真实性。并且，口述史研究方法要求做到"实录"，让民众用自己的语言来呈现历史，忠实记录他们的想法和看法。所谓"实录"，即刘知几所言："善恶必书，斯为实录。"简而言之，"取之于民，用之于民"，教育活动史不但要做老百姓的历史，还要让老百姓看得懂。这才是真正实现教育史学研究成果的通俗化和平民化。

四、口述史学法在教育活动史中的具体运用

既然口述史学法在教育活动史中的运用如此重要，那么要熟练运用口述史的方法，就必须了解口述史研究方法的具体运用。笔者认为，要运用口述史学法研究教育活动史，应着重注意以下几点：

第一，注重运用访谈的方法搜集教育活动史资料。当今口述研究最经常使用的是访谈方法。访谈是由英文 interview 翻译而来的，"inter"突显了"交互"的性质。口述史访谈强调"相互合作"，是一个双向的互动过程。这里，我们援引李向平对口述史访谈的定义："口述史访谈是一种有目的谈话过程，是研究者通过谈话过程，进一步了解受访者对问题或事件的认知、看法、感受与意见。"②一个成功的访谈，必须要掌握访谈技巧。

第二，访谈要把握好时机与技巧。要想做好访谈，首先要准备收集背景信息资料。可以在工作刚起步时，通过摸索性的访谈划定一个区域，收集各

---

① Michael Frisch. *A Shared Authority: Essays on the Craft and Meaning of Oral and Public History*. State University of New York Press, p. 188.

② 李向平、魏扬波：《口述史研究方法》，上海人民出版社 2010 年版，第 41 页。

种观点和信息。在此基础之上,再提出问题并列出解决的办法。譬如,要研究某一地区中学实施素质教育的情况,就可以针对这一中学的校长、教师、学生、家长等等与教育活动相关的人,收集与他们相关的背景资料,提前有个大致的了解。然后,在访谈中,创造自然的情境,让受访者充分表达自己的看法、意见和感受。一个优秀的访谈者不仅会在适当的时候提出恰当的问题,同时更要学会倾听。带着尊重和理解,真诚地倾听被访者的话语,细心观察他们的非言语动作,并正确地解释其中的含义。"让访谈自然而然地进行,我从来不想去控制它。最做不得的事情就是去引导访谈,我试着尽可能少提问……总之,就是大量时间、大量磁带和少量问题。"①访谈者越少用自己的问题来塑造被访者的叙述,效果就会越好。当然最基本的问题是不可或缺的,不存在完全自由的访谈。

第三,访谈者提出的问题要简明而直接。尽量使用人们熟悉的语言来提问题,绝不要提出一些复杂的和意义双关的问题,否则,你只能得到模糊不清的答案。要避免产生模糊的答案。比如,我们应该问"你们多长时间上一次美术课?"而不是"你们经常上美术课吗?"通常,我们会用不同的措辞来确定各种特定的事实,并作出描述和评论,对此,我们就需要采用"没有限制的"问题形式,比如"你能为我描述一下吗?"这种问题形式可以鼓励被访者继续说下去,从而得到更多的信息。正常情况下,要避免使用引导性的问题。当你暗示出了自己的观点,可能会影响被访者的回答。研究者要明白,提问是门艺术。访谈时要注意调动被访者的主动性。在提出问题的时候,要避免被访者用你的方式,而不是他们自己的方式思考。例如:在处理像素质教育这样的概念时,先让被访者说出他们自己的说法,然后在以后的讨论中使用这些说法,你就会得到更加有力的证据。要记住,对访谈负责的是访谈者而不是被访谈者。对搜集到的口述资料还要进行分析和诠释,即去伪存真,去粗取精,最后提炼出研究所需要的核心的内容。

第四,对于搜集到的口述资料要善于辨别真伪。口述法难道就是通过搜集口述资料、整理、分析、写成文字?那我们岂不是会像文献法那样淹没于大量的手稿、录音等资料中?确实,如若不对搜集到的资料进行进一步的梳理、验证与辨别的话,面对这些资料就会不知如何处理。简单来说,就是这些资料所包含的问题意识,必须要在获得真实的社会背景支持之后,才能

---

① Oral History. *The Journal of the Oral History Society*. (Department of Sociology, Essex University, Colchester, England) 1,4,pp. 62～63.

成为口述史研究的一部分，否则仅仅只是一堆资料。[①] 也就是我们通常说的孤证不举。当然，在运用口述史访谈方法的过程中，我们还要认识到它的不足之处，譬如它耗费时间，以及被访者受记忆的影响从而影响资料的真实度等等。一直以来，一般的历史学者都认为历史文献资料较之口述资料更具有真实性和可靠性。不过，即使是"虚假"的口述，在口述者的感情上也是真实的。事实上，我们不妨思考一下，官方的文献就一定是"信史"么？有些史料的存在本身就是有原因的。大量的文献记载与事实是不相干的，只是某些机构希望人们相信发生的事情，这样就可以作出明确的指示。更不要说还有多少文献是被篡改了的。当然，争论文献资料与口述资料的孰是孰非并非重点，只是要重视非文字信息的重要性。在教育活动史研究中，最好能将文献研究和口述史研究结合起来，才能互补不足，相得益彰。

第五，运用口述史料撰写教育活动史文稿时要注意文字加工与提炼。通过口述法获得的资料，经过研究者鉴证，成为有价值的史料后，在撰写成文的过程中还需注意文字的加工与提炼。既要对过于口语化的语言进行书面语的转变，同时又要兼顾教育活动史生动活泼的特色。从民间获取的资料，必然散发着极浓厚的"泥土气息"，像质朴、形象这些特色，是理应予以保留的。不过，像一些过于地方化的如"乡言俚语"，为避免他人看不懂，最好进行必要的书面化处理。同时，还要做到史学科语言生动、简练的特征，不能因为追求活泼就落入庸俗，顾此失彼。总之，不虚言、不溢美，既要尊重客观事实，又运用一定的艺术性，在此基础上，展现一个真实、生动、活泼的教育史的世界。

历史是往事，往事有赖于载笔始能留存，而载笔之人必以留存信史为职责，故古今中外之史家莫不以重建过去的真相为最高职责，对信史与直笔之尊崇，皆无异词。[②] 在这个寻求信史的过程中，更要注重研究方法的使用，即寻史之利器。史学家凭借自身精深的才能和对真相的不倦追求，必然能呈现给大众真实的历史。口述史为教育活动史的研究提供了新的方向，它用人民自己的语言来讲述自己的历史。从自己构建的历史中，人们会得到更多的启示，以期于成就更好的未来。

（作者系华中师范大学教育学院教育史专业 2009 级硕士研究生）

---

① 李向平、魏扬波：《口述史研究方法》，上海人民出版社 2010 年版，第 59 页。

② 汪荣祖：《论史学求真的疑惑与可能》，《史学理论与史学史学刊》，社会科学文献出版社 2009 年版，第 78 页。

新范式方法论与教育问题史研究

郭 勇

“范式”这一范畴是库恩(Kuhn，T)1968年提出的，是库恩思想中的一个核心词语，意指“在科学实际活动中某些被公认的范例——包括定律、理论、应用以及仪器设备系统在内的范例——为某一种科学研究传统提供了模型”①，它是一套科学界公认的理论以及这一理论的规则，在一定的历史时期内对该学科的研究起规范作用。范式方法论是指一些西方学者借用范式这一范畴在对科学研究的理论基础进行探讨时提出的一种方法论，主要包括元范式方法论、一般范式方法论和方法范式方法论。孙绵涛对西方比较有代表性的这三种范式方法论进行了详细的评析，并在此基础上提出的一种新的范式方法论，即新范式方法论。本文拟就新范式方法论及其在教育问题史研究中的运用作一简要阐述。

---

① Kuhn，T. *Strueture of Sciene Revolution*. 2ndM. Chicago：University of Chicago Press，1968.

一、新范式方法论的主要观点

孙绵涛指出①,探讨范式方法论应该先探讨这种范式方法论的哲学基础,再探讨范式本身,最后探讨研究方法。因此,他提出的新范式方法论是由哲学范畴论、范式范畴论和方法范畴论三个层次的范畴组成的。哲学范畴主要探讨哲学本体论、认识论和价值论及其相互关系;范式范畴主要研究反映一般研究逻辑的现象学范式、解释学范式、批判理论范式、建构主义范式和符号互动范式及其相互关系;方法范畴主要分析研究方法的逻辑结构以便将具体的研究方法抽象到较高层次。其中,哲学范畴是范式范畴和方法范畴的理论基础,范式范畴又体现一定的哲学范畴,它是哲学范畴和方法范畴的中介,而方法范畴又是范式范畴具体运用的体现。

(一) 哲学范畴论

哲学范畴论主要探讨哲学本体论、认识论和价值论及其相互关系。哲学本体论、认识论和价值论可以为科学研究提供一个比较完整的理论体系,因为人们从事研究,总要回答"是什么"的问题,即事物的本质问题,这实际上是哲学的本体论问题;当人们要探讨"是什么"问题的时候,这实际上又涉及了如何认识"是什么"即认识论的问题;当人们要认识并回答事物是什么的时候,就必然要研究认识主体的需要与被认识事物能否满足这种需要及如何满足这种需要的问题,这就涉及价值论的问题。因而哲学本体论、认识论和价值论成了人们从事科学研究不可回避的三个基本理论问题。

(二) 范式范畴论

范式范畴论主要研究反映一般研究逻辑的现象学范式、解释学范式、批判理论范式、建构主义范式和符号互动范式及其相互关系。

由胡塞尔创立的现象学范式要回答的是认识如何可能的问题,即经验自然科学认识的可能性和数学、逻辑等观念科学认识的可能性问题。为解决这一问题,胡塞尔认为只有通过研究人的内部纯粹意识,即不考虑意识现象所代表的东西是否在实在的世界中存在而仅把意识现象当做意识现象来考察。为此,要把客观外部世界(包括人自身)是否存在这一问题搁置起来来直观知识在人的意识中是怎样构成的。这一范式虽然考察的是人的意识,但它重视人的生活世界,因为胡氏认为人所企图建构的意义世界(各种

① 孙绵涛:《西方范式方法论的反思与重构》,《华中师范大学学报》(人文社会科学版)2003 年第 6 期。

理论化的体系)来源于生活世界。另外,这一范式强调用返观自照的方式直观事物的本质,客观地描述知识在意识中构成的过程。这种范式告诉人们要从事研究,不仅要研究意识问题,而且还必须重视生活世界的研究,并以严格科学的态度将这一研究过程和结果客观地加以描述。

解释学范式是在施莱马赫(Seheleimaeher, F.)将古典的释义学(exegesis)和文献学(philology)转向为研究统一的、一般性的理解问题,和在狄尔泰(Dilthey, W.)、李凯尔特(Riekert, H.)和韦伯(Weber, M.)等人探讨社会科学研究客观性的过程中逐步形成的一种研究范式。① 当代哲学家海德格尔又给这一范式注入了哲学的意蕴。海氏分析了理解者——人的存有的基本结构,而人就在这一生活世界之中不断地开展出意义。这一研究范式的主要理念有三:境域感与遭遇、理解和解释。这是指研究者。这种范式告诉人们,在科学研究过程中,要深入到被研究对象中去,要从研究对象的背景中去理解对象,然后将理解用自己的价值观念和语言表达出来。

批判理论范式是一种应用得比较普遍的范式。这种范式有三种理念。第一,重视意识形态的批判。哈贝马斯(Habermas, J.)认为客观知识必须经过理性批判的作用,以及在理性沟通的情况下才能形成共识。但这种共识容易形成人们所共同信奉的"意识形态"。因此,为了了解社会真相及生活世界的本质,还必须对这种意识形态进行批判。第二,理论与实践的关系。批判理论认为,理论与实践是一种间接的关系,它们的关联性取决于两个条件:一是理论与实践联系情境的创设,二是参与者的沟通能力和对联系规则的掌握。批判理论认为,为使理论和实践有较佳的关联,应该创设一种开放、理性而无扭曲的社会情境。另外,要使理论有所扩展和实践具有真正的意义,还必须认定主体批判意识的价值,注意宏观社会客观条件的配合,以及集体实践的努力。第三,关于意义与结构的辩证关系。批判理论认为,为了更好地诠释生活经验和活动的意义,应先对"意义"的作用及其内涵有所了解。同时还应注意到意义与社会结构之间的辩证关系。为了避免人的主体意识的主观独断,应将其纳入历史情境和社会结构之中,这样才能使人的主体意识所形成的知识具有共识和沟通的可能,而不至于成为个人的"独语"。

建构主义的范式又称自然主义的范式。这种范式认为,现实是多元的,

① [德]马克斯·韦伯著,韩永法、莫茜译:《社会科学方法论》,中央编译出版社 1999 年版。

求知者和被求知者之间的能动的互动过程可以对多种结构进行比较并对其重构。这种范式不像实证主义的范式和后实证主义的范式那样去预测和控制“真实世界”，也不像批判理论范式那样去改造现实世界，它是在建构者“心”的世界中重新构建世界。为此，这种范式发展了许多方法并借助这些方法去甄别各种现存的结构和重构这些结构。解释的方法和辩证的方法就是其中的两个重要的方法。前一种方法是要尽可能地去描述个别的结构，而后一种方法是将这些个别的结构进行比较和对照。

符号互动的范式是由芝加哥社会学派提出来的。首先，这种范式认为日常生活世界是一个复杂的“主体间性”(intersubjectivity)所构成的世界。主体间的语言或行动互动，都可以看作是一种“符号”的互动。符号互动过程不是研究者单方面的行动，而必须针对被研究者的各种回应去沟通和磋商。其次，在符号互动过程中，必须注意这些符号系统与社会结构之间的关系。因为这些符号不是独立的，也不是主体间的“共识”就可以掌握其真正含义的，社会结构常常会限定主体角色而对符号的意义发生影响。再次，符号互动虽然要注意理解与磋商以及受制于社会结构，但主体的主动性是仍然存在的，主体在互动过程中仍有其主动及创造的可能。

上述几种范式之间的关系是相互影响的。一方面，它们正好体现了一个从收集资料、分析资料到批判重建这样一个主体和客体互动的过程；另一方面，它们也是相互作用的。因为，人们在分析资料过程中发现所收集的资料不全面时就要重新去收集资料；在批判重构的过程发现资料分析得不够时就要对资料重新进行分析，等等。

（三）方法范畴论

方法范畴主要分析研究方法的逻辑结构以便将具体的研究方法抽象到较高层次。

首先，一个完整的研究方法的体系应既包括完成从具体上升到抽象的方法，也要包括完成从抽象上升到具体的研究方法。这是因为一个相对完整的研究过程既包括从具体到抽象的过程，也包括从抽象到具体的过程。在实际研究过程中，从具体到抽象的过程不可能像形式逻辑归纳推理那么简单，它需要一些具体的方法来完成这一过程。同样，从抽象上升到具体也需要一些具体的研究方法来实现这一过程。

其次，从研究过程的角度将研究方法划分为收集资料的方法和分析资料的方法比从质和量两个维度将研究方法划分为质的研究方法和量的研究方法要更为合理。因为从收集资料的过程来看，可以去收集事物质和量两个方面的资料，但有时这两种资料是很难绝然分开的。从分析资料来看，在分析过程中有量的分析和质的分析。

再次，收集资料的方法和分析资料的方法两种方法都应重视而不可偏废。人们可以说出很多收集资料的方法，但要人们很清楚地说出有多少分析资料的方法恐怕有些困难。事实上不少研究方法既可以说是收集资料的方法，也可以说是分析资料的方法。因而方法论范畴的任务除了要从理论上分清哪些方法是为从具体上升到抽象服务和哪些方法是为从抽象上升到具体服务外，还要对哪些是收集资料的方法和分析资料的方法从理论上加以清楚系统地说明，从而使人们在科学研究中更好地运用这些方法去收集资料和分析资料。

最后，量的分析方法较之于质的分析方法比较成型便于操作，而质的分析方法不易掌握和操作。在量的分析方法中，如大家所熟悉的方差分析法、因素分析法和回归分析法等统计分析法，只要输入相关的数据，通过一定的分析程序，就可以得到相应的分析结果。而质的分析方法在具体运用时效果有时并不理想，这主要是因为质的分析方法与量的分析方法相比更容易受人的主观价值的干扰，而研究者抽象思维水平、对质的分析方法的理解和掌握的程度，以及专业知识的水准等又直接影响这一分析步骤的效果。

二、新范式方法论对教育问题史研究的启示

教育问题史是针对传统教育史研究中问题意识不突出、史料组织缺乏理论提升、完全迁就史料堆砌等弊端提出的以问题为研究主线，围绕问题对教育历史发展及特征进行深入探究的一种史学研究方法。这种方法“以问题开始，又以问题结束。……因此，有助于读者不断地穿梭于历史与现实之间，以加深对教育史的了解”①。它是“一种不是让史料自己说话、而是史学家带着问题去研究的史学”②研究方法。可见，高质量的问题史研究首先应该明确界定研究问题，并紧紧围绕研究问题组织材料、分析材料以寻找具有解释力的理论框架，最后运用这一理论框架去分析问题的来龙去脉。新范式方法论可为我们进行教育问题史研究提供有益的思路和方法。

---

① John S. Brubacher. *A History of Problems of Education*. *2ndM*. McGraw-Hill Inc.，1966.

② [法]J. 勒高夫著，姚蒙译：《新史学》，上海译文出版社 1989 年版，第 103 页。

（一）新范式方法论有助于我们对教育问题的确定

与传统的教育史不同，教育问题史旨在以问题为主线，对教育发展的历史、特征及规律作一全面的考察和研究。年鉴学派对“问题”的重新诠释强调研究者的主体意识和现实之于理论的重要性。其中有两层含义：其一，“问题”不等于“专题”，专题多指将历史上自在的人物或制度按某种标准组织起来。问题却强调实践性，它应当是研究者对现实社会、对历史进行深入思索后提出的、被认为需要回答的问题本身；其二，研究者提出的必须是一个“真”问题而不是“伪”问题，如果问题本身就是个假命题或是无关痛痒的命题，那么无论资料如何翔实，也没有多少价值，“一个有效的提问或一个充分阐述的问题，变得比为揭示一个未知的但却是非核心性的事实所需要的技巧和忍耐力更重要”①，问题本身的质量决定研究的价值和意义。因而教育问题史研究的顺利进行有赖于对教育问题的准确界定，而教育问题的准确界定总避免不了要对我们所确定的问题本质和价值的思考。比如单中惠在《外国中小学教育问题史》中提出了学制、教育目的、课程、教学模式、学业评估、师生观、教育管理和教师教育八大范畴；而在《外国大学教育问题史》中提出了大学教育功能、大学教育结构、大学课程、大学教学方式、大学管理、大学教育政策、女子大学教育和大学理念八大范畴。这些问题无疑是作者在对中小学教育和大学教育的本质和价值进行深入思考的结果。

（二）新范式方法论为我们进行教育问题研究提供了完整的研究思路

我们在确定了教育问题之后一是要进行史料的收集和整合，这就需要研究者在研究的过程中以睿智的眼光从大量的中文和外文教育史料中筛选出相关的史料，并在深入思考的基础上进行必要的整合。二是对教育历史脉络的梳理和教育主导特征的把握，这就需要研究者所梳理出的历史脉络要能清晰地体现某个教育问题发展历史的内在逻辑，从而客观而准确地把握教育历史发展的主导特征。三是进行教育发展规律的探讨，这就需要研究者在对资料进行解释、批判的基础上去建构新的理论体系。新范式方法论的五种范式构成的逻辑结构，即现象学范式↔解释学范式↔批判理论范式↔建构主义范式↔符号互动范式，恰好为我们提供研究的思路和方法，也就是通过现象学范式去收集资料，然后对这些资料进行解释和批判，在此基础上去建构某种理论，而这一过程的实现总是在某种符号互动的基础上完

① 周采：《教育史研究的前提假设及其意义》，《河北大学学报》（哲学社会科学版）2008 年第 1 期。

成的。从现象学范式到解释学范式、批判理论范式、建构主义范式再到符号互动范式，正好构成了一个体现完整的研究逻辑的范式范畴体系。

（三）新范式方法论为我们进行教育问题史研究提供了方法论指导

不同的哲学和方法范式只是描述了质性与定量研究方法有着显著的不同，各自适应不同的研究范围，但并不能规定或说明何种情况下应该使用何种方法，因为决定研究方法的是研究问题而非哲学的和方法的范式。范式和方法之间的联系并非是固有的、不可变更的，多数情况下研究者都是根据研究问题选取有效的研究方法，很少考虑到方法背后的范式及哲学基础问题。① 而新范式方法论的方法范式则要求我们在进行教育研究时既要重视由具体到抽象的方法，也要重视从抽象到具体的方法；既要重视收集资料的方法，也要重视分析资料的方法；既要重视量的分析方法，也要重视质的分析方法。教育问题史的研究同样面临如何收集资料、如何分析资料的问题，而事实上无论是收集资料的方法还是分析资料的方法我们都不能运用单一的方法而是要运用综合的方法，新范式方法论会给我们以方法论指导。

（作者系华中师范大学教育史专业2008级博士研究生、信阳师范学院教育科学学院副教授）

① 转引自邓猛、潘剑芳《论教育研究中的混合方法设计》，《教育研究与实验》2002年第3期。

论教育史学者的基本素养

黄宝权

教育史学作为教育学和历史学的交叉学科，具有双重的学科性质，它既是历史学的一门边缘分支学科，亦是教育学的一门重要的基础分支学科，是人文科学的一个重要而不可忽视的领域，本应受到学界应有的理解和重视，然而，在当前经济高速发展和文化交流日益频繁的新世纪，教育史学由于自身和其他因素的影响，较之教育学的其他分支学科如教育经济学、教育管理学、教育法学等，发展速度明显滞后，处于次等、弱势学科的地位，教育史学的发展受到了一定的限制和阻碍。在计划经济向市场经济转轨的过程中，教育史学科的生存价值受到严峻的挑战。① 教育史学界的有识之士已经指出：教育史学科已陷入发展的危机之中。

作为历史学科的一部分，教育史相对来说还是一门新的学科，它"是一门正在发展而不是已经完成的研究领域"②，这说明教育史学的生命力还很久远。当前，我国教育史研究的学术水平亟待提高，没有理论指导和较高学

① 田正平：《教育史学科建设的回顾与前瞻》，《教育研究》2003 年第 1 期。

② John D. Pulliam, James Van Patten. *History of Education in America*. Prentice-Hall. Inc. 1995.

术水平的学科是难以持续发展的。[①] 这不能不引起教育史学界人士的觉醒和注意。那么,如何使教育史学在新时期内在众多的学科大家庭内占得一席之地并保持立于不败之地呢?笔者认为,除了加强教育史学本身的学科建设之外,提高教育史学者的理论素养、优化教育史学研究者的知识结构,是推动教育史学发展的重要一环和必由之路。21 世纪我国教育史学振兴的重任,责无旁贷地落在了广大的教育史学者的肩上。

因此,教育史学的振兴,无疑需要教育史学者具有良好的基本素养。教育史学者的基本素养包含多方面的内容,在笔者看来,教育史学者的基本素养主要体现在以下几个方面:

一、求真务实的科学精神

求真务实是科学精神的本质内涵。科学作为人类的一种理性活动,其本质意义和任务就在于求真,即获得自然、社会与人等一切事物真理性的认识。而要求真就必须做到务实,即实事求是地分析和研究问题,摒弃主观臆断和虚假抽象的推理。

当前,在社会主义现代化建设进行得如火如荼的情况下,受市场经济大潮的冲击,整个学术界出现了如学术失范、学术造假、学术腐败等不良现象,这些都不可避免地对学术研究造成负面的影响。受困于毕业、评职、晋级、生存等方面的影响,一部分学术界人士丧失了传统的优良的治学精神和态度,在学术研究上存在着急功近利、浮躁的倾向,多出成果、快出成果成为一部分人共同和一致的选择。所以,整个学术圈真正能坐下来静心做学问的人实在是少之又少。这不能不引起学界的重视和思考:假如照这种态势发展下去,中国的学术道路将会路在何方?科教兴国的战略思想又如何能得以如愿实现?这是学术界每一个有良知和有识之士的共同心声。

作为教育学和历史学的交叉学科的教育史学,由于其自身的特性,决定了教育史学者们,更应该在当前的经济大潮的冲击下坚守自己的学术阵地,树立求真务实的学术态度。教育学,作为求得教育之真的理论,也许难能以一种实证的方法体现其尊严。但是,这并不表明它可以天马行空似地遐想,或随心所欲地构造。立足现实、严谨规范、符合常识、遵循逻辑等是确保教育学"科学性"的基本规定,也是"求真务实"科学精神在教育理论中的体

① 贺国庆、张薇:《"教育史"学科面向未来的思考》,《教育科学》2005 年第 1 期。

现。① 作为教育学和历史学复合和交叉学科的教育史学，同时具备了二者的共同属性，又具有自己本身的特征。而从学科属性上来看，教育史学主要属于历史学科而不是教育学科，尽管它与教育学科关系密切，换句或说，教育史学的学科性质主要姓“史”而不是姓“教”。② 教育史学既然学科性质更多的属于史学，就必然具有史学的特征，也要求研究者按照史学的规律和思路进行研究。那么涉及到历史，就有一个研究如何做到忠于历史的原则问题。如何还原一个真实的人类教育历史，这是摆在每一个教育史学者面前的一个很严肃和现实的问题。作为一位有良知的教育史学研究者，必须怀着一颗虔诚的心去做研究，要具备起码的学术操守。对每一个细小的问题，都要做到多方求证、考察，首先要保证研究的真实可靠性。其次，研究问题的出发点要从现实的需要出发，提高教育史服务现实、服务社会的功用。如果所研究的问题和现实关联不大或根本没有联系，那么其价值也就会大大降低。那种认为教育史研究者应该沉溺于故纸堆中梳理旧史实，而不应研究教育改革发展的实践和理论是一个狭隘、错误的观点。加强教育史学服务社会的功能是教育史学在新世纪焕发生机的重要保障，教育史学不仅能够而且可以为新时期的经济发展和变革提供有价值的参考和借鉴。有学者认为，广大教育史工作者必须走出书斋，深入到教育改革实践中，才能真正领会教育史研究的内在真谛。③ 所以，一个优秀的教育史学研究者不应为社会上的浮躁学风和功利思想所影响，要养成实事求是、谦虚谨慎的为学精神，去除盲目浮躁的学风，在学术的道路上脚踏实地，探求真理，并时刻将自己的研究与社会的发展紧密联系起来，树立教育史学研究者应有的社会责任感和实事求是的精神，通过关注现实和参与现实来实现教育史学为当前教育改革与服务社会的目的。

二、勇于奉献的职业操守

是否具有献身于自己所在研究领域的精神是衡量一个教育史学研究者素养高低的根本标志。不管做任何事情，都需要有一种奉献精神，学术研究

① 刘黎明：《论教育学者的理论素养》，《教育研究与实验》2007 年第 1 期。

② 周洪宇：《对教育史学若干基本问题的看法》，《河北师范大学学报》（教育科学版）2009 年第 1 期。

③ 廖其发：《论 21 世纪我国教育史学科发展的方向和任务》，《西南师范大学学报》（人文社会科学版）2001 年第 3 期。

也是如此。众所周知,做学问并不像某些人所想象的那样,是一件轻松愉快的事情,相反,它是一项复杂的脑力劳动和智力活动,需要研究者具备良好的耐性和恒心。学术研究特别是人文学科研究,有时是近乎于枯燥的工作,如果没有良好的修养和耐心是不可能将研究进行下去的。教育史学研究属于史学性质的研究,在研究的过程中,必然会接触到大量的史实和史料,特别是史料的整理、考证和发掘,更是一项非常繁琐和复杂的工作,需要研究者具备超常的耐力和涵养。另外,教育史学研究者在从事研究的过程中,必然会面对各方面的压力,如工作、生活和经济上的困扰,这样势必会分散教育史学研究者的注意力和精力。因为,在目前的情况下,如果想靠搞学术、做学问来发家致富几乎是不可能的。大多数的研究者由于各种各样的特别是经济方面的原因,本身生活就不尽如人意,有的甚至过着拮据、清苦的生活。面临经济大潮的冲击,能坚守学术操守的人是越来越少了,而急功近利的人是越来越多了,这样非常不利于学术的良性和长远发展。

所以,出于教育史学发展的长远考虑,一个优秀的研究者必须要有勇于献身学术的牺牲精神。周洪宇认为,教育史学研究者的献身精神应体现在以下几个方面:第一,要有一种献身学术的意识和思想准备。从事教育史学研究并不是一件十分轻松和愉快的事情,需要一个研究者具有足够的细心、耐心和恒心。第二,应当以追求事业所特有的诚意与激情来从事教育史学研究。第三,应当潜心学术,无怨无悔。要能够排除与抵制外界的干扰与诱惑,力避浮躁。第四,应当勤奋努力,持之以恒,不达目的誓不罢休。① 上述见解可谓深刻而独到,为教育史学研究者指明了前进和努力的方向。教育史学研究者应该学习古人的那种"为天地立心、为生民立命、为往圣继绝学、为万世开太平"的宏伟抱负,摒弃过于功利的研究目的和取向,树立献身学术、献身社会的宏大理想和抱负,争取能在学术圈内做到"成一家之言",树立自己的学术地位,立志为推动我国的现代化建设做出自己应有的贡献。

三、多元丰富的知识理念

当今社会是一个经济、科技、文化高度发展的社会,知识的更新换代也趋于加快,人们的观念和认识也随之发生着翻天覆地的变化。特别是网络信息的飞速发展,拉近了人与人、国家与国家之间的距离,促进了全世界范

---

① 周洪宇:《对教育史学若干基本问题的看法》,《河北师范大学学报》(教育科学版)2009 年第 1 期。

围的经济文化交流,这样就间接促进了学术的繁荣和发展。如何应对当今社会的快速发展所带来的挑战,并在其中找到自己学科专业发展的一席之地,是每一个关心教育史学发展的研究者需要慎重考虑的问题。有见地的学者认为,教育史学只有与时俱进,紧跟时代步伐,及时调整自身的研究思路和方法,去适应社会与时代的变迁,这样方可立于不败之地,同时他们认为未来的教育史学将会朝着国际化和多元化的方向发展。因此,如果教育史学者仅仅局限在本国或本专业的狭小范围内而闭门造车,将会非常不利于教育史学的良性发展。因此,在当前的环境下,教育史学者首要的一点就是要转变传统的旧观念,树立中西贯通的求知理念。

实践证明,学科建设和发展不可能关起门来自己来搞,它需要宽松自由的学术交流环境,只有在不断地对外交流当中,才能实现学科的健康发展。当今,全球范围内的学科大融合和交流的时刻已经到来,作为教育学与历史学交叉的教育史学应该主动地融入全球化挑战的浪潮,积极地谋求发展。教育史学作为一门交叉学科,需要研究者具有双重的学科知识背景。它要求研究者既要了解和掌握教育学的基本理论和概念,又要洞察历史学最新前沿的发展动态,并将二者得以完美结合。曹孚先生说:"教育理论研究与教育史是分不开的。所以,教育理论与教育史都要学,特别是近百年的教育史与当代教育现状的研究。"①明确说明了教育史学者应具有的理论知识储备。同时,美国新史学家巴恩斯(H. E. Barnes)认为,"历史是关于人在社会环境条件下发展的记录",如果研究者不具备人类学、社会学、人口学、经济学、政治学、法律学、伦理学、心理学、心态史、文化史、科技史等多学科的知识和理论,"就不可能对这种记录作出合理的解释"。② 所以,教育史研究固然需要教育学和历史学的扎实理论基础,同时还需要借鉴哲学、社会学、文化学、政治学、民俗学、心理学等学科的最新研究成果。没有多学科的知识储备与素养,我们教育史研究的理论思维也必然受到相应的学术局限。③ 由于教育史学所涉及知识的综合性,必然要求教育史学研究者具有多学科的基础知识和理论,这是对每一个志于教育史学研究的人的基本要求,无疑,

---

① 曹孚、瞿葆奎等编:《关于教育学的编写问题》,《曹孚教育论稿》,华东师范大学出版社 1989 年版,第 451 页。

② [美]詹姆斯·哈威·鲁滨孙著,齐思和等译:《新史学》,商务印书馆 1964 年版,第 203～204 页。

③ 黄书光:《教育史学科发展的自我意识及其思考》,《当代教育论坛》2005 年第 9 期。

这种要求是近乎苛刻和不现实的，它需要研究者长期的学习和积累才能获得。

另一方面，面对中西融合交汇的时代潮流，要求教育史学者必须具有和树立中西贯通的学科知识结构和理念。这就要求打破那种传统的学科偏见，即研究中国教育史不了解外国教育史和研究外国教育史不熟悉中国教育史的片面和狭隘的观念。有学者指出，过去中国教育史和外国教育史之间的交流较少，研究呈各自独立的局面，这在某种程度上阻碍了教育史学科的发展。在欧美，教育史是不被分为本国教育史和外国教育史两个学科的，教育史学家既通外国，也通本国，两者结合，才能相得益彰。一方面我们要加强中外教育史学者的沟通合作，另一方面我们要培养既能研究中国教育史又能研究外国教育史的通才。① 为此，我们必须树立"大教育史"观念，即整体教育史观，将古今中外的教育史看作是一个有机的整体，既从宏观上进行把握，又从微观上加以研究。教育史学者应该学习前人如孟宪承那样的"博通中外，汇合古今"的优秀学风，力争成为中西汇通的教育史"通才"。唯有如此，教育史学者的眼光才会更开阔，看问题才会更全面，研究问题才会更深入，从而更有利于推动教育史学的发展。

四、固本拓新的研究能力

目前，教育史学科的发展取得了前所未有的成就，但也存在着突出的问题。这就是学科发展的背后所存在的潜在危机。有学者指出，教育史学科目前所面临的危机是全面的和基本的，这种危机表现在学科研究的各个主要方面，如研究队伍的萎缩，人员结构的失调，研究工作的失范以及学科发展迟缓等。其中学科研究工作的失范是影响教育史学发展的主要因素。由于传统学术研究方式的影响，教育史学科研究长时间内一直存在不注重学术规范的问题。为数不少的研究成果既不提供前人的研究进展综述，也不提供资料来源，甚至在没有任何原始史料而只凭借二手、三手资料的前提下"既述且作"，致使长时间以来，教育史学科的研究事实上一直处于一种无序的状态中。② 这种无序性主要表现在研究工作过于集中在教育史学科局部

① 贺国庆：《外国教育史学科发展的世纪回顾与断想》，《河北师范大学学报》(教育科学版)2001 年第 3 期。

② 张斌贤：《全面危机中的外国教育史学科研究》，《高等教育师范研究》2000 年第 4 期。

的研究，如过于局限在精英人物、教育家、教育思想、教育制度的研究，致使研究工作重复进行，浪费了大量的人力财力，使本来已经非常有限的智力资源得不到有效的利用，这严重阻碍了教育史学的发展。

所以，要改变上述教育史学所面临的窘状和危机，教育史学者必须具有"固本拓新"的研究能力。"固本"，是指要固守和批判继承中国优良的学术传统；"拓新"则指的是开拓创新的研究能力。有学者指出，近年来，极少数教育史学者食洋不化，只强调引进西方先进的研究理论和方法，而忽视了对中国优良学术传统的继承；有的研究者虽然也赞同继承中国优良学术传统，但只是将其视为一种学科发展的策略，没有上升到学科发展的方向和道路上来，这显然是值得深思的。① 上述情况表明，我国的教育史学者对我国优良的学术传统认识还不够深刻，继承得还不够深入，需要更新和转变观念。对此，周洪宇认为，继承优良的学术传统是中国教育史学乃至教育学科摆脱盲目照搬西方模式，实现教育学科本土化的根本途径。它不是一个策略问题，而是一个方向和道路问题，应该引起我们的高度重视。我国的教育史学研究固然有必要大力借鉴与学习其他发达国家的研究理论和方法，但更重要的是应科学地批判继承本国传统史学的理论和方法，应当真正将研究视线转向本土的学术传统，这既是微观上研究方法的继承，又是宏观上研究道路的选择。②

那么，如何做到"固本"呢？笔者认为，"固本"一词的提出，并不是要全盘接受中国古代的学术传统，而是要批判地继承。有学者认为，批判继承中国优良学术传统，构建具有本土特色的教育史学科体系，要从以下几个方面做起：一是继承中国学术传统的价值取向；二是学习中国传统史学的思维方式；三是关注中国传统史学的理论范畴；四是借鉴中国传统史学的研究方法；五是掌握中国传统史学的编撰体例；六是采用中国传统学术的语言词汇等。这是很有见地的。③

诚然，新时期的教育史学要向前发展，一味地"固本"是不够的，还需要教育史学者具有"拓新"的研究能力。我们知道，创新是一个民族前进发展的灵魂，而学术创新是保证学科发展的重要基石。所以，教育史学要想在学

① 周洪宇：《对教育史学若干基本问题的看法》，《河北师范大学学报》（教育科学版）2009 年第 1 期。

② 同上。

③ 周洪宇、申国昌：《新时期中国教育史学的发展趋势》，《华东师范大学学报》（教育科学版）2007 年第 3 期。

术界保证自己的学术地位并得到学界的认可,必须在学术创新这一环节上做出深刻的探索和研究。创新是新世纪教育史学建设的关键,唯有创新,教育史学才能摆脱当前所面临的危机,走上健康发展的道路,这也是时代赋予教育史学者的崇高使命。所以,作为教育史学研究者应该充分认识到本学科领域所潜在的危机,义不容辞地担负起教育史学发展的重任。为此,除了批判地继承我国优良的学术传统外,还必须转变传统不良的研究思路和方法,更新观念,树立创新意识,努力开拓教育史学研究的新局面。

那么,如何培养教育史学者的开拓创新的研究才能呢?笔者认为,创新能力的培养,不是一件一蹴而就的事情,它需要一个长期渐进的过程才能获得。教育史学研究者的创新能力体现在发现问题和解决问题能力两个方面。它首先要求教育史学研究者具备基本的研究能力,如发现与选择研究课题的能力;搜集与处理史料的能力;语言文字表达的能力以及熟练运用先进科技工具的能力。另外,还要做到勤于思考,培养敏锐的学术洞察力;要培养自己的动手能力,提高自己的实践能力;要善于观察和学习,用多方面的知识武装自己的头脑;要不断反思和总结,不断提高自己的思维水平和研究能力。这样经过长时间的锻炼,创新能力才能不断地得到提高。也唯有提高教育史学者的创新研究能力,才能推动教育史学顺利地向前发展,教育史学的振兴才指日可待。

总的来说,"固本"与"拓新"并不是截然分开的,二者是一个有机的整体,"固本"是为了更好的"拓新",其目的都是为了推动教育史学的良性发展。

综上所述,教育史学的学科性质和特点决定了教育史学者需要具备多方面的素养和多学科的知识和能力,只有提高教育史学研究者的基本素养,才能从根本上推动教育史学的发展,教育史学的明天才会更美好灿烂!

(作者系华中师范大学教育学院教育史专业2009级博士研究生)

论教育史研究者的知识结构

赵厚勰

具备一种合理、完善的知识结构，是对每一个教育史研究者的基本要求，也是教育史研究者所应具备的基本素养。教育史研究者的知识结构是其学术素养的重要组成部分，它对于做好教育史学研究工作具有极其重要的意义。但迄今为止，教育史学界未见有人对这个问题进行系统研究。有鉴于此，本文拟初步探讨教育史研究者所应具备的知识结构以及与此相关的一些问题。

一、教育史研究者应具备的知识结构

知识结构是人才学研究者 1979 年提出的一个概念。① 所谓知识结构，指的是外在的知识体系在我们头脑中的内在状况，也就是客观知识世界经过求知者的输入、储存、加工，而在头脑中形成的由智力联系起来的多要素、多系列、多层次的动态综合体。其中包括各种知识的比例，相互间的联系、作用和协调，以及由此而形成的具有一定功能的统一整体。不同的知识只

① 王通讯：《知识结构与智能结构》，载季羡林等《学者论大学生的知识结构和智能》，北京大学出版社 1992 年版，第 26～27 页。

有处于一个合理的结构之中，才能使其静有其位，动有其规，各显其能，优势互补，发挥其最佳效能。结构决定功能。不同的知识结构具有不同的功能，能够完成不同性质的工作。不同行业、不同工作需要不同知识结构的人才。

从理论上讲，对于一名从事学术研究的学者来说，他所具有的知识自然是多多益善。然而，人生有涯而知识无涯，要想在有限的人生中取得成就，他就必须尽可能地调整与完善自己原有的知识结构，使其最大程度地适合于学科发展与学术研究之需要。这种知识结构就是一种最优化的知识结构，它"可以理解为不断适应社会创造活动的知识结构系统，即全方位、综合的、立体式、开放、动态的知识结构。其精髓就在于它是一个不断学习、不断适应和不断创造的知识系统，它能适时地将不同的知识经过系统化、网络化后进行重新组合，从而创造出新的知识产品"①。

那么，教育史研究者应该具备什么样的知识结构，才能称得上完善与合理呢？概而言之，较为完善与合理的知识结构应该是一种既"博"且"专"的知识结构；具体来说，则可以划分为这样三个层次（图 1）：

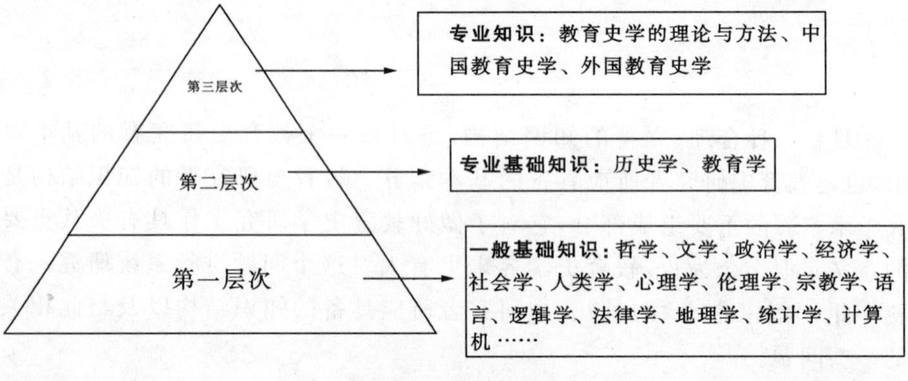

图 1　教育史研究者的知识结构

第一层次：与教育史学有一定联系、并能够为教育史研究所用的一般基础知识。这一层次的知识是教育史研究者在研究过程中必须解决的其他学科问题的知识。这类知识包括的范围十分广泛，凡在教育史研究中涉及的对教育史研究可能会起到促进作用的其他相关的社会科学、人文科学以及自然科学等方面的知识，包括哲学、文学、政治学、经济学、社会学、人类学、心理学、伦理学、宗教学、语言（含外语）、逻辑学、法律学、地理学、统计学、计算机等等。

① 姚本先：《论大学生最优化知识结构及其建立》，《中国科技论坛》1998 年第 1 期。

这个层次的知识尽管包容很广，但并不要求研究者全都掌握，因为这样做既无必要，事实上也不可能。有些知识是我们必须掌握的，比如哲学，它是一切学科的基础。爱因斯坦在《物理学、哲学和科学进步》的演讲中指出："如果把哲学理解为在最普遍和最广泛的形式中对知识的追求，那么，显然，哲学就可以被认为是全部科学研究之母。"①任何学科要想深入研究下去，都必须上升到哲学的高度，否则就会缺乏理论深度，对教育史学来说也是如此。因此，哲学对于教育史研究工作具有十分重要的意义。再如计算机、外语知识，它们是一种通用知识，是每个专业的研究者都要掌握的知识，是处理事物必备的手段和方法。因此，对那些与教育史研究的关系比较密切的知识，我们应该了解得深入一些。而有些知识我们只需要大致涉猎，有一个初步了解就够了，主要视研究者个人的情况以及研究的需要而定。这里可能会出现这样的情况：有的时候，有些学科知识对于我们的研究可能显示不出什么特别的价值，但在另外一些时候则有可能具有非常重要的价值。比如，我们平时在教育史研究中一般较少用到心理学的知识，但是，当我们运用心理学的方法来研究某一时期某些教育家心理的时候，这种方法就成为我们研究的主要方法，它对我们能否得出正确的研究结论就会起到至关重要的作用。在这种情况下，心理学的知识就显示出其巨大的价值。

第二层次：教育史学的专业基础知识，主要包括历史学和教育学。这个层次的知识是支撑教育史学的基本学科的知识。

历史学与教育学是教育史学赖以存在的基础，因为教育史学乃是历史学和教育学相结合产生的交叉学科。"没有教育学作指导的教育史研究可能较为盲目，而没有历史学作基础的教育史则可能流于空洞。"②历史学是一门古老且较成熟的学科，教育史学从产生到发展都曾不断借助历史学的研究成果。因此，作为一个教育史学研究者，他应该掌握历史学的理论与方法以及相关的历史知识，并时刻关注历史学界研究的新动态，吸收历史研究的新成果为我所用。同时，我们还应该掌握教育学的相关理论知识，并经常补充教育学新理论和新知识，关注、了解教育改革的实际。因为"一些新的教育理论使我们对教育史有新的认识，现实中新出现的教育问题也会向教育

---

①《爱因斯坦文集》第1卷，商务印书馆1976年版，第519页。

② 刘海峰：《在教育与历史之间——高等教育史研究四探》，《教育史研究》2001年第1期。

史研究者提出新的要求、提供新的视角”①。

第三层次：教育史学的专业知识，主要包括教育史学的理论与方法、中国教育史学和外国教育史学等。这是最为核心的一个层次。这个层次的知识是教育史研究者经常面对的学科领域的主要概念、范畴、规律、理论等，它们是教育史研究者必须熟练掌握且能够熟练用于实践的。

教育史学的理论与方法是对教育史学科自身的研究。它是教育史专业的基础学科，在教育史专业中处于主导的地位。它对教育史研究者的工作具有决定性的作用和影响。只有掌握了科学的教育史理论与方法，研究者的一切工作才会有正确的方向，研究者才有可能沿着一条正确的道路逐渐接近真实的教育史实际。然而，长期以来，教育史学科缺乏自己独立的理论与方法，基本上借助于历史学的理论与方法，以及其他学科的理论与方法。而如果一门学科没有较为成熟的理论与方法，它就不可能得到真正的发展。因此，教育史学要想发展，就必须加强理论与方法的研究，尽快地改变目前这种薄弱的现状。

中国教育史学和外国教育史学则是两个相互并列又密切相关的不同领域的知识，教育史研究者对于二者都应该有一个通盘的了解与把握，这样才能够形成一种较为开阔的学术视野，从而使其学术研究的境界与品位得到提升。值得注意的是，就职业分工而言，目前中、外教育史两部分似乎泾渭分明，各自为阵。但这仅仅是一种职业的分工而已，在平时的学习与研究中，我们绝不应该囿于此限，独守一隅，以邻为壑，而应该打破界限，放宽视野，兼收并蓄。

这一层次的知识还可以细分为主要专业知识、专业前沿知识等。具体到每一个教育史研究者而言，他不但要全面掌握这三门学科的一般知识，而且还要熟练掌握其中主要的专业知识。同时，由于承担着研究的任务，他还应该了解本专业发展的前沿状态，并深入研究其中的某一领域或某几个领域，使自己尽可能地成为某一方面或某几个方面的专家，这同样是非常重要的。

以上我们提出了教育史研究者应该具备的三个层次的知识结构。当然，如果进一步细分的话，或许还可以增加一些层次，我们在这里暂且只分三个层次。从教育史研究工作的需要出发，我们认为一个研究者的知识构

---

① 刘海峰：《在教育与历史之间——高等教育史研究四探》，《教育史研究》2001 年第 1 期。

成只有在以上三个层次方面形成较为优化的组合,他才能较好地胜任研究工作并取得较大的成绩。

这种由三个层次构成的知识结构形成一个统一的整体,在教育史研究者的日常研究工作中得到应用。如果教育史研究者的知识结构中有一类或几类知识不完全或者不完整,那么他在研究工作中就会发现自己面临着要么认识理解事物不清楚,要么概括总结不出来等困境。这时,教育史研究者就必须补充相应的知识。他所缺乏的知识也就成为其研究过程中关键性的知识,或称瓶颈知识。补充一次瓶颈知识,教育史研究者的知识结构就完善一次,其研究活动也会顺利进行一次。伴随其知识结构的完善与提高,教育史研究者的研究活动范围和领域也会逐步得到扩大和拓展。

同时,这种知识结构并不是一成不变的,而是处于不断的调整之中。在实际生活中我们可以发现,每一个教育史研究者自身已有的知识结构,与教育史研究工作所要求具备的知识结构相比较,总会存在一定的差距,总有其不尽完善之处,需要我们不断学习与调整。因为社会总在不断变化,科学总在飞速发展,因此我们所应具备的知识结构也不能是一成不变的,它要求我们应根据时代发展和研究工作的需要,随时加以更新和调整。

因此,我们要不断注意自身知识结构存在的不足并加以弥补,使自己的知识结构不断趋于完善与合理,从而更好地适应教育史研究工作的需要。只有这样,我们去从事教育史研究才会感到左右逢源,游刃有余,最终才有可能取得大成就、大突破。否则,就会感到捉襟见肘,处处受限,只能去从事一些二三流的研究工作,最终只能成为一个平庸的研究者,难有大的作为。

二、"博"与"专"的关系

前面说过,总体而言,教育史研究者应该具备一种既"博"且"专"的知识结构。广博与专精,相辅相成,密不可分。正如章学诚所说:"学贵博而约,未有不博而能约者也,以言陋儒荒俚,学一先生之言以自封域,不得谓专家也。然亦未有不约而能博者也,以言俗儒记诵漫漶,至于无极,妄求遍物,而不知尧、舜之知所不能也。"[①]广博与专精缺一不可,它们是一个问题的两个方面。

教育史研究者应当具有比较广博的知识。"一个人能够掌握的一般知识越广泛,他在从事某一具体问题研究时所能使用的参考系就越多,他的观

① 章学诚:《文史通义·博约中》第1册,上海书店1988年版,第46页。

察就会越深刻。”[①]教育史学科所涉及的内容极其广泛而复杂，如果没有比较广博的知识作为研究的基础，就无法把握教育的历史发展过程中诸方面反映出来的错综复杂的现象及其内在联系。值得注意的是，“博”与“通”往往相互联系，此即刘知几所说的“通博”[②]，严耕望称之为“博通”。他说：“博不一定能通，能通就一定有相当的博。”[③]“博”而能“通”，无疑是一种更高的要求。

同时，教育史研究者还应该学有所长，术有专攻，达到“专精”的程度。“专不一定能精，能精则一定有相当的专。”[④]“专”而能“精”，也是一种更高的要求。作为一个专业研究者，他承担着发展教育史学的重要任务，就不能不深入到某些领域内部，去从事层次较高、范围较深的研究工作，从而在不同程度上推动教育史学的发展。这也是我们从事教育史研究的最终的目的与要求。要注意的是，我们并不赞同那种把自己终身局限于某一个狭小的领域内的做法，而是主张在坚实的基础上可以同时或先后开拓几个研究领域，最终在很多方面都取得较高的造诣。当然，一般人很难做到这一点。尤其在当今知识激增、专业分工越来越细的背景下，似乎更难做到这一点，但我们可以朝这个方向不断努力。

广博与专精对于教育史研究者而言，同等重要，不可偏废。事实上，古往今来的许多大学者，无不同时重视知识的广度与深度，区别在于不同情况下对“博”与“专”的侧重略有不同而已。这里涉及二者的精力分配问题。梁启超提出：“大概一人功力，以十之七八，做专精的功夫，选定局部研究，练习搜罗材料，判断真伪，抉择取舍；以十之二三，做涉猎的功夫，随便听讲，随便读书，随意谈话。如此做去，极其有益。”[⑤]这种方法值得我们借鉴，但要注意切不可生搬硬套，每一个研究者应结合自身的情况灵活处理。

就教育史研究的现状而言，我们目前似乎更应该强调“博”的一面。为什么这样说呢？这是因为：

其一，现在不少教育史研究者的知识结构，往往存在太多的缺陷。就前面所提出的三个层次而论，不要说他们对属于第一层次的诸多基础知识（如哲学、外语、心理学、社会学、逻辑学等等）不是太通甚或完全不通，也不要说他们对作为教育史专业基础知识的第二层次（教育学、历史学）未打好牢靠

---

① 杜经国、庞卓恒、陈高华：《历史学概论》，高等教育出版社 1990 年版，第 174 页。

② 刘知几撰，赵吕甫校注：《史通新校注》，重庆人民出版社 1990 年版，第 136 页。

③ 严耕望：《治史三书》，辽宁教育出版社 1998 年版，第 7 页。

④ 同上。

⑤ 梁启超：《中国历史研究法（补编）》，东方出版社 1996 年版，第 170 页。

的功底，就连作为核心层次的教育史学，也未能充分掌握。搞教育史的不知教育史的理论与方法为何物，搞中国教育史的不通外国教育史，搞外国教育史的不通中国教育史，甚至同是搞中国教育史的，研究近代教育史的不关心古代教育史、当代教育史。这就把自己人为地限制在一个十分狭小的领域内，学术境界未免太低，学术发展缺乏后劲。历史学家严耕望先生曾批评近代学者过分重视专精的观念，他说："其实，为要专精，就必须有相当博通。各种学问都当如此，尤其治史；因为历史牵涉人类生活的各方面，非有相当博通，就不可能专而能精，甚至于出笑话。"[①]研究历史如此，研究教育史又何尝不是如此。

其二，教育史学是一门综合性很强的学科，要研究与阐明一个教育史问题，常常要涉及政治、经济、文化等众多学科领域的知识。尤其在当前的时代，各个学科飞速发展，不断取得新的成就。它们之间日益接近、相互渗透，出现了许多前所未有的边缘学科和交叉学科。很多时候，我们要解决一个教育史课题，往往需要运用多个学科的成果与方法。而其他学科的成果与方法的运用，有的时候能够为教育史研究带来重大的、甚至是惊人的突破。从这个意义上我们或许可以说，一个教育史研究者所掌握的知识的广博程度如何，实为其成就大小之关键所在。因此，作为一个新时代的教育史研究者，要想超越前人，有所建树，就应该拥有更加广博的知识。

三、教育史研究者的学科背景

谈到教育史研究者的知识结构，往往会涉及人们经常讨论的这个问题："教育史研究是教育学出身好还是历史学出身好？"类似的问题也有人这样提出："历史学者和教育学者，到底谁应该担负起研究教育史的重任？"这实际上是对教育史研究者的学科背景的讨论。

对于这样的问题，不同的人从不同的角度出发给出了不同的回答。历史学出身者强调历史学者的优势，不太认同教育学出身者对教育史的研究；[②]教育学出身者则强调学科的专业性，反对一般历史学家成为教育史研究的主体；[③]还有的人则认为，教育学出身者和历史学出身者在教育史研究

① 严耕望：《治史三书》，辽宁教育出版社 1998 年版，第 7 页。

② 关晓红：《晚清学部研究》，广东教育出版社 2000 年版，第 24 页。

③ 许建美：《布里克曼教育史学观述评》，《教育史研究》2001 年第 1 期。

方面各有所长,各具特色,应该取长补短,相互融通。[①]

如果结合我们前面对教育史研究者的知识结构的探讨来看待这个问题,我们就会发现,这个问题的提出与回答,似乎在很大程度上具有一种"想当然"的成分,所以我们说它很可能是一个伪问题:

第一,这个问题把对教育史研究者的出身背景的探讨仅仅局限在教育学和历史学的范围内,从而给人们这样的印象:从事教育史研究的人员似乎只有这两类人。这就把其他出身者排除在外了。而事实上,在从事教育史研究的人员中,也许从教育学和历史学出身的人占了大多数(从已有的研究成果来看,似乎教育学出身的更多),但绝非全部。尽管我们并未做过精确统计,但就我们目前所知,教育史研究人员并非出身于教育学或历史学,而是出身于其他专业的(如哲学、外语,甚至还有理工科)也大有人在。

第二,由于任何人都并非完美无缺,因此,教育史研究者不论是何种出身,在其知识构成上都必然有其长处,也都必然有其短处,都面临着一个发扬长处、避免短处、弥补不足的问题。教育学出身的也好,历史学出身的也好,其他专业出身的也好,概莫能外。

第三,一个研究者在知识结构上之所以存在种种优势与不足,除了专业出身这个可能的原因以外,还与研究者自身的主观努力紧密相关。由此我们可知,教育史研究者知识结构的状态,并不总是与其专业出身相对应的。

第四,退一步说,我们假定,一个研究者出身于某一种学科背景,就意味着他很可能具备了一种与他所出身的学科相应的知识结构。但是,如果我们善于用发展的眼光看待问题,就会知道,这并不表明他的知识结构就是一成不变的。从短时期来说,一个教育学出身者和一个历史学出身者在知识结构上可能具有较大的差异,但从长远来看,二者的差异必然会随着时间的推移而逐渐减少,趋于接近(如果二者同样努力的话)。因此,教育学出身者在教育史研究中一时暴露出来的不足,并不意味着今后还是他的不足;而历史学出身者在教育史研究中一时显示出来的优势,也并不意味着今后总是他的优势。

第五,更重要的是,对这类问题的过多的讨论,很可能会把我们引入这样一个歧途:既然教育史研究者的学术出身主要是教育学和历史学,而且我们只能从二者中择其优,那么教育史研究者最主要的背景知识似乎就只需要从教育学和历史学当中去考虑了。随之而来的是,教育史研究所需要的

① 张薇、贺国庆:《20世纪美国教育史研究的发展》,《教育评论》2003年第1期。

各种研究理论、研究方法、研究技能等等似乎也只需要从教育学和历史学当中去选择。就这样，哲学被放到了一个不被重视的角落；其他社会科学、自然科学的一些最新的研究成果、研究方法也被忽视了。而我们知道，这些学科的成果与方法对教育史研究而言可能会具有何等重要的意义。

诚然，就教育史的学科性质而言，它是教育学和历史学的一门交叉学科。因此，在教育史的研究过程中，教育学和历史学的知识、理论与方法就显得分外重要，它们往往成为教育史研究者主要关注与运用的对象。也许，正因为如此，所以人们热衷于探讨教育史研究人员出身于教育学好还是出身于历史学好这样的问题。但是，从以上分析我们可以看出，这个问题的提出与回答，本身似乎都存在某些问题。它起初似乎被某些人以一种不太恰当的方式提出，又似乎被某些人以一种不太恰当的方式回答。就在人们提问与回答的过程中，很多本来很重要、本该被人们考虑的因素恰恰被忽视了。

因此，教育史研究者究竟是出身于教育学好还是历史学好，并不是问题的关键。问题的关键在于，无论出身于什么样的学科背景，他都应该力求认清自己知识结构上的长处与短处，并针对自己的不足及时地加以弥补，使自己的知识结构尽快适应教育史研究的需要。从这个意义上说，也许我们以这种方式提出问题，才会显得更为妥当一些："一个教育学出身者和一个历史学出身者，在从事教育史研究的过程中，应该分别注意哪些问题，才能做得更好？"

从教育史研究者的基础知识之一教育学的情形来看，迄今为止，世界上有重大影响的教育学者，许多人并非教育学科班出身，或者一开始并非职业教育学者，在他们最初的知识结构中，教育学科知识并不占主要成分。但是，他们的著作已被视作教育思想的经典而为职业教育学者们耳熟能详。就我们所知，这样的学者有：赫钦斯（Robert Maynard Hutchins，1899—1977），永恒主义教育流派的代表人物，其知识根基是神学思想。他在大学获得的是文学士学位，毕业两年后又重返耶鲁大学，改修法律，后任法学教授。而最终是他的教育思想使他青史留名。布拉梅尔德（Theodore Brameld），改造主义教育流派最激进和最著名的倡导者。他大学时代主修英语文学，后入芝加哥大学攻读哲学硕士学位，毕业后担任了几年伦理学和逻辑学教师。后来才逐渐转向教育哲学，并从人类学入手，把教育学与人类学融汇起来。到1959年他担任波士顿大学教育哲学教授，正式开始他的教育学者生涯时，已年近60。被誉为"教学机器之父"的斯金纳（Burrhus

Frederic Skinner)，最初钟情于文学，在艺术方面也有所涉猎。这种对文学的兴趣后来却促使他走上了心理学的道路。英国著名的教育家、《教育原理》的作者沛西·能(Thomas Percy Nunn，1870—1945)则更多地具有自然科学的背景。从1890年起，他先后获得伦敦大学的理学士、文学硕士和科学博士学位。他最初在文法中学任数学和物理学教师，因成绩卓著，1904年应聘到伦敦师范学院任数学和物理教学法讲师。翌年，升任伦敦师范学院副院长。1913年，任伦敦大学教育学教授，1922年起任师范学院院长，直至1936年退休。令人惊奇的是，他对音乐和美学有着非同一般的兴趣和才能，常常不知疲倦地与同事、学生讨论美学原理，还擅长创作歌曲，担任院长期间创作的院歌被广为传唱。这样的例子还有许多。这说明，许多著名教育学者的成长之路，都是以多种相关学科的知识为出发点，以教育学知识为终点。正因为他们有着相关学科的知识背景，他们赢得了除教育学之外其他学者的广泛认同和尊敬。"这似乎表明：要想在人类学者阶层里占据较高的地位并产生超越于教育领域的广泛影响，教育学者必须使自己拥有更多、更专业的相关学科知识，并以此为背景和资源来生产和创造教育学科知识。"①

教育学领域的这种情形可以启迪我们，在思考教育史研究者的学科背景的时候，我们的眼光一定要尽量地放开一些。对于任何一个教育史研究者来说，重要的不是他过去的出身如何，而是现在的努力程度及其自身才学如何，以及将来的发展潜力和可能的成就如何。要防止以机械的、静态的、一成不变的眼光看问题，那只会使我们堕入眼光短浅的泥坑。

我们相信，一个教育史研究者无论出身于何种学科背景，只要他付出足够的努力，最终都有可能作出卓越的成绩。当然，在现阶段，我们不能不承认的一个事实是，与其他学科相比较，教育史研究的整体水平确实不高，确实很难令人满意。但这种状况的形成，绝非仅仅是由研究者的学术出身造成的，而是有着十分复杂的原因。只要我们大家共同努力，在不久的将来，这种状况一定会得到改变。

(作者于2006年获华中师范大学教育史专业博士学位，现为湖北大学教育学院副教授)

---

① 李政涛：《教育学科与相关学科的"对话"——从知识、科学、信仰和人的角度》，上海教育出版社2001年版，第212～213页。

论教育史研究者的社会责任

赵厚勰

历史学家章开沅先生说:"'天下兴亡,匹夫有责',应该看作是中华文化的优良传统,具有这样高度责任感的知识分子乃是民族的脊梁。正是由于这样的知识分子一代一代薪火相传,我们的民族与国家才得以繁衍与兴盛,并且在19世纪中叶以后历经劫难而并未丧失自己的生命活力。"①章开沅先生正是这样一位具有强烈社会责任感的历史学家。这种责任感在他的许多著作中都能体现出来,如他长期关注并研究的南京大屠杀就是一例。一个偶然的机缘,他在耶鲁神学院发现了以贝德士博士为代表的原金陵大学以及当时南京安全区国际委员会的部分外籍教师和传教士有关南京大屠杀的目击证词。而与此同时,20世纪80年代以来,日本军国主义阴魂不散,力图否认南京大屠杀这一灭绝人性的滔天罪行的荒谬言论不断出现,以致多次引起中国、朝鲜、韩国与东南亚诸国人民的强烈抗议。出于历史学家社会责任感的驱使,章开沅先生多次前往美国耶鲁神学院图书馆,利用贝德士生前所保存的有关日军南京大屠杀的文献内容,先后整理出版了《南京大屠杀的

① 章开沅:《知识分子的历史使命感》,载《鸿爪集》,上海古籍出版社2003年版,第61页。

历史见证》、《南京:1937.11—1938.5》(合编)、《天理难容——美国传教士眼中的南京大屠杀(1937—1938)》、《从耶鲁到东京:为南京大屠杀取证》等一系列著作,在国内外引起了强烈的反响。

一个真正的学者必然是一个具有高度社会责任感的人。同样我们也可以说,一个缺乏社会责任感的教育史研究者,不是一个真正的教育史研究者。因此,具备高度的社会责任感是教育史研究者应具备的素养之一。教育史研究者的社会责任,也就是人们通常所说的"历史使命",它主要表现在教育史研究者对教育史学自身价值的认识和追求上。

一、对教育史学价值的认识

法国历史学家、年鉴学派的创始人之一马克·布洛赫(Marc Bloch)的儿子向他提出一个问题:"告诉我,爸爸,历史有什么用?"布洛赫说,不要认为孩子的问题太幼稚,"可在我看来,这个质问切中了要害,童言无忌,他的发问恰恰是针对史学存在的理由而言的",而那些有知识、会分析的历史学者已经丧失了提出和感知重要问题的能力。为了认真地回答这个问题,他把题为《历史学家的技艺》的一部书稿遗留给人间。①

布洛赫的儿子对历史学用途的提问,在某种意义上说,即是对历史学究竟有何价值的提问。同样的问题,我们也可以用来追问一个教育史学者:"告诉我,教育史学有什么用?"因此,教育史研究者必须不时思考教育史学存在的价值,以准备随时应对这样的发问。那么,教育史学的用途到底是什么呢?我们认为,教育史学的用途尽管多种多样,但概括起来说,主要表现在两个方面,即自然作用和社会作用。前者表现为教育史学的学术价值,主要通过教育史学的各类文字著作、资料、实物材料来体现教育史学的研究价值和实用价值的深度和广度;后者表现为教育史学的社会价值,主要是对人类社会发展所起的进步作用和积极影响。

对教育史学的学术价值的认识,是教育史研究者的社会责任的重要表现。教育史研究者的这一社会责任,集中体现在他们对教育史学工作本身的自觉反省上。在这方面,近些年来,广大的教育史研究工作者不断地对自身的研究工作进行着反思。如田正平、肖朗所撰《教育史学科建设的回顾与前瞻》一文,就是一次对教育史学比较全面的反思。该文对近十年来教育史

① [法]马克·布洛赫著,张和声、程郁译:《历史学家的技艺》,上海社会科学院出版社1992年版,第7页。

学科建设所取得的重大进展和重要成果作了一个扼要的回顾和评介，着重分析其基本特征及动态，并在此基础上指出教育史学科存在的主要问题以及学科未来的发展趋势和研究方向。[①] 再如李涛在《百年中国教育史研究高潮的回顾与反思》一文中，回顾与分析了百年来中国教育史研究经历的两次高潮。作者认为，教育史研究者只有提高理论素质，突破历史、教育学科界限，从历史学走向社会学，教育史学科才能真正取得长久发展。该文最后提出，树立大教育史观，发展教育史学科理论，指导教育改革实践是目前教育史学发展的必由之路。[②] 又如廖其发在《论21世纪我国教育史学科发展的方向与任务》一文中提出，在21世纪，我国的教育史学科应开展大教育史的研究，即不但要认真研究已经过去了的教育事迹，也应从历史发展的角度去研究教育改革的现实与理论。全面梳理教育史实、深入提炼教育遗产精华、发展教育科学理论、指导教育改革实践、培育高素质的教育科学人才应是21世纪我国教育史学科发展的五大任务。为圆满完成这些任务，除需要充分利用传统的各种研究方法与手段外，还应充分利用现代信息技术、注意调查研究、适当开展实验研究。[③] 这样的论文还有不少。著作方面的代表作有杜成宪、崔运武、王伦信等著的《中国教育史学九十年》。该书对中国教育史学科自1902年至1992年九十年间的历史作了较为系统的研究，对中国教育史研究的基本状况、探讨的主要问题、取得的重要成果、存在的问题及缺憾以及学科发展的轨迹等都有明确的表述，史料丰富翔实，议论平实妥贴，表明中国教育史学科的发展进入了一个更自觉的阶段。[④]

以上所有这些反思性的论文与著作，都体现了教育史研究者对自身工作的学术价值的不断思考和追求。当然，毋庸讳言，这种对教育史学自身的反思目前还很不足，还有待进一步深入，教育史学科自身的理论建设也亟需要加强。值得庆幸的是，近年来已有越来越多的学者认识到这个问题，并着手这方面的工作。如张斌贤提出："应当不断加强外国教育史学科的自我反思。""人类认识的历史表明，自我认识不仅是认识发展到较高阶段的产物，

① 参见田正平、肖朗《教育史学科建设的回顾与前瞻》，《教育研究》2003年第1期。

② 参见李涛《百年中国教育史研究高潮的回顾与反思》，《东北师大学报》（哲学社会科学版）2003年第2期。

③ 参见廖其发《论21世纪我国教育史学科发展的方向与任务》，《西南师范大学学报》（人文社会科学版）2001年第3期。

④ 参见杜成宪、崔运武、王伦信《中国教育史学九十年》，华东师范大学出版社1998年版。

同时也是认识继续发展的强大动力。这个道理也同样适用于外国教育史学科研究。如果说过去之所以缺乏学科的自我反思，是由于学科发展水平的局限和学科研究在中国的历史短暂（毕竟，外国教育史学科研究的正常进行只是很短一段时间内的事），那么，在经过最近这二十年的发展，学科研究的水平已有明显提高的情况下，大力加强学科的自我反思，不仅有可能，而且极有必要。事实上，是否进行这种反思，在什么程度和广度上进行反思，关系到外国教育史学科未来的命运。"①

对教育史学的社会价值的认识，是教育史研究者的社会责任的又一重要表现。许多教育史研究者都认为自己的工作具有重要的社会价值，这正是教育史研究者的社会责任萌发、滋生的直接根源。如美国学者布里克曼提出，教育史研究具有如下一些不可替代的价值："首先，教育史的研究使人有可能深入探讨以往大教育家的生平和时代，他们的著作和思想以及他们对当时和后代的影响。""其次，为了充分了解某个国家当今的教育情况，就必须考察这个国家处于一般联系中的教育机构、教育思想和教育实践的发展。人们不会限度在过去的事件中，但是应当了解这些事件。因为凡是对过去一无所知的人是注定要重蹈覆辙的。""最后，对某一教育问题的根源理解得越深刻，学生对历史的力量及学校和社会的相互关系就越会有明晰的概念。这并不是说仅仅历史知识就可以解决现实的教育问题，它能做的是为我们对当前考虑的问题获得更好的理解奠定基础。"②布里克曼的观点代表了部分研究者对教育史的社会价值的共同认识。

教育史研究工作的学术价值和社会价值二者之间的关系不是相互割裂的，而是相互依存，相互统一的。学术价值是社会价值的前提和基础，社会价值是学术价值的延伸和补充。教育史研究成果只有首先具备了学术价值，才能具有社会价值。而其学术价值只有在其产生了一定的社会影响时，才真正获得了社会价值；当它获得了社会价值时，它的学术上的作用才能充分发挥出来。只是在这个时候，教育史研究成果的价值才能得到完全的或比较完全的实现。因此，只有把教育史学的学术价值和社会价值统一起来，教育史学才会得到发展和繁荣。

正确地认识教育史学的价值，是促进教育史学发展和繁荣的前提和基

---

① 张斌贤：《全面危机中的外国教育史学科研究》，《高等师范教育研究》2000 年第 4 期。

② 许建美：《布里克曼教育史学观述评》，《教育史研究》2001 年第 1 期。

础。但是,在实际生活中,不同的教育史研究者往往有着不同的认识。有人片面地强调教育史学的社会价值,而把学术价值放在次要和从属的地位。这种情况在我国"文化大革命"时期表现尤为突出。当时,不仅教育史学,可以说其他一切科学,无不打上了强烈的政治烙印。"影射史学"大行其道,历史事实遭到肆意篡改,变成实现政治阴谋的工具。这显然是我们应该坚决反对并竭力避免的。

同时,也有一些研究者主张"为学问而学问"或"为历史而研究历史",这也是有片面性的。因为,首先,那种"为历史而研究历史"的"纯学术"主张,事实上是不可能做到的。现实生活中的人们有七情六欲,有自己的立场和观点,教育史研究者也不例外,面对有血有肉的历史事实,不可能不表现出自己的看法和感情。其次,任何一门学科,它的生命力的源泉就在于它能提供社会需要的研究成果。如果教育史学不去满足社会的需要,而只顾追求自己的所谓"纯学术",那它就会由于自身对社会的冷淡而遭致社会对它的冷淡。美国历史学家康尼尔·李德在《历史学家的社会责任》一文中,有一段十分幽默而又发人深省的话:"从长远来看,历史教学必须以社会方式,也就是说,以对于一般公民显然有意义的方式来进行,才有存在的理由。因为各级教育越来越由公众负担经费,所以这一点也越来越真实。供养诸位的纳税人是讲求实际的。他说不定会提出这样一个老问题:'历史到底有什么用呢?'这是一个我们为本行利益着想不敢回避的现实问题。如果我们的答复导致纳税人得出历史并不能当作涂面包的黄油的结论,他也许就会决定:既然这样,让历史也不要供给历史学家以黄油和面包吧。"[①]这段话告诉我们,那种不顾社会需要,只顾为历史而研究历史的态度是难以适应时代要求的。

因此,我们必须坚持教育史学的学术价值与社会价值的统一,而不能将其割裂开来。当然,不同的研究者在不同的阶段,在实现教育史学的价值方面其侧重点和表现会不一样,我们尊重其个人的选择。我们反对的是那种虽"孤灯苦守,皓首穷经",积累了"精湛的技术和深奥的知识",但缺乏"己饥己溺之怀"、不关心国计民生的学者,[②]也反对那种一味追随潮流、附庸政治,

---

① [美]康尼尔·李德:《历史学家的社会责任》,载张文杰编译:《现代西方历史哲学译文集》,上海译文出版社 1984 年版,第 249 页。

② 引自张耕华《论历史学的用途及其滥用与误用——读尼采〈历史的用途与滥用〉有感》,《史学理论研究》2003 年第 3 期。

从而丧失了自己的学术品格和社会良心的学者。

二、教育史研究者社会责任的实现

教育史研究者如何才能较好地实现自己的社会责任，也就是教育史研究者如何才能较好地体现其研究工作的价值的问题。

从教育史的学术价值来看，教育史研究者的社会责任首先表现为努力求得教育史实的真相。这是每一位教育史研究者的首要的基本责任。卡尔在《历史是什么》中，借用豪斯曼的话说："准确是责任，不是美德，称赞一位历史学家叙述准确，就像称赞一位建筑师在他的建筑中用了干燥的木材或者适度的混凝土。这是他进行工作的必要条件，却不是主要职能。"[①]虽然只是"责任"而不是"美德"，要做到却也不容易。因为历史已经过去而无法直接观察，他需要研究者对历史资料进行广泛的收集、整理、比较、鉴别、考证，通过去粗取精、去伪存真、由此及彼、由表及里的分析研究，才能清洗出历史的真面目。这种功夫只有经过长期的训练才能获得。更何况，秉笔直书，不怕犯忌，这又有多少人能做到呢？

教育史研究者要揭示教育史实真相，必须注意以下两个方面：第一，教育史研究者必须具备史德。这是对教育史研究者的基本要求。一个教育史研究者要想求得教育史实的真相，他首先就必须具备史德，即章学诚所说"著书者之心术"。要做到"不虚美，不隐恶，善恶必书"，就要具备一颗追求历史真理的忠实心。同时，还要像梁启超说的那样，"须极力铲除'夸大'、'附会'和'武断'这三种毛病"[②]。教育史研究者应站在客观的立场上，以科学的态度来努力澄清教育史实的真相。第二，教育史研究者还应具备历史感。恩格斯在谈到黑格尔的思维方式时曾经指出："黑格尔的思维方式不同于所有其他哲学家的地方，就是他的思维方式有巨大的历史感作基础。……他是第一个想证明历史中有一种发展，有一种内在联系的人。"[③]这里所说的"历史感"，就是一种对历史的感觉。它要求研究者做到历史地看问题，分析问题时采取历史的态度，一切从实际出发，坚持实事求是。教育史研究者只有具备历史感，才能较好地求得教育史实的真相。否则，他所获取的教

① [英]爱德华·霍列特·卡尔著，吴柱存译：《历史是什么》，商务印书馆 1981 年版，第 5～6 页。

② 梁启超：《中国历史研究法》，东方出版社 1996 年版，第 166～168 页。

③《马克思恩格斯选集》第 2 卷，人民出版社 1972 年版，第 121 页。

育史实就可能会给人一种“似是而非”的感觉。章开沅先生指出：“史感并非与生俱来，许多史家治史十几年乃至几十年，却始终未能捕捉到真正属于自己的史感。尽管他们经常讲什么‘一切依时间、地点、条件为转移’，但历史在他们的笔下往往是枯燥的史料堆积或者竟是抽象的理论图谱。这里面既有思维（研究）方法问题，也有资质禀赋和学术素养问题。西方有的历史学者强调要对历史上的人和事作‘同情的理解’（sympathetic realization），我则宁可称之为‘设身处地’，即史家必须设想把自己处于当时的历史环境（含时、地、人、事等）之中。”①要具备历史感并不容易，但我们要想很好地开展自己的研究工作，就不能不努力在这方面下功夫。

从教育史的社会价值来看，教育史研究者的社会责任表现为对教育史研究工作的社会价值的追求。要做到这一点，就要求教育史研究者具备关注教育改革现实的强烈的参与意识。

许多历史学家都十分强调参与意识。历史学家章开沅先生在《参与的史学与史学的参与》一文中提出：“过去、现在、未来，总是前后连续的，而且三者又都是相对而言的。基于这种认识，历史学家不仅应该积极参与现实生活，而且应该成为把现实与过去及未来连接起来的桥梁，用自己的研究成果丰富与影响现实生活，并且与人民一起追求光明的未来。”②台湾学者余英时在《史学史家与时代》一文中说：“学历史的人……对他的时代，必须密切地注意，决不能将自己关在书房里，只管自己书桌上的事情，好像其他世上一切皆与我不相干一样。这虽也是一种态度，不过这样的史学家毕竟是少数。一般来讲，大的史学家，他对于时代的感觉是紧密的。”③

教育史研究者为什么应该具备参与意识呢？这是因为，首先，通过参与现实，我们可以更好地理解历史。法国历史学家布洛赫曾说：“通过过去理解现在，通过现在理解过去。”另一位法国史学家布罗代尔也曾多次提到：“现在和过去是以它们各自的光亮互相映照的。”④这都说明了历史研究的一个基本原则：通过现实来认识以往。因为现实与历史是有着千丝万缕的紧

---

① 章开沅：《浅谈高阳的史识与史感——〈翁同龢传〉读后》，载《鸿爪集》，上海古籍出版社 2003 年版，第 52 页。

② 章开沅：《参与的史学与史学的参与》，载《鸿爪集》，上海古籍出版社 2003 年版，第 6 页。

③ 转引自王尔敏《史学方法》，华东书局 1979 年版，第 122 页。

④ [法]雅克·勒戈夫、皮埃尔·诺拉主编，郝名玮译：《史学研究的新问题新方法新对象》，社会科学文献出版社 1988 年版，第 16 页。

密的联系，我们虽无法身临其境地直接观察那已消失的过去，但可以直接感知和体验由历史传承下来的现实，通过现实来理解历史。因此，布洛赫指出："各时代的统一性是如此紧密，古今之间的关系是双向的。对现实的曲解必定源于对历史的无知；而对现实一无所知的人，要了解历史也必定是徒劳无功的。"①其次，正如我们前面已指出的那样，教育史研究者如果不关注现实，就可能会导致教育史学的危机。历史学家李文海说："一般说来，任何一门科学，哪怕是最深奥的学问，如果不同丰富鲜活的社会生活发生紧密的联系，不同广大群众发生密切的联系，就不可能有生命力。"②还有学者指出："对一个学科的生命力具有决定意义的，是社会的需要和该学科对社会需要满足的程度。如果社会没有相应的需要，或者某个学科远离社会的需要，那么该学科是注定要走向困境乃至衰落的。"③但在教育史学界，正如有的学者所指出的那样，教育史学"关注、参与社会改革的主动性、积极性还不够"，而"在新世纪，教育史学科面临越来越大的挑战和压力，如果坐在书斋中和现实隔得太远，就很难争取到课题和经费，也不易吸引优秀学生攻读教育史专业，不利于学科的发展"。④ 因此，教育史研究者应关注现实，参与现实，同时积极满足现实社会的需要，为当前的教育改革服务。

（作者于2006年获华中师范大学教育史专业博士学位，现为湖北大学教育学院副教授）

---

① [法]马克·布洛赫著，张和声、程郁译：《历史学家的技艺》，上海社会科学院出版社1992年版，第36页。

② 马宝珠：《历史学，请走出史学界——访李文海教授》，《光明日报》1998年5月15日。

③ 刘泽华：《历史研究应关注现实》，《人民日报》1998年6月6日。

④ 刘海峰：《在教育与历史之间——高等教育史研究四探》，《教育史研究》2001年第1期。